Dirk Verhofstadt

Pius XII. und die Vernichtung der Juden

Marcel Verhofstadt (1923-2005) gewidmet

„Seine [Pius XII.] Angst vor dem Kommunismus war viel größer als seine Sorge um das Schicksal der Juden und anderen Kriegsopfer."

Geert Mak

„Weil wir allmählich sehen, dass dies unsere letzten Tage sein werden, bitten wir Sie: Vergesst nichts!"

Jüdischer Widerstand im Warschauer Ghetto

„Bestimmte Christen lieben nur den Juden am Kreuz; und wenn er nicht hängt, geben sie keine Ruhe, bevor er nicht festgenagelt ist."

Elie Wiesel

Dirk Verhofstadt

Pius XII. und die Vernichtung der Juden

Aus dem Niederländischen übersetzt von Rudy Mondelaers

Alibri Verlag
Aschaffenburg

2013

Dirk Verhofstadt, geboren 1955, graduierte in Rechts- und Kommunikationswissenschaften an der Universität von Gent. Er ist Mitglied von *Liberales*, einer unabhängigen linksliberalen Denkfabrik, die sich für individuelle Freiheit, Gerechtigkeit und Menschenrechte einsetzt.

Alibri Verlag
www.alibri.de
Aschaffenburg
Mitglied in der Assoziation Linker Verlage (aLiVe)

Erste Auflage 2013

Originaltitel: Pius XII en de vernietiging van de Joden
Erschienen bei Houtekiet, Antwerpen

Umschlaggestaltung: Claus Sterneck
Druck und Verarbeitung: Interpress, Budapest

ISBN 978-3-86569-076-0

Inhaltsverzeichnis

Vorwort zur deutschen Ausgabe

Die niederländische Fassung dieses Buches erschien im Juli 2008, aber der Inhalt bleibt genau so wichtig wie aktuell. Der Vatikan plant weiterhin, den umstrittenen Papst Pius XII. selig und heilig zu sprechen. So rief Papst Benedikt XVI. am 9. Oktober 2008 – dem fünfzigsten Todestag Pius XII. – die Gläubigen auf, für den Fortgang des Prozesses der Seligsprechung zu beten. Am 19. Dezember 2009 wurde Papst Pius XII., zusammen mit u. a. Papst Johannes Paul II., von Papst Benedikt XVI. als „ehrwürdig", erklärt, ein Hinweis auf eine bevorstehende Seligsprechung. Er lobte Pius XII. für die „heroischen Tugenden, die der Papst in seinem Leben zeigte und die als Beispiel für die Christen dienen könnten". Was diese „heroischen Tugenden" sind, bleibt unklar. Und ebenso bemerkenswert ist, dass der Vatikan sich weigert, die Archive des Pontifikats von Pius XII. für wissenschaftliche Forschung zu öffnen.

Im Gegensatz dazu steht die große Menge Hinweise darauf, dass Pius XII. sich sehr wohl bewusst war über die Vernichtung der Juden, dass er aber den Antisemitismus und die Gräueltaten der Nazis zu keinem Zeitpunkt angeprangert hat. Es bleiben viele Fragen offen. Warum protestierten die Kirche, Pacelli und später Pius XII. nicht gegen den Boykott jüdischer Geschäfte am 1. April 1933, gegen die Rassengesetze von Nürnberg 1935, gegen die Misshandlung der Juden beim Anschluss Österreichs 1938, gegen die Gräueltaten gegen die Juden nach der Reichskristallnacht im Jahre 1938? Warum erlaubte es die katholische Kirche, dass die Nazis Zugang zu ihrem Geburts- und Heiratsregister bekamen und so sehen konnten, wer Jude war und wer nicht? Warum protestieren sie nicht gegen die Deportationen der Juden? Warum erhob der Papst nicht seine Stimme, als am 23. Oktober 1943 mehr als tausend Juden in Rom festgenommen und abtransportiert wurden? Warum gewährte er Ante Pavelić, dem Führer der Ustaschabewegung von Kroatien, die viele Juden und orthodoxe Serben ermordet hat, eine private Audienz? Warum hat er nie einen hochrangigen

Nazi exkommuniziert? Warum hat er *Mein Kampf* nicht auf den Index der verbotenen Bücher gesetzt?

Dass die Kirche eine Person heiligsprechen will, unabhängig davon, ob sie dafür infrage kommt, ist Sache der Kirche selbst. Genau, wie alle Vereine entscheiden können, eines ihrer Mitglieder auszuzeichnen. Aber im Lichte des größten Verbrechens in der Weltgeschichte, nämlich des Holocaust, bekommt eine solche Heiligsprechung natürlich eine viel größere Bedeutung. Es wäre die Bestätigung der These, dass Pius XII. nach Gottes Willen gehandelt hat. Das würde noch eine weitere Ohrfeige für die sechs Millionen Juden bedeuten, die von ihren christlichen Henkern ermordet wurden, weil sie als Untermenschen und Mörder Gottes betrachtet wurden. Es würde das sittlich hochstehende christliche Prinzip der Nächstenliebe zu einem wertlosen Begriff pulverisieren. Ich stehe nicht allein mit der Aussage, dass Pius XII. besser nicht heiligzusprechen wäre. „Die Heiligsprechung Pius XII. würde, wie die von Pius IX. – der Feind der Juden, Protestanten, Menschenrechte, Religionsfreiheit, Demokratie und moderner Kultur – eine vatikanische Farce und eine Verleugnung der jüngsten päpstlichen Schuldbekenntnisse darstellen", sagt der berühmte Theologe Hans Küng, der das Schweigen von Pius XII. nicht nur ein „politisches", sondern auch ein „moralisches Versagen" nennt.

Wenn die Kirche Menschen heiligsprechen will für ihren Mut, ihre selbstlose Liebe für Mitmenschen und moralische Stärke vor und während des Zweiten Weltkriegs, dann sollte sie sich nicht Pius XII. auswählen, sondern die Tausende von „Gerechten unter den Völkern". Dieser Ehrentitel wird von Yad Vashem denen verliehen, die ihr Leben riskierten, um Juden zu retten. In der Regel gewöhnliche Menschen, Bauern, Arbeiter, Hausfrauen, auch Priester und Nonnen, die nicht die Bibel oder päpstliche Konzile brauchten, um zu erkennen, dass sie einem Mitmenschen in Not helfen müssen. Oder denken Sie an Hans und Sophie Scholl von der Widerstandsgruppe *Die Weiße Rose*, die aus ihrer christlichen Überzeugung heraus die Politik Hitlers und die Vernichtung der Juden öffentlich verurteilten. Sie waren (und sind) die wahren „Heiligen".

Ich hoffe, dass die deutsche Fassung meines Buches zu einem besseren Verständnis der zwielichtigen Rolle des Vatikans und Pius XII. vor und während des Zweiten Weltkriegs beitragen kann.

Dirk Verhofstadt Januar 2013

Vorwort

Die Europäische Union ist die erfolgreichste Konstruktion in der menschlichen Geschichte. Nach 2000 Jahren des Kampfes, der Gewalt und des Massenmordens zwischen verschiedenen Ländern um die Vorherrschaft über das Abendland ist es den Europäern gelungen, ein System zu finden, in welchem sich Frieden und Wohlstand entwickeln konnten. Der Versuch begann mit sechs Ländern, die alle stark unter dem Zweiten Weltkrieg gelitten hatten: Deutschland, Frankreich, Belgien, die Niederlande, Luxemburg und Italien. Später sind noch andere Länder beigetreten, darunter die ehemaligen Diktaturen Portugal, Spanien und Griechenland, und noch später die ehemals kommunistischen Länder Mittel- und Osteuropas. So können wir heute mit fast einer halben Milliarde Bürger friedlich in einer großen Gemeinschaft leben, in der die Rechte des Individuums nicht nur national, sondern auch europäisch garantiert werden.

Dass das europäische Projekt eine Erfolgsgeschichte ist, wird ersichtlich aus der Tatsache, dass immer mehr Länder, die noch nicht Mitglied sind, freiwillig und mit Überzeugung der Europäischen Union beitreten wollen. Für dieses Ziel sind sie bereit, ihre eigenen Gesetze und Regeln anzupassen und in Einklang mit dem gemeinschaftlichen Besitzstand zu bringen, der Gesamtheit von Rechten und Pflichten, die für alle Mitgliedstaaten auf der Ebene der Europäischen Union verbindlich sind. Im Gegensatz zu den Vereinigten Staaten ist es Europa gelungen, viele Länder zur Demokratie zu bringen, ohne dafür einen Gewehrschuss abgeben zu müssen. Die verschiedenen Mitgliedsstaaten haben ja ihre eigenen nationalen Interessen in einer großen Zahl von wichtigen Fragen für ein mehr allgemeines Interesse zur Seite geschoben: Frieden, Wohlstand und Freiheit ihrer Bürger. Europa ist eine Erfolgsgeschichte, aber es ist dort erst nach einer langen Reihe schrecklicher Ereignisse und Erfahrungen angekommen.

Einer der wichtigsten Faktoren für diesen Erfolg scheint mir die Beseitigung einer beherrschenden Religion zu sein. Der Vertrag von Lissabon, der als aus der europäischen Verfassung abgeleitet zu betrachten ist, enthält bewusst keinen Verweis auf das Christentum als Fundament und als Bindemittel zwischen den Mitgliedstaaten. Das ist eine gute Sache. Damit macht Europa deutlich, dass es sich nicht auf eine gemeinsame Weltanschauung gründet, sondern auf kosmopolitische und humanistische Prinzipien, die aus menschlicher Vernunft entstehen. Die Grundprinzipien der Europäischen Union sind die Freiheit der Meinungsäußerung, die Trennung von Kirche und Staat, die Gleichheit aller Menschen und das Recht auf Selbstbestimmung. Dies sind universelle Prinzipien, welche die Grundlage bilden für das erfolgreiche europäische Projekt, das seit mehr als sechzig Jahren für Frieden und Wohlstand in der westlichen Welt sorgt. Sie stammen aus der Erkenntnis, dass jeder Glaube zu Ausgrenzung und Partikularismus führt.

Diese Haltung ist neu und steht in krassem Gegensatz zu der Ansicht der meisten Bürger in der ersten Hälfte des zwanzigsten Jahrhunderts, die das Christentum als ein unverzichtbares Element der westlichen Zivilisation betrachteten. Gott war in dieser Zeit allgegenwärtig, sowohl in der privaten als auch in der öffentlichen Sphäre. Das ist nicht mehr der Fall. In unserer wachsend multikulturellen und besonders multireligiösen europäischen Gesellschaft brauchen wir eine universelle säkulare Moral, Regeln, die nicht aus heiligen Texten entstehen, sondern aus Vernunft. Nur auf diese Weise ist ein friedliches Zusammenleben in der Vielfalt möglich.

Um die Bedeutung dessen zu erkennen, ist es notwendig, dass wir auf die Vergangenheit zurückblicken. Denn es geschah im christlichen Abendland, dass ein Morden, wie es die Welt nie zuvor erfahren hatte, von Menschen angestiftet wurde, die im Namen Gottes und ihrer angeblichen Überlegenheit über die Andersdenkenden, die Ungläubigen, die Volksfremden, oder sogenannte „Untermenschen" in den Kampf zogen. In Kontinentaleuropa sind der Liberalismus und mit ihm der Individualismus und Kosmopolitismus in den ersten Jahrzehnten des zwanzigsten Jahrhunderts zusammengebrochen. Der Mensch wurde dann nicht mehr als ein kantianisches Ziel an sich betrachtet, sondern als Mittel zum Wohle eines Volkes, eines Vaterlands, einer Partei, eines Führers, eines Glaubens. Die kosmopolitische Weltbürgerschaft musste einem engen Nationalismus weichen. Anstatt Grenzen niederzureißen, wurden neue errichtet.

Auch die katholische Kirche spielte eine wichtige Rolle dabei. Ihr schauderte nicht nur vor dem Atheismus des Kommunismus und Sozialismus, sondern auch vor dem Individualismus, den die liberale Demokratie propagierte. Im neunzehnten und frühen zwanzigsten Jahrhundert sah die Kirche voller Ekel das Vordringen der Moderne, des kritischen Rationalismus und des Säkularismus. Sie sah mit Neid, wie sie ihren Einfluss auf die Regierungen und ihre Bürger verlor.

Dies ist der Grund dafür, dass die Kirche sich an den Faschismus klammerte, soweit die Kirche und der katholische Glauben einen Platz in dessen Staatsstruktur erhielten und er eine Barriere gegen Kommunismus, Sozialismus und Liberalismus bildete. Diese positive Haltung gegenüber autoritären und totalitären Systemen war zweifellos von Einfluss für den Aufstieg des Faschismus, Nationalsozialismus und das große Drama des Zweiten Weltkriegs: die Ermordung von sechs Millionen Juden.

Die Haltung der katholischen Kirche gegenüber dem Holocaust wurde oft untersucht. Unter den Historikern bestehen, obwohl sie Zugang zu den gleichen Quellen haben, grundlegende Meinungsverschiedenheiten zum Auftreten des Papstes, des Vatikans, der Bischöfe, der Priester und der Millionen katholischer Gläubigen gegenüber Nazismus und Faschismus. Manche sehen in Pius XII. einen Leuchtturm, einen Helden des Widerstands, den Retter zahlloser Juden. Andere sehen ihn als einen Opportunisten, einen gleichgültigen Kirchenführer, einen Mitverantwortlichen für den Tod unzähliger Juden. Die Frage nach der Haltung der katholischen Kirche als Institution und des Papstes als ihres höchsten Vertreters zur Endlösung der Judenfrage ist von grundsätzlicher Bedeutung.

Hat die Kirche, hat vor allem der Papst, als Hüter seiner treuen Herde, Ausreichendes geleistet, um die katholischen Werte zu schützen? Hat Pius XII. die Diskriminierung, Verfolgung, Deportation und Vernichtung der Juden klar und konsequent verurteilt? Haben die Bischöfe der Kirche sich hinreichend angestrengt, um das Leid der Juden zu reduzieren? War die Haltung der katholischen Kirche ein Hindernis oder war sie geradezu ein Schutzbrief für den Mord an sechs Millionen europäischen Juden? Wie haben die Millionen von katholischen Gläubigen auf die Diskriminierung, Verfolgung, Deportation und Vernichtung ihrer jüdischen Mitbürger reagiert?

Die Antworten stehen auf den folgenden Seiten. Mein Buch basiert auf den wichtigsten Dokumenten, die im Laufe der letzten Jahrzehnte durch den Vatikan und andere religiöse Einrichtungen freigegeben wurden, und auf bekannten Schriften von Historikern der Nachkriegszeit, sowohl von Parteigängern als auch von Widersachern des damaligen Papstes. Ich werde auf dieser Grundlage meine eigenen Standpunkte verdeutlichen. Falls dies viele Leser verärgern sollte, so liegt das durchaus nicht in meiner Absicht. Ich teile meine Ansichten zu Fakten mit und erwarte die Kritik seitens Anderer, auch wenn diese rücksichtslos geäußert wird. Mein Buch ist ein Beitrag zu der großen Debatte, die nach der Aufführung des Theaterstücks *Der Stellvertreter* von Rolf Hochhuth im Jahr 1963 losbrach und seitdem anhält.

Ich habe ausführlich die *Actes et Documents du Saint Siège relatifs à la Seconde Guerre Mondiale* genutzt, die bis heute vollständigste Sammlung von Dokumenten des Vatikans, die ein klares Bild der Haltung der Kirche, aber auch anderer Beteiligter, während der Kriegsjahre geben. Ich habe viel Zeit verbracht in Bibliotheken, insbesondere der der Vrije Universiteit Brüssel und im *Studien- und Dokumentationszentrum über Krieg und gegenwärtige Gesellschaft* (cege / Soma), um diese Texte zu untersuchen und sie mit anderen Materialien zu vergleichen. Die meisten Dokumente der *Actes et Documents* sind in deutscher, italienischer, französischer (der Sprache der Diplomatie), englischer Sprache und in Latein abgefasst. Ich danke Brigitte Henriet für ihre Übersetzungen aus dem Italienischen, Karl Dhaene, Erik Willaert und Mary Beeckman für die aus dem Deutschen, Rik Rammloo für seine aus dem Französischen, Friedrich Ongena, Andreas Tirez, Anne Marieke Otten und Floris van den Berg für ihre Übersetzungen aus dem Englischen und Claire Gernay für ihre aus dem Lateinischen.

Ich danke Allen, mit denen ich über das Manuskript sprechen konnte, unter ihnen ausdrücklich auch jenen, die nicht einverstanden sind mit der Tendenz oder mit Teilaussagen meines Buches. Mein besonderer Dank geht an Pater Peter Gumpel, Johan Ickx und Karl-Joseph Hummel, die mir mehrere Dokumente aus verschiedenen Archiven übergaben. Sie haben mir geholfen, meine Position zu verschiedenen Facetten des Themas zu korrigieren. Ich schätze ihre Offenheit und Bereitschaft zur Zusammenarbeit. Viele haben mir geholfen, Einzelfragen zu klären: Unter ihnen Therese Colling über die Situation in Luxemburg, der Historiker Perry Pierik über die Vernichtung der Juden in Ungarn, der Historiker Dick De Mildt über das T4-Programm, Professor Christopher Browning zum Reserve-Polizeibataillon 101, Professor Emilia Hrabovec über die Situation in der Slowakei, Marija Franssen über die Rolle der Ustascha in Kroatien, Erik Willaert über spezifische deutsche Texte, die Historiker Ton H.M. van Schalk, Professor Peter Nissen und Professor emerit. Dr. Januar Bank über die Judenverfolgung in den Niederlanden sowie die Historiker Lieven Saerens, Ward Adriaens und Laurence Schram über die Situation in Belgien.

Zu besonderem Dank verpflichtet bin ich dem Moralphilosophen Etienne Vermeersch, dem Historiker Alberto Melloni und Professor Michael Marrus, die sich um das Projekt in jeglicher Hinsicht bemühten. Über die Haltung des Nationalsozialismus gegenüber dem Christentum wie umgekehrt bekam ich alle notwendigen Informationen von den emeritierten Professoren Dr. Hugo Dieserinck und Dr. Edward Verhofstadt. Die Bestimmungen des kanonischen Rechts wurden mir von Professor Rik Torfs und Marco Ventura erklärt. Mein besonderer Dank geht an den Schriftsteller Piet de Moor, der mich während des gesamten Projektes unterstützte und für kritische Resonanz sorgte. Er zeigte mir mit seinem lobenswerten Buch *Schemerland* den Mangel an Bewusstsein über den Holocaust in Mitteleuropa, etwas, was auch in unseren Regionen zu einem wachsenden Problem wird. Mein Interesse für den Holocaust begann 1991 als Produzent der fünfteiligen TV-Dokumentation *De Laatste Getuigen*. Diese Serie wurde zum vollen Erfolg dank des talentierten Regisseurs Luckas Van der Taelen und der Produktionsassistentin Ghislaine Peeters, die mit vierzehn belgischen Überlebenden, Juden und Nichtjuden, zurückkehrten zu den verschiedenen Lagern und deren Geschichte verewigten. Die Doku-Reihe ist meiner Meinung nach die eindrucksvollste, die in unserer Sprache zu diesem Thema gemacht wurde. Sie wurde dann auch auf dem *Banff World Television Festival* ausgezeichnet.

Herman Jacobs nahm die abschließende Bearbeitung meines Manuskripts auf sich und machte das mit großer Hingabe für Aussehen und Detail. Schließlich danke ich auch Rudi Doorslaer, Yves Van de Steen, Sonja Schaepdryver, Carina De Cleer, Luc Pareyn und dem Personal des Liberalen Archivs für ihre Anregungen und materielle Unterstützung, Anne Tricot für Textkorrekturen, Anne und Pascal für das Nachlesen des Textes und Elaine für ihre unglaubliche Geduld.

Natürlich bin nur ich selbst verantwortlich für den Inhalt dieses Buches.

Dirk Verhofstadt Juli 2008

Teil I
Strategie

Kapitel 1
Die Heiligsprechung von Pius XII.

Vor mehr als einem halben Jahrhundert, am 9. Oktober 1958, starb Pius XII. – zweifellos der am meisten hinterfragte Papst der Geschichte.[1] Die ganze christliche Welt und vor allem die Römer betrauerten den Verlust. Der Papst hatte die Heilige Stadt nahezu unberührt durch den Krieg geführt. Fast alle Staatsoberhäupter jener Zeit schickten Beileidstelegramme, in welchen sie seinen Tod bedauerten. Der österreichische Bundeskanzler Julius Raap sagte: „Die Geschichte wird ihn für einen der größten Päpste aller Zeiten halten".[2] Dies schien auch der Fall zu sein, bis im Jahr 1963 das umstrittene Theaterstück *Der Stellvertreter* von Rolf Hochhuth aufgeführt wurde, in welchem der Autor behauptete, dass Pius XII. nichts getan hätte, um die Verfolgung der Juden zu verurteilen oder ihr Ende zu herbeizuführen.[3] Das war der Beginn einer erbitterten Debatte, die bis heute tobt. Seit Jahrzehnten diskutieren Historiker über die Rolle von Pius XII. in der Judenfrage vor, während und nach dem Zweiten Weltkrieg. Wie stand er zur Nazi-Politik gegenüber den Juden? Wieweit war er informiert über die Vernichtung der Juden? Und wie reagierte der höchste moralische Führer der Welt auf diese dramatischen Ereignisse?

Diese Fragen werden wieder aktuell. Erstens, weil der Vatikan voll mit dem Verfahren beschäftigt ist, Pius XII. in den kommenden Monaten oder Jahren selig und heilig zu sprechen. Der Prozess der Seligsprechung von Maria Giuseppe Giovanni Eugenio Pacelli, wie Pius XII. vor seinem Pontifikat genannt wurde, war bereits am 18. Oktober 1967 von Papst Paul VI. eröffnet worden. José Saraiva Martins, der portugiesische Kurienkardinal und Präfekt der Kongregation für die Selig- und Heiligsprechungen, der wie zufällig sein Büro am Piazza Pio XII., mit Blick auf die St. Peters-Basilika hat, untersucht zurzeit die beiden Voraussetzungen, die erfüllt sein müssen, um Pius XII. seligzusprechen: Die Anerkennung der Heldenhaftigkeit seiner Tugenden und die Anerkennung eines Wunders, das durch seine Fürsprache beim Herrn vollbracht wurde. Am 8. Mai 2007 hieß die Kongregation für die Selig- und Heiligsprechungen, bestehend aus dreizehn Prälaten aus sechs verschiedenen Ländern, ein Urteil gut, wonach Pius XII. ausreichend

„heroische Tugenden“ zugeschrieben werden konnten.[4] Nun ist nur noch ein beglaubigtes Wunder erforderlich, um ihn letztlich selig und später heilig zu sprechen. Am 18. Februar 2008 bestätigte Martins erneut, dass das Verfahren zur Seligsprechung in vollem Gange sei und normal verlaufe.[5] Der Kurienkardinal wird dabei unterstützt durch den Jesuitenpater Peter Gumpel, dem Relator in diesem Prozess. Die Bezeichnung Relator ist nicht ganz eindeutig. In der Tat wirkt Gumpel als eine Art unabhängiger Richter, der zugleich auch die Untersuchung führt. Seine Meinung zumindest ist eindeutig: Er glaubt an die Heiligkeit des Kriegspapst und schrieb bereits 1999, dass „keine Person oder Organisation so viel leistete, um den Juden zu helfen, wie Pius XII.“.[6] Die Verteidiger des Papstes nutzen alle Mittel, um seine Selig- und Heiligsprechung zu beschleunigen. So sind im Internet verschiedene Anträge von katholischen Organisationen, wie die Catholic League, zu finden, welche Namen und Anschriften von Personen sammeln, die wollen, dass Pius XII. so bald wie möglich kanonisiert wird.[7]

Aus Anlass dieser gewollten Selig- und Heiligsprechung ist in den letzten Jahren eine echte Medienkampagne von Anhängern und Gegnern des damaligen Papstes im Gange. Es ist bemerkenswert, wie viele neue Bücher zu dem Thema erschienen sind. Fürsprecher sind die Publizisten Michael Hesemann, David Dalin, Margherita Marchione, Michael Burleigh, Ronald Rychlak, Hans Jansen, Patrick Gallo, Ralph McInerny und Andrea Tornielli. Sie verteidigen die Haltung des Papstes, die nach ihrer Meinung nicht nur von dessen tiefster Bekümmernis über das Schicksal der Opfer des Holocausts zeugt, sondern die auch das Leben von Hunderttausenden von Juden gerettet haben soll. Der deutsche Historiker und Journalist Michael Hesemann, der abwechselnd in Düsseldorf und Rom lebt, veröffentlichte 2004 sein Buch *Hitlers Religion. Die fatale Heilslehre des Nationalsozialismus*, das 2007 in den Niederlanden unter dem Titel *Hitlers Religie* erschienen ist.[8] Er widmete sein Buch den „Opfern des Nationalsozialismus – Juden und Christen“. Der zentrale Punkt in Hesemanns Argumentation ist, dass Hitler die katholische Kirche genauso hasste wie die Juden und er auch das Christentum vernichten wollte. In diesem Zusammenhang verteidigt er die These, dass gerade Pius XII. eine aktive Rolle im Kampf gegen den Nationalsozialismus spielte, und dazu alles, was in seiner Macht stand, tat. Der amerikanische Rabbiner und Historiker David Dalin lehnte 2005 in seinem Buch *The Myth of Hitler's Pope: Pope Pius XII and His Secret War Against Nazi Germany* die Behauptung ab, dass der damalige Papst mit den „Nazis“ sympathisiert hätte.[9] Vielmehr hätte der Papst alles getan, um den Antisemitismus zu mildern. Laut Dalin verdient Pius XII. wegen „seines

Engagements, Juden vor der Nazivernichtung zu retten", die Ehrung als „Gerechter unter den Völkern" in Yad Vashem.[10] Das ist auch die These von Margherita Marchione, die in ihrem hagiografischen Essay „Did Pope Pius XII Help the Jews?", anlässlich des fünfzigsten Jahrestages seines Todes, auf eine solche Anerkennung drängt.[11] Der britische Historiker Michael Burleigh veröffentlichte 2006 sein Buch *Sacred Causes: Religion and Politics from the European Dictators to Al Qaeda*, das 2007 auf Niederländisch erschien unter dem Titel *Heilige doelen* – eine Fortsetzung seiner früheren Arbeit *Aardse machten*.[12] Burleigh weist auf den Protest vieler Priester und Kleriker gegen die „Nazis" hin. Auch er verschont den damaligen Papst, weil der das „kleinere Übel" wählte, eine Haltung, womit er unzählige Juden gerettet habe. Diese Sichtweise wurde bereits in den sechziger Jahren durch Pinchas Lapid detailliert verteidigt, der in seinem Buch *Three Popes and the Jews* errechnete, dass der Papst durch seine neutrale Haltung, seine stille Diplomatie und sein Stillschweigen 860.000 Juden gerettet habe.[13] Ähnliches unternimmt der Theologe Hans Jansen, der auf Grundlage von Dokumenten aus den Archiven des Vatikans zu zeigen versucht, dass Pius XII. nicht geschwiegen hat, wie viele andere Historiker behaupten.

Der italienische katholische Schriftsteller und Vatikanbeobachter Andrea Tornielli publizierte 2007 das Buch *Pio XII. Eugenio Pacelli. Un Uomo Sul Trono di Pietro*, in dem er den Papst bedingungslos verteidigt und deshalb sogleich die Unterstützung von Kardinal Tarcisio Bertone, dem Vatikanischen Staatssekretär, bekam.[14] Der hatte zuvor bereits erklärt, dass Pius XII. „das Opfer einer düsteren Legende ist". Bertone zeigte sich dann auch zufrieden mit dem Buch, er bezeichnet es als „große Widerlegung" der kritischen Werke, die vorher über den Kriegspapst erschienen waren. Nach Aussage des Staatssekretärs soll der ehemalige Papst mit äußerster Diskretion gehandelt und ein „großes und schweres inneres Drama" durchstanden haben, um das Leid der Verfolgungsopfer nicht noch zu vermehren. Zu nennen ist auch der Historiker Ronald Rychlak mit seiner Schrift *Hitler, The War and The Pope*, der zwar die Haltung des deutschen Episkopats heftig kritisiert, jedoch im Ganzen die Verteidigung des damaligen Papstes übernimmt.[15] Eine ähnliche Ansicht finden wir bei Hans Jansen in *De zwijgende paus? Protest van Pius XII. en zijn medewerkers tegen de Jodenverfolging in Europa*. Jansen vertritt die These, dass der Papst in den Grenzen seiner Möglichkeiten alles getan habe, um Juden zu retten.[16] Rychlak und Jansen stützen sich dabei auf die berühmten *Actes et Documents du Saint Siège relatifs à la Seconde Guerre Mondiale*.[17] Eine Zusammenfassung davon wurde von Pierre Blet veröffentlicht, der ein positives Bild von Pius XII. skizzierte.[18] Einer der heftigsten Verteidiger des damaligen Papstes ist Professor Patrick Gallo, der Herausgeber des Buches *Pius XII, the Holocaust and the Revisionists*.[19] Bereits die Verwendung des Wortes „Revisionisten" ist auffällig. Normalerweise findet dieser Begriff Anwendung für Holocaust-Leugner, die sogenannten Negationisten. Damit gibt Gallo zu verstehen, dass die Kritiker Pius XII., weil sie die mutige Haltung des Papstes bestreiten, mit den gleichen Mängeln wie die Negationisten behaftet sind. Laut Ralph McInerny, Autor von *The Defamation of Pius XII.*, sind alle Angriffe auf Pius XII. auch Angriffe auf die eine und absolute Wahrheit der Katholischen Kirche und daher moralisch inakzeptabel und gefährlich.[20]

Nicht jeder ist damit einverstanden. In Yad Vashem, der Holocaustgedenkstätte in Jerusalem, hängt seit 2005 ein Foto von Pius XII. mit der folgenden Bildunterschrift: „1933, als er Sekretär der Vatikanstadt war, war er aktiv am Zustandekommen eines Konkordats mit dem deutschen Regime beteiligt, um die Rechte der Kirche in Deutschland zu sichern, auch wenn es bedeutete, das rassistische Naziregime anzuerkennen. Als er 1939 zum Papst gewählt wurde, schob er die Veröffentlichung eines Briefes gegen Rassismus und Antisemitismus auf, den sein Vorgänger vorbereitet hatte. Auch wenn Berichte über die Ermordung von Juden den Vatikan erreichten, protestierte der Papst weder mündlich noch schriftlich. Im Dezember 1942 unterschrieb er die Erklärung der Alliierten nicht, welche die Vernichtung der Juden verurteilte. Als Juden aus Rom nach Auschwitz deportiert wurden, hat der Papst nicht reagiert. Der Papst blieb während des Krieges neutral, mit Ausnahme der Bitten, die er am Ende des Krieges an die Regierungen von Ungarn und der Slowakei richtete. Sein Schweigen und das Fehlen von Richtlinien zwangen den Klerus in Europa, selbst zu entscheiden, wie sie darauf reagieren mussten." Diese Ansicht verteidigen ganz oder teilweise Historiker wie Guenter Lewy, Karlheinz Deschner, John Morley, Daniel Goldhagen, John Cornwell, Klaus Scholder, Giovanni Miccoli, David Kertzer, Peter Godman, Gitta Sereny, Michael Phayer, Michael Marrus, Susan Zuccotti, Saul Friedländer und viele andere.[21] Sie stehen besonders kritisch zu Pacelli, dem späteren Papst Pius XII., und sammelten dafür viele Fakten, einschließlich Aussagen von Nazi- und Kirchenführern, Zeitungsausschnitte, historische Dokumente, Auszüge aus verschiedenen Archiven, Fotos, persönliche Briefe, Tagebücher und Zeugnisse. Diese zeigen, dass die Kirchenführer Bescheid wussten über die „Endlösung der Judenfrage", d.h. die Politik der Identifizierung, Isolierung, Enteignung, Ghettoisierung, Deportation und späteren Vernichtung der Juden in

Deutschland und den besetzten Gebieten, dass sie selten ihre Stimme dagegen erhoben oder das NS-Regime sogar unterstützten. Natürlich gab es auch viele Geistliche, die sich widersetzten, die laut protestierten und die Juden halfen, sich zu verstecken. Jedoch taten sie das meistens auf eigene Initiative, unabhängig von und oft im Widerspruch zu den Richtlinien, die sie aus dem Vatikan und aus den verschiedenen Diözesen empfingen. Kein Historiker bestreitet den immensen Einsatz, den Mut und die Standhaftigkeit einzelner Geistlicher in jenen Jahren der moralischen Verzweiflung, aber ebenso wenig lassen sich diese individuellen Heldentaten mit einem allgemeinen Widerstand der Kirche gegen den Nationalsozialismus und seine mörderische Politik gegenüber den Juden oder mit einer heroischen und entschlossenen Haltung von Papst Pius XII. in der dunkelsten Zeit der modernen Geschichte gleichsetzen.

Im Oktober 1999 wurde ein Ausschuss gebildet, bestehend aus drei katholischen und drei jüdischen Historikern, den Professoren Eva Fleischner, Gerald Fogarty (SJ), John Morley, Michael Marrus, Robert Bernard Suchecky und Robert Wistrich. Sie hatten Zugang zu einer Reihe von ausgewählten Vatikan-Dokumenten, den *Actes et Documents du Saint Siège relatifs à la Seconde Guerre Mondiale*. Diese *Actes et Documents* waren 1964 auf Ersuchen von Papst Paul VI. durch die Jesuiten Pierre Blet, Angelo Martini, Burkhart Schneider und Robert Graham zusammengestellt und zwischen 1965 und 1981 veröffentlicht worden. Obwohl die Forscher behaupteten, dass hier die wichtigsten Antworten auf diese Fragen enthalten sind, fehlen entscheidende Dokumente. So vermissen wir einen Teil der Korrespondenz des Berliner Bischofs Konrad von Preysing mit Pius XII., die Papiere des umstrittenen österreichischen Bischofs Alois Hudal (die jetzt zur Einsicht bereitliegen bei der Pontificio Santa Maria dell'Anima in Rom) sowie fast alle Dokumente über die Ereignisse in Osteuropa, mit Ausnahme von Polen und den baltischen Staaten. Das ergibt sich auch aus den vielen Hinweisen in den Texten auf Zeugnisse, Briefe und Kommentare, die nicht enthalten sind. So gibt es zahlreiche Fußnoten in den *Actes et Documents*, die sich auf Briefe vom und an den Papst beziehen. Als dies dem Ausschuss, einschließlich der katholischen Vertreter, klar wurde, reichte dieser im Oktober 2000 bei Kardinal Walter Kasper, dem Leiter der Kommission für die religiösen Beziehungen mit den Juden, eine Liste von 47 spezifischen Fragen zu Fakten ein, die wohl in den *Actes et Documents* aufgelistet, dort jedoch nicht oder nicht vollständig aufgenommen waren. Bereits in Teil 1 wird auf 700 Dokumente verwiesen, die nicht veröffentlicht sind. Nach einer stürmischen Debatte zwischen den Ausschussmitgliedern und Pater

Gumpel stellte der Ausschuss am 23. Juli 2001 seine Tätigkeit ein. Nach Äußerungen verschiedener Kommissionsmitglieder deshalb, weil der Vatikan sich weigerte, auf weitergehende Fragen zu antworten; nach Gumpel wegen des unangemessenen und voreingenommenen Verhaltens einer Reihe von Mitgliedern des Ausschusses.

Sind alle Dokumente aus den vatikanischen Archiven bekannt? In seinem Buch *De zwijgende paus? Het protest van Pius XII en zijn medewerkers tegen de jodenvervolging in Europa* erweckt der Theologe Hans Jansen den Eindruck, dass sie es sind. „Es verwundert mich, dass im Jahr 2000 noch sehr viele Menschen mit der Annahme leben, dass der Vatikan misstrauischen Aufwand betreibt, um die vatikanischen Archive geschlossen zu halten, wenn es um die Rolle von Pius XII. während des Zweiten Weltkrieges in Bezug auf das Schicksal der Juden geht“, schreibt Jansen, wobei er sich auf die *Actes et Documents* bezieht.[22] Dies ist natürlich nicht ganz richtig. Die *Actes et Documents* sind sehr wichtig, aber sie sind offensichtlich nur eine Auswahl. Dies zeigt sich unter anderem an den vielen Verweisen auf nicht enthaltene Dokumente. Weshalb werden diese Dokumente dann nicht freigegeben? Hat die Kirche etwas zu verbergen? Die wohl- oder auch nicht bewusste Zurückhaltung des Vatikans, seine Archive aus der Kriegszeit vollständig zu öffnen und für unabhängige Forscher zugänglich zu machen, untermauert nur die Annahme, dass es Dinge gibt, die das Bild der Kirche beschädigen können und die deshalb das Tageslicht nicht sehen dürfen. Die Kirche muss erkennen, dass durch diese Haltung die Beschuldigungen gegen sie und ihre Vertreter eher zu- als abnehmen werden. Nur eine vollständige Offenlegung kann erreichen, dass nicht nur die Wahrheit ans Licht kommt, sondern dass auch der notwendige Prozess der Reue, Vergebung und Wiederherstellung ihrer moralischen Autorität eine Erfolgschance bekommt. Nach Pater Gumpel, mit dem ich zwei Interviews geführt habe, sei nichts davon wahr und die Kirche bereit, alle Informationen heranzuschaffen, aber es gebe praktische Einwände.[23] Der Umfang der Dokumentation über den Kriegszeitraum sei derart groß, dass Bischof Sergio Pagano, offiziell zuständig für die geheimen Archive des Vatikans, noch sechs bis zehn Jahren brauchen werde, um sie auf wissenschaftlich annehmbare Art zu identifizieren, nummerieren, chronologisch zu ordnen, zu indexieren (sowohl thematisch als auch namensbezogen) und schließlich zu digitalisieren.[24] Es wird wohl noch eine Weile dauern, bevor wir eine vollständige Übersicht über alle Dokumente erhalten.

Einige Historiker fragen sich laut, ob der Vatikan die Archive überhaupt erschließen will. Eine schlüssige Antwort auf diese Frage ist unmöglich. Es kann sein, dass der Vatikan die Öffnung der Archive verzögern will, aber zu welchem Zweck? Eines Tags werden sie dennoch das Licht sehen und dann werden Historiker die verfügbaren Unterlagen untersuchen und die bisherigen Hypothesen am vorhandenen Material prüfen können. Es sei denn, bestimmte Dokumente sollen absichtlich zerstört werden, um gewisse Spuren zu verwischen. Das jedoch würde nur zu weiteren Spekulationen und zu Misstrauen führen. Sowohl die Kirche als auch die Wissenschaft werden von einer vollständigen Öffnung profitieren; und wenn dazu noch einige Zeit benötigt wird, so sei es drum. Dennoch können Forscher schon jetzt ihre Hypothesen auf der Grundlage derzeit verfügbarer Dokumente verkünden. Ich möchte einen Beitrag dazu leisten. Ich werde mich auf fast alle verfügbaren Quellen beziehen, sowohl auf die der Befürworter als auch auf die der Gegner des Papstes, auf Tagebücher und auf Studien dieser wie jener Historiker wie auch auf die sehr detaillierten *Actes et Documents* des Vatikans selbst. Diese werden fast allgemein als die bisher umfassendste Wiedergabe wichtiger Ereignisse und als unstrittige Dokumente, die kein Historiker ignorieren kann, betrachtet – obgleich sie nicht vollständig, sondern das Ergebnis einer bewussten Auswahl durch eine Gruppe Jesuiten im Auftrag der damaligen Kirchenführer sind.

Der Zweck dieses Buches ist es, die unterschiedlichen Argumente und Hypothesen der oben genannten und weiterer Historiker kritisch zu untersuchen, um festzustellen, ob sie zuverlässig und wahr sind oder ob sie dies nicht sind. Ich bin mir sehr bewusst, dass wir hierdurch kein endgültiges Bild von den Triebfedern und der Haltung Pius XII. erhalten werden. Dazu ist eine noch gründlichere Forschung erforderlich. Wohl will ich aber einer Reihe von Missverständnissen und Klischees, die sich in den letzten Jahrzehnten im kollektiven Gedächtnis vieler Menschen festgesetzt haben, aus der Welt helfen und die Leser zum Nachdenken über ein Thema ermutigen, das mehr als andere den Kern der Moralität trifft. Es geht um die Art, wie wir uns als Mensch gegenüber anderen Menschen in Not zu verhalten haben, unabhängig von deren Herkunft, Geschlecht oder Nationalität.

Kapitel 2
„Wir haben es nicht gewusst“

Leonard Linton diente als 23-jähriger Unteroffizier in der amerikanischen Armee, die im März 1945 in das zerstörte Köln einzog. Als er Deutsche fragte, was sie von den Verbrechen des NS-Regimes wussten, erhielt er regelmäßig zwei Antworten: „Ich war immer dagegen“ (was meint: „Ich bin immer gegen die Nazis gewesen“) und „Ich hatte jüdische Freunde“ (oder: „Ich habe Juden geholfen“).[25] Anscheinend waren die jubelnden Massen, die Hitler feierten, eine Fantasie gewesen und es müssten 50 Millionen Juden gewesen sein, könnte man all jenen Deutschen glauben, die ihnen geholfen haben wollen, bemerkte Linton. Aber die häufigsten Kommentare in den Wochen, Monaten und Jahren nach dem Zweiten Weltkrieg lauteten: „Wir haben es nicht gewusst“ und „Das haben wir nicht gewusst“, wobei das Wort ‘Das’ sich auf die Ermordung von Millionen Juden durch die Einsatzgruppen und die Vernichtungslager im Osten bezog. Millionen von Deutschen nutzten diese Entschuldigung als Rechtfertigung für ihre Gleichgültigkeit, ihren Konformismus und sogar ihre Beihilfe für das verbrecherische Nazi-Regime. Viele Studien zeigen, dass der berüchtigte Satz nicht richtig sein kann. Millionen von Soldaten und Bürgern wussten, was mit den Juden passierte, angefangen von den ersten diskriminierenden Maßnahmen in Deutschland bis später von den Ereignissen in den besetzten Gebieten. Sie wussten von den aufeinanderfolgenden Verbotsbestimmungen für Juden, den Nürnberger Rassengesetzen, dem obligatorischen Tragen des Davidsterns, den Registrierungen, den Verfolgungen und den Deportationen in die Konzentrations- und Vernichtungslager, aus denen fast niemand zurückkam.

In seinem Buch *Pal achter Hitler* zeigt der britische Historiker Robert Gellately detailliert, wie die deutsche Bevölkerung über die Isolation, die Verfolgung, die brutale Behandlung und sogar über die Massaker an politisch Andersdenkenden, geistig und körperlich Behinderten, Kriegsgefangenen, Homosexuellen, Zeugen Jehovas, Sinti und Roma sowie vor allem an Juden Bescheid wusste.[26] Darüber wurde frei und offen in der damaligen Presse geschrieben und es war auch sehr gut sichtbar auf der Straße selbst.

Gellately beschreibt, wie schon im April 1933 viele Juden „bei viel Öffentlichkeit in Schutzhaft genommen und in Konzentrationslager überführt wurden“. Als Schutzhaft („Sicherungsverwahrung“) wurde eine Maßnahme bezeichnet, die nach dem Reichstagsbrand am 27. Februar 1933 vom Naziregime verkündet wurde und die der Polizei erlaubte, Menschen ohne jegliches Gerichtsverfahren festzunehmen und einzusperren. Offiziell wurden sie zugunsten ihrer eigenen Sicherheit verhaftet und sie hatten sogar ein Schriftstück zu unterzeichnen, in welchem sie ihrer eigenen Gefangennahme zustimmten. Wenn sie doch freigelassen wurden, mussten sie ein anderes Dokument unterzeichnen, in dem sie erklärten, gut behandelt worden zu sein und dass sie schweigen würden über das, was sie erlebt hatten. Auf diese Weise hing ständig das Damoklesschwert einer erneuten Verhaftung über ihren Köpfen. Der eigentliche Zweck der Schutzhaft war, bestimmte Personen und Gruppen vorübergehend oder dauerhaft aus der Gesellschaft zu entfernen, sodass sie nicht öffentlich protestieren und die Nazipolitik behindern konnten. In den ersten Monaten des Jahres 1933 war das für das NS-Regime von außerordentlicher Wichtigkeit, um mögliche Widerstandsherde zu beseitigen und mit solchen Formen der Einschüchterung und des Terrors Andere davon abzubringen, sich öffentlich zu widersetzen. Zugleich wurde dieses Vorgehen von den Herrschenden als Mittel für Ruhe und Ordnung und als Schutz der Bürger vor den Auswüchsen kommunistischer Randalierer, die angeblich nur Chaos, Gewalt, Revolution und Anarchie wollten, propagiert. In Wirklichkeit waren die Schutzhäftlinge völlig rechtlos. Die Bevölkerung wusste und akzeptierte das. Schlimmer noch, sie hieß es in vielen Fällen gut und half oft bei Verhaftungen.

Hunderttausende von Deutschen hatten Hitler persönlich bei den vielen Massenveranstaltungen der Nationalsozialisten, ganz besonders bei den jährlichen Parteitagen in Nürnberg, wo er seinem Antisemitismus freien Lauf ließ, erlebt. Millionen von Deutschen lasen Zeitungen wie *Völkischer Beobachter* und *Der Stürmer*, in denen die Juden stets als verdorben und mörderisch dargestellt wurden.[27] In allen deutschen Städten und Gemeinden standen sogenannte Stürmerkästen, Wandzeitungen hinter Glas, in denen die Frontseite des Blattes, provokative Texte und Karikaturen gegen die Juden aushingen. Millionen von Deutschen hörten Radio und waren beeindruckt von den Reden Joseph Goebbels’ und Adolf Hitlers, in denen an Juden und Kommunisten, die oft gleichgesetzt wurden, der Vorwurf erging, dass sie ausnahmslos die Interessen der deutschen Nation und des eigenen Volkes untergraben würden. Selbst die Existenz von Konzentrationslagern wurde nicht geheim gehalten. In den meisten Zeitungen, dar-

Abb. 1: Stürmerkasten in Dresden. Unten stand die Losung: Die Juden sind unser Unglück.

unter auch in neutralen Blättern, standen Fotografien und Texte über diese speziellen Hafteinrichtungen. Am 20. März 1933 hielt Heinrich Himmler eine Pressekonferenz, in der er die Eröffnung eines „Konzentrationslagers für politische Häftlinge“ in Dachau bekannt gab. Am 22. März 1933, einen Tag bevor der Reichstag über das Ermächtigungsgesetz abstimmte, das die Demokratie in Deutschland beseitigte, wurde ein erstes Kontingent von 200 Kommunisten eingesperrt.[28] Was in diesem Lager und in anderen Gefängnissen passierte, wurde rasch klar. Hermann Hesse, der in der Schweiz lebte und im Jahr 1946 den Nobelpreis für Literatur erhielt, schrieb am 25. März 1933 in einem Brief an den Bildhauer Hermann Hubacher: „In Deutschland sind ca. 30.000 bis 40.000 Menschen in diesem Moment, einfach aufgrund ihrer Stellungnahmen, in Gefangenschaft, viele werden gefoltert, viele sind zu Tode geprügelt, fast alle roh und einige schwer misshandelt. Der deutsche Pogrom gegen den Intellekt ist gewalttätiger, grober und bestialischer als das Schlimme, das im faschistischen Italien passierte. Außerdem die Judenverfolgung, das Unwürdigste was diese blutrünstigen Tiger extra ausdenken konnten.“ Und er endete mit den prophetischen Worten: „Nur die Scheiterhaufen fehlen noch.“[29]

In den darauf folgenden Monaten und Jahren wurden weitere dieser Lager in Betrieb genommen: Oranienburg bei Berlin und Papenburg 1933, Sachsenhausen 1936, Buchenwald im Jahre 1937, 1938 Flossenbürg und Ravensbrück im Jahr 1939. Alle Konzentrationslager, die bereits vor dem Krieg errichtet wurden, waren der lokalen Bevölkerung bekannt. Die Presse berichtete darüber. „Dass es Konzentrationslager gab, wussten wir ab 1933“, sagte der spätere Nobelpreisträger für Literatur Heinrich Böll, „sie waren meist kleine Lager in denen politische Gegner – Kommunisten, Sozialisten, Mitglieder der Zentrumspartei – gefoltert wurden. Hier und da hörte man etwas, von jemandem, der einem solchen Lager entkommen war, der den Mund halten müsste, der uns aber mit einem halben Satz deutlich machte, was dort los war.“[30] Ein anderer deutscher Schriftsteller, Ernst Wiechert, schrieb in seinen Memoiren über seine Zeit in Buchenwald, wo er 1938 für zwei Monate inhaftiert war, dass insbesondere die Juden in den KZ aufs Korn genommen wurden. „Juden galten nicht als Menschen, sogar nicht als Tiere; sie waren Ungeziefer, das zu Tode getrampelt werden müsste.“[31]

In zahllosen Briefen, Tagebüchern und Zeitungsartikeln wurden die existierenden Konzentrationslager beschrieben und fast jeder Deutsche wusste, dass dies Orte waren, wo Menschen unter entsetzlichen Bedingungen festgehalten wurden und wo man keinesfalls hinkommen durfte. Allein das Wissen um ihre Existenz hinderte viele Menschen, gegen die offensichtlichen Verbrechen zu revoltieren, deren sich vor allem die SA-Braunhemden Tag für Tag schuldig machten. Normale Bürger, in der Regel als politische Gegner denunziert, und Juden wurden geschlagen, gefoltert oder kurzerhand ermordet. Noch mehr wurden verhaftet und in spezielle Lager verbracht. „In der Tat weiß jeder Deutsche – und so verhält er sich auch –, dass es Konzentrationslager gibt, wo Menschen misshandelt werden“, schreibt der deutsche Journalist Sebastian Haffner im Jahr 1940.[32] Auch die Österreicher vernahmen sehr bald Berichte über das berüchtigte KZ Mauthausen, 25 Kilometer östlich von Linz. Es wurde 1938 gegründet für die Inhaftierung von politischen und ideologischen Gegnern, wurde jedoch schnell auch benutzt, um Kriegsgefangene und Juden zu inhaftieren und zu vernichten. Ein niederländischer Arzt aus Rotterdam, der ein Kriegstagebuch führte, berichtet bereits am 1. Mai 1941, dass die Deutschen sich zum Ziel gesetzt hätten, alle Juden auszurotten.[33] Informationen über die Existenz dieser und anderer finsterer Gefängnisse endeten nicht mit dem Ausbruch des Krieges, im Gegenteil. Viele andere Lager in und vor allem außerhalb von Deutschland wurden dann in Betrieb genommen und auch über sie erreichten mancherlei Berichte die Zivilbevölkerung. Bald nach Beginn des Zweiten Weltkriegs wurden in abgelegenen Gebieten Polens Konzentrations- und Vernichtungslager eingerichtet, in denen millionenfach Massenmorde begangen wurden. Selbst über diese Tötungszentren sickerten zunehmend Informationen zum deutschen Volk durch.

Große Teile des deutschen Volkes hörten, trotz der möglichen Sanktionen, die verbotenen Sendungen ausländischer Radiostationen, besonders die der deutschsprachigen BBC, die ab Mitte 1942 regelmäßig über Gewalttaten und Massenmorde, vor allem an Juden, in den besetzten Gebieten berichtete. Max von der Grün erzählt in einem Buch über seine Kindheit unter dem Naziregime, wie seine Mutter 1942 Radioübertragungen aus London hörte, eines Feindsenders, wie er schreibt. Dadurch wusste sie von dem, was im Osten passierte. „Am Abend um 9 Uhr legte sie eine dicke Decke über das Radio und steckte da den Kopf runter. … So hörte meine Mutter über die Gräueltaten im Reich und außerhalb der deutschen Grenzen. Jetzt wusste sie, was wirklich passierte in den Konzentrationslagern.“[34] Auch in den Niederlanden wurden derartige Nachrichten der BBC während des Krieges empfangen. So schrieb ein Hörer am 26. Juni 1942: „In Polen soll das Herrenvolk bisher 700.000 Juden getötet haben.“[35] Denselben Bericht erwähnt auch Etty Hillesum am Montag, 29. Juni 1942, in ihrem Tagebuch: „Die neueste Nachricht ist, dass alle Juden aus Holland entfernt werden sollen, durch Drente nach Polen. Und der englische Sender berichtete, dass seit April vergangenen Jahres 700.000 Juden getötet worden sind, in Deutschland und in den besetzten Gebieten.“[36] Ein Buchhalterassistent aus Rotterdam schreibt in seinem Tagebuch am 13. Dezember 1942: „In Polen geht der Massenmord an den Juden weiter. Himmler möchte dort alle Juden vor ’43 töten.“[37] Nach Recherchen des amerikanischen Professors Eric Johnson hörten 53% der Bevölkerung in der Region Köln die BBC. Mehr als 30 Stunden pro Woche waren für Programme speziell für deutsche Hörer vorgesehen.[38] Trotz der Sanktionen wurden nur sehr wenige Menschen deshalb verhaftet oder bestraft. „Indem sie bewusst und ohne allzu große Angst den deutschsprachigen Sendungen der BBC und anderer ausländischen Sender lauschten, erhielten die gewöhnlichen Deutschen ziemlich genaue Informationen über den Fortgang des Krieges und den Massenmord an den europäischen Juden, und zwar zu dem Zeitpunkt, als es geschah“, sagte Johnson.[39] Seit Beginn des Krieges warfen die Alliierten über deutschen Städten Millionen von Flugblättern mit detaillierten Informationen über die Vernichtungspolitik der „Nazis“ gegen die Polen und die Juden ab. Die Mitglieder der Hitlerjugend wurden regelmäßig eingesetzt, um solche

„volksfeindlichen" Flugblätter einzusammeln und zu vernichten, damit sie nicht in die Hände der Bürger gelangten. Dennoch war die Wahrscheinlichkeit hoch, dass viele Deutsche solche Flugblätter zu Gesicht bekamen.

In dem Buch *Vergeten Stemmen* über den Holocaust von Lyn Smith bezeugt Dennis Avey, ein britischer Kriegsgefangener in der Bunafabrik Auschwitz-Birkenau, dass viele Deutsche wussten, was vor sich ging. „Es müssen Hunderte, Tausende Deutsche gewesen sein, die es gesehen haben, und doch zu sagen wagen: 'Oh, nein, wissen Sie, wir hatten echt keine Ahnung von dem, was passiert ist.' Das ist lächerlich."[40] Die Deutschen wussten mehr als genug, schon in den ersten Jahren des Nationalsozialismus. In Nürnberg verhaftete die SA am 20. Juli 1933 dreihundert jüdische Kaufleute. Auf ihrem Weg zum örtlichen Gefängnis wurden sie verspottet und von Umstehenden bespuckt. In der Nazipresse wurden regelmäßig Auktionen von Möbeln, Hausrat und anderem beschlagnahmten Eigentum von Juden, u. a. in Frankfurt, Mannheim und Breslau, angekündigt. Im Buch von Robert Gellately findet sich ein Foto von einer Menge Deutscher, die 1942 in Hanau auf einer öffentlichen Versteigerung für Waren aus einem jüdischen Haushalt bieten, dessen Angehörige in ein Konzentrationslager abtransportiert worden waren. Der renommierte Historiker Raul Hilberg diskutiert in seinem Buch *Täter, Opfer, Zuschauer* das konkrete Beispiel einer öffentlichen Versteigerung des Inhalts von 118 Koffern, einem Rucksack und einer Handtasche, hinterlassen nach der Deportation von Hunderten von Juden aus Leipzig am 21. Januar und am 10. Mai 1942.[41] Fast alles wurde von ihren deutschen Mitbürgern gekauft. Dergleichen Auktionen, bei denen Menschen vor Ort materiellen Gewinn aus der Beschlagnahme jüdischen Eigentums erzielen konnten, gab es an verschiedenen Orten. Hunderttausende Deutscher zogen Nutzen daraus. Hilberg stellt fest, dass manchmal kleinere Gegenstände direkt aus den Vernichtungslagern kamen und an Bedürftige verteilt wurden und dass die Empfänger dazu kaum jemals Fragen stellten. Vielen Deutschen, welche durch die alliierten Luftangriffe ihre Häuser verloren hatten, wurden die Häuser von Juden zugewiesen, die in der Regel unter Zurücklassung ihrer Habe verhaftet und deportiert worden waren. „In ganz Deutschland wurden Tausende von jüdischen Häusern übernommen und schmückten Möbel aus jüdischen Häusern in Deutschland und in den westlichen Ländern deutsche Büros und private Haushalte."[42] Oft ging es um Mitbürger, die sehr genau wussten, wer früher in diesen Häusern gewohnt hatte. Auch deutsche Unternehmer kauften Eigentum von enteigneten und verhafteten Juden für einen Bruchteil dessen wahren Wertes. Viele Deutsche und auch Bewohner der besetzten Gebiete waren heimlich froh, dass die Juden ermordet wurden, sodass sie das billig Erworbene behalten und an ihre Kinder vererben konnten. In diesem Sinne waren viele Bauern zufrieden, dass ihre jüdischen Gläubiger buchstäblich in Rauch aufgingen.

„Deutschland roch nach Mord und Verrat, und alle atmeten die Luft ein, als wäre es Rosenduft", schrieb der deutsch-jüdische Schriftsteller Ernst Weiß 1938. Das war in Österreich mit seinem ebenso fanatischen Antisemitismus, der ständig von der katholischen Kirche angeheizt wurde, nicht anders.[43] Viele Historiker stellen fest, dass der Antisemitismus in Österreich noch virulenter war als in Deutschland. „Mit dem Läuten der Kirchenglocken im Hintergrund und mit den Rufen 'Juda verrecke!' griffen die Wiener die Juden scharenweise an, noch bevor die motorisierte Vorhut der Wehrmacht angekommen war", schreibt Michael Burleigh, der sich auf die Orgie von Gewalt und Plünderungen in den Tagen vor und während des deutschen Einmarsches bezieht.[44] Auch Simon Wiesenthal sagt, dass „die Hälfte der Verbrechen des Holocausts von den Österreichern begangen wurde, obwohl sie nur ein Zehntel der Bevölkerung im Großraum Deutschland ausmachten".[45] In dem Buch *Het Derde Rijk en de Joden*, bearbeitet von Leon Poliakow und Joseph Wulf, findet sich ein Bild von Wiener Bürgern, die sich nach dem Anschluss im Jahr 1938 über homosexuelle Juden erheitern, die von der Polizei gezwungen werden, Losungen wie „Heil Schuschnigg" mit kleinen Pinseln von den Straßen zu entfernen.[46] In ihrem Buch *De joodse bruid* bezeugt die jüdische Schriftstellerin Edith Hahn-Beer dieses Ereignis: „Auf die Bürgersteige hatten Menschen Parolen gegen die Nazis geschrieben. Die SS nahm Juden fest und zwang sie unter Androhung von Schusswaffen, die Fliesen zu scheuern, umgeben von Scharen von Österreichern, die sie verhöhnten und auslachten."[47] Der österreichische Gymnasiast Kampelmacher schrieb in sein Tagebuch am 20. März 1938 über solche Szenen: „Als ich heute durch den 9. Bezirk kam, sah ich schon aus der Ferne eine johlende Menge. In der Mitte lagen einige Juden, auch ältere Frauen, die ein Kruckenkreuz [das Symbol der österreichischen Vaterländischen Front – der Verf.], das auf die Straße gekalkt war, mit Zahnbürsten entfernen mussten. Als einer der Männer nicht sofort auf die Knie ging, bekam er einen harten Tritt von einem SA-Mann. Um ihn herum jubelten die Leute, das rote Wien, die Stadt der Gemütlichkeit … Am schlimmsten wüteten die Frauen."[48] Auch in anderen Bereichen unterlagen die Juden in Österreich zunehmend der Gewalt, bezeugt Kampelmacher. Am 4. April 1938 trug er in sein Tagebuch ein: „In den unteren Klassen gibt es täglich Zusammenstöße zwischen jüdischen und nichtjüdischen Mitschülern. Wir haben eine Schutzgruppe gebildet, die auf den Fluren patrouilliert.“ Und drei Tage später: „Täglich ziehen vor allem junge Leute in die von Juden bewohnten Teile der Stadt, um Fenster und Schaufenster einzuwerfen und zu plündern.“[49]

Die deutsche und österreichische Bevölkerung war unmittelbar Zeuge der antisemitischen Welle von Gewalt und Terror während und nach der berüchtigten, von Goebbels ausgelösten Kristallnacht vom 9. auf den 10. November 1938. Sie galt als ein Ausdruck „spontanen“ Volkszorns nach dem Attentat auf den deutschen Diplomaten Ernst Eduard vom Rath durch den Juden Herschel Grynspan in Paris. Dabei wurden 267 Synagogen und jüdische Gemeindehäuser verbrannt, Tausende von Läden und Geschäften, Häuser, Schulen und Friedhöfe verunstaltet und zerstört. Fast einhundert Juden wurden ermordet. Nach neueren Forschungen liegt diese Zahl wesentlich höher.[50] Passanten in Berlin sahen, wie Mitglieder der Hitlerjugend mit Bleirohren Juden bewusstlos schlugen, während Frauen applaudierten und sogar ihre Kinder hochhoben, damit sie besser sehen konnten.[51] Einige Tage später nahmen Gestapo und SS mehr als 25.000 Juden gefangen, die in den Konzentrationslagern Dachau, Buchenwald und Sachsenhausen verschwanden. „Es war einfach unmöglich, davon nicht Zeuge zu sein. ... Fast von einem Tag zum anderen hörten viele kleine jüdische Gemeinden auf, zu existieren“, schreibt Robert Gellately.[52] Auch in Österreich ging es hart her. Alle 95 Wiener Synagogen wurden niedergebrannt und viele Juden wurden verhaftet und in Konzentrationslager geschickt, während Menschenmassen zusahen. „Ich sah modisch gekleidete Frauen, die in ihre Hände klatschten und glücklich johlten, während respektable Mütter ihre Kinder hochhoben, um das ‘Spektakel’ zu sehen“, schrieb ein Korrespondent des *Daily Telegraph*.[53] Allein in Wien begingen 680 Juden Selbstmord, um den Brutalitäten der „Nazis“ zu entkommen. Kampelmacher schrieb in seinem Tagebuch am 14. November 1938: „Materielle und geistige Zerstörung stehen vor der Tür. Die Verzweiflung hat heute ihren Höhepunkt erreicht, da man keine Ahnung hat, was mit den verhafteten Menschen passiert. Alle jüdischen Geschäfte sind geschlossen, die meisten geplündert und zerstört. Auf den Straßen sieht man fast keine Juden, wie Kriminelle verstecken sie sich.“[54]

Es gibt viele Fotos von deutschen Fußgängern, die gleichgültig an den zerschlagenen Schaufenstern jüdischer Geschäfte, an brennenden Synagogen und festgenommenen Juden vorbeilaufen. „Zum ersten Mal wurden alle Deutschen persönlich mit antisemitischer Gewalt konfrontiert“, sagt David Bankier, Chef des *International Institute for Holocaust Research*

Abb. 2: „Schandemarsch" von Juden durch die Straßen Regenburgs.

von Yad Vashem.[55] Auf der Webseite der jüdischen Gemeinde der bayerischen Stadt Regensburg steht das Foto einer Gruppe von Juden zwischen 15 und 80 Jahren, die am 10. November 1938 in einem „Schandemarsch" durch die Maxstraße laufen, mit einem großen Schild mit der Aufschrift „Auszug der Juden". Dabei werden sie von Deutschen bespuckt, verprügelt und mit Steinen beworfen.[56] Diese Juden waren auf dem Weg in das KZ Dachau, wo auch die tschechisch-britische jüdische Journalistin Agnes Sassoon inhaftiert war. Auch sie glaubt den Deutschen nicht, wenn diese hartnäckig behaupten, dass sie nichts gewusst haben: „Die Einwohner von Dachau haben sehr wohl gesehen, was sie uns angetan haben, wie schlecht wir behandelt wurden – und niemand hat uns geholfen."[57] Das ist nur eine kleine Auswahl aus den unzähligen Zeugnissen, wie normale Bürger, oft aus Spaß, zuschauten bei der Demütigung, Unterdrückung und Deportation von Juden und anderen Gegnern des mörderischen Regimes, das diese Zuschauer nicht nur passiv erduldeten, sondern auch aktiv unterstützten.

Aber es gibt noch viel mehr Beweise für eine Beteiligung der Bürger an dem System. Die Gestapo verfügte dank des Grunderlasses über die vorbeugende Verbrechensbekämpfung von 1937 über ein Übermaß an Macht, um potenzielle Feinde des Volkes präventiv mit der Begründung zu verhaften, jede Störung der Rechtsordnung des Reiches zu verhüten und zu unterdrücken, selbst dann, wenn das Gesetz nicht öffentlich verletzt wurde. Dennoch war ihre Macht relativ, da die Polizeitruppe nur 46.000 Mitglieder umfasste. In manchen Städten und Dörfern gab es nur einen offiziellen Gestapomitarbeiter. Ihre Macht und ihr Einfluss kam vor allem aus dem System der Denunziation, an dem die Deutschen in großer Zahl teilnahmen, um Formen des Widerstands gegen das Regime und später vor allem Juden anzuzeigen. Auch Priester waren manchmal Informanten der Gestapo.[58] Die Denunziation von sogenannten Feinden der Volksgemeinschaft wurde als eine staatsbürgerliche Pflicht betrachtet, die schon früh in der Schule, in der Hitlerjugend und im Bund Deutscher Mädel (beide zusammen 1938 mit mehr als sieben Millionen Mitgliedern) gelehrt wurde. Innerhalb der Hitlerjugend gab es einen Hitler-Jugend-Streifendienst, eine Art Junior-Gestapo, die ihr Auge auf die Jugendlichen zu halten hatte, die sich negativ über die Bewegung, das System und über Hitler äußerten. In einigen Fällen wurden sogar die eigenen Eltern denunziert. Ein erschreckendes Beispiel dafür war Walter Hess, Mitglied der Hitlerjugend in Wittlich, nahe der französischen Grenze. Er denunzierte seinen Vater, weil der Hitler einen „verrückten Fanatiker" genannt hatte.[59] Der Mann wurde verhaftet und in Dachau eingesperrt, wo er starb. Sein Sohn bekam für seine „Leistung" eine Beförderung. Die damals zehnjährige Irmgard Hunt erzählt von einer Nazi-Lehrerin, von der sie nach der Haltung ihres Großvaters befragt wurde, der sich im privaten Kreis sehr kritisch über Hitler äußerte. Die Lehrerin hoffte, dass das Kind ihn verraten würde.[60] Die größten Opfer des Denunziationssystems waren die Juden. Gellately gibt eine erschreckende Tabelle über die soziale Isolation der Juden in der bayerischen Region Unterfranken wieder.[61] Sie zeigt, dass 59% aller Denunziationen durch gewöhnliche Bürger geschahen. Der Schriftsteller Ralph Giordano, Sohn eines deutschen Juden, erzählt in seinem autobiografischen Roman *Die Bertinis* über sein Leben in Hamburg unter dem Naziregime. Er wurde am 1. September 1939 durch die Gestapo verhaftet, nachdem Spielkameraden, mit denen er seit frühester Kindheit zusammen war, ihn denunziert hatten. Damals war Giordano fünfzehn Jahre alt. „Sie hatten jahrelang alle staatsfeindlichen Bemerkungen, die ich gemacht hatte, erfasst (...) zum Beispiel hatte ich gesagt, dass der Volkswagen und der Bau von Autobahnen Vorbereitungen für den Krieg waren."[62] Die eigentliche Absicht der Gestapo war, dass Giordano seine Mutter verraten sollte wegen „des Einflüsterns von staatsfeindlichen Dingen“, aber er weigerte sich das zu tun. Der Schriftsteller weist auch darauf hin, „dass die Bürger des großdeutschen Reiches wussten, was los war, zumal die Deportationen von Juden im Jahre 1940 und 1941 am helllichten Tag stattfanden“.

Deutsche, die eine Beziehung mit einem Juden hatten, bekamen Probleme. In seinem Buch *1933* beschreibt Philip Metcalfe eine Szene in Nürnberg im August 1933. Martha Dodd, Tochter des amerikanischen Botschafters, traf dort in der Königsstraße auf eine Menge von etwa zweitausend Menschen, die eine Straßenbahn einkreisten. Eine Anzahl von kräftigen Jungs in braunen Uniformen schleppte eine junge Frau aus der Tram. „Ihr Gesicht war mit weißem Pulver eingerieben, ihr Kopf war rasiert und ihre blonden Locken waren an ein Pappschild geheftet, das sie ihr um den Hals gehängt hatten und wo zu lesen stand: „Ich habe mich einem Juden gegeben.“[63] „Unmittelbar nach der Machtübernahme brach eine riesige Schlammlawine von Verrat los. Väter verrieten ihre Söhne, Söhne ihre Väter, Frauen ihre Männer in der Hoffnung, aus dem neuen Regime Nutzen zu ziehen oder einfach nur aus Rache, Hass und Niedertracht.“[64] Fast jeder wusste, dass die Juden aus dem öffentlichen Leben eliminiert wurden. Die Deutschen waren in der Regel damit einverstanden. „Der Antisemitismus war in Deutschland seit 1939 so fest verwurzelt, dass jeder, der nur die Zeitung las oder *Mein Kampf* gelesen hatte, wissen musste, welchen Gefahren jeder jüdische Bürger ausgesetzt war“, sagte Heinrich Böll in seinem Interview mit René Wintzen.[65] Deutsche, die Kontakt mit Juden hatten, wurden eifrig bei der Gestapo denunziert. Eine Untersuchung zeigt, dass in Würzburg 57% der Fälle von „Rassenschande“ (Geschlechtsverkehr von Ariern mit Juden) durch gewöhnliche Bürger angezeigt wurden.[66] Allein in Hitlers Reichskanzlei kamen täglich Tausende Briefe von Bürgern an, in denen oft Juden oder Menschen, die Juden geholfen hatten, unterzutauchen, denunziert wurden. In seinem Buch *Nazi-terreur: Gestapo, joden en gewone Duitsers* gibt der Historiker Eric Johnson davon viele Beispiele. Er studierte zehn Jahre lang 1100 Gestapoakten an drei Stellen in Deutschland, befragte Kriegsverbrecher, Opfer und gewöhnliche Deutsche.[67] Die überlebenden Juden, mit denen Johnson sprechen konnte, waren überwiegend vor September 1939 emigriert. Fast alle waren Opfer von Folterpraktiken der Gestapo, nachdem sie aufgrund von Denunziationen verhaftet worden waren. Die Schlussfolgerung Gellatelys ist dann auch besonders hart: „Ohne die aktive Mitarbeit der gesamten Bevölkerung wäre es der Gestapo praktisch unmöglich gewesen, ihre Rassenpolitik durchzuführen.“[68]

Der Historiker Jeffrey Herf beschreibt in seinem Buch *The Jewish Enemy. Nazi Propaganda During World War II and the Holocaust*, wie die deutschen Staats- und Regierungschefs ständig zu beweisen versuchten, dass ihr Land dem internationalen Judentum zum Opfer gefallen war.[69] Die deutsche Propaganda stellte die amerikanischen und britischen Bombenangriffe auf deutsche Städte und den Vormarsch der Roten Armee als Beweis dafür dar, dass jüdische Bolschewisten und jüdische Kapitalisten alle Deutschen ausrotten wollten. Der Fanatismus gegen die Juden, mit deren Vernichtung als oberstem Ziel, sollte so moralisch legitimiert werden. Nach Herf wussten die Deutschen, dass Hitler, Himmler und Goebbels Begriffe wie „Vernichtung“ und „Ausrottung“ nicht im metaphorischen Sinn, sondern durchaus als Synonyme für Massenmord gebrauchten, und dagegen hatten sie wenig oder keine Einwände. „Das jüdische Volk muss mit Stumpf und Stiel ausgerottet werden. Dann wird diese Plage der Plagen mit einem Schlag aus Polen verschwinden.“ Das stand zu einem frühen Zeitpunkt wortwörtlich in antisemitischen Magazinen wie *Der Stürmer*, u. a. in der Ausgabe vom September 1939. Durch Feldpostbriefe und Erzählungen von Urlaubern waren viele Deutsche über die Massaker im Osten informiert. Wie die Haltung der „Nazis“ gegenüber den Juden war, wusste fast jeder. Hunderttausende von Deutschen waren bei öffentlichen Veranstaltungen anwesend, wo der Führer fanatisch gegen die Juden ausholte. Millionen von Deutschen lasen in der Zeitung, sahen auf den Plakaten an den Bushaltestellen, hörten im Radio oder sahen in den Kinos, wie die Naziführer gegen die Juden wetterten. In vielen Städten und Gemeinden hingen Warnschilder und Transparente mit Texten wie „Juda verrecke“ und „Juden sind hier unerwünscht“. Auf Bänken in öffentlichen Parks waren eiserne Schilder befestigt mit der Aufschrift „Nicht für Juden“.

Antisemitische Äußerungen mit Ankündigungen von Gewalt wurden bereits in den ersten Wochen nach der Machtübernahme durch die Nationalsozialisten auf den Straßen sichtbar. Am 1. März 1933 wollte der jüdische Rechtsanwalt Michael Siegel sich bei der Polizei in München beschweren, weil einer seiner jüdischen Klienten verhaftet worden war. Auf dem Hauptkommissariat wurde er von SA-Braunhemden geschlagen, wobei er mehrere Zähne verlor und sein Trommelfell riss. Anschließend hängten sie ihm ein Schild um den Hals mit den Worten „Ich bin Jude, aber ich will mich nicht über die Nazis beschweren“.[70] So musste er, für die Passanten deutlich sichtbar, durch die Innenstadt Münchens laufen. Heinrich Sanden hat davon zwei Fotos aufgenommen, die am 23. März 1933 in der *Washington Times* (die deutschen Zeitungen weigerten sich, sie zu veröffentlichen)

Abb. 3: Der jüdische Rechtsanwalt Michael Siegel wird von SA-Männern durch München geführt.

abgedruckt wurden. Bella Fromm, eine Society-Journalistin jüdischer Herkunft, die in Berlin in allen ersten deutschen Kreisen verkehrte, beschreibt am 1. Juni 1938 ein anderes Ereignis: „Auf dem Weg nach Potsdam sah ich eine Gruppe von Jungen in HJ-Uniformen einen dünnen, blonden Jungen verhauen." Fromm protestierte, bekam jedoch von dem Ältesten zu hören: „Wir haben entdeckt, dass dieses schmutzige Schwein ein jüdischer Bastard ist. Er weigerte sich, den Hitlergruß zu erweisen und sagte, er sei Jude. Also haben wir seine Hose runtergezogen, um zu sehen, ob er beschnitten ist."[71] Am 28. Juni 1938 wurde Fromm von einem Restaurant am Kurfürstendamm in Berlin aus Zeuge einer Razzia in einem gegenüberliegenden Café, wo viele jüdische Gäste saßen. „Plötzlich sahen wir einen Lastwagen der Gestapo vor dem Café stoppen. Es sprangen zwanzig SS-Männer heraus. Zehn gingen hinein, zehn hielten draußen Wache. Die Gäste wurden verhaftet und wie Vieh rausgetrieben. Die SS amüsiert sich mit der Belästigung nichtarischer Passanten. Die aufgegriffenen Gäste wurden in den Wagen geworfen."[72] Was Fromm so entmutigte, war die Erfahrung aus ihrem eigenen Umfeld, „wie unbekümmert die gesellschaftliche obere Schicht von Berlin sich über den herrschenden Antisemitismus hinwegsetzt".[73]

In dem Buch *Davon haben wir nichts gewusst! Die Deutschen und die Judenverfolgung 1933-1945* analysiert der deutsche Historiker Peter Longerich nicht nur die antisemitische Propaganda der „Nazis“, sondern auch die Hörfunkprogramme der Alliierten, Broschüren, persönliche Tagebücher, Gerichtsakten und Notizen von Ausländern. Auch er kommt zu dem Schluss, dass ein großer Teil der Bevölkerung sich der Morde an den Juden bewusst war. So verweist er auf Briefe, die Soldaten an die sogenannte Heimatfront schickten und auf Urlauber, die ab November 1941 Zeugen von Morden der Einsatzgruppen an der Ostfront waren.[74] In internen Berichten der „Nazis“ wurden speziell Soldaten auf Urlaub als die wichtigsten Informationsquellen über die „sehr harten Maßnahmen“ gegen die Juden genannt, so der Historiker Walter Laqueur.[75] Gewöhnliche deutsche Soldaten, die in Polen und später im Osten eingesetzt waren, müssen schon frühzeitig derartige Gemetzel an Juden gesehen haben. Die Massaker erfolgten damals nicht in Vernichtungslagern, sondern in vielen kleinen Dörfern. Aussagekräftig ist ein Brief eines Vertreters aus Bremen, der beim 105. Polizeibataillon diente. Er schrieb seiner Frau unumwunden, dass er an „der vollständigen Vernichtung der Juden“ in seinem Bezirk, von „Männern, Frauen und Kindern“ teilnahm.[76] Katholische und protestantische Soldaten, die in der Wehrmacht dienten und Frau und Kinder hatten, sahen mit eigenen Augen, wie Einsatzkräfte mit besonderen Aufgaben unschuldige Zivilisten, meist Juden, erschossen. Niemand könne das leugnen. „Der Holocaust im Osten war nicht beschränkt auf das stockdunkle Interieur der Gaskammern und auf gepanzerte Fahrzeuge. Es geschah im vollen Tageslicht, und Millionen von Anwohnern sahen zu“, so Professor und Autor Jan Gross.[77] Der Autor Uwe Timm, dessen Bruder an der Ostfront getötet wurde, las dessen Tagebuch und hält an bei seinen letzten Aufzeichnungen: „Hiermit schließe ich mein Tagebuch ab, denn ich finde es unsinnig, solche grausame Dinge, die manchmal passieren, zu notieren“, ein indirekter Verweis auf die Gräueltaten im Kampf gegen die Russen.[78] Der umstrittene deutsche Schriftsteller Ernst Jünger schrieb in seinem Tagebuch am 5. November 1941 in Paris über einen gewissen Roland, Soldat auf Urlaub aus Russland, der ihm von dem schauderhaften Mechanismus der Tötung von Häftlingen erzählte: „Man gibt vor, sie messen und wiegen zu wollen, lässt sie die Kleider ausziehen und bringt sie zu dem ‘Messapparat’, der in Wirklichkeit die Büchse einstellt und den Genickschuss verabreicht.“[79] Gut drei Millionen deutsche Soldaten überfielen am 22. Juni 1941 die Sowjetunion. Viele von ihnen müssen schreckliche Massaker an der Zivilbevölkerung gesehen haben, über die sie während des Urlaubs zu Hause sprachen. Der deutsch-jüdische Philologe und Schriftsteller Victor Klemperer notierte am 30. Dezember 1941 in seinem Tagebuch über ein Gespräch zwischen einem Soldaten auf Heimaturlaub von der Ostfront und einem Straßenbahnfahrer in Wien: „Mann, dort in Russland, das ist die Hölle auf Erden, sie kriegen mich dort mit zehn Pferden nicht mehr hin.“[80] Als der Mann bemerkte, dass noch jemand in der Straßenbahn saß, hielt er an sich.

Nach Angaben des tonangebenden Historikers Ian Kershaw, ist unbestreitbar bewiesen, dass das Wissen über die Grausamkeiten und Massenhinrichtungen an Juden im Osten weit verbreitet war. Die Quellen waren meistens Soldaten auf Urlaub sowie Sendungen ausländischer Radiostationen, die heimlich abgehört wurden.[81] Die amerikanische Kriegsberichterstatterin Sigrid Schultz beschreibt in ihrem Buch *Germany Will Try It Again*, wie einfach es war, Informationen darüber zu bekommen, was im Osten passierte. „Das Einzige was man tun musste, war in die Warteräume von Bahnhöfen in Ost-Berlin zu gehen und den ‘Schwarzen Wächtern’ (SS) zu lauschen, die ankamen oder an die Front gingen. Ihnen schien es Spaß zu machen, zu erzählen, wie Polen und Juden in Kellern eingesperrt und dann Handgranaten in die offenen Fenster geworfen wurden.“[82] Nach Fred Oeschner, Leiter der Nachrichtenagentur UP in Berlin, gab es in der deutschen Hauptstadt niemand mehr, der keine Ahnung hatte, was los war.[83] Die jüdisch-deutsche Schriftstellerin Inge Deutschkron erzählt über die Massaker während ihrer Jahre in der Illegalität in Berlin unter dem Nationalsozialismus. „November 1942 hörte ich im englischen Radiosender vage Berichte über Gas- und Massenhinrichtungen“, etwas, was sie kaum glauben konnte. Dann aber kam eine Nachbarin, verheiratet mit einem Zeugen Jehovas, die sie und ihre Mutter mit den Worten warnte: „Fritz von hier nebenan war Soldat in Polen und der hat gesehen, was sie dort mit den Juden machen ... Sie ermorden alle.“[84] Jünger berichtet in seinem Pariser Tagebuch am 30. März 1942 über einen gewissen Claus Valentiner, der ihm über einen schauderhaften Kerl erzählte, „der sich rühmte, in Litauen und anderen Randgebieten ein Mordkommando angeführt zu haben, das unzählige Menschen abgeschlachtet hat. Sie lassen ihre Opfer, nachdem sie sie zusammengetrieben haben, erst ein Massengrab ausheben, dann müssen sie sich reinlegen und werden dann in Schichten von oben erschossen. Zuvor raubt man ihnen die letzten Habseligkeiten, von den Lumpen die sie tragen bis hin zu ihren Hemden.“[85] Auch Vertreter von Unternehmen mit Niederlassungen in den besetzten Gebieten bekamen viel mit. So wurde ein Niederländer, der damalige Leiter von Unilever, auf dem Bahnsteig eines Bahnhofs in der Tschechoslowakei von zwei SS-Männern angehalten. Auf dem anderen Bahnsteig stand ein Viehzug und er sah, wie sich kleine Kinderhände durch die Bretter der Viehwaggons streckten.[86] Alle diese Zeugnisse wurden nach dem Krieg durch andere Augenzeugen bestätigt und in vielen Büchern, die über diese Zeit veröffentlicht sind, aufgezeichnet.

Eines der erschütterndsten Bücher über die Gräueltaten im Osten ist *Schöne Zeiten: Judenmord aus der Sicht der Täter und Gaffer* von Ernst Klee, Willi Dreßen und Volker Rieß.[87] Es enthält eine große Menge von Aussagen, Briefen und Fotos über den Alltag der Einsatzgruppen, die hinter der regulären Armee marschierten und so viele russische Kommunisten und Juden wie nur möglich ermordeten. Die Täter waren oft Mitglieder des Volksdeutschen Selbstschutzes, die sich selbst als Herrenvolk betrachteten.[88] Mit der Herrschaft der „Nazis" kamen sie an die Macht und zeigten ihre Abneigung gegen die lokale Bevölkerung durch unmenschliche Grausamkeiten. Mehrere Mitglieder der Wehrmacht beschrieben die brutale Art und Weise, wie die katholischen Litauer in Kowno Ende Juni 1941 die jüdischen Einwohner mit Knüppeln und Eisenstangen totschlugen, während litauische Frauen mit ihren Kindern in der ersten Reihe standen, applaudierten und die Nationalhymne sangen. In wenigen Tagen wurden auf diese Weise 4.000 Juden getötet. Solche Ausbrüche von Gewalt gegen die Juden seitens der örtlichen christlichen Bevölkerung fanden auch in den anderen „befreiten" Gebieten, wie Estland, Lettland, Weißrussland und der Ukraine statt. Den ebenfalls christlichen deutschen Soldaten war es ein wenig unangenehm, aber sie machten Fotos, die sie nach Hause schickten. Solche Fotos wurden auch – obwohl es verboten war – im Juli 1941 in Paneriai aufgenommen, einem Vorort der litauischen Hauptstadt Vilnius, wo fast 100.000 Juden in den umliegenden Wäldern getötet wurden. SS-Untersturmführer Max Taubner, ein fanatischer Antisemit, wurde angeklagt wegen (a) des sadistischen Mordes an Juden in Oleksandria in der Ukraine im Oktober 1942, (b) der illegalen Aufnahme von Fotos von diesen Ereignissen (er ließ sie in zwei Läden in Süddeutschland entwickeln und zeigte sie seiner Frau und Freunden) und (c) des Versuchs einen Schwangerschaftsabbruch herbeizuführen. Er war kurze Zeit im Gefängnis, wurde aber rehabilitiert.[89] Auf ähnliche Weise wurden noch mehr Bilder gemacht, entwickelt und versandt.

Oberwachtmeister Hille war der mutmaßliche Fotograf einer Reihe von Fotos über die Ausrottung des Ghettos im ostpolnischen Mizocs (jetzt Mizotsj, Ukraine) am 14. Oktober 1942. Dabei wurden 1.700 jüdische Frauen und Kinder erschossen.[90] In einigen Fällen genehmigte die deutsche Regierung das Fotografieren solcher Szenen gerade deshalb, um die Stärke

Abb. 4: Sammelplatz für jüdische Männer, östliche Ukraine, 1942.

des vorhandenen Antisemitismus in Osteuropa zu beweisen, „wodurch ihre eigenen Raubzüge weniger außergewöhnlich erschienen".[91] Außer Fotos schickten die Soldaten auch Briefe an ihre Frauen und Familien. Trotz Militärzensur wurden zahlreiche derartige Briefe ungeöffnet an die Adressaten ausgeliefert. Walter Laqueur weist darauf hin, dass die Postdienste während des Krieges praktisch normal funktionierten, etwas, das oft übersehen wurde.[92] In einem Schreiben vom 27. September 1942 an seine Frau schreibt SS-Obersturmführer Karl Kretschmer buchstäblich, dass das Anschauen der Toten, darunter Frauen und Kinder, widerlich sei. Aber er verantwortet es vor sich selbst damit, dass er und seine Kumpane schließlich für das Überleben des deutschen Volkes kämpfen. „Weil der Krieg in unseren Augen ein jüdischer Krieg ist, müssen die Juden es zuerst fühlen. Wo in Russland deutsche Soldaten sind, gibt es keine Juden mehr. Du kannst begreifen, dass ich Zeit benötigte, um dies zu verstehen. Bitte sag das nicht weiter an Frau Kern." Und er endet mit dem Satz: „Pass gut auf die Kinder auf, für mich."[93] Soldaten mit Frauen und Kindern schrieben also, dass es ihnen „unangenehm" war, andere Frauen und Kinder zu ermorden.

Eine weitere Informationsquelle waren die Ehefrauen von deutschen Offizieren, die ihre Männer in Polen besuchten und selbst bei Razzien gegen Juden, die anschließend in der Nähe ermordet wurden, anwesend waren. In seinem Buch *Doodgewone Mannen* führt der amerikanische Historiker Christopher Browning das Beispiel von Vera Wohlauf an, die frisch verheiratete Ehefrau von Hauptmann Julius Wohlauf. Dieser führte die 1. Kompanie des berüchtigten Reserve-Polizeibataillons 101, um das es auch in Daniel Goldhagens Buch *Hitlers willige Vollstrecker* geht. Das Bataillon holte am 25. August 1942 elftausend Juden aus dem Ghetto des polnischen Städtchen Miedzyrzec Podlaski und führte sie zum Transport in das Todeslager Treblinka.[94] Die Frau, die ihre Flitterwochen dort verbrachte und schwanger war, saß in der Mitte des Marktplatzes der Stadt, wo Tausende von Juden hingetrieben und viele ältere Menschen, Frauen und Widerwillige auf der Stelle erschossen wurden. Ein zweites Beispiel ist das von Lucy Brandt, Ehefrau von Leutnant Paul Brandt, der in demselben Bataillon diente. Sie beschwerte sich, weil eines Tages einige polnische Frauen auf dem Bürgersteig nicht für sie, die Deutsche, zur Seite gehen wollten, was von den Polen verlangt wurde. Das führte zu einem Wutanfall des Kommandanten, der fand, dass man „alle jene polnischen Frauen erschießen sollte“.[95] Aber es gab noch mehr Zeuginnen. Daniel Goldhagen verweist auf die Frauen der vor Ort stationierten Deutschen und eine Gruppe von deutschen Rot-Kreuz-Schwestern.[96] Jede von ihnen nahm die schrecklichen Verbrechen in Polen zur Kenntnis und erzählte zu Hause davon.

So gut wie jeden Tag sahen die Deutschen massive Deportationen von Juden aus dem Reich, sprachen darüber und wussten fast mit Sicherheit, dass diese Menschen getötet wurden. Die lokale Bevölkerung sah mit eigenen Augen, wie ihre jüdischen Nachbarn, die einige ihrer Habseligkeiten in Koffern und Taschen mit sich trugen, auf der Straße zum Bahnhof marschierten und nie zurückkamen. Am 9. November 1941 schickte der Chef des Sicherheitsdienstes das folgende Rundschreiben an alle Polizeidienststellen, Kommandeure, Leiter und Inspektoren der Polizei und des SD sowie an alle Kommandanten der Konzentrationslager: „Es ist festzustellen, dass bei Strecken, die zu Fuß zurückgelegt werden, zum Beispiel zwischen einem Bahnhof und dem Lager, eine ziemlich beträchtliche Anzahl von Gefangenen unterwegs vor Erschöpfung tot oder halb tot umfällt ... Es ist nicht zu verhindern, dass die deutsche Bevölkerung das erfährt ...“[97] Zwar kannte die Bevölkerung nicht die genauen Umstände, unter denen die Juden ermordet wurden, aber der Historiker Peter Longerich weist darauf hin, dass auch hier die Geheimhaltung nicht total war und dass tatsächlich Gerüchte über Vergasung die Runde machten.[98] Er verweist auf das Paradoxon, dass die NS-Führung in ihrer Propaganda offen über die Vertilgung

Abb. 5: SS-Helferinnen machen Spaß im Erholungsort Solahütte in der Nähe des Vernichtungslagers Auschwitz-Birkenau. In der Mitte SS-Offizier Karl Hoecker, der Adjudant vom Lagerkommandant Richard Baer.

und Vernichtung der Juden sprach, zugleich aber die Massaker als Staatsgeheimnis behandelte. Laut Longerich wurde das bewusst getan. Durch seine Propagandapolitik versuchte das Regime, dem Volk zu verdeutlichen, dass es zu Eingeweihten und Komplizen eines Verbrechen in monströsen Dimensionen geworden war und damit sein Schicksal bedingungslos an die Existenz des Regimes gebunden hatte. Mehr noch, die Bevölkerung hatte durch dieses Wissen ein unmittelbares Interesse am Fortbestehen des Regimes. Auch Sebastian Haffner analysiert in seinem Buch *Duitsland 1939: Jekyll & Hyde*, das bereits im Jahr 1940 erschien, besonders scharf die zweideutige Haltung der Deutschen zum Schicksal der Juden. „Alles in allem weiß jeder Deutsche auf der Basis von eigenen Beobachtungen, was mit den Juden in Deutschland geschieht. Aber weil er so gut wie nie darüber etwas liest und weil er das unbestimmte Gefühl hat, dass es nicht gut ist, darüber zu viel zu wissen, misstraut er oft lange Zeit dem, was er mit seinen eigenen Augen sieht.“[99] Die „Arier“ wurden direkt mit der Gefährdung der Juden konfrontiert. Mit der Verordnung vom Oktober 1940 war es den Juden verboten, während alliierter Bombenangriffe weiterhin die arischen Schutzkeller aufzusuchen. Sie mussten Schutz suchen in getrennten Räumen, die oft keinen wirklichen Schutz boten. Einige Juden, die dennoch in einem arischen Keller Deckung suchten, wurden von der Polizei festgenommen, geschlagen und in ein Konzentrationslager geschickt.[100] Den „Arier" kümmerte es nicht. War es nun Akzeptanz, Verdrängung oder Mittäterschaft, in jedem Fall war den meisten Deutschen und Österreichern die Not der Juden gleichgültig.

Viele Deutsche müssen auch unmittelbare Kenntnis von den Konzentrationslagern gehabt haben. So waren mehrere dieser Lager gut sichtbar, wie Flossenbürg in der Oberpfalz/Bayern, das in einem Talkessel lag. Auf den Hügeln um das Lager fanden sich dauernd „Touristen" mit Ferngläsern ein. Auch das Todeslager Majdanek, das am 21. Juli 1941 eröffnet wurde, war von der Stadt Lublin aus gut sichtbar. Rund um die meisten Lager gab es noch Dutzende, manchmal mehr als hundert Außenlager, kleinere Nebenlager, die sich oft inmitten der Städte und Dörfer befanden, und wo Kriegsgefangene in blau-weiß gestreifter Kleidung in Landwirtschaft und Industrie neben den gewöhnlichen Bürgern arbeiteten. Die Bevölkerung in den Städten und Gemeinden sah sie täglich bei der Arbeit oder wenn sie in langen Kolonnen unterwegs vom und zum Lager waren. Um 1941 wurden Zehntausende von Juden in der Rüstungsindustrie eingesetzt.[101] Deutsche Arbeiter in großen Unternehmen wie BMW, Daimler-Benz und Volkswagen bekamen während des Krieges immer mehr Kriegsgefangene und Juden als „Kollegen" zugeteilt. Fast alle deutschen Großunternehmen, unter ihnen Bayer, Krupp, BASF, Siemens, IG Farben, Telefunken und AEG, profitierten von der billigen Sklavenarbeit solcher Häftlinge und das hat eine Menge deutscher Arbeiter, Techniker und Manager, die für kurze oder längere Zeit in diesen Unternehmen arbeiteten, gesehen und gewusst. Exemplarisch dafür war die Lage der Arbeitnehmer der Firma Topf & Söhne, Erfurt, spezialisiert auf die Herstellung von Einäscherungsöfen. Topf & Söhne arbeitete skrupellos mit der SS zusammen und entwickelte eigene Vorschläge für effizientere Öfen. Es müssen an der Heimatfront verschiedene Zeichner, Ingenieure, Mechaniker, Schweißer und andere Beschäftigte davon Kenntnis gehabt haben. In Auschwitz (wie in allen anderen Lagern) waren Hunderte von Zivilangestellten aktiv. Nach Aussage des berüchtigten Lagerkommandanten Rudolf Höss arbeiteten dort im Dezember 1943 rund 3.500 Wachen und 500 Verwaltungsangestellte.[102] Die Dokumente der Nürnberger Prozesse zeigen, dass diese öffentlich darüber sprachen, was sie im Lager gesehen hatten.[103] Schließlich müssen viele Deutsche Zeugen der Todesmärsche gewesen sein, als Juden und andere Gefangene am Ende des Krieges aus den Lagern ins Zentrum des Reiches geschickt wurden. Lyn Smith nennt das Beispiel eines polnischen Juden, der auf dem Marsch von Pirna nach Dresden den Mangel an Mitgefühl seitens der deutschen Bevölkerung feststellte. „Nur wenige Menschen, die zuschauten, brachten Mitleid mit uns auf. Sie schrien Beleidigungen und sagten, dass wir verantwortlich seien für all jene Bombardements.“[104] Thomas Buergenthal, der als Zehnjähriger im Februar 1945 in einem offenen Waggon saß, der ihn zusammen mit anderen Häftlingen aus Auschwitz nach Deutschland brachte, hörte eine deutsche Frau schreien: „Es stinkt schon wieder vor Juden!“[105] Und als er am nächsten Tag zu Fuß nach Sachsenhausen ging, warfen deutsche Kinder mit Steinen nach ihm und seinen jüdischen Schicksalsgenossen. Alle diese Tatsachen zeigen, dass viele Bewohner des Dritten Reiches sich der Gesetzlosigkeit des Systems und der Diskriminierung, Unterdrückung, Verfolgung und sogar der Vernichtung der Juden und der anderen „asozialen und unerwünschten Subjekte“ bewusst waren – und dass sie damit keine oder nur wenig Probleme hatten.

Der amerikanische Professor für Geschichte Eric Johnson weist darauf hin, dass in der Tat Zehntausende von Deutschen manchmal aktiv, meist passiv an der Ermordung der Juden teilnahmen. „Einige trieben die Juden zusammen, andere bewachten sie, verhörten Juden, verurteilten Juden, setzten Juden in Züge, forderten ihre Entfernung, denunzierten Juden bei den Behörden, liquidierten ihre Besitztümer, erklärten sie für medizinisch fit für den Transport und arbeiteten auf Dutzende von Weisen mit an ihrer Abschiebung. Vieles fand öffentlich statt, unter den Augen der deutschen Bevölkerung, die weit vor dem Ende des Krieges gut informiert war über das endgültige Schicksal der europäischen Juden. Viele Deutsche hatten Zweifel und Skrupel. Einige bedauerten, was passierte.“[106] Der US-amerikanische Journalist und Autor William Shirer, der während des ersten Kriegsjahres für CBS in Berlin tätig war, spricht auch über die Hunderte von Beamten, die in den Monaten bis zu den Überfällen auf Polen und später auf Russland Memoranden über die Tötung von Millionen von Menschen erarbeitet haben müssen.[107] In der Tat müssen es viele Tausende gewesen sein, die beteiligt waren an der Vorbereitung und minutiösen Planung solcher Aktionen wie der komplexen Organisation der Bahntransporte für die Deportationen, der Zuweisung von Wohnungen an Volksdeutsche[108], der Konfiszierung jüdischen Eigentums, dessen Zuteilung auf bestimmte Ministerien, der Ausarbeitung der Judengesetzgebung, der Ausfertigung der Pläne zum Bau der Konzentrations- und Vernichtungslager, der Auftragsvergabe für Vergasungswagen und Krematorien, des Transports des Besitzes, welchen die Juden vor ihrer Vergasung abgeben mussten, der Versorgung der Wachmannschaften, usw. Bei allen dieser Vorgänge müssen gewöhnliche Beamte mit Abbildungen und Tabellen gearbeitet haben, mit Zahlen über die Deportierten wie über die Menge an Pelzmänteln, die für die Soldaten an der Ostfront bestimmt waren. Die Verantwortung für diese Verbrechen lag natürlich bei den Machthabern, aber sie konnten nicht vollbracht werden ohne die Mitarbeit von Tausenden und Abertausenden von Beamten, die jeweils einen Teil der Informationen besaßen und hätten erkennen müssen, dass sie an einem kriminellen System ohne Beispiel in der Geschichte der Menschheit mitarbeiteten. Was haben die Beamten nach der Arbeit, zu Hause, ihren Frauen und Familien erzählt? Worüber sprachen sie unter sich? Was erzählten sie im Beichtstuhl ihren geistlichen Hirten? Wir wissen es nicht und bis heute fragen wir uns, warum es so wenig Widerstand gegen die mörderischen Pläne gab.

Das Wissen um das Grauen muss für Viele eine bleierne Last gewesen sein. Viele haben moralisch inakzeptable Dinge gesehen, mussten aber aus Selbsterhaltungstrieb darüber schweigen, ja, sie wollten es nicht wissen und schlossen die Ereignisse aus ihrem Gedächtnis aus. „Als in unserer Straße die jüdischen Menschen für ein Konzentrationslager eingesammelt wurden, gab es fast niemand, der zu hoffen wagte, die Elenden nach dem Krieg wiederzusehen und die guten Deutschen, die ich kenne, leugnen nicht, dass sie die gleiche Befürchtung hegten.“[109] Dem folgt eine Erklärung des amerikanischen Historikers Walter Laqueur, die von besonderer Bedeutung für dieses Buch ist: „Aber obwohl viele die Situation im Geheimen mit Freunden und der Familie diskutierten und ihr Radio anstellten, um weitere Informationen zu sammeln, brach niemand offen das Schweigen um das ‘schreckliche Geheimnis’, das letztlich kein Geheimnis mehr war für die Deutschen, die ihrer Kindheit entwachsen waren.“[110] Worauf Johnson steinhart schlussfolgert: „Wäre das Schweigen doch gebrochen und das sogenannte Geheimnis offenbart geworden, wären Millionen von Juden möglicherweise nicht gestorben.“ Das bleibt natürlich hypothetisch. Dennoch ist es wichtig, zu untersuchen, weshalb die meisten Einwohner des Dritten Reiches zumindest eine indifferente Haltung eingenommen haben, im Wissen, dass dies zu der dramatischen Zahl an Opfern, die wir heute kennen, führte. Mit anderen Worten, es bleibt sinnvoll, zu untersuchen, ob bestimmte Personen und Organisationen genug getan haben, um das Böse so weit wie möglich zu stoppen, und wenn nicht, welche Beweggründe sie hatten, wegzuschauen. In diesem Buch werden wir prüfen, ob und weshalb der Papst und die meisten Kirchenführer, die höchsten moralischen Autoritäten in diesen dunklen Zeiten, die Stille nicht durchbrochen haben, was ihre Motive dafür waren und welche Auswirkungen das hatte.

Kapitel 3
Mörder Gottes

Eine zweite Tatsache, die mehrere Historiker überzeugend nachgewiesen haben, ist der in jener Zeit allgegenwärtige Antisemitismus unter den europäischen Christen im Allgemeinen und unter den deutschen und österreichischen im Besonderen. Er bildete die notwendige Voraussetzung für deren Gleichgültigkeit gegenüber dem Schicksal der Juden. In vielen Fällen gab er sogar den Anstoß zur Demütigung, Schikanierung und Ermordung der „Gottesmörder", wie viele Priester und Pastoren die Juden damals bezeichneten. Nach Goldhagen war das deutsche Volk von einem auf die physische Eliminierung der Juden zielenden Antisemitismus heimgesucht. Es ist dies eher eine umstrittene Aussage als eine wissenschaftlich belegte Tatsache. Saul Friedländer geht nicht so weit, aber erklärt doch, dass der Antisemitismus zur Nazipolitik, die Juden in geschichtlich nie gekanntem Ausmaß zu beseitigen, beigetragen hat.[111] Von Anfang an spielten die geistlichen Führer dabei eine besonders zweifelhafte Rolle. In seinem Buch *De hakenkruistocht tegen rood en jood* zieht der luxemburgisch-amerikanische Historiker Arno Mayer einen Vergleich zwischen dem ersten Massaker an den Juden am Ende des elften Jahrhunderts, während des ersten Kreuzzuges, zu dem Papst Urban II. im Jahr 1095 aufgerufen hatte, und der Schoah im zwanzigsten Jahrhundert.[112] Mayer zeigt, dass der Antisemitismus der „Nazis" immer virulent war, jedoch erst im Jahre 1941 echt mörderisch wurde, als sich der Krieg gegen die Sowjetunion festlief und Hitler immer nachdrücklicher die Juden für die deutsche Situation verantwortlich machte. Diese Argumentation teilt auch Friedländer, der belegt, wie die „Nazis" ihre Propaganda über die Bedrohung durch den Bolschewismus an die angeblichen Bestrebungen der Juden zur Eroberung der Welt ankoppelten. Der Bolschewismus wurde sogar als jüdische Erfindung und Strategie dargestellt. Schließlich war ständig die Rede von der „jüdisch-bolschewistischen Gefahr", ausgeschmückt mit Geschichten über die schauerlichen Praktiken der Soldaten der Roten Armee. In seinem Tagebuch schrieb Goebbels oft über den „jüdischen Bolschewismus", so wie über zwei untrennbare Begriffe. Am 8. Mai 1943 notierte er: „Weil der Bolschewismus im Osten zurzeit hauptsächlich von Juden angeführt wird und in den Plutokratien im Westen Juden eine führende Position einnehmen, muss unsere antisemitische Propaganda an dieser Stelle ansetzen. Die Juden müssen aus Europa verschwinden."[113] Gerade diese Verbindung des Begriffs „jüdisch" mit dem Begriff „bolschewistisch" erklärt die unvorstellbare Beharrlichkeit sowohl der deutschen Armee als auch der Bevölkerung gegen die sogenannte Gefahr aus dem Osten, und dies bis zum letzten Tage des Krieges.

Die Juden wurden durch die „Nazis" ständig als die Gefahr für die Gesundheit der Volksgemeinschaft und des wahren Glaubens präsentiert und das aus allen möglichen Gründen. „Der Jude konnte vorgestellt werden als Verkörperung von allem, was gehasst, gefürchtet oder verachtet war. Er war der Träger des Bolschewismus, aber vertrat seltsamerweise auch den liberalen Geist der faulen westlichen Demokratie. Wirtschaftlich galt er sowohl als Kapitalist wie auch als Sozialist. Man warf ihm vor, ein feiger Pazifist, aber, durch einen seltsamen Zufall, auch der ewige Kriegstreiber zu sein."[114] Hitler, Goebbels und andere Naziführer nannten die Juden Teufel, die sowohl im kapitalistischen Amerika als auch im bolschewistischen Russland die Kontrolle ausübten und die Weltherrschaft anstrebten. Dabei verwiesen sie regelmäßig auf die *Protokolle der Weisen von Zion*, ein gefälschtes Dokument, das von der russisch-orthodoxen Kirche zur „Rechtfertigung" ihrer antisemitischen Zwecke verwendet wurde. Trotz des grotesken Charakters dieser Vorwürfe kamen mehr und mehr Deutsche, aber auch viele andere Europäer unter den Einfluss dieser Ideen, der dann durch den Antisemitismus der Kirchen noch verstärkt wurde. Die Juden wurden immer mehr isoliert und verletzbar. „Keine gesellschaftliche Gruppe, keine kirchliche Gemeinschaft, Forschungseinrichtung, kein Berufsverband in Deutschland oder anderswo in Europa, erklärten sich solidarisch mit den Juden", schreibt Friedländer, mit der Folge, dass die „Nazis" und ihnen geistesverwandte Führer „die Judenverfolgung zum äußersten hochtreiben konnten, ohne auch auf nur eine Gegenkraft von Bedeutung zu stoßen".[115]

Wie sehr der Antisemitismus als Krebsgeschwür in der christlich-europäischen Geschichte grassierte, zeigen die schrecklichen Ereignisse in den Jahrzehnten vor und während des Zweiten Weltkrieges in den baltischen Staaten, Polen, Weißrussland, Ukraine, Tschechien, der Slowakei, Rumänien, Ungarn, Bulgarien und anderenorts auf dem Balkan, meist geboren aus Rache, Ressentiments und tief verwurzeltem Hass. In all jenen Gebieten kam es im frühen zwanzigsten Jahrhundert zu Gewalt gegen die Juden. In der Zeit vor, während und unmittelbar nach dem Ersten Weltkrieg wurden Zehntausende Juden Opfer von Pogromen. Im Jahr 1920 begleitete der jüdische Schriftsteller Isaak Babel als Kriegsberichterstatter die Rote Armee auf ihrem Feldzug gegen die Polen. Sein Tagebuch wurde zur Grundlage für seine *Rote Reiterarmee*, den Geschichtszyklus, der ihn später berühmt machte.[116] Dass auch er Jude war, behielt er wohlweislich für sich, denn auch in der eigenen Armee flammte Antisemitismus auf. Babel beschrieb die Gräueltaten in jenem heute vergessenen Krieg zwischen Polen und Russland. Er erlebte den tief verwurzelten Antisemitismus, sowohl der orthodoxen Russen als auch der nationalistischen Ukrainer und der katholischen Polen. Die Juden wurden in diesen schrecklichen Zeiten, in denen das Kriegsglück immer wieder wechselte, von allen Seiten mangelnder Loyalität, des Opportunismus, sogar des offenen Verrats angeklagt.

Die Verfolgung der Juden wird in den folgenden Jahrzehnten noch weiter gehen mit der Invasion der „Nazis" und ihrer berüchtigten Einsatzgruppen, der „Befreiung" durch die Rote Armee und den Untaten Stalins nach dem Zweiten Weltkrieg. Die Gebiete, um die 1920 gekämpft wurde, blieben weiterhin Schauplatz von Krieg und Terror. Immer mit den Juden als ersten Opfern.

In seinem Buch *Alle dromen van de wereld* schreibt der flämische Autor Johan De Boose, dass im polnischen Wind immer Brandgeruch hängt.[117] Derzeit sind rund 97% der polnischen Bevölkerung römisch-katholisch, aber unmittelbar vor dem Zweiten Weltkrieg belief sich der Anteil der Juden noch auf 10% der Bevölkerung. Von den mehr als drei Millionen Juden in Polen überlebten nur 240.000 den Krieg, eine erschreckend kleine Zahl. Nirgends ist das so spürbar wie in Kazimierz, dem jüdischen Viertel von Krakau. Fast alle Juden wurden 1943 und 1944 in die Vernichtungslager von Majdanek, Plaszow und vor allem in das nur fünfzig Kilometer entfernte Oswiecim (Auschwitz) deportiert. Nicht selten haben auch Polen selbst Juden ermordet bzw. den deutschen Mördern Beihilfe geleistet. In seinem Buch *Buren* beschreibt Jan Gross die Vernichtung der Juden in Jedwabne, einem Dorf im Nordosten Polens, das seit Oktober 1939 unter sowjetischer Herrschaft war. Am 10. Juli 1941 griffen polnische Einwohner die 1.600 jüdischen Dorfbewohner mit Messern, Äxten und Eisenstangen an. Die antisemitische Gewalt brach also unmittelbar nach Beginn des Unternehmens Barbarossa, des faschistischen Überfalls auf die Sowjetunion, aus. „Polen aus dem Gebiet verspotteten die Juden und sagten immerzu, während sie eine Geste über die Kehle machten: 'Jetzt ist sie durchgeschnitten, Jude.'"[118] Ein jüdischer Überlebender des Massakers erzählt, wie er und seine Mutter Schutz bei dem Priester des Orts suchten, der aber sagte wütend: „Es ist allgemein bekannt, dass alle Juden Kommunisten sind“, und ließ sie im Stich.[119] Angeführt vom Bürgermeister wurden die Juden auf brutale Art zusammengeschlagen und zu Tode geprügelt. Die größte Gruppe wurde schließlich in eine Scheune gejagt, diese mit Petroleum übergossen und angezündet. Die deutsche Wehrmacht wusste von dem Massaker, hat jedoch nicht daran teilgenommen. Später sollte unter deutscher Führung die Verfolgung und Ermordung der Juden fortgesetzt werden. Die polnischen Juden wurden ausweglos eingezwängt zwischen dem antisemitischen Hass der einheimischen Bevölkerung einerseits und dem Vernichtungswillen der Deutschen andererseits, die verkündeten, dass jeder, der einem Juden hilft, erschossen wird. Unter diesen Umständen ist es bemerkenswert, dass dennoch Tausende von Juden sich verstecken und mithilfe polnischer Bürger den Krieg überleben konnten. Mehr als 6.000 Helfer wurden als „Gerechte der Völker“ in Yad Vashem geehrt. Doch waren dies nur kleine Inseln in einem Ozean von Antisemitismus. Jahrelang haben die Polen hartnäckig behauptet, dass die Deutschen diese Gräueltaten in Jedwabne begangen hatten, erst 2001 anerkannte die katholische Kirche, dass es die Polen selbst gewesen sind. Höchstwahrscheinlich hätten diese Juden, wenn sie nicht von den Polen umgebracht worden wären, die deutsche Besatzung auch nicht überlebt. Sie wären von den Einsatzgruppen ermordet oder in den Vernichtungslagern vergast worden. Aber es zeigt, wie der Antisemitismus im katholischen Polen und in anderen Teilen Europas wütete und zu welchen Exzessen er führen konnte. Dieser Antisemitismus wurde ständig angeheizt in den Kirchen. In ihrem Buch *In de tuin van het geheugen* schreibt Joanna Olczak-Ronikier über die aufhetzende antisemitische Sprache in katholischen Blättern wie *Przeglad Katolicki* („Die katholische Übersicht“), *Rola* („Boden“) und *Kroniki tygodniowe* („Chroniken der Woche“). Wortwörtlich aus letzterer: „Judentum steht nicht so sehr für Herkunft und Religion, sondern für Dummheit, Stolz, Separatismus, Faulheit und Wucher.“[120] Von den Kanzeln versprühten die Priester im ganzen Land ihr antisemitisches Gift, das in alle Schichten des polnischen Volkes einsickerte.

Eine Reihe christlicher Historiker leugnet, dass der Antisemitismus eine signifikante Rolle beim Mord an sechs Millionen Juden spielte. Sie verweisen auf den Fanatismus von Hitler und seinen Anhängern, die einen blinden Hass gegen das Judentum hegten und die gegen jedes göttliche Gebot oder Verbot hin Massenmord betrieben. Diese These ist höchst fragwürdig. Christliche Führer und Denker, sowohl Katholiken als auch Protestanten, wandten sich im Lauf der Geschichte oft gegen die Juden. Der Heilige Johannes Chrysostomos (345-407) ist einer der wichtigsten Kirchenlehrer, ein Ehrentitel in der römisch-katholischen Kirche, welchen der Papst Personen verleiht, die sich durch die Heiligkeit ihrer Lebensweise, ihre Loyalität zur kirchlichen Lehre und ihre große Kenntnis von Gottes Wort auszeichnen. Chrysostomos war überzeugt, dass die Juden aller Zeiten, also auch die künftigen Generationen, schuld sind am Tod von Jesus. Hierfür bezog er sich auf das Lukas-Evangelium: „Kreuzigt Ihn, kreuzigt Ihn!“ (23,21) und auf Matthäus: „Sein Blut komme über uns und unsere Kinder“ (27,25). Der Kirchenlehrer legte daher fest, dass die Christen nicht mit den Juden verkehren, sie nicht grüßen oder auch nur ein Wort mit ihnen wechseln dürfen. Sie seien „ein gemeinschaftlicher Verderb und eine Krankheit für die gesamte bewohnte Welt“.[121] Chrysostomos schrieb insgesamt acht Predigten gegen die Juden, die seit dem sechzehnten Jahrhundert übersetzt und über die christliche Welt verteilt wurden und großen Einfluss auf die Haltung der Katholiken gegenüber den Juden gewannen. In seiner sechsten Predigt schrieb der Kirchenvater wörtlich: „Da ihr den Messias ermordet habt, da ihr eure Hände gegen den Meister erhoben habt, da ihr sein kostbares Blut vergossen habt, deshalb gibt es für euch keine Gesundung, Vergebung oder Verteidigung mehr.“

„Seit Jahrhunderten, und am katastrophalsten im zwanzigsten Jahrhundert, ist der Antisemitismus eine bindende Kraft gewesen, Europas gemeinsamer Hass, der sogar Nationen und Gruppen, die einander feindlich gegenüberstanden, gemeinsam war“, sagt Daniel Goldhagen und er verweist auf groß angelegte Massaker an Juden in diversen Ländern.[122] Eines der ersten Pogrome gegen Juden fand im Jahr 38 n.Chr. in der ägyptischen Stadt Alexandria statt. Der römische Kaiser Theodosius genehmigte 379 erstmals die Zerstörung einer Synagoge; und in den folgenden Jahrhunderten wurden regelmäßig weitere zerstört. Während des ersten Kreuzzugs im Jahre 1096 wurden ganze jüdische Gemeinden entlang des Rheins und der Donau eliminiert. Während des zweiten Kreuzzugs (1147) wurden in Frankreich zahllose Juden getötet. Das vierte Laterankonzil, von Papst Innozenz III. einberufen, beschloss viele Maßnahmen gegen die Juden, so die ihnen auferlegte Verpflichtung, sich in der Kleidung von den Christen zu unterscheiden. Zwischen 1348 und 1350 töteten die Deutschen fast alle Juden, „wodurch das deutsche Gebiet fast judenrein wurde“. Seit 1492 wurden die Juden in Spanien und Portugal blutig unterdrückt und viele wurden vertrieben. Martin Luther veröffentlichte im Jahre 1543 sein scharf-antijüdisches Pamphlet *Von den Juden und ihren Lügen*. Ihm zufolge waren die Juden giftig und böse, Diebe und Ungeziefer. Der Reformator schlug sieben Maßnahmen zu deren Bewältigung vor. So sollten Christen u. a. jüdische

Häuser und Synagogen zerstören, den Rabbinern unter Androhung der Todesstrafe verbieten, den jüdischen Glauben zu verkünden, Juden ihr Geld abnehmen und sie ergreifen und in Arbeitslager stecken. In seinem Buch *Luthers theologisch testament* stellt der jüdische Theologe René Süss, der an der Fakultät für Evangelische Theologie an der Universität Brüssel mit einer Untersuchung zum Antisemitismus von Martin Luther promovierte, die These auf, dass dessen heftiger Antisemitismus mitbestimmend war für das Klima, in welchem sechs Millionen Juden durch die „Nazis" ermordet werden konnten. Er zeigt eine Verbindung auf zwischen dem berühmten Reformator und Hitler, die sich über die Jahrhunderte hinweg „in ihrem grenzenlosen radikalen und besessenen Judenhass" die Hand reichten.[123] Der Kirchenreformator rief als Erster die weltlichen Herrscher auf, alle Juden zu töten. „Deshalb, jetzt und für immer: Fort mit ihnen!" Diese Worte bilden den Kern von Luthers Empfehlungen an die Autoritäten seiner Zeit, sagt Süss. Sein Buch sorgte für viel Aufregung und sogar Abscheu in lutherischen Kreisen, aber seine Argumentation ist unerbittlich. Luther hielt die Ermordung von Juden prinzipiell für zulässig. Die „Nazis" betrachteten das als praktische Empfehlung, die sie eifrig aufgriffen. „Die jahrhundertelange sogenannte Katechese der Verunglimpfung der Juden (Jules Isaac) mit ihrer Dämonisierung, wozu Luther einen wichtigen Beitrag leistete, trug zu dem Klima bei, in dem Hitler und seine Schergen ihre Ansichten realisieren konnten", schreibt Süss.[124] Damit stellt er sich direkt gegen viele Theologen und Historiker, die Luther außerhalb des Betrachtungsfeldes der Schoah halten wollen. „Wenn man Luther auch nicht für die Verbrechen der Nazis schuldig sprechen kann, ist er von seiner Mitverantwortung für den Aufstieg und für die verbrecherische Geschichte des Antisemitismus nicht zu entlasten. Zumindest muss man sagen, dass mit Luther die Schwelle von der Vertreibung zur Liquidierung der Juden bedeutend gesenkt wurde"„ meint Süß, der damit eine direkte Verbindung zwischen dem großen Reformator und der Schoah zieht.[125]

Der niederländische Theologe Hans Jansen verweist in seinen Publikationen auf den latenten Antisemitismus, der über 2000 Jahre sichtbar war.[126] So gaben viele Päpste ihre Zustimmung zu der Idee der Reinheit des Bluts. Laut einer Vorstellung, die im sechzehnten Jahrhundert besonders beliebt wurde, konnte jeder Tropfen jüdisches Blut die Welt zerstören. Es ist diese Vision, die später durch die „Nazis" wörtlich genommen wurde und die Grundlage für die Nürnberger Gesetze bildete, in denen der Geschlechtsverkehr zwischen Ariern und Juden verboten wurde. Jansen weist darauf hin, dass der einflussreiche Theologe Thomas von Aquin glaubte, dass die Kirche Gewalt benutzen dürfe, um zu verhindern, dass die Juden das Überleben des Christentums bedrohen. Für viele Spätere war Augustins Lehre eine legitime Begründung, um die Juden über die Klinge springen zu lassen. Der Hass gegen die Juden erreichte im sechzehnten Jahrhundert einen Höhepunkt, als Papst Paul IV. im Jahre 1555 seine Bulle *Cum nimis absurdum* („Weil es zu absurd ist") verkündete, in der er bestimmte, dass alle Juden in den Städten des Kirchenstaates einen gelben Hut tragen müssen, in Ghettos zu verbannen und darin einzusperren sind. So mussten alle Juden ab 1556 in einem ummauerten Bereich von Rom leben. „Es ist zu absurd und unangemessen, dass die Juden, die durch ihre eigene Schuld zu ewiger Sklaverei verurteilt sind, (...) sich anmaßen, mitten unter den Christen zu wohnen", sagte Paul IV. Ferner machte er geltend, dass nur Katholiken mit einem rein christlichen Stammbaum, „der Reine des Blutes", öffentliche Ämter bekleiden dürfen. Dazu hatten die Kandidaten eine Bescheinigung der Reinheit vorzulegen. Solche Reinheit konnte nur die Abstammung von wahren christlichen Vorfahren garantieren.

Papst Pius V., der zuvor als Inquisitor in Oberitalien tätig war, ging noch einen Schritt weiter und verkündete in seiner Bulle *Hebraeorum gens sola* („Nur das Volk der Juden") von 1569, dass alle Juden aus den Städten und Dörfern des Kirchenstaats zu entfernen seien. Er wurde 1712 heiliggesprochen. Papst Gregor XIII. verkündete sogar, dass die Juden wegen der Kreuzigung Christi zu ewiger Sklaverei verdammt seien. Die Juden wären schuldig an der Tötung Gottes und diese Mordgier tragen sie mit sich im Blut. „Judaeum esse est delictum" (Jude sein ist ein Verbrechen), erklärte der einflussreiche Franziskaner Angelus de Clavasio im siebzehnten Jahrhundert.

Die Französische Revolution brachte den Juden schließlich Rechte und Freiheiten. Das Ghetto von Venedig musste im Jahre 1797 seine Tore öffnen und das Ghetto von Rom wurde aufgehoben. Zwei Monate nach dem Sturz Napoleons im Jahre 1814 schickte der damalige Papst Pius VII. die Juden jedoch zurück ins Ghetto und die Inquisition, durch die französische Regierung abgeschafft, wurde erneut eingesetzt. Da viele Juden nicht freiwillig in das Ghetto zurückkehren wollten, bekräftigte Papst Leo XII. im Jahr 1823, dass die Juden dazu unter Androhung der Todesstrafe verpflichtet seien. Papst Pius VIII. erklärte nochmals, dass alle Juden im Kirchenstaat in Ghettos zu sperren sind. Erst 1870, mit der Einigung Italiens, wurde das Ghetto wieder aufgehoben, aber nicht für lange. Der unglaublich tiefe Hass der Deutschen, aber auch der Österreicher und vieler anderer christlichen Völker Europas gegen die Juden im Laufe des zwanzigsten Jahrhunderts ist darauf zurückzuführen. Dieser Hass wurde mit angetrieben von katholischen Zeitschriften, die unablässig die jüdische Gefahr, welche angeblich die Welt bedrohe, die Reinheit der eigenen Volksgemeinschaft angreife und in jeder Weise die christlichen Werte untergrabe, hervorhoben. So wurde Millionen von katholischen Gläubigen der Antisemitismus eingeprägt. „Für die überwiegende Mehrheit der Anhänger [des NS-Regimes], für die die 'Judenfrage' kaum eine zentrale Bedeutung hatte, schien das Provozieren der Juden durch die Nazis nicht besonders ungewöhnlich. Der alte Antisemitismus hatte ein Klima geschaffen, in welchem der 'neue' Antisemitismus für Millionen von Deutschen zumindest akzeptabel war", sagt der Historiker Donald Niewyk.[127]

Auch nach der Französischen Revolution und in der Blütezeit der Aufklärung blieb der Antisemitismus ein bedeutender Faktor. Am Ende des neunzehnten Jahrhunderts wurden Tausende von Juden in Russland Opfer von aufeinanderfolgenden Pogromen. In Frankreich führte die Dreyfus-Affäre zu einer Welle des Antisemitismus, ausufernd in vielen Krawallen, die von der vatikanischen Presse gutgeheißen wurden. In Wien wurde Karl Lueger, der Vorsitzende der Christlich-Sozialen Partei, die vor allem auf die Bourgeoisie und die Katholiken orientiert war, vornehmlich wegen seines antisemitischen Programms zum Bürgermeister gewählt. Zwischen 1918 und 1921 starben bei Pogromen in der Ukraine, Weißrussland und Polen mehr als 100.000 Juden. Und das lange vor Hitler! Zu den wichtigsten Ursachen gehörten die Lehre und die Liturgie der katholischen Kirche, welche die Juden immer als Diener des Teufels darstellte – eine Vorstellung, die bis heute den antisemitischen Ungeist unter Katholiken in vielen Ländern nährt. Ein Beispiel des christlichen Antisemitismus in den vergangenen 800 Jahren ist die Darstellung der Juden als Schweine, ist das berüchtigte Bild von der Judensau. Die Juden wurden als schreckliche Kreaturen gesehen, selbst niedriger als Tiere, die an den Zitzen der Sauen saugten und deren Exkremente fraßen. Dies sollte ihre geile und gierige Lebensweise symbolisieren, in der Unmäßigkeit und Unkeuschheit im Zentrum standen. In zahlreichen Kathedralen und Kirchen in Deutschland, Österreich und der Schweiz kann man die Judensau noch immer in den Schnitzereien, an den Kapitellen der Säulen, in Basreliefs, Friesen und Chorstühlen entdecken. Ein solches Bild wurde vom Gemeinderat von Frankfurt am Main auch auf der Hauptbrücke über den Main angebracht. „Keine Darstellung des Juden in der christlichen Kunst hat das rassistische Nachdenken über den Juden so tiefgreifend beeinflusst wie die 'Judensau', wovon auch nach der Emanzipation und Assimilation der Juden in Europa

Abb. 6: Judensau am St. Petersdom von Regensburg.

neue Bilder entstanden", sagt Hans Jansen. Auch in Belgien sind solche Formen des Judenhasses zu finden. In seinem Buch *Het sacrament van mirakel. Jodenhaat in de Middeleeuwen* erzählt Luc Dequeker, emeritierter Professor für das Judentum an der Katholischen Universität Leuven, über Abbildungen mit anti-jüdischen Botschaften in den Glasfenstern, Gemälden und Wandteppichen der Brüsseler Kathedralen St. Michael und St. Gudula.[128] Die Juden wurden der Entweihung der heiligen Hostien angeklagt. Im Mai 1370 wurden in Brüssel daher sechs Juden auf dem Scheiterhaufen unter dem Vorwurf öffentlich verbrannt, sie hätten gestohlene Hostien mit Messern durchlöchert. In der St. Michaels Kathedrale in Brüssel erzählen die Glasfenster, Gemälde, Wandteppiche und liturgische Gewänder noch immer die mittelalterliche Geschichte der Hostienschändung und der Hinrichtung der Juden im Jahre 1370.

Noch wichtiger und entsetzlicher waren die Vorwürfe, die Juden würden Ritualmorde an christlichen Kindern begehen. Nach diesem sog. „Blutmärchen" benötigen die Juden, um Matzen, ein ungesäuertes Fladenbrot für das rituelle Ostermahl zum Passahfest, zu bereiten, das Blut von christlichen Jungen in vorpubertärem Alter. Diese Anschuldigungen gehen zurück bis zum zwölften Jahrhundert. Sie wurden von den Christen verbreitet und in Pogrome umgesetzt. Die erste Erwähnung des „Blutmärchens" datiert von 1150, als Thomas von Monmouth den Mord an einem kleinen Jungen im englischen Norwich im Jahr 1144 in diesen Zusammenhang stellte. Im Laufe der folgenden Jahrhunderte zogen, geführt vom einheimischen Klerus, vor allem Bauern und Handwerker durch Zentral- und Osteuropa, um im Namen Gottes viele Juden wegen ihrer angeblichen Verbrechen gegen die Christen abzuschlachten. In seinem Buch *Het verhaal van de slager. Moord en antisemitisme in Duitsland, 1900* beschreibt der Professor für Geschichte Helmut Walser Smith die Geschichte dieser Ritualmorde.[129] Auf einer Landkarte sind die Städte und Dörfer eingezeichnet, in welchen im Laufe der europäischen Geschichte Tausende solcher Vorwürfe gegen Juden geäußert wurden, die häufig zu Pogromen führten. Im Kern dieses Buches wird von einem Pogrom im damaligen deutschen Könitz im Jahre 1900 berichtet, vom Autor beschrieben als „der schlimmste Ausbruch antisemitischer Gewalt im wilhelminischen Deutschland". Geschildert wird, wie die aus dem christlichen Glauben genährte Angst vor den Juden Veranlassung zu entsetzlichen Gewaltaktionen wurde, wie die Bauern mit dem Zug aus dem Osten kamen und mit Äxten in das Städtchen einzogen, um Jagd auf die Juden zu machen. „In allen diesen vielen Erscheinungen hat die katholische Kultur (in Bildern, Theaterstücken, Büchern und im Stein der Kapellen, die zur Erinnerung gebaut wurden), dem Aberglauben der gewöhnlichen katholischen Menschen Form gegeben", schreibt Smith. Ein Aberglaube, der während des zwanzigsten Jahrhunderts weiteres Unheil verursachte. Selbst noch im Jahr 1914 berichtete die katholische Zeitschrift *La Civiltà Cattolica* (Die Katholische Zivilisation), dass die Juden ständig christliches Blut trinken würden. Auch nach dem Ersten Weltkrieg blieben die absurden Behauptungen bestehen. „Ostern, als die Priester in ihren Predigten die Juden als die Gottesmörder hinstellten, war ein immer wiederkehrender Anlass zu antisemitischer Gewalt", sagt Professor Jan Gross, der mehrere Bücher über die antisemitische Gewalt im katholischen Polen verfasst hat.[130] Auch nach dem Zweiten Weltkrieg wurden noch viele polnische Juden ermordet auf der Grundlage solcher Beschuldigungen, die wir später ausführlich behandeln werden. Jedenfalls haben die „Nazis" die Anschuldigung der rituellen Tötung von nicht-jüdischen Knaben für ihre Propaganda benutzt – und noch heute findet dies Resonanz in der muslimischen Welt.

Trotz dieser erdrückenden Beweise für den durch den christlichen Glauben inspirierten Judenhass verneint die katholische Kirche nach wie vor eiskalt ihren Anteil am Antisemitismus der vergangenen Jahrhunderte. In dem bemerkenswerten Dokument *We Remember: A Reflection on the*

Shoah über die Kirche und die Schoah behauptet Papst Johannes Paul II. im Jahre 1998, dass die Kirche als Institution für die Entwicklung des Hasses gegen die Juden in christlichen Kreisen nicht verantwortlich gewesen sei und dass die rassistische Form des Judenhasses, auch als Antisemitismus bezeichnet, nichts zu tun hätte mit der typisch christlichen Form, besser bekannt als Antijudaismus. Hans Jansen führt in seinem Buch *De paus en de jodenvervolging* mit dem bemerkenswerten Untertitel „Johannes Paulus II herschrijft de geschiedenis" (Johannes Paul II. schreibt die Geschichte neu) diese These ad absurdum.[131] Anhand Hunderter von Päpsten, Bischöfen, Theologen und anderen bedeutenden Gelehrten der Kirche verfassten Dokumente beweist er, dass die rassistische Form des Antisemitismus tiefe Wurzeln in der langen Geschichte der Kirche in Europa hat. Er verweist auf die klare Aussage Hitlers, dass die Juden Jesus gekreuzigt hätten und deshalb nicht wert seien, zu leben. Damit wiederholte der Naziführer nur das, was viele bedeutende christliche Denker, Katholiken und Protestanten, in vorangegangenen Jahrhunderten laut verkündet hatten. Juden waren die Gottesmörder und für dieses Verbrechen hatten alle Juden zu zahlen. Wer einen Tropfen jüdischen Bluts besitzt, ist mitschuldig. Im 15. Jahrhundert begann die spanische Inquisition mit Nachforschungen über die Vorfahren der neuen Katholiken, oft Juden, die sich bekehren ließen, um ihr Leben zu retten. Diese Praxis inspirierte 500 Jahre später die „Nazis" bei den berüchtigten Nürnberger Rassengesetzen. Es war natürlich nicht die Kirche selbst, die sich des Holocausts schuldig machte, aber ihr immanenter Antisemitismus und ihre Gleichgültigkeit gegenüber dem Schicksal der Juden waren dafür eine notwendige Bedingung.

„Sechsundneunzig Konzile und einhundertvierzehn Päpste haben im Laufe der Jahrhunderte Gesetze erlassen, um das jüdische Volk zu verspotten und lächerlich zu machen, um es zu foltern und zu verbannen, um seine Menschen zu enteignen und als Parias der Gesellschaft behandeln zu können", schrieb Hans Jansen im Jahr 1981.[132] Mit Dutzenden von Beispielen zeigt er, dass der christliche Antisemitismus den Eckpfeiler des Judenhasses bildete, wie er schließlich so völlig enthemmt im Dritten Reich zum Ausbruch kam. So zitiert er eine harte, aber nicht anzuzweifelnde Einschätzung des Schweizer Theologen Hans Küng. „Nicht eine antijüdische Maßnahme des Nazismus – das Auferlegen eines Merkzeichens durch besondere Kleidung, das Ausschließen bestimmter Gruppen, das Verbot von Mischehen, Plünderungen, Vertreibungen, Konzentrationslager, Massaker, das Abbrennen von Synagogen und Talmuds – war neuartig. Das existierte alles im so genannten 'christlichen' Mittelalter (das große Vierte Laterankonzil von

1215) und in der 'christlichen' Reformation. Neu war nur die rassistische Begründung, vorbereitet durch den französischen Grafen Joseph Arthur de Gobineau und durch den Deutsch-Engländer Houston Stewart Chamberlain, und dann in Nazi-Deutschland ausgeführt mit erschreckender organisatorischer Gründlichkeit, technischer Perfektion und grausamer Industrialisierung des Mordens. Nach Auschwitz kann man nichts mehr beschönigen. Die ganze Christenheit kann sich nicht ihrer Schuld entziehen."[133] Der Antisemitismus wird durch zahlreiche christliche Denker theologisch gestützt. Der evangelische Theologe Walter Grundmann, Direktor des Instituts zur Erforschung des jüdischen Einflusses auf das deutsche kirchliche Leben, welches sich zum Ziel gesetzt hatte, aus der deutschen Gesellschaft und der christlichen Religion alle jüdischen Einflüsse zu entfernen, schrieb 1941 sein berühmtes Buch *Jesus der Galiläer und das Judentum*. Basierend auf dem Neuen Testament meinte er, nachweisen zu können, dass „ein absoluter Widerspruch bestand zwischen dem Predigen von Jesus und dem Judentum".[134] Der einflussreiche deutsche Theologe und Professor Martin Dibelius schrieb, dass das jüdische Volk durch die Kreuzigung Jesu sich selbst zum Tode verurteilt habe. „Aus diesem Judentum erwuchs ihm die Feindschaft, die ihm [Jesus] den Tod brachte. Das Judentum wiederum entschied mit diesem Todesurteil über sich selbst. Denn nicht der Feldzug der Römer machte es auf die Dauer heimatlos, sondern die Feindschaft der Christen. So schicksalhaft wirkt sich der Gegensatz zwischen Jesus und den Juden aus."[135]

So hat auch die evangelische Kirche zu diesem anti-jüdischen Klima stark beigetragen. In einer gemeinsamen Erklärung vom 17. Dezember 1941 behaupten die Kirchenführer Schleswig-Holsteins: „Durch die christliche Taufe wird an der rassischen Eigenart eines Juden, seiner Volkszugehörigkeit und seinem biologischen Sein nichts geändert. Eine deutsche evangelische Kirche hat das religiöse Leben deutscher Volksgenossen zu fördern. Rassejüdische Christen haben in ihr keinen Raum und kein Recht."[136] Und am 22. Dezember 1941 wurde von der Kirchenleitung der Deutschen Evangelischen Kirche in allen Landeskirchen folgendes Rundschreiben in Umlauf gebracht: „Der Durchbruch des rassischen Bewusstseins in unserem Volk, verstärkt durch die Erfahrungen des Krieges, und entsprechende Maßnahmen der politischen Führung haben eine Ausscheidung der Juden aus der Gemeinschaft mit uns Deutschen bewirkt."[137] Zur Rechtfertigung des Holocausts berief sich Julius Streicher, der Gründer der antisemitischen Zeitschrift *Der Stürmer* und Gauleiter von Franken, während des Nürnberger Hauptkriegsverbrecherprozesses ausdrücklich auf

Martin Luthers Hetzschriften gegen die Juden. Wer die aufeinanderfolgenden Aktionen der „Nazis“ gegen die Juden untersucht, stellt fest, dass es in der Tat eine schockierende Ähnlichkeit gibt zu dem, was seit Jahrhunderten von der Kirche und ihrer Führung erklärt worden war. In diesem Sinne ist die „Endlösung der Judenfrage“ eine Fortsetzung des uralten christlichen Judenhasses. Hitler selbst realisierte das nur allzu deutlich, wenn er wiederholt zu verstehen gab, dass seine „Mission“ die Verwirklichung dessen sei, was die Kirche seit Jahrhunderten gepredigt hat. Heinrich Gruber, ein führender protestantischer Geistlicher aus Berlin, der sich offen dem Nationalsozialismus widersetzte und dafür in den Konzentrationslagern Sachsenhausen und Dachau inhaftiert wurde, schrieb im April 1963 einen Text, in welchem er die Genesis des Antisemitismus in der Kirche skizzierte. Er stellt fest, dass „alle Kirchen siebzehn Jahrhunderte lang den Antijudaismus geduldet und gefördert hatten“.[138]

Diese Argumentation gründet sich auf Aussagen vieler Kirchenführer. So erklärte der Erzbischof von Freiburg, Conrad Gröber, im Jahr 1935: „Da jedes Volk selbst verantwortlich ist für seine glückliche Existenz, und die Aufnahme eines völlig fremden Blutes immer ein Risiko bedeutet für ein Volkstum, das seinen historischen Wert unter Beweis gestellt hat, darf keinem Volk das Recht verweigert werden, seine rassische Reinheit unangetastet zu pflegen und dazu Schutzmaßnahmen zu ergreifen.“[139] Dass er in den Kriegsjahren an seiner Position festhielt, zeigt sein Hirtenbrief vom 25. März 1941, in dem er offenkundig den Juden die Schuld am Tod Christi anlastete und hinzufügte, dass „der Fluch, den die Juden einst über sich selbst ausriefen: ‘Sein Blut komme über uns und unsere Kinder’ (Matthäus 27,25) in der Geschichte des Christentums bis heute erfüllt wurde“.[140] Eine ähnliche Aussage kam von dem Limburger Bischof Antonius Hilfrich. In seinem Fastenbrief von 1939 schrieb er wörtlich, „dass das jüdische Volk am Tod Christi schuld ist. Jesus war ein Jude, aber die christliche Religion ist nicht aus der Natur dieses Volkes gekommen, das heißt: Ist von ihren rassischen Merkmalen nicht beeinflusst. Das Christentum hat sich vielmehr seinen Weg gegen dieses Volk bahnen müssen. (...) Außerdem war das jüdische Volk des Gottesmords schuldig, und deshalb ist es für immer verflucht.“[141] Dass diese Sprüche Wirkung auf die deutschen Soldaten zeigten, wird durch die Tatsache belegt, dass SS-Henker während der NS-Prozesse nach dem Krieg ihre Judenmassaker mit Verweisen auf bischöfliche Briefe und besonders auf Matthäus 27,25. rechtfertigten.[142] In seinem Buch *Een Jood vandaag* weist Elie Wiesel – der 1944 in Auschwitz gefangen war, zahlreiche Bücher über den Holocaust schrieb und im Jahr

1986 den Friedensnobelpreis bekam – auf die Schande hin, die das Judentum im Laufe der Geschichte erfahren hat. „Ich kannte vom Christentum nur den Hass auf mich und die Meinen (...) als alle Juden Opfer waren, waren alle Christen Mörder.“[143] Unter den Opfern waren viele Nicht-Juden, aber wahr ist, dass fast alle Mörder Christen waren. Der jüdische Autor Aharon Appelfeld, in Rumänien geboren, beschreibt in einem Interview umwerfend einfach, was in der Praxis geschah: „Wir waren im Sommer [1941] bei unseren Großeltern in den Karpaten. Eines Tages kamen die Rumänen und die Deutschen in dieses Dorf, sie gingen an den Häusern vorbei und töteten die Juden. Die Christen fragten sie, wo Juden leben, und die töteten sie dann.“[144]

„Das Christentum wurde geboren aus der Ablehnung durch die Juden, und es entlieh seine Legitimation aus der Ablehnung der Juden. (...) Das Christentum hatte ein Bild seines endgültigen Sieges vor Augen: das Zugeständnis der Juden, dass sie sich geirrt hatten, ihre Ergebung an die christliche Wahrheit und vielleicht ihre spätere massenhafte Bekehrung“, sagte Zygmunt Bauman.[145] Es existiert daher in der Tat ein klarer Zusammenhang zwischen Christentum und Antisemitismus. Statt dies zu leugnen, täte die Kirche besser daran, es zuzugeben und sich zugleich von jenen führenden Christen zu distanzieren, die im Namen von Gott behaupten, dass die Juden nichts Besseres verdienen als den vollständigen Untergang. Die Zahl der Juden, die im Laufe der Geschichte wegen des christlich inspirierten Antisemitismus verfolgt, unterdrückt und ermordet wurden, kann nicht berechnet werden. Der Mord an sechs Millionen Juden während des Zweiten Weltkriegs war eine sehr dramatische, aber „logische“ Konsequenz davon. Die katholische Kirche tut sich schwer, damit ins Reine zu kommen. Noch beunruhigender ist jedoch, dass inzwischen eine andere Religion, der orthodoxe Islam, ihren Platz eingenommen hat. Die schärfsten Antisemiten findet man heute in der islamischen Welt und unter den Fundamentalisten der muslimischen Gemeinschaft in Europa. Viele Vorurteile, die in den letzten Jahrhunderten in Europa lebten, sind heute Allgemeingut in Ägypten, Algerien, Saudi-Arabien, Syrien, Pakistan und im Iran. Die wahnsinnigen Äußerungen des iranischen Präsidenten Mahmud Ahmadinedschad, dass „der Holocaust ein Mythos“ und dass „Israel ein Tumor ist, der von der Karte weggewischt werden muss“,[146] sind treffende Beispiele.

Kapitel 4
Was wusste der Papst?

Eine weitere Frage, die viele Historiker zu klären versuchen, ist die Haltung des Papstes Pius XII. zum Judenmord. Aber zuerst müssen wir prüfen, ob der Papst überhaupt auf dem Laufenden war über das schreckliche Drama, das sich unter seinem Pontifikat während des Krieges abspielte. Manche seiner Anhänger erklärten sein offensichtliches Stillschweigen mit dem Argument, dass er sich des Dramas, das sich in den von den Deutschen besetzten Gebieten vollzog, nicht bewusst war. Der Jesuit Robert Leiber, 34 Jahre sein Sekretär, sowohl vor als auch während seines Pontifikats, erklärte im Jahr 1963, dass sein Chef nicht genau wusste, was während des Krieges geschehen war. „Pius XII. kannte die Realität der Ereignisse nicht. Auch die Alliierten nicht ... Es war erst nach dem Krieg, dass man Kenntnis vom Ausmaß der Verbrechen der Nazis bekam.“[147] Der Historiker Alberto Giovannetti schrieb im *Osservatore Romano* vom 5. April 1963, dass „die gewaltigen Dimensionen und monströsen Gräueltaten [die Vernichtung der Juden betreffend] erst nach dem Krieg in vollem Umfang sichtbar wurden“.[148] Verteidiger des Papstes, so wie Patrick Gallo, verweisen darauf, dass der Vatikan keinen Informationsdienst wie die großen Länder besaß, sodass die verfügbaren Informationen fragmentarisch und nicht verifiziert waren. Bei Ausbruch des Krieges verfügte der Vatikan nur über 31 Archivare, sagt Gallo, womit er suggeriert, dass der Heilige Stuhl nichts wissen konnte über die Kriegsverbrechen der „Nazis“ und folglich auch nicht reagieren konnte.[149] Diese Argumentation stimmt natürlich nicht, und ihm wird überzeugend durch die große Menge an Informationen widersprochen, die, wie die *Actes et Documents du Saint Siège*, beim Vatikan vorliegen. Der Heilige Stuhl bekam sehr schnell Kenntnis davon, was in Deutschland und in den von den „Nazis“ besetzten Gebieten passierte. Dafür sorgte das umfassende Netzwerk von Kardinälen, Nuntien, apostolischen Vertretern und Bischöfen, die ihrerseits über Informationen aus ihrer Umgebung verfügten, ebenso wie die Mitteilungen Zehntausender von örtlichen katholischen Priestern, Kaplänen, Äbten, Mönchen, Nonnen und Küstern, ganz zu schweigen von denen aus Kreisen der katholischen Laien. Mehr noch, der Vatikan war wohl der Ort, wo die meisten und genauesten

Informationen hinflossen. Er hatte Vertreter in 61 Ländern und während des Krieges saßen innerhalb der Mauern der Vatikanstadt Diplomaten und Geschäftsträger aus fast allen wichtigen Staaten: Deutschland, Großbritannien, Frankreich, Polen, den USA und später auch aus Japan und China. Diese hielten die päpstlichen Mitarbeiter auf dem Laufenden über die Entwicklungen vor Ort. Es gab auch Kontakte zu den neutralen Ländern wie der Schweiz, Schweden, Spanien und Portugal, zu internationalen Organisationen wie dem Roten Kreuz und sogar zur internationalen und lokalen jüdischen Gemeinschaft. Aus den *Actes et Documents du Saint Siège* geht hervor, dass der Vatikan bereits in einem frühen Stadium des Krieges über die Gewalt in den verschiedenen Ländern, die von den Deutschen besetzt waren oder mit denen sie freundschaftliche Beziehungen pflegten, unterrichtet war.

Darüber hinaus waren natürlich jede Menge Nachrichten in der Presse zu finden. Bereits im Sommer 1938 veröffentlichten internationale Zeitungen und Zeitschriften Artikel über die Ermordung von deutschen Juden. Die Tageszeitung *The Manchester Guardian* publizierte am 11. August 1938 einen Text unter der Überschrift „Forest Concentration Camps for German Jews“ mit dem Untertitel „ Where They Are Sent to Die Quickly“. Dort wurde das grausame Schicksal von Tausenden deutscher Juden im Konzentrationslager Buchenwald benannt. *The Illustrated London News* veröffentlichte am 22. März 1941 eine Reihe Fotos deutscher Soldaten, die jüdische Bürger zusammentrieben, sie in Gruppen aus der Stadt führten und anschließend erschossen. Das *New York Journal American* berichtete am 13. November 1941 auf ihrer Titelseite über den Mord an 25.000 Juden in Odessa.[150] In der Zeitung *The Christian Science Monitor*, die sich bis dahin immer sehr skeptisch gegenüber negativen Nachrichten über das Dritte Reich verhielt, erschien am 29. November 1941 ein umfassender Text, der zum ersten Mal deutlich die Absicht der „Nazis“, die Juden vollständig auszurotten, offenlegte.[151] Die *New York Times* schrieb am 18. Mai 1942 über den Massenmord an Juden in den baltischen Staaten, dass zu diesem Zeitpunkt bereits 400.000 von ihnen „vernichtet“ worden seien.[152] Im Sommer 1942 erhielt die internationale Gemeinschaft weitere Details über die Massaker der „Nazis“ und ihrer Verbündeten an den Juden. Szmul Zygielbojm, in der jüdischen Arbeiterbewegung (polnische Bundbewegung) aktiv und Mitglied des Verteidigungsausschusses von Warschau, der während der Belagerung der Stadt die Verteidigung organisierte, zugleich auch Herausgeber der *Volkszeitung*, wurde nach der Besetzung der polnischen Hauptstadt durch die Deutschen 1939 Mitglied des Warschauer

Judenrats. Als die Deutschen am 9. November 1939 vom Rat verlangten, ein Ghetto zu errichten, widersetzte er sich und tauchte unter. Der Untergrundausschuss des Bundes entschied dann, dass er versuchen solle, ins Ausland zu fliehen, um die Welt wissen zu lassen, wie grausam die „Nazis" die jüdische Bevölkerung verfolgen. Er erreichte schließlich London, wo er Mitglied des Nationalrates der polnischen Regierung im Exil wurde. Im Mai 1942 erhielt er einen ausführlichen Bericht vom Bund in Warschau über die Vernichtung des polnischen Judentums. Enthalten waren Informationen über Razzien, Folterungen und Tötungen sowie Ortsangaben zu Todeslagern. Der Bericht kam zu der Einschätzung, dass schon damals etwa 700.000 Juden ermordet waren. Zygielbojm sprach darüber während einer Sendung der BBC am 2. Juni 1942. Er sprach von „den Juden in den Ghettos, die jeden Tag massenhaft Familienmitglieder durch den Tod weggerissen sahen, in der Gewissheit, dass auch sie bald dran kommen würden". Dass dieser Bericht im besetzten Europa gehört wurde, geht aus verschiedenen niederländischen Kriegstagebüchern hervor. „In Polen soll das Herrenvolk bisher 700.000 Juden getötet haben", schrieb ein Arzt aus Rotterdam.[153]

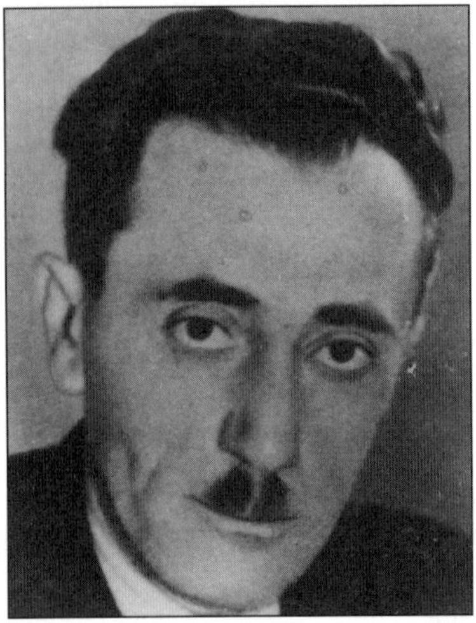

Abb. 7: Porträt von Szmul Zygielbojm.

Bis zum Sommer 1942 erschienen in den Zeitungen Berichte über Morde an Hunderten, manchmal Tausenden Menschen, so in der *Times* vom 6. März 1942 ein Bericht über die Ermordung Hunderter von Polen in Warschau. Später stiegen solche Zahlen in erschreckender Weise an. Der erste umfassende Artikel über die Massenabschlachtung von Juden in den von Deutschen besetzten Gebieten erschien in der *New York Times* vom 18. Mai 1942. Darin wurde festgestellt, dass die „Nazis" 100.000 Juden in den baltischen Staaten, 100.000 in Polen und doppelt so viele im Westen Russlands mit Maschinengewehren erschossen hätten. Die Zeitung *The Seattle Daily Times* vom 1. Juni 1942 hob durch Großdruck hervor: „Jews Slain Total 200.000". In dem Artikel mit dem Untertitel „Millions Driven to Ghetto's", wurde über die Ermordung von mindestens 200.000 Juden in Russland, Polen und den baltischen Staaten und die Deportation von Millionen weiterer Juden in die mittelalterlichen Ghettos berichtet. Auf der Titelseite der *New York Times* erschien am 11. Juni 1942 ein Artikel über die Zerstörung des tschechischen Dorfes Lidice, ein Text, der auf Seite 7 fortgesetzt wurde.[154] Hier wurde zum ersten Mal die große Zahl der Opfer genannt, die von den Regierungen im Exil den Alliierten und dem Vatikan übermittelt worden waren. Die jugoslawische Regierung schätzte die Zahl der ermordeten Menschen auf 350.000 (meist Serben, aber auch Juden) und die polnische Exilregierung sprach von etwa 140.000 bereits hingerichteten Polen (Katholiken und Juden). Die *Jewish Chronicle* berichtete am 19. Juni 1942 über groß angelegte Massenmorde von Juden in den von den Deutschen besetzten Gebieten. *The Daily Telegraph* publizierte am 25. Juni 1942 einen Artikel unter der bezeichnenden Schlagzeile „Mehr als siebenhunderttausend polnische Juden von den Deutschen in einem der größten Massaker der Weltgeschichte getötet".[155] In diesem Artikel war auch erstmals eindeutig der Einsatz von Gas erwähnt. Die Überschrift „Germans Murder 700.000 Jews in Poland" wurde ergänzt durch den Untertitel „Travelling Gas Chambers". *The Daily Telegraph* vom 25. und 30. Juni 1942 lieferte Details zu den Massakern in Ostpolen, zur Ermordung von 50.000 Juden in Vilnius, zur Anwendung mobiler Gaskammern wie auch zu den unvorstellbar schrecklichen Ereignissen im Warschauer Ghetto. Die Informationen wurden immer detaillierter. So berichtet die *New York Times* am 2. Juli 1942 über die Massaker in mehreren Städten. Sie vermeldet, dass etwa 25.000 Juden in Lublin verschwunden sind und „seitdem niemand etwas von ihnen gehört hat" und über den Einsatz von Gaskammern. „In Lemberg wurden 35.000 getötet, in Stanisławów 15.000, 5000 in Tarnopol, in Zioctrow 2000, in Brzezany blieben von den 18.000 nur 1.700 übrig. Das Gemetzel in Lemberg ging weiter."[156] Zu behaupten, dass weltliche und geistliche Führer nicht wussten, was passierte, ist daher falsch. Im Gegenteil, bereits aus den vielen Zeitungsberichten im Sommer 1942 ließ sich zweifelsfrei erkennen, welch immense Tragödie in Osteuropa ablief. Später liefen noch beträchtlich mehr Informationen ein.

Die *Times of London* berichtete am 10. Juli 1942 über Informationen, welche der polnische stellvertretende Premierminister im Exil, Stanislaw Mikolajczyk, von der Widerstandsbewegung im Untergrund Armia Krajowa („Heimatarmee") empfangen hatte, über die Liquidierung von Polen und über das grausame Schicksal der Juden, die massenhaft ermordet oder zu unbekannten Bestimmungsorten deportiert wurden. Der *Toronto Globe* titelte am 29. Juli 1942: „Gestapo plans to exterminate all Jews in Warsaw

Ghetto".[157] In der Ausgabe des *Newsweek Magazine* vom 10. August 1942 stand wortwörtlich, dass die Juden mit Zügen in eine „schwarze Hölle" überführt wurden. Die *New York Times* vom 20. August 1942 berichtete über die Deportation der Juden aus Frankreich ins polnische Schlesien. Die *Jewish Telegraphic Agency* veröffentlichte am 5. Oktober 1942 Beiträge über die systematische Deportation der Juden aus dem Ghetto von Lodz, die „mit Gas vergiftet wurden". In der Ausgabe vom November 1942 brachte die New Yorker Zeitschrift *Jewish Frontier* Nachrichten über die Ermordung von Juden im Vernichtungslager Chełmno (Kulmhof), unter anderem durch die Verwendung von Gaswagen. Diese Nachrichten bestätigten sich später auch. Die Deportierten aus der polnischen Provinz Poznan wurden in Chełmno, etwa 70 Kilometer nordwestlich von Lodz, zu einer Garage mit Gaswagen gebracht. Durch einen Schlauch leitete man die Abgase in den Laderaum, sodass die menschliche Fracht nach zehn Minuten erstickt war. Als Gaswagen verwendete man Lastkraftwagen der Marken Diamond 38, Reo und Opel Blitz, in denen 50 Menschen vergast werden konnten, sowie des Modells Saurer mit einer Tötungskapazität von 70 Personen. Zwischen Dezember 1941 und März 1943 wurden in Chełmno auf diese Weise insgesamt 145.000 Menschen umgebracht.[158] Die *New York Times* veröffentlichte am 25. November 1942 sehr spezifische Informationen, die sie von der polnischen Exilregierung erhalten hatte, über die Todeslager von Bełżec, Sobibór und Treblinka. Zum ersten Mal erschienen auch Details über Betonbauten, die als Gaskammern dienten, und über Krematorien in Auschwitz. Die *Times of London* legte am 7. Dezember 1942 Beweise vor über Massenmorde an den Juden und über die Pläne der „Nazis", Rumänien, die Niederlande und Dänemark judenfrei zu machen.

Solche Informationen in der alliierten Presse wurden von der Nazipropaganda selbstverständlich als Lügen abgetan. Auch der Vatikan stand vielen dieser Nachrichten skeptisch gegenüber, da befürchtet wurde, es handele sich um Propaganda zur Unterstützung der alliierten Kriegsführung. Aber auch in Zeitungen und Zeitschriften neutraler Staaten fanden sich Bezeugungen des Naziterrors. Insbesondere in der schweizerischen Presse standen viele Beiträge, die jede Vorstellung überstiegen. Die *Neue Zürcher Zeitung* schrieb am 13. September 1942: „... diese Berichte über Maßnahmen, deren unglaubliche Grausamkeit auch in diesem Weltkrieg keine Parallele finden, rufen ein Gefühl des Grauens hervor. Sie ergeben zwar noch kein endgültiges Bild, aber die ergreifenden Zeugnisse, die wir haben, sind unbestreitbar und von Ausschmückung kann keine Rede sein."[159] Einen Monat später veröffentlichte die evangelische Flüchtlingshilfe ein Pamphlet mit folgendem Text: „Die Juden, die Auserwählten Gottes, sterben. Durch ganz Europa hallen die Todesschreie derer, die erschossen oder durch Giftgas getötet werden.“[160] Auch im neutralen Schweden veröffentlichten Zeitungen erschreckende Nachrichten. Unter anderem am 21. Oktober 1942 im *Eskilstuna-Kuriren*, in dem von einem „Vernichtungskrieg gegen die Juden“ die Rede ist, der mit einer „unbeschreiblichen Unmenschlichkeit“ geführt werde.[161] Dass der Vatikan von diesen in neutralen Ländern veröffentlichten Berichten gewusst haben muss, ist so gut wie sicher. Der päpstliche Nuntius in der Schweiz, Filippo Bernardini, einer der aktivsten und wichtigsten Informationsbeschaffer des Heiligen Stuhls, übermittelte regelmäßig Telegramme, Denkschriften und Notizen an den Papst.

Im Sommer 1942 kamen noch drei mündliche Quellen hinzu. Ernst Lemmer, ein deutscher Journalist, der für mehrere ausländische Zeitungen arbeitete, traf während seines Urlaubs in Zürich im Juli 1942 einige prominente Personen und erzählte ihnen von der Vernichtung der Juden in mobilen und stationären Gaskammern. Er registrierte erstaunt, dass die Alliierten dem nicht mehr Aufmerksamkeit schenkten.[162] Arthur Zommer, ein deutscher Ökonom, der als Offizier im militärischen Geheimdienst tätig, aber ein Gegner des Nationalsozialismus war, schickte in Juli 1942 eine Notiz an Edgar Salin, Professor für Volkswirtschaftslehre an der Universität Basel, in welcher er über östliche Lager berichtete, die gebaut wurden, um Menschen zu vergasen.[163] Salin nahm seinerseits am 29. Juli 1942 Verbindung mit Chaim Pazner, dem Leiter des jüdischen Palästina-Büros in Genf, auf. Dieser nahm am nächsten Tag den Zug nach Basel und erhielt dort von Salin die schockierenden Nachrichten. Als Pazner nach der Quelle fragte, antwortete Salin, dass sie sehr zuverlässig sei, übrigens handele es sich um eine deutsche Quelle. Pazner gab die Informationen seinerseits weiter an britische Beamte und an jüdische Vertreter in Palästina. Die Warnung erreichte die Spitze der britischen Regierung, die jedoch beschloss, sie zu ignorieren. Der dritte Informant war Eduard Schulte, ein wichtiger deutscher Geschäftsmann aus der Zinkindustrie, der auch mit den „Nazis“ nichts am Hut hatte. Als Spitzenindustrieller hatte er regelmäßigen Kontakt mit der deutschen Regierung und hochgestellten Militärs. Auf seiner Gehaltsliste stand auch Otto Fitzner, der enge Beziehungen zu hochrangigen „Nazis“ hatte. Schulte war ein Gegner des Krieges, der das Land in den Abgrund führte, und entschlossen, den Alliierten zu helfen. Er reiste regelmäßig in die Schweiz, wo er Kontakte zum schweizerischen und zum polnischen Geheimdienst hatte. Ende Juli 1942 suchte er seinen Geschäftsfreund Isidor Koppelmann in Zürich auf und erzählte ihm, dass die „Nazis" planten, alle Juden in Europa zu ermorden, möglicherweise durch Blausäuregas.

Schließlich erreichte diese Nachricht Gerhart Riegner, den Vertreter des Jüdischen Weltkongresses, der sie an Stephen Wise telegrafierte, den Vorsitzenden des Jüdischen Weltkongresses in New York und persönlichem Freund von US-Präsident Franklin D. Roosevelt, sowie an den britischen Parlamentär Sidney Silverman, Vorsitzender der britischen Sektion des Jüdischen Weltkongresses. Der Text des Telegramms lautete: „Alarmierende Nachricht empfangen, dass im Führerhauptquartier Plan diskutiert und überlegt wurde, alle Juden auf deutschem und besetztem Gebiet, insgesamt 3 bis 4 Millionen, nach Deportation und Konzentration im Osten in einer Aktion auszurotten als endgültige Lösung der Judenfrage in Europa [Stop] Die Maßnahmen würden für diesen Herbst geplant. Zu den diskutierten Methoden gehört Blausäure [Stop] Wir geben diese Nachricht mit allem erforderlichem Vorbehalt durch, weil die Richtigkeit nicht bestätigt werden kann [Stop] Sprecher behauptet enge Verbindungen mit den höchsten deutschen Behörden zu pflegen und seine Berichte sind in der Regel zuverlässig. Informiere und konsultiere bitte New York. Riegner [Ende]."[164] Die US-Regierung versuchte, den Inhalt des Telegramms Riegners beim Vatikan und beim Roten Kreuz zu verifizieren. Diese erklärten, dass sie im Bilde seien über Misshandlung und Deportation der Juden, aber nicht über einen Massenvernichtungsplan, und dass sie bisher noch nicht in der Lage seien, die erhaltenen Informationen zu überprüfen. Erst am 8. Dezember 1942 konnte Stephen Wise seinen Freund Roosevelt vom Ernst der Lage überzeugen. Er überreichte ihm eine Mitteilung von zwanzig Seiten, die belegte, dass fast zwei Millionen Juden, Männer, Frauen und Kinder, auf entsetzliche Art bereits ermordet worden waren und fünf Millionen weiteren Juden das gleiche Schicksal drohte. Dies führte zu der Erklärung vom 17. Dezember 1942 und später zur Bermuda-Konferenz, die jedoch nur wenige Ergebnisse brachte. Den Rest seines Lebens blieb Riegner bei seiner Behauptung, dass viele Juden zu retten gewesen wären, wenn die Alliierten und der Vatikan die Warnung ernst genommen hätten.[165] Seine Enttäuschung über die Haltung des Vatikans bestand bereits früher. Bereits am 18. März 1942 hatte er mit Richard Lichtheim ein Memorandum an Erzbischof Filippo Bernardini, päpstlicher Nuntius in der Schweiz, über die kriminellen Aktivitäten gegen die Juden in Kroatien, Ungarn, Frankreich und anderen besetzten Ländern gesandt, das zeigte, dass ein großer Mordplan entworfen worden war. Das Memorandum enthält auch Informationen über Massenmorde in Rumänien (Riegner sprach von rund 92.000

erschossenen Juden). Bernardini schickte das Memorandum am nächsten Tag an den Vatikan.[166]

Inzwischen versuchte Zygielbojm, ohne viel Erfolg, die Alliierten vom Ernst der Lage zu überzeugen. Am 2. Dezember 1942 traf er sich in London mit dem nicht-jüdischen Polen Jan Karski, einem Verbindungsmann zwischen dem polnischen Widerstand und der Regierung im Exil. Karski war in das Ghetto von Warschau Ende August 1942 durch einen Tunnel von der Muranowska Straße 6 außerhalb des Ghettos gelangt. Er sah mit eigenen Augen die Räumung des Ghettos durch die „Nazis", die am 22. Juli 1942 begonnen hatte. Jeden Tag wurden Tausende von Juden in Zugwaggons gezwungen und in die Vernichtungslager, vor allem nach Treblinka, deportiert.[167] Karski sprach dort mit Leon Feiner vom jüdischen Bund, zu dem auch Zygielbojm gehörte. Er konnte dann dem Ghetto entfliehen und als ukrainischer Wachmann verkleidet in das Durchgangslager Izbica Lubelska kommen, wo die Juden gesammelt wurden, bevor sie in Bełżec vernichtet wurden. Im November 1942 wandte er sich an den Papst mit der Bitte, die Verantwortlichen für diese Morde zu exkommunizieren, jedoch ohne Ergebnis. All diese Informationen wurden auch den Alliierten übergeben, ebenfalls ohne unmittelbare Ergebnisse. Einige Monate später vernahm Zygielbojm, dass seine Frau und sein Sohn während der Zerstörung des Ghettos getötet worden waren. Am 12. Mai 1943, 13 Tage nach der gescheiterten Bermuda-Konferenz, beging er Selbstmord und hinterließ einen Brief an den polnischen Ministerpräsidenten im Exil. „Die Verantwortung für das Verbrechen der völligen Vernichtung der jüdischen Bevölkerung in Polen liegt zu allererst bei denjenigen, die das Massaker ausgeführt haben. Aber sie lastet indirekt auf der ganzen Menschheit, auf den Völkern und Regierungen der alliierten Nationen, die bislang keine konkreten Maßnahmen unternahmen, um dieses Verbrechen zu stoppen ... Mit meinem Tod möchte ich noch ein letztes Mal protestieren gegen die Passivität einer Welt, die Zeuge der Vernichtung des jüdischen Volkes ist und das zulässt. (...) Ich weiß, dass in diesen Zeiten ein Menschenleben wenig wert ist, aber weil ich es in meinem Leben nicht erreichen konnte, kann ich vielleicht mit meinem Tod die Gleichgültigkeit derer brechen, welche die Möglichkeit besitzen, um, vielleicht in letzter Minute, die letzten polnischen Juden, die noch leben, zu retten. Mein Leben gehört den Juden in Polen, und deshalb gebe ich es ihnen."[168] In diesem Sinne beschuldigte er auch die Gleichgültigen, die trotz ihres Wissens wegsahen und schwiegen, und er betrachtete die Länder und Leute, die schwiegen, als Mittäter der Täter.[169]

Dennoch hatten all diese Zeugnisse eine wichtige Wirkung. Sie erhöhten den Druck auf den Vatikan, sich offen gegen die nationalsozialistischen Gräueltaten zu wenden. Die Aufforderung dazu kam vom brasilianischen Botschafter beim Heiligen Stuhl, sie wurde später von den Gesandten der USA, Großbritanniens, Uruguays, Kubas, Perus und von Vertretern der acht Nationen im besetzten Europa unterstützt. Am 7. Dezember 1942 ließ Anthony Eden, der britische Minister für auswärtige Angelegenheiten, die Vereinigten Staaten wissen, dass nur noch wenig Zweifel daran bestehe, dass die „Nazis" mit einer systematischen Ausrottung der Juden, mit Ausnahme von hoch qualifizierten Arbeitskräften, befasst sind. Zehn Tage später informierte er das House of Commons über eine „bestialische Politik der kaltblütigen Vernichtung", worauf die anwesenden Abgeordneten für eine Schweigeminute aufstanden. Desselben Tags, 17. Dezember 1942, erklärten alle verbündeten Länder und das Nationalkomitee der freien Franzosen, dass die Juden in Europa, in Übereinstimmung mit dem oft angekündigten Plan Hitlers, ausgerottet werden. Der Inhalt dieser Erklärung lässt kaum Raum für Spekulationen. „Aus allen besetzten Ländern werden Juden unter empörend widerwärtigen und grausamen Umständen nach Osteuropa transportiert. In Polen, das zum wichtigsten Nazischlachthof gemacht wurde, werden aus den von den deutschen Eindringlingen eingerichteten Ghettos alle Juden, außer einigen für die Kriegsindustrie wirklich notwendigen hoch qualifizierten Arbeitern, deportiert. Von keinem dieser Deportierten hört man jemals wieder etwas. Körperlich Gesunde werden langsam vernichtet durch die Arbeit in den Lagern. Die Schwachen werden durch Hunger zu Tode gequält oder absichtlich in Massenexekutionen ermordet. Die Zahl der Opfer dieser blutigen Gräueltaten wird auf mehrere Hunderttausend völlig unschuldiger Männer, Frauen und Kinder geschätzt."[170] Die gemeinsame Erklärung über die Ausrottung der Juden wurde weltweit in 23 Sprachen gesendet. Auch der Papst bekam diesen Text zu Gesicht. Daraufhin fragten Francis D'Arcy Osborne, Vertreter von Großbritannien, und Harold Tittmann, der Vertreter der Vereinigten Staaten im Vatikan, den Staatssekretär Luigi Maglione, ob der Papst eine ähnliche Erklärung wie die der Alliierten ablegen wolle. Ob er zum Beispiel beabsichtige, eine solche öffentliche Verurteilung mittels der deutschen Bischöfe aussprechen zu lassen, oder zu Weihnachten in einer öffentlichen Erklärung die deutschen Gläubigen anspornen werde, sich diesen Exzessen zu widersetzen. Maglione sagte erneut, dass es dem Vatikan nicht möglich sei, solche schrecklichen Tatbestände öffentlich anzuklagen, unter anderem deshalb, weil es für den Heiligen Stuhl unmöglich sei, „die alliierten Berichte über die Zahl der ausgerotteten Juden zu überprüfen". Allerdings erhielt der Heilige Stuhl, zusätzlich zu den oben erwähnten Zeugnissen, Memoranden und mündlichen Informationen, noch viele andere bedrohliche Nachrichten über das schreckliche Schicksal der Juden, wie in den *Actes et Documents du Saint Siège relatifs à la Seconde Guerre Mondiale* nachzulesen ist und worüber auch im vorläufigen Bericht der *International Catholic-Jewish Historical Commission* vom 26. Oktober 2000 die folgenden Beispiele angegeben sind.[171]

So sandte der Schweizer Bischof Mario Besson bereits am 23. November 1940 einen Brief an den Papst über die entsetzlichen Lebensbedingungen von Gefangenen, unter ihnen auch Juden, in Lagern im Süden Frankreichs. Der päpstliche Nuntius in Rumänien, Andrea Cassulo, schickte 1940 und 1941 verschiedene Memoranden an den Papst, in welchen er auf die antijüdischen Gesetze verwies, die auch auf die zum Christentum bekehrten Juden Anwendung fanden. Der katholische Bischof von Berlin, Konrad Graf von Preysing, der einzige deutsche Bischof, der sich ausdrücklich gegen die Unterdrückung der Juden verwahrte, schrieb Pius XII. am 17. Januar 1941 einen Brief folgenden Inhalts: „Eure Heiligkeit ist sich sicherlich der Situation der Juden in Deutschland und den Nachbarländern bewusst. Ich möchte darauf hinweisen, dass ich sowohl von katholischer als von evangelischer Seite gefragt wurde, ob der Heilige Stuhl für diese Unglücklichen etwas tun kann."[172] Von Preysing bat den Papst am 6. März 1943 erneut, die übriggebliebenen Juden in der deutschen Hauptstadt zu retten. Der Papst antwortete am 30. April 1943, dass es Sache der örtlichen Bischöfe wäre, sich eventuell dazu zu äußern. Der vatikanische Geschäftsträger in der Slowakei, Giuseppe Burzio berichtete am 27. Oktober 1941 an den päpstlichen Staatssekretär was er über die systematische Ermordung der Juden in Polen von einem lokalen Rabbiner, aber auch von slowakischen Militärkaplänen, die von der Front zurückkehrten, vernommen hatte.[173] Vermutlich waren sie Zeugen von Mordaktionen der Einsatzgruppen hinter der Front gewesen. Der Erzbischof von Krakau, Adam Sapieha, informierte in einem Brief in lateinischer Sprache vom 28. Februar 1942 den Papst über die Schrecken der Nazibesatzung, einschließlich der Vernichtung von Tausenden Polen in den Konzentrationslagern (er sprach nicht über die Juden, obwohl er Kenntnis über Auschwitz gehabt haben muss, das nur sechzig Kilometer von Krakau entfernt liegt): „Unser Aufruf ist in der Tat sehr tragisch: Wir leben beraubt fast aller Menschenrechte, der Grausamkeit von Menschen ausgesetzt, die zum größten Teil ohne jegliches menschliches Gefühl sind; wir sind auch einem schrecklichen Terror ausgesetzt; wir leben in ständi-

Abb. 8: Massenexekution der jüdischen Bevölkerung von Liepaja in Lettland durch Angehörige der Einsatzgruppe A, Dezember 1941.

ger Gefahr, alles zu verlieren bei der Flucht oder Deportation und in dem, was Konzentrationslager genannt wird, inhaftiert zu werden, aus denen nur wenige lebend zurückkehren. In diesen Lagern werden Tausende und Abertausende von unseren besten Brüdern festgehalten und dies sogar ohne gerichtliches Verfahren oder ohne eigene Schuld.“[174] Er bat Pius XII., diese Grausamkeiten öffentlich zu verurteilen, bekam aber nur eine vage Antwort des Papstes, der den Bischof lobte „für seine Treue und Mut in diesen schwierigen Zeiten“.

Ab Sommer 1942 kamen von verschiedenen Seiten immer mehr Informationen. Am 17. Juli 1942 schickte Marcone, der Vertreter des Papstes in Kroatien, einen Bericht von Eugène Kvaternik, dem Leiter der kroatischen Polizei, nach Rom, in dem stand, dass „kürzlich zwei Millionen Juden in Deutschland getötet wurden“.[175] Kvaternik irrt hier: Die Massenmorde an Juden geschahen in Polen. Der griechisch-katholische Vertreter in Lwów, Andrzej Szeptycki, beschreibt in einem Brief an den Papst vom 31. August 1942 die Gewalt und den Massenmord an den Juden und der lokalen Bevölkerung. „Schon mehr als ein Jahr ist kein Tag vergangen, wo nicht schreckliche Verbrechen begangen wurden. Die Juden sind die ersten Opfer. In unserem Land sind jetzt bereits mehr als 200.000 Juden ermordet. In dem Maße, wie die Armee weiter nach Osten zieht, steigt die Zahl der Todesopfer. In Kiew wurden in einigen Tagen bis zu hundertdreißigtausend Männer, Frauen und Kinder getötet. Alle kleinen Städte in der Ukraine haben diese Massaker erlebt und dies läuft bereits ein Jahr lang. (...) Die brutale und kriminelle Weise, wie die Deutschen die Juden behandeln, wird von Tag zu Tag schlimmer. Es passiert, dass sie in den Straßen der Stadt nur so Juden erschießen unter den Augen der Passanten."[176] Szeptycki hatte in seiner Notiz auch „gute" Nachrichten für den Papst. Offenbar ohne allzu viele Probleme konnten die Geistlichen ihre Arbeit fortsetzen. „Sie gestatten es den Priestern, den Kindern in den Schulen weiterhin den Katechismus zu lehren. Die Predigten und die Verwaltung der Pfarreien werden noch nicht sehr gestört. Sie wollen die Ehen regeln, aber nicht in eine antikanonische Richtung."[177] Am 18. September 1942 schrieb Giovanni Battista Montini, der Stellvertreter von Kardinal Maglione und spätere Papst Paul VI., an den Heiligen Stuhl: „Die Morde an den Juden haben schreckliche und beängstigende Ausmaße und Formen angenommen. Jeden Tag geschehen schreckliche Massaker, es scheint, dass man zu Mitte Oktober ganze Ghettos leer machen und die Hunderttausende von Unglücklichen, die dort schmachten, los werden will."[178] Über BBC wandte sich Thomas Mann mit dem Einleitungssatz „Deutsche Hörer" 25 Mal in deutscher Sprache an seine Landsleute. Am 27. Juli 1942 sprach er über die massenhaften Massaker an Juden im Osten. „Die Nazis wollen nicht allein in die Hölle gehen. Sie wollen die Juden mit sich mitnehmen. Sie brauchen die Juden. Beide Gruppen hängen zusammen. (...) Das Warschauer Ghetto, wo 500.000 Juden aus Polen, Österreich, der Tschechoslowakei und Deutschland in zwei Dutzend schmalen, armseligen Gassen zusammengepfercht sind, ist nichts anderes als eine Hunger-, Pest- und Todesgrube, aus der Leichengeruch aufsteigt. 65.000 Menschen sind dort in einem Jahr, im vorigen, gestorben. Nach Angaben der polnischen Regierung im Exil wurden bereits 700.000 Juden von der Gestapo getötet, davon 70.000 allein in der Minsker Region. Deutsche, wisst ihr das? Und was halten Sie davon? (...). Es gibt einen detaillierten und authentischen Bericht, der darauf hinweist, dass 11.000 polnische Juden in den Gaskammern vernichtet wurden."[179] Do Pirro Scavizzi, ein italienischer Militärgeistlicher in einem Krankenhauszug des Malteserordens, gab im Jahr 1942 vier ausführliche Berichte über den Massenmord an den Juden an den Vatikan. Am 12. Mai 1942 schrieb er aus Bologna an den Heiligen Stuhl: „Der antisemitische Kampf ist gnadenlos und wird immer härter, mit manchmal massiven Deportationen und Hinrichtungen. Im Augenblick ist die Vernichtung der Juden in der Ukraine praktisch beendet.

In Polen und Deutschland will man durch massenhafte Hinrichtungen auch zum Ende kommen.“[180]

Dass seine Prognose sich auch erfüllte, beschrieb Scavizzi in seinem letzten Bericht vom 7. Oktober 1942, in dem der Kaplan ein detailliertes Bild der Situation auf seinem Weg nach und durch Polen gab. „Die Umstände sind immer trauriger in jeder Hinsicht (...) Im Bahnhof von Prag und in der Nähe der anderen Bahnhöfe zeigte man Gehängte öffentlich. Zwei Kinder von neun Jahren, die sich unserem haltenden Zug näherten und um ein bisschen Brot bettelten, wurden von der deutschen Wache beschossen und verwundet und bei unseren Schwestern der Barmherzigkeit gelassen, die sie gepflegt haben. (...) Das Gleiche geschieht oder noch Schlimmeres passiert in den Zügen, wo Polen auf die Puffer klettern, ihr Leben riskieren, und dann auf den Wagen kriechen und dort die ganze Fahrt bleiben. So habe ich Ältere, Mütter mit Kindern und junge Mädchen gesehen, die sich so gut sie konnten, festklammerten und kein Deutscher lud sie ein, in den fast leeren Wagen zu kommen. Auch viele Geschäfte sind reserviert und für Polen verboten. Die deutsche Expansion vertreibt die Polen aus den schönsten Vierteln der Stadt, die manchmal innerhalb einer Stunde für die Unterbringung der Deutschen eingefordert werden, ohne dass die Vertriebenen das Recht haben, ihre Möbel und Habseligkeiten mitzunehmen. Sie erlauben den Polen, Zuflucht in den Häusern des Ghettos zu suchen, die regelmäßig freigesetzt werden durch die systematische Ausrottung der Juden. Viele Aristokraten und viele Andere aus den betuchten Gruppen werden deportiert oder ermordet, aufgrund politischer Verdächtigungen. Ich gab der Oberin der polnischen Schwestern von Nazareth in der Via Machiavelli in Rom eine Liste der hundert Nonnen ihres Instituts, die von den Bolschewisten deportiert oder von den Deutschen inhaftiert wurden oder im Gefängnis starben. Die Verfolgung geht weiter. Die Schulen (außer der Grundschule und den Berufsschulen) sind für Polen verboten und nur für deutsche Schüler erlaubt. Dies gilt auch für private Schulen, die übrigens alle verschwinden werden. Hunger und Krankheit zehren die polnische Bevölkerung aus und treiben sie zum Äußersten. (...) Gebäude von religiösen Gemeinschaften werden systematisch von Zivilisten und Soldaten besetzt, die Geistlichkeit und auch die Internatsstudenten, die Kinder, ältere oder behinderte Personen, die dort aufgenommen waren, werden verdrängt. Für Letztere gibt es ein medizinisches Eliminationsverfahren, um die Rasse zu ‘säubern’. (...) Die Vernichtung der Juden durch Massenmorde ist nahezu allgemein, es werden auch Kinder oder Säuglinge nicht davon ausgenommen. Für sie, alle mit einem weißen Armband markiert, ist jedes bürgerliche Leben übrigens unmöglich. Sie können nicht einkaufen gehen, in eine Straßenbahn oder ein Fahrzeug einsteigen, einer Aufführung beiwohnen oder ein Haus von Nichtjuden besuchen. Bevor sie deportiert oder getötet werden, sind sie gezwungen, harte Handarbeit zu verrichten, auch wenn sie zur intellektuellen Klasse gehören. Die wenigen Juden, die übrigbleiben, scheinen heiter und geben sich fast mit Stolz. Sie sagen, dass noch zwei Millionen Juden getötet werden.“[181] Scavizzi wurde zweimal persönlich von Pius XII. empfangen und hat diese Eindrücke aller Wahrscheinlichkeit nach dem Papst verbal mitgeteilt.

Der Informationsstand über die Vernichtung der Juden war gegen Ende 1942 also fast vollständig und detailliert und erreichte aus verschiedenen voneinander unabhängigen Quellen den Vatikan. In diesem Sinne ist die Antwort des Heiligen Stuhls vom 10. Oktober 1942 auf eine Anfrage von Myron Taylor, dem Vertreter der USA im Vatikan, völlig unverständlich. Die US-Regierung fragte, ob die Informationen über den systematischen Massenmord an den Juden dem Vatikan bekannt seien bzw. bestätigt werden können.[182] Der Staatssekretär des Vatikans antwortete: „Es ist dem Heiligen Stuhl bis jetzt nicht möglich gewesen, die Richtigkeit solcher Mitteilungen zu prüfen.“[183] Diese Mitteilung war unterzeichnet von Kardinal Maglione (der einen Tag zuvor von Mgr. Paolo Giobbe, dem Internuntius in den Niederlanden, über den starken Protest der holländischen Bischöfe gegen die Deportation der Juden und die Verfolgung der Kirche in den Niederlanden unterrichtet worden war). „Die Bittschrift zielt vor allem darauf, die Massendeportationen von Nicht-Ariern, wie es geschah und noch geschieht, sogar von Frauen und Kindern, zu verhindern. Im Hirtenbrief stehen, außer dem Beschwerdetext, einige Überlegungen über das Schicksal des jüdischen Volkes, das im Evangelium vorhergesagt wurde, und die Bischöfe ergreifen diese Gelegenheit, die Katholiken zur Buße aufzurufen, um die göttliche Gerechtigkeit zu besänftigen.“[184] Die Antwort aus dem Vatikan, dass er die Berichte über die systematische Verfolgung und den Massenmord nicht bestätigen könne, ist daher falsch. Die vier oben bereits zitierten Berichte fügen sich zusammen zu einer Linie von unabweisbarer Logik: (1) „Zwei Millionen Juden [wurden] kürzlich in Deutschland getötet.“ (Juli 1942, Marcone); (2) „In unserem Land sind bis jetzt mehr als 200.000 Juden ermordet worden.“ (August 1942, Szeptycki); (3) „Die Massaker an den Juden haben schreckliche und beängstigende Proportionen und Formen angenommen.“ (September 1942, Montini) und (4) „Die Vernichtung der Juden durch Massenmorde ist fast allgemein.“ (7. Oktober 1942, Scavizzi). Vier klare, unabhängig voneinander zustande gekommenen Aussagen aus zuverlässigen Quellen, von Personen, denen der Papst vertraute. Dies – zusammen betrachtet mit den zuvor erwähnten Informationen von Kardinal Hlond, von Erzbischof Adam Sapieha, von der polnischen Regierung im Exil, und auch von Burzio und Preysing über die Massaker in Polen selbst – führt zu der Frage, was den Vatikan dazu brachte, dann noch immer zu sagen, dass er die Informationen über den systematischen Massenmord an den Juden nicht bestätigen könne?

Auch später, in den folgenden Wochen und Monaten, strömten dem Vatikan weitere Informationen zu. Am 12. Dezember 1942 schickte Antonis Springovics, der Erzbischof von Riga, einen Brief an den Papst über die Situation in Lettland mit der bestürzenden Mitteilung: „Fast alle Juden sind jetzt getötet (iudaei fere omnes iam necati sunt), es bleiben nur ein paar Tausend in Riga im Ghetto, der größte Teil von ihnen aus fremden Regionen importiert...“.[185] Vor dem Zweiten Weltkrieg gab es etwa 50.000 Juden in Lettland, dann kaum noch 5.000. Bis Ende 1942 besaß der Papst also verschiedene, unabhängig voneinander formulierte Berichte über die Massaker durch die Einsatzgruppen. Danach sollte die massive Vergasung der Juden Europas erst noch beginnen. Somit ist klar, dass viele geistliche Führer aus den besetzten Gebieten den Papst frühzeitig in Kenntnis gesetzt hatten über die höllische Vernichtung der Juden in ihrem Gebiet. „Auch wenn die Information unvollständig und unklar war, kann man die Tatsache nicht ignorieren, dass im Allgemeinen die extrem detaillierten Informationen, über welche die deutschen Bischöfe und noch mehr der Heilige Stuhl – vor allem seit der zweiten Hälfte des Jahres 1942 – verfügten, bestätigten, dass eine groß angelegte Vernichtung der europäischen Juden im Gange war“, sagt Giovanni Miccoli, der einflussreiche italienische Professor für Kirchengeschichte an der Universität Triest.[186] Die Aussage von Robert Leiber, dem Privatsekretär von Papst Pius XII., dass der Vatikan die Realität und das Ausmaß der Ereignisse nicht kannte, ist also falsch. Dass der Papst nicht das *volle* Ausmaß des Dramas kannte, dass es sich um die Ermordung von sechs Millionen Juden handelte, wie viele Studien nach dem Krieg bewiesen haben, ist klar. Aber zumindest wusste er im Laufe des Jahres 1942, dass mehrere Millionen Juden, aber auch Millionen Nicht-Juden, wie die Katholiken in Polen und die orthodoxen Serben in Kroatien, auf eine systematische Weise ermordet wurden. Die Frage ist also nicht, ob Pius informiert war über die enorme Tragödie, sondern was er mit diesem Wissen machte.

Kapitel 5
Hat der Papst geschwiegen?

Pius XII. hat unter Historikern sowohl hartnäckige Verteidiger als auch ausgesprochene Gegner. Mit allen verfügbaren Dokumenten, Memoranden, Zeugnissen und Aussagen, öffentlichen und wohl auch nicht-öffentlichen, versuchen sie, entweder den Papst zu schonen oder ihn anzuklagen. Die Befürworter sagen, dass Pius XII. klar, eindeutig und wiederholt sowohl öffentlich als auch im diplomatischen Verkehr gesprochen habe und dass alle, die hören wollten, auch hören konnten. Sie fügen hinzu, dass diese Aussagen eine klare Verurteilung der die Kirche untergrabende Politik der „Nazis", der rassistischen Äußerungen und Handlungen Hitlers und seiner Gefolgsleute und der Verfolgung und Vernichtung der Juden enthalten; und wenn er schwieg, dann, um noch Schlimmeres zu verhindern. Die Gegner argumentieren dann, dass der Papst vor und während der Kriegsjahre absichtlich schwieg, um die Interessen der Kirche zu verteidigen, selbst auf Kosten der Vernichtung der Juden. Er habe mit seinem Schweigen das Spiel von Hitler, Mussolini, Pavelić und anderen Diktatoren mitgespielt und somit der Endlösung der Judenfrage keinen Strohhalm in den Weg gelegt.

Die erste Frage ist, ob Pius XII. geschwiegen hat. Zahlreiche Begebenheiten zeigen, dass dies nicht der Fall war. Selbst Gegner des Papstes, wie die Historikerin Susan Zuccotti, räumen ein, dass er sich mindestens drei Mal zur Vernichtung der Juden öffentlich geäußert hat.[187] Einmal am Schluss seiner Weihnachtsbotschaft im Rundfunk am 24. Dezember 1942, ein zweites Mal an seinem Namenstag am 2. Juni 1943 in einer Rede zum Heiligen Kollegium der Kardinäle und zum dritten Mal vor demselben Kollegium am 2. Juni 1944. Aber, schreibt Zuccotti, in keiner dieser Reden benutzte der Papst die Worte „Jude", „Antisemitismus" oder „Rasse". Das ist nicht ganz richtig. In jeder dieser Reden verwendet der Papst das Wort „stirpe", das wir heute übersetzen mit „Herkunft", „Herkommen" oder „Geburt". Nach Ansicht von Etymologen haben die Worte „stirpe" und „razza" allerdings eine unterschiedliche Bedeutung. Das Erste verweist auf „Herkunft" und „Abstammung" und hat somit nicht die gleiche Konnotation wie der Begriff „Rasse“. Aber in der Zeit von Pius XII. soll das Wort auch gleichbedeutend zu „Rasse“ verwendet worden sein. So steht im *Diccionario Nuovo della Lingua Italiana* (veröffentlicht in Mailand 1924) das Wort „stirpe“ als Synonym für „schiatta“, das wohl mit „Rasse“ übersetzt wird. Dieses Wörterbuch enthält eine Illustration der Verwendung des Wortes „stirpe“ in der Bedeutung „semitische Rasse“. Auf jeden Fall sind die Worte „stirpe“ und „schiatta“ viel neutraler und es stellt sich die Frage, weshalb der Papst nicht das wesentlich klarere und gebräuchlichere Wort „razza“ wählte. Auch in anderen öffentlichen, privaten und diplomatischen Dokumenten verwies der Papst direkt bzw. indirekt auf die Juden. In zweien seiner Enzykliken, *Summi Pontificatus* („Die hohepriesterliche Würde“) und *Mystici Corporis Christi* („Über den mystischen Leib Christi“), nennt Pius XII. buchstäblich das Wort Jude (und Juden) in dem Kontext, dass alle Menschen eins seien. So hat er sich auch indirekt gegen Rassismus und Antisemitismus, die so charakteristisch für den Nationalsozialismus waren, verwahrt. Darüber hinaus gibt es mehrere Dokumente, in denen der Papst doch den Begriff „Rasse“ verwendet. So auch in seinem berüchtigten Telegramm vom 25. Juni 1944 an den ungarischen Reichsverweser Horthy, um das Leid der Menschen „aufgrund ihrer Nationalität oder Rasse“ zu reduzieren, eine Intervention, welche direkt zum Abbruch der Massendeportationen der ungarischen Juden nach Auschwitz führte.[188] Und auch in einem Brief des Staatssekretariats des Vatikans vom 20. September 1944 an den slowakischen Führer Tiso mit der Bitte, die Deportationen zu stoppen: „Von verschiedenen Seiten wurde der Heilige Stuhl gebeten, sich um das Schicksal derer zu kümmern, die zur jüdischen Rasse gehören und sich auf dem Gebiet der Slowakischen Republik aufhalten, und gegen welche ernste Maßnahmen unternommen worden sein sollen. Man behauptet auch, dass bereits viele verhaftet wurden. Bewegt von den Gefühlen der menschlichen und christlichen Nächstenliebe, die immer seine Arbeit zugunsten von denjenigen, die leiden, ohne Unterschied der Partei, Nationalität oder Rasse, inspirieren, kann der Heilige Stuhl nicht gleichgültig gegenüber solchen Appellen bleiben.“[189] Dass der Papst geschwiegen hätte, dem widerspricht auch der reformierte Theologe und Historiker Hans Jansen. „Wenn wir die Enzykliken, Ansprachen, Briefe und mündlichen Instruktionen von Pius XII. sorgfältig analysieren, kommen wir zu dem Schluss, dass der Papst während des Zweiten Weltkriegs, sofern wir das überschauen können, vierzig Mal bedeckt, aber für jeden, der es hören wollte, gut verständlich dazu aufrief, den Opfern der Ideologie der Rasse und des Blutes angemessene Hilfe zu leisten“, so schreibt Jansen in seinem Buch *De zwijgende paus?*

Het protest van Pius XII en zijn medewerkers tegen de jodenvervolging in Europa.[190] Er versucht, dies zu beweisen unter Verwendung der *Actes et Documents du Saint Siège relatifs à la Seconde Guerre Mondiale*, die unter Aufsicht des Vatikans zusammengestellt wurden. Pius XII. hat also wirklich gesprochen, die Begriffe „Jude“ und „Rasse“ (mithilfe des Wortes „stirpe“) verwendet, und indirekt Rassismus und Antisemitismus verworfen .... Es gibt in der Tat mehrere Hinweise darauf, dass der Papst sich Sorgen machte über eine radikale Anwendung der Rassentheorie.

Eine zweite Frage ist, ob diese Aussagen ausreichend klar und wirksam genug waren, um das Leiden von Millionen unschuldiger Opfer direkt oder indirekt zu reduzieren oder ob sie, im Gegenteil, sogar zu Verschlimmerungen beitrugen. Dazu müssen wir untersuchen, welche Wirkungen seine Aussagen hatten, wie die Außenwelt damals die Äußerungen des Papstes beurteilte, und was die verschiedenen politischen und geistlichen Führungspersönlichkeiten seinerzeit von der höchsten moralischen Autorität der Welt erwarteten. Ob seine Stellungnahmen ausreichten, ist bereits deshalb fraglich, weil während der Kriegsjahre derart viele Anstöße von Prominenten kamen, die um eine öffentliche Verurteilung nicht allein des Rassismus, Antisemitismus und der Vernichtung der Juden, sondern auch der Massenmorde an Katholiken in Polen und an orthodoxen Christen in Kroatien sowie der Nazipolitik an sich baten. Viele geistliche und weltliche Führer forderten den Papst auf, sich offen gegen den Nationalsozialismus zu wenden. Darunter Adam Sapieha, der Erzbischof von Krakau, der erfolglos auf eine öffentliche Verurteilung durch Pius XII. drängte. Auch Karol Radonski, Bischof im polnischen Wloclawek, der in der Verbannung lebte, bat in dieser Periode um eine öffentliche Intervention des Papstes, gleichfalls ohne Erfolg. Die polnische Regierung im Exil bat um einen päpstlichen Schuldspruch, aber wieder gab es keine Antwort. Der Papst war besorgt, dass eine Stellungnahme für die Juden zu Repressalien gegen die Katholiken führen würde. „Der Papst wurde zerrissen zwischen dem Verlangen, dem Wunsch des Erzbischofs von Krakau entgegen zu kommen, in der Öffentlichkeit (in den Kirchen) zur Unterstützung der Juden aufzurufen, und seinem Wunsch, hierauf gänzlich zu verzichten. Er wählte das Letztere.“[191] Der polnische Kardinal August Hlond, der zuerst nach Rumänien geflohen war und anschließend Rom erreichte, bat den Papst am 21. September 1939, die Invasion der Deutschen und der Sowjets zu verurteilen. Pius XII. tat das nicht. Am 30. September 1939 empfing er eine Gruppe von polnischen Flüchtlingen, darunter auch Kardinal Hlond. Sie waren sehr enttäuscht, dass der Papst den deutschen Überfall auf ihr

Land nicht verurteilte. Er drückte lediglich sein Vertrauen in die mögliche „Wiedergeburt“ von Polen aus.[192]

Auch später schwieg der Papst. Über die Situation in Polen schrieb Erzbischof Amleto Cicognani, der Nuntius in Washington, am 26. März 1942 einen Brief an den Papst mit folgendem Aufruf: „Der Heilige Vater würde mit einem öffentlichen Aufruf und Flehen das Massaker und die Deportationen stoppen.“[193] Als die systematischen Massaker im Osten mehr und mehr bekannt wurden, forderte der brasilianische Vertreter beim Heiligen Stuhl, Ildebrando Accioly, am 14. September 1942, vom Papst, die Verbrechen der „Nazis“ öffentlich zu verurteilen. „Seit einiger Zeit wird die Aufmerksamkeit der brasilianischen Regierung auf bestimmte sehr gewichtige Tatsachen gezogen, die stattgefunden haben in Ländern, die durch deutsche Truppen besetzt werden und die durch glaubwürdige Zeugen oder sogar durch das Geständnis der Schuldigen selbst bestätigt werden. Es geht um Gräueltaten, die wiederholt gegen die Zivilbevölkerung in diesen Ländern begangen werden und im Allgemeinen systematischen Plänen der Besatzer zu folgen scheinen. (...) Einige dieser Grausamkeiten scheinen die Ausrottung ganzer Völker zu bezwecken. Andere haben eher die Zerstörung der Religion im Auge. Wieder andere sind einfache brutale Racheakte gegen Zivilisten. Sie weisen alle auf eine vollständige Abwesenheit von menschlichen Gefühlen und sogar von allem moralischen Sinn bei den Tätern. (...) Die brasilianische Regierung glaubt, um zu verhindern, dass solche Grausamkeiten – die alles, was man in früheren Kriegen gesehen hat, weit übersteigen – weiterhin auftreten, ist es angemessen, dass die maßgebende und respektierte Stimme des Stellvertreters Christi sich dagegen klar ausspricht. Genau an diese sehr hohe Autorität, die zu Recht als die größte moralische und geistige Kraft in der Welt gilt, wenden sich derzeit alle freien Völker, damit sie all diese Verbrechen und ihre Täter oder Verantwortlichen verurteilt.“[194] Am selben Tag stellten auch die britischen und amerikanischen Vertreter beim Heiligen Stuhl, D'Arcy Osborne und Harold Tittmann, einen ähnlichen Antrag und forderten den Vatikan zu einer öffentlichen Verurteilung auf. „Ich habe von meiner Regierung den Auftrag bekommen, bei Seiner Heiligkeit, dem Papst, darauf zu drängen, dass er sorgfältig die Angemessenheit einer öffentlichen und klaren Verurteilung der Behandlung der Bevölkerung in den Ländern unter deutscher Besatzung durch die Nazis berücksichtigen möge. Von den Verbrechen, die unter diesem Regime eines immer krasseren Terrorismus begangen werden, genügt es, die unter einer kriminellen Lehre von kollektiver Verantwortungslosigkeit großflächigen Massaker an unschuldigen Geiseln zu

Abb. 9: Pius XII. spricht mit Kriegsberichterstattern, 22. Mai 1942.

vermelden, ebenso wie die Androhung oder die tatsächliche Durchführung von Maßnahmen zur Beseitigung ganzer Völker, die absichtliche Beseitigung deren politischer und kultureller Führung, die Unterdrückung der Religionsfreiheit, die großflächige Entwurzelung und Deportation ethnischer Gruppen, die militärische Wehrpflicht oder die Zwangsarbeit großer Teile der Bevölkerung und die gnadenlose Verfolgung der Juden in Europa. Diese unmenschliche Praxis, die an barbarische Heiden erinnert, zerstört die natürlichen und moralischen Gesetze, das Gewissen und die Prinzipien der Zivilisation sowie die Lehren der katholischen Kirche über die Würde und die Rechte des menschlichen Individuums, der Familie und der Nation. (...) Eine Politik des Schweigens zu solchen Verbrechen gegen das Gewissen der Welt muss zwangsläufig zu einer Verwerfung der moralischen Führung und konsequent zu dem Schwinden des Einflusses und der Autorität des Vatikans führen."[195] Einige Tage später traten die Vertreter von Kuba, Uruguay und Peru dieser Aufforderung bei. Es ist schockierend, dass der Papst, bei allem, was er über die Massaker an den Juden in Polen und in den anderen besetzten Ländern wusste, dazu keine öffentliche Verurteilung aussprach. Die Behauptung, dass der Papst Ende 1942 über keine ausreichenden Informationen verfügte, ist, wie wir oben gesehen haben, nicht haltbar. Unter dem Druck von verschiedenen weltlichen Führern, sagte der Papst letztendlich doch etwas, und zwar am 24. Dezember 1942.

Unterstützer des Papstes verweisen unablässig auf jene Weihnachtsbotschaft von Radio Vatikan. Seine Rede dauerte etwa eine Dreiviertelstunde – sie umfasste 26 Seiten mit insgesamt 5.000 Worten – und konzentrierte sich vor allem auf religiöse Themen, im Grunde eine lange und langweilige Vorlesung über die katholische Soziallehre, worüber Mussolini später sagte, dass sie voller Plattitüden war. Erst am Ende sprach der Papst, wie bereits erwähnt, einen Satz, der allgemein die Vergehen der Zeit verurteilte. „Die Menschheit ist diese Verheißung (*um die Menschheit zu den göttlichen Geboten zurückführen*) den Hunderttausenden, die nicht durch eigene Schuld, *sondern manchmal nur wegen ihrer Nationalität oder Herkunft* zum Tode oder zu langsamem Sterben verurteilt sind, schuldig." (Kursivsetzung von mir, d.Verf.)[196] Der Papst erwähnte die Juden also nicht ausdrücklich, nicht die Polen, die „Nazis" oder die Lager. Unterstützer des Papstes betrachten die Weihnachtsbotschaft von 1942 als eine ausdrückliche und unbestreitbare Ablehnung der Judenvernichtung. In der Tat wurde diese Erklärung in der amerikanischen Presse dargestellt als eine klare Absage an die Nazigewalt. Die *New York Times* schrieb sogar von einem „Urteil des Papstes". Die Realität ist jedoch, dass nur Wenige darin einen Angriff auf den Nationalsozialismus sahen, und der Artikel in der Zeitung macht das auch deutlich. „Papst Pius bringt, so leidenschaftlich wie jeder andere Führer, der auf unserer Seite steht, die Kriegsziele des Kampfes für die Freiheit zum Ausdruck, wenn er sagt, dass diejenigen, die eine neue Welt aufbauen wollen, für die freie Wahl der Regierung und religiöse Ordnung kämpfen müssen. Sie dürfen nicht zulassen, dass der Staat die Individuen zu einer Herde erniedrigt, über die der Staat verfügt, als wären sie leblose Dinge."[197] In Wirklichkeit war dieser Text sehr vage und mild, besonders wenn man weiß, dass die Vereinigten Staaten im Krieg mit Deutschland standen und jede Aussage einer moralischen Instanz wie der des Papstes von der patriotischen Presse als starke Kritik am militärischen Feind interpretiert wurde. Der jüdische Historiker Robert Rich, einer von sechs Historikern, die Mitglied der katholisch-jüdischen historischen Kommission waren, sagte über diese Aussage: „Ein Protest, der nicht länger als einen Seufzer dauerte."[198] Auch die Botschafter der USA, Großbritanniens und Frankreichs beim Vatikan verbargen ihre Enttäuschung über die Vagheit der Verurteilung durch Pius XII. nicht. Der polnische Präsident im Exil, Wladyslaw Raczkiewicz, schrieb am 2. Januar 1943 einen Brief, in welchem er seine Enttäuschung nicht verhehlte. Robert Graham verteidigt den Papst und schreibt, was die

Alliierten, unter polnischer Leitung, forderten, wäre nicht weniger als eine „Provokation" mit schwerwiegenden Folgen gewesen. „Er [Pius XII.] wurde aufgefordert, die Büchse der Pandora zu öffnen, mit den tragischen Auswirkungen als Folge."[199] Damit gibt Graham indirekt zu, dass die Weihnachtsbotschaft absichtlich vage gehalten wurde. Die Bezugnahme auf die „Büchse der Pandora" zeugt von einem gewissen Zynismus, wenn man weiß, dass Ende 1942 die Massaker anfingen, auf Hochtouren zu laufen. Diese „Büchse" wurde bereits seit Langem von Hitler geöffnet, Schlimmeres war nicht möglich. Die Weihnachtsbotschaft war so allgemein, dass sie selbst von den „Nazis" als unwichtig aufgefasst wurde.

Dass der Wortlaut vage war, wird sogar von Historikern anerkannt, welche die Haltung von Pius XII. verteidigen. „Es ist klar, dass die Zurückhaltung, die Pius XII. auch in seiner Weihnachtsansprache vom 24. Dezember 1942 befolgte, auch aus Angst vor Vergeltung, wovon insbesondere die Juden die Opfer wären, beeinflusst war. Es war verständlich, dass er mögliche Gräuelpropaganda berücksichtigte, welche die Glaubwürdigkeit des eigenen Handelns ernsthaft hätte untergraben können, und er wollte sich auch nicht vor den Karren der anti-deutschen Propaganda spannen lassen", schreibt der Historiker Hans Jansen.[200] Aber andere reagierten viel schärfer. Harold Tittmann, der US-Geschäftsträger beim Vatikan, sagte in einer Rede an der St. Louis University im Jahr 1961, dass er Pius XII. Folgendes gesagt habe: „Ihre Aussagen sind zu vage, sie sind anfällig für sehr unterschiedliche Interpretationen. Wir brauchen es etwas klarer."[201] Auch die anderen Texte, Briefe und Aussagen des Papstes zeugen nicht von einer scharfen Ablehnung der Rassenpolitik oder der schrecklichen Massaker der „Nazis". Alles blieb in der Tat beschränkt auf einen bedeckten Appell, sich von der Ideologie der Rasse und des Blutes abzukehren. Also „bedauerte" der Papst bestimmte Missstände und gab einige „Anweisungen", um Menschen anderer Rasse zu helfen, aber er tat das ohne Fingerzeig auf die Verantwortlichen und schon gar nicht mit einem Aufruf zur öffentlichen Verurteilung der Verantwortlichen für den Rassismus, von Hitler und dessen Gefolgsleuten. Ganz klar, offen und effizient waren seine Worte der Missbilligung nicht. Die meisten Kommentare waren verpackt in schwer zu verstehende, religiöse Phrasen, welchen die Kraft fehlten, um selbst gutwillige Zuhörer zu einer nennenswerten Reaktion gegen die „Nazis" zu motivieren. In diesem Sinne können wir die Äußerungen des Papstes schwerlich effektiv nennen. Einige Befürworter des Papstes führen auch reichlich lächerliche Argumente an. Der Papst „versuchte mehrmals während des Zweiten Weltkriegs, mittels des Exorzismus den Teufel aus ihm

[Adolf Hitler] zu treiben“, so der Autor Michael Hesemann.[202] Der Autor stützt sich dabei auf eine Erklärung von Pater Gumpel, zuständig für den Seligsprechungsprozess von Pius XII. Gegenüber *katholieknederland.nl* sagte Gumpel, dass zwei enge Mitarbeiter des Papstes die Geschichte des versuchten Exorzismus unter Eid bestätigt haben.[203] In meinem Gespräch mit Pater Gumpel am 3. April 2008 bekräftigte der Relator der Seligsprechung von Pius XII. diese bizarre Geschichte. Schwester Pascalina Lehnert, die dem Papst 40 Jahre als Assistentin diente, und Schwester Mary Konrada Grabmair, die ihn versorgte, sagten beide unter Eid aus, dass sie Pius XII. beim Abendgebet mit einem Exorzismus aus der Ferne beschäftigt sahen. Exorzismus wird in kirchlichen Schriften noch immer als Mittel zur Austreibung des Bösen aus Mensch und Gesellschaft angeführt, aber es gibt fast keinen Menschen, der das ernst nimmt. Es ist eine Art des Aberglaubens, wie Voodoo, Handauflegung oder mit Toten kommunizieren. Wie auch immer, diese „mythischen Mächte“ erzielten bei Hitler keine Wirkungen.

Dass der Papst, trotz aller Informationen, sich nicht öffentlich und ausdrücklich gegen die Judenvernichtung an sich aussprach, gilt bei Unterstützern wie Gegnern gleichermaßen als ein wichtiges Argument bei der Beurteilung von Pius' „moralischem Recht oder Unrecht“. Erstere sehen das Schweigen des Papstes als einen wichtigen strategischen Schritt, mit dem er das „kleinere Übel“ wählte und so das Leben zahlloser anderer Menschen, vor allem von Katholiken und getauften Juden, rettete. Letztere sehen das Schweigen des Papstes als einen entscheidenden Fehler und sogar als eine bewusste Strategie, die Pius XII. mitverantwortlich für die Ermordung von sechs Millionen Juden macht. Beide Ansichten scheinen mir zu absolut. Es gibt in der Tat viele Hinweise darauf, dass Pius XII. vorsichtig blieb und sich bewusst zurückhielt, um „schlimmes Unheil zu vermeiden“. Aber hätte es noch Schlimmeres geben können, angesichts der Endbilanz des Zweiten Weltkriegs? Die Bilanz konnte der Papst damals nicht aufstellen, aber ab Herbst 1942 wusste er, dass eine Katastrophe ohne Beispiel in der Geschichte stattfand. Auch nach der Weihnachtsbotschaft 1942 blieben hochrangige Kleriker, die einen öffentlichen Protest forderten. Am 10. Mai 1943 sandte Monsignore Carlo Respighi ein Schreiben an den Vatikan, in dem er den Papst aufforderte, sich öffentlich gegen alle Missetaten auszusprechen. „Von allen Seiten erwartet man ein starkes und feierliches Wort des Heiligen Vaters zur Verteidigung der Menschheit. Man kann davon ausgehen, dass der Heilige Stuhl diplomatisch vorgeht – zumindest ohne merkliches Ergebnis –, aber das beruhigt die Geister nicht, es wäre eine Erleichterung – und für den Heiligen Stuhl eine echte Stärkung seines Ansehens und seiner Position, für die Zukunft wie für die Gegenwart –, wenn die ganze Welt wissen würde, dass der Papst handelt, bittet, vorschlägt, obwohl er derzeit nicht gehört wird. (...) Es wird verlangt, dass der Heilige Stuhl mit großem Mut, von Angesicht zu Angesicht mit der Welt handelt. Er wird (vielleicht oder vielleicht nicht) durch die Regierungen abgelehnt werden, aber die Menschheit wird ihm dankbar sein."[204]

Waren die Aussagen Pius XII. für „jeden, der es hören wollte", ausreichend? Der französische Schriftsteller und Philosoph Albert Camus verstand die Zurückhaltung des Papstes auf keinen Fall. „Man sagt, dass diese Stimme [Pius XII.] sich hat hören lassen. Aber ich schwöre, dass Millionen von Menschen wie ich sie nie gehört haben. Damals haben Gläubige und Ungläubige sich verlassen gefühlt. Die Verlassenheit wurde stets größer, je mehr die Zeit verging und die Hinrichtungen zunahmen. Man hat mir erklärt, dass die Verurteilung sehr wohl durch Rom ausgesprochen wurde. Sie sagten, dass der Protest in der Sprache der Enzykliken erklang, die nicht für jedermann verständlich ist. Man hat mir gesagt, dass Rom in der Tat einen Protest eingelegt hätte, aber dass man ihn nicht gehört hat. Was die Welt in einer solchen Situation von den Christen fordert, ist, dass sie laut und deutlich sprechen, dass ihre Verurteilung in einer Weise zu hören ist, dass im Herzen des einfachsten Menschen nie Zweifel aufkommt, auch nicht der geringste Zweifel."[205] Im Jahr 1946 führte Camus das weiter aus und sagte: „Wenn ein spanischer Bischof politische Exekutionen segnet, ist er kein Bischof oder gar kein Mensch mehr, er ist ein Hund, so wie der, der von oben eine Hinrichtung befiehlt, ohne sie selbst auszuführen."[206]

Der Historiker Hans Jansen gibt auch zu, dass der Papst in seinem Appell an die Katholiken nie das Wort „Jude" benutzte (was seltsam ist, denn das Wort steht in zweien seiner Enzykliken), weil dies zu einem negativen Ergebnis geführt hätte. Er beschränkte sich auf vage Worte und Metaphern, wie in seiner Weihnachtsbotschaft von 1942: „Nein, für einen Christen, der sich seiner Verantwortung, auch gegenüber den geringsten seiner Brüder, bewusst ist, gibt es keine langsame Ruhe, es gibt kein Fliehen, sondern Kampf, sondern Aktion gegen alles passive Zusehen und Desertieren in der großen geistigen Kampfarena, wo es als Kampfpreis um die Errichtung, ja, um die Seele selbst der zukünftigen Gesellschaft geht." Aus diesen Texten können Unterstützer und Gegner des Papstes alles holen, was sie wollen, von einer klaren Verurteilung bis zu nichtssagendem Wortgepränge. Die Wahrheit liegt wahrscheinlich in der Mitte. Der Papst wollte sich wohl widersetzen, aber sein Protest ertrank in einer diplomatischen und religiösen

Mitteilung, die letztlich wenig oder gar keine Wirkung mehr hatte. Vielleicht ist diese Vision noch zu positiv, und der Papst wollte nicht einmal, dass es zu einer Revolte gegen Hitler kommt. Auch für diese Hypothese sprechen viele Argumente, darunter seine tiefe Angst und Abscheu vor dem Kommunismus.

Kapitel 6
Angst vor dem Kommunismus

In ihrem Buch *De duisternis tegemoet*, in dem sie die Rolle von Franz Stangl, dem Kommandanten des Vernichtungslagers Treblinka, während des Holocausts analysiert, äußert sich die Historikerin Gitta Sereny über die Haltung der katholischen Kirche und des Papstes während der Kriegsjahre.[207] Ihrer Meinung nach hatte Pius XII. vier Gründe, nicht über die Naziverbrechen zu sprechen. Der erste war, dass er den Kommunismus als die größte Gefahr für die Kirche ansah und daher auf einen Sieg von Nazi-Deutschland im Osten hoffte. Es ist auch erwähnenswert, dass der Papst wohl das Schicksal der polnischen Christen und der unschuldigen Opfer der Luftangriffe bedauerte, aber nie ein Wort des Trostes, weder für die jüdischen noch für die russischen Opfer, übrig hatte oder irgendeine Verurteilung vornahm. „Wenn wir die Reaktion des Vatikans auf den Aufstieg des italienischen Faschismus und des deutschen Nationalsozialismus verstehen wollen, dann müssen wir diese Angst vor dem Kommunismus begreifen", sagt David Kertzer in seinem Buch *In Gods naam*.[208] Und er fügt hinzu, dass die faschistischen Regime umworben wurden „als ein durch Gott gesandtes Bollwerk gegen die große sozialistische Gefahr". Nach Kertzer liegt hier der Grund, warum Pius XII. nie öffentlich das Wort „Jude" verwendet hat und sich weigerte, die Ermordung von Millionen von Juden zu verurteilen. Er sah im Nationalsozialismus die einzige Kraft, welche die rote Gefahr aufhalten konnte. Eine Verurteilung des Holocausts und des Nationalsozialismus hätte diese Kraft unterminiert und das wollte er nicht. Das ist auch die Ansicht von Michael Phayer. Ihm zufolge wollte der Papst die Nazimörder nicht beim Namen nennen wegen der Angst des Vatikans vor dem Bolschewismus. Viele Bischöfe folgten dieser Strategie. Der österreichische Bischof Hudal setzte die Juden stets den „Bolschewisten" gleich und warf ihnen eine Verschwörung zur Beherrschung der Welt vor. Es waren hauptsächlich katholische Führer, die auf einer gemeinsamen Front gegen die gottlose rote Gefahr bestanden. Der Heilige Stuhl war bereit, mit den faschistischen Ländern zu verhandeln, weil sie nicht „gottlos" waren.[209]

Die zweite Ursache für das Schweigen Pius XII. über die NS-Verbrechen ist nach Gitta Sereny „seine Angst, die Nazis würden kurzen Prozess mit den Katholiken in Deutschland machen", und die Überzeugung, eine öffentliche Verurteilung des Nazismus hätte viele Katholiken in Deutschland der Kirche und dem Heiligen Stuhl entfremdet. Ein dritter Grund ist die emotionale Verbundenheit des Papstes mit Deutschland, wo er nach eigenen Worten, als Vertreter des Vatikans „die glücklichsten Jahre seines Lebens verbracht" hatte. Der vierte und schwerwiegendste Grund ist, laut Sereny, Pius' XII. eigener Antisemitismus. In mehreren Briefen an seine Bischöfe zeigte er, wie seine Vorgänger, wie sehr er von der „historischen Schuld" der Juden am Tod Christi durchdrungen war. Das war in jenen Jahren eine allgemein akzeptierte Annahme, die von vielen Priestern und Pastoren in ihren örtlichen Glaubensgemeinschaften verkündigt wurde. Bezeichnend ist auch, dass der Antisemitismus in der ersten Hälfte des zwanzigsten Jahrhunderts nicht nur in den osteuropäischen Ländern, sondern auch unter Intellektuellen in katholischen Ländern wie Italien, Frankreich und Österreich populär war. Es ist laut Sereny in diesem Zusammenhang zu sehen, dass der Kriegspapst beschloss, auf jede Aussage zu verzichten, die als eine Verteidigung des jüdischen Volkes im Allgemeinen und der jüdischen Opfer des NS-Regimes im Besonderen interpretiert werden konnte.

Die entscheidende Frage ist nun, ob insbesondere das Schweigen zum Holocaust von Pius XII. eine Erleichterung des schrecklichen Schicksals der Juden oder gerade eine zusätzliche Belastung bedeutete? Gitta Sereny geht davon aus, dass ein lauter moralischer Protest aus dem Vatikan gegen alle Teilnehmer an den Morden, verbunden mit der Androhung der Exkommunikation, mit Sicherheit einen positiven Einfluss gehabt hätte. Schließlich waren die meisten deutschen Soldaten und selbst viele SS-Männer gläubige Christen, ein Teil davon sogar überzeugte Katholiken und viele von ihnen betrachteten den Papst noch immer als ihre höchste moralische Autorität. Solange der Vatikan schwieg und dadurch, wie es scheinen musste, mit der Nazipolitik gegenüber den Juden und dem Krieg gegen Russland einverstanden war, stärkte dies die Soldaten und SS-Verbrecher in ihrer Überzeugung, dass sie nicht nur militärisch, sondern auch moralisch richtig handelten.

Eines der grausamsten Massaker an Juden fand am 29. und 30. September 1941 in der Schlucht von Babi Jar nahe Kiew statt. In diesen zwei Tagen wurden mehr als 30.000 Juden mit Gewehrschüssen getötet und in eine Schlucht geworfen. Frauen, Kinder und ältere Menschen wurden von

Abb. 10: Eine Einsatzgruppe tötet Sowjetbürger in Kraigonev (Russland) im Sommer 1941.

christlichen Soldaten, die Koppelschlösser mit den Worten „Gott mit uns“ trugen, erschossen. Die Frontsoldaten und Einsatzgruppen glaubten, einen heiligen Krieg zu führen und wurden darin von dem deutschen Feldbischof Josef Rarkowski kräftig ermutigt, der ihnen Folgendes vorhielt: „Viele europäische Staaten wissen, dass der Krieg gegen Russland ein europäischer Kreuzzug ist. Dieses starke und verpflichtende Erlebnis eures Einsatzes im Osten wird euch zu Bewusstsein bringen, wie unsagbar groß das Glück ist, dass wir Deutsche sein dürfen.“[210] Und er redete dann weiter über den Kreuzzug gegen das „bolschewistische Untermenschentum“.

In einem Schreiben vom 10. Dezember 1941 erklärten alle katholischen Bischöfe, dass sie mit Befriedigung den Kampf der deutschen Katholiken gegen die Macht des Bolschewismus verfolgten. Bischof Franz Bornewasser aus Trier ermutigte die Gläubigen, dem NS-Staat zu dienen und erklärte emphatisch: „Mit aufrechtem Haupt und festem Schritt sind wir in das neue Reich eingetreten und sind bereit, ihm [Hitler] mit allen Kräften unseres Körpers und unserer Seele zu dienen.“ Die deutschen Soldaten und SS-Männer wurden bei ihren Tötungen durch die evangelischen und katholischen Geistlichen nicht gebremst, sondern geradezu angespornt.

Es waren auch die Geistlichen, die in vielen besetzten Gebieten, wie in Flandern, die Jugendlichen in katholischen Schulen aufforderten, den Dienst in der Waffen-SS aufzunehmen und auf diese Weise der antichristlichen kommunistischen Bedrohung entgegenzutreten. Ein typisches Beispiel war die Haltung des polnischen Kardinals August Hlond, der 1936 vor den Juden als „Vorhut des Atheismus, der bolschewistischen Bewegung und der revolutionären Aktivität" warnte. „Solange es Juden gibt, wird ein jüdisches Problem bleiben", verkündete er.[211] Er ermutigte zum Boykott jüdischer Geschäfte und meinte, dass Juden von allen Ämtern ausgeschlossen sein sollten, eine Idee, die er direkt dem Naziprogramm entnahm. Und Hlond wurde damals noch als eine der gemäßigten Stimmen in der Debatte über die Juden angesehen. Über den Antisemitismus im katholischen Polen vor, während und auch nach dem Krieg haben wir später zu berichten.

Der Historiker Hans Jansen wiederum sieht einen ganz anderen Grund für die Haltung des Papstes während des Zweiten Weltkriegs. Er verweist auf die fundamental unterschiedliche Auffassung zwischen dem Heiligen Vater und den deutschen Bischöfen. Basierend auf verschiedenen Dokumenten, Briefen und Aussagen des Papstes versucht er zu zeigen, dass Pius XII. sich in der Tat der Rasse- und Blutpolitik der „Nazis" widersetzte, dass aber die Bischöfe im Dritten Reich ihn im Stich ließen oder ihn zumindest enttäuschten. So betont Jansen, dass Pius XII. sich von den jährlichen Glückwünschen der deutschen Bischöfe an Hitler zu dessen Geburtstag am 20. April, von ihren Erklärungen zur Unterstützung des Überfalls auf Polen und von ihrer Begeisterung über den Einmarsch in Russland im Sommer 1941 distanzierte. Hiermit schiebt Jansen die mögliche Verantwortung des Papstes den deutschen Bischöfen zu.

Aber diese Auffassung kann aus fünf Gründen nicht überzeugen. An erster Stelle, weil damals die hierarchische Struktur der Kirche sehr pyramidal war. Der Papst war der absolute Herrscher und seine Bischöfe bloß Ausführende. Widerspenstigen Bischöfen wurde durch Rom auf die Finger geklopft, wenn sie nicht gehorchten und nur wenige unter ihnen würden das gewagt haben. Gemäß Kanon 331 besitzt der Papst von Amts wegen „suprema, plena, immediata et universalis in Ecclesia ordinaria potestas" („die höchste, volle, unmittelbare und universale ordentliche Gewalt in der Kirche"), die er jederzeit nach Belieben ausüben kann. Der Papst hat die höchste Macht innerhalb der Kirche. Gegen ein päpstliches Urteil oder gegen eine päpstliche Entscheidung ist keine Berufung anderer kirchlicher Autoritäten möglich. Außerdem, wenn der Papst es gewollt hätte, dann hätte er, nach den Kanons 192-195 des kanonischen Rechts, die Bischöfe aus ihrem Amt entfernen können. Er tat es nicht.

Zweitens gab es mindestens einen Bischof, der auf einer deutlicheren Haltung von Pius XII. gegen den Nationalsozialismus bestand, nämlich Konrad von Preysing, Bischof von Berlin, der jedoch wenig Beachtung fand. In einer Situation drohte er sogar mit dem Rücktritt von seinem Amt, lenkte aber ein, als der Heilige Vater das nicht akzeptieren wollte. Ein Vorfall, der noch einmal die Loyalität der Bischöfe der päpstlichen Autorität gegenüber zeigt.

Drittens gibt es einen Brief des Papstes vom 1. November 1945, adressiert an die deutschen Bischöfe: „Es ehrt Sie, das Sie ihr Amt gewissensvoll ausgeübt haben, als Sie sich mit ganzem Herzen gegen die Wahnideen des Nationalsozialismus kehrten. Sie hatten dabei den größten Teil Ihrer Herde auf Ihrer Seite.“[212] Warum hat er diese Aussage gemacht, wo er genau wusste, dass Erzbischof Lorenz Jäger aus Paderborn im Januar 1945 die (katholischen) Soldaten aufrief, weiterzukämpfen, und dass Kardinal Bertram von Breslau am 2. Mai 1945, wenige Tage nach dem Selbstmord von Hitler, die Kirchen seiner Diözese noch aufgefordert hatte, dem verstorbenen Führer eine Totenmesse zu widmen?

Viertens wurden mehrere Bischöfe durch den Papst nach dem Krieg (wie von Galen aus Münster) befördert. So sehr wird ihn ihre loyale Haltung gegenüber den „Nazis“ also nicht gestört haben.

Fünftens bleibt die Tatsache, dass fast alle deutschen Bischöfe sich bis März 1933 dem Nationalsozialismus widersetzten, aber gerade unter dem Druck des Vatikans ein Konkordat mit dem NS-Regime zu akzeptieren hatten, woraufhin sie das Ruder herumwarfen und den Nazismus tolerierten. Einige haben ihn sogar ausdrücklich begrüßt. Nicht die deutschen Bischöfe, sondern der Papst steuerte in diesem (für Hitler) entscheidenden Moment eine Vereinbarung mit einem Regime an, das den Rechtsstaat schon beseitigt hatte. Dass der Papst und die Bischöfe keine eindeutige Linie verfolgten, war nur soweit möglich, wie Pius XII. selbst es erlaubte. In diesem Sinne stärkt es die Hypothese, dass der Papst eine Haltung einnahm, welche Zustimmung oder zumindest keinen Widerstand gegen die Herrschaft der diktatorischen Führer des Dritten Reiches und mit diesem verbündeter Nationen ausdrückte. Der Weg des geringsten Widerstandes also, der sicherstellen sollte, dass die Interessen der katholischen Kirche so gut wie möglich geschützt werden. Die Wahrheit ist, dass der Papst in zahlreichen Diskussionen keine Stellung beziehen wollte, sondern es den Bischöfen überließ zu entscheiden, „ob sie in ihren Erklärungen Zurückhaltung üben sollten, um größeres Übel zu vermeiden".[213] Und noch schlimmer ist, dass Priester und Laien in ihrem Protest, von einigen Ausnahmen abgesehen, nicht von der Deutschen Bischofskonferenz unterstützt wurden.[214]

Die Philosophin Hannah Arendt spricht von einer „schrecklichen Langmut des Vatikans", der mit seinem Schweigen an einer Normalität festhielt, die angesichts des Zusammenbruchs der gesamten geistigen Struktur in Europa nicht mehr existierte.[215] Es ist ein besonders hartes Urteil, aber das nicht ganz zu Unrecht. Bei Verbrechen gibt es immer drei Parteien, die gleichermaßen schuldig sind: die Mörder, die Auftraggeber und diejenigen, die trotz ihres Wissens nichts tun und wegschauen. Zur letztgenannten Gruppe gehören nach Auffassung vieler ihrer Gegner Papst Pius XII. und die Mehrheit der damaligen Kirchenführer. „Man kann Verantwortung für das Verbrechen tragen, ohne daran teilzunehmen. Wir sind verantwortlich wegen unseres Zögerns, wegen des unbefriedigenden Versuchs, zu widerstehen", sagt der polnische Nobelpreisträger für Literatur Czeslaw Milosz. Gerade dieser Mangel an Widerstand ist und bleibt die wichtigste Anschuldigung gegen Pius XII. In seinem Buch *Herders en wolven* (Hirten und Wölfe), geht der deutsche Kirchenkritiker Karlheinz Deschner noch einen Schritt weiter und verweist auf die entscheidende Mitwirkung des Vatikans „bei der Gründung aller faschistischen Regime der zwanziger, dreißiger und vierziger Jahre".[216] Dies ist eine der am wenigsten umstrittenen Aussagen in dieser Debatte. Die katholische Kirche wählte den Autoritarismus der faschistischen Führer, der ihre Interessen unbehelligt ließ, zu Ungunsten der menschlichen und demokratischen Werte, die im neunzehnten und frühen zwanzigsten Jahrhundert Anklang gefunden und viele Menschen aus ihrer realen Unterdrückung befreit hatten.

War Kritik am NS-Regime von innen heraus aber möglich? Das schien in der Tat sehr riskant, aber der Vatikan war seit den Lateranverträgen vom 11. Februar 1929 ein unabhängiger Staat mit dem Recht auf eine eigene Außenpolitik. Und der Papst war Staatsoberhaupt und zugleich eine der höchsten moralischen Autoritäten. Natürlich bedeutete der Vatikan militärisch nichts gegenüber zunächst Mussolini und später den deutschen Besatzern, aber seit dem 4. Juni 1944 stand er unter dem vollen Schutz der Alliierten. Auch danach äußerten Pius XII. und seine Mitarbeiter wenig oder gar keine Kritik an Hitler als einen der größten Massenmörder der Geschichte. Dies kommt eindeutig zum Ausdruck in seiner Weihnachtsbotschaft vom 24. Dezember 1944, zu einer Zeit also, als Deutschland fast besiegt und die Fakten über die Vernichtung der Juden weithin bekannt waren. Es ist ein Text voller Verweisungen auf „Gott", die Bedeutung der

„Offenbarung des Evangeliums“ und die Rolle der Kirche als „strahlende Leuchtbake“. Doch sprach Pius auch über den Menschen. „Die Kirche hat die Mission, der Welt die erhabenste und notwendigste Botschaft zu verkünden, nämlich die Würde des Menschen (...) Dies ist der mächtigste Aufschrei, der von der Krippe von Bethlehem den Menschen bis zum Ende der Welt entgegenschallt, in einer Zeit, wo diese Würde schmerzlich entweiht wird.“ Verteidiger der damaligen päpstlichen Politik nannten dies (und andere Sätze des Kriegspapstes) „eine kräftige, indirekte Bekämpfung des Götzendienstes an der überlegenen Rasse, wofür keine Ausrede möglich war“.[217] Ich befürchte, dass eine solche Ansicht nur wenige katholische Hörer ermutigt hat, gegen ihre geisteskranken Führer zu revoltieren, die sich zum „totalen Krieg“ bekannten, zu dem Goebbels bereits im Februar 1943 in seiner Rede im Berliner Sportpalast aufgerufen hatte. Papst Pius XII. allzu unbestimmte Verurteilung der ihm bekannten Grausamkeiten war moralisch verwerflich und sie stand im krassen Gegensatz zum Verhalten derjenigen, die aus politischen oder religiösen Überzeugungen in den Widerstand eintraten, wie wir sehen werden.

Teil II
Kapitulation

Kapitel 7
Der Untergang der Zentrumspartei

In vielen Geschichtsbüchern ist zu lesen, dass Hitler auf demokratischem Weg zur Macht gelangt sei.[218] Das ist nicht ganz richtig. Am 5. März 1933 fanden in Deutschland die letzten „freien" Wahlen statt. Der Naziführer war damals 34 Tage an der Macht. Seine Partei erreichte trotz Einschüchterung und öffentlicher Gewalt gegen Andersdenkende durch die SA-Trupps mit 43,9% der Stimmen noch immer nicht die absolute Mehrheit. Die Nationalsozialistische Deutsche Arbeiterpartei gewann 288 Sitze, gegen 120 für die Sozialdemokratische Partei Deutschlands, 105 für die Deutsche Zentrumspartei (Katholiken), 18 für die Bayerische Volkspartei (Katholiken in Bayern), 81 für die Kommunistische Partei Deutschlands, 52 für die Deutschnationale Volkspartei, 2 für die Deutsche Volkspartei (in der die Liberalen saßen), 4 für den Christlich-Sozialen Volksdienst, 5 für die Deutsche Demokratische Partei, 2 für die Deutsche Bauernpartei und 1 für den Landbund. Wie ist Hitler unter diesen Umständen an die Macht gekommen? Es ist wichtig, sorgfältig zu prüfen und zu untersuchen, welche Rolle die deutsche katholische Kirche und der Vatikan dabei spielten.

Die Deutsche Zentrumspartei wurde von Ludwig Kaas geleitet, ein Priester, Theologe und Kirchenjurist, der gute Beziehungen zu Kardinal-Staatssekretär Eugenio Pacelli, dem späteren Papst Pius XII., unterhielt. Die Ernennung von Kaas zum Vorsitzenden im Dezember 1928 markierte eine wichtige Kursänderung der Partei. Sie mündete in der allgemeinen Tendenz des politischen Katholizismus im Europa der Zwischenkriegszeit, der sich als die effektivste Regierungsform gegen den fortschreitenden Bolschewismus immer nachdrücklicher für ein diktatorisches Regime entschied. Der deutsche Historiker Gerhard Besier veröffentlichte 2004 sein Buch *Der Heilige Stuhl und Hitler-Deutschland: Die Faszination des Totalitären*, in welchem er sich auf die Einstellung Pacellis zu Nazi-Deutschland konzentriert. Behandelt wird der gesamte Zeitraum zwischen 1917, dem Jahr seiner Ernennung zum Apostolischen Nuntius in München, bis 1939, als er zum Papst gewählt wurde. Besier verweist auf ein Treffen zwischen Kaas und Pacelli in Innsbruck am 26. September 1930, zwölf

Tage nach der Reichstagswahl, die der Nazipartei NSDAP zu ihrem großen Durchbruch verhalf.[219] Die NSDAP bekam 6,4 Millionen Stimmen, einen Anteil von 18,3 Prozent, und wurde damit zur zweitgrößten Partei Deutschland mit 107 Sitzen im Parlament. Das Zentrum stagnierte bei 68 Sitzen. Die deutschen Bischöfe kehrten sich damals noch gegen die braune Bewegung, aber Pacelli änderte in diesem entscheidenden Augenblick seinen Kurs. „Angesichts der prekären Lage des Zentrums (...) nach den letzten Wahlen konnte der klärende Ratschlag von Pacelli einen entscheidenden Einfluss ausüben, und das in der Tat in Richtung der Akzeptanz von Beziehungen zu Hitler."[220]

Die Zentrumspartei, die am stärksten auf dem Lande war, stellte im März 1930 mit Heinrich Brüning und mit Franz von Papen im Juni 1932 den Reichskanzler. Nach dessen Sturz im November 1932 verloren die „Nazis" bei den folgenden Wahlen 34 Sitze und die Kommunisten gewannen 11 dazu. Viele Beobachter waren überzeugt, dass diese Stimmenverluste den Untergang der fanatischen Nazipartei einleiten würden. Viele Wähler glaubten ihren Versprechen nicht mehr, aber noch wichtiger war die Empörung vieler Menschen über die Brutalität der SA-Braunhemden. Doch damit waren keine demokratischen Bestrebungen verbunden. Vor allem in der katholischen Partei wuchs die Angst vor einer kommunistischen Revolution und das positive Ergebnis der Kommunisten in Kombination mit den Verlusten der „Nazis" ließ diese Befürchtungen noch zunehmen. Bereits ein Jahr vor der Machtübernahme durch die „Nazis", also 1932, erklärte Kaas sich zum Befürworter einer Regierung unter Führung von Hitler. In diesem entscheidenden Moment ein fataler Fehltritt. Nach einer kurzlebigen Regierung unter General Kurt von Schleicher, der keine tragfähige Mehrheit im Reichstag fand, gelang es Franz von Papen, der das demokratische System verabscheute, den widerstrebenden Reichspräsidenten Paul von Hindenburg schließlich zu überreden, Hitler zum Reichskanzler zu ernennen. Die „Nazis" besetzten nur drei der elf Ministerposten und von Papen als Vizekanzler hoffte, Hitler auf diese Weise in der Hand halten zu können. Dass er daran selbst glaubte, wird in dem Buch *Hitlers Thirty Days* von Henry Turner nachgewiesen.[221] Wenn die „Nazis" mitregieren, müssen sie unpopuläre Maßnahmen treffen und werden rasch ihren Anhang verlieren, war die Idee. Andere Beobachter weisen darauf hin, dass von Papen sehr früh mit der Abschaffung der Demokratie und der Installation einer Diktatur einverstanden war. Mit ihren 105 Sitzen hatte im März 1933 die Zentrumspartei die Schlüssel für die Rettung der Demokratie in der Hand. Um die Verfassung zu ändern und die Macht des Parlaments auszuschalten, bedurfte es ja einer Zweidrittelmehrheit, bei einem Quorum von zwei Dritteln der Parlamentsmitglieder. Innerhalb der katholischen Partei entbrannte eine heftige Debatte über die Annahme des Ermächtigungsgesetzes, des Gesetzes zur Ausschaltung der Demokratie in Deutschland. Der ehemalige Kanzler Brüning wehrte sich anfangs gegen dieses Gesetz.

Brüning war jedoch nicht mehr der Führer der Partei, das war Ludwig Kaas, und der glaubte dem Versprechen Hitlers, die Justiz unabhängig zu halten und die Stellung des Katholizismus im Dritten Reich zu gewährleisten. Zur Position der Kirchen sagte Hitler: „Der nationalsozialistische Staat ist ein Anhänger des positiven Christentums. Ich will aufrichtig danach streben, die Rechte der beiden großen christlichen Religionen zu schützen, ihre Lehren vor Veränderungen zu hüten und ihre Pflichten mit den Standpunkten und Forderungen des aktuellen Staates in Einklang zu bringen.“ Wer diese Aussage sorgfältig liest, merkt sofort, dass Hitler nicht die Absicht hatte, die alte Ordnung unverändert zu lassen. Die Passage „mit den Standpunkten und Forderungen des aktuellen Staates in Einklang zu bringen“ zeigt deutlich, dass der neue Kanzler den Staat über alles stellen würde. Aber Kaas und wahrscheinlich auch Pacelli fanden das offenbar akzeptabler als die Wechselhaftigkeit einer Weimarer Republik, die in die Hände der atheistischen Kommunisten, Sozialisten und Liberalen fallen könnte. Sie fühlten sich in jeder Hinsicht besser bei Hitlers Versprechen aufgehoben, die christliche Religion zu schützen. „Diese Versprechen, zusammen mit dem enormen Druck aus dem Vatikan waren ausreichend, um die Delegierten der Zentrumspartei umkippen zu lassen: Sie würden die Maßnahme unterstützen, was schließlich ihren eigenen politischen Untergang bedeuten würde“, so der Historiker Detlef Junker.[222] Trotzdem war, wie der Historiker John Lukacs angibt, die Zentrumspartei die einzige Partei, von der Hitler heftigen Widerstand erwartet hatte, „die einzige Partei, deren Wähler bei früheren Wahlen nicht massenhaft zu den Nazis übergelaufen waren“.[223] Das zeigt auch die Wahl vom 5. März 1933. Trotz der schweren Einschüchterung durch die „Nazis“ bekam die Zentrumspartei 11,2% der Stimmen, im Vergleich zu 11,9% bei früheren Wahlen. Die katholischen Parteien waren so die einzigen, deren Wählerschaft nicht von den „Nazis“ angetastet schien. Die Ergebnisse verdeutlichen auch, dass katholische Wähler ihre politische Autonomie hoch schätzten und eher auf einen dritten Weg zwischen Liberalismus und Faschismus hofften.[224] Aber die Führung der Partei sah das anders.

Werfen wir nun gemeinsam mit dem Historiker Guenter Lewy einen Blick auf die Zeit kurz nach den Wahlen vom 5. März 1933 und konzentieren wir uns auf das Verhältnis zwischen der römisch-katholischen Kirche und Nazi-Deutschland.[225] Kardinal Michael Faulhaber reiste einige Tage später nach Rom zu einem Ad-limina-Besuch bei Pius XI., anschließend traf er auch mit Pacelli zusammen. Welche Vereinbarungen dort getroffen wurden, wissen wir nicht. Aber es fällt doch auf, dass er auf einem Konsistorium der bayerischen Bischöfe am 13. März 1933 den Reichskanzler Adolf Hitler offen lobte „für die Haltung (...) die er gegen den Kommunismus einnahm". Vier Tage später, am 17. März 1933, schickte Faulhaber einen Brief an den Führer, in welchem er ihm seinen Dank aussprach für „sein Lebenswerk, um den Marxismus in allen Formen, und besonders den Kommunismus, als Grundsatz für die Organisation der Wirtschaft und des Staates zu zerstören".[226] Lewy verweist auf mehrere Zeitungen, die aus diesem Text ableiteten, dass die Zentrumspartei freundschaftliche Beziehungen zwischen den deutschen Katholiken und Adolf Hitler herstellen wollte. Eine solche Haltung nährt die Hypothese, dass es bereits damals Verabredungen zwischen der Führung dieser Partei und dem Vatikan gab, die Demokratie in Deutschland zu beseitigen. Diese Hypothese wird durch die Entscheidung vieler katholischer Bischöfe gestützt, das Verbot für Katholiken, der Nazipartei beizutreten, aufzuheben, wie auch durch die Haltung von Kaas und von Papen, die alles taten, um jeden Widerstand gegen Hitler auszuschalten. Die vielen Kontakte zwischen Kaas, von Papen und Pacelli lassen vermuten, dass es einen konkreten Plan gab, die katholische Partei, und damit die bestehende Demokratie der Weimarer Republik, für eine Reihe von Vorteilen für die katholische Kirche zu opfern. Das ist auch die Meinung des katholischen Historikers Rudolf Morsey: „Kaas stand bereit, um das Zentrum aufzugeben und die 'große nationalsozialistische Bewegung' zu unterstützen."[227]

Abb. 11: Ludwig Kaas, der Vorsitzende der Zentrumspartei.

Die Hypothese, dass der Vatikan die Zentrumspartei aufgeben wollte, findet eine mögliche Begründung in der Annahme, dass dieser sie nicht mehr als eine Hauptstütze, sondern als ein Hindernis für seine Politik ansah, so die Studie von Klaus Scholder, einem Hochschullehrer für Kirchengeschichte in Tübingen, der auf ein Treffen des damaligen Reichskanzlers Heinrich Brüning mit Staatssekretär Kardinal Pacelli am 8. August 1931 in Rom hinweist.[228] Bevor er vom Papst in Audienz empfangen wurde, hatte der Reichskanzler ein lebhaftes Gespräch mit dessen Staatssekretär. Pacelli verlangte von Brüning, ein Konkordat abzuschließen, mit dem die Interessen der katholischen Kirche, vor allem im Bereich der Bildung, gewährleistet werden sollten – eine Forderung, die Brüning ablehnte. Brüning wusste, dass dies vor allem in Preußen besonders schwierig wäre. Pacelli riet dem Kanzler, nicht länger mit den Sozialdemokraten zusammenzuarbeiten, sondern mit Hitlers „Nazis“, sodass ein Konkordat möglich würde. Brüning antwortete, dass der Staatssekretär die Situation in Deutschland und vor allem die wahre Natur der „Nazis“ völlig falsch einschätze. In diesem Moment warf die Kirche das Ruder herum und beschloss, die Zentrumspartei aufzugeben, um eine Einigung mit Hitler zu ermöglichen. „Die Verbindung der Zentrumspartei mit ihren katholischen Wählern war dadurch belastet, dass die katholische Kirche in ganz Europa begann, sich aus den politischen Parteien zurückziehen, um sich vermittels der Katholischen Aktion auf begrenzte geistige und moralische Fragen zu konzentrieren“, sagt auch Burleigh.[229] In dem späteren Konkordat erkennen wir übrigens das Resultat dieses „Zurückziehens“. Der Vatikan akzeptierte Artikel 32, wonach die Kirche und ihre Vertreter sich nicht mehr länger in der Politik engagieren würden. Im Gegenzug erhielt sie Artikel 23, in welchem die Zukunft der katholischen Schulen sichergestellt wurde. Doch jeder wusste sehr wohl, dass die Machtübernahme von Hitler das Ende der Demokratie bedeuten würde. Auf einer Wahlkampfveranstaltung am 27. Juli 1932 im brandenburgischen Eberswalde fand Hitler dazu klare Worte: „Wir sind intolerant. Ich habe mir ein Ziel gestellt: nämlich die 30 Parteien aus Deutschland hinauszufegen.“[230]

Am 23. März 1933 trafen sich Vertreter des Reichstags in der Kroll-Oper in Berlin, um über nur einen Tagesordnungspunkt zu entscheiden. Hitler beantragte, ihn zu ermächtigen, künftig ohne Kontrolle entscheiden zu können (womit er Gesetze genehmigen konnte, die gegen die Verfassung verstießen). Das Ermächtigungsgesetz würde ihm uneingeschränkte Macht verleihen. Mit anderen Worten, er forderte faktisch das Parlament auf, sich selbst außer Funktion zu setzen, sodass er allein schalten und walten konnte. Im Gesetz steht übrigens wörtlich, dass die durch den Kanzler verkündeten und von der Regierung verabschiedeten Gesetze „von der

Verfassung abweichen können".[231] Alle kommunistischen und eine Reihe sozialdemokratischer Abgeordneten waren zu diesem Zeitpunkt bereits geflohen, in den Untergrund gegangen, verhaftet oder ermordet. Von den anwesenden Abgeordneten des Reichstages stimmten 441 für und 94 Abgeordneten gegen das Ermächtigungsgesetz, mit dem Deutschland zur Diktatur wurde. In seiner vorab gehaltenen Rede versicherte Hitler, dass die Rechte der Kirchen nicht angetastet würden und dass keine Veränderung in der bestehenden Beziehung zwischen Kirche und Staat beabsichtigt sei. Die einzige Partei, die tatsächlich Widerstand leistete, war die SPD von Otto Wels, der eine bemerkenswerte und tapfere Rede zur Verteidigung der Demokratie hielt. „Wir deutschen Sozialdemokraten erklären in diesem historischen Augenblick feierlich, dass wir hinter den Grundsätzen der Menschlichkeit und Gerechtigkeit, der Freiheit und des Sozialismus stehen. Kein Ermächtigungsgesetz gibt Ihnen die Macht, Ideen, die ewig und unzerstörbar sind, zu vernichten. (...) Freiheit und unser Leben kann uns genommen werden, aber nicht unsere Ehre."[232] Und er endete mit den berühmten Worten „Wir sind wehrlos, aber nicht ehrlos". Er und seine Partei standen mit ihren 93 Sitzen jedoch allein. Innerhalb der Zentrumspartei gab es zunächst noch Widerstand, unter anderem von Brüning, zusammen mit dreizehn anderen Abgeordneten, aber schließlich knickten sie unter dem Druck von Kaas und von Papen ein. Dabei führten diese drei Argumente an: Erstens, ein Gegenvotum wäre eine Gefahr für ihre persönliche Sicherheit. Zweitens, eine Spaltung des Zentrums würde dazu führen, dass man in Zukunft nicht mehr in der Lage sei, die Faust gegen die Verfolgung der Katholiken zu ballen[233] – ein bizarres Argument, weil fast alle Delegierten sehr wohl wussten, dass ein Ja auf jeden Fall zur Auflösung ihrer Partei führen würde. Drittens versicherten Kaas und von Papen den Zentrumsabgeordneten, dass sie innerhalb des Kabinetts noch die Macht hätten, die Entscheidungen der Regierung zu beeinflussen.[234] Bei der Abstimmung gaben nicht nur die Zentrumspartei mit ihren 72 Sitzen und die mit ihr verbündete Bayerische Volkspartei mit 19 Sitzen nach, sondern auch die anderen nationalistischen Parteien und die Liberalen, die damals einen Teil der nationalistischen Deutschen Volkspartei ausmachten. Dies war der entscheidende Wendepunkt zum Dritten Reich. Von nun an lag alle Macht in den Händen von Hitler und die Vertreter der Zentrumspartei, unter ihnen von Papen, Brüning und Kaas, konnten daran nichts mehr ändern. Schlimmer noch, zu dieser Zeit war ihr Vorsitzender Kaas in Rom bereits damit beschäftigt, Verhandlungen mit dem Vatikan über eine Vereinbarung mit dem Naziregime zu führen.

Ausgabe Groß-Berlin

Einzelpreis 10 Pfennig

Deutsche Allgemeine Zeitung

Berlin, 24. März 1933 (Freitag Morgen) 72. Jahrgang Nr. 141

DAZ

Ermächtigungsgesetz angenommen

Mit 441 Stimmen gegen 94 Stimmen der Sozialdemokraten Eine zweite Kanzlerrede in der Abendsitzung des Reichstags Zustimmung des Reichsrats — Heute Verkündung durch den Reichspräsidenten

Der Reichstag hat gestern abend kurz vor 8 Uhr das Ermächtigungsgesetz in der Schlußabstimmung mit 441 gegen 94 Stimmen endgültig angenommen und damit der Reichsregierung Hitler ein überwältigendes Vertrauensvotum erteilt.

Die für die verfassungsändernden Vollmachten erforderliche Zweidrittelmehrheit ist bei weitem erreicht worden. Das Ergebnis wurde daher rechts und auf den Tribünen mit stürmischem Beifall aufgenommen.

Der Reichstag hat sich dann auf unbestimmte Zeit vertagt. Die Sitzung schloß mit dem Gesang des Horst-Wessel-Liedes.

Am Spätabend ist der Reichsrat dem Beschluß des Reichstages einstimmig beigetreten; auch hier hat das Ermächtigungsgesetz die verfassungsmäßigen Vorbedingungen einwandfrei erfüllt. Die Verkündung durch den Reichspräsidenten wird für den heutigen Tag erwartet.

*

Den Wortlaut der beiden Reden des Reichskanzlers Hitler, Reichsministers Göring, Prälaten Kaas sowie die Debatte veröffentlichen wir im Innern des Blattes.

Die Regierungserklärung, die Reichskanzler Hitler im Reichstag abgegeben hat, wird am Freitag, dem 24. 3., von 7,20 bis 8,10 Uhr abends vom Deutschen Rundfunk nochmals auf alle Sender übertragen.

*

Das Reichskabinett wird heute mittag zusammentreten, um wirtschaftliche Maßregeln zu behandeln.

Entschließungen für die Regierung

Reichsverband der Deutschen Industrie Vereinigung der Deutschen Arbeitgeberverbände

Abb. 12: *Zeitungsbericht über die Annahme des Ermächtigungsgesetzes im Reichstag.*

Der deutsche Historiker Winfried Becker umschrieb die Haltung von Kaas als die von jemandem, der seine Partei in der Kälte stehen ließ.[235] Mehr noch, Kaas hatte absichtlich dahin gesteuert. Er nannte Hitlers Rede, „die logische Weiterentwicklung der Idee der Einheit von Kirche und Staat“, wodurch die „unverkennbaren exzessiven Freiheiten“ der Weimarer Republik „einer nüchternen und zweifellos exzessiven Staatsdisziplin“ Platz gemacht haben.[236] Viele Historiker argumentieren, dass die Beseitigung der Zentrumspartei Teil der Vereinbarung zwischen dem Dritten Reich und dem Vatikan war, bei der Kaas und von Papen eine führende Rolle spielten, und dass kritische Stimmen wie die von Brüning und Joseph Wirth ausgeschaltet wurden. Brüning hat noch lange versucht, das Zentrum am Leben zu erhalten und seinen Platz in dem neuen System zu behaupten, aber es war ein verzweifelter Versuch. Am 5. Juli 1933 hob sich die Partei formell selbst auf, und wenige Tage später wurde das Konkordat unterzeichnet. Viele Führungskräfte und Mitglieder der demokratischen Zentrumspartei traten zur Nazipartei über, nur eine Minderheit wendete sich gegen das Regime und wurde dann strafrechtlich verfolgt. Am 14. Juli 1933 wurden in Deutschland alle politischen Parteien verboten, außer der NSDAP. Wichtig ist die Tatsache, dass das deutsche Episkopat lange Zeit von den entscheidenden Gesprächen über die Zukunft der katholischen Parteien ferngehalten wurde. Die deutschen Bischöfe hatten in den Jahren und Monaten vor der Machtübernahme durch die „Nazis“ noch heftige Kritik am Nationalsozialismus geübt, aber in den Wochen danach wurden sie in der Schwebe gehalten und gerieten durcheinander. So sahen sie mit Bedauern, wie die katholischen Parteien, die Zentrumspartei und die Bayerische Volkspartei, die Kontrolle über die Situation zu verlieren drohten und es dämmerte ihnen langsam aber sicher, dass dazu auch der Vatikan beitrug. Die meisten von ihnen realisierten dann, dass der Papst und sein einflussreicher Sekretär Pacelli das Ruder herumgeworfen hatten. Sie beschlossen, die Ereignisse abzuwarten, bevor sie sich öffentlich erklären würden. Am 18. Mai 1933 wurden Bischof Wilhelm Berning von Osnabrück und Erzbischof Conrad Gröber von Freiburg während ihres Ad-limina-Besuchs von Pius XI. und Pacelli empfangen. Pacelli teilte ihnen mit, dass die deutschen Bischöfe eine einheitliche, d. h. eine positive Meinung zum Konkordat verkünden sollten.[237]

Das Ermächtigungsgesetz hatte enorme Auswirkungen und einige Politiker, wie Brüning, verstanden das auch. Mit diesem Gesetz hatte man vielen überzeugten Gläubigen eine wichtige politische Waffe genommen, die, hätte man sie mobilisiert, damals noch in der Lage gewesen wäre, groß angelegte Proteste zu organisieren. „Die dreiundzwanzig Millionen Katholiken im Dritten Reich, von denen viele großen Mut gezeigt hatten, als sie sich dem Aufstieg des Nationalsozialismus widersetzten, waren als politische Macht beschnitten und rasiert“, stellt Christopher Hitchens fest.[238] Diejenigen, welche das Ermächtigungsgesetz genehmigt hatten, trugen somit eine schwerwiegende Verantwortung. Die Führer der Zentrumspartei, Ludwig Kaas und Franz von Papen, legitimierten in dem Sinne den Nationalsozialismus, nicht nur hinsichtlich ihrer katholischen Wähler, sondern für alle Bürger der Welt. Sie waren die Wegbereiter eines Systems, in dem Menschenrechte und individuelle Freiheit keinen Wert mehr hatten. Wer jetzt darauf zurückblickt, versteht, dass der 23. März 1933 einen Tiefpunkt in der Geschichte der parlamentarischen Demokratie markiert, als die Mitglieder der mächtigen katholischen Zentrumspartei kapitulierten.[239] Tatsächlich hätten sie einen anderen Weg gehen und, wie Otto Wels von den Sozialdemokraten, eine mutige Haltung einnehmen können. Kaum fünf Tage nach dem Ermächtigungsgesetz nahm das deutsche Episkopat in Fulda eine Reihe von Maßnahmen zugunsten des neuen Regimes an. So wurden Mitglieder der NSDAP, auch in Uniform, zum Gottesdienst und zu den Sakramenten zugelassen. Durch diese Haltung gaben viele Katholiken ihre Einwände gegenüber Hitler und der NSDAP auf und Mitglieder der NSDAP wurden in den Kirchgemeinden als angesehene Bürger betrachtet, die für ein bewundernswertes Ideal kämpften. „Die Erklärung des Episkopats bildet eine formale Anerkennung der Rechtmäßigkeit des neuen Regimes, und man akzeptierte die Mitgliedschaft von Katholiken in einer Bewegung, die zunehmend die Staatsangelegenheiten dominierte“, so Lewy.[240] Zugleich müssen die Führer der Zentrumspartei gewusst haben, dass sie dadurch der zunehmenden Gewalt, der Einschüchterung und dem Terror Hitlers und seiner Schläger gegen Andersdenkende und Juden Vorschub leisteten.

Am 1. April 1933 wurden die Juden Opfer des ersten großen Boykotts. Die katholische Partei und der Papst hatten sich in diesem Stadium jedoch schon mit der Unterdrückung einer Bevölkerungsgruppe abgefunden, die seit Jahrhunderten bereits das Ziel christlicher Einschüchterung war. Aus Anlass der Feier zu Hitlers 44. Geburtstag am 20. April 1933 hissten die Kirchen ihre Fahnen.[241] Sie reagierten dann auch nicht auf den Protest einzelner Katholiken, welche die Aktionen gegen die Juden inakzeptabel fanden. So protestierte die deutsch-jüdische Philosophin Edith Stein, die im Jahr 1934 dem katholischen Orden der Karmeliterinnen ohne Schuhe in Köln beitrat, in einem Schreiben vom 12. April 1933 direkt beim Papst:

„Nicht nur die Juden, sondern Tausende treuer Katholiken in Deutschland erwarten und hoffen seit Wochen, dass die Kirche Christi ihre Stimme erhebe, um diesen Missbrauch des Namens Gottes zu beenden. (…) Alles, was geschehen ist und noch täglich geschieht, geht von einer Regierung aus, die sich ‘christlich’ nennt. Seit Wochen warten und hoffen nicht nur die Juden, sondern Tausende treuer Katholiken in Deutschland – und ich denke, in der ganzen Welt – darauf, dass die Kirche Christi ihre Stimme erhebe, um diesem Missbrauch des Namens Christi Einhalt zu tun. Ist nicht diese Vergötzung der Rasse und der Staatsgewalt, die täglich durch Rundfunk den Massen eingehämmert wird, eine offene Häresie? Ist nicht der Vernichtungskampf gegen das jüdische Blut eine Schmähung der allerheiligsten Menschheit unseres Erlösers, der allerseligsten Jungfrau und der Apostel? Steht nicht dies alles im äußersten Gegensatz zum Verhalten unseres Herrn und Heilands, der noch am Kreuz für seine Verfolger betete? Und ist es nicht ein schwarzer Flecken in der Chronik dieses Heiligen Jahres, das ein Jahr des Friedens und der Versöhnung werden sollte? (…) Wir alle, die wir treue Kinder der Kirche sind und die Verhältnisse in Deutschland mit offenen Augen betrachten, fürchten das Schlimmste für das Ansehen der Kirche, wenn das Schweigen noch länger anhält. Wir sind der Überzeugung, dass dieses Schweigen nicht imstande sein wird, auf die Dauer den Frieden mit der gegenwärtigen deutschen Regierung zu erkaufen. Der Kampf gegen den Katholizismus wird vorläufig noch in der Stille und in weniger brutalen Formen geführt wie gegen das Judentum, aber nicht weniger systematisch. Es wird nicht mehr lange dauern, dann wird in Deutschland kein Katholik mehr ein Amt haben, wenn er sich nicht dem neuen Kurs bedingungslos verschreibt.“[242] Pacelli bestätigte am 20. April 1933 den Eingang des Schreibens von Stein und erwiderte, er habe die Nachricht Seiner Heiligkeit (Papst Pius XI.) vorgelegt, aber wie in anderen Fällen blieben konkrete Handlungen aus. Am 2. August 1942 holte die Gestapo Edith Stein aus ihrem Kloster und ermordete sie eine Woche darauf in Auschwitz.

Auch der deutsche Jesuit Friedrich Muckermann, der 1933 nach Oldenzaal in den Niederlanden geflohen war, klagte das deutsche Episkopat wegen mangelnden Muts zum Widerstand gegen den Nationalsozialismus an. In seiner Wochenzeitschrift *Der Deutsche Weg*, die illegal in den Niederlanden und in Deutschland verbreitet wurde, prangerte er den Nationalsozialismus offen an. Er warf den Bischöfen vor, die Gläubigen im Stich gelassen zu haben. „Warum, fragen die Leute jetzt, und bald wird die ganze Welt es wissen wollen, kehrt sich die Kirche nicht mit der gleichen Energie gegen die 'Nazis', mit der sie die Bolschewiki und Sozialisten verurteilte?"[243] Als er keine Antwort bekam, wandte er sich an den Heiligen Stuhl, den er sozusagen prophetisch warnte, dass man Hitler bekämpfen müsse, um eine Katastrophe zu vermeiden, aber er erhielt kein Echo. Muckermann galt für die „Nazis" als einer der wichtigsten Feinde des Deutschen Reiches und musste während des Krieges in die Schweiz fliehen.

Kapitel 8
Die Unterstützung des neuen Regimes

Das Ermächtigungsgesetz (Gesetz zur Behebung der Not von Volk und Reich) markierte den tatsächlichen Beginn der Nazidiktatur. Laut dem britischen Historiker Owen Chadwick war die Annahme von Hitlers Ermächtigungsgesetz durch die deutsche Zentrumspartei „die umstrittenste Frage in der deutschen Geschichte".[244] Auffällig ist, wie schnell daraufhin das Konkordat zwischen dem nationalsozialistischen Deutschland und dem Vatikan zustande kam. Pacelli erreichte damit, dass Nazi-Deutschland die katholische Kirche und das kanonische Recht anerkannte. Hitler war sich somit sicher, dass die deutschen katholischen Führer und ihre Organisationen schweigen würden über alles, was nach Auffassung der „Nazis" als politische und soziale Fragen zu betrachten sei. Nach Meinung vieler Historiker, darunter der Hitler-Biograph Ian Kershaw, wurde die Position der Abgeordneten der Zentrumspartei und der Bayerischen Volkspartei, die am demokratischen Rechtsstaat festhalten wollten, durch die Verhandlungen zwischen Hitler und dem Heiligen Stuhl über das Konkordat untergraben.[245] Eine wichtige Figur dabei war, wie zuvor beschrieben, Ludwig Kaas, der sich sofort nach der Abstimmung über das Ermächtigungsgesetz in den Vatikan begab und dort bis zum Ende des Krieges blieb. Faktisch hatte er seine Partei der Gnade der Diktatur ausgeliefert, was ohne viel Widerstand gelang. Eine ähnliche Haltung nahmen die anderen katholischen Führungspersönlichkeiten ein. Während des Jahres 1931 erklärten die Bischöfe von Bayern, vom Oberrhein, von Köln und Paderborn, dass der Nationalsozialismus mit dem Katholizismus unvereinbar sei. Am Ende des gleichen Jahres wandte sich der gesamte Episkopat gegen den Nazismus.[246] Kaum zwei Jahre später sah sich die deutsche Kirchenführung gezwungen, das Ruder herumzuwerfen. Die katholische Geistlichkeit vollzog dann am 28. März 1933, durch ihren Aufruf zur Unterstützung des neuen Regimes, eine Kehrtwende, in der naiven Annahme, dass Hitler sich an sein Versprechen halten würde, das er in seiner Rede zum Ermächtigungsgesetz gab, nämlich dass die Position der Kirchen nicht angetastet würde, schreibt Hans Müller in *Katholische Kirche und Nationalsozialismus*.[247] Die Bischöfe zogen bereits damals vor der Öffentlichkeit ihre Einwände gegen die Nationalsozialisten zurück. Darüber hinaus sprach Kardinal Faulhaber, der schon oft seine Abneigung der parlamentarischen Demokratie gegenüber bekundet hatte, schon in dieser Zeit sein Vertrauen in die neue deutsche Regierung aus. Hans Müller hat dies ausführlich im Zusammenhang mit der Auflösung der katholischen Zentrumspartei kommentiert und ein großes Fragezeichen hinter diese angebliche Naivität gesetzt. Wollte die Kirche wirklich, dass die Nazipartei sich jeder Einmischung in das katholische Bildungswesen enthielt? Wollte sie nicht eher eine von der Regierung streng vorgeschriebene und überwachte Bildung, die vor allem innerhalb der katholischen Bewegung angeboten werden konnte? Und wählte sie nicht die Diktatur, die kurzen Prozess mit allen liberalen und demokratischen Tendenzen machen und das Recht auf Selbstbestimmung ausschalten würde?

Die Abneigung gegen die Demokratie stellt Ian Kershaw bereits bei der Ernennung von Heinrich Brüning, einem prominenten Mitglied der Zentrumspartei, zum Reichskanzler im Jahr 1930 fest. Das war, so der renommierten Historiker, der erste schicksalhafte Schritt zum Selbstmord der Weimarer Republik.[248] Auf Brüning folgte am 1. Juni 1932 Franz von Papen von derselben Partei, der dann dafür sorgte, dass Hitler an die Macht kam. Die Annahme des Ermächtigungsgesetzes durch die Zentrumspartei war nicht nur das Ende der Demokratie, sondern auch das Ende der Rechtsstaatlichkeit in Deutschland. So verweist Burleigh auf die Legitimierung der schlimmsten Verbrechen durch „das eingeführte rückwirkende Gesetz über Maßnahmen der Staatsnotwehr (kurz Staatsnotwehrgesetz) am 3. Juli 1934, womit Hitler die Dutzende Morde während der Nacht der Langen Messer legalisierte, wozu er Tage oder Stunden zuvor den Befehl gegeben hat".[249] Die Annahme des Ermächtigungsgesetzes gab den „Nazis" auch die Gelegenheit, mit der allgemeinen und „rechtlich zulässigen" Verfolgung der Juden zu beginnen. Am 1. April 1933 riefen die „Nazis" zum Boykott jüdischer Geschäfte auf. Sechs Tage später, am 7. April 1933, wurde das Gesetz zur Wiederherstellung des Berufsbeamtentums erlassen, wodurch die Juden aus dem Staatsdienst entfernt wurden. Einige Tage darauf billigte man Gesetze, die Juden von allen juristischen und medizinischen Tätigkeiten aussperrten und die Zahl der jüdischen Schüler je Schule gesetzlich begrenzten. Auffallend war das Schweigen der katholischen Kirche. Kardinal Adolf Bertram beschloss, auf den Boykott jüdischer Geschäfte nicht zu reagieren, denn „der Boykott war Teil eines ökonomischen Kampfes, in dem keine direkten religiösen Interessen auf dem Spiel standen".[250] Kardinal Faulhaber schrieb an Pacelli, dass „die Juden in der Lage sind, sich selbst

Abb. 13: Von links nach rechts: Franz Bornewasser Bischof von Trier, Bischof Ludwig Sebastian von Speyer, Gauleiter Josef Bürckel von Saarpfalz, Reichsinnenminister Wilhelm Frick und Reichsminister für Volksaufklärung und Propaganda Joseph Goebbels bringen den Hitlergruß.

zu verteidigen", und dass er es deshalb besser fände, wenn die Bischöfe sich nicht einmischten.[251] Das Schweigen der Kirche wurde nach der sogenannten Kristallnacht vom 10. November 1938 erst recht widerwärtig. Der britische Historiker Martin Gilbert beschreibt dieses Ereignis als „Höhepunkt von mehr als fünf Jahren und neun Monaten systematischer Diskriminierung und Verfolgung [der Juden]".[252] Die meisten Bürger und Geistlichen hielten sich damals abseits und ließen den Dingen ihren Lauf. „Die Kirchen sprachen sich in der Öffentlichkeit nicht gegen den Pogrom aus", schreibt Friedländer, und so gaben sie Hitler und seinen Anhängern grünes Licht, um fortzufahren. Das führte zu den „Jahren der Zerstörung von 1939-1945", so der Titel des zweiten Teils von Friedländers *opus magnum*.[253] Auch Kershaw verweist auf die Tatsache, dass weder die katholischen noch die evangelischen Kirchenführer offiziell den Pogrom vom November 1938 verurteilt haben.[254] Die meisten Priester und Pastoren hüllten sich in Schweigen. Allerdings wurde bald bekannt, was mit den inhaftierten Juden geschah. Die Zeitung *News Chronicle* berichtete am 23. November 1938 über das Schicksal der 62 Juden, die im Konzentrationslager Sachsenhausen eingesperrt waren. Laut einem Augenzeugen wurden sie bei der Ankunft geschlagen und lange misshandelt. Dann, nach einer halben Stunde, waren „zwölf der zweiundsechzig tot, ihre Schädel eingeschlagen. Die anderen waren bewusstlos.“[255] „Am Tag, an dem die erste Synagoge brannte“, so schrieb der berühmte deutsche Katholik Reinhold Schneider, „hätte die Kirche sich als eine Schwester an die Seite der Synagoge stellen müssen.“[256] Fast alle deutschen Bischöfe schwiegen oder äußerten sogar offene Sympathie für das NS-Regime. Sie passten sich sehr schnell an und zeigten ihre Ergebenheit durch den Hitlergruß in der Öffentlichkeit.

Die Schweigsamkeit, sogar Fügsamkeit der katholischen Führer zieht sich als roter Faden durch die zwölf Jahre Schreckensherrschaft der „Nazis“. Solange die Interessen der katholischen Kirche nicht gefährdet waren, hüllte sie sich in Schweigen oder stimmte der Politik zu. So schwieg die Kirche, als am 30. Juni 1934 Ernst Röhm zusammen mit anderen SA-Führern und politischen Gegnern wie Erich Klausener und Edgar Jung sowie zwei geachteten Generälen, Ferdinand von Bredow und dem vormaligen Reichskanzler Kurt von Schleicher, ermordet wurden. So schwieg die Kirche, als Hitler am 15. September 1935 das Reichsbürgergesetz und das Gesetz zum Schutze des deutschen Blutes und der deutschen Ehre bzw. das Blutschutzgesetz verkündete, welches die Juden ihrer Rechte beraubte. Das Gesetz gebot die Reinheit des deutschen Blutes und verbot jedem und jeder Deutschen eine Beziehung oder Geschlechtsverkehr mit einem jüdischen Mann bzw. einer jüdischen Frau. So blieb die Kirche stumm, als die „Nazis“ begannen, die Juden aus Deutschland zu deportieren. Alle diese Gesetze und Maßnahmen akzeptierte die katholische Kirche, sogar mit einer bestimmten Form der Zustimmung und Begeisterung. Natürlich kehrte sich die Kirche gegen spezifische Gesetze, die ihren Status und ihre Autonomie angriffen wie auch gegen Maßnahmen, die getaufte Juden betrafen, aber der Widerstand war marginal im Vergleich zu der Unterstützung jener Maßnahmen, die ihr zugute kamen. Und dazu gehörten auch solche, welche Juden in Schwierigkeiten brachten. So schwieg die Kirche auch über die Explosion der Gewalt gegen Juden in vielen österreichischen Städten nach dem Anschluss. Tatsächlich fanden es die österreichischen Bischöfe 1938 ausgezeichnet, dass ihr Land an Hitler und seine Nazihandlanger ausgeliefert wurde. Sowohl der katholische Primas Theodor Innitzer als auch andere österreichische Bischöfe begrüßten Hitler, wobei sie auf eine „gute Zusammenarbeit“ mit dem Diktator setzten.[257] Am 5. April 1938 begrüßte der Bischof von Gurk, Adam Hefter, Hitler in vollem Ornat im Rathaus von Klagenfurt. Hefter gab damit ein klares Signal zugunsten des

Nationalsozialismus, was für die Propagandapolitik des NS-Regimes sehr wichtig war.

Es ist auffällig, wie die Bevölkerung und die Kirchenführer das neue Regime akzeptierten. Das war weitestgehend das Ergebnis von Opportunismus einerseits und Angst vor Repressalien andererseits. Irgendeinen wesentlichen Widerstand gab es nicht. Weder die anderen politischen Parteien noch die Gewerkschaften oder die Kirchen erhoben ihre Stimme. Dabei wäre jede dieser Großorganisationen schon für sich, und erst recht alle gemeinsam, fähig gewesen, dem neuen Regime gründlich entgegenzuarbeiten oder zumindest einen großen Teil der Bevölkerung gegen den täglichen Terror (vor allem der SA), der damals viel Irritation auslöste, zu mobilisieren. Die meisten Organisationen passten sich dem neuen Regime an und zügelten ihre Mitglieder und Anhänger.[258] Die Bischöfe von Bayern, mit einer Mehrheit der Bevölkerung von praktizierenden Katholiken, riefen laut Ian Kershaw zum Gehorsam auf.[259] Sie wollten, dass die Priester nicht nur über die „Gottesfurcht der Gläubigen" wachten, sondern auch die Aktionen der Regierung zur „geistigen Wiedergeburt der Volksgemeinschaft" unterstützten. Vermutlich dachten alle, dass die „Nazis" nicht lange an der Macht bleiben, dass andere Gruppen sich erheben oder auch, dass Schweigen und Mitarbeit sich auszahlen würden. Sie täuschten sich alle. Die „Nazis" verstärkten ihren Zugriff auf fast alle Organisationen und dank der günstigen wirtschaftlichen Aussichten schmolz der Widerstand in der Bevölkerung. In diesem Sinne reagierte die überwiegende Mehrheit der Deutschen gleichgültig auf die antijüdischen Gesetze und Maßnahmen. Diese hatten ja keinen Einfluss auf das eigene Leben, mehr noch, sie brachten dem eigenen Volk beachtliche Vorteile. Selbst in den christlichen Gemeinden wurden die NS-Gesetze akzeptiert und gutgeheißen. Sie schlossen ja nahtlos an dem weithin proklamierten Antisemitismus an, der die Juden zu Feinden des Volkes erklärte. Dies führte bald zu Gewaltausbrüchen und zu einem regelrechten Pogrom am Ostersonntag, dem 25. März 1934, in Gunzenhausen, einem Städtchen in Bayern mit 5.600 Einwohnern, darunter 186 Juden. Der Anlass war ein trivialer Streit zwischen Kurt Bär, dem lokalen SA-Führer, und dem jüdischen Kaufmann Sigmund Rosenfelder. Der Streit zog Passanten herbei und Bär sprach nun laut über die Juden als „unsere moralischen Feinde", die „unseren Gott ans Kreuz genagelt" hätten und „an dem Tod von zwei Millionen Menschen während des Weltkriegs schuldig" seien.[260] Er bezichtigte sie auch der Vergewaltigung unschuldiger Mädchen. Daraufhin drängten aufgehetzte Bürger in jüdische Wohnungen ein und fingen an, sie zu plündern. Etwa 35 Juden wurden verhaftet und

Abb 14: Bischof Adam Hefter von Gurk begrüßt am 5. April 1938 Adolf Hitler im Rathaus der Stadt Klagenfurt und dankt ihm gemeinsam mit der Stadtverwaltung für den Anschluss von Österreich, den er „eine große historische Tat" nennt.

im örtlichen Gefängnis schwer misshandelt, zwei von ihnen starben. Fast 1.500 Menschen beteiligten sich an dem Pogrom.

Faktisch ist die Schuld der christlichen Führer viel größer, als später zugegeben wurde. In seinem Buch *Christelijke theologie na Auschwitz. De geschiedenis van 2000 jaar kerkelijk antisemitisme* gibt Hans Jansen eine deprimierende Übersicht zum Hass auf die Juden, der auch unter wichtigen Vertretern der Kirche herrschte, sowie zu deren offener und regelmäßiger Unterstützung für das kriminelle NS-Regime.[261] „Nicht nur hat das Christentum seit Jahrhunderten Verachtung und Hass gesät, unzählige deutsch-österreichische Bischöfe und Theologen aller Kirchen haben in der Zeit des Dritten Reiches für ihre Unterstützung des Hitler-Regimes aus der reichen Tradition des theologischen und kirchlichen Antijudaismus geschöpft", schreibt Jansen. Damit verbanden die Bischöfe und der Vatikan auch eine deutliche weltliche Zielsetzung, nämlich die Erhaltung und die Stärkung der Interessen der Kirche. Dazu waren sie sogar bereit, die Menschenrechte anderer Menschen, der Juden, aufzugeben. Das wird z. B. sehr deutlich in dem Hirtenbrief vom 23. Januar 1933 von Johannes Gföllner, Bischof von Linz: „Zweifellos üben viele gottentfremdete Juden einen überaus schädlichen Einfluss auf fast alle Gebiete des modernen Kulturlebens, Wirtschaft und Handel, Geschäfte und Konkurrenz, Rechtsanwälte und Heilpraxis aus, soziale und politische Umwälzungen sind vielfach durchsetzt und zersetzt von materialistischen und liberalen Grundsätzen, die vorwiegend vom Judentum stammen. Presse, Inserate, Theater und Kino sind häufig erfüllt von frivolen und zynischen Tendenzen, die die christliche Volksseele bis ins Innerste vergiften und die ebenso vorwiegend vom Judentum genährt und verbreitet werden. Das entartete Judentum im Bunde mit der Weltfreimaurerei ist auch vorwiegend Träger des mammonistischen Kapitalismus und vorwiegend Begründer und Apostel des Sozialismus und Kommunismus, der Vorboten und Schrittmacher des Bolschewismus. Diesen schädlichen Einfluss des Judentums zu bekämpfen und zu brechen, ist nicht nur gutes Recht, sondern strenge Gewissenspflicht eines jeden überzeugten Christen, und es wäre nur zu wünschen, dass auf arischer und auf christlicher Seite diese Gefahren und Schädigungen durch den jüdischen Geist noch mehr gewürdigt, noch nachhaltiger bekämpft und nicht, offen oder versteckt, gar nachgeahmt und gefördert würden."[262]

Mehrere deutsche Bischöfe, darunter Kardinal Michael Faulhaber von München, Kardinal Adolf Bertram von Breslau, Erzbischof Conrad Gröber von Freiburg und Bischof Wilhelm Berning von Osnabrück, brachten ihre Unterstützung für das neue Regime zum Ausdruck. Gröber wird im Jahr 1933 sogar sympathisierendes und zahlendes Mitglied der SS, der NS-Organisation par excellence, die mehr als alle anderen Gruppen schuldig an der Ermordung von sechs Millionen Juden wurde.[263] Am 28. Juni 1933 verteidigte Gröber offensiv die neue Ordnung und hielt seine Geistlichen an, auf Kritik am Regime zu verzichten: „Im Interesse der Beichtväter selbst und der Kirche sehen wir uns gezwungen, zu mahnen und zu belehren, um in der Predigt, der Katechese und im Religionsunterricht sowie in den Vereinen und privaten Gesprächen alles zu vermeiden, was als Kritik an den führenden Personen im Staat und in der Gemeinde oder an der durch sie verteidigten Vision der Staatspolitik aufgefasst werden könnte."[264] Am 10. April 1933 empfing Papst Pius XI. den Naziminister Hermann Göring und von Papen im Vatikan in Gegenwart von Staatssekretär Pacelli, was die Glaubwürdigkeit des neuen Regimes weiter stärkte. Am 26. April 1933 wurde Bischof Wilhelm Berning von der Diözese Osnabrück von Hitler empfangen. Berning beschrieb das Gespräch später als „herzlich und sachlich". Er freue sich über das neue Regime, das das Christentum fördere, die Sittlichkeit stärke und tatkräftig den Kampf mit der Gottlosigkeit und dem Bolschewismus aufnehme.[265] Von da an beendete Berning seine Reden stets mit einem dreifachen „Sieg Heil!“.[266] Am 5. Mai 1933 verbreitete das bayerische Episkopat einen Hirtenbrief, der die Gläubigen zur Unterstützung des NS-Regimes und dessen Programms der „geistigen, moralischen und wirtschaftlichen Erneuerung“ aufforderte.[267] Was diese moralische Erneuerung bedeutet, wurde auf der Straße immer eindeutiger erkennbar als folternder und mordender brauner Terror. Während des großen jährlichen Katholikentags am 25. Juni 1933 im Berliner Grunewald-Stadion, der von 45.000 Gläubigen besucht wurde, liefen SA-Leute mit Transparenten und Hakenkreuzfahnen ganz vorne. Am 10. Juli 1933 sandte Joseph Vogt, der Bischof von Aachen, ein Glückwunschtelegramm an Hitler, in welchem er dem Aufbau des neuen Reiches seine Unterstützung bekundet, und Bischof Wilhelm Berning wurde am 11. Juli 1933 sogar Mitglied des Staatsrates von Preußen, der unter der Leitung von Göring stand.[268] Am 9. Oktober 1933 sagte Bischof Gröber in einer Rede vor katholischen Organisationen in Karlsruhe, unter großem Beifall, dass er seine volle und wohlmeinende Unterstützung der neuen Regierung und dem neuen Reich gebe.[269] Damit sind nur ganz wenige der vielen Beifallsbekundungen von Kirchenführern für das NS-Regime benannt, das zu diesem Zeitpunkt bereits die fundamentalsten Regeln des Rechtsstaates verletzte.

Kapitel 9
Das Konkordat

Am 20. Juli 1933 schlossen die katholische Kirche und Nazi-Deutschland ein Konkordat. Wie bereits erwähnt, war Ludwig Kaas sofort nach dem Erlass des Ermächtigungsgesetzes nach Rom abgereist. Dort arbeitete er mit Pacelli eine Vereinbarung des Vatikans mit der neuen faschistischen Regierung aus. Die Kirche bezweckte eine ähnliche Vereinbarung wie jene mit Mussolinis Italien: dem Lateranvertrag vom 11. Februar 1929 zwischen dem Heiligen Stuhl und der italienischen Regierung. Es gab bereits abgeschlossene Konkordate mit Bayern (1924) und Preußen (1929). Nach der Machtübernahme der „Nazis" wurden die Rechte der Länder beschnitten, sodass der Vatikan auf einen Vertrag mit dem ganzen Reich zusteuerte. Der Zweck eines solchen Vertrages mit Hitler war es, die Interessen der deutschen katholischen Kirche zu sichern. Die abschließenden Verhandlungen wurden geführt durch den deutschen Rechtsexperten des Innenministeriums Rudolf Buttmann, die ehemaligen Führer der Zentrumspartei von Papen und Kaas, Bischof Gröber und den vatikanischen Staatssekretär Pacelli. Es kam sehr schnell zu einer Einigung, der am 20. Juli 1933 die Unterzeichnung folgte. Die Nazipresse prahlte sofort damit, weil diese Vereinbarung ein wichtiger internationaler diplomatischer Sieg für das NS-Regime und für viele deutsche Katholiken eine Beruhigung war. „Eine große moralische Autorität hatte seinem Wort vertraut", so der deutsche Historiker Fritz Stern, der darauf verweist, dass Hitler sehr glücklich war.[270] Am 10. September wurde das Konkordat schließlich ratifiziert und offiziell in Kraft gesetzt. Die Kirche würde sich nicht in die Politik und die Politik nicht in die Kirche einmischen. In der Praxis erwies sich das jedoch als besonders nützlich für Hitler, der die Bestimmungen nach seinem eigenen Verständnis interpretieren und damit potenziell kritischen katholischen Stimmen Zügel anlegen konnte. „Mit der Unterzeichnung des Konkordats war ein alter Wunsch der Kirche Realität geworden", schreibt der Historiker Ger van Roon in seinem Buch *Het Duitse verzet tegen Hitler*. „Aber sie hatte dafür einen hohen Preis zu zahlen: Sie hat die Hitlerregierung offiziell anerkannt, anstatt sich von ihr und ihren Verbrechen zu distanzieren und sie hatte den Bereich außerhalb der Kirche dem Einfluss des Staates preisgegeben. Während die Führung der Zentrumspartei aus Allem die Konsequenzen zog und die Partei auflöste, bekundeten andere katholische Organisationen der Regierung ihre Loyalität."[271]

Kardinal Faulhaber von München schrieb am 24. Juli 1933 einen persönlichen Brief an Hitler und gratulierte ihm zu dem Konkordat: „Was die alten Parlamente und Parteien in 60 Jahren nicht fertigbrachten, hat Ihr staatsmännischer Weitblick in 6 Monaten weltgeschichtlich verwirklicht. Für Deutschlands Ansehen in Ost und West und vor der ganzen Welt bedeutet dieser Handschlag mit dem Papsttum, der größten sittlichen Macht der Weltgeschichte, eine Großtat von unermesslichem Segen."[272] Damit verlieh er einem allgemeinen Gefühl unter den deutschen Bischöfen Ausdruck, ihrer scheinbaren Sicherheit, dass die katholische Kirche ihre Macht behaupten und sogar ausbauen könne. Aus Dankbarkeit waren sie gern bereit, mit dem NS-Regime loyal zusammenzuarbeiten. Dies bezeugte u. a. auch ein Brief von Michael Buchberger, dem Bischof von Regensburg, den er bereits am 3. Juli 1933 an den Führer sandte: „Wir sind bereit, voll guten Willens und Loyalität mit Ihrer Exzellenz für den Wiederaufbau unserer Heimat zusammenzuarbeiten, das heißt für die geistige und moralische Gleichschaltung des gesamten deutschen Volkes auf christlicher und patriotischer Basis."[273] Bemerkenswert ist, dass dieser Bischof das Wort Gleichschaltung gebrauchte, ein Terminus zur Bezeichnung von Maßnahmen, mit denen die „Nazis" Deutschland in eine totalitäre Diktatur verwandelten. Kardinal Bertram sandte als Vorsitzender der Bischofskonferenz von Fulda am 22. Juli 1933 einen Brief des Dankes an den Führer. Darin schrieb er, dass die Kirche bereitwillig mit dem Regime zusammenarbeiten würde.[274] Die Ratifizierung des Konkordats wurde am 10. September 1933 in Berlin mit einem Dankgottesdienst in der St. Hedwigs-Kathedrale gefeiert, unter der Leitung von Nuntius Cesare Orsenigo, einer sehr schwachen Figur. Domprediger Pater Marianus Vetter predigte über „den Geist des Konkordats" und dankte nachdrücklich für die Vereinbarung zwischen dem Heiligen Vater und dem Führer, „der allgemein bekannt ist für seine Hingabe zu Gott und seine Sorge um das deutsche Volk".[275] Eine SA-Abteilung nahm an der Messe teil, mit Musikkorps und allem was dazugehört. „Nazifahnen und katholische Banner hingen nebeneinander, und während des Gottesdienstes wurde das Horst- Wessel-Lied gesungen und von den Leuten draußen übernommen."[276] Noch wichtiger ist, wie Hitler selbst die Vereinbarung mit dem Vatikan einschätzte. Was dachte er von diesem schnell etablierten Konkordat? Seine positive Wertschätzung ergibt sich aus seinem Schreiben vom 22. Juli 1933 an die Partei, in dem es hieß, dass dies als Billigung

Abb. 15: Die Unterzeichnung des Konkordats am 20. Juli 1933. Von links: Ludwig Kaas, Franz von Papen, Monsignore Giuseppe Pizzardo, Nuntius Eugenio Pacelli, Monsignore Alfredo Ottaviani, Ministerialdirektor Rudolf Buttmann, Monsignore Giovanni Montini, der deutsche Konsul Eugen Klee.

seiner Politik durch die Kirche betrachtet werden könne. Seinem Kabinett gegenüber erklärte er, dass „eine Atmosphäre des Vertrauens geschaffen wurde, die sehr bedeutungsvoll sei für den dringenden Kampf gegen das internationale Judentum.“[277]

Wer die schrittweise Billigung des Konkordats gründlich untersucht, muss wohl zu dem Schluss gelangen, dass die Kirche, und vor allem der Papst, bewusst auf die Zusammenarbeit mit dem NS-Regime zusteuerten. Wohl konnte nach den Vereinbarungen die katholische Kirche ihr Bildungswesen und ihre grundlegenden Strukturen unter ihrer Kontrolle behalten, aber mehrere Ereignisse wiesen bereits vor der Verabschiedung darauf hin, dass die „Nazis“ sich in der Wirklichkeit keinen Deut darum scherten. Dazu trugen zwei Artikel im Konkordatstext bei, die nicht genügend klar formuliert waren. In Artikel 31, die Erziehung der Jugend betreffend, wurde unterschieden zwischen katholischen Organisationen, die nur religiöse Ziele verfolgten, Organisationen mit politischen oder sozialen Zielen und Jugendbewegungen, die sich im Sportunterricht engagierten. Nur die erste

Abb. 16: Der päpstliche Nuntius Cesare Orsenigo im Gespräch mit dem Führer und Reichskanzler Adolf Hitler, 1. Januar 1935.

Kategorie sollte der kirchlichen Autorität unterstellt sein. Die Kirche und der Staat würden konsensuell bestimmen, welche Organisation zu welcher Kategorie gehört – das jedoch blieb nur Theorie. In der Praxis war es der Staat, der das bestimmte, mit allen daraus folgenden Problemen für die vielen katholischen Organisationen. Noch wichtiger war Artikel 32, der sogenannte Entpolitisierungsartikel, der ausdrücklich vorsah, dass der Klerus unter keinen Umständen politisch aktiv sein dürfe. Auch dieser Artikel wurde vom NS-Regime sehr eng ausgelegt. Der Papst und die Bischöfe erkannten diese Gefahr sehr genau, gelangten aber letztlich zu der Einschätzung, dass die Vereinbarung mit den „Nazis" mehr Vorteile als Nachteile brachte. Sie meinten, dass sie mit ihr zumindest eine Rechtsgrundlage für offiziellen Protest besaßen. Im Gegensatz zu den Behauptungen einiger Historiker waren mehrere deutsche Bischöfe nicht begeistert über das Konkordat, „aber sie akzeptieren es, weil es von Rom genehmigt war".[278] Am 26. August 1934 versprach Hitler in einer Rede auf der Festung Ehrenbreitstein, die Rechte der beiden großen christlichen Glaubensgemeinschaften zu schützen.[279] Die Wirklichkeit sah anders aus. Im Jahr 1935 und insbesondere 1936, nachdem alle Jungen und Mädchen ab dem Alter von zehn

Jahren verpflichtet waren, der Hitlerjugend beizutreten, nahm die Anzahl der Verstöße gegen das Konkordat zu und Pacelli sandte zwischen April 1933 und Juni 1936 mehr als fünfzig diplomatische Protestnoten an die deutsche Regierung. Er protestierte also durchaus, aber nur auf dem Papier, in der Abgeschlossenheit der diplomatischen Kommunikation. Zu einer öffentlichen Verurteilung kam es nicht.

Jahre später stellte sich heraus, dass es noch ein geheimes Zusatzprotokoll zu dem Abkommen gab, das Privilegien für den Klerus im Falle einer allgemeinen Mobilmachung enthielt. Mit anderen Worten, Pacelli, der spätere Papst, genehmigte bereits im Jahre 1933 eine Klausel, die bestimmte, dass Katholiken während eines Krieges einen gewissen Schutz erhalten würden. Diese bemerkenswerte Tatsache wird noch zu wenig von Historikern untersucht. Auf den ersten Blick ist dies ein Zeichen der zynischen Voraussicht der betreffenden Vertragsparteien, einschließlich des Papstes also. Aber das Konkordat hatte noch eine andere erhebliche Auswirkung. „Die Tatsache, dass der Heilige Stuhl einen Pakt mit dem NS-Staat geschlossen hatte, lähmte den Widerstandswillen der Katholiken, die, trotz dieser diplomatischen Annäherung, nicht meinten, dass die Nazis sich hochgearbeitet und rehabilitiert hatten."[280] Noch mehr als durch das Ermächtigungsgesetz vom März 1933 wurde das faschistische Regime jetzt international legitimiert, sodass es für individuelle Katholiken mit Gewissensproblemen äußerst schwierig geworden war, sich dem verbrecherischen Regime zu widersetzen. Dennoch war der Vertrag auch eine gute Sache für den Vatikan. Er konnte auf diese Weise seine Machtposition festigen und sich, zumindest in Worten, von einem politischen Regime abwenden, mit dem er eine – moralisch bedenkliche – Vereinbarung getroffen hatte. Die einzige konkrete Auswirkung des Konkordats war, dass die Gleichschaltung der katholischen Organisationen in dem NS-Netzwerk langsamer als bei anderen Institutionen ablief. Das verhinderte nicht, dass fast alle katholischen Zeitungen und Jugendorganisationen nach einigen Jahren verboten oder mit Nazistrukturen zusammengelegt wurden. Auf jeden Fall machte es Hitler und seinen Kumpanen den Weg frei, um ihre kriminelle Politik gegen die Juden zu beginnen und fast jeden Protest im Keim zu ersticken. Schwierig war das nicht, denn auch viele überzeugte Katholiken waren stark antisemitisch eingestellt und freuten sich über die antijüdischen Maßnahmen der „Nazis". Um ihre Ergebenheit Adolf Hitler gegenüber zu betonen, ließen die Bischöfe zu seinem fünfzigsten Geburtstag am 20. April 1939 spezielle Messen lesen und in ganz Deutschland und Österreich die Kirchenglocken läuten. Kardinal Bertram von Breslau schickte an diesem

Tag die folgenden Wünsche an Hitler: „Die herzlichsten Glückwünsche gelten dem Führer. Es geschieht das im Verein mit den heißen Gebeten, die die Katholiken Deutschlands am 20. April an den Altären für Volk, Heer und Vaterland, für Staat und Führer zum Himmel senden."[281]

Auch nach dem Krieg verteidigte Pius XII. „sein" Konkordat. Bei einem Treffen mit den Kardinälen sprach er über die positiven Auswirkungen. „Jedenfalls müssen wir akzeptieren, dass in den letzten Jahren das Konkordat mehrere Vorteile gebracht hat oder zumindest schlimmeres Übel verhindert hat. Trotz aller Ungerechtigkeit, der wir ausgesetzt waren, gab das Konkordat den Katholiken eine gesetzliche Schutzbasis, eine Position, hinter der sie sich verschanzen konnten, so dass sie sich so lange, wie für sie möglich, gegen den zunehmenden Strom von religiöser Verfolgung schützen konnten."[282] Allerdings gab es einen einzelnen deutschen Bischof, der zuvor seine Vorbehalte zum Ausdruck gebracht hatte. Schon anlässlich der Machtergreifung 1933 erklärte Konrad von Preysing: „Wir sind in den Händen von Kriminellen und Verrückten."[283] In einem Schreiben vom 3. Juli 1933 an Pacelli fragte Preysing, ob „ein Konkordat wohl noch möglich ist" in einer Zeit der völligen Willkür und Unterwerfung unter die Interessen des Vaterlandes. Diese kritische Sicht war richtig. Der größte Fehler Pacellis war der Abschluss einer Vereinbarung mit einem Regime, das nicht länger den Rechtsstaat verteidigte. Seine Anhänger betonen immer wieder, dass der spätere Papst in guter Absicht gehandelt habe und der Text – zumindest auf dem Papier – besonders günstig für die Kirche war. Aber an wen sollte man sich richten, wenn die Vereinbarung durch eine der beiden Parteien nicht eingehalten wurde? An die deutsche Regierung? An ein Gericht? An eine internationale Organisation? Pacelli hatte mit seinem Konkordat die deutsche Kirche faktisch aus der Hand gegeben und seine Unterschrift unter eine Reihe Abmachungen gesetzt, deren Einhaltung niemand zusichern konnte. Eine solche Haltung zu einer Zeit, in der in Deutschland schon viele Untaten begangen wurden und Gesetzlosigkeit eine alltägliche Erscheinung war, zeugte nicht nur von Naivität, sondern auch von Ignoranz, Mangel an Einfühlungsvermögen und sogar von Komplizenschaft.

Michael Burleigh betont, dass das Konkordat ein entscheidender Fehler war: „Der Vatikan hatte beim Abschluss des Konkordats einen fatalen Fehler gemacht, indem keine Liste von Organisationen, die unantastbar waren, aufgestellt wurde, und auch dadurch, dass nicht definiert wurde, was eine politische Aktivität beinhaltet. Weil folglich alles als politisch anzusehen war, konnten die Nazis die Vielfalt in den Bildungseinrichtungen und der

Abb. 17: Kardinal Bertram mit einer Ehrenkompanie der Reichswehr vor dem Dom in Breslau, 1935.

Jugendbetreuung im Allgemeinen vernichten."[284] Pius XI. und Pacelli sowie fast alle deutschen Kirchenführer empfanden dies nicht als Problem und beschlossen, vertrauensvoll mit den „Nazis" zusammenzuarbeiten. Für sich spricht in diesem Zusammenhang die Aussage von Kardinal Faulhaber nach einem persönlichen Gespräch mit dem Führer am 4. November 1936. Als dieser sich über Priester beklagte, die offenbar zu kritisch zu ihm und dem Nazismus standen (Hitler nannte es einen Kampf der Kirche gegen den Nationalsozialismus), beruhigte Faulhaber ihn mit der folgenden Botschaft, die ein klares Bild von der damaligen Haltung der Kirchenleitung gegenüber dem neuen Regime liefert: „Herr Reichskanzler, ich bin erschüttert, dass Sie von einem 'Kampf' der Kirche gegen den Nationalsozialismus und vor einer 'unversöhnlichen' Haltung der Kirche sprechen. Die deutschen Bischöfe haben auf Ihre erste Reichstagsrede [23. März 1933] hin, in der Sie vom Konkordatsfrieden mit der Kirche sprachen, ihre früheren Bedenken zurückgenommen und in einer feierlichen Erklärung [28. März 1933] sich zur friedlichen Mitarbeit mit dem Neuen Reich bereit erklärt, und immer wieder haben die deutsche Bischöfe ihren Klerus ermahnt, in den Predigten alle politischen Seitensprünge zu unterlassen und auch in Privatgesprächen die Zunge zu beherrschen. (…) Sie sind als das Oberhaupt des Deutschen Reiches für uns gottgesetzte Autorität, rechtmäßige Obrigkeit, der wir im Gewissen Ehrfurt und Gehorsam schulden. (…) Ich glaube, dass der Autoritätsgedanke in keiner Religionsgesellschaft so stark betont wird wie in der katholischen Kirche.“[285] Faulhaber war offensichtlich tief beeindruckt von Hitler, da sein Text mit den folgenden Lobesworten endet: „Der Reichskanzler lebt ohne Zweifel im Glauben an Gott. Er anerkennt das Christentum als den Baumeister der abendländischen Kultur.“[286] Hitler war nach diesem hohen Geistlichen also ein Vorbild, dem es nachzueifern galt. Auch in anderen katholischen Kreisen wurde Hitler gelobt und als Verbündeter des Papstes angesehen, wie in der folgenden Rede auf einer Konferenz der katholischen Arbeitervereine in Bamberg im November 1936: „Wir Katholiken sind alle Deutsche (...) und deshalb stehen wir auch fest hinter unserem Führer, was auch geschieht. Unser Führer ist vom Heiligen Vater anerkannt. Und unser Führer hat auch das Konkordat anerkannt, und darum muss jeder Katholik hinter dem Führer stehen. Der Führer hat beiden religiösen Gemeinschaften auch versichert, dass ihr Glaube unterstützt wird, und das Wort des Führers ist uns heilig.“[287] So machte die Kirche den Weg frei für die Gläubigen, sich aktiv hinter das NS-Regime zu scharen. Alles in allem war das wohl das Schlimmste. Das Konkordat bedeutete die eigentliche Kapitulation vor Hitler.

Wie sehr das Konkordat jede kritische Bemerkung der Kirche verhinderte, wird aus ihrer Reaktion auf die Ermordung von Erich Klausener, Präsident der Katholischen Aktion in Berlin und einer der prominentesten Katholiken in Deutschland, deutlich. Klausener hielt auf dem Katholikentag in Hoppegarten bei Berlin am 24. Juni 1934 vor 60.000 Zuschauern eine bemerkenswerte Rede. Er endete mit heftiger Kritik an der Unterdrückung von Andersdenkenden durch die „Nazis“, wodurch er als Feind des Nationalsozialismus galt. Sechs Tage später wurde er im Auftrag von Hermann Göring und Reinhard Heydrich von Mitgliedern der Gestapo in seinem Büro im Ministerium für Verkehr während der Nacht der langen Messer, also im Rahmen der Ermordung von Ernst Röhm und seiner Clique, erschossen. Kein katholischer Bischof wagte es, den Mord öffentlich zu verurteilen. Hermann Hesse, in der Schweiz lebend, sah das Scheitern der deutschen Kirchen mit scharfem Blick: „Über die derzeitige Spaltung in der deutschen Christenheit weiß ich nicht sehr viel, die protestantische Neigung, sich anzupassen und zu kapitulieren vor dem Staat fand ich schon immer fatal und schlecht, und zunächst sah ich, nachdem Deutschland die

Katholiken zum Schweigen gebracht, und durch ein Konkordat Sand in die Augen gestreut hatte, in der evangelischen Kirchenbewegung nichts anderes als einen brutalen Rückfall in das Barbarische und Urdeutsche."[288] Mehr noch, am 13. Juli 1934 gab das Sekretariat der Diözese Berlin Anweisungen an seine Geistlichen, „im Zusammenhang mit den Ereignissen der letzten Wochen die notwendige Selbstbeherrschung weiterhin beizubehalten und nicht das Wohl der Kirche als Ganze aus dem Blick zu verlieren".[289] Der berühmte deutsche Katholik Waldemar Gurian, der in der Schweiz im Exil lebte, kam zu der Bewertung: „Das Schweigen der deutschen Bischöfe ist vielleicht furchtbarer als der Zwischenfall, der am 30. Juni 1934 stattfand. Weil die Stille die letzte moralische Autorität in Deutschland zerstört, sie bringt Unsicherheit in die Reihen der Gläubigen, sie droht zu einer Entfremdung zwischen den Bischöfen und dem Volk zu führen, das dieses Schweigen nicht mehr begreifen kann."[290] Der britische Geschichtswissenschaftler Ian Kershaw geht davon aus, dass Kardinal Faulhaber trotz der heftigen Angriffe der „Nazis" auf viele katholische Organisationen, auf die katholischen Jugendbewegungen und die Kirche selbst im Sommer 1933, und trotz der Festnahme von fast zweitausend Mitgliedern der Bayerischen Volkspartei im Juni des Jahres, alle seine Hoffnungen auf das Konkordat setzte.[291] Diese Hoffnung war vergeblich.

Kapitel 10
Die Nürnberger Rassengesetze

Wenig später geschah noch etwas Anderes, noch Grundsätzlicheres, etwas sehr Gefährliches, wozu die Kirchenleitung und der Papst sich gänzlich bedeckt hielten. Am 15. September 1935 wurden die Nürnberger Rassengesetze erlassen. Sie bezweckten, die Juden zu identifizieren, ihre Rechte einzuschränken und sie zu diskriminieren. All das waren notwendige Voraussetzungen für die anschließenden Verhaftungen, Deportationen und die Vernichtung. Mit Vorbereitungen zu diesen Gesetzen wurden bereits unmittelbar nach der Machtübernahme begonnen. „Als Anfang des Jahres 1933 die ersten Beamten die erste Definition der 'Nicht-Arier' in eine Verfügung schrieben, war das Schicksal des europäischen Judentums besiegelt", so der Historiker Raul Hilberg.[292] Die Definition, wer Jude war und wer nicht, bildete den entscheidenden Schlüssel für die Zweiteilung in der deutschen Gesellschaft. Die „Nazis" hatten genau begriffen, dass eine eindeutige gesetzliche Definition des Judentums notwendig war, um „arische" Zeugen der Verfolgungen zu beruhigen, dass das, was sie sahen, ihnen nicht passieren würde. Das Blutgesetz verbot alle sexuellen Beziehungen zwischen „rassisch" Deutschen und „rassisch Fremden". Um festzustellen, ob jemand deutsch ist oder nicht, war der Bezug auf die Großeltern ausschlaggebend. Jemand mit drei oder vier deutschen Großeltern war deutsch. Jemand mit zwei deutschen Großeltern galt als Halbblut und jemand mit nur einem oder keinem Deutschen unter seinen Großeltern war Nicht-Deutscher. Das Gesetz bestand aus sieben Teilen. Teil 1 verbot Eheschließungen zwischen Juden und Deutschen, selbst wenn diese im Ausland geschehen waren. Teil 2 verbot außereheliche Beziehungen zwischen Juden und Deutschen. Teil 3 verbot Juden, deutsche Frauen als Haushaltshilfen zu beschäftigen. Teil 4 verbot den Juden den Gebrauch der nationalen Flagge oder der nationalen Farben. Teil 5 gab einen Überblick über die strafrechtlichen Bestimmungen (Gefängnis oder Zwangsarbeit) bei Verstoß gegen eine der vorherigen Anordnungen. Teil 6 bestimmte, dass die Minister des Innern und der Justiz weitere erforderliche Verwaltungsvorschriften auszuarbeiten haben. Nach Teil 7 trat das Gesetz am 1. Januar 1936 in Kraft. Um das neue Gesetz für die breite Öffentlichkeit anschaulich zu machen, wurde ein

Schema entworfen, mit dem alle Einwohner feststellen konnten, zu welcher Kategorie sie zählten.

Ein gesondertes Problem lag in der großen Gruppe der sog. Mischlinge bzw. Halbblute, die Personen mit zwei jüdischen Großeltern, die außerdem nicht Mitglieder einer jüdischen Gemeinde sowie nicht mit einem jüdischen Partner verheiratet waren, und der Gruppe der Juden in Mischehen. Für sie waren Ausnahmen vorgesehen. So gab es nationalistisch gesinnte Halbjuden, die sich für die Wehrmacht registrieren ließen und auch angenommen wurden, wenngleich sie oft diskriminiert wurden.[293] Innerhalb der Naziführung herrschte Uneinigkeit über den Status der Halbjuden. Einige waren der Meinung, dass Halbjuden sich in wenigen Jahrzehnten leicht assimilieren würden, aber ein harter Kern betonte die „Gefahr" einer Kontamination des „reinen" deutschen Volkes durch fremdes Blut. Letztere plädierten dafür, Halbjuden und Vierteljuden, also Menschen mit einem jüdischen Großelternteil, als Juden zu betrachten und sie deshalb zu isolieren und später zu vernichten. Hitler wollte eine Verfolgung der Volljuden, ließ aber eine gewisse Auslegung dieses Begriffs zu, was viele Halb- und Vierteljuden in Schwierigkeiten brachte. Damit vermittelte der Führer in der Öffentlichkeit den Eindruck einer scheinbaren „Mäßigung", während er die konkrete Ausarbeitung der Bestimmungen den unteren Verwaltungsebenen überließ, die oft ziemlich extrem eingestellt waren. Die Folgen waren schwerwiegend. Es ging immerhin um 7.000 Mischlinge ersten und zweiten Grades.[294] Außerdem gab es auch noch viele Juden, die mit arischen Männern bzw. Frauen verheiratet waren, und die so den ersten Wellen von Gewalt und Deportation entkamen. Nach dem Wortlaut des Gesetzes unterlagen sie theoretisch keinen Beschränkungen im gesellschaftlichen Leben. In der Praxis jedoch verloren viele Juden mit arischen Partnern ihre Arbeit und Einkommensquelle.[295] Auf diese Weise wurden sie zu einer gefährdeten Gruppe, die es während der Kriegsjahre immer schwerer hatte, zu überleben. Ihren arischen Partnern wurde geraten, die Ehe zu annullieren, in solchen Fällen hatte dies für ihre ehemaligen Ehepartner die Deportation zur Folge. Auf jeden Fall war die Situation unsicher und so bekam der Begriff „Mischling" eine sehr negative Konnotation.

Wichtig ist, wie die Kirchen darauf reagierten. Für die evangelische Kirche, die voll mit dem Regime kollaborierte, war die Sache klar. Allen Predigern mit nicht-arischen Vorfahren, auch den Vierteljuden, wurde gekündigt.[296] Auch die katholische Kirche stand Menschen mit einem auch nur minimalen jüdischen Hintergrund feindlich gegenüber. Für sie war der Glaube zentral und das bedeutete in der Praxis, dass sie nur gegen die Dis-

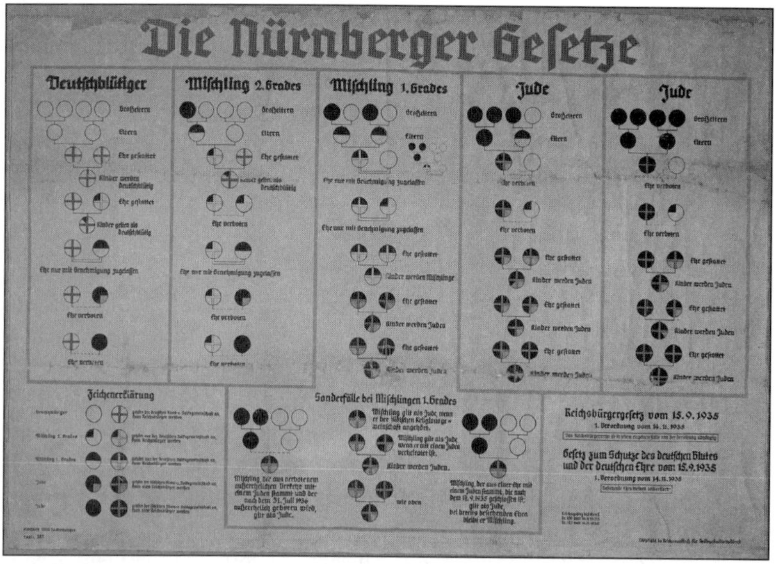

Abb. 18: Schematische Darstellung der Klassifizierung von Juden, Halbjuden und Vierteljuden.

kriminierung, Verfolgung und Deportation der Juden aus Mischehen und derer, die zum Christentum konvertiert waren, protestierte. Um das Schicksal der nicht bekehrten Voll-, Halb- oder Vierteljuden kümmerte sie sich in der Regel nicht.

Das neue Gesetz verursachte einen Schock. Viele Familienhäupter fertigten ihren Stammbaum an, um zu ergründen, ob sie jüdische Vorfahren besaßen. Die Orte, an denen man das mit Sicherheit feststellen konnte, waren die Kirchen. Die bewahrten schon länger als staatliche Behörden Geburts- und Heiratsurkunden auf, in denen die Abstammung einschließlich des Glaubens genau verzeichnet war. Sowohl die einfachen Bürger als auch die NS-Behörden nahmen in diese Aufzeichnungen Einblick. Zu den Praktiken, welche die Kirchen am stärksten belasteten, gehörte zweifellos ihre zielbewusste Teilnahme an der Identifizierung und Klassifizierung von Menschen auf der Grundlage ihres Glaubens oder ihrer „Rasse“. Das geschah als Zuarbeit für die deutsche Regierung. Bei jeder Zivilehe bekamen die Verheirateten im Rathaus ein „Deutsches Einheits-Familien-Stammbuch“ mit einem Familienregister überreicht, in welchem die Paare ihre deutsche Rassereinheit über eine Reihe von Generationen nachzuweisen hatten. So schreibt Irmgard Hunt über die 1936 geschlossene Ehe zwischen ihrem Onkel und ihrer Tante, dass diese ein derartiges Familienstammbuch bekamen, welches von ihrem Onkel gewissenhaft ausgefüllt wurde.[297] Um zu überprüfen, ob die angegebenen Daten korrekt waren, suchten die „Nazis“ die Hilfe der Kirchen. Die katholischen und evangelischen Kirchen öffneten ihre Geburts- und Hochzeitsregister für die „Nazis“. Der Historiker Guenter Lewy erklärt, warum das so wichtig war. „Da vor den Jahren 1847-1876 Geburten nur bei den Kirchen registriert waren, wurden sie um Hilfe gebeten, um festzustellen, wer arisch war und wer nicht, denn nach der Nazigesetzgebung war das von der Rasse (d. h. der Religion) der Eltern und Großeltern abhängig.“[298] Die Kirchen hielten das für selbstverständlich. Darüber hinaus verwendeten sie vorgedruckte Formulare, mit denen sie den Gläubigen in einem „Nachweis der arischen Abstammung“ deren arische Abstammung bestätigten. In seinem Buch *IBM en de Holocaust* zeigt Edwin Black, dass die Zusammenarbeit der Kirchen entscheidend war für das Identifikations- und Katalogisierungsprogramm, das die „Nazis“ mit der Lochkartentechnologie des amerikanischen Unternehmens und seiner deutschen Filiale Dehomag (Deutsche Hollerith-Maschinen Gesellschaft) durchführten.[299] Am 16. Juni 1933 fingen Volkszähler in Preußen an, massenhaft Informationen über jede Person, u. a. zu ihrer Religionszugehörigkeit, zu sammeln. Diese Daten wurden dann in Berlin auf Lochkarten verarbeitet. In Spalte 22 stand die Bezeichnung evangelisch, katholisch oder jüdisch. Diese Angaben wurden nachher durch weitere Quellen, wie die Tauf- und Heiratsregister der Kirchen, ergänzt. Black beschreibt, dass der Verlag für Registrationsangelegenheiten sogar einen Leitfaden mit dem Titel *Wie bringe ich kirchliche Register auf Lochkarten* veröffentlichte. Auf diese Weise konnte man so viel individuelle Daten wie möglich über jeden Bürger sammeln, um sie dann für Enteignungen und Deportationen zu verwenden.

„Die Mitarbeit der Kirchen in Deutschland und den besetzten Gebieten beim Sichten von reinem, weniger reinem und unreinem Blut, war loyal“, schreibt Hans Jansen.[300] Dies war entscheidend für die Durchführbarkeit der Rassenpolitik und später des Holocausts. Nach Burleigh steht „ein großes Fragezeichen über allen Geistlichen, die derartige Informationen aus ihren Gemeindearchiven lieferten“.[301] Die Information war notwendig, um „rassische Juden“ zu identifizieren, die als „nicht-arische“ Christen lebten. Jedenfalls ist nicht bekannt, dass sich Priester oder andere Geistliche dem widersetzten. Die einzige Beschwerde, die hin und wieder zu vernehmen war, besagte, dass dies eine zeitaufwendige Beschäftigung sei, für die man

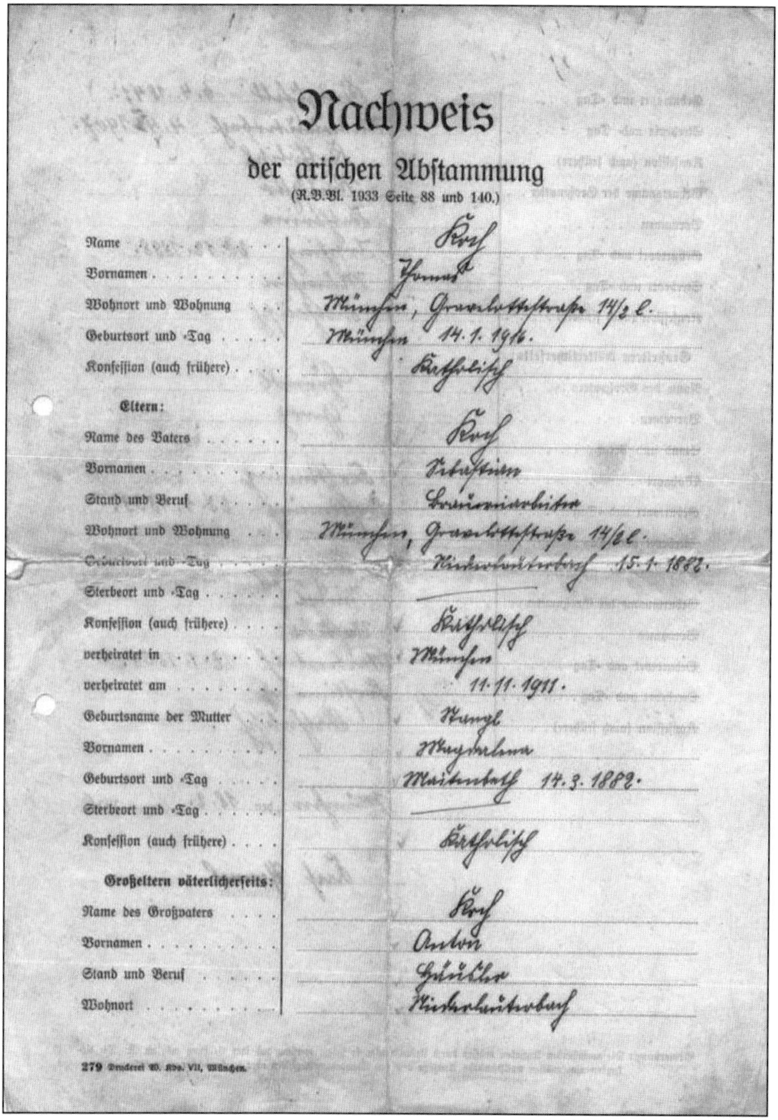

Nachweis

der arischen Abstammung

(R.B.Bl. 1933 Seite 88 und 140.)

Name: Koch
Vornamen: Hans
Wohnort und Wohnung: München, Charlottenstraße 14/2 l.
Geburtsort und -Tag: München 14.1.1916.
Konfession (auch frühere): katholisch

Eltern:

Name des Vaters: Koch
Vornamen: Sebastian
Stand und Beruf: Brauereiarbeiter
Wohnort und Wohnung: München, Charlottenstraße 14/2 l.
Geburtsort und -Tag: Niederlauterbach 15.1.1882.
Sterbeort und -Tag: —
Konfession (auch frühere): katholisch
verheiratet in: München
verheiratet am: 11.11.1911.
Geburtsname der Mutter: Wenzl
Vornamen: Magdalena
Geburtsort und -Tag: Maitenbach 14.3.1882.
Sterbeort und -Tag: —
Konfession (auch frühere): katholisch

Großeltern väterlicherseits:

Name des Großvaters: Koch
Vornamen: Anton
Stand und Beruf: Gütler
Wohnort: Niederlauterbach

279 Druckerei W. Kdo. VII, München.

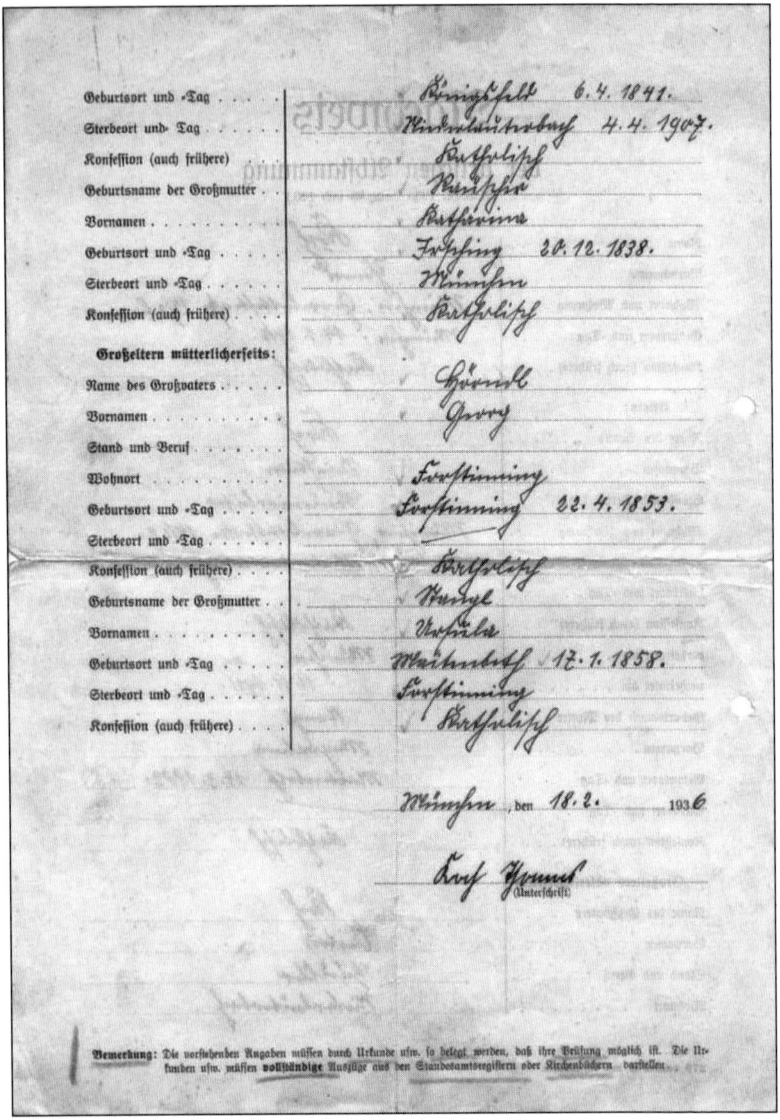

Geburtsort und -Tag	Königsfeld 6.4.1841.
Sterbeort und Tag	Niederlauterbach 4.4.1907.
Konfession (auch frühere)	Katholisch
Geburtsname der Großmutter	Reischl
Vornamen	Katharina
Geburtsort und -Tag	Freising 20.12.1838.
Sterbeort und -Tag	München
Konfession (auch frühere)	Katholisch
Großeltern mütterlicherseits:	
Name des Großvaters	Schöndl
Vornamen	Georg
Stand und Beruf	
Wohnort	Forstinning
Geburtsort und -Tag	Forstinning 22.4.1853.
Sterbeort und -Tag	
Konfession (auch frühere)	Katholisch
Geburtsname der Großmutter	Wenzl
Vornamen	Ursula
Geburtsort und -Tag	Weitenbach 17.1.1858.
Sterbeort und -Tag	Forstinning
Konfession (auch frühere)	Katholisch

München, den 18.2. 1936

[illegible] (Unterschrift)

Bemerkung: Die vorstehenden Angaben müssen durch Urkunde usw. so belegt werden, daß ihre Prüfung möglich ist. Die Urkunden usw. müssen **vollständige** Auszüge aus den Standesamtsregistern oder Kirchenbüchern darstellen.

bezahlt werden wollte. Im Januar 1936 äußerte sich das *Klerusblatt*, das offizielle Organ der bayerischen Priester, anerkennend über die gerade erlassenen Nürnberger Gesetze. Es schrieb, dass die Rassengesetze Maßnahmen seien, um das „deutsche Blut zu erhalten und zu verjüngen“ und „die Juden als Träger von zivilen und politischen Rechten zu eliminieren“.[302] In Rom befand Bischof Hudal, dass die Nürnberger Gesetze im Einklang mit dem alten Kampf der Kirche gegen die Juden stünden.[303] Generalvikar Miltenberger erließ am 14. Dezember 1937 eine Reihe von Richtlinien für den Klerus seines Bistums, die weitestgehend mit der Nazi-Rassenlehre übereinstimmten: „Wenn ein Priester die Begriffe Blut, Boden und Rasse mit Verachtung ablehnt, wird er sich nicht nur politische und gerichtliche Verfolgung zuziehen, sondern sich auch theologisch und kirchlich irren. Denn was diese Worte ausdrücken, gehört zu den besonders wertvollen Gütern, die Gott uns gegeben hat, und ist sogar das natürliche Fundament für übernatürliche Dinge. Dass wir Katholiken und Christen sind, danken wir sicher und vor allem Gottes Fügung, wodurch wir in die Welt, unsere Familie, unsere Umwelt, in unser Land und unsere Rasse gekommen sind. (...) Man muss dem Volk helfen, alle die Begriffe, die es mit so viel Begeisterung erklärt bekommt, in seine religiöse Weltanschauung einzuordnen.“[304] Der einzige Protest kam erneut von dem Publizisten Waldemar Gurian, der mit Schärfe darauf hinwies, dass die Hinnahme der Nürnberger Gesetze nur eine Etappe sei in der vollständigen physischen Vernichtung der Juden.[305] Auch Raul Hilberg beschreibt, wie die Kirchen, evangelische wie katholische, ihre sorgfältig aufbewahrten Geburts- und Heiratsregister öffneten und Vordrucke mit der Überschrift „Nachweis der arischen Abstammung“ für ihre Gläubigen benutzten.[306] Auf diese Weise lieferten die Kirchen den „Nazis“ unmittelbar sehr wichtige Informationen, um die Juden identifizieren, sammeln, deportieren und schließlich vernichten zu können.

Die Tatsache, dass die Kirchen ihre Geburts- und Heiratsregister öffneten, war jedoch nicht das Wichtigste. Noch bedeutungsvoller war das völlige Fehlen von Kritik an den Nürnberger Rassengesetzen selbst. Schon vom ersten Moment an, als das NS-Regime offen über einen gesonderten Status für die Juden zu sprechen begann, hätten die Kirchen gegen diese Verletzung des Prinzips, dass alle Geschöpfe Gottes gleich sind, protestieren müssen. Das taten die Kirchen jedoch nicht. Ihre einzige Beschwerde war, dass auch die zum Christentum bekehrten Juden betroffen waren. Während des ganzen Prozesses der Endlösung der Judenfrage im von den „Nazis“ besetzten Europa stand das im Vordergrund des Interesses der Kirchen, nicht das Schicksal der Juden an sich.

Kapitel 11
Mit brennender Sorge

Erst vier Jahre nach der Machtübernahme entschied der Vatikan, auf „Verstöße“ gegen das Konkordat zu reagieren. Am Palmsonntag, dem 21. März 1937, ließ Papst Pius XI. von fast allen katholischen Kanzeln die Enzyklika *Mit brennender Sorge* verlesen. Pacelli hatte dazu drei deutschsprachige Kardinäle (Bertram, Faulhaber und Schulte) und zwei deutsche Bischöfe (von Galen und von Preysing) nach Rom kommen lassen. Faulhaber schrieb einen ersten Entwurf, den er Pacelli überreichte. Der redigierte ihn zu dem später überall bekannten und oft diskutierten Text. Diese Enzyklika bezeichnen die Fürsprecher der Päpste Pius XI. und Pacelli als die wichtigste Stellungnahme des Vatikans gegen die „Nazis“, die Nazipolitik und sogar gegen die Diskriminierung und Verfolgung der Juden. Dass die Enzyklika einen besonderen Charakter hatte, ist unumstritten. Das zeigte sich bereits in der Tatsache, dass sie in Deutsch abgefasst war, denn normalerweise erscheinen Enzykliken in lateinischer Sprache. Der Papst beabsichtigte also durchaus, dass die Stimme des Vatikans in Nazi-Deutschland gehört wird. Im Text sind in der Tat auch ablehnende Bemerkungen zur Rassenlehre zu finden, wenn auch etwas verschlüsselt.[307] In § 14 heißt es: „Dieser Gott hat in souveräner Fassung Seine Gebote gegeben. Sie gelten unabhängig von Zeit und Raum, von Land und Rasse. So wie Gottes Sonne über allem leuchtet, was Menschenantlitz trägt, so kennt auch Sein Gesetz keine Vorrechte und Ausnahmen.“ § 15 besagt: „Nur oberflächliche Geister können der Irrlehre verfallen, von einem nationalen Gott, von einer nationalen Religion zu sprechen, können den Wahnversuch unternehmen, Gott, den Schöpfer aller Welt, den König und Gesetzgeber aller Völker, vor dessen Größe die Nationen klein sind wie Tropfen am Wassereimer, in die Grenze eines einzelnen Volkes, in die blutmäßige Enge einer einzelnen Rasse einkerkern zu wollen.“ Das Bild des Wassertropfens im Wassereimer ist Jesaja 40,15 entnommen. In Absatz 20 bezieht sich der Papst wieder auf den Mythos der Rasse: „Der im Evangelium Jesu Christi erreichte Höhepunkt der Offenbarung ist endgültig, ist verpflichtend für immer. Diese Offenbarung kennt keine Nachträge durch Menschenhand, kennt erst recht keinen Ersatz und keine Ablösung durch die willkürlichen ‘Offenbarungen’, die gewisse Wortführer der Gegenwart aus dem sogenannten Mythus von Blut und Rasse herleiten wollen." Und Absatz 27 bekräftigt das erneut: „Offenbarung im christlichen Sinn ist das Wort Gottes an die Menschen. Dieses gleiche Wort zu gebrauchen für die 'Einflüsterungen' von Blut und Rasse, für die Ausstrahlungen der Geschichte eines Volkes ist in jedem Fall verwirrend. Solch falsche Münze verdient nicht, in den Sprachschatz eines gläubigen Christen überzugehen." Nach einigen Historikern stellt diese Enzyklika die strengste Missbilligung eines nationalen Regimes dar, die der Heilige Stuhl jemals publiziert hat.[308]

Aber enthalten diese Passagen nun tatsächlich eine unzweifelhafte Ablehnung des Nationalsozialismus und der Judenverfolgung durch den Papst und beeinflussten sie die Gläubigen? In seinem Buch *Het Vaticaan en Hitler. De geheime archieven* fegt der neuseeländische Professor und Historiker Peter Godman diese Ansicht beiseite. „Diese Enzyklika, die noch immer als der kühnste Angriff der päpstlichen Autorität auf Hitler und seine Anhänger bejubelt wird, markiert in Wirklichkeit einen Rückzug", sagt Godman.[309] Der Text war wegen zahlreicher schwieriger theologischer Wendungen so kompliziert, dass er für viele normale Leute völlig unverständlich war. Auf jeden Fall enthielt diese Enzyklika keine Verurteilung des damaligen Rassismus, der Verletzung der Menschenrechte und der damit verbundenen Fragen.[310] Die Verherrlichung von Rasse und Nation wurde nur aus religiösen Gründen abgelehnt, über die Juden, sogar über die zum Christentum konvertierten und getauften Juden, wurde nichts gesagt und die allgemein bekannten Verbrechen des Naziregimes wurden unterschlagen. Nirgendwo im Dokument wurden die „Nazis" erwähnt und der allgemeine Ton war kaum als eine Verurteilung des Nationalsozialismus zu interpretieren. Auffallend ist auch, dass im Text nicht auf Ereignisse in Deutschland Bezug genommen wird, während in der Enzyklika *Divini Redemptoris* („Bezüglich des Göttlichen Erlösers"), die einige Tage später erschien und gegen den „gottlosen Kommunismus" gerichtet war, ausdrücklich auf Länder wie Russland, Mexiko und Spanien verwiesen wird, wo „unmenschliche Verbrechen" stattfanden.[311] Guenter Lewy sieht in der Enzyklika sogar einen Hauch von Versöhnung und Zusammenarbeit mit dem Regime.[312] So spricht der Papst in einem der letzten Sätze seiner Enzyklika davon, dass „Wir keinen innigeren Wunsch hegen als die Wiederherstellung eines echten Friedens zwischen Kirche und Staat in Deutschland". Als sich dann, nach dem Verlesen dieser Enzyklika, der Terror gegen katholische Institutionen und Priester fortsetzte, schwiegen Pius XI. und Pacelli erneut. Ein Grund dafür war, dass sich die deutschen Bischöfe eigentlich als Patrioten verstanden, die im Wesentlichen mit dem Ziel der „Nazis“, den Einfluss der Juden auszuschalten, einverstanden waren. „Es ist eine Tatsache, dass der Papst [Pius XI.] beschloss, nicht gegen den Rassismus, die Verletzung der Menschenrechte und die damit zusammenhängenden Fragen vorzugehen“, sagte Peter Godman. Er nennt Pius XI. einen Opportunisten, der nur die Interessen der katholischen Kirche im Auge hatte. „Die berühmte Enzyklika ist bei Weitem keine vollständige Ablehnung des Nationalsozialismus, sondern ein gestutzter Kompromiss.“[313]

Der Moralphilosoph Etienne Vermeersch hat den Inhalt der Enzyklika überprüft und kommt zu einigen bemerkenswerten Feststellungen.[314] Zunächst verweist er auf den ersten Satz des Textes: „Mit brennender Sorge und steigendem Befremden beobachten Wir seit einiger Zeit den Leidensweg der Kirche (...).“ Das macht deutlich, dass es hier um einen Text über die Lage der katholischen Kirche in Deutschland geht. Es geht u. a. um den Platz der Kirche im Bildungswesen, die Jugendorganisationen und die Religion selbst. Im Text ist nicht die Rede von irgendeiner „brennenden Besorgnis“ über die zahllosen Menschen, die damals in den Konzentrationslagern eingesperrt waren, über die Judengesetze, die seit 1933, aber vor allem nach Nürnberg im Jahr 1935 in Kraft waren und die Menschen wegen ihrer Abstammung stark diskriminierten und deren Rechte als Bürger in wesentlichen Punkten in Rauch aufgehen ließen. Nicht die Probleme der Kirche, sondern die Judengesetze waren damals der schlimmste Beweis für die Unmoral des Regimes, und wer gegen dieses Regime kämpfte, hätte an erster Stelle dies verurteilen müssen, so Vermeersch. Die Worte „Jude“ oder „Judentum“ fehlen im Text. Schlimmer noch, in der Enzyklika wird zweimal indirekt auf die Juden hingewiesen, jedoch mit einem völlig negativen Beigeschmack. Im dritten Kapitel, Absatz 19, steht der folgende Satz: „Wer die biblische Geschichte und die weise Lehre des Alten Bundes aus Kirche und Schule verbannen will, verschmäht Gottes Wort, verschmäht den Heilsplan des Allmächtigen, macht den begrenzten menschlichen Verstand zum Richter über Gottes Pläne für die Weltordnung. Er leugnet den Glauben an den wahrhaftigen, fleischgewordenen Christus, der die menschliche Natur annahm aus dem Volke, das ihn ans Kreuz schlagen würde.“ Der nächste Satz lautet: „Er begreift das Weltdrama des Sohnes Gottes nicht, der gegenüber dem schändlichen Akt von denen, die Ihn kreuzigten, die hohepriesterliche göttliche Tat des erlösenden Todes stellte, wodurch der Neue Bund den Alten Bund zu seiner Erfüllung und Vollendung brachte und ihn übertraf.“ Erneut wird in der Enzyklika indirekt auf die Juden als „Gottesmörder“ verwiesen, ein Vorwurf, der das Fundament des geschichtlichen Antisemitismus der Kirche bildet und den die „Nazis" fortwährend verwendeten, um die antijüdischen Gefühle in der Bevölkerung zu schüren. Wie war es möglich, dass der Papst und Pacelli, die den Text entwarfen und die sehr gut im Bilde waren über die Diskriminierung und Verfolgung der Juden durch die „Nazis", gerade diese Begründung wählten?

Es ist nach Vermeersch auch falsch, dass die Enzyklika nicht die Konzentrationslager erwähnen würde. Im zehnten Kapitel, Absatz 44, in dem der Papst sich an die Priester und Mönche richtet, schreibt er wörtlich: „Sie alle, die den bei Ihrer Weihe abgelegten Eid der Treue zu Ihren Bischöfen einlösten, alle, die wegen der Ausübung Ihrer pastoralen Pflicht Leid und Verfolgung zu ertragen hatten und noch ertragen müssen, begleitet – für viele bis in das Gefängnis und das Konzentrationslager – die Dankbarkeit und Wertschätzung vom Vater der Christenheit." Aber wie weit die Enzyklika von einem wirklichen Angriff auf den Nationalsozialismus entfernt war, zeigt der Papst, wenn er, wie oben bereits zitiert, in Kapitel elf, Absatz 52, erklärte, dass „Wir keinen innigeren Wunsch hegen als die Wiederherstellung eines echten Friedens zwischen Kirche und Staat in Deutschland". Im nächsten Satz folgt die einzige, etwas verhüllte Drohung des Papstes: „Wenn aber – ohne Unsere Schuld – der Friede nicht sein soll, dann wird die Kirche Gottes ihre Rechte und Freiheiten im Namen des Allmächtigen verteidigen, Dessen Arm auch jetzt nicht gekürzt ist." Dieser Satz bekräftigt, dass die Enzyklika nur dazu bestimmt war, die Interessen der Kirche zu sichern und daher nichts zu tun hat mit einer Ablehnung des Nationalsozialismus, geschweige denn einer Verurteilung seiner unmoralischen politischen Diskriminierung und Verfolgung der Juden.

Dass der Papst und die Kirchenführer es den „Nazis" nicht schwer machten, sondern im Gegenteil mit dem Regime kollaborierten, war schon im Jahr 1936 deutlich, als Hitler in die entmilitarisierte Zone des Rheinlands einmarschierte und in allen Kirchen die Glocken läuteten und das Te Deum gesungen wurden. Ein Jahr nach der Enzyklika, während des Anschlusses von Österreich an das Dritte Reich am 11. März 1938, wiederholte sich das. Mehr noch, am 15. März 1938 machte Kardinal Theodor Innitzer als einer der Ersten einen Besuch bei Hitler (im Hotel Imperial in Wien), um seine Dankbarkeit „für die Erfüllung eines alten Wunsches des österreichischen Volkes" zum Ausdruck zu bringen. Bereits am Tag zuvor ließ der Kardinal und Erzbischof die Kirchenglocken in Wien zu Ehren Hitlers läuten. Danach ließ er auch im ganzen Land die Glocken läuten und Hakenkreuzfahnen aus den Kirchen hängen. Dass die Kirche keinen Widerstand gegen die rassistische Politik der „Nazis" leistete, wurde auch am 16. März 1938 deutlich, als man die Juden ihres Wahlrechts beraubte. Die Kirchenführer schwiegen. Am 18. März 1938 gaben die österreichischen Bischöfe folgende Erklärung ab: „Aus innerster Überzeugung und mit freiem Willen erklären wir unterzeichnete Bischöfe der österreichischen Kirchenprovinz anlässlich der großen geschichtlichen Geschehnisse in Deutschland-Österreich: Wir erkennen freudig an, dass die nationalsozialistische Bewegung auf dem Gebiet des völkischen und wirtschaftlichen Aufbaues sowie der Sozialpolitik für das Deutsche Reich und Volk und namentlich für die ärmsten Schichten des Volkes Hervorragendes geleistet hat und leistet. Wir sind auch der Überzeugung, dass durch das Wirken der nationalsozialistischen Bewegung die Gefahr des alles zerstörenden gottlosen Bolschewismus abgewehrt wurde. Die Bischöfe begleiten dieses Wirken für die Zukunft mit ihren besten Segenswünschen und werden auch die Gläubigen in diesem Sinne ermahnen. Am Tage der Volksabstimmung ist es für uns Bischöfe selbstverständliche nationale Pflicht, uns als Deutsche zum Deutschen Reich zu bekennen, und wir erwarten auch von allen gläubigen Christen, dass sie wissen, was sie ihrem Volke schuldig sind.“[315] Innitzer übergab am selben Tag die Erklärung an Gauleiter Fritz Bürckel und fügte Folgendes hinzu: „Beigeschlossene Erklärung der Bischöfe übersende ich hiermit. Sie ersehen daraus, dass wir Bischöfe freiwillig und ohne Zwang unsere nationale Pflicht erfüllt haben. Ich weiß, dass dieser Erklärung eine gute Zusammenarbeit folgen wird.“ Und der Kardinal signiert: „Mit dem Ausdruck ausgezeichneter Hochachtung und Heil Hitler!“ Kirchliche Zeitungen und Zeitschriften interpretierten die Erklärung als die Bejahung des Nationalsozialismus durch die Bischöfe.[316] Kardinal Innitzer und alle anderen österreichischen Bischöfe, mit Ausnahme des Bischofs von Linz, des bereits erwähnten Johannes Gföllner, riefen die Gläubigen auf, beim Referendum vom 10. April 1938 für den Anschluss zu stimmen und so für die Reichsregierung, gegen die sie sich angeblich „mit brennender Sorge“ gerichtet hatten. Inzwischen waren bereits fast 20.000 mutmaßliche Gegner des Regimes verhaftet.[317] Auch die aufeinanderfolgenden Kriege Hitlers gegen die Nachbarländer, oft katholische Länder, wurden durch die meisten hohen Kirchenführer im Dritten Reich nicht nur geduldet, sondern akzeptiert und sogar aktiv unterstützt.

Damit berührt Vermeersch den Kern des Problems mit Pacelli, dem späteren Papst Pius XII., vor und während der Kriegsjahre.[318] Gewöhnliche deutsche und österreichische katholische Gläubige bekamen durch die Enzyklika wohl (ein einziges Mal) gesagt, dass hinsichtlich des Bildungswesens und des Vereinslebens Spannungen zwischen dem Regime und der Kir-

Abb. 20: Kardinal Innitzer, lächelnd, bei der Abstimmung zum „Anschluss". Er hatte dazu aufgerufen, mit „Ja" zu stimmen.

che existieren. Aber diesen Gläubigen gab man auch ständig zu verstehen, dass dieselbe Kirche das Wesen des NS-Regimes mit all seinen Verbrechen nicht kritisierte, oft sogar förderte. Weder der Abbau von Bürgerrechten noch die willkürliche Inhaftierung von Menschen in Konzentrationslagern, noch die Diskriminierung und Verfolgung von Juden, Sinti und Roma und anderen Gruppen, noch Kriege gegen Länder, die dazu keinen Grund gegeben hatten, noch extrem nationalistische Theorien wurden von den meisten hohen Kirchenführern offen und eindeutig abgelehnt. Vielmehr riefen diese regelmäßig auf zur Treue gegenüber Staat, Volk und Führer. So schrieb Erzbischof Conrad Gröber von Freiburg in seinem *Handbuch der religiösen Gegenwartsfragen*, dass die Katholiken sich hinter das Regime scharen sollen. „Der Führer des Dritten Reiches hat den deutschen Menschen befreit von seiner äußeren Demütigung und seiner inneren Schwäche, die durch den Marxismus verursacht wurde und ihn zu den germanischen Werten Ehre, Treue und Mut seiner Ahnen zurückgebracht."[319] Dieses Buch erschien übrigens 1937, als die Enzyklika *Mit brennender Sorge* verlesen wurde. Dem Papst war sehr wohl bewusst, dass die katholischen Bürger im Reich von seinen Kardinälen und Bischöfen ermutigt wurden, mit dem verbrecherischen Regime zusammenzuarbeiten. Er vermittelte seinen Gläubigen die Illusion, für eine gute Sache zu kämpfen, indem sie den Diktator unterstützten, der viele Menschen ermorden ließ, unter ihnen Erich Klausener, den Leiter der Katholischen Aktion, und viele Priester verhaftete, die sich mit diesem mörderischen Regime nicht abfinden wollten.

Einige Historiker versuchen immer noch, diese Enzyklika und die anschließenden Proteste von Pius XII. und den meisten Kirchenführern als starken Widerstand der Kirche gegen die „Nazis" darzustellen. Andere reden eher von „zurückhaltendem" Widerstand, so wie Ernst Wolf in seinem Aufsatz „ Political and Moral Motives behind the Resistance".[320] Aber „sogar die Behauptung, dass der Klerus 'zurückhaltenden' Widerstand praktizierte, ist wahrscheinlich ein zu starkes Wort", sagte Michael Burleigh, weil die zurückhaltenden Proteste bei Fragen, die direkt mit der Kirche und dem Kern der christlichen Lehre verbunden waren, vom Schweigen über die schrecklichen Verbrechen gegen ihre Mitmenschen und von aufrichtigen Treuebekundungen begleitet wurden.[321] Dass die Kirche selbst weiß, dass die berüchtigte Enzyklika nicht die erwartete Antwort des Papstes auf die Verbrechen der „Nazis" war, wurde im März 2007 aus Reaktionen anlässlich des siebzigsten Jahrestags des Dokuments erkennbar. „*Mit brennender Sorge* habe es unterlassen, die Konzentrationslager zu verurteilen und auch den verfolgten Juden oder dem Schicksal von politischen Gegnern der Nazis keine Beachtung geschenkt, wenn auch Einiges dazu zunächst in dem Entwurf des Dokuments erörtert wurde", so eine kritische Beurteilung auf *Kerknet*, der Webseite der Kirche in Flandern.[322] Ziel der Enzyklika war es, die Position der Kirche und die Interessen der Katholiken zu schützen. Nicht einmal Letzteres war erfolgreich. Der Historiker Arthur Morse, Verfasser des aufsehenerregenden Buchs *Terwijl de zes miljoen stierven*, fasste wie folgt zusammen: „Dass einige Katholiken Opfer der Nazis wurden, hat kaum die Haltung der Kirche gegenüber dem Regime verändert."[323]

Dass Pacelli sich nicht gegen den Antisemitismus aussprach, ergibt sich auch aus seinen Ausführungen auf einem eucharistischen Kongress in Ungarn am 25. Mai 1938. In diesem Land wurde damals heftig über verschiedene antijüdische Gesetze diskutiert. Einige Wochen vorher hatte Deutschland Österreich annektiert und der Welt waren die furchtbaren antisemitischen Aktionen der österreichischen Katholiken gegen die Juden zur Kenntnis gekommen. Diese Ereignisse wurden auf dem Kongress mit keinem Wort erwähnt. Im Gegenteil, Pacelli hielt eine Rede, die indirekt die antisemitische Politik Ungarns und des Dritten Reiches rechtfertigte. „Jedes Volk strebt in der praktischen Anwendung seiner eigenen Fähigkeiten nach einem Weg im Rahmen der Schöpfung und der Erlösung. Jedes

Abb. 21: Pacelli wird von Karoly Szendy, der Bürgermeister von Budapest, empfangen. Hinter ihm steht Admiral Miklos Horthy.

Volk propagiert die eigenen definierten Gesetze, die entstehen aus Kräften, Merkmalen und der allgemeinen Lage des Heimatlandes."[324] Dass auch Pacelli die Juden als die Feinde Gottes begriff, belegt die folgende Passage seiner Rede: „Wir singen über den Glauben und die Liebe, im Gegensatz zu den Feinden Jesu, die in Seinem Angesicht riefen: 'Ans Kreuz mit ihm!' Aber wir tun das nicht, weil wir erbittert sind, uns überlegen fühlen oder arrogant sind gegenüber denen, die Ihn auch heute noch verfluchen und ablehnen."[325]

Kapitel 12
Die verlorene Enzyklika

Pius XI., der Vorgänger von Pius XII., wird oft als ein Papst dargestellt, der mehr Verständnis für die Juden hatte als sein Nachfolger. Das stimmt nicht ganz. 1918 schickte der damalige Papst Benedikt XV. seinen Mitarbeiter Achille Ratti (den späteren Papst Pius XI.), nach Polen, um sich über die religiösen Bedürfnisse der Menschen zu orientieren. Die meisten Polen waren katholisch, aber es lebte dort auch eine große jüdische Gemeinde, fast zehn Prozent der Bevölkerung, oft Flüchtlinge vor Pogromen in Russland und anderen osteuropäischen Ländern. Ratti machte diese Umfrage in einer Zeit, in der auch Polen zahlreiche Gräueltaten gegen Juden verübten. So gab es Brandstiftungen und Morde in Kielce, Lwów und anderen Orten in Galizien. Die internationale Presse stellte die Verbrechen an den Pranger und Ratti wurde vom Vatikan angewiesen, den wahren Sachverhalt zu untersuchen. Aber auch er ließ sich von antijüdischen Vorurteilen leiten. So wies er in seinem Bericht darauf hin, dass die Juden zu viel Macht hätten und dass die Pogrome von den Juden selbst provoziert würden. Später, als Papst Pius XI., unterstützte er den Prälaten Ernest Jouin, der allgemein den Rufe eines Antisemiten hatte und der einer der wichtigsten Förderer der falschen *Protokolle der Weisen von Zion* im Westen war. Pius XI. erhob den Prälaten für diese „ausgezeichnete Arbeit“ in den Rang eines apostolischen Protonotarius (Notar der päpstlichen Kanzlei). Zugleich wandte Pius XI. sich gegen die Organisation *Die Freunde Israels*, die Juden zum Katholizismus zu bekehren versuchte und gegen die Stigmatisierung der Juden als Gottesmörder auftrat. Dreitausend Priester, 278 Bischöfe und Kardinäle gehörten ihr an. 1928 wurde die Organisation auf Ersuchen des Papstes schließlich abgewickelt.[326] Damit machte Pius XI. den Weg frei für den katholischen Antisemitismus, der sich in den zwanziger und dreißiger Jahren des zwanzigsten Jahrhunderts in verschiedenen Zeitschriften in Italien, Polen, Deutschland und Österreich stark manifestierte. Auch *La Civiltà Cattolica*, das einflussreiche Magazin der Jesuiten, das allgemein als Sprachrohr des Vatikans betrachtet wurde, wies unter Pius XI. weiterhin mit dem Finger auf die Juden als Verursacher fast aller sozialen und geistigen Probleme. Es betonte ständig die absurde Behauptung, dass die Juden nach der Weltherrschaft streben würden.

Am Ende seines Lebens muss Pius XI. sich der immensen Gefahr des fanatischen Judenhasses der „Nazis" doch bewusst geworden sein. Am 22. Juni 1938 bat er den amerikanischen Jesuiten John La Farge, einen Text für eine Enzyklika über die Probleme des Nationalismus und des Rassismus zu entwerfen, in welcher der Antisemitismus verurteilt werden sollte. Unter dem Titel *Humani generis unitas* (Die Einheit der menschlichen Spezies) verurteilte der Entwurf dieser Enzyklika in der Tat den Rassismus im Allgemeinen. Dennoch enthielt der Text erneut klassische antijüdische Vorurteile, so die Ansicht, dass die Juden an ihren Problemen „selbst schuld sind", und dass sie nur am „materiellen Gewinn" interessiert wären. Es ist ungewiss, ob der Auftraggeber Pius XI. den Text noch selbst gelesen hat. Der Entwurf der Enzyklika war bereits im September 1938 fertig, blieb aber auf dem Schreibtisch von Pacelli liegen. Der damalige Papst soll ihn erst vier Monate später, Ende Januar 1939 erhalten haben, als er bereits bettlägerig war (er hatte ein schwaches Herz und litt an Diabetes). Er starb am 10. Februar 1939.

Pacelli, der im März desselben Jahres Papst wurde, kannte den Text gut und beschloss zielbewusst, die Enzyklika nicht zu veröffentlichen, worauf sie in den Archiven des Vatikans verschwand. Die Existenz dieses bemerkenswerten Entwurfs fand erst Erwähnung im Jahre 1972 durch Jim Castelli, einen investigativen Reporter, der vor allem über religiöse Themen recherchierte. Später schrieben der belgische Mönch Georges Passelecq und der Historiker Bernard Suchecky das Buch *L'Encyclique cachée de Pie XI*, in welchem sie den kompletten Text nachdruckten und mit einem Kommentar versahen.[327] Lange Zeit diskutierte man über die Echtheit des Textes, aber inzwischen gibt es daran keine Zweifel mehr. Pius XI. plante in der Tat, sich an die Öffentlichkeit zu wenden, vor allem in Deutschland, Österreich, Italien und anderen europäischen Ländern, wo der Rassismus, besonders gegen die Juden, rapide zunahm.

In seinem Buch *Erinnerungen* von 1950 schrieb der Sekretär des deutschen Ministeriums für Auswärtige Angelegenheiten, Ernst von Weizsäcker: „Wenn Pius XI., ein temperamentvoller Mann, ein wenig länger gelebt hätte, wäre es sehr wahrscheinlich zu einem Bruch zwischen Reich und Kurie gekommen."[328] Das ist eine bedeutungsvolle Aussage, die darauf hinweist, dass die Veröffentlichung der Enzyklika den Lauf der Geschichte hätte ändern können, weil dadurch das politisch und militärisch mächtige Nazi-Deutschland in Konfrontation zu der moralisch mächtigen katholischen Kirche geraten wäre, mit der Annahme oder der Ablehnung der antisemitischen Gesetze als Kern des Streits. Das hätte auch Auswirkungen auf die Beziehungen zwischen dem Vatikan, den italienischen Kirchenführern und Mussolinis faschistischem Regime gehabt, welches sich in eben jenen Monaten mit der Erarbeitung und Verkündung der Judengesetze befasste. „Wenn die Enzyklika erschienen wäre, hätte sie sicher dafür gesorgt, dass viele Katholiken sich nicht an dem System [der „Nazis“] beteiligen können“, sagt der niederländische Kirchenhistoriker Peter Nissen.[329] Zu jener Zeit war das Gewicht einer Enzyklika für Katholiken noch besonders groß. Eine Enzyklika war die schwerwiegendste Form der Ausübung des päpstlichen ordentlichen Lehramtes. Eine derartige doktrinäre Verurteilung der Rassenlehre hätte bedeutet, dass Hitler und seine Mitstreiter nicht mehr auf die Unterstützung des katholischen Teils der Bevölkerung hätten zählen können. Der irische Autor Conor Cruise O'Brien argumentiert, dass das Schicksal vieler Juden anders ausgefallen wäre, wenn *Humani generis unitas* veröffentlicht worden wäre.[330] Dies ist ein entscheidender Punkt, der die bereits ernstlich beschädigte Reputation des Kriegspapstes weiter schwächt.

Die Fürsprecher von Pius XII. sind damit nicht einverstanden. So weist der Theologe und Historiker Hans Jansen darauf hin, dass Pius XI. und sein damaliger Staatssekretär Pacelli wenig ausrichten konnten gegen die offen antisemitische Haltung sowohl von gewöhnlichen Katholiken als auch von vielen Kardinälen und Bischöfen.[331] Er meint damit u. a. die Erzbischöfe Adeodato Giovanni Piazza aus Venedig, Rocca Nasali aus Bologna, Luigi Lavitrano aus Palermo, Giuseppe Nogara aus Udine und den Rektor der katholischen Universität von Mailand, Agostino Gemelli, die sich nur allzu gern lobend über das antisemitische Buch *Ebrei, Cristianesimo, Fascismo* des italienischen Parlamentsmitglieds Alfredo Romanini äußerten, in dem der Faschismus als ein „notwendiges Bollwerk gegen die jüdische Vorherrschaft verteidigt wurde“. Piazza, der Erzbischof von Venedig, zum Beispiel betrachtete die Juden als die Mörder Gottes, die ewig verdammt seien. Gemelli hielt am 9. Januar 1939 in Bologna in Anwesenheit zahlreicher kirchlicher und weltlicher Autoritäten eine Rede, in der er den Faschismus und Nationalsozialismus „als ein notwendiges Bollwerk gegen die jüdische Weltherrschaft“ verteidigte.[332] Der gesamte deutsche Episkopat ließ am 3. Januar 1937 von allen Kanzeln einen Hirtenbrief verlesen, in dem er seine Unterstützung für den Führer und Reichskanzler Adolf Hitler in dessen Kampf gegen die bolschewistische Gefahr zum Ausdruck brachte: „Geliebte Diözesanen! Der Führer und Reichskanzler Adolf Hitler hat den Anmarsch des Bolschewismus von Weitem gesichtet und sein Sinnen und Sorgen darauf gerichtet, diese ungeheure Gefahr von unserm deutsches Volk und dem gesamten Abendland abzuwehren. Die deutschen Bischöfe halten es für ihre Pflicht, das Oberhaupt des Deutschen Reiches in diesem Abwehrkampf mit allen Mitteln zu unterstützen, die ihnen aus dem Heiligtum zur Verfügung stehen."[333] Diesen Brief schickte Faulhaber am 30. Dezember 1936 im Voraus an Hitler mit der folgenden Mitteilung: „Hochzuverehrender Herr Führer und Reichskanzler! Ich beehre mich, den Hirtenbrief der deutschen Bischöfe vorzulegen, den ich unter dem Eindruck unserer Aussprache am 4. November angeregt habe und der nächsten Sonntag, am 3. Januar, in allen katholischen Kirchen des Reiches als einstimmige Warnung aller 23 deutschen Bischöfe und 3 Administratoren dem Volke vorgelesen wird."[334] Letztendlich kommt Jansen zu der befremdlichen Schlussfolgerung, dass Pacelli, als er Papst wurde, dachte, es sei besser, die Enzyklika *Humani generis unitas* nicht zu veröffentlichen, weil „die Veröffentlichung der Enzyklika das glimmende Feuer des Judenhasses in der römisch-katholischen Kirche nicht löschen, sondern zu einem nicht mehr zu löschenden Brand anfachen würde, in dem alle Juden Europas untergehen würden", und „der neue Protest sich unweigerlich gegen die römisch-katholische Kirche selbst kehren würde".[335]

Bemerkenswert ist auch, dass, unmittelbar nach seiner Wahl zum Papst, Hitler an Pacelli einen Brief mit einer unzweideutigen Beifallsbezeugung sandte. Am 5. März 1939, drei Tage nach seiner Inauguration, bestellte der Papst Diego von Bergen, den Botschafter des Dritten Reiches, zu sich. Von Bergen war der Erste, den der neue Papst offiziell empfing und der machte kein Hehl aus seiner Sympathie für den Führer. Am 6. März 1939 schickte Pius XII. den folgenden Brief an Hitler: „An den hochgeehrten Herrn Adolf Hitler, Führer und Reichskanzler von Deutschland. Sehr hochgeehrter Herr! Wir legen großen Wert darauf, Ihnen gleich am Anfang Unseres Pontifikats zu versichern, dass Wir dem Ihrer Sorge anvertrauten deutschen Volk in innigem Wohlwollen ergeben bleiben und den allmächtigen Gott in väterlicher Zuneigung um sein wahres Glück anflehen, das aus der Religion genährt wird und Kraft empfängt. In angenehmer Erinnerung an die langen Jahre, als Wir als Apostolischer Nuntius in Deutschland Uns mit Freude einsetzten, um die Beziehung zwischen Kirche und Staat in gegenseitigem Verständnis und hilfreicher Zusammenarbeit zum Nutzen beider zu regeln und zu einer fruchtbaren weiteren Entwicklung zu bringen, richten Wir unseren dringenden Wunsch, den die Verantwortung Unseres Amtes Uns gebietet und erlaubt, vor allem auf die Erreichung dieses Zieles. Wir schmeicheln Uns mit der Hoffnung, dass dieser unser Herzenswunsch, der sehr eng mit dem Wohl des deutschen Volkes und mit einem starken Schutz der Gesetze für einen Jeden zusammenhängt, mit Gottes Hilfe glücklich erreicht wird. Inzwischen erflehen Wir, begleitet von Unseren besten Wünschen, den Segen des allmächtigen Gottes über Sie, verehrter Herr, und über all jene, die zu Ihrem Volk gehören. Gegeben zu Rom, bei St. Peter, am 6. März 1939, im ersten Jahr Unseres Pontifikats."[336] Dieses Schreiben wurde auf einem Treffen des Papstes mit den Kardinälen Bertram, Faulhaber, Innitzer und Schulte besprochen. In den *Actes et Documents* steht die Niederschrift der Diskussion über die Art und Weise, wie man Hitler ansprechen sollte. Der Heilige Vater: „Hochverehrter oder hochgeehrter?" Die Kardinäle: „Hochgeehrter!" Schulte: „Hochverehrter ist zu viel. Das verdient Hitler noch nicht." Innitzer: „Sollten wir nicht lieber den Plural verwenden?" Die anderen Kardinäle: „Das haben wir immer getan." Innitzer: „Ich meine, ob wir Hitler mit 'Sie' anstatt 'Du' ansprechen sollten." Bertram: „Wir haben eine Verordnung des Reiches, wonach die Titel nicht so wichtig sind. Man sollte 'Sie' oder 'Du' sagen. Ich wähle 'Sie'." Innitzer: „Man kann es auch wie folgt erklären: so gute Freunde sind wir nicht wie mit Du." Bertram: „Ich würde sagen 'Sie'. Für den Rest ist der Brief gut." Der Heilige Vater: „Ist alles dann in Ordnung?" Alle Kardinäle: „Ja!" Innitzer: „Es muss einen guten Eindruck machen …"[337]

Die erste Enzyklika des neuen Papstes erschien erst am 20. Oktober 1939 mit der Bezeichnung *Summi Pontificatus* („Die höchste priesterliche Würde"). Wer den Text aufmerksam liest, stellt einige Übereinstimmungen mit dem Entwurf von *Humani generis unitas* fest.[338] So verwies Pius XII. in Absatz 39 auf den Brief des Paulus an die Kolosser 3,9-12: „Lüget nicht untereinander; zieht den alten Menschen mit seinen Werken aus und ziehet den neuen an, der da erneuert wird zur Erkenntnis nach dem Ebenbilde des, der ihn geschaffen hat; da nicht ist Grieche, Jude, Beschnittener, Unbeschnittener, Neugrieche, Skythe, Knecht, Freier, sondern alles und in allen Christus." [nach Luther-Bibel von 1912, d.Ü.] Einige weisen auch auf Absatz 40, wo der Papst über „die christliche Liebe zu allen Menschen" sprach. Für die Anhänger des Papstes ist dies eine klare Ablehnung der Rassenlehre der „Nazis". Allerdings geht es in allen 94 Absätzen der Enzyklika nur um zwei Sätze, die nur indirekt auf die Gleichheit der Juden mit Anderen und auf die Gleichheit aller Menschen verweisen. Die Enzyklika war nicht in deutscher, sondern in lateinischer Sprache geschrieben und in Umlauf gebracht und hatte daher weniger Resonanz als *Mit brennender Sorge*. Die Wirkung dieser Enzyklika, voll päpstlicher Rhetorik, wurde stark eingeschränkt, nicht nur durch die Wahl der Sprache, sondern auch durch deren theologische Bedächtigkeit, die nur von Theologen als eine Ablehnung der Rassenpolitik interpretiert werden konnte. Diejenigen, die argumentieren, dass *Summi Pontificatus* eine strenge Verurteilung des Naziregimes bedeutete, irren sich. Zwar verweist die Enzyklika in Absatz 84 auf das traurige Schicksal der Polen: „Denn wenn das, was die Völker, die im Strudel des Krieges verschlungen sind, bis jetzt erlitten, vielleicht nur 'der Anfang der Wehen' (Mt 24,8) ist, haben doch in unzähligen Familien Tod, Verwüstung, Elend und Kummer schon Einzug gehalten. Das vergossene Blut von so vielen, auch Nichtkombattanten, die kläglich ums Leben kamen, steigt wie eine Totenklage auf, vor allem aus dem geliebten Polen, dem Volk, das durch seine unerschütterliche Treue zur Kirche und für seine herausragenden Verdienste in der Verteidigung des Christentums und der Zivilisation sich einen unsterblichen Namen in der Geschichte erworben hat, und das mit vollem Recht Anspruch darauf hat, dass wir als Menschen und als Brüder seinem Leiden verpflichtet sind." Diese Sätze drücken in der Tat Mitgefühl für die Opfer der Kriegsgewalt aus, enthalten jedoch keine ausdrückliche oder implizite Verurteilung der Aggressoren. Einige Nazigrößen sahen darin einen Angriff auf die deutsche Politik, aber nirgends wird diese Enzyklika als „Warnung" vor der seinerzeit im Gang befindlichen Ermordung des polnischen Klerus und der Juden in Polen bezeichnet. Sogar Ronald Rychlak, als Verteidiger des Papstes bekannt, räumt ein, dass „seine Enzyklika weniger hart war, als der Entwurf, den sein Vorgänger vorbereitet hatte, aber mit guten Gründen".[339] Damit meint Rychlak, dass der Papst sonst seine neutrale Position verloren hätte, zu einer Zeit, als er noch hoffte, die verfeindeten Parteien nach Rom zu holen, um den Frieden wiederherzustellen. Das ist ein etwas seltsames Argument, weil damals die deutschen und russischen Truppen Polen bereits zerstörten. Hätte Pius XII. die unveröffentlichte Enzyklika seines Vorgängers übernommen und das rassistische und mörderische Naziregime eindeutig verurteilt, hätte das zumindest zu Zweifeln oder seelischer Not bei vielen katholischen Gläubigen geführt, die auch in der deutschen Armee aktiv waren. Seine eigene erste Enzyklika löschte jedoch jeden möglichen Widerstand aus. Sie enthielt in der Tat einen konkreten Satz über die Juden, aber der ertrank in einem Meer von theologischen Überlegungen, die nicht wie eine Warnung, sondern eher als Beruhigung oder wenigstens Ergebung auf die Gläubigen wirkten.

Weil zu viele hohe katholische Staats- und Regierungschefs sich mit dem Faschismus und Nazismus kompromittiert hatten, wagte es der Kriegspapst nicht, den Antisemitismus eindeutig zu verurteilen, denn „der neue

Protest hätte sich unwiderruflich gegen die römisch-katholische Kirche selbst gerichtet". Rychlak bestätigt, dass die deutschen Bischöfe die katholischen Soldaten dazu aufriefen, zu kämpfen und zu siegen, fügt jedoch hinzu, dass dies nie die Haltung des Vatikans war.[340] Es ist wahr, dass der Heilige Stuhl den deutschen Angriff nicht offen unterstützte, aber er missbilligte ihn auch nicht, weder öffentlich noch diplomatisch. Dazu wäre der Papst in seiner Position jedoch in der Lage gewesen. Innerhalb der starren Hierarchie der katholischen Kirche wurde fast jede Entscheidung des Papstes als ein Auftrag angesehen, den man nicht ablehnen konnte. Pius XII. hatte die Macht, seine Kardinäle und Bischöfe zur Ordnung zu rufen und ihnen Anweisungen zu geben. Wenigstens hätte er die deutschen Bischöfe, welche die Truppen in Polen dazu drängten, „ihre Pflicht für Volk und Vaterland zu tun", tadeln oder ihnen widersprechen können. Wenn er doch auf der Seite der Unterdrückten stand, warum wurde dann die Enzyklika *Mit brennender Sorge* so vorsichtig formuliert? Warum hat er nicht Kardinal Konrad von Preysing, als einen der wenigen, die Kritik an den „Nazis" wagten, stärker unterstützt? Warum hat er nicht die Invasion Polens durch Nazi-Deutschland verurteilt, wo viele seiner eigenen Priester getötet wurden? Warum blieb er in seiner Weihnachtsansprache 1942 so vorsichtig? Warum hat er auch nach dem Krieg seine „ungehorsamen" Kardinäle und Bischöfe nicht zur Ordnung gerufen? Alle diese Fragen machen deutlich, dass der Papst und die Kirchenführer in ihrem Wunsch nach Ordnung und Stabilität, gekoppelt an einen Gräuel vor der Linken und dem Liberalismus, bereit waren, einen prekären Modus Vivendi mit dem kriminellen Naziregime einzugehen.[341] Mit seiner hohen moralischen Autorität hätte Pius XII. zumindest an das Gewissen seiner Herde appellieren können. Er tat es nicht. Dass einige Katholiken sich von der Kirche abgewandt hätten, ist sicher, aber noch viel mehr hätten zumindest ihre positive Haltung gegenüber dem NS-Regime überdacht und wären möglicherweise in die Opposition gegangen.

Kapitel 13
Die nationalsozialistische Erziehung

1925 wurde eine Umfrage zum Glauben der 65 Millionen Deutschen durchgeführt. 40 Millionen Deutsche gehörten der protestantischen Kirche, 21 Millionen der katholischen Kirche, und etwa 620.000 anderen Religionen an. Am 2. Februar 1933 ernannte Adolf Hitler seinen Mitkämpfer Bernhard Rust zum preußischen Minister für Wissenschaft, Kunst und Erziehung und ein Jahr später, am 1. Mai 1934, zum Minister für Wissenschaft, Bildung und Volkserziehung von Preußen, aber de facto auch für alle anderen Länder im ganzen Reich. Das zentrale bildungspolitische Anliegen der „Nazis" war, dass Bildung nicht länger die persönliche Entwicklung des einzelnen Individuums fördern solle, sondern ein Mittel sein müsse, um die Kinder auf das Dienen für Staat und Führer vorzubereiten. Jeder Tag im Kindergarten begann mit einer Art kleinem Gebet: „Händchen falten, Köpfchen senken; und dann an den Führer denken; der uns gibt das täglich Brot; und uns führt aus aller Not …" Eine der ersten Maßnahmen von Minister Rust war die Säuberung der Schulen und Universitäten von jüdischen, aber auch von sozialistischen und liberalen Lehrern. Danach zwang er die Lehrer des Dritten Reichs zu einer oder mehreren Wochen Schulung in den Grundsätzen des Nationalsozialismus. Um ein neues germanisches Bewusstsein zu schaffen, wurde allen Schulen ein nazistischer Lehrplan auferlegt. Bereits im Jahr 1933 wurden „die staatlichen Kommissionen für Schulbücher" personell gesäubert und durch treue Nationalsozialisten besetzt.[342] In den zwölf Jahren des Naziregimes hat Rust diese Zielsetzungen weiter verfolgt. Es ist interessant, zu untersuchen, wie die katholische Kirche und Pacelli, der frühere päpstliche Nuntius in Deutschland und spätere Papst Pius XII., darauf reagierten.

Die vier Säulen des NS-Bildungssystems waren Rasse, militärische Ausbildung, Führerschaft und Religion. Die Schülerinnen und Schüler sollten lernen, dass es verschiedene Rassen gibt, und dass die Deutschen zu den Übermenschen gehören, also zu den Menschen, die Angehörige einer den minderwertigen Menschen übergeordneten Rasse sind. Die militärische Erziehung bestand aus Gymnastik, Sport, Schwimmen und kör-

Abb. 22: Militärische Erziehung für Schüler.

perlichen Aktivitäten, die einen wichtigen Platz im Lehrplan einnahmen. Das Prinzip der Führerschaft wurzelte im uneingeschränkten Gehorsam gegenüber dem Führer und ließ keine Form der Kritik oder der Opposition zu. Und Religion bestand aus dem absoluten Glauben an Gott, welcher der Einteilung in Rassen seine metaphysische Unterstützung verlieh. In diesem Sinne richtete sich die Bildungspolitik der „Nazis" in der Hauptsache auf fünf Felder: Geschichte, Biologie, Geografie, Wissenschaft und Sport. Bereits am 9. Mai 1933 verkündete der Reichsminister des Innern, Wilhelm Frick, dass Geschichte das Hauptfach werden solle. Am 30. Juli 1933 wurde die Reichsverordnung „Richtlinien für die Geschichtsbücher" erlassen. Der Geschichtsunterricht sollte total auf „die Idee des Heldentums in seiner deutschen Form, zusammen mit der Führerschaftsidee" fokussiert werden. So wurde argumentiert, dass die deutsche Niederlage von 1918 die Folge der jüdisch-pazifistischen Ausbildung für Schüler und der Tätigkeit marxistischer Spione war, dass der Vertrag von Versailles von Menschen, welche die deutsche Macht zerbrechen wollten, erzwungen wurde und die Hyperinflation von 1923 das Werk jüdischer Saboteure war. Es wurde auch gelehrt, wen man lieben und wen man hassen müsse. Lieben sollte man natürlich Adolf Hitler, aber auch Horst Wessel, einen militanten SA-Mann, der 1930 von Kommunisten erschossen wurde, dem dann als „Christussozialist“ und „Märtyrer für die gute Sache“ ein Ehrenplatz im Nazikult zugeteilt wurde. Horst Wessel war der Textdichter des nach ihm benannten Liedes, das nach seinem Tod die Hymne der NSDAP und zu allen offiziellen Anlässen gesungen wurde. In einem anderen SA-Marschlied, „Ihr Sturmsoldaten Jung und Alt“, erklang der schreckliche antisemitische Text „und wenn das Judenblut vom Messer spritzt, dann geht’s noch mal so gut“. Leute, die man zu hassen hatte, waren u. a. der Sozialist Kurt Eisner, der erste Ministerpräsident des bayerischen Freistaates, der 1919 ermordet worden war, der jüdisch-liberale Minister für auswärtige Angelegenheiten, Walter Rathenau, den 1922 die extreme Rechte ermordet hatte, und der jüdisch-deutsche Physiker und Nobelpreisträger für Physik (1921) Albert Einstein, der nach der Machtübernahme durch Hitler in den USA verblieb, sich weigerte, nach Deutschland zurückzukehren und seine deutsche Staatsbürgerschaft öffentlich annullierte.

In der zweiten Hälfte des Jahres 1933 wurde das Fach Biologie ersetzt durch ein Fach, in welchem „Genetik, Rassenkunde, Rassenhygiene, Sippenkunde und Bevölkerungspolitik“ zusammengefasst wurden. In diesen Kursen wurde der Unterschied zwischen den Rassen erklärt. Dabei wurde das Augenmerk besonders auf die Reinheit des Blutes und die katastrophalen Folgen sogenannter Mischehen gelenkt. An den Wänden der Klassenräume hingen Fotografien von Juden, sowohl in Profil- als in Frontansicht, wie für Kriminelle üblich. Der berühmte Literaturkritiker Marcel Reich-Ranicki beschreibt in seiner Autobiografie, wie sein Biologielehrer die Schädel der Schüler vermessen ließ. Die Schüler sollten von der Überlegenheit der Arier den Juden gegenüber überzeugt werden. Nach der Messung gab es nur einen Schüler, der über einen typisch nordischen Schädel verfügte – einen Juden.[343] Dass die Kirche keine Einwände gegen ein Fach wie „Rassenkunde“ hatte, zeigt eine Richtlinie für den Religionsunterricht des deutschen Episkopats von 1936: „Rasse, Boden, Blut und Volk sind kostbare natürliche Werte, die Gott der Herr geschaffen und dessen Pflege er uns deutschen Menschen anvertraut hat.“[344] Der Erdkundeunterricht schenkte den Gebieten Deutschlands, die es nach der Niederlage von 1918 verloren hatte, die nach der Nazidoktrin also historisch zum Deutschen Reich gehörten und notwendiger Lebensraum für die Deutschen waren, besondere Aufmerksamkeit. Im Fach Wissenschaft wurde die ganze Aufmerksamkeit auf das militärische Wissen gelenkt, wie den Bau von Brücken und die Auswirkungen von Giftgas. Außerdem wurde der Sportunterricht erheblich erweitert, sodass er bis zu 15 Prozent des wöchentlichen Lehrplans ausmachte. Auch die Lehrbücher selbst wurden gründlich angepasst, sodass sie voll übereinstimmten mit den Grundsätzen des Nationalsozialismus, und alle Gegenstände wurden so behandelt, dass sie die hitlersche Weltanschauung widerspiegelten.[345] Für Biologie und insbesondere für Rassenkunde verwendete man das neue Lehrbuch *Neue Elemente der Rassenforschung* von Hans Gauch.[346]

Auffallend war die Unterstützung, die dem Nationalsozialismus aus der akademischen Welt zuteil wurde. Sehr bald wurden nichtarische Professoren, Richter, Rechtsanwälte und anderen Beamte ausgesondert. „Weder an den 23 deutschen Universitäten, noch an den 11 Akademien der Wissenschaften und den 10 Fachhochschulen gab es irgendeine Form des kollektiven Protestes, geschweige denn des Widerstandes."[347] Viele namhafte Professoren aus verschiedenen Bereichen scharten sich hinter die autoritären, antisemitischen und pseudowissenschaftlichen Auslassungen der „Nazis".

Das berühmteste Beispiel ist das von Martin Heidegger, einem der namhaftesten Philosophen des zwanzigsten Jahrhunderts, der am 21. Mai 1933 Rektor der Universität Freiburg wurde. In seiner berüchtigten Rektoratsrede unter dem Titel „Die Selbstbehauptung der deutschen Universität" rief er die Hochschullehrer und Studierenden dazu auf, ihre Verantwortung gegenüber dem Volk wahrzunehmen. Er verwies auf die Verbundenheit mit dem Volk, das, so Heidegger, Träger der ursprünglichen Wahrheit sei. Die Studenten müssten sich durch Arbeits-, Wehr- und Wissensdienst fester an die nationale Gemeinschaft binden. In der Neuauflage von 1941 seiner aufsehenerregenden Arbeit *Sein und Zeit* (1927) strich er sogar sein Dankeswort gegenüber seinem Lehrer Edmund Husserl, denn der war jüdischer Herkunft. Ein Jahr später trat er als Rektor zurück, blieb aber aktiv als Professor und Mitglied der NSDAP. Bis zu seinem Tod verweigerte er dazu jede Entschuldigung.

Andere Professoren gingen noch weiter. So sagte Philipp Lenard, Professor der Naturwissenschaften an der Universität Heidelberg und Nobelpreisträger der Physik im Jahr 1905, dass „der Jude durch sein völliges Fehlen von Verständnis für die Wahrheit charakterisiert ist (...) er unterscheidet sich in diesem Punkt stark von dem arischen Gelehrten und Forscher, der sorgfältig und ehrfürchtig ständig auf der Suche ist nach der Wahrheit (...) jüdische Physik ist daher ein Phantom und eine Degenerationserscheinung der fundamentalen deutschen Physik."[348] Er hasste den Juden Albert Einstein und griff auf dem Kongress der Deutschen Gesellschaft der Naturforscher und Ärzte 1920 in Nauheim dessen Aussagen scharf an. Professor

Rudolf Tomaschek, Leiter des Instituts für Physik in Dresden, zeigte eine ebenso antisemitische Denkweise: „Die moderne Physik ist das Instrument des (Welt-)Judentums für die Zerstörung der nordischen Wissenschaft (...) Echte Physik ist eine Schöpfung des deutschen Geistes. (...) Alle europäische Wissenschaft ist das Ergebnis der arischen oder besser, deutschen Denkarbeit.“[349] Professor Johannes Stark, Leiter des Deutschen Nationalinstituts für Naturwissenschaften, teilte diese Vision: „Die Pioniere der Forschungsarbeit im Bereich der Physik, die großen Entdecker von Galileo bis Newton, sind fast alle Arier und die Mehrheit gehört zur nordischen Rasse.“[350] Professor Wilhelm Müller, der an der Universität Aachen lehrte, schrieb das Buch *Judentum und Wissenschaft*, in dem er sogar versuchte zu beweisen, dass es eine weltweite Verschwörung gibt, um die Wissenschaft zu zerstören, wodurch die Zivilisation untergehen würde.[351] Wie absurd diese Aussagen waren, beweist die Tatsache, dass in der Zeit vor dem Zweiten Weltkrieg zehn jüdische Deutsche Nobelpreise gewonnen hatten.

Die Indoktrination begann schon in sehr frühem Alter. So wurden zum Beispiel mehrere Kinderbücher von Julius Streicher veröffentlicht, dem Herausgeber der antisemitischen Zeitschrift *Der Stürmer*, die in deutschen Schulen als Unterrichtsmaterial dienten. Wie die Naziideologie den Unterricht durchdrang, wird durch Aufsätze belegt, die Schüler gegen die Juden und zur Verherrlichung Hitlers schreiben mussten. Während der Kriegsjahre wurden Schüler vom SD, dem Geheimdienst der NSDAP, auch eingesetzt, um regelmäßig die Stimmung der Bevölkerung zu peilen. So ließen sie zwölf- und dreizehnjährige Kinder Aufsätze schreiben mit dem Titel „Was sagen die Leute über den Krieg?“ Auf diese Weise wurden auch kritische Eltern und Verwandten bei defätistischen Aussagen ertappt, worauf schwere Strafen standen.[352] Die Lehrer stellten während der Prüfungen spezifische Fragen, welche der nationalsozialistischen Ideologie entsprachen. „Eine geistig behinderte Person kostet (der Regierung) ca. 4 Mark pro Tag. Es gibt 300.000 geistig Behinderte in der Pflege. Wie viel kosten all diese Menschen zusammen? Wie viele Ehekredite zu 1000 Mark könnten damit zur Verfügung gestellt werden?“, so lautete eine Frage aus der Mathematik. Auch der Antisemitismus war ein fester Bestandteil des Bildungsprogramms. In seinem Buch *Antisemitism and Schooling under the Third Reich. Studies in the History of Education Series* verdeutlicht der Historiker Gregory Paul Wegner, dass das Lehren des Antisemitismus oberste Priorität unter den deutschen Lehrern besaß.[353]

Und wie reagierte der Lehrkörper? Nach dem Historiker Richard Evans stand die überwiegende Mehrheit der Lehrer dem Regime positiv gegenüber und viele akademische Lehrer jubelten dem NS-Staat zu.[354] Schon vor der Machtübernahme waren Lehrer vergleichsweise stark unter der NS-Wählerschaft vertreten. Im Januar 1933, also bereits vor der Machtübernahme, waren 6.000 Lehrer dem nationalsozialistischen Lehrerbund beigetreten. Diese Zahl wuchs schnell. Ende 1933 waren 220.000 und im Jahr 1937 320.000 Lehrer oder 97 Prozent des Lehrkörpers Mitglied.[355] Natürlich verlief das nicht alles spontan. Ab März 1933 begann die Verfolgung der unverkennbar kommunistischen, sozialistischen und liberalen Lehrer. Und vor der Annahme des Konkordats wurden viele katholische Erzieher, einschließlich Priester und Nonnen, eingeschüchtert und entlassen. Viele Lehrer wurden auch Mitglied des Berufsbundes wegen des anhaltenden Terrors und des Systems der Denunziation durch Kollegen, Schüler und deren Eltern, soweit diese Mitglieder der Nazipartei waren. Marcel Reich-Ranicki berichtet über seinen Klassenlehrer Reinhold Knick, der 1934 Zeuge eines Streits zwischen einem Mitglied der Hitlerjugend und einem jüdischen Mitschüler war, in dem der Erste „fauler Jude, der du bist" rief. Knick hielt während der nächsten Lektion eine etwas feierliche Ansprache: „Ich, als Christ, kann nicht gestatten ... lasst uns nie vergessen, dass unser Heiland ein Jude war."[356] Kurz danach wurde er zur Gestapo bestellt, die ihn befragte, warnte, drohte und schließlich an eine andere Schule versetzte. In seinem Buch *Hoe was het eigenlijk*? bietet Max von der Grün eine einfache und plausible Erklärung für das Verhalten vieler seiner und anderer Lehrer während der Nazizeit. „Mit vielen Lehrern hätte man eigentlich Mitleid haben müssen. Was sie sagen wollten, durften sie nicht, was sie sagen konnten, dröhnten sie ohne Überzeugung."[357]

Diese durchgreifenden Veränderungen im Bildungssystem werfen ein besonderes Licht auf die Beziehung zwischen den Kirchen und der Nazidiktatur. Die protestantischen Kirchen, ohne eine zentrale Verwaltung, scharten sich schnell hinter der Bildungspolitik der „Nazis". Die katholische Kirche hatte jedoch viel zu verteidigen. Besonders im Süden und Osten Deutschlands achteten viele konfessionelle Schulen, wie überall in der katholischen Welt, ausdrücklich auf die Vermittlung von römisch-katholischen Werten. Gerade um die Interessen der katholischen Schulen zu schützen, hatte der Vatikan so rasch ein Konkordat mit Nazi-Deutschland abgeschlossen. Dieser Vertrag beinhaltete einige Schutzmaßnahmen zugunsten der katholischen Schulen. Artikel 21 gewährleistete, dass der katholische Glaube in katholischen Schulen Teil des Lehrplans blieb und in Übereinstimmung mit den Grundsätzen der katholischen Kirche unterrichtet werden durfte. Ferner war vorgesehen, dass die Festlegung der

Lehrpläne und die Auswahl der Lehrbücher für den Religionsunterricht in Absprache mit den kirchlichen Behörden zu geschehen hatte. Artikel 22 bestimmte, dass nur ein Bischof die Religionslehrer anweisen dürfe. Und Artikel 23 gewährleistete den Erhalt und Bau von neuen katholischen Schulen. Im Tausch dafür versprach der Vatikan, dass die Priester sich nicht in die Politik einmischen würden. Diese Vereinbarung trat am 20. Juli 1933 in Kraft. Nach Pacelli war die Vereinbarung „ein absoluter Triumph für das Christentum". In Wirklichkeit hatte er die Kirche und ihre Vertreter dem Naziterror ausgeliefert. Noch vor der Ratifizierung des Konkordats war Pacelli über zahlreiche Beschwerden seitens katholischer Organisationen und Schulen über die Formen von Belästigung, Gewalt und Verfolgung durch die „Nazis" im Bilde. Er wusste genau, dass die Nationalsozialisten sich nicht an die Bestimmungen der Vereinbarung halten würden, aber doch ließ er den Vertrag vom damaligen Papst Pius XI. unterzeichnen.

Die Schikanierung und Verfolgung der katholischen Lehrer nahm nach der Zustimmung zum Konkordat sogar zu und erreichte in den Folgejahren ihren Höhepunkt. 1935 und 1936 wurden zahlreiche Priester, Mönche und Nonnen durch die „Nazis" wegen ihres „perversen Lebensstils" angeklagt und der Pädophilie und anderer Arten unmoralischen Verhaltens beschuldigt. Junge Menschen wurden ermahnt, aus ihren katholischen Organisationen auszutreten und sich der Hitlerjugend oder dem Bund Deutscher Mädel anzuschließen. So setzte die Hitlerjugend ihre obligatorischen Aktivitäten zeitgleich zu solchen der Kirche an.[358] In denen lernten die Jugendlichen besondere Gebete zu Ehren des Führers. Eins davon war vom Vaterunser kopiert: „Adolf Hitler, der Du unser großer Führer bist. Dein Name macht den Feind erzittern. Dein Drittes Reich komme, Dein Wille geschehe auf Erden. Lass uns Deine Stimme täglich hören und befehle uns unter Deiner Führerschaft, weil wir werden bis zum Ende gehorchen, auch mit unserem Leben. Wir loben Dich! Heil Hitler!"[359] Im Jahre 1936 fingen die „Nazis" an, katholische und evangelische Schulen zu schließen oder zu übernehmen, ein Prozess, der 1939 abgeschlossen war. Inzwischen hatte die Regierung bereits viele katholische Lehrer in andere Bereiche versetzt. Es ist wahr, dass viele Priester wegen ihrer starren religiösen Einstellungen und ihrer oft offenen Kritik am Regime verfolgt wurden. Doch gerade die Karriere von Papst Benedikt XVI. zeigt, dass das Priestertum zugleich ein Hort des Schutzes war. So wurde Joseph Alois Ratzinger 1944 für die SS angefordert. Im Alter von vierzehn war er Mitglied der Hitlerjugend und mit sechzehn als Beobachter der Luftwaffe vorgesehen. Er konnte dem entgehen, weil er erklärte, Priester werden zu wollen.[360]

Die Bestimmungen für den öffentlichen Dienst von 1937 sahen jedenfalls vor, dass Lehrer „die Vollstrecker des Willens des durch die Partei unterstützten Staates waren“, während sie „jeden Augenblick bereit sein müssen, den nationalsozialistischen Staat vorbehaltlos zu verteidigen“. Ein früheres Dekret hatte alle Lehrer bereits als Beamte eingestuft und somit den Rassengesetzen unterworfen. Vom Lehrkörper wurde erwartet, dem Führer zu dienen. „Alle Lehrer und Professoren hatten einen Eid von ‘Treue und Gehorsam’ auf Adolf Hitler abzulegen.“[361]

Richard Evans, Professor für neuere Geschichte an der Universität Oxford, betont, dass beide Kirchen sich völlig linientreu verhielten bei „der Unterdrückung von Marxisten, Kommunisten und liberalen Parteien, dem Kampf gegen die ‘Unmoral’ in Kunst, Literatur und Film und vielen anderen Aspekten der Politik des Regimes.“ Die Kardinäle von Galen, Bertram und Faulhaber jubelten zusammen mit vielen anderen Bischöfen und Priestern über „das Versprechen der Naziführer, das starke christliche Fundament des Staates in Ehre wieder herzustellen“.[362] Keinesfalls protestierten die Kirchen gegen die antisemitischen Maßnahmen, sofern sie nicht konvertierte Juden betrafen, und auch dann handelten sie sehr zweideutig. Dies stimmt überein mit anderen historischen Studien, wie der von Suzanne Brown-Fleming, die in ihrem Buch *The Holocaust and Catholic Conscience: Cardinal Aloisius Muench and the Guilt Question in Germany* zeigt, dass viele katholische Deutsche mit dem Nationalsozialismus sympathisierten.[363] Die Auswirkungen der laxen Haltung des Vatikans waren folglich katastrophal. Durch Einschüchterung und organisierte „Volksstimmungen“ gelang es den „Nazis“, immer mehr Kinder aus konfessionellen auf nichtreligiöse öffentliche Schulen umsteigen zu lassen. Mitte des Jahres 1938 waren Dreiviertel der Nonnen an bayerischen Schulen gekündigt. Bis zum Sommer 1939 wurden fast alle katholischen Schulen geschlossen und der Religionsunterricht war stark eingeschränkt oder sogar abgeschafft.[364] Die letzten Nonnen wurden im Laufe des Jahres 1941 aus den Schulen entfernt. All dies legt nahe, dass die „Nazis“ tatsächlich den Katholizismus hartnäckig bekämpften, wie Michael Hesemann sagt, aber zugleich zeigt es die Untätigkeit des Vatikans, und das in einer entscheidenden Streitfrage, dem Erhalt und Schutz des katholischen Bildungswesens.

Einen weiteren Einschnitt bildete der 15. November 1938, als alle jüdischen Kinder von den deutschen Schulen ausgeschlossen wurden. Von der Kirche kam kein Protest. Die antisemitische Indoktrination junger Menschen, selbst kleiner Kinder, begann bereits in den ersten Monaten nach der Machtübernahme 1933, als die konfessionellen Schulen noch nahezu intakt waren. Die Kirchen protestierten nicht dagegen. Auch nach 1939 blieben viele evangelische und katholische Lehrer aktiv und unterrichteten nach antisemitischen Lehrbüchern. Es ist fast sicher, dass der Vatikan Kenntnis hatte von den Inhalten dieser Bücher. Nehmen wir zum Beispiel das Bilderbuch *Der Giftpilz* von Ernst Hiemer mit Illustrationen des bekannten Karikaturisten Philipp Rupprecht, 1938 von Julius Streicher veröffentlicht, dem Herausgeber der antisemitischen Wochenzeitung *Der Stürmer*. Der Band wurde in Massenauflagen verbreitet und in vielen deutschen Schulen als Lehrmittel genutzt.[365] Es geht darin um einen deutschen Jungen, der mit seiner Mutter im Wald Pilze sucht und lernt, zwischen essbaren und giftigen Pilzen zu unterscheiden. In der ersten der siebzehn farbig illustrierten Kurzgeschichten, „Der Giftpilz", ist der in einem Birkenwäldchen kniende Franz zu sehen, der einen giftigen Fliegenpilz seiner hochgewachsenen blonden Mutter anbietet und fragt, ob der essbar ist. Die Mutter antwortet, dass es genau so schwierig ist, einen Speisepilz von einem giftigen zu unterscheiden, wie einen Menschen von einem Juden. „Wie mit den Pilzen im Wald ist es mit den Menschen auf der Erde. Es gibt gute Pilze und gute Menschen. Aber es gibt auch Giftpilze und schlechte Menschen. Juden, Yehudim oder die sogenannten Kinder Israels sind schlechte Menschen, wie giftige Pilze. Die Juden sind Gift für das Volk. Wie ein giftiger Pilz eine ganze Familie töten kann, so kann ein einziger Jude ein ganzes Dorf, eine ganze Stadt oder sogar eine ganze Nation zerstören." Auf dem Bild der nächsten Geschichte, „Woran man die Juden erkennt", steht ein kleiner arischer Junge vor der Wandtafel der Schule und zeigt seinen Freunden, woran ein Jude zu erkennen ist. Er zieht eine große Sechs. „Die Juden kann man am Besten an ihrer Nase erkennen. Eine gebogene, krumme Nase, die der Ziffer sechs gleicht." Die Geschichte verbreitet sich über die dicken Lippen der Juden, ihre abstehenden Ohren, ihre falschen Augen, ihre schräge Stirn und vor allem ihren abscheulichen Körpergeruch.

Als roter Faden zieht sich durch das Buch, dass die Juden die christliche Kirche zerstören wollen. Die auffälligste Geschichte trägt den Titel „Was Christus über die Juden sagte". Eine Frau kehrt mit ihren drei Kindern von der Arbeit auf dem Acker zurück. Als sie an einem Kruzifix vorbeikommen, erklärt die Mutter die Schlechtigkeit der Juden. „Seht da, Kinder", sagt sie, „der Mann, der am Kreuz hängt, war einer der größten Feinde der Juden. Er verstand, wie korrupt sie waren. Eines Tages trieb Er die Juden mit einer Peitsche aus der Kirche, weil sie Geschäfte machten. Er nannte das jüdische Volk von Anfang an Menschenmörder. Er meinte, dass die Juden schon immer Mörder waren. Er sagte weiterhin zu den Juden: Euer

Vater ist der Teufel. Und weil ihr vom Teufel abstammt, könnt ihr nur wie Teufel leben. So begehen sie das eine Verbrechen nach dem anderen.“ Die Kinder sehen mit Aufmerksamkeit auf das Kreuz und die Mutter fährt fort: „Weil Er die Juden kannte, weil Er die Welt die Wahrheit lehrte, musste Er sterben. Also haben die Juden Ihn getötet. Sie schlugen Nägel durch Seine Hände und Füße und ließen Ihn langsam verbluten. Auf solche schreckliche Weise nahmen die Juden Rache. Auf die gleiche Weise töteten sie viele andere, die es wagten, die Wahrheit über die Juden zu sagen. Merkt euch dies für immer, Kinder. Wenn ihr das Kreuz seht, denkt an den schrecklichen Mord der Juden auf Golgatha. Denkt daran, dass die Juden Kinder des Teufels und Mörder sind.“

Abb. 23: Illustration aus dem Kinderbuch Der Giftpilz.

Auch andere beliebte Kinderbücher wie *Trau keinem Fuchs auf grüner Heid und keinem Jud bei seinem Eid* und *Der Pudelmopsdackelpinscher* enthielten viel antisemitische Propaganda. „Der nationalsozialistische Staat verlangt von seinen Lehrern, den germanischen Kindern die Rassenlehre zu lehren“, schrieb Julius Streicher im Vorwort von *Die Judenfrage im Unterricht*, ein Buch, veröffentlicht 1937, das den Nazilehrplan umschreibt.[366] Diese Bücher erschienen in Hunderttausenden von Exemplaren und wurden in den Schulen verwendet. Die Kirchen, katholische Lehrer, die Bischöfe und der Papst wussten, dass solch antisemitisches Geschmiere unter deutschen Jugendlichen verbreitet wurde. Doch niemand reagierte.

Kapitel 14
Das Heidentum

In seinem Buch *Hitlers religie* argumentiert der deutsche Historiker Michael Hesemann, dass Adolf Hitler und die Naziführer überzeugt waren, dass sie im Namen Gottes handeln und der Nationalsozialismus nicht so sehr eine politische Ideologie, sondern „eine mythisch-religiöse Weltanschauung ist, die auf dem Mythos des Blutes als Träger der Seele basiert, und dies in Verbindung mit einer eschatologischen Lehre der Erlösung“.[367] Die Lehre der Erlösung ist nach Ansicht des Autors „aus den esoterischen Bewegungen des neunzehnten Jahrhunderts – die Theosophie und Ariosophie bis hin zum wagnerischen Pangermanismus“ hervorgegangen. Dass der Nationalsozialismus eine religiöse Dimension bekam, ist richtig. Adolf Hitler wurde als der „Erlöser“, *Mein Kampf* als das neue Evangelium oder die moderne Bibel gepriesen, die Parteitage der NSDAP glichen liturgischen Ritualen, in vielen Privathäusern wurden Hitleraltäre eingerichtet, Kruzifixe machten Platz für Hitlerporträts und es gab Märtyrer für die gute Sache (im Jahr 1923 verloren sechzehn Mitglieder der Partei ihr Leben während des gescheiterten Hiterputsches in München, der danach Jahr für Jahr rituell gefeiert wurde). Für Hans Kerrl, Reichsminister für kirchliche Angelegenheiten, war Hitler „der wahre Heilige Geist“. Im Jahre 1928 notierte Joseph Goebbels in seinem berühmten Tagebuch: „Meine Partei ist meine Kirche, und ich glaube, ich diene dem Herrn am besten, wenn ich seinen [Hitlers] Willen erfülle und mein unterdrücktes Volk von den Fesseln der Sklaverei befreie. Das ist mein Evangelium.“[368]

Hesemann verweist auf den radikalen Judenhass, der den Nationalsozialismus von Anfang an kennzeichnete, aber auch auf einen anderen, weniger bekannten Aspekt, nämlich, dass Adolf Hitler die Kirche ebenso hasste, wie die Juden und auch das Christentum vernichten wollte – für den Autor der „zweite Holocaust“. Zwar hätte der Führer aus opportunistischen Gründen beabsichtigt, die Ablösung der katholischen Kirche durch seine eigene Religion erst nach dem „Endsieg“ durchzusetzen, um die deutschen Gläubigen nicht gegen sich aufzubringen, aber Hesemann ist davon überzeugt, dass dies das letztendliche Ziel war. Hitler sah sich selbst als den neuen, allwissenden und unfehlbaren Messias, mit einer neuen Religion, die nicht auf Liebe und Demut basiert, sondern auf Gewalt und Rücksichtslosigkeit. Dass eine Menge Nazibonzen der Kirche nicht wohlgesinnt waren, ist klar. Joseph Goebbels notierte in seinem Tagebuch am 26. März 1942: „Die Politik betreibenden Pfaffen sind nach den Juden der wirkliche ekelhafte Abschaum, den wir bis heute noch im Reich beherbergen. Nach dem Krieg ist die Zeit gekommen, um dieses Problem radikal zu lösen. Nur einer kann im Staat herrschen, entweder die Kirche oder der Staat selbst. Hier hat der Nationalsozialismus die Aufgabe, gegen die politischen Ansprüche der Kirchen ohne Gnade seinen Willen durchzusetzen ... den des Nationalsozialismus."[369] Dass der Nazismus die Kirche zerstören wollte, wie Goebbels es ausdrückte, bleibt jedoch eine Hypothese. Es handelt sich um eine umstrittene Aussage, die oft von Fürsprechern Pius XII., wie Hesemann, benutzt wird, um zu beweisen, dass die katholische Kirche im Allgemeinen und der Papst im Besonderen Ziele einer Naziverschwörung waren, und dass die Kirche und der Papst selbst sich in all diesen Jahren energisch gegen Adolf Hitler und seine Kumpane zur Wehr setzten. Eine Anschauung, die der vieler anderer Historiker diametral entgegensteht. In ihrem Buch *Milieus und Widerstand. Eine Verhaltensgeschichte der Gesellschaft im Nationalsozialismus* zeigen Gerhard Paul und Klaus-Michael Mallmann, dass der katholische Widerstand nach dem Krieg stark aufgebauscht wurde. „Der NS-Staat wollte die Kirche gar nicht ausschalten", betonen die Autoren.[370]

Hesemann setzt dem entgegen, dass der Nationalsozialismus sich sowohl inhaltlich als auch materiell nur entwicklen konnte durch die Integration vieler dunkler Figuren und Gruppierungen, die für Esoterik, Okkultismus, heidnische Schriften und entsprechende Ideen schwärmten. Er stützt sich dabei auf die Wiederentdeckung der privaten Bibliothek von Hitler im Jahr 2001, die in einem Salzbergwerk in der Nähe von Berchtesgaden gefunden wurde und später in Washington DC landete. Sie enthielt viele Bücher über den „westlichen Okkultismus, von der östlichen Mystik bis zur Lehre Jesu". Der Autor zitiert daraus eifrig und betont den Einfluss von Richard Wagners Musik. „In Wagners Werk wurde für mich zum ersten Mal den Mythos des Blutes offenbart", schrieb Adolf Hitler, und er glaubte seit dieser Zeit nur noch an den arischen Christus „mit blonden Haaren und blauen Augen, und genau so heroisch wie Wagners Siegfried".[371] Wagner lehnte die Abstammung Jesu aus einem jüdischen Königshaus ab. Für ihn war Jesus ein Galiläer. Hesemann weist auch auf den Einfluss der Ideen von Guido List, Lanz von Liebenfels und Houston Stewart Chamberlain hin, die an eine einzigartige arische Rasse glaubten und auch überzeugt waren, dass sich ein Bündnis zwischen „der katholischen Kirche, den Juden und den Freimaurern“ gegen die Arier verschworen hatte. Aber von entscheidendem Einfluss auf Hitler und seine Partei war, laut dem Verfasser, die Thulegesellschaft, eine deutsche antisemitische Loge, die sich von dem durch das Christentum proklamierten Grundsatz der Gleichheit aller Menschen abwandte. Mehrere Naziführer sollen hier aktiv gewesen sein, unter ihnen Rudolf Hess, Hans Frank, Alfred Rosenberg und Dietrich Eckart. Und das Emblem von Thule, das Hakenkreuz, wurde später das offizielle Symbol der „Nazis“.

Mit diesen Erkenntnissen versucht Hesemann glaubhaft zu machen, dass Hitler auch und vor allem gegen die Kirche kämpfte. Seine Beweisführung bezieht sich auf Vermutungen oder basiert auf fragwürdigen Quellen, wie Hermann Rauschning und Konrad Löw.[372] Dem steht entgegen, dass viele Naziführer Christen waren. Hermann Göring heiratete kirchlich, mit Hitler als seinem ersten Trauzeugen. Wilhelm Frick, der Innenminister in der ersten Hitlerregierung, war ein überzeugter Protestant. Und der Protestant Hans Kerrl, der Reichsminister für kirchliche Angelegenheiten, kannte sich gut aus in der Bibel und glaubte, dass die Kirchen und die Nazipartei zusammen gegen die Juden antreten sollten. Auf jeden Fall bestimmte Artikel 24 des Programms der NSDAP, dass der Nationalsozialismus „auf der Grundlage eines positiven christlichen Glaubens“ aufgebaut werden soll. Während der aufeinanderfolgenden Wahlkämpfe spielte Hitler sich regelmäßig als „katholischer“ Kandidat auf. Hesemann interpretiert den Begriff „positives Christentum“ als antithetisch zum Katholizismus, andere Historiker jedoch sehen ihn eher als Ausdruck eines von den Juden gereinigten Christentums. Und das setzte Hitler mit dem Holocaust in die Praxis um. Ob er nach dem Sieg auch die katholische Kirche beseitigen wollte, bleibt also eine Vermutung. Wahr ist, dass die alten heidnischen Feste in der Hitlerjugend wiederbelebt wurden und vor allem, dass Himmler die SS auf der Basis eines schemenhaften, sektiererischen Gedankenguts organisierte, wie wir später sehen werden. Aber das geschah außerhalb des Gesichtsfeldes der breiten Bevölkerung. Keinesfalls wollte Hitler seine überwiegend katholischen und protestantischen Volksgenossen gegen sich aufbringen, indem er ihnen ihren Glauben sozusagen wegnahm oder zerstörte.

Nachdem er so nachdrücklich die Bedeutung des Heidentums in der NS-Politik betont hat, geht Hesemann zu dem nächsten wichtigen Punkt über: Die Akzeptanz oder zumindest die Gleichgültigkeit der Kirchen und des Papstes gegenüber der Verfolgung der Juden in den Jahren vor und während des Krieges.[373] Die Protestanten behandelt er extrem knapp: Diese hätten sich sofort gleichschalten lassen und damit eine große Verantwortung zu tragen. Doch zu den Katholiken führt der Autor eine Reihe von Ereignissen an, die beweisen sollen, dass es in der Kirche eine sehr heftige und organisierte Opposition gegeben habe.

Widerstand gab es wirklich. Viele Geistliche wurden von den „Nazis" wegen ihrer Abneigung gegen die praktizierte Politik deportiert und ermordet. In Briefen und Predigten wurden die Gesetzesverletzungen und Verbrechen des Nationalsozialismus angeprangert. Und da war die Enzyklika *Mit brennender Sorge*, die 1937 von fast allen deutschen Kanzeln verlesen worden war. In ihr ging es allerdings vornehmlich darum, die Kirche und ihre Gläubigen zu schützen und gegen die Verletzung des Konkordats durch die „Nazis" zu protestieren. Es gab auch Widerstand gegen die regelmäßig angeordnete Auflösung sogenannter Mischehen. Damit sollte Juden, die zum Christentum konvertiert waren, geholfen werden. Entscheidend ist jedoch, dass die Kirche nicht gegen die Verfolgung, Deportation und Vernichtung der Juden rebellierte – so wie die katholische Kirche stumm blieb, als die Nürnberger Rassengesetze am 15. September 1935 verkündet wurden, welche die Juden ihrer Gleichberechtigung beraubten und Mischehen sowie unehelichen Verkehr zwischen Juden und Deutschen verboten. Darüber hinaus wurden diese Gesetze von vielen Kirchenführern gutgeheißen. Durch die Rassengesetze wurden, als erster Schritt zur „Endlösung", die Juden als Untermenschen geächtet. „Die Tatsache, dass die kirchlichen Behörden zur Zustimmung der bürgerrechtlichen Ausgrenzung der Juden aufriefen, muss für die christlichen Kirchen einen schwerwiegenden Grund zur tief gehenden spirituellen Selbstbesinnung bilden", so der jüdisch-ungarische Schriftsteller György Konrád.[374]

Die Weigerung der Kirche, entschlossen gegen die Nürnberger Gesetze vorzugehen, offenbart ein anderes Bild des damals im Vatikan vorherrschenden Zeitgeistes: Die Bejahung eines totalitären Regimes, das die demokratischen und parlamentarischen Spielregeln beiseiteschob, zugunsten – wie die geistlichen Führer hofften – ihres eigenen Glaubens, was der katholischen Kirche nicht schlecht gefiel. Seit Jahrzehnten hatten Päpste sich von der liberalen Demokratie, der Moderne, dem kritischen Rationalismus, dem Säkularismus und dem Atheismus distanziert. Es sollte, sowohl geistig als auch weltlich, wieder eine zentrale und unantastbare Autorität entstehen. Pius IX. erklärte bereits im Jahre 1854, dass Sozialismus und Demokratie fatal seien. Pius X. wandte sich entschieden gegen Modernität und Demokratie und verlangte unbedingten Gehorsam gegenüber seiner unfehlbaren Meinung. Am 1. September 1910 führte Pius X. den berüchtigten Antimodernisteneid ein.[375] Alle Priester, Kanoniker, Oberen und Dozenten der religiösen Orden sowie die Mitarbeiter in bischöflichen und päpstlichen Kurien hatten, unter Androhung der Exkommunikation, diesen Eid zu schwören. Theologen, Professoren und Priester, welche für die Freiheit der Forschung eintraten, wurden entlassen. Angeführt von dem fanatischen Prälaten Umberto Benigni wurde die *Sodalitium Pianum* oder Piusgesellschaft gegründet, ein internationales Netzwerk von Informanten, die Verstöße gegen den Eid durch Priester und Laien melden sollten. Der Eid war ein direkter Angriff auf die Werte der Aufklärung und auf die Bemühungen der Liberalen und Sozialisten für eine Emanzipation des Menschen. Damit stellte die Kirche sich gegen die Grundsätze der Demokratie. Pius X. wurde 1954 von Pius XII. heiliggesprochen.

Der Nachfolger von Pius X., Benedikt XV., schleuste die Kirche durch den Ersten Weltkrieg. Obwohl er moderater als sein Vorgänger war, wandte auch er sich gegen die „modernistischen Verfehlungen". Er war auch über den Ausgang des Ersten Weltkriegs enttäuscht. Professor Richard Rubinstein, Autor mehrerer Bücher über den Holocaust und Mitglied des *Comité Remembering for the Future* gibt eine rationale Erklärung für diese Haltung der Kirche. „Von der Position des Vatikans aus gesehen, endete der Erste Weltkrieg besonders unerfreulich. Abgesehen von der bolschewistischen Revolution hegte der Vatikan ein großes Misstrauen gegenüber der alliierten Opposition des protestantischen England, des antiklerikalen Frankreich, des orthodoxen Russland und der evangelischen Vereinigten Staaten. Trotz seiner offiziellen Neutralität billigte der Vatikan keineswegs die Auflösung des Habsburger Reiches, das er als Kern des christlichen Europas betrachtete."[376] In diesem Sinne sah der Vatikan die österreichisch-ungarische Doppelmonarchie als (militärischen) Damm gegen den durch den Zar unterstützten orthodoxen Glauben und den dominanten Protestantismus in Preußen. Ähnlich sah der Heilige Stuhl Deutschland (und Italien) als Festung gegen den bolschewistischen Expansionsdrang während und auch nach dem Zweiten Weltkrieg. Gleichfalls ablehnend, wegen der dominierenden Position der orthodoxen Serben, stellte sich die katholische Kirche zur Gründung Jugoslawiens, einem Nachbarstaat Italiens, meint Rubinstein. Die ganze geopolitische Situation, die aus dem Ersten Weltkrieg erwuchs, die Niederlage Deutschlands, das Verschwinden der österreichisch-ungarischen Doppelmonarchie, die erfolgreiche russische Revolution und die Gründung Jugoslawiens, waren in den Augen des Papstes geradezu Katastrophen. Dazu kam noch der Vormarsch des Sozialismus und Kommunismus in katholischen Ländern wie Österreich, Deutschland, Frankreich und Spanien.

Aber vor allem die eigene Position in Italien bereitete dem Vatikan Sorgen. Victor Emanuel II. hatte im Jahre 1870 den Kirchenstaat erobert. Er anerkannte zwar die Immunität und Souveränität von Papst Pius IX., verweigerte jedoch die territoriale Anerkennung. Die Folge war, dass sich Pius IX. und seine Nachfolger Leo XIII., Pius X., Benedikt XV. und Pius XI. weigerten, sich außerhalb des Vatikans zu bewegen. Sie führten einen erbitterten Kampf gegen Modernismus, Liberalismus und Sozialismus. Pius X. fürchtete die moderne Welt und wandte sich nachdrücklich gegen die demokratischen Ideen. Pius XI. sah sogar mehr Segen in dem aufstrebenden Faschismus von Benito Mussolini als in der katholischen Demokratischen Partei, der *Partito Populare*. Der Vatikan versprach Mussolini, ihm mit der Ausschaltung dieser Partei entgegenzukommen, was den Auftakt zu den Lateranverträgen bildete, die im Jahre 1929 unterzeichnet wurden.[377] Darin verzichtete der Heilige Stuhl auf seine Ansprüche auf die Gebiete der ehemaligen päpstlichen Staaten, im Gegenzug bekam er Vatikanstadt (einschließlich der päpstlichen Besitztümer bei Castel Gandolfo und vielen anderen Kirchen), wodurch der Papst offiziell Staatsoberhaupt wurde. Der römische Katholizismus wurde Staatsreligion in Italien, in allen Klassenzimmern hatten Kruzifixe zu hängen und die Armee bekam katholische Militärgeistliche, die den Soldaten beizustehen hatten. Der Papst konnte aus eigener Macht die Bischöfe ernennen, obgleich sie eine Loyalitätserklärung dem Staat gegenüber abzulegen und jede politische Betätigung zu unterlassen hatten. Der Vertrag sicherte dem Vatikan auch eine riesige Summe Geld zu, namentlich 750 Millionen Lire in bar und eine Milliarde Lire in Staatsanleihen. Diesen Betrag war Mussolini zu zahlen bereit, da der Duce aufgrund seiner Vereinbarung mit dem Papst nationalen und internationalen Respekt erwarb und so das faschistische System annehmbar sowohl für die Kirche als auch für die demokratischen Staaten wurde.[378] Pacelli sprach von einem „wichtigen Wendepunkt in der Zeitgeschichte“. Dieser Vertrag war der Vorbote des Konkordats, das der Vatikan 1933 mit Hitler schließen sollte.

Der Vatikan und mit ihm viele Verteidiger von Pius XII. behaupten permanent, dass der Papst wenig oder nichts gegen die Missstände unter dem Nazismus hatte tun können. Das stimmt nicht. Widerstand der Geistlichkeit hätte große Wirkung haben können und in dem Rahmen, in dem es ihn gab, hatte er das auch. Das geschah beim religiösen Widerstand gegen das berüchtigte T4-Programm der „Nazis“, der Ermordung tausender körperlich und geistig Behinderter in Deutschland und Österreich durch aktive Euthanasie. Hitler stoppte das Programm wegen des Protestes protestantischer und katholischer Gruppen aus Angst, dass die Christen sich massenweise von seinem Regime abwenden könnten (siehe nächster Abschnitt). Die zentrale Frage bleibt denn auch, warum Papst Pius XII. seine große moralische Autorität nicht nutzte, um den Mord an Millionen von Juden zu verurteilen. Hesemann schreibt, dass die Bischöfe nicht in der Lage waren, den Holocaust zu stoppen. Natürlich, denn wie hätte das geschehen können, solange der Stellvertreter Gottes, der als unfehlbar betrachtete Papst, selbst schwieg? Die ganze Welt schwieg, entgegnet der Autor, und er hat weitestgehend recht – es sei nur an die beschämende Haltung fast aller Länder auf den Konferenzen von Evian und Bermuda (siehe Kapitel 33) erinnert –, aber das entbindet Pius XII. nicht von seiner Verantwortung. Seine Zurückhaltung ergab sich nach Hesemann aus dem Bestreben *ad maiora mala vitanda* (um größeres Übel zu verhindern). Was soll man sich darunter vorstellen? Dass die „Nazis" den Papst entführt hätten? Dass sie mit ihrer stark geschwächten Luftmacht (im Vergleich zu den Briten und Amerikanern) den Vatikan bombardiert hätten? Oder dass Hitler nach der Ermordung von Millionen Juden die Jagd auf die Millionen von Katholiken im Dritten Reich und darüber hinaus eröffnen würde? Alles Annahmen und Vermutungen, aber in der Zwischenzeit wurden die Juden massakriert. „Wie kann man das [ad maiora mala vitanda] verstehen, wenn etwas viel Schlimmeres als das, nämlich die umfassendste Menschenjagd in der Geschichte des Westens, so Gott helfe, nicht berücksichtigt wird", so Pater Clemens Brenninkmeijer.[379]

Natürlich gab es, wie bereits hervorgehoben, auch gewöhnliche Katholiken und Protestanten, Priester und Nonnen, die auf eigene Initiative Juden halfen. Es waren einzelne Gläubige, die aus christlicher Inspiration Widerstand gegen das totalitäre Denken leisteten. Aber es gab weitaus mehr andere, die den Blick abwendeten oder sogar aktiv mit den „Nazis" zusammenarbeiteten. Millionen Parteimitglieder im Dritten Reich blieben ihrem christlichen Glauben treu. Im Jahr 1933 gewannen die „Deutschen Christen", eine den „Nazis" verbundene religiöse Gruppe, überzeugend die Wahlen für die Kirchenvorstände. Sie sympathisierten mit Hitler und traten für die Einführung des Arierparagraphen ein, wonach Pfarrer jüdischer Abstammung ihr Amt niederzulegen hatten und Juden aus allen Ämtern entfernt wurden. Der Arierparagraph wurde am 7. April 1933 erlassen. Mehrere Würdenträger, unter ihnen die Kardinäle Adolf Bertram und Michael Faulhaber, die Erzbischöfe Theodor Innitzer, Conrad Gröber, Lorenz Jäger und Karl Joseph Schulte, die Bischöfe Michael Racki, Franz Bornewasser, Michael Buchberger, Anthonius Hilfrich, Theophil Wurm, Wilhelm Berning und Ludwig Sebastian, Reichsbischof Ludwig Müller, der Titularerzbischof und Nuntius Alberto Vassallo di Torregrossa, der Nuntius Cesare Orsenigo und Andere kollaborierten mit den „Nazis" und trugen mit ihrer öffentlichen Unterstützung des Antisemitismus indirekt zum Holocaust bei.[380] Nuntius Orsenigo hatte die wichtige Aufgabe, die Interessen der katholischen Kirche in Deutschland zu schützen, war aber in Wirklichkeit eine schwache Figur, die weder in Berlin noch in Rom ernst genommen wurde. Er war immer vorsichtig und ängstlich besorgt, jedes Ärgernis zu vermeiden.[381] Zudem war er fest davon überzeugt, dass nur Deutschland und der Vatikan, dieses materiell, jener geistig, in der Lage seien, sich gegen die bolschewistische Gefahr zu wehren.[382] Erzbischof Gröber wurde sogar förderndes Mitglied der SS, also ein sympathisierender Anhänger des nazistischen Elitekorps, bekannt als das grausamste und brutalste Instrument des Regimes.[383] Es war die SS, die im Jahre 1934 die Morde an Röhm und seinen SA-Kumpanen in der Nacht der Langen Messer beging und die die Leitung der berüchtigten Gestapo und der Konzentrationslager übernahm. Gröber blieb sympathisierendes SS-Mitglied bis 1938. Dann wurde er gegen seinen Willen entlassen.[384]

Abb. 24: Wahlpamphlet der „Nazis". Hitler, Staatssekretär Esser und der päpstliche Nuntius in Bayern Alberto Vassallo di Torregrossa.[388]

Lesen Sie die folgende Predigt von Reichsbischof Ludwig Müller, Haupt der Deutschen Christen, jener Vereinigung in der lutherischen Kirche, welche den Nationalsozialismus und das Christentum als miteinander vereinbar und einander ergänzend ansah: „Wenn wir unser deutsches Blut von fremdrassigem Blut reinigen wollen und wenn wir insbesondere die uns weltfremden jüdischen Einflüsse aus dem gesamten deutschen Lebensbereich verbannen wollen, dann steht als letztes Motiv hinter allem nichts als die Liebe für das deutsche Vaterland und das deutsche Volk. Diese opferbereite Liebe hat ein hartes kämpferisches Gesicht. Sie hasst alles Weiche und Schwache, weil sie weiß, dass jedes Leben nur gesund und lebenstüchtig bleibt, wenn all das Lebensfeindliche, das Schmutzige und Fremde entfernt und vernichtet wird."[385] In diesem Sinne markiert der Holocaust, so der amerikanische Philosoph Sam Harris, „den Höhepunkt des deutschen Tribalismus und der zweitausend Jahre christlicher Lästerung der Juden".[386] Den Antisemitismus, der zum Bau der NS-Vernichtungslager führte, sieht Harris dann auch als „ein direktes Erbe des mittelalterlichen Christentums", und er stellt fest, dass „sowohl die katholischen als auch die protestantischen Kirchen im Feld der Mittäterschaft am Völkermord der Nazis beschämende Dienste geleistet haben".[387]

Vielleicht übertreibt Goldhagen, wenn er sagt, dass der Holocaust nur in Deutschland hat stattfinden können. Richtig ist, dass der Hass auf die Juden in Deutschland und Österreich dermaßen groß war, dass er die Bedingungen lieferte, unter denen eine solche Barbarei im industriellen Maßstab möglich wurde. Es stimmt, dass Hitlers Religion auch von vielen obskuren Bewegungen und Ideen beeinflusst war. Aber die Tragödie der Schoah wäre nicht möglich gewesen ohne den weitverbreiteten christlichen Antisemitismus, der im Laufe der Geschichte, auch im frühen zwanzigsten Jahrhundert, einen solch starken Einfluss in Deutschland und in anderen europäischen Ländern ausübte. Hitler und seine Handlanger waren selbstverständlich die Hauptschuldigen, aber viele Kirchenführer und andere, unbekannte christliche Deutsche machten bewusst oder unbewusst mit. Auch sie tragen eine gewaltige Verantwortung für das größte Drama in der Geschichte der Menschheit.

Kapitel 15
Gottgläubigkeit und Ahnenerbe

Die Nazibonzen hatten wenig Respekt vor den religiösen Gefühlen ihrer Untertanen. In seinem Tagebuch berichtet Joseph Goebbels was Hitler an der Haltung des Klerus auszusetzen hatte. „Der Führer äußert sich scharf zu der arroganten Haltung der hohen und niedrigen Geistlichkeit. Der Wahnsinn der christlichen Heilslehre ist in der Tat für unsere Zeit völlig unbrauchbar geworden. Dennoch gibt es Gelehrte, entwickelte Männer mit hohen Positionen im öffentlichen Leben, die diesem kindlichen Glauben treu bleiben. Es ist einfach unverständlich, dass man die christliche Erlösungslehre noch immer als Leitfaden für das schwierige Leben betrachten kann.“[389] Dennoch wollte Hitler die christlichen Gläubigen, sowohl Protestanten als auch Katholiken, nicht gegen sich aufbringen. Schon gar nicht während des Krieges, als er die Unterstützung der Menschen vor Ort mehr denn je benötigte. Millionen Männer aus deutschen Familien waren in der Wehrmacht aktiv an der Ostfront, wo sie gegen den gottlosen Bolschewismus kämpften, der das christliche Abendland in seiner Existenz bedrohte, was sowohl durch die Kirche als auch durch die Lehrkräfte, die Armee und die politische Führung proklamiert wurde. Die Gefahr, dass der christliche Glaube untergehen könnte, war wohl diese wichtigste Motivation der deutschen Soldaten, um gnadenlos die „jüdisch-bolschewistische“ Bedrohung zu zerstören, eine Bedrohung, die von Goebbels Propagandamaschine ständig betont wurde. Damals zu verkünden, dass der Nationalsozialismus das Christentum vertilgen wollte, hätte die Motivation und die massive Unterstützung der Bevölkerung für Hitler mit einem Schlag ausgelöscht. Die Nazis mussten folglich jede stärkere Beunruhigung der Gläubigen vermeiden. Joseph Goebbels vermerkt in seinem Tagebuch am 11. März 1942: „Leider wurde eine Reihe von kirchlichen Gebäuden ohne mein Wissen durch die Partei und die Gestapo beschlagnahmt. Obwohl ich dies auf das Schärfste verboten habe, sind hier wieder ein paar Besserwisser ans Werk gegangen, mit dem Ergebnis, dass wir nun auch in Berlin einen Kirchenkonflikt haben, was ich absolut nicht wollte, sondern unter allen Umständen zu vermeiden versuchte.“[390] Am 25. April 1943 beschrieb Goebbels das folgende Problem: „Der SD [der staatliche Geheimdienst der „Nazis“, d.Verf.] hat der katholischen Kirche in Berlin die Clemenskapelle weggenommen. Papen schreibt mir einen Brief, in dem er mich bittet, diese Kapelle an die katholische Gemeinde zurückzugeben. Ich tue dies sofort und rufe den SD zur Verantwortung, wie er dazu kommt, in Berlin etwas zu veranlassen, das meinen Anweisungen völlig entgegensteht.“[391] Mit dieser Notiz macht Goebbels deutlich, dass Anweisungen existierten, die Kirche zu schonen, vor allem in der Periode, in der man jeden in der deutschen Gesellschaft brauchte, um gegen den gottlosen Bolschewismus zu kämpfen. Und diese Weisungen waren klar: Alle Kräfte müssen gegen den Feind im Osten gesammelt und jeder innere Kampf muss vermieden werden. Also keine Verfolgung von Geistlichen und Kirchen, kein Angriff auf die Religion oder die Priester, und schon gar keine Unruhe unter den vielen Familien, die ein oder mehrere Kinder an der Ostfront hatten.

Die negative Einstellung zum Bolschewismus war während des Krieges in Deutschland allgemein verbreitet. Es gab ein allgemeines Gefühl der Angst vor der „gottlosen“ Heilslehre der Kommunisten. Das verhinderte nicht, dass eine einflussreiche Gruppe innerhalb der nationalsozialistischen Bewegung, vor allem in der SS, noch viel weiter gehen wollte und sich offen als Alternative zum Christentum profilierte. Das war der harte Kern der SS, Menschen mit einer dezidiert antichristlichen Weltanschauung, die sich mit dem Amt Rosenberg bzw. mit dem Ahnenerbe der SS unter Leitung von Heinrich Himmler identifizierten.[392] Sie wandten sich mit Nachdruck gegen das Judentum, gegen die Freimaurerei und gegen das Christentum. Gerade diese, dem Judentum entstammende und folglich den germanischen Wurzeln fremde Religion, müsse nach Auffassung jener Führer vernichtet und durch eine Form artgemäßer Religiosität germanischer Herkunft, Gottgläubigkeit genannt, ersetzt werden. Das blieb nicht ohne Erfolg. Bis 1939 waren bereits drei Millionen Menschen, vor allem aus evangelisch-lutherischen Gemeinden, bekehrt. Ob sie sich bewusst machten, dass sie einer im Wesen anti-christlichen Bewegung beigetreten waren, ist eher unwahrscheinlich. Irmgard Hunt, deren Vater 1937 den Gottgläubigen beitrat, stellte als Kind zwar fest, dass ihre Schwester nicht getauft wurde, bemerkte jedoch in den folgenden Jahren kaum einen Unterschied zu ihren Altersgenossen, deren Eltern in der evangelischen Kirche geblieben waren. „Obwohl wir nun gottgläubig waren, habe ich, solange das Dritte Reich bestand, nie etwas über unsere neue Religion und seine ihr entsprechenden Werte gelernt – sogar ob wir nun an Gott glaubten oder nicht – wahrscheinlich, weil das nie ausgearbeitet wurde.“[393] Wohl versuchten die „Nazis“, eine Reihe von christlichen Feiertagen und Ritualen zu germanisieren. So sollte, mit der Rückkehr zum Fest der Wintersonnenwende, das vor dem Christentum in vielen Kulturen auf der nördlichen Hemisphäre gefeiert wurde, Weihnachten ein anderer Inhalt verliehen werden. Mit dieser Feier wurden der kürzeste Tag und die längste Nacht des Jahres verabschiedet. Zum mittwinterlichen Lichterfest, auch als Julfest bekannt, wurden große Feuer entfacht. Die „Nazis" betonten, dass Weihnachten in den germanischen Ländern keine Erfindung der Kirche, sondern eine ihrer heidnischen Ahnen gewesen sei. Wenn auch zahlreiche Abteilungen der Hitlerjugend solche Feste organisierten, so folgte dem doch in fast allen Familien das klassische Weihnachtsfest in christlicher Tradition.

Der Einfluss der von den „Nazis" erfundenen und aufgebauten neuen Religion blieb im Großen und Ganzen sehr beschränkt. Die Mitglieder faschistischer Organisationen hatten zwar ihre eigenen Kultstätten und eigenständige Dogmen und Rituale. Auch waren der SS kirchliche Ehen verboten und nur der Reichführer-SS Himmler selbst konnte die Einwilligung zu einer solchen Ehe geben. Dabei mussten die Mitglieder sich schweren Prüfungen unterziehen und besondere Gelübde schwören. Die Anschauungen basierten jedoch nicht so sehr auf einem Glauben, sondern auf einer Blut- und Bodentheorie, einem pseudobiologischen Mythos, der in einem Satz zusammenzufassen wäre: Alles, was der Erhaltung der Nation und der Rasse dient, ist gut, alles was auch nur im Geringsten deren Vitalität bedroht, ist schlecht und verwerflich. Um die Lebenskraft der Nation und der Rasse zu retten, müssen die Träger von fremdem Blut daher eliminiert werden. Damit waren aber die Glaubenssätze, die Rituale und die Symbolik des Protestantismus und des Katholizismus im Dritten Reich nicht abgeschafft, denn das wäre von der Bevölkerung nie akzeptiert worden. Allenfalls kann von der Transformation einer Form der religiösen Überlegenheit und Universalität, die beide christlichen Religionen beanspruchten, in eine Form der Überlegenheit von Rasse, Blut und Abstammung gesprochen werden. Michael Burleigh bietet dafür einen treffenden Vergleich zum Bau einer Eisenbahnbrücke: „Brücken können nicht abgerissen werden, denn das würde Zugreisen unmöglich machen. Statt dessen wird jeden Tag ein Querträger oder eine Schienenstange ersetzt, bis die Passagiere, die entweder dem keine Beachtung schenkten, oder dachten, dass nur kleine Einzelteile restauriert werden, schließlich erkannten, dass sie über eine völlig neue Brücke fahren. Es war ein langsamer, aber intensiver Prozess."[394] Eine Vielzahl Gottgläubiger nahm die neuen Glaubenssätze übrigens nicht sehr ernst und bekannte sich nur um der Karriere willen dazu oder um sich innerhalb der Volksgemeinschaft über die Volksgenossen erhaben zu fühlen. Das ergibt sich daraus, dass über Zweidrittel der Mitglieder der Allgemeinen SS kirchlich gebunden blieben; 54,2% davon blieben dem evangelischen und 23,7% dem katholischen Glauben treu. Nur unter den Mitgliedern der Waffen-SS war eine Mehrheit gottgläubig, doch selbst in deren Einheiten dienten katholische Kaplane.[395]

Die Spitze der Bewegung unter der Leitung Heinrich Himmlers hingegen nahm diese Vorstellungen schon ernst. Dort wurde die Gottgläubigkeit als ein Mittel betrachtet, die Ideale der nationalsozialistischen Bewegung, die Reinheit der germanischen Rasse, von Volk und Blut zu propagieren und zu festigen. Es wurde sorgfältig überlegt, wie christliche Elemente, die als jüdisch und daher fremd galten, auszuschalten und durch eine eigene Religiosität zu ersetzen wären. Übrigens ist bemerkenswert, dass die Soldaten der Wehrmacht ein Koppelschloss mit den Worten „Gott mit uns" trugen, der Slogan der SS dagegen „Meine Ehre heißt Treue" hieß. Gott war in ihren Augen kein Christ oder Jude, sondern ein Arier. Himmler selbst glaubte, dass dieser Gott, „der Uralte" oder „der Altvater", Hitler auf die Erde geschickt hatte, um das „Germanentum" in der Welt zu retten und den Kampf gegen den Osten zu führen. Für die SS schien Hitler sogar über Gott zu stehen.[396] Daher kam auch, dass die Anhänger des Ahnenerbes so großen Wert auf prähistorische Studien und Rassentheorien legten. Damit stellten sie sich gegen die christliche Vorstellung von der Gleichheit aller Menschen. Ihren festen Glauben an die Existenz von niederen und höheren Rassen wollten sie auch beweisen, nicht nur in der Theorie, sondern ebenso in der Praxis. Die SS wollte den neuen Glauben wissenschaftlich unterstützen und gründete an drei Standorten im neuen Großdeutschen Reich eigene Universitäten: in Posen (Poznan), Prag und Straßburg. Das waren keine staatlichen Universitäten wie die anderen akademischen Einrichtungen (die den Landesministerien für Bildung unterstanden), sondern Reichsuniversitäten unter unmittelbarer Hoheit des Reichsunterrichtsministeriums in Berlin. Diese Anstalten dienten hauptsächlich der „wissenschaftlichen Erforschung" der germanischen Vergangenheit. An der Reichsuniversität Posen wurde untersucht, was in den eroberten Gebieten zu tun wäre, wie man mit der lokalen Bevölkerung umzugehen hätte, nicht nur sozial und ökonomisch, sondern auch kulturell und gesellschaftlich. Im Mittelpunkt stand das Programm der Germanisierung des Ostraums. In Prag wiederum konzentrierte man sich auf die prähistorische Forschung, die „wissenschaftliche" Untersuchung der Wurzeln der deutschen Geschichte.[397] Schwerpunkt an der Universität Straßburg war hingegen die Lehre vom Ahnenerbe. Dort wurde die Rassentheorie auf der Grundlage einer

Abb. 25: Heinrich Himmler bei einem Besuch des KZ Mauthausen, 1942. Neben ihm der Lagerkommandant, SS-Sturmbannführer Franz Ziereis, rechts SS-Gruppenführer Ernst Kaltenbrunner.

medizinischen Forschung, die aller christlichen Moral beraubt war, untersucht. Die eigentliche Leitung lag in den Händen von Wolfram Sievers, SS-Standartenführer und Leiter des Instituts für wehrwissenschaftliche Zweckforschung, wo angewandte wissenschaftliche Forschung im Dienste der Kriegsführung betrieben wurde. Eine zentrale Figur war Professor August Hirt, Inhaber des Lehrstuhls für Anatomie und Direktor des Instituts für Anatomie an der medizinischen Fakultät. Auf diese Weise gelang es den Anhängern des Ahnenerbes, die traditionellen universitären Strukturen für ihre kriminellen Ideen zu missbrauchen. Um Weihnachten 1941 herum sandte August Hirt einen Brief an Rudolf Brandt, einen Berater Himmlers, mit folgender Frage: „Wir verfügen hier [in Straßburg, d.Verf.] über eine große Sammlung an Schädeln von fast allen Rassen und Völkern. Von der jüdischen Rasse gibt es nur ein paar Schädel ... Der gegenwärtige Krieg im Osten bietet uns eine großartige Gelegenheit, diese Lücke zu füllen. Indem Sie mir Schädel von jüdisch-bolschewistischen Kommissaren verschaffen, die den Prototyp des widerwärtigen, aber typischen Untermenschen repräsentieren, würden Sie uns eine wertvolle Ergänzung unserer Sammlung liefern."[398] Hirt glaubte an den wissenschaftlichen Wert der Phrenologie, einer Pseudowissenschaft also, auf der Basis von Schädelmessungen den verbrecherischen oder unvölkischen Charakter von Menschen bestimmen zu können. Himmler stimmte zu und ordnete an, Hirt so bald wie möglich Schädel zu liefern.

Im anatomischen Institut sammelte Hirt vollständige Skelette von Juden und Sinti und Roma, die ihm direkt aus den Konzentrationslagern zugesandt wurden. Einige Leichen waren noch warm, als sie in Straßburg angelangten, wo Hirt und seine Kollegen die Schädel vom Rumpf trennten und sie ihrer Sammlung hinzufügten. Im August 1943 wurden in Auschwitz 27 jüdische Frauen und 59 jüdische Männer von Dr. Bruno Beger, einem Mitarbeiter von Hirt, ausgewählt. Sie wurden dem Konzentrationslager Natzweiler-Struthof im Elsass überstellt und dort mit Gas getötet. Die Auftraggeber waren Sievers und Hirt, welche die Skelette für eine anthropologische Schausammlung, eine rassenideologisch motivierte Dauerausstellung zu verwenden gedachten. Geplant war eine wissenschaftlich glaubwürdigere Version einer ähnlichen Ausstellung unter dem Titel *Das körperliche und seelische Erscheinungsbild der Juden*, die 1939 vom Naturhistorischen Museum der Stadt Wien inszeniert worden war. Hirt und seinen Kollegen gelang es schließlich nicht, ihre Ausstellung rechtzeitig fertigzustellen, da die Amerikaner zu schnell nach Straßburg vorrückten. Ein Teil der Sammlung wurde zerstört und die restlichen Skelette der ermordeten Juden in einem Massengrab bestattet. Im Jahr 2004 entstand eine Ausstellung mit dem Titel *Die Namen der Zahlen*, die berichtete, wie die bis dahin unbekannten Opfer nach sechzig Jahren identifiziert werden konnten.

Die „Ahnenerbe“-Adepten unterhielten auch Kontakte zu Vertretern anderer Universitäten, so mit SS-Standartenführer Walther Wüst, Orientalist und Rektor der Universität München, und SS-Standartenführer Jacob Wilhelm Hauer, Indologe und Sanskritgelehrter, der eine Professur an der Universität Tübingen hatte und Autor von Büchern wie *Glaube und Blut* und *Religion und Rasse* war. Wolfram Sievers gab auch Anweisungen zu grausamen medizinischen Experimenten in die Konzentrationslager, so an Dr. Sigmund Rascher in Dachau, Professor Karl Gebhardt in Hohenlychen und Professor Carl Clauberg in Ravensbrück und Auschwitz-Birkenau. Wie stark Himmler von der Rassentheorie fasziniert war, zeigt besonders deutlich sein Plan, die SS zu einer elitären Gruppe von hochgewachsenen blonden, blauäugigen Herrenmenschen heranwachsen zu lassen. Zu diesem Zweck hatte er auch die „Aktion Lebensborn“ initiiert, wo SS-Angehörige mit sorgfältig ausgewählten unverheirateten Frauen mit „reinem“ Blut Kinder zeugen sollten. Die Geburten fanden unter absoluter Geheimhaltung statt. So entstanden in Deutschland und in vielen besetzten Gebieten Lebensbornhäuser, in denen mehr als 30.000 Kinder geboren und ein Teil von ihnen zu Adoptivfamilien gegeben wurden. Damit verstieß Himmler unmittelbar gegen die christliche Moral, welche die Erzeugung eines Kindes nur innerhalb der Ehe akzeptierte. Die geborenen Kinder wurden zwar getauft, aber mit einem Ritual, in dem sich germanische, nationalsozialistische und pseudo-christliche Elemente vermischten.

Die Gottgläubigkeitsbewegung und die Lehre des Ahnenerbes waren tatsächlich darauf gerichtet, das Christentum längerfristig zu verdrängen und, basierend auf den nationalsozialistischen Idealen, eine neue religiöse Bewegung aufzubauen. Deren Einfluss ist jedoch zu relativieren. Hitler selbst war nicht wirklich überzeugt von den wilden Plänen Himmlers. Zu einem bestimmten Zeitpunkt verwarnte er selbst den Parteiideologen Alfred Rosenberg und den SS-Chef Himmler: „Der Nationalsozialismus ist im Wesentlichen eine Volksbewegung und unter keinen Umständen eine Kultbewegung!“[399] Die NS-Führung hielt in der Öffentlichkeit immer Abstand zu den radikalsten Formen der völkisch-ariosophischen Antichristen, sagt Perry Pierik.[400] Auch der berühmte Hitlerbiograf Joachim Fest betont, dass der Führer Himmlers Ideen nicht sehr schätzte. „Hitler war ein kalter Akteur, der genau wusste, was der Zeitgeist benötigte. Das erreichte er mit Uniformen, langen Umzügen, Menschenmassen und messiasähnlichen Auftritten. In den dreißiger Jahren, in Friedenszeiten, gab es jedes Wochenende einen Coup. Nachdem Hitler an die Macht kam, wurde kontinuierlich etwas organisiert. Heute wird die Ideologie der Nazis überschätzt. Das ganze Brimborium um die nordische Rasse empfanden auch die Deutschen als Witz. So dumm waren sie nun auch wieder nicht. Sie bemerkten, dass die Führer der Nazis gar nicht so groß, blond und schlank waren. Man schaue sich nur Himmler, Ley und Streicher an, ganz zu schweigen von Goebbels und Hitler selbst. Nur Reinhard Heydrich ähnelte ein wenig dem ‘nordischen’ Menschen, aber ausgerechnet er wurde verdächtigt, ‘jüdischen Bluts’ zu sein. Hitler verspottete Himmlers Besessenheit vom Germanentum. Die Nazis waren erfolgreich, weil sie große, emotional wirkende Schauspiele inszenierten. Das Theater war ihre eigentliche Ideologie, das Spektakel das Geheimnis ihres Erfolgsrezepts, nicht die Frage der veredelten Rasse.“[401] Auch Burleigh relativiert: „Der Nationalsozialismus hatte zwar Liebhaber der Astrologie, des Okkultismus und des Neopaganismus unter seinen Anhängern, aber dieser Aspekt war zu vernachlässigen, verglichen mit den bösartigen Versuchen des Christentums sich radikal vom Judentum zu trennen und den Inhalt der christlichen Botschaft zu manipulieren.“[402]

Abb. 26: Frauen in der Lebensborneinrichtung auf der Schwanenwerder Insel.

Pius XII. muss diese ideologischen Konstruktionen des Faschismus gekannt haben, dafür war er lange genug Nuntius in Deutschland. Er hatte die verschiedenen Bewegungen im deutschen Geistesleben gut genug studieren können. So muss er erkannt haben, dass Hitler, mit dem er später das Konkordat abschloss, für seine Rassentheorie Unterstützung von den Nobelpreisträgern Philipp Lenard und Johannes Stark bekam. Er muss auch Kenntnis von der Existenz des Kaiser-Wilhelm-Instituts für Anthropologie, Eugenik und menschliche Erblehre gehabt haben, das als Think Tank für die Rassenpolitik des Nationalsozialismus diente und unter der Leitung von Eugen Fischer und später Otmar Freiherr von Verschuer, dem Doktorvater Mengeles, stand. Er wusste von dem durch die „Nazis" propagierten Buch *Rassenkunde des Deutschen Volkes* von Hans Günther (einem Schüler Fischers), welches mit die Grundlage für die antisemitische nationalsozialistische Rassenlehre legte, die in radikalem Gegensatz zum christlichen Glauben stand. „Das Christentum und der Nationalsozialismus waren in der Tat unvereinbar, was von beiden Seiten von Anfang an erkannt wurde", schreibt Hesemann.[403] Deshalb ist es so bizarr, dass der Papst die Gräueltaten der „Nazis", die er bereits seit Langem kannte, nicht explizit verurteilte. Über seine Bischöfe und seinen Nuntius in Berlin war er über die antichristlichen Ziele von Rosenberg, Himmler und der SS informiert. Sein Vorgänger, Pius XI., hatte das bereits erkannt. Im Jahr 1934 setzte er das Buch *Der Mythus des 20. Jahrhunderts*, eine Abhandlung über Antisemitismus, Judentum und Christentum von Alfred Rosenberg, auf den katholischen Index der verbotenen Bücher. Sein Nachfolger hielt sich in dieser Hinsicht bedeckter.

Kapitel 16
Der Hang zum Autoritarismus

„Ich denke, dass die Religion immer noch eine sehr wichtige Rolle im europäischen Leben spielt und dass sie in der Zukunft wahrscheinlich eine noch größere Rolle spielen wird." Das ist die Meinung des britischen Historikers Michael Burleigh, Autor des aufsehenerregenden Buches *Aardse machten*, in welchem er den Konflikt zwischen Politik und Religion in der Zeit zwischen der Französischen Revolution und dem Ersten Weltkrieg behandelt.[404] Die liberalen Ideen führten zu einer wachsenden Säkularisierung, welche die Macht der Kirche untergrub. Gleichzeitig entstanden auch Ideologien wie Sozialismus, Kommunismus und radikaler Nationalismus, die im folgenden Jahrhundert großen Einfluss und Macht erwerben sollten. Im Jahr 2006 erschien der zweite Teil, *Heilige doelen*, in dem sich der Autor der gleichen Widersprüche in der Periode vom Ende des Ersten Weltkriegs bis zur Gegenwart annimmt. Er verteidigt dort die umstrittene These, dass die Religionen und die katholische Kirche im Besonderen gegen die im 20. Jahrhundert so erfolgreichen totalitären Regime vehement Widerstand leisteten. Diese Sichtweise wird von christdemokratischen Politikern und Denkern mit viel Applaus bedacht; Papst Benedikt XVI. und die ehemalige US-Ministerin für auswärtige Angelegenheiten, Condoleezza Rice, zählen zu den Anhängern des Verfassers. Aber hat dieser auch recht?

Was den radikalen Nationalismus während des Ersten Weltkrieges betrifft, stimmt seine Aussage keinesfalls. Alle Krieg führenden Parteien hatten die Religion damals in ihren Arsenalen, um die eigenen Aggressionen zu rechtfertigen und dazu anzuheizen. Im Namen Gottes griffen sich Deutsche, Österreicher, Italiener, Russen, Briten und Franzosen vier Jahre lang gegenseitig an und ließen Millionen Tote in den Schützengräben zurück. Der Film *Joyeux Noel* von Christian Carion erzählt die wahre Geschichte von deutschen, französischen und britischen Frontsoldaten, die am Heiligabend 1914 aus den Gräben kamen, um sich zu begrüßen und Geschenke zu überreichen.[405] Das geschah an verschiedenen Stellen der Front. Manches Mal wurde sogar eine gemeinsame Messe zelebriert. Fast alle Soldaten waren ja Christen. Anschließend wurden viele Offiziere und

Mannschaften dafür bestraft, z. B. deutsche Soldaten an die Ostfront versetzt. Hohe Vertreter der Geistlichkeit waren einverstanden mit diesen Bestrafungen, weil die Soldaten die „religiöse Pflicht zum Schutz der heiligen Heimat“ verletzt hatten. Viele Geistliche ließen sich in den dreißiger und vierziger Jahren selbst vor den Karren des Faschismus spannen. Schlimmer noch, der Faschismus und sogar der Kommunismus wurden zu einer alternativen Religion mit dogmatischen Lehrsätzen, unfehlbaren Führern und einer neuzeitlichen Inquisition, welche, in Form der Gestapo (oder der sowjetischen GPU, später des NKWD) die „Gläubigen“ auf dem richtigen Weg halten sollten. Dass viele religiöse Menschen Widerstand gegen den Aufstieg dieser totalitären Systeme und deren Ersatzreligionen leisteten, ist eine Tatsache, aber dass die katholische Kirche dabei voranging, ist äußerst umstritten. So entschied sich Papst Pius XI. in Italien ausdrücklich für Mussolini, was die meisten katholischen Wähler in die Arme der Faschisten trieb. Im Jahr 1923 nannte der Papst Mussolini „einen Mann, der von der Vorsehung gesandt ist“.[406] Damit zog die Kirche die faschistischen Auffassungen von Ordnung, Disziplin und Tradition den humanen Werten des Säkularismus, Liberalismus und der Individualität vor. Sie präferierte also ausgerechnet jene Werte, die von den Faschisten verbrecherisch missbraucht und teilweise auch gegen die Macht der Kirche über die Gläubigen eingesetzt wurden.

Für Mussolini war der Faschismus eine Religion, die das individuelle Gewissen des Menschen ersetzen sollte. Gleiches geschah in der Sowjetunion, wo man den Menschen nicht als Ziel an sich, sondern als Mittel zum Nutzen des Kollektivs betrachtete. Nadeshda Mandelstam, Witwe des ermordeten Schriftstellers Ossip Mandelstam, registrierte, dass das Wort „Gewissen“ unter dem stalinistischen Regime vollständig verschwunden und durch „Klassenbewusstsein“ ersetzt war.[407] Konformismus, Dogmatismus und Unterwerfung führten zur Beseitigung des persönlichen Gewissens. Gerade das gehört zu den Merkmalen blinden Glaubens, den die Kirche von den Gläubigen erwartet. Burleigh zitiert zahlreiche Beispiele, die zeigen, dass die katholische Kirche sich den neuen totalitären Regimen widersetzte, aber er betont auch die starke Abneigung der Kirchenführer gegenüber der liberalen Demokratie und ihren Hang zum autoritären Staat, wobei die Interessen der katholischen Gläubigen – einschließlich der Juden, die zum Katholizismus konvertiert waren – Vorrang hatten. Das fortdauernde Ziel der Kirche war, wieder Einfluss auf Bildung, Familie und andere Aspekte des persönlichen Lebens zu gewinnen. Der Autor verweist auf die Opposition von Geistlichen gegen totalitäre Regime vor dem Zweiten Weltkrieg. Da wurden viele Katholiken Opfer im Kampf zwischen links und rechts. Priester wurden in den Teilen Spaniens, in denen die Republik die Macht hatte, getötet und auch in Russland wurden Geistliche erschossen, kirchlicher Besitz verstaatlicht und religiöse Praktiken abgeschafft. Aber Tatsache bleibt, dass die Führer der Christen eine besondere Form des Totalitarismus prinzipiell unterstützten, den Faschismus, der sich in den meisten Fällen eng an den virulenten Antisemitismus anschloss und vor allem gegen die Juden gekehrt war. Burleigh macht zwar geltend, dass die meisten deutschen und österreichischen Bischöfe dem Nationalsozialismus ablehnend gegenüberstanden, aber das ist nicht ganz richtig. Es waren dieselben katholischen Bischöfe, die am 29. März 1933 ihre früheren Einwände gegen den Nazismus für ein „zögerndes Ja" aufgaben, wie der Verfasser selbst schreibt. So erklärten sie in einem pastoralen Schreiben, dass die Mitgliedschaft in der NSDAP kein Problem mehr für den Besuch der Gottesdienste darstelle und NSDAP-Mitglieder auch in Uniform wieder zu den Sakramenten zugelassen seien (was sie vorher verboten hatten). Die Kirche schloss am 20. Juli 1933 das berüchtigte Konkordat mit den „Nazis" ab, wodurch Hitler legitimiert wurde und viele Katholiken ohne Gewissensprobleme der NSDAP beitreten konnten. Das Einzige, was Burleigh dem entgegensetzen kann, ist, dass die Protestanten noch viel gefügiger waren. Zugleich räumt er ein, dass die brutalen Praktiken des Faschismus und Stalinismus von jenen der katholischen Kirche kopiert waren. Erinnern wir an die Haltung der Inquisition gegen alle, die eine abweichende Meinung besaßen oder Kritik übten an den Grundsätzen des einzig wahren Glaubens.[408]

Das Konkordat war ein Irrtum, und Burleigh erkennt das auch. Er verweist auf den Historiker Konrad Repgen, um zu zeigen, dass die Meinungen zum Konkordat innerhalb des Vatikans geteilt und mehrere hohe Kirchenführer damit nicht einverstanden waren. Aber dem wird dann wieder von Heinrich Lutz widersprochen. Wie wir gesehen haben, begrüßte der katholische Erzbischof Kardinal Conrad Gröber das Konkordat und Kardinal Faulhaber aus München schrieb einen persönlichen Brief an Hitler, um ihn zu beglückwünschen. In seiner Enzyklika *Divini Redemptoris* vom 19. März 1937 wandte sich der Papst zwar mit starken Worten gegen den Kommunismus als einer Form des Totalitarismus. Er verbot allen Katholiken unter Androhung der Exkommunikation jede Zusammenarbeit.[409] Eine ähnliche Verurteilung des Nationalsozialismus und der Judenverfolgung ist in der Enzyklika *Mit brennender Sorge* vom 14. März 1937 jedoch nicht zu finden.[410] Priester, die Hitler kritisierten, wurden von den „Nazis" scharf angegriffen, aber die Kirchenführer protestierten kaum dagegen oder hielten sich bedeckt. Genau diese Haltung wurde später stark kritisiert. Burleigh gelingt es nicht, das zu widerlegen. So bestreitet der Autor, dass der Rassismus der „Nazis“ eine Folge des Antisemitismus war, der seit Jahrhunderten unter den Christen lebte. Bei den evangelischen Christen war die Zusammenarbeit mit den „Nazis“ jedoch noch evidenter. Die *Protestantische Liga* war die erste christliche Organisation überhaupt, welche die „Nazis“ offen unterstützte.[411] Der später so berühmte Theologe Martin Niemöller sprach im Jahr 1935 noch von den Juden als denjenigen, welche die Kreuzigung Christi verursacht hatten.[412] „Sie tragen den Fluch, und weil sie die Vergebung abgelehnt haben, tragen sie die gnadenlose Blutschuld ihrer Väter als eine schwere Bürde mit sich.“[413] Aber auch katholische Geistliche, darunter zahllose Päpste und Theologen, gaben über die Jahrhunderte hinweg antisemitische Erklärungen ab und vergifteten damit ihre Gläubigen.

Der Hass gegen die Juden war in der ersten Hälfte des zwanzigsten Jahrhunderts eine allgemeine Erscheinung. Burleigh selbst verweist auf die kroatische Ustascha, auf mörderische katholische Milizen, die enge Beziehungen zur Kirche unterhielten, und auf den slowakischen Führer Jozef Tiso, einen katholischen Priester, der aktiv an der Deportation der Juden aus seinem Land mitwirkte. Burleigh versucht, die Kirche und den Papst aus der Schusslinie zu halten, doch das gelingt ihm nicht wirklich. „Auch wenn der Papst versuchte, unparteiisch zu bleiben, war er moralisch nicht gleichgültig“, so schreibt er. Das klingt nett, half aber praktisch den Opfern wenig. Denken Sie an die jüdischen Kinder, die im August 1942 von Drancy nach Auschwitz deportiert wurden, an den hoffnungslosen Kampf der Juden im Warschauer Ghetto gegen die SS-Henker im Frühjahr 1943, und an die Vernichtung von mehr als 430.000 ungarischen Juden zwischen Mai und Juli 1944, zu einer Zeit, als die Kirche sehr wohl über die Tragödie der Judenvernichtung informiert war. Die Opfer hatten nichts von der möglichen moralischen Empörung einer der tonangebenden Stimmen dieser Zeit. Sie hatten eine öffentliche Verurteilung des mörderischen Naziregimes nötig, aber die blieb aus. Burleigh räumt ein, dass der Papst keine „unzweideutige Verurteilung der NS-Verfolgung, nicht nur die der Juden, sondern auch die der katholischen Polen, abgab“. Und er verweist auf Bischof Karol Radoski, der im Exil in London erklärte, dass „der Papst schweigt, als ob er sich nicht um seine Herde kümmert“. Ein besonderes Geschehen war die Deportation der römischen Juden im Oktober 1943 in unmittelbarer Nähe des Vatikans. Burleigh versucht, die Rolle des Papstes bei dieser Aktion herunterzuspielen. Realität ist jedoch, dass der Papst nicht einen Laut von sich gab, und höchstens einen informellen Protest äußerte, als mehr als tausend Juden aus seiner Stadt deportiert wurden. Auch hierauf kommen wir später im Detail zurück.

Burleigh verteidigt die Politik der Päpste vor und während des Zweiten Weltkrieges. Seine Argumente beantworten jedoch einige wichtige Fragen nicht, welche die Päpste und die Kirche in Verlegenheit bringen. Weshalb wurde so zeitig das Konkordat mit Hitler abgeschlossen, wodurch Nazi-Deutschland für die Welt zu einem respektablen Staat wurde? Warum schwieg Staatssekretär Kardinal Pacelli, der spätere Papst Pius XII., zu den Nürnberger Rassengesetzen, welche die Juden zu Untermenschen herabwürdigten und das Prinzip der Gleichheit aller Menschen unterminierten. Warum verurteilte die Kirche die Pogrome der berüchtigten Kristallnacht vom November 1938 nicht, obwohl sie darüber Bescheid wusste.[414] Weshalb haben die Kirchen im Deutschen Reich ihre Archive freigegeben, sodass die „Nazis“ die Personen identifizieren konnten, die Christen mit jüdischen Vorfahren waren? Warum unterstützten die Päpste Faschisten wie Mussolini, Hitler, Salazar, Franco, Pavelić, Tiso, Pétain von Anfang an und bis zum Ende des Krieges und sogar noch danach? Warum widersetzte sich die Kirche nachdrücklich der Entnazifizierung nach dem Krieg? Warum verhalf der katholische Klerus Naziverbrechern wie Klaus Barbie, Gerhard Bohne, Adolf Eichmann, Ante Pavelić, Erich Priebke, Walter Rauff, Franz Stangl, Gustav Wagner, Friedrich Warzok und anderen zur Flucht nach Südamerika? Warum wurde kein hochrangiger Nazi von der Kirche exkommuniziert? Warum wurde *Mein Kampf* nie in die Liste der verbotenen Bücher aufgenommen? Der rote Faden ist deutlich auszumachen. Die Kirche versuchte, ihre Positionen zu sichern und fuhr einen opportunistischen Kurs, womit sie Millionen notleidender Menschen im Stich ließ. Eine derartige Haltung hat einen Namen: schuldhafte Unterlassung. Und in manchen Fällen, in der Slowakei und in Kroatien, ist sogar von aktiver Beteiligung und Mittäterschaft der katholischen Geistlichkeit beim Töten der orthodoxen Serben und der Juden auszugehen. Auch das hat einen Namen: Massaker.

Nach dem Krieg wurden in vielen Ländern demokratische Verhältnisse wiederhergestellt und das Recht auf Selbstbestimmung des Menschen wiederbelebt, das das totalitäre Regime so lange verletzt hatte. Dass Burleigh damit nicht glücklich ist, reflektiert seine Beurteilung der in der zweiten Hälfte des zwanzigsten Jahrhunderts erworbenen Rechte und Freiheiten. Für ihn sind vor allem die sechziger Jahre eine Zeit des moralischen Niedergangs. „Überall in Europa und den USA fand eine Reihe von unbedeutenden Konfrontationen statt", schreibt er in *Heilige doelen.* „Unbedeutend", so steht es dort buchstäblich. Eine schockierende These. Just in dieser Zeit starben zahlreiche Tabus und unmenschliche Formen der Diskriminierung und Unterdrückung wurden zunehmend erfolgreich bekämpft. Denken Sie an die Segregation der Schwarzen in den Vereinigten Staaten, das System der Apartheid in Südafrika und die minderwertige Stellung der Frau im Allgemeinen. Doch das ist nicht Thema des Autors. Er meint vielmehr das angeblich verheerende Zweite Vatikanische Konzil und die katastrophale „Abschaffung der alten Liturgien", die den Weg für poppige Kirchenaktivitäten freimachen sollte. Er schlägt ein auf die sogenannten Befreiungstheologen, für ihn marxistische Manipulateure. Burleigh befürwortet eine Rückkehr zu den heiligen Texten als Grundlage für strenge Gesetze gegen Abtreibung, Sterbehilfe, Scheidung und Homo-Ehe. „Leute wie Ronald Reagan, Margaret Thatcher und Frederik De Klerk wussten, wofür sie kämpften", schreibt er. Vor allem der letzte Name ist bemerkenswert und spricht Bände über die ideologische wie auch moralische Auslese, die Burleigh betreibt. Jedenfalls sieht er die sechziger Jahre und die folgenden Jahrzehnte als eine Zeit der Dekadenz und des Verfalls, die für ihn schreckliche Erscheinungen wie individuelle Freiheit, Individualismus und Konsumismus mit sich brachten.

Burleigh geht auch auf die wichtige Rolle ein, welche der Kirche bei der Unterminierung des Kommunismus zukam: Illegale Zeitschriften untergruben die moralischen und kulturellen Grundlagen der roten Führer. Die Wahl Karol Wojtylas zum Papst übte auch einen enormen Einfluss auf Osteuropa und vor allem auf das Denken in Polen aus. Bei einigen gut organisierten Besuchen in seinem Vaterland wusste Papst Johannes Paul II. meisterhaft die Saiten unterschwelliger Ressentiments in Ost-Europa zu spielen. So waren die Kirchen „eine wichtige Kraft in der wachsenden Opposition gegen das Regime". Aber auch diese Geschichte ist einseitig. Die Unzufriedenheit gärte schon lange; sie wurde vor allem durch die materiellen und kulturellen Einschränkungen, die der Kommunismus hervorbrachte, genährt. Letztendlich fiel die Mauer nicht in Polen oder Ostdeutschland, sondern in Ungarn, wo man die Grenze öffnete in der Gewissheit, dass die Sowjets dieses Mal (nach den Aufständen von 1953, 1956 und 1968) nicht militärisch eingreifen würden. Dass der christliche Glauben dann einen starken Impuls bekam, vor allem in Polen, ist nicht überraschend nach Jahren der Unterdrückung durch die Kommunisten. Aber die Freiheit, nach der sich die Menschen sehnten, war mehr als nur Freiheit der Religion. Sie rebellierten gegen jegliche Form von Unterdrückung. Sie wollten Selbstständigkeit, Individualismus und Konsumismus, genau das, was Burleigh so verabscheut. Die Anschläge vom 11. September 2001 bildeten einen neuen Bruch. Sie wurden von pathologischen Antisemiten, wie dem Terroristen Atta, der New York als das „Epizentrum der jüdischen Weltmacht“ betrachtete, durchgeführt. Burleigh sieht sie als einen Angriff auf die westliche christliche Zivilisation und vor allem auf die Moderne, den Liberalismus und den Individualismus im Westen. Dabei scheint er zu vergessen, dass die schärfsten Angriffe auf die Modernität aus Saudi-Arabien und Pakistan kommen, Ländern, die mehr als andere vom ehemaligen amerikanischen Präsidenten, dem wiedergeborenen Christen George W. Bush, unterstützt wurden, von dem Mann also, der sich selbst als moderner Kreuzfahrer verstand. Was Burleigh stört, ist der Säkularismus und der entschiedene europäische Wille, das Christentum aus der Politik zu vertreiben. Er greift heftig die britischen Progressiven und die in seinen Augen „aggressiven Säkularisten in Belgien, Frankreich und Spanien“ an. Das Buch endet mit einer etwas konfusen Anklage des muslimischen Fundamentalismus, aber es gelingt nicht, die Notwendigkeit eines neuen und gestärkten Christentums zu verdeutlichen. Die Antwort auf den Terrorismus sollte in der Tat nicht in einer religiösen Alternative gesucht werden, sondern in der Vernunft. Nur sie kann für Lösungen sorgen wie in Nordirland, und, wie wir hoffen dürfen, für die Konflikte im Nahen Osten. *Heilige doelen* überzeugt nicht, mehr noch, es verwischt den verheerenden Einfluss des Glaubens auf die schrecklichen Ereignisse des vergangenen Jahrhunderts und vor allem auf die ambivalente Rolle des Papstes während des Zweiten Weltkrieges.

Kapitel 17
Das T4-Programm

Gruppen der Hitlerjugend besuchten Krankenhäuser und entsprechende Einrichtungen, um sich geistig Behinderte anzuschauen.[415] Dort hörten sie, wie teuer die Behandlung dieser „Verrückten" sei und was den Staat erst deren eventuelle Fortpflanzung kosten würde. Den Jugendlichen wurde gesagt, dass der Tagessatz für gewöhnliche Schüler bei 2, für psychisch Kranke und Behinderte hingegen bei 4 bzw. 5,50 Reichsmark läge. Reichsärzteführer Gerhard Wagner errechnete im Jahre 1934 für die Hilfe für psychische Kranke, „sozial Behinderte", Taubstumme und Alkoholiker einen Gesamtaufwand von 1,2 Milliarden Mark. Der Nazistaat hatte daher ein großes Interesse daran, diese „unerwünschten Personen" zu beseitigen. Diese Ideen fußten auf dem Buch *Die Freigabe der Vernichtung lebensunwerten Lebens* des Juristen Karl Binding und des Psychiaters Alfred Hoche, in welchem die Verfasser vorschlugen, der „moralischen und sozialen Degeneration" des deutschen Volkes durch eine massenhafte Euthanasie entgegenzutreten.[416] Sie prägten den Begriff „Ballastexistenz" für ein „unwertes" Menschenleben, eine „Ballastexistenz", die im Interesse von Volk und Staat besser vernichtet werden sollte. Die ersten Maßnahmen, welche die „Nazis" trafen, waren 1933 zwei Gesetze, die im Jahr darauf in Kraft traten: das Gesetz zur Schadenverhütung erbkranken Nachwuchses und das Gesetz gegen gefährliche Gewohnheitsverbrecher. Diese Gesetze ermöglichten die Zwangssterilisation von Menschen mit Erbkrankheiten. In der Praxis waren auch viele geistig Behinderte, als asozial eingestufte Menschen und sogenannte „Rheinlandbastarde" betroffen.[417] Von 1934 bis 1945 wurden zwischen 320.000 und 350.000 Männer und Frauen sterilisiert und fast hundert Menschen starben während der Operation.[418] Dass der Vatikan sich solchen Methoden nicht widersetzte, geht aus einem Brief von Pacelli an Kardinal Schulte (Köln) vom 18. Dezember 1935 hervor: „Was die kirchliche Stellungnahme zur Sterilisation, in der in Deutschland üblichen Form einer Verkündung von der Kanzel, angeht, wäre ein Schritt durch den Heiligen Stuhl im vorgeschlagenen Sinne (ein Protest) nicht sehr ratsam. Eine negative Entscheidung der Reichsregierung würde die Position des Episkopats nur erschweren."[419] Inzwischen wurde die Bevölkerung propa-

Abb. 27: Cartoon über die Kosten der Pflege von psychisch Kranken.

gandistisch bearbeitet, um noch ganz andere Formen der Euthanasie zu akzeptieren. Mittels Zeitungskarikaturen und in Pseudo-Dokumentarfilmen wie *Das Erbe* (1935), *Erbkrank* (1936) und *Opfer der Vergangenheit* (1937) wurden schreckliche Bilder von psychisch Kranken gezeigt, welche die Betrachter von der Nützlichkeit des „Gnadentodes" überzeugen sollten. Der letzte Film wurde in fast allen deutschen Kinos gezeigt und erreichte Hunderttausende Bürger.

Im Herbst 1939 starteten die „Nazis" eine Kampagne zur Eliminierung entstellter, geistig behinderter oder psychisch kranker Menschen. Darüber hinaus richteten sie ihr Augenmerk auf Personen mit schweren neurologischen Krankheiten, auf Epileptiker und an Syphilis Erkrankte sowie auf alle, die mehr als fünf Monate Krankenhauspflege benötigten. Das Ziel war klar: Um der genetischen Reinheit des deutschen Volkes willen sollten Menschen mit derartigen Behinderungen so bald wie möglich sterilisiert oder getötet werden. Sie wurden ja als unwertes Leben oder das Volk belastende Kranke angesehen. Auf diese Weise war ihnen Nachwuchs versagt, was schließlich zu einer gesünderen Bevölkerung ohne geistige und körperliche Behinderungen führen sollte. Noch wichtiger war, mit Blick auf den Krieg, das Ziel, durch den Abgang der psychisch Kranken freie Betten in Krankenhäusern und Pflegeeinrichtungen zu schaffen. Dieses Programm stand unter Leitung von SS-Oberführer Viktor Brack, SS-Obergruppenführer Philip Bouhler und Karl Brandt, dem Leibarzt Adolf Hitlers. Deren Hauptquartier lag in der Tiergartenstraße 4, in einem noblen Stadtteil von Berlin, weshalb vom „T4-Programm" gesprochen wurde. Im Jahre 1939 wurde die Reichsarbeitsgemeinschaft Heil- und Pflegeanstalten gegründet, eine Vereinigung, die ihre Aufträge aus dem Reichskanzleramt erhielt. Sie versandte am 3. Oktober Anmeldeformulare an alle psychiatrischen Einrichtungen im Reich, oft auch an Klöster und christliche Pflegeheime. Rund 200.000 ausgefüllte Formulare gingen in den folgenden Wochen an die T4-Zentralstelle zurück.[420] Diese reichte die Daten an Experten weiter, die dann über Leben und Tod der Patienten entschieden. Ein einfaches Pluszeichen bedeutete den Tod. Die Patienten wurden von einem eigenen Transportsystem des T4-Programms, dem Gemeinnützigen Krankentransport (Gekrat), abgeholt. Graue Busse mit getönten Scheiben brachten die Opfer zu den Vernichtungseinrichtungen. Dort unterzog man sie einer speziellen Behandlung, dem sogenannten „Gnadentod".

In seinem Buch *In the Name of the People: Perpetrators of Genocide in the Reflection of Their Post-War Production in West Germany*, in dem er sich auf Euthanasie-Straftaten und auf die sog. Aktion Reinhard konzentriert, zeigt der niederländische Historiker Dick De Mildt ein schockierendes Bild von der Weise, wie auch Kinder Opfer des T4-Programms wurden.[421] Das Ministerium des Innern befahl am 18. August 1939 allen Ärzten und Hebammen, über bestimmte Kategorien von geistig und körperlich behinderten Kindern unter drei Jahren (später wurde das Alter auf 16 Jahre angehoben) an den Reichsausschuss zur wissenschaftlichen Erfassung von erb- und anlagebedingten schweren Leiden zu berichten, mit dem Argument, dass diese Daten erforderlich seien, um spezielle wissenschaftliche Fragen zu klären. Diese Berichte kamen auf den Tisch von Hans Hefelmann und Richard von Hegener, die entschieden, wer zur Euthanasie geschickt wurde. Die anderen Berichte schickten sie an drei Kinderheilkundige, Professor Werner Catel in Leipzig, Hans Heinze in Brandenburg und Ernst Wentzler in Berlin, die dann über Leben oder Tod entschieden. Die betroffenen Kinder wurden in Kinderfachabteilungen in Krankenhäusern oder Heil-und Pflegeanstalten sowie in psychiatrischen Einrichtungen überstellt. Insgesamt wurden dort rund 5.000 Kinder ermordet.

Zwischen Dezember 1939 und August 1941 wurden im Rahmen des T4-Programms 70.000 Deutsche, aber auch Juden und Kriegsgefangene aus Konzentrationslagern, durch Aushungern, tödliche Injektionen, Vergiftung oder Vergasung heimlich liquidiert. Unter ihnen befanden sich viele Tausend Kinder und Jugendliche bis zu einem Alter von sechzehn Jahren. Das Morden geschah in den Einrichtungen von Grafeneck, Hartheim, Hadamar, Bernburg, Brandenburg/Havel und Pirna-Sonnenstein, wo Gaskammern benutzt wurden.[422] Nach der Eroberung Polens entstand eine solche Einrichtung auch in Meseritz-Obrawalde, wo Tausende von psychisch kranken Menschen durch Giftinjektionen zu Tode kamen. Diese Morde wurden durch Nazi-Ärzte und Krankenschwestern begangen, die ein Dokument zu unterzeichnen hatten, in dem sie erklärten, ihre Tätigkeit geheim zu halten, was geradezu im Widerspruch zu dem Eid des Hippokrates stand. Die Mitarbeiter auf Schloss Hartheim mussten ein Dokument mit fünf Punkten unterschreiben: „(1) Mir ist bekannt, dass ich über alle mir im Zusammenhang mit meiner dienstlichen Tätigkeit bekannt werdenden Angelegenheiten gegenüber jedermann und gegenüber jeder Stelle des Staates wie auch der Bewegung unbedingte Verschwiegenheit zu wahren habe und dass mich von dieser Verpflichtung niemand anderer entbinden kann, als der Reichsstatthalter und Gauleiter bzw. Leiter der Anstalt, Dr. Lohnauer. (2) Ich weiß, dass mir diese auf das unbedingteste einzuhaltende Verpflichtung deshalb auferlegt wird, weil sich unter den zu meiner Kenntnis gelangenden Tatsachen Vorgänge befinden, welche ‘Geheime Reichssachen’, also Staatsgeheimnisse sind. (3) Ich weiß, dass auf Verrat von geheimen Reichssachen die Todesstrafe steht und dass auch versuchter oder nur fahrlässiger Verrat mit der Todesstrafe geahndet werden kann. (4) Ich weiß, dass alle Angelegenheiten, die mit der Transferierung der Patienten in andere Anstalten zusammenhängen, als geheime Reichssachen anzusehen sind. (5) Ich weiß, dass diese Verpflichtung auch für die gesamte Zeit nach eventueller Beendigung meines Dienstverhältnisses gilt. Ich habe den Inhalt der vorstehenden Erklärung, nachdem er mir vorher mündlich erläutert worden ist, genau durchgelesen, und eigenhändig wie folgt unterschieben.“[423] Allein schon aus diesem Text hätten die künftigen Mitarbeiter dieses Mordprogramm ablesen können, dass sie Ungeheuerliches umzusetzen hatten. Das Schloss Sonnenstein gewann schnell den Namen „Euthanasie Institut“. Dr. Horst Schumann tötete dort Tausende von Menschen durch Gas. In Grafeneck wurden Hunderte von physisch bzw. psychisch behinderten Patienten, oft auch als „unnütze Esser“ diffamiert, vernichtet, um die Reinheit der arischen Rasse zu schützen. In Hadamar wurden zwischen Januar und September 1941 mehr als 10.000 Menschen vergast. Das wichtigste Zentrum befand sich in Hartheim und wurde von den Ärzten Rudolf Lohnauer und Georg Renno geleitet. Dort wurden die „Patienten“ nicht nur nach ihrer Krankheit, sondern auch nach ihrer Arbeitsfähigkeit beurteilt. Wer nicht fit

Abb. 28: Ein Bus der Gekrat, Grafeneck 1940. Mit den „grauen Bussen" wurden die Internierten zum Tötungsort gebracht.

genug war, wurde getötet. Anschließend zog man die Goldzähne und verbrannte den Körper. Hartheim war auch Ausbildungszentrum für Euthanasie, dort wurde ein großer Teil der Mitarbeiter anderer Anstalten geschult, um die Patienten zu „behandeln". Einer der dortigen Mitarbeiter war Franz Stangl, ein ehemaliger Polizist aus der österreichischen Stadt Linz. Er war von November 1940 bis Februar 1942 Direktor des Instituts für Euthanasie im Schloss Hartheim.[424]

Mit der Zeit begannen immer mehr Familien, Fragen nach der wahren Todesursache ihrer Kinder und Verwandten zu stellen. Die Angehörigen bekamen eine vorgedruckte Sterbeurkunde mit einer gefälschten Todesursache (meist Herzstillstand oder Pneumonie) und eine Urne zugesandt, meist mit vermischter Asche verschiedener Opfer. Die angegebene Todesursache war in manchen Fällen sogar absolut unmöglich. So stand in einer Urkunde, dass ein junger Mann an einer akuten Blinddarmentzündung verstorben sei, dessen Blinddarm jedoch bereits vor der Aufnahme in die Einrichtung operativ entfernt worden war. Mehrere Familien in derselben Stadt empfingen am selben Tag die Todesnachricht, was für viel Aufsehen sorgte. In einem anderen Fall wurden den Eltern zwei Urnen ihres verstorbenen Sohns ausgeliefert. Irmgard Hunt erzählt, wie sie während ihrer Kindheit in Berchtesgaden, in der Nähe des Obersalzbergs, wo Hitler seinen berüchtigten Adlerhorst hatte, mit den Kindern einer Familie spielte, von denen zwei geistig behindert waren. Das jüngste Mädchen, kam nie nach draußen, wurde aber eines Tages dennoch vom „Gesundheitsdienst“ abgeholt. Einige Wochen später wurden die Eltern informiert, dass es an einer Erkältung verstorben sei.[425] Sofort wurde das andere geistig behinderte Kind versteckt. Dieser Vorfall zeigt, dass die Eltern schnell begriffen, was mit ihren Kindern geschehen war. Laurence Rees erwähnt als Beispiel die Familie von Gerda Bernhardt. Ihr Bruder Manfred, der geistig behindert zu Hause blieb, wurde auf Antrag der Behörden auf einen Bauernhof nahe Aplerbeck gebracht.[426] Einige Wochen später wurde den Eltern mitgeteilt, dass Manfred eines natürlichen Todes als Folge der Masern gestorben sei. Gerda Bernhardt stellte fest, dass in dieser Zeit sehr viele Kinder in Aplerbeck gestorben waren und besuchte den Hof. Dort sah sie in einem Zimmer die Leichen von fünfzehn Kindern unter weißen Laken. Viele Eltern baten ihre Priester und Pfarrer um Aufklärung, aber diese konnten keine schlüssigen Erklärungen liefern. Die Gerüchteküche kam in Gang und immer mehr Eltern weigerten sich, ihre behinderten Kinder den Behörden auszuliefern. Die Bürger sahen, wie Patienten aus den verblendeten Bussen in Gebäude mit Schornsteinen getragen wurden, die fortdauernd schwarzen Rauch und einen schrecklichen Brandgeruch verbreiteten. In Hartheim regnete es sogar Asche mit menschlichem Haar.[427] Die Beileidsbriefe enthielten in der Regel ein und denselben Inhalt und auch die Nachrufe ähnelten einander auf eine unheimliche Weise. Die Bevölkerung wurde argwöhnisch und mit ihr auch die Geistlichen.

Entgegen der landläufigen Meinung empfanden auch viele Christen Sympathie für die Eugenik. Auch über Euthanasie für psychisch Kranke gab es bei einigen mehrdeutige Äußerungen. Sereny beschreibt detailliert, wie Viktor Brack, der die tatsächliche Leitung des T4-Programms hatte, bei dem SS-Offizier Albert Hartl Rat über eine mögliche Reaktion der Kirche einholen ließ. Hartl war ein ehemaliger Priester, der 1935 als SS-Major für die Information über die Kirchen im Reichssicherheitshauptamt verantwortlich war. Hartl legte die Frage zunächst August Wilhelm Patin, Kanonikus der Sankt Kajetanerkirche in München, vor. Diesem zufolge würde es keine grundsätzliche Opposition geben. Hartl holte dann den Rat von Professor Joseph Mayer ein, der Moraltheologie an der katholischen Universität Paderborn lehrte. Er verfasste ein Dokument von über hundert Seiten historischer Erörterungen, moralischer Argumente und Verweise auf Kirchengelehrte. Seine Schlussfolgerung war, dass Euthanasie psychisch Kranker vertretbar sei.[428] Hartl ließ sich auch beraten von Joseph Roth,

Abb. 29: Rauchfahne aus dem Schornstein des Krematoriums Hadamar, 1941.

dem Leiter der katholischen Abteilung des Ministeriums für kirchliche Angelegenheiten des Reiches, der ebenfalls keine Einwände hatte. Roth wiederum besprach sich mit dem päpstlichen Nuntius Cesare Orsenigo und mit Erzbischof Wilhelm Berning von Osnabrück. Ersterer erklärte, dass er es „informell" zur Kenntnis nähme, und fügte keinen Kommentar hinzu. Berning sagte nur, dass einige Passagen des Berichtes außerordentlich ärgerlich für die Kirche seien. Schließlich sprach Hartl noch mit Bischof Heinrich Wienken von Berlin, und der „zeigte großes Verständnis für die geplanten Maßnahmen".[429] Auf jeden Fall ist es ausgeschlossen, dass die Kirche nichts über das T4-Programm wusste, sagt Sereny. Psychisch Kranke waren auch in kirchlichen Einrichtungen untergebracht. Sereny ist daher entsetzt über das Schweigen der deutschen Kirchen zwischen Sommer 1939 und Frühjahr 1940. Auch der Historiker Klaus Scholder versteht das Schweigen nicht, vor allem deshalb nicht, weil die Kirche sehr früh wusste, was geschah.[430]

Im Laufe des Jahres 1940 erreichten dennoch erste Protestbriefe betroffener Eltern die Kirchen, die Staatskanzlei des Führers und das Ministerium der Justiz. Es war der evangelische Bischof von Württemberg, Theophil Wurm, der zuerst gegen die Ermordung von psychisch Kranken und Behinderten protestierte. In einem persönlichen Schreiben vom 19. März 1940 an Wilhelm Frick, Reichsminister für Innere Angelegenheiten, verurteilte er die Praxis: „Dass ein Volk für seine Existenz kämpft und dass keiner zu gut ist, um in diesem Existenzkampf sein Leben einzusetzen, das dürfen wir als Gottes Willen und Gebot ansehen; dass aber das Leben Schwacher und Wehrloser vernichtet wird, nicht weil sie eine Gefahr für uns sind, sondern weil wir dessen überdrüssig sind, sie zu ernähren und zu pflegen – das ist gegen Gottes Gebot.“[431] Dieser Reaktion folgten persönliche Briefe von Kardinal Bertram (11. August 1940), Bischof Wienken (22. August 1940) und Erzbischof Faulhaber (6. November 1940), aber keiner dieser Proteste erfolgte öffentlich. Hitler war jedoch sehr empfindlich, was die deutsche öffentliche Meinung anging. „Wenn die Kirchenleitung damals öffentlich protestiert hätte, wäre wahrscheinlich das Leben von zehntausenden Behinderten zu retten gewesen“, sagt Geert Mak.[432] 1940 blieb alles auf private Worte der Missbilligung beschränkt. Der Vatikan und die katholische Kirche schwiegen weiter. Einen einzelnen schüchternen Protest brachte eine Sendung von Radio Vatikan im November 1940 – in lateinischer Sprache.[433] Inzwischen stieg die Unruhe in der Bevölkerung. Der SD berichtete im Februar 1941 über einen ersten öffentlichen Protest gegen den Abtransport psychisch Kranker in der Stadt Absberg. Und auch in anderen Orten, so in Franken, entstand geradezu Widerstand in der Bevölkerung. Als die letzten beiden geistig behinderten Menschen in die bereitstehenden Busse gebracht wurden, schauten Einwohner von Absberg, hauptsächlich Katholiken und unter ihnen Mitglieder der NSDAP, weinend zu. Sie realisierten sehr genau, dass die psychisch Kranken in den Tod gingen. Die Bewohner schrieen den SS-Männern und den Transporteuren Schimpfworte entgegen. Zuvor hatte der örtliche Pfarrer die Kranken von Nonnen zum Altar der Kirche bringen lassen, wo sie die letzte Kommunion empfingen.[434] Die Zahl der Beschwerden von religiöser Seite nahm weiter zu, allerdings ausschließlich schriftlich und nie in der Öffentlichkeit. Alle diese Proteste halfen wenig. Sie erreichten nicht die Vollstrecker des T4-Programms, unter dessen Mitarbeitern übrigens auch Kirchenmitglieder waren.

In einer Studie von De Mildt sind einige Beispiele zu finden. So erklärte die 42-jährige Oberschwester Helene Schürg aus der Kinderfachabteilung in Erchberg während ihres Prozesses nach dem Kriege, dass sie ihre „christliche Pflicht zur Pflege hilfloser Menschen“ erfüllt habe. Sie hatte dem Arzt vom Dienst bei der Ermordung von fünfzig Kindern geholfen, wofür sie gelegentlich finanzielle Prämien vom Reichsausschuss in Berlin bekam.[435] Der 55-jährige SS-Unterscharführer August Miete hatte zuerst in Grafeneck und Hadamar Körper verbrannt, dann wurde er nach Treblinka überstellt, wo er Dutzende von Juden eigenhändig erschoss. Während seines Prozesses wurde er für die Ermordung von mindestens 300.000 Menschen mitverantwortlich gemacht. Er war Mitglied der evangelischen Kirche. Noch klarer lag es im Fall des sechzigjährigen SS-Oberscharführers Karl Frenzel, der ursprünglich in den Vernichtungszentren von Grafeneck, Bernburg und Hadamar aktiv war und sich im Jahr 1942 im KZ Sobibór betätigte. Er galt als brutaler und fanatischer Mann, der persönlich Juden erschoss (einschließlich eines elfjährigen Kindes) und die Vermögenswerte der Opfer stahl. Er war in einer christlichen Familie aufgewachsen, empfand sich selbst nicht als Antisemit, war kirchlich getraut, ging regelmäßig zum Gottesdienst und seine Kinder waren getauft, sein jüngstes sogar noch 1941. Dennoch empfand er keine Gewissensprobleme und war überzeugt, seine Pflicht getan zu haben. Nach seiner Freilassung im Jahr 1983 wurde er von dem Sobibór-Überlebenden Thomas Toivi Blatt interviewt. Gefragt, ob seine Handlungen damals nicht in Konflikt mit seinen religiösen Überzeugungen standen, antwortete er: „Nein, wir waren deutsche Christen. All meine Kinder waren Christen, wie ich. Mein Bruder studierte Theologie. Meine Frau und ich gingen mit Blick auf die Kinder nicht jeden Sonntag in die Kirche, aber alle zwei oder drei Sonntage doch."[436]

Selbst katholische Nonnen beteiligten sich an der Ermordung von geistig und körperlich behinderten Kindern. So der Fall von Schwester Irmengard, die in der psychiatrischen Anstalt Kaufbeuren-Irsee arbeitete. Während ihres Prozesses im Jahr 1948 erklärte sie: „Ich war selbst mit dabei, als Dr. Gärtner die Einspritzungen (mit Gift) vorgenommen hat."[437] Auch Schwester Pauline Kneissler, die zunächst in Grafeneck und Hadamar war, arbeitete in Kaufbeuren-Irsee mit. Sie hatte eine Abmachung mit einem Priester, dass sie ihm die Namen der Patienten, die getötet werden sollten, im Voraus melden würde, sodass er die letzte Ölung geben konnte.[438] In seinem berüchtigten Interview mit Gitta Sereny erzählt Franz Stangl, der als Hauptinspektor der Polizei in Hartheim und Bernburg wirkte, dass er überrascht war über die Zustimmung des Klerus zu der Tötung von Behinderten. Als Mitglieder der medizinischen Kommission für ein signifikant entstelltes Kind die Euthanasie abgelehnt hatten, reagierten drei Geistliche missbilligend. Gerade sie fanden, dass das Kind getötet werden solle. „Das gab mir einen Schlag", sagte Stangl. „Eine katholische Nonne, eine Oberin und ein Priester. Und sie dachten, es sei alles in Ordnung. Wer war ich dann, um an dem zu zweifeln, was gemacht wurde?"[439] Dass auch andere Priester und Katholiken über die Morde an psychisch Kranken und Behinderten informiert waren, wird durch die Entdeckung eines Massengrabs auf dem Friedhof neben der katholischen Kirche in Menden-Barge am 29. September 2006 belegt. In dem Grab lagen die Leichen von 22 ermordeten Kindern und 29 Erwachsenen.[440] Eine Reihe von Körpern zeigte deutliche Anzeichen von körperlicher Behinderung. Nach dem Kirchenhistoriker Theo Ostermann wussten die Einheimischen, dass solche Formen der Euthanasie in der Klinik nahe Wimbern durchgeführt wurden.

Im Sommer 1941, als bereits 70.000 behinderte Menschen getötet worden waren, verurteilte Kardinal Clemens August von Galen in seiner Homilie in der St. Lambertikirche in Münster die Ermordung der geistig und körperlich Behinderten: „Seit einigen Monaten hören wir Berichte, dass aus Heil- und Pflegeanstalten für Geisteskranke auf Anordnung von Berlin Pfleglinge, die schon länger krank sind und vielleicht unheilbar erscheinen, zwangsweise abgeführt werden. Regelmäßig erhalten dann die Angehörigen nach kurzer Zeit die Mitteilung, der Kranke sei verstorben, die Leiche sei verbrannt, die Asche könne abgeliefert werden. Allgemein herrscht der an Sicherheit grenzende Verdacht, dass diese zahlreichen unerwarteten Todesfälle von Geisteskranken nicht von selbst eintreten, sondern absichtlich herbeigeführt werden, dass man dabei jener Lehre folgt, die behauptet, man dürfe sogenanntes 'lebensunwertes Leben' vernichten, also unschuldige Menschen töten, wenn man meint, ihr Leben sei für Volk und Staat nichts mehr wert. Eine furchtbare Lehre, die die Ermordung Unschuldiger rechtfertigen will, die die gewaltsame Tötung der nicht mehr arbeitsfähigen Invaliden, Krüppel, unheilbar Kranken, Altersschwachen grundsätzlich freigibt! (...) Wenn man den Grundsatz aufstellt und anwendet, dass man den 'unproduktiven' Mitmenschen töten darf, dann wehe uns allen, wenn wir alt und altersschwach werden! Wenn man die unproduktiven Mitmenschen töten darf, dann wehe den Invaliden, die im Produktionsprozess ihre Kraft, ihre gesunden Knochen eingesetzt, geopfert und eingebüßt haben! Wenn man die unproduktiven Mitmenschen gewaltsam beseitigen darf, dann wehe unseren braven Soldaten, die als schwer Kriegsverletzte, als Krüppel, als Invaliden in die Heimat zurückkehren! (...) Wehe den Menschen, wehe unserem deutschen Volk, wenn das heilige Gottesgebot: 'Du sollst nicht töten!', das der Herr unter Donner und Blitz auf Sinai verkündet hat, das Gott unser Schöpfer von Anfang an in das Gewissen der Menschen geschrieben hat, nicht nur übertreten wird, sondern wenn diese Übertretung sogar geduldet und ungestraft ausgeübt wird!“[441] Damit stellte von Galen sich unmittelbar und eindeutig gegen die Tötung von „unproduktiven“, unheilbar kranken und behinderten Menschen. Allerdings kehrte er sich nicht explizit gegen Hitler selbst, im Gegenteil. Er beendete seine Predigt mit den Worten: „Lasset uns beten für die armen, vom Tode bedrohten

Kranken, für unsere verbannten Ordensleute, für alle Notleidenden, für unsere Soldaten, für unser Volk und Vaterland und seinen Führer." Ja, in einem Telegramm vom 14. Juli 1941 an Hans Lammers, Chef der Reichskanzlei, rief er den Führer auf, das Volk gegen die Gestapo zu verteidigen, womit er sich der weitverbreiteten Meinung „wenn der Führer wüsste ...", anschloss. Der Text des Telegramms lautete: „Ich bitte den Führer und Reichskanzler, im Interesse der Gerechtigkeit und [der] Geschlossenheit der inneren Front, um den Schutz der Freiheit und des Eigentums deutscher Menschen gegen die Willkür der Gestapo und gegen Beraubung zugunsten der Gauleitung."[442] Kardinal Bertram, der höchste Vertreter der katholischen Kirche in Deutschland, unterschied in seiner Einschätzung des NS-Regimes auch zwischen Hitler und den anderen Naziführern. Auch er war offenbar davon überzeugt, dass bestimmte Aktionen gegen die Kirche ohne Wissen des Führers stattfanden und Hitler selbst sich stets an die Bestimmungen des Konkordats von 1933 hielt.[443] Eine solche Haltung zeugt von großer Naivität, obgleich auch nicht auszuschließen ist, dass die beiden Kirchenführer nicht wagten, Hitler zu widersprechen und sich daher des Arguments „wenn der Führer wüsste ...." bedienten.

Weshalb die katholische Kirche so lange mit ihrem Protest wartete, bleibt unklar, aber eines ist sicher: Er wirkte. Am 24. August 1941 befahl Hitler, das Euthanasieprogramm offiziell zu stoppen. Anscheinend war die Reaktion des deutschen Volkes so heftig, dass er erkannte, eine inländische Opposition könnte seine Eroberungspläne durchkreuzen. Darüber hinaus befürchtete er auch Folgen für die Moral und das Verhalten seiner Soldaten an der Front. Dort war Unruhe entstanden, durch Informationen, welche die Soldaten in Briefen von ihren Frauen und Verwandten empfingen. Sie stellten die Frage, was mit ihnen geschehen würde, falls sie mit schweren, irreparablen Behinderungen aus den Kämpfen zurückkämen. Würden die Machthaber in Berlin sie dann auch beseitigen, weil sie nicht länger produktiv wären? Doch am meisten fürchtete der Führer, dass die Kirchenführer auch andere Aspekte seiner Politik offen ablehnen könnten und dies sowohl die Bevölkerung als auch seine Soldaten negativ beeinflussen könnte. Jedenfalls wagte Hitler nicht, gegen von Galen Sanktionen zu verhängen. Sein persönlicher Sekretär Martin Bormann forderte, wie auch örtliche NS-Führer, den Bischof zu verhaften und zu hängen. Auch Walter Tießler, der Assistent Goebbels', meinte, dass er verhaftet werden müsste. Doch Goebbels widersprach: „Wenn wir etwas tun gegen den Bischof, dann ist die Münsteraner Bevölkerung für den Krieg verloren". Hitler wusste sehr wohl, dass dies zu einer großen öffentlichen Empörung, besonders bei den

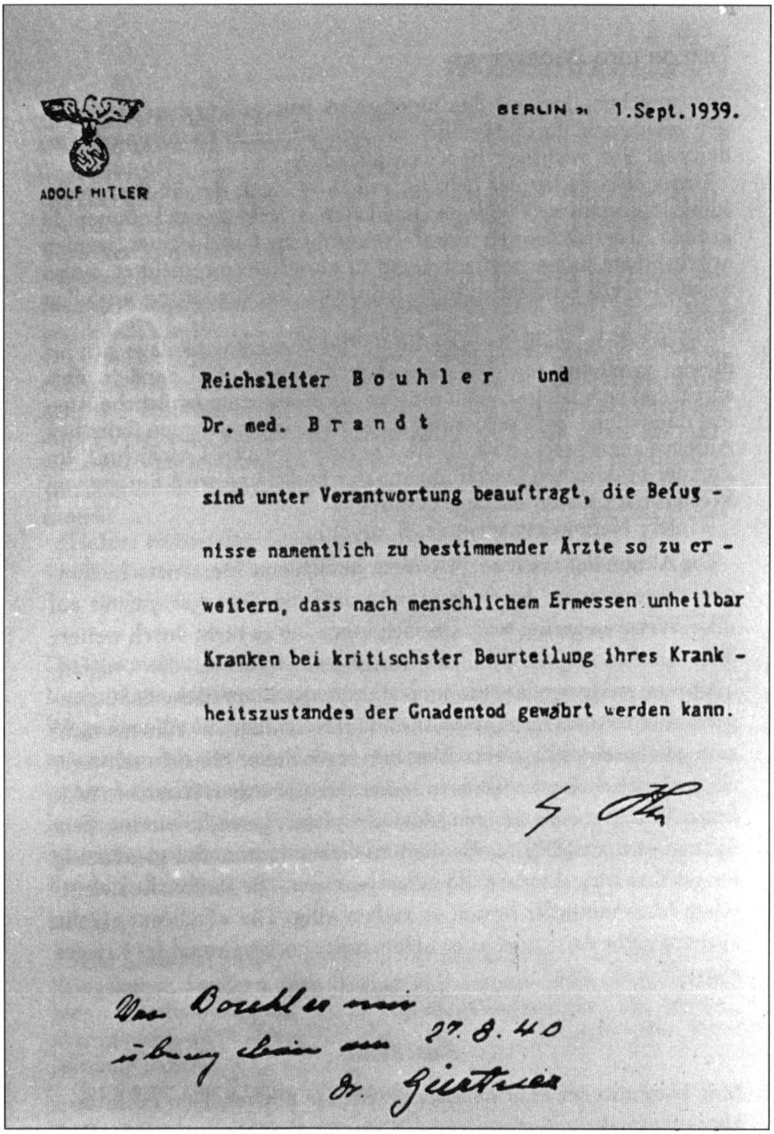
ADOLF HITLER

BERLIN, 1. Sept. 1939.

Reichsleiter B o u h l e r und

Dr. med. B r a n d t

sind unter Verantwortung beauftragt, die Befug - nisse namentlich zu bestimmender Ärzte so zu er - weitern, dass nach menschlichem Ermessen unheilbar Kranken bei kritischster Beurteilung ihres Krank - heitszustandes der Gnadentod gewährt werden kann.

A Hitler

Von Bouhler mir übergeben am 27.8.40
Dr. Gürtner

Abb. 30: Der Brief von Hitler, in dem er Bouhler und Brandt ermächtigt, das T4-Programm umzusetzen. Der Brief wurde unterzeichnet im Oktober 1939, aber rückwirkend auf den 1. September 1939 datiert.

westfälischen Gläubigen, führen würde. Er wollte von Galen nicht zum Märtyrer machen. Diese offene Opposition eines hochplatzierten Kirchenführers, in deren Folge das geplante (und weitestgehend schon erfolgte) Massaker offiziell beendet wurde, nährt die Hypothese, dass ein Protest des Papstes gegen die Ermordung von Millionen Menschen von großer Bedeutung für die katholische Bevölkerung in Deutschland und in den besetzten Gebieten gewesen wäre, und dass er zum Widerstand gegen die Deportation und Vernichtung der Juden und anderer Opfern geführt hätte. In seinem Tagebuch notiert Ulrich von Hassell, der frühere deutsche Botschafter in Italien, der die „Nazis" verabscheute, am 20. August 1941 das Folgende: „Warum lässt Rom Galen so allein kämpfen? Und was machen unsere herrlichen Kirchenfürsten?"[444]

Der Papst selbst verurteilte die Euthanasie erst zwei Jahre später, am 29. Juni 1943, in seiner Enzyklika *Mystici Corporis Christi*. Auch dieser Text wird von den Verteidigern des Papstes häufig als eindeutige Verurteilung des Nazismus zitiert. Doch die gründliche Lektüre vermittelt ein anderes Bild. Über die Kritik der Verfolgung und Ermordung von Priestern sowie von geistig und körperlich Behinderten geht der Papst nicht hinaus, jedenfalls nicht weiter als über einen Anruf in Teil 41, in welchem er sich auf die Heilige Schrift, Psalm 105,15, bezieht: „Tastet meine Gesalbten nicht an …"[445] Dass er dennoch gut über diese inakzeptablen Verbrechen informiert war, folgt aus Abschnitt 42: „Wir werden dann auch peinlichst getroffen von den Nachrichten, dass nicht wenige unsere Brüder im Bischofsamt, durch die Tatsache, dass sie in Wahrheit das Vorbild ihrer Herden geworden sind und das ihr anvertraute Pfand des Glaubens, so wie es sich gehört, stark und treu schützen; durch die Tatsache, dass sie auf den Erhalt der heiligen Gesetze beharren, die in die Herzen der Menschen eingebrannt sind und die ihr anvertraute Herde nach dem Vorbild des Obersten Hirtens gegen die reißenden Wölfe verteidigen, nicht nur leiden unter der Verfolgung und der Folter der eigenen Person, sondern – was für sie noch grausamer und schwerer zu ertragen ist – auch der Schafe, die ihrer Sorge anvertraut sind, der Mitarbeiter in der apostolischen Arbeit, bis sogar der gottgeweihten Jungfrauen."[446] Nur in Teil 95 wird die Verurteilung deutlicher: „Der Apostel mahnt: 'Sondern vielmehr die Glieder des Leibes, die uns dünken, die schwächsten zu sein, sind die nötigsten; und die uns dünken am wenigsten ehrbar zu sein, denen legen wir am meisten Ehre an'. (1 Kor. 12, 22.23) Diese strengen Worte meinen wir, im Bewusstsein der hohen Pflicht, die uns obliegt, jetzt wiederholen zu müssen, jetzt wo wir mit tiefer Trauer sehen, wie körperlich Entstellte, seelisch Kranke und mit erblichen Qualen Belastete, manchmal eine untragbare Belastung für die Gemeinschaft, des Lebens beraubt werden, und wir nun hören, wie das einige Leute als eine neue Erfindung des menschlichen Fortschritts, vom höchsten Nutzen für das öffentliche Interesse, loben. Aber welch vernünftiger Mensch sieht nicht, dass dies nicht nur diametral im Gegensatz zu dem natürlichen und göttlichen Gesetz steht, das in den Herzen aller Menschen geschrieben steht, sondern auch zu allen höheren Gefühlen der Menschheit? Das Blut dieser Unglücklichen, die, eben weil sie tiefes Mitleid verdienen, unserem Erlöser am teuersten sind, ruft von der Erde zu Gott."[447] Auch hier wird das Naziregime nicht erwähnt, geschweige denn verurteilt. Der Papst endet in Teil 108 sogar mit einem Anruf, den man nicht anders als eine Form von Resignation interpretieren kann: „Während wir dies schreiben, steht die fast unzählige Menge von Unglücklichen vor unserem Geist, deren Not uns mit tiefer Traurigkeit erfüllt: die Kranken, Armen, Krüppel, Witwen und Waisen und viele andere, die durch ihr eigenes bitteres Schicksal oder das ihrer Angehörigen oft zu Tode gedrückt werden. Allen, die aus irgendeinem Grund sich in Trauer oder Angst befinden, spornen wir mit väterlicher Güte an, vertrauensvoll zum Himmel emporzuschauen, und ihr Leiden Ihm anzuvertrauen, Der sie einmal reichlich belohnen wird. Und alle sollten bedenken, dass ihre Trauer nicht fruchtlos ist, sondern dass sie für sie selbst und die Kirche von großem Vorteil ist, wenn sie sie mit dieser guten Meinung geduldig ertragen."[448]

Unterstützer des Papstes behaupten, dass diese Enzyklika, ebenso wie *Mit brennender Sorge*, eine klare Verurteilung der Judenverfolgung beinhalte, doch das ist nicht wahr. In Teil 21 von *Mystici Corporis Christi* wird zwar auf die Juden verwiesen: „Man sollte nur sie wirklich zu den Gliedern der Kirche zählen, die das Bad der Wiedergeburt empfangen haben und sich zu dem wahren Glauben bekennen, und nicht sich selbst unglücklich vom Körper losgerissen haben oder wegen schwerer Verbrechen durch die legitime Autorität ausgeschlossen sind. Der Apostel sagt: 'Denn wir sind auch durch einen Geist alle zu einem Leibe getauft, wir seien Juden oder Griechen, Knechte oder Freie, und sind alle zu einem Geist getränkt.' (1 Kor. 12, 13) So wie es in der wahren Gemeinschaft der christlichen Gläubigen nur einen Leib und einen Geist, einen Herrn und eine Taufe geben kann, so kann es auch nur einen Glauben geben." Und in Teil 31 folgt eine weitere Bezugnahme auf die Juden: „Wenn wir alle diese Geheimnisse des Kreuzes sorgfältig prüfen, sehen wir sehr klar die Bedeutung der Worte des Apostels, mit denen er die Epheser belehrt, dass Christus durch Sein Blut die Juden und die Heiden eins gemacht hat: 'Denn er ist unser Friede, der aus Beiden eines hat gemacht und hat abgebrochen den Zaun, der dazwischen war, indem er durch Sein Fleisch wegnahm die Feindschaft, nämlich das Gesetz, so in Gebote gestellt war, auf dass er aus zweien einen neuen Menschen in ihm selber schaffte und Frieden machte', nämlich die Kirche und beide versöhnte mit Gott in einem Leibe durch das Kreuz."[449] Pius XII. hat das Wort Jude also zwar benutzt, aber nur in einer rein theologischen Argumentation und dann noch, um zu betonen, dass das Christentum der einzig wahre Glauben ist. Eine Verurteilung des Holocausts ist das ganz und gar nicht. Diese komplizierte Enzyklika über den mystischen Leib Christi ist voll von mehrdeutigen Begriffen. Sie erschien übrigens nur in Latein und hatte noch weniger Bedeutung als *Mit brennender Sorge*. Schließlich noch Folgendes: Ein Berater des Papstes empfahl, den Namen Hitler in der Enzyklika als „barbarischen Schlächter hinter dem Holocaust" zu erwähnen. In der endgültigen Version wurde dieser Passus weggelassen.[450]

Zurück zum T4-Programm. Der Historiker De Mildt holt am Schluss seiner Studie über das T4-Programm und die Aktion Reinhard hart gegen die römisch-katholische und die evangelische Kirche aus. Beide hätten die moralische Autorität gehabt, um die Mordpläne Hitlers zu bekämpfen. Aber ihr prinzipieller Widerstand gegen die Vernichtung der Behinderten kam zu spät, er blieb unklar und unzusammenhängend. Faktisch wurde er stark behindert durch die Bemühungen um gute Beziehungen zum Regime und durch die vorangegangene Unterstützung von Verfolgungen und rassistischen Maßnahmen.[451] Die Kirchen schwiegen lange Zeit zu den Massakern, wodurch sie für die Vollstrecker den Weg ebneten oder zumindest keine moralischen Hindernisse aufbauten. Vielleicht, sagt De Mildt, hätte eine öffentliche Verurteilung seitens der Kirchen manche Leute nicht von der Teilnahme an dem mörderischen System „Gnadentod" zurückgehalten. Zeugenaussagen während der Prozesse haben gezeigt, eine Reihe von Tätern arbeitete aus der tiefen Überzeugung, dass es im Interesse des „gesunden Volkes" keinen Platz für geistig und körperlich Behinderte geben konnte; andere beteiligten sich aus puren materiellen Gründen. So empfingen Krankenschwestern im T4-Programm eine Prämie von 25 Reichsmark pro Monat, auch Schmutzgeld genannt.[452] Aber eine offene moralische Zurechtweisung der Kirchen hätte diese Entscheidung schwerer gemacht, meint De Mildt.[453] Er verweist auch auf eine Erfahrung von Dokter Aquilin Ullrich, der in der Brandenburger Einrichtung die Vergasungen durchführte. Als er von Werner Blankenburg, dem Verantwortlichen für die Einrichtung, herumgeführt wurde, fragte er ihn nach der Haltung der Kirchen zu diesen Morden. Blankenburg erwiderte, dass die protestantischen Kirchen keine Einwände hätten, und dass die katholische Kirche nur Wert auf die Gewährung der letzten Ölung für diejenigen, welche in die Gaskammer gingen, lege.[454] Jedenfalls enthielten sich die Kirchen einer öffentlichen Erklärung zu dieser Frage bis zum Sommer 1941. Burleigh geht in seiner Kritik am verspäteten Protest der Kirche gegen das T4-Programm noch einen Schritt weiter: „Von Galen wusste bereits mehr als ein Jahr lang von den Euthanasiemorden, bevor er den Mund auftat, und es ist vielleicht bezeichnend, dass er nur hervortrat, als die Gestapo im Sommer 1941 als Teil einer umfangreichen Kampagne zur Beschlagnahme kirchlichen Eigentums Immobilien der Jesuiten und der Schwestern von der Unbefleckten Empfängnis in Münster schlossen."[455] Am Ende seines Protestschreibens gegen den Mord der „Nazis" an den geistig und psychisch Behinderten betonte von Galen übrigens erneut seine Loyalität zum Regime mit den Worten: „Wir werden weiterhin unsere Pflicht erfüllen, gehorsam gegenüber Gott, und aus Liebe zu Volk und Vaterland."[456] Auch Rolf Hochhuth weist in seinem Drama *Der Stellvertreter* auf die Bedeutung der Rede von Galens hin, sagt aber zugleich, dass der vorrangige Grund für die Einstellung des Euthanasieprogramms in der verbreiteten Ablehnung der Menschen selbst lag und nicht in der ihrer kirchlichen Hirten.[457]

Viele Beobachter merken an, dass der Entschluss von Hitler, das T4-Programm zu stoppen, seinen Plänen nicht wirklich Abbruch tat. Die meisten vorgesehenen Opfer waren zu diesem Zeitpunkt bereits ermordet, und der Führer gewann mit der scheinbaren Korrektur sogar neue Sympathien in der Bevölkerung. Zu dieser Zeit hielten viele Deutsche das Parteipersonal und die örtlichen Parteibonzen für inkompetent, skrupellos und sogar korrupt, nicht jedoch Hitler selbst. Sehr oft sagten sie: „Der Führer weiß nicht, was los ist, was gegen die Kirche hinter seinem Rücken und gegen seinen Willen unternommen wird." Somit sprachen sie ihn von aller Schuld frei. Das Ministerium für Propaganda streute sogar das Gerücht, dass der Führer, nachdem er erfuhr, was geschehen war, den Befehl zur sofortigen Einstellung des Programms gab.[458] Außerdem wurden mit der Einstellung von T4 in den Kliniken und Pflegeeinrichtungen Tausende Betten frei, in denen Kriegsopfer untergebracht werden konnten. All das bedeutete durchaus nicht, dass die Ermordung von Behinderten unterbunden wurde. Getarnt unter dem Code 14f13, der Referenznummer des Inspektors für die Konzentrationslager, wurden die Mordaktionen in drei der sechs Institute, die in die Aktion T4 einbezogen waren, bis zum Ende des Krieges heimlich fortgesetzt. Sowohl Kriminelle und politische Gefangene als auch Juden wurden dann als unheilbar krank oder verrückt erklärt und vergast, weil in dieser Zeit die Vernichtungslager noch nicht über die geeigneten „Mordkapazitäten“ verfügten. Auf diese Weise wurden weitere 15.000 Menschen getötet. Der deutsch-amerikanische Historiker Henry Friedlander führt den Fall Richard Jenne an, ein Kind, vier Jahre alt, das am 29. Mai 1945 im Rahmen des Euthanasieprogramms auf der Kinderstation des staatlichen Krankenhauses Kaufbeuren-Irsee in Bayern getötet wurde. Mehr als drei Wochen nach der Befreiung durch die US-Armee![459]

Nach seinem offiziellen Ende wurde das T4-Programm stillschweigend in einer Phase der sogenannten „wilden Euthanasie“ in den Pflegeeinrichtungen weitergeführt, eine Phase, die mit der allgemeinen Vernichtung der Juden und anderen „unwerten Lebens“ zusammenfiel.

Nach dem Überfall auf Polen und später auf Russland hatte Hitler noch größere Pläne, nämlich die Vernichtung der „minderwertigen“ slawischen Völker in den Vernichtungslagern Bełżec, Chełmno, Majdanek, Sobibór, Treblinka und Auschwitz-Birkenau. Dafür waren die Erfahrungen der T4-Leute nützlich und im Herbst 1940 wurden viele von ihnen nach Lublin versetzt, um in den drei Lagern der Aktion Reinhard zum Einsatz zu kommen. Nach Bełżec, Sobibór und Treblinka kamen zwanzig bis dreißig erfahrene Mörder aus dem T4-Programm. Ende November kamen der Kriminaloberkommissar Christian Wirth, der Chemiker Helmuth Kallmayer, SS-Hauptscharführer Lorenz Hackenholt und SS-Hauptscharführer Siegfried Graetschus in Bełżec an, wo Juden erstmals in großer Zahl in drei Gaskammern getötet wurden. Letztlich wurden in Bełżec mindestens 434.000 Menschen ermordet. SS-Obersturmführer Franz Stangl wurde im März 1942 Befehlshaber des Vernichtungslagers Sobibór und ab September 1942 Lagerkommandant von Treblinka. Auch die anderen Mitarbeiter des T4-Programms machten Karriere. Dem hohen SS-Offizier Christian Wirth wurde die Leitung von Chełmno übertragen, später wurde er Inspektor für die Vernichtungslager der Aktion Reinhard. SS-Obersturmführer Irmfried Eberl stand ursprünglich an der Spitze von Treblinka, wurde aber später von Franz Stangl abgelöst. SS-Unterscharführer Willi Mentz wirkte bis 1941 in Hadamar und wurde anschließend zum Einsatz in Treblinka, Sobibór und Triest geschickt. SS-Sturmbannführer Horst Schumann, der auch Arzt war und Grafeneck und Pirna-Sonnenstein leitete, nahm ab 1942 an Sterilisations- und Kastrationsexperimente in Auschwitz teil. Das ist nur eine Auswahl aus einer großen Gruppe von Komplizen des Vernichtungsprogramms. Jedenfalls wurde das Fachwissen der Leitung des T4-Programms anschließend für den Mord in viel größerem Maßstab verwendet, wofür Franz Stangl als Kommandant von Sobibór und Treblinka Modell steht.

Teil III
Unterlassung

Kapitel 18
Der Krieg in Polen

„Kein Land, das im Zweiten Weltkrieg von Deutschland besetzt war, musste so viel ertragen wie Polen. Es war das Epizentrum der Gewalt der Deutschen, das Land, in dem der Nationalsozialismus seine reinste und brutalste Form annahm“, so Laurence Rees.[460] Am 1. September 1939, Viertel vor fünf Uhr morgens, fielen 1,8 Millionen deutsche Soldaten in Polen ein. Der Kampf dauerte genau vier Wochen. Am 28. September 1939 ergab sich Modlin als die letzte größere polnische Stadt. Zu dieser Zeit waren bereits 70.000 polnische Soldaten getötet und mehr als 100.000 schwer verletzt. Das Land wurde zwischen Deutschland und der Sowjetunion aufgeteilt, die am 24. August 1939 den Molotow-Ribbentrop-Pakt unterzeichnet hatten – die Rote Armee überfiel Polen am 17. September 1939. Hitler ging ein großes Risiko ein, denn die Grundlage seiner Vereinbarung mit dem Vatikan war gerade seine unerbittliche Einstellung gegen die Bedrohung durch den Bolschewismus. Zugleich drohte die Gefahr, dass der Papst und die katholischen Bischöfe den deutschen Angriff auf Polen missbilligen würden, doch sie taten es nicht. Die deutschen katholischen Kirchenführer hießen diesen einseitigen und nicht erklärten Krieg sogar gut, trotz der Tatsache, dass Zehntausende katholischer Polen, darunter Hunderte von Priestern ermordet wurden. In einem gemeinsamen Hirtenbrief an die deutschen Soldaten erklärten sie: „In dieser entscheidenden Stunde ermuntern und ermahnen wir unsere katholischen Soldaten, in Gehorsam gegen den Führer, opferwillig unter Hingabe ihrer ganzen Persönlichkeit ihre Pflicht zu tun. Das gläubige Volk rufen wir auf zu heißem Gebet, dass Gottes Vorsehung den ausgebrochenen Krieg zu einem für Vaterland und Volk segensreichen Erfolg und Frieden führen möge.“[461] Der Bischof von Hildesheim, Joseph Godehard Machens, hetzte die Gläubigen seiner Diözese sogar noch zusätzlich auf: „Ein Krieg ist ausgebrochen, der uns alle, Heimat und Front, Wehrmacht und Zivilbevölkerung, vor die gewaltigsten Aufgaben stellt. Darum rufe ich Euch auf: Erfüllt Eure Pflicht gegen Führer, Volk und Vaterland! Erfüllt sie im Felde und daheim! Erfüllt sie, wenn es sein muss, unter Einsatz der ganzen Persönlichkeit!“[462] Sein Kollege Konrad Gröber, Erzbischof von Freiburg, sprach von der Pflicht eines jeden deutschen Soldaten, sein Leben, wenn nötig, zu opfern. „Dienst aus Pflicht, vor Gott übernommen durch einen Eid; der Tod sei letzte Hingabe an Vaterland und Volk. Soldatentod ist damit Opfertod, Opfertod ist Heldentod. Heldentod ist ehrenvoller Tod."[463] Mehr noch, die Bischöfe von Köln und Paderborn appellierten mit der „vollen Macht ihres heiligen Amtes" an die Gläubigen, ihre „patriotische Pflicht" zu erfüllen. Einige Tage nach dem Sieg am 30. September 1939 ließen die deutschen und österreichischen Bischöfe alle Kirchenglocken für den Sieg des Deutschen Reiches über Polen läuten, obwohl viele katholische Soldaten wie auch Zivilisten und Juden getötet worden waren.

Der Papst protestierte nicht, trotz der wiederholten Aufforderungen der Alliierten an den Heiligen Stuhl – vor allem seitens Frankreichs und der polnischen Exilregierung –, die Aggression der Deutschen und der Sowjets zu verurteilen. Der französische Botschafter François Charles-Roux, forderte das in einem Brief vom 11. September 1939 an Monsignore Domenico Tardini, der ihn tags darauf dem Papst vorlegte.[464] Schlimmer noch, aus einem Bericht von Diego von Bergen, dem deutschen Botschafter beim Heiligen Stuhl, an Ernst Woermann, Sekretär der politischen Abteilung des Ministeriums für auswärtige Angelegenheiten in der Wilhelmstraße, geht hervor, dass der Papst es bewusst ablehnte, den Angriff zu verurteilen. Die Mitteilung vom 7. September 1939 lautet: „Die Weigerung des Papstes, eine Position gegen Deutschland einzunehmen, steht ganz im Einklang mit den Zusicherungen, die er mir in den letzten Wochen vermittels eines Vertrauensmannes wiederholt hat zukommen lassen."[465] Nur in seiner Enzyklika *Summi Pontificatus* bezieht sich Pius XII. auf das traurige Schicksal der Polen, wie bereits erwähnt. Doch zu einer Distanzierung von der Invasion, einer Verurteilung der Morde, einer Rüge für seine deutschen Bischöfe kam es nicht, obwohl fast ein Fünftel des polnischen Klerus ermordet wurde. Pacelli, der im März des Jahres zum Papst gewählt worden war, wurde sehr rasch über die Gräueltaten der „Nazis" in Polen informiert. Laut dem italienischen investigativen Journalisten Carlo Falconi wusste niemand über die Situation in Polen besser Bescheid als der Papst, vielleicht mit Ausnahme der polnischen Regierung im Exil.[466] Der Heilige Stuhl war vom ersten Tag der Invasion an perfekt informiert über das, was in Polen geschah. Daher ist es sehr bezeichnend, dass nicht sofort ein päpstlicher Einspruch zu hören war. Monsignore Hlond, das Haupt der katholischen Kirche in Polen, verließ seinen Bischofssitz in Poznan am 4. September und floh von Warschau über Rumänien nach Rom. Nach seiner Ankunft am 19. September informierte er den neuen Papst über die Gräueltaten in seinem Land: Aber erneut weigerte sich Pius XII., den Einmarsch der Deutschen und der Sowjets offen zu verurteilen. Im Laufe des Monats November 1939 besuchten deutsche Geistliche und Militärs Erzbischof Cesare Orsenigo, den Vertreter des Papstes in Berlin, und erzählten ihm über die schrecklichen Szenen, die sie in Polen gesehen hatten.[467] Am 6. Januar 1940 lieferte Hlond noch mehr und sehr detaillierte Informationen über deutsche Gräueltaten gegen die polnische Bevölkerung und über die Verfolgung von polnischen Priestern. Der Druck auf den Vatikan, die schrecklichen Taten zu verurteilen, erhöhte sich. Am 21. Januar 1940 sandte die polnische Regierung in London einen Bericht an den Papst, in dem sie mitteilte, dass die „Nazis" bereits 18.000 hochgestellte Polen getötet hatten. Am selben Tag äußerte sich Radio Vatikan zum ersten Mal über die religiöse Verfolgung in Polen. Der Protest wurde jedoch schnell zum Schweigen gebracht. Im April und im Mai 1940 schickte Hlond zwei lange Briefe an den Papst, in denen er berichtete, dass weitere 38 Priester hingerichtet, Hunderte eingesperrt und dass Kirchen entweiht worden waren.[468] Er bat den Papst, via Radio Vatikan und *L'Osservatore Romano* öffentlich zu protestieren. Es kam zu keiner Reaktion, außer einem Brief von Kardinal Maglione vom 4. Juni 1940 mit der staubtrockenen Aussage „dass der Papst seinem Volk Seinen Segen schickt".[469] Die Bischöfe Michael Kozal, Marian Leon Fulman, Wadlyslaw Goral, Leon Wetmanski und Kazimierz Tomczak wurden verhaftet, gefoltert und in Konzentrationslager gesperrt.

Einige polnische Bischöfe baten den Papst, sich gegen die Ermordung der polnischen Katholiken auszusprechen. Pius XII. antwortete ihnen, dass er die Situation nicht schlimmer machen wolle, als sie ohnehin schon sei, worauf die polnischen Kirchenführer entgegneten, dass die Gräueltaten bereits so schlimm seien, dass sie nicht schlimmer werden könnten. Bischof Radonski, verärgert über das Schweigen des Papstes, schrieb, dass „die Kirchen entweiht oder geschlossen sind, die Religion verachtet wird, es keine Gottesdienste mehr gibt, Bischöfe vertrieben (aus ihren Diözesen), Hunderte von Priestern tot oder gefangengesetzt sind, Nonnen in die Hände verdorbener, verluderter Diebe gefallen sind, fast täglich unschuldige Geiseln vor den Augen ihrer Kinder ermordet werden, Menschen an Hunger sterben, aber der Papst schweigt weiter, als ob das, was mit dieser Gemeinschaft geschieht, kein Problem für ihn ist."[470]

Es gab aber auch mehrere polnische Bischöfe, die offen mit den Deutschen kollaborierten, so wie Stanislaw Adamski, der Bischof von Katowice. Am 13. September 1939 verfasste er einen Hirtenbrief, der von einem Dutzend Priestern mitunterzeichnet wurde, mit der Aufforderung an seine

Geistlichen, mit den deutschen Behörden zusammenzuarbeiten und ihnen zu vertrauen. Stanislaw Adamski suchte einen modus vivendi mit den „Nazis“, so wie der Bischof von Kielce, Czeslaw Kaczmarek, der seine Untertanen aufforderte, den Deutschen zu gehorchen.[471] Bischof Theodor Kubina von Częstochowa überreichte den mordenden Einsatzgruppen sogar eine Liste aller katholischen Organisationen und ihrer aktiven Mitglieder in seiner Diözese.[472] In einigen Fällen verrieten polnische Bischöfe und Priester demokratische Agitatoren an die deutschen Besatzungstruppen, klare Beispiele von Kollaboration. Carl Splett, Bischof der deutschen Freistadt Danzig und ab Dezember 1939 apostolischer Administrator der Diözese von Chełmno ging noch darüber hinaus, als er nach der Einnahme von Danzig durch die Deutschen eine Messe zelebrierte. Nach dem Krieg wurde er deshalb zu acht Jahren Haft verurteilt. Faktisch hatte er aber nichts anderes getan als der Nuntius in Deutschland oder auch der Papst, die sich im Falle eines Protestes allerdings in einer viel sicheren Position als der polnische Klerus befunden hätten, sagt Idesbald Goddeeris.[473]

Am 29. Oktober 1940 übergab Casimir Papée, der polnische Botschafter beim Heiligen Stuhl, dem Papst ein Memorandum, in dem er über die Deportation einer halben Million Polen in die Steppen Zentralasiens durch die Sowjets, die Beschlagnahmung polnischen Eigentums durch die Deutschen, die Sklavenarbeit, zu der Hunderttausende Polen gezwungen wurden, und die Verschickung von einer Million polnischer Zwangsarbeiter nach Deutschland berichtete. Papée war weithin angesehen als brillanter Diplomat, der vor dem Krieg in Den Haag, Berlin, Kopenhagen und Prag tätig gewesen war. Nun forderte er den Papst auf, sich öffentlich gegen das verbrecherische Vorgehen der Deutschen gegen seine Landsleute zu wenden. Eine Kopie des Memorandums landete bei Myron Taylor, dem US-Botschafter. Papée schrieb, dass das polnische Volk nicht verstehe, weshalb es keine offene moralische Unterstützung vom Papst erhält. Harold Tittmann, amerikanischer Gesandter beim Vatikan, verwies auch auf die Versäumnisse von Radio Vatikan, das zwar die Verbrechen in dem sowjetisch besetzten Teil Polens anklagte, aber nur selten über die Verbrechen der „Nazis“ sprach – das geschah ein einziges Mal, im Januar 1940, doch dann griff der Vatikan ein und stoppte jede weitere Kritik.[474] Bezeichnend für die unklare Haltung des Papstes waren seine Äußerungen gegenüber dem deutschen Geschäftsträger Fritz Menshausen während eines der üblichen Neujahrsempfänge im Vatikan. Am 31. Dezember 1939 beauftragte Pius XII. ihn, „seine besten Wünsche dem Führer, der ganzen Reichsregierung und ‘dem liebenswürdigen deutschen Volk’ auszurichten“.[475] Einen

Tag später erklärte der Papst Menshausen gegenüber, dass die häufig verbreitete Ansicht, „dass er gegen totalitäre Staaten sei, falsch ist. Das Beispiel Italien zeigt das Gegenteil und beweist, dass Annäherung und gegenseitiges Verständnis absolut möglich sind."[476] Papée wurde inzwischen von einem Mitarbeiter des Papstes mit den Worten abgespeist, dass der Heilige Stuhl alles getan habe, was notwendig war, und dass der Heilige Vater alle Informationen bekommen habe. „Sie sollten abwarten ohne auf das Problem zurückzukommen."[477] Am 11. März 1940 wurde der deutsche Außenminister Joachim von Ribbentrop offiziell von Pius XII. empfangen. Auch während dieses Gesprächs berührte der Papst mit keinem Wort die Situation in Polen. Er eröffnete das Gespräch mit einer Ode an Deutschland, wo er 17 Jahre als Nuntius verbracht hatte. „Diese im deutschen Kulturraum verbrachten Jahre bildeten vielleicht die beste Zeit seines Lebens, und die Regierung des Dritten Reiches konnte davon überzeugt sein, dass er eine tiefe Zuneigung für Deutschland empfand und immer haben wird."[478] In dem Augenblick waren die deutschen Soldaten vollauf mit dem Morden in Polen beschäftigt, was der Papst sehr gut wusste.

Dass die Nazitruppen die internationalen Regeln des Völkerrechts für Kriegshandlungen, wie sie in der Genfer Konvention verankert sind, mit Füßen traten, wurde schnell deutlich. Mitglieder der SS, aber auch der Wehrmacht, zündeten Städte und Dörfer an, töteten Tausende von polnischen Bürgern, Katholiken und Juden, und vergewaltigten viele Frauen und Mädchen. „In der Zeit, als Polen durch die Wehrmacht verwaltet wurde, also bis zum 25. Oktober 1939 bündelte die deutsche Armee ihre Kräfte mit der Schutzstaffel (SS) und der Polizei zu einer rücksichtslosen und systematischen Kampagne der biologischen Vernichtung", wie polnische Historiker es bezeichnen. Während dieser Zeit der Militärherrschaft über Polen wurden 531 Städte und Dörfer niedergebrannt, die Provinzen Łódź und Warschau erlitten die schwersten Verluste.[479] Julien Bryan, ein amerikanischer Fotograf und Filmemacher, traf am 7. September 1939 in Warschau ein. Bis zum 21. September fotografierte und filmte er die Zerstörung der Stadt durch die Deutschen. Einen Monat später, am 23. Oktober, veröffentlichte die amerikanische Zeitschrift *Life Magazine* fünf Seiten seiner Fotografien mit dem Titel „Documentary Record of the Last Days of Once Proud Warsaw". Bryan bezeugte, dass dies kein Krieg gegen Soldaten, sondern gegen Zivilisten war. So wählten deutsche Piloten bewusst nichtmilitärische Ziele wie Bürgerhäuser, Bauernhöfe und Krankenhäuser aus. Am 15. September 1939 beschoss ein deutsches Flugzeug einen Bauernhof vor den Toren Warschaus. Nach dem Angriff kamen sieben hungrige Frauen aus dem zerstörten Haus, um auf dem Feld einige Kartoffeln zu ernten. Das Flugzeug kam zurück und mähte zwei der panisch fliehenden Frauen nieder. Der Fotograf sprach mit einer der Überlebenden, der zehnjährigen Mika Kazimiera. Zusammen mit ihr suchte er nach ihrer Schwester, die eines der Opfer war. Das Foto des Mädchens bei der Leiche seiner Schwester ging um die Welt. „Ich habe noch nie in meinem Leben eine so dramatische Szene erlebt", schrieb Bryan später in der *Time* vom 16. Oktober 1939.[480]

In den Wochen und Monaten nach der Kapitulation kamen mehr und mehr Informationen über die Untaten der Deutschen in Polen zusammen. Dennoch verharrten die deutschen katholischen Bischöfe auf ihrer Position der Unterstützung der Okkupation. Erzbischof Karl Joseph Schulte von Köln versandte am 20. November 1939 einen Hirtenbrief, in dem er die Gläubigen aufforderte, „zu beten für unsere tapferen Soldaten und ihre sichere Rückkehr nach einem ehrenvollen Sieg".[481] Eine große Zahl katholischer Polen wurden seit Herbst 1941 jedoch in der gleichen Weise wie die Juden behandelt und viele Priester wurden getötet. Am 3. November 1941 schrieb Bischof Adam Sapieha aus Krakau einen Brief an Kardinal Maglione: „Die Fakten sind dem Heiligen Stuhl gut bekannt und deshalb halte ich es für unnötig, sie im Besonderen aufzuzählen, aber ich fasse sie zusammen in einigen Gruppen. Also: 1. Neun Bischöfe wurden aus ihren Wohnungen vertrieben, einige von ihnen nur fortgejagt und interniert, andere inhaftiert oder in Konzentrationslagern eingesperrt. 2. Die Zahl der Geistlichen, die seit Beginn des Krieges eingesperrt oder in Konzentrationslager deportiert wurden, stieg auf 2.500. Viele von ihnen sind nicht mehr am Leben. Eine begrenzte Anzahl von ihnen wurde freigelassen und lebt im Generalgouvernement (dem Teil Polens, der von Nazi-Deutschland besetzt, aber nicht annektiert war). 3. Die weiblichen Kongregationen genießen im Generalgouvernement eine gewisse Freiheit. (...) Ich will absichtlich keine anderen Grausamkeiten, die täglich gegen die Bevölkerung verübt werden, hervorheben, weil sie keinen explizit anti-religiösen Charakter besitzen: die erbarmungslose Unterdrückung der armen Menschen, Verhaftungen unter welchem Vorwand auch immer, langfristige Inhaftierungen in den Konzentrationslagern, die normalerweise zum Tod der Gefangenen führen, Erschießungen etc. ... Sie sind wirklich endlos. Seine Heiligkeit kennt unsere Situation und weiß, dass wir Geistlichen dagegen nichts machen können und trotzdem erhalten wir jeden Tag Fragen von Katholiken, auch von den Unerschütterlichsten, die wir nicht beantworten können. Der Sinn für Gerechtigkeit, die päpstliche Würde, die Verwirrung so vieler Seelen,

Abb. 31: Die Ermordung der Schwester von Mika Kazimiera, 15. September 1939.

die durch die schreckliche Behandlung, die sie erfahren haben, zerrissen werden, fordern auf zu Worten des Trostes. Man kann sagen, dass die katholische Welt diese Verteidigung der Gerechtigkeit erwartet, auch wenn es nichts am Verhalten der deutschen Regierung ändern würde."[482] Der Papst protestierte wiederum nicht öffentlich, sondern wählte die stille diplomatische Intervention, insbesondere durch Orsenigo, den Nuntius in Berlin. Harold Tittmann schrieb in seinen Memoiren, dass es schwierig war, zu verstehen, warum der Heilige Vater nicht reagierte, obwohl Polen ein so stark katholisches Land war.[483] Die Polen galten bei den Deutschen als minderwertig und die katholische Kirche ließ sie allein.

Die Eroberung Polens war für Hitler kein isoliertes Ziel. Das NS-Regime begann mit der sogenannten Germanisierung der Ostgebiete. Am 7. Oktober 1939 ernannte Hitler Himmler zum Chef des Nationalkommissariats zur Stärkung der deutschen Nation, das darauf abzielte, Polen und Juden aus den von Deutschland annektierten Gebieten zu deportieren, um Platz für Deutsche und sog. Volksdeutsche zu schaffen. „Zwei Tage, nachdem er diese neue Funktion akzeptiert hatte, bestimmte Himmler, dass rund 550.000 der 650.000 Juden in den annektierten polnischen Provinzen sowie alle Polen, die für 'Assimililation' ungeeignet waren, in das Generalgouvernement östlich der Weichsel transferiert werden.

Innerhalb eines Jahres wurden 1.200.000 Polen und 300.000 Juden aus ihren Wohnungen vertrieben und in den Osten gebracht. Nur 497.000 Volksdeutsche nahmen ihre Plätze ein."[484] Es war also eine gewaltige Völkerwanderung, in der Zehntausende von Polen, Juden und Sinti und Roma aus den westlichen Gebieten nach Zentralpolen vertrieben wurden, um Platz für Volksdeutsche zu machen, die in dem von den Sowjets besetzten Gebiet lebten und „repatriiert" wurden. Ihnen wurden dann die Häuser und Höfe der ehemaligen Bewohner zugeteilt. Polen war auch der ideale Ausgangspunkt für den Angriff auf die Sowjetunion im Jahre 1941. Ende 1941, Anfang 1942 betrachteten die „Nazis" die abgelegenen Gebiete Polens auch als eine hervorragende Basis für die Errichtung von Vernichtungslagern wie Chełmno, Bełżec, Majdanek, Sobibór, Treblinka und Auschwitz-Birkenau. Die Vernichtung der Juden sollte außerhalb des Gesichtsfeldes der deutschen Bevölkerung stattfinden und dazu waren die Lager in Polen ideal. Chełmno wurde am 8. Dezember 1941 eröffnet. Hier wurden mindestens 145.000 Menschen getötet, vor allem Juden, Sinti und Roma aus dem Ghetto von Łódź. Bełżec war 1940 zunächst ein Arbeitslager für inhaftierte polnische Juden, aber schon ab März 1942 wurden dort systematisch, auch in Gaskammern, Juden umgebracht. Die Zahl der ermordeten Juden betrug in Bełżec 434.000. Sie wurden aus Lublin, Lemberg und Krakau herangebracht. Im Lager Majdanek wurden von Herbst 1942 an mindestens 200.000 Menschen getötet, nicht nur Juden, sondern auch nichtjüdische Polen, Weißrussen, Ukrainer und Russen. Von Juni 1942 an wurden in Sobibór mehr als 260.000 Juden in Gaskammern ermordet, vorwiegend aus der Region Lublin, der Slowakei und aus Österreich. Ab Juni 1942 wurden in Treblinka zwischen 700.000 und 900.000 Menschen getötet, darunter viele Juden aus den Ghettos von Warschau und Białystok. In Auschwitz-Birkenau wurden in den Jahren 1943 und 1944 mehr als eine Million Menschen direkt nach ihrer Ankunft vergast oder erschossen, die übrigen starben meist an Erschöpfung oder Entbehrungen.

Der Überfall auf Polen gab auch das Startsignal für die Vernichtung der Juden außerhalb Deutschlands, was die intentionalistische Interpretation des Holocausts zu stützen scheint, die Behauptung, dass Hitler von Anfang seiner politischen Karriere an sich deren Vernichtung zum Ziel gesetzt hatte.[485] Auf einem Foto vom September 1939 sehen wir einen Zug mit deutschen Soldaten, bereit, an die polnische Front aufzubrechen. Auf der Seitenwand eines Waggons sind antisemitische Bilder und der Text „Wir

Abb. 32: Zug mit deutschen Soldaten in Richtung Polen.

fahren nach Polen, um Juden zu versohlen" zu sehen. Die Soldaten wussten also, dass sie in ein Gebiet zogen, wo viele Juden lebten und was sie mit ihnen zu tun hatten. Durch zahlreiche Zeugnisse erweist sich, dass viele deutsche Soldaten zum ersten Mal Kontakt zu Ostjuden bekamen, zu Juden, die anders als in der Heimat, nicht assimiliert waren und sich auch äußerlich von der lokalen Bevölkerung unterschieden. Es waren ärmlich gekleidete orthodoxe Juden in Kaftan und mit Ringellocken, die oft unter dem Druck russischer Pogrome nach Polen geflohen waren. Die Deutschen erkannten die in den Propagandafilmen *Jud Süß* von Veit Harlan und *Der ewige Jude* von Fritz Hippler präsentierten Feinde. Sie betrachteten sie tatsächlich als minderwertig. So gibt es viele Fotos von lächelnden SS-Männern, die orthodoxen Juden Haare und Bärte abschneiden. Es waren eben „Untermenschen".

Auch später erhielt der Papst detaillierte Informationen über die Verbrechen der „Nazis" in Polen, sowohl gegen Nicht-Juden als auch gegen Juden. Ende Mai 1941 waren bereits zwischen 500.000 und 800.000 Juden abgeschlachtet und dann erst nahmen die Gaskammern ihre schauerliche Arbeit auf. Zur gleichen Zeit stieg die Nachfrage nach Arbeitskräften stark an. Auch die katholischen Polen wurden Opfer des Nationalsozialismus.

Als Slawen wurden sie als Untermenschen angesehen, die Platz zu machen hatten für das Herrenvolk. Wie die Juden, wurden viele Polen, vor allem Mitglieder des Klerus und der Intelligenz, ermordet. Als das Kriegsglück sich wendete, begriffen die Deutschen, dass die Polen in der Rüstungsindustrie besser zu verwenden waren, wodurch die Juden in ihren Augen völlig nutzlos wurden und somit beseitigt werden konnten. Die Opfer unter der katholischen Bevölkerung Polens waren gleichfalls riesig. Während des Krieges wurden mehr als 1,8 Millionen katholische polnische Staatsbürger ermordet. Aber ab 1942 trat die Vernichtung der Juden, sowohl in Polen als auch in den anderen besetzten Gebieten, in den Mittelpunkt. Nach Ansicht des Historikers Michael Phayer änderte sich damit auch die Haltung der Bischöfe gegenüber den Juden. Katholische polnische Arbeiter übernahmen die Stellen der Juden, die massenhaft in die Vernichtungslager deportiert wurden. Für Letztere hatten die Bischöfe keine oder nur geringe Aufmerksamkeit übrig.[486] Die überfüllten Ghettos in den großen Städten wurden im Laufe des Jahres 1942 systematisch ausgedünnt, und zwar in dem Maße, wie die Tötungskapazität der Vernichtungslager erhöht wurde. So wurde während des Sommers 1942 schon mehr als eine viertel Million Juden aus Warschau nach Treblinka deportiert. Am 3. Oktober 1942, etwas mehr als drei Jahre nach dem Einmarsch der Deutschen in Polen, sandte die polnische Exilregierung noch einen weiteren Brief an den Vatikan, der speziell auf die dramatische Situation im Warschauer Ghetto einging: „Es wird von anderen Quellen in Warschau berichtet, dass das Warschauer Ghetto systematisch ausgedünnt wird. Ein Teil des Ghettos, ‘das kleine Ghetto’ genannt, ist bereits leer. Jeden Tag werden Gruppen von mehr als tausend Juden mit dem Zug nach Lublin im Osten transportiert. Nach Angaben eines Bürgers der Achsenmächte, der das Gebiet besuchte, würden die Juden zunächst gemeinsam in ein Lager gebracht, wo sie anschließend getötet werden; auf jeden Fall ist sicher, dass ihre Familien nie mehr etwas von ihnen hören. Es wird erwartet, dass in den nächsten Monaten die gesamte jüdische Bevölkerung des Warschauer Ghettos – es zählt 300.000 Juden – den gleichen Weg gehen wird und dass die Häuser in diesem Stadtteil für ‘Arier’ genutzt werden.“[487] Der Brief erwies sich als entsetzlich präzise.

Die düsteren Nachrichten über das Schicksal der polnischen Juden nahmen während der folgenden Monate kontinuierlich zu. Am 19. Dezember 1942 überreichte Polens Botschafter Papée dem Kardinal Tardini einen Bericht, welcher die deutschen Grausamkeiten beschrieb: „Die Deutsche beseitigen alle Juden in Polen. Zuerst werden ältere Menschen, Behinderte, Frauen und Kinder entfernt, was darauf hinweist, dass es um keine

Abschiebung, um anderswo zu arbeiten, geht. Sie bestätigen die Informationen, dass die Deportierten auf unterschiedliche Weise getötet werden, an speziell dafür bestimmten Orten (...). Die Zahl der Juden, die in Polen durch die Deutschen ausgerottet wurden, wird auf mehr als eine Million geschätzt. Allein in Warschau lebten im Ghetto Mitte Juli 1942 etwa 400.000 Juden. Im Laufe von Juli und August (1942) wurden an die 250.000 in den Osten deportiert; am 1. September wurden im Ghetto nur noch 120.000 Lebensmittelkarten ausgegeben und am 1. Oktober 40.000. Die 'Liquidierung' geschieht in den anderen Städten Polens im gleichen Tempo."[488] Und wieder berücksichtigte der Papst, in seiner Weihnachtsbotschaft fünf Tage später, das alles kaum.

Am 12. März 1943 schickte eine Reihe nordamerikanischer Rabbiner einen Brief an den Vatikan, in dem sie auf die prekäre Situation der Juden in Warschau hinwiesen: „Januar. Deutsche begannen mit der Zerstörung des Warschauer Ghettos. In ganz Polen ist die Vernichtung im Gange. Die Beseitigung des Rests ist für Februar geplant. Warne die Welt. Aufruf an den Papst zu einer offiziellen Intervention. Wir leiden schrecklich. Es bleiben einige Hunderttausende übrig, denen die sofortige Vernichtung droht. Nur Sie können uns retten, die Verantwortung vor der Geschichte liegt in Ihren Händen."[489] Dann bitten sie Seine Heiligkeit, im Namen der Menschenrechte zu handeln. Vergeblich. Lediglich zwei Monate später begann es dem Vatikan zu dämmern. So notiert Maglione am 5. Mai 1943: „Juden. Schockierende Situation. 4,5 Millionen Juden in Polen vor dem Krieg, man erwartet nun, dass sogar weniger als 100.000 übrigbleiben (die aus anderen von den Deutschen besetzten Ländern eingeschlossen). In Warschau wurde ein Ghetto eingerichtet, das etwa 650.000 umfasste, heute sollen es 20 bis 25.000 sein. Natürlich sind viele Juden der Kontrolle entwichen, aber es gibt keinen Zweifel, dass die meisten von ihnen vernichtet wurden. Nach monatelangen Transporten von Tausenden und Abertausenden von Menschen, von denen nichts mehr zu hören ist, kann das durch nichts anderes als durch den Tod erklärt werden (...). Spezielle Todeslager in Lublin (Treblinka) und Brest-Litowsk. Es wird gesagt, dass sie zu mehreren Hundert in Räumen eingesperrt und mit Gas umgebracht werden. Dorthin gebracht in Viehwagen, hermetisch abgeschlossen, auf dem Boden ungelöschter Kalk."[490]

Erst am 2. Juni 1943 schrieb der Papst einen Brief an die polnischen Bischöfe, in dem er die Aufmerksamkeit auf „das tragische Schicksal des polnischen Volkes" lenkte, das einen Beitrag „zur Entwicklung und Pflege des christlichen Europas geliefert hat". Der Text wurde in polnischer Sprache von Radio Vatikan ausgestrahlt. Auch hier kein Wort über das Schicksal der Juden und keine Rüge, geschweige denn eine Verurteilung der Nazimörder. Rolf Hochhuth verwies in seinem Buch *Der Stellvertreter* auf eine illegale polnische Broschüre vom August 1943: „Die Welt schweigt. Die Welt weiß, was hier geschieht – das kann nicht anders sein, und sie schweigt. Im Vatikan schweigt der Stellvertreter Gottes ...“[491] Vor dem Krieg lebten mehr als drei Millionen Juden in Polen. Knapp 240.000 davon, kaum acht Prozent, überlebten die Schoah.

Kapitel 19
Der Krieg in Westeuropa

Auch in den folgenden Jahren stellten sich die Kirchenführer in Deutschland und Österreich hinter die Kriegshandlungen Hitlers. Während des Angriffs auf die Niederlande, Luxemburg, Belgien und Frankreich, wo große Teile der Bevölkerung katholischen Glaubens waren, verlasen sie von den Kanzeln Hirtenbriefe, in denen die Okkupationen gutgeheißen wurden. Nach dem Sieg über Frankreich erklärte Erzbischof Karl Joseph Schulte von Köln: „Ich danke Gott für den großen Sieg, den die deutsche Wehrmacht erreicht hat.“[492] Bischof Bornewasser von Trier hielt eine besondere Dankesmesse.[493] Und wieder läuteten im gesamten Dritten Reich die Kirchenglocken. Interessanterweise gab der Papst keine offene Verurteilung des deutschen Angriffs ab, obwohl dieser im Gegensatz zu allen Verträgen und Vorschriften des internationalen Kriegsrechts stand. Einen solchen öffentlichen Protest hat er jedoch sehr wohl gegen die Sowjetunion am 26. Dezember 1939 ausgesprochen, als die russischen Truppen Finnland überfielen. Am 14. Mai 1940 notierte Kardinal Maglione, dass die französische Regierung den Vatikan erneut zu einer öffentlichen Ablehnung des unangekündigten Angriffs der deutschen Truppen auf Belgien, die Niederlande und Luxemburg gedrängt hat: „Der Herr Botschafter von Frankreich hat mir zum heutigen Tag persönlich die Verbalnote Nr. 23 übergeben und ein langes Telegramm vorgelesen, in dem seine Regierung ihn beauftragt, den Heiligen Vater um eine ausdrückliche und offizielle Verurteilung des deutschen Angriffs auf Belgien, Luxemburg und die Niederlande zu bitten.“[494] Weshalb protestierte der Papst auch diesmal nicht? Schließlich lebte in diesen drei Ländern eine große Anzahl von Katholiken. Diese Länder hatten Deutschland nicht provoziert, ja, sie hatten zuvor deutlich gemacht, dass sie neutral bleiben wollten. Doch sie wurden angegriffen und in einen Krieg hineingezogen, den sie nicht gewollt hatten. Dennoch weigerte sich der Papst, das zu verurteilen. Warum? In keinem der drei Länder bestand die Gefahr einer bolschewistischen Revolution, in keinem der drei Länder wurde die Kirche unterdrückt (im Gegenteil) und keines dieser drei Länder bedeutete eine Bedrohung für die Bewahrung des christlichen Abendlandes. Es waren drei Länder, deren Bürger gesetzestreu waren und weitgehend dem Papst gehorchten. Es konnten nur drei Gründe gewesen sein, weshalb der Vatikan sich in diesem entscheidenden Moment entschied, zu schweigen. Entweder glaubte er wirklich, dass der Nationalsozialismus die Ideologie der Zukunft sei, innerhalb der die Kirche ihre Interessen am besten verteidigen und ausbauen konnte. Oder er hatte beschlossen, den Nationalsozialismus als die wichtigste Kraft gegen den heraufziehenden Bolschewismus, der in vielen Ländern immer populärer wurde, zu umarmen. Oder drittens, der Vatikan stand der liberalen Demokratie besonders misstrauisch gegenüber, die in den meisten westlichen Ländern, mehr als in Deutschland, fest etabliert war. Der wahre Grund liegt vermutlich in einer Kombination dieser drei Gründe.

Frankreich kapitulierte am 22. Juni 1940 (offiziell erst am 25. Juni 1940). Das Land stand bis 1938 unter der Führung der Volksfront mit dem jüdischen Sozialisten Leon Blum als Regierungschef. Diese linke Regierung verabschiedete eine Reihe von Maßnahmen zugunsten der Arbeitnehmer und war in den Augen des Vatikans ein großes Problem. Auf Blum folgten mit Edouard Daladier und Paul Reynaud gleichfalls antifaschistisch gesinnte Premiers. In den Augen des damaligen Papstes Pius XI. war Frankreich zu einem Ort der Revolution verkommen. Blum und Daladier wurden später in das KZ Buchenwald deportiert, Reynaud kam in das Lager Oranienburg. Der Heilige Stuhl war sehr ablehnend gegenüber den demokratisch gewählten, linksgerichteten Regierungen in Frankreich eingestellt. Just deshalb unterstützte er nach Kräften die rechtsextremen Bewegungen, die Frankreich erneut unter die Macht von Tradition, Autorität und Glauben bringen wollten. In diesem Sinne war Marschall Pétain die ideale Figur, nicht nur für Hitler, der ihn für seine antisemitische Politik benutzte, sondern auch für Pius XII., der ihn für seine anti-demokratische und antiliberale Haltung bewunderte. Dass der Papst die Invasion Frankreichs nicht verurteilte, störte jedoch eine Reihe französischer Bischöfe.

Im Juni 1940, kurz vor der französischen Kapitulation, als die Gräueltaten der „Nazis" den Spitzendiplomaten bereits gut bekannt waren, schrieb Kardinal Eugène Tisserant den folgenden bemerkenswerten Brief an Kardinal Emmanuel Suhard in Paris: „Ich fürchte, die Geschichte wird dem Heiligen Stuhl vorzuwerfen haben, er habe eine Politik der Bequemlichkeit für sich selbst verfolgt, und nicht viel mehr. Das ist äußerst traurig, vor allem wenn man unter Pius XI. gelebt hat. Und jedermann verlässt sich darauf, dass, nachdem Rom zur offenen Stadt erklärt ist, von der Kurie niemand etwas zu leiden haben wird, das ist eine Schande."[495] In einer Rede des Papstes vor dem Kardinalskollegium anlässlich des St. Eugenius-

Tages am 2. Juni 1940 erwähnte der Papst mit keinem Wort die Invasion Luxemburgs, der Niederlande, Belgiens und Frankreichs. Er redete zwar über den Krieg, weigerte sich jedoch, den Aggressor zu benennen. „Gott ist mein Zeuge, dass ich mit heißem Herzen dem Kampf der deutschen Heere gegen den gottlosen Kommunismus vollen Erfolg wünsche und täglich im Gebet von Gott, dem Lenker der Schlachten, erflehe. (...). In dem Wunsch, wenigstens die Folgen des Krieges zu lindern, stellen Wir Unsere väterliche Liebe zu Diensten aller Unserer Söhne und Töchter, sowohl die der germanischen Völker, die Uns immer lieb sind, und unter denen wir viele Jahre verbracht haben, als auch die der verbündeten Staaten, mit denen Uns angenehme und fromme Erinnerungen verbinden, ohne das so tief geprüfte Polen zu vergessen, dem wir eine ganz besondere Wertschätzung und unsere fortdauernde Besorgnis widmen, und auch der anderen edlen Völker, für die Wir zum Allmächtigen beten, dass Er ihr so lebendiges Leiden mildern möge.“[496] Keine Ablehnung des Angriffs also, der in diesem Moment in vollem Gange war, und der gegen alle Regeln des internationalen Rechts verstieß. Damit legte der höchste katholische Führer den Verdacht nahe, dass er den Hitler-Faschismus der französischen Demokratie vorzog, einen Faschismus, den viele fromme Franzosen begeistert begrüßten.

Kapitel 20
Die Deportationen aus Frankreich

Es gibt nur wenige Bilder von Hitler, auf denen er lacht oder einen Spaß macht. Sein persönlicher Fotograf Heinrich Hoffmann folgte dem Führer überall hin und machte mehr als zwei Millionen Bilder von seinem Chef. Aber es war Hitler selbst, der letztlich entschied, welche davon veröffentlicht wurden. Darüber hinaus wurden auch Filme für die Propagandaabteilung gedreht. Nach der Kapitulation Frankreichs unterzeichneten am 22. Juni 1940 die deutschen und französischen Delegationen das Dokument in demselben Eisenbahnwaggon im Wald von Compiègne, in dem die Deutschen im Jahre 1918 ihre demütigende Kapitulation vor den Franzosen zu unterschreiben hatten. Hitler hatte den Waggon eigens aus einem Museum kommen lassen, damit nun er die Franzosen demütigen konnte. Er saß auf demselben Stuhl wie 1918 Marschall Ferdinand Foch. Nach dem Lesen der Präambel der Vereinbarung verließ Hitler mit einer Geste der Verachtung gegenüber der französischen Delegation den Wagen. Das Bild auf der gegenüberliegenden Seite entstammt einer Wochenschau und zeigt, wie Hitler am 17. Juni 1940 die Nachricht von der französischen Kapitulation in seinem Hauptquartier in der Wolfsschlucht Bruly-de-Pêche in den belgischen Ardennen erhielt, er konnte seine Freude nicht verbergen, stampfte mit dem Fuß auf und schlug sich aus Vergnügen auf die Oberschenkel.

Die Kapitulationsurkunde unterzeichneten der französische General Charles Huntzinger und der deutsche General Keitel. Die „Friedensbedingungen“ unterteilten Frankreich in mehrere Gebiete. Elsass-Lothringen geriet direkt unter deutsche Kontrolle – ab November 1942 wurden die Einwohner als deutsche Staatsbürger betrachtet. Kleinere Gebiete im Südosten des Landes kamen in die Hände der Italiener. Der nördliche Teil des Landes, mit der Hauptstadt Paris, wurde von den Deutschen besetzt und der südliche Teil sowie die französischen Kolonien wurden unter das kollaborierende Vichy-Regime von Marschall Philippe Pétain gestellt. Das französische Parlament stimmte am 10. Juli 1940 mit überwältigender Mehrheit für die Abschaffung der Dritten Republik und wählte Pétain zum Leiter des

Abb 33: Hitler macht nach der französischen Kapitulation einen Freudentanz.

Rumpfstaates mit diktatorischen Vollmachten. Der Name République Française wurde in Etat Français geändert und die berühmte Losung der Französischen Revolution „Liberté, Egalité, Fraternité" wurde durch „Travail, Famille, Patrie" ersetzt. Schon bald wurden Versammlungen verboten und die Pressefreiheit aufgehoben. Auf eigene Initiative, ohne Druck der Deutschen also, führte man spezielle Judengesetze ein. Zusätzlich erließ Pétain eine Anzahl von Gesetzen, welche der katholischen Kirche entgegenkamen: die Freimaurerei wurde verboten, es gab wieder Religionsunterricht in den öffentlichen Schulen und die Ehescheidung wurde erschwert.[497]

Bemerkenswert, doch wenig bekannt ist, dass das neue Regime nicht nur durch Nazi-Deutschland, sondern auch von den Vereinigten Staaten, der Sowjetunion, Kanada und Australien diplomatisch anerkannt wurde.

Das Vichy-Regime arbeitete Hand in Hand mit den Deutschen zusammen. Am 24. Oktober 1940 schüttelten Hitler und Pétain sich in Montoire die Hände. Pétain versichert dem Führer, dass Frankreich Teil der „neuen europäischen Ordnung“ sein werde.

Auch in Frankreich existierte bereits seit langer Zeit ein heftiger Antisemitismus. Im zwölften Jahrhundert entschied Ludwig der Heilige, dass die Juden auf ihrer Kleidung einen roten oder gelben Kreis zu tragen hatten, sodass sie in der Öffentlichkeit klar erkennbar waren. Im vierzehnten Jahrhundert wurden die Juden massenhaft aus dem Land vertrieben, worauf sie sich in Deutschland und Italien ansiedelten. Die Stellung der Juden besserte sich erst mit der Französischen Revolution und unter der Herrschaft Napoleons. Danach nahm der Antisemitismus wieder zu. Der französische Schriftsteller und Diplomat Graf Joseph Arthur de Gobineau schrieb 1853 seinen *Essai sur l'inegalité des races humaines.* Er fand, dass nur die weiße oder arische Rasse die höchsten menschlichen Tugenden kenne und die menschliche Zivilisation gewährleisten könne. Die Arbeit übte großen Einfluss auf die erstarkenden nationalistischen und rassistischen Kräfte aus, unter anderem auf Alexis Carrel, einen Arzt und Biologen, der im Jahre 1912 den Nobelpreis für Medizin erhielt. Im Jahre 1935 schrieb Carrel das Buch *L'Homme, cet inconnu.* Darin verteidigte er den Einsatz von Gaskammern, um minderwertige Menschen auszutilgen. Der Antisemitismus in Frankreich manifestierte sich am deutlichsten am Ende des neunzehnten Jahrhunderts in dem berüchtigten Fall um den jüdischen Hauptmann Alfred Dreyfus. Die sog. Dreyfus-Affäre spaltete die Franzosen in Dreyfus-Unterstützer, vor allem linke Wähler, und in Dreyfus-Gegner, die ihre Stimmen rechten, nationalistischen, monarchistischen und religiösen Parteien gaben. Die Wirtschaftskrise der dreißiger Jahre löste auch in Frankreich eine wachsende Feindschaft gegen die Juden aus, denen, wie in Deutschland, die Schuld für die Malaise zugeschoben wurde. Im Jahr 1939 hob Pius XII. die Verurteilung der französischen antisemitischen *Action Française*-Bewegung durch seinen Vorgänger Pius XI. aus dem Jahr 1926 auf. Dieser hatte sogar die Exkommunikation gegen alle Mitglieder dieser radikalen Partei ausgesprochen. Im August 1940 wurde das Gesetz Marchandau abgeschafft, wodurch offener Antisemitismus in der französischen Presse legalisiert wurde.

Die Mehrheit des französischen Episkopats, etwa 70 der 76 Bischöfe, nahmen die Politik von Marschall Pétain zur „rénovation nationale“ (Nationale Erneuerung) mit Begeisterung auf, weil sie eine Rückkehr zu den moralischen und spirituellen Werten des Katholizismus versprach.[498]

Die Bischöfe hatten seit jeher heftig gegen den Säkularismus der Dritten Republik vom Leder gezogen, den sie als eine Verschwörung von Juden und Freimaurern gegen die christlichen Werte ansahen. Auch der Vatikan begrüßte das neue Regime. Unmittelbar nach der Niederlage fing im Mai 1940 die neue Regierung Pétain an, eigene Gesetze zur Diskriminierung der Juden zu erarbeiten, was in der Bevölkerung auf geringen oder keinen Widerstand stieß. Otto Abetz, der deutsche Botschafter in Frankreich, schrieb in einem Bericht vom 30. Juli 1940, dass „das antisemitische Klima in der französischen Bevölkerung so stark ist, dass es nicht notwendig sei, es weiter anzuheizen“.[499] Die Judengesetze wurden vom französischen Episkopat und vom Vatikan nicht abgelehnt. Im Gegenteil, die französischen Bischöfe kamen am 31. August 1940 in Lyon zusammen, diskutierten die künftige Stellung der Juden als „minderwertige“ Bürger und erhoben keine grundsätzlichen Einwände. Als Pétain dem neuen Gesetz über den Status der Juden zustimmte, sodass diese keine öffentliche Aufgaben mehr wahrnehmen durften und von vielen Berufen ausgeschlossen wurden, beauftragte er Léon Bérard, den Botschafter des Vichy-Rgimes beim Vatikan, herauszufinden, wie sich der Heilige Stuhl verhalten werde. Am 2. September 1941 schickte Bérard einen ausführlichen Bericht an den Marschall mit der Meldung, dass der Heilige Stuhl die durch den französischen Staat erlassenen Rechtsvorschriften nicht verurteile, sondern nur bedauere, dass der Gesetzgeber ausdrücklich den Begriff „Rasse“ verwendet hatte. Aber der Vatikan habe keine grundsätzlichen Einwände gegen die „Beschlagnahme des Besitzes der Juden, die Wegnahme ihrer Lebensgrundlagen und ihre Marginalisierung in der französischen Gesellschaft – solange diese Maßnahmen nicht wichtige kirchliche Vorrechte im Bereich der Ehe verletzen, und solange diese Politik mit ‘Gerechtigkeit und Barmherzigkeit’ durchgeführt werde“.[500] Jedenfalls protestierte kein katholischer Geistlicher, als dem besonderen Status der Juden zugestimmt wurde.[501] Eine Anzahl von Kirchenführern, unter ihnen der Bischof von Grenoble und der Erzbischof von Chambery, sprachen sich selbst offen für die antijüdischen Maßnahmen aus.[502] „Vichy erwies der katholischen Kirche den Gefallen, Gott in die staatlichen Schulen zurückkehren zu lassen, während die kirchlichen Schulen und der Bau und die Restaurierung von Kirchen subventioniert wurden. Prominente katholische Diener des Regimes waren u. a. Bernard Fay, Raphael Alibert und Xavier Vallat, die alle eine herausgehobene Rolle bei der Verfolgung der Juden und Freimaurer spielten“, sagt Burleigh.[503] Auch in französischen konservativ-religiösen Kreisen gab es also wenig oder gar keine Empathie für die Notlage der Juden.

In der Zwischenzeit begann das Vichy-Regime, selbst die Deportation der Juden vorzubereiten. Am 21. September 1940 wurden die Juden gezwungen, sich bei der Polizei oder im Rathaus registrieren zu lassen. Anfang Oktober wurden sie aus den Bereichen Bildung, Justiz, Medizin, Kunst, Medien und aus dem Militär entfernt. Später hatten sie ihre Telefone und Radios abzuliefern. Ehemalige französische Staatsmänner und Parlamentarier jüdischer Herkunft wurden festgenommen. Am 5. Oktober 1940 wurde in Aincours das erste Internierungslager errichtet, es folgten Lager in Arc-et-Senans, vor allem für Sinti und Roma, und in Les Milles für die Juden aus dem Südosten Frankreichs. Bereits 1941 erfolgten Razzien gegen Juden. Laut einem Erlass vom 29. Mai 1942 mussten alle Juden im Alter ab sechs Jahren einen gelben Judenstern mit dem Wort „Juif" tragen, eine Verpflichtung, die am 7. Juni 1942 in Kraft trat. Von da an ging alles sehr schnell. Bereits vorher hatte man vor allem ausländische Juden verhaftet, in das Konzentrations- und Durchgangslager Drancy eingesperrt und ab Ende März 1942 nach Auschwitz weitergeschickt. Die ersten Großrazzien fanden in der Nacht vom 16. zum 17. Juli 1942 statt. Tausende von französischen Polizisten wurden eingesetzt und 60 Busse bereitgestellt. Fast 13.000 Juden, darunter 4.000 Kinder, wurden verhaftet und ein großer Teil von ihnen nach Drancy transportiert, von wo aus sie nach Auschwitz deportiert wurden. Ein weiterer Teil wurde fünf Tage lang ohne Nahrung im Velodrom d'Hiver in Paris inhaftiert. Von dort wurden sie in die Durchgangslager Drancy, Beaune-la-Rolande und Pithiviers gebracht, um dann in die Vernichtungslager im Osten deportiert zu werden. In seinem Pariser Tagebuch bezieht sich Ernst Jünger am 18. Juli 1942 auf dieses Ereignis: „Gestern sind hier Juden für die Deportation abgeholt worden – zunächst trennte man die Eltern von ihren Kindern, sodass das Jammern in den Straßen zu hören war."[504] Eine der schändlichsten Entscheidungen der Vichy-Regierung war ihre Bitte an die „Nazis", auch die behinderten Kinder der bereits deportierten jüdischen Eltern nach Auschwitz zu schicken. Am 17. August fuhr der erste von sieben Kinderkonvois ab. Es fällt auf, wie bereitwillig sich die französischen Behörden und Sicherheitskräfte an den Razzien beteiligten. „Im Sommer des Jahres 1942 begannen die ersten Razzien in Vichy-Frankreich. Ausländische Juden wurden den Nazis übergeben und dann deportiert. (...) Sie können sich nicht vorstellen, wie extrem katholisch und antisemitisch dieser Teil Frankreichs war", sagt Saul Friedländer.[505] Schließlich half das Vichy-Regime bei der Deportation von 76.000 Juden aus Frankreich – 2500 überlebten den Krieg.

Der Papst und die französischen Bischöfe schwiegen. „Weder der Vatikan noch das französische Episkopat hatten die Absicht, die Spannungen mit Vichy zu verschärfen, und noch weniger, mit dem Regime zu brechen", so der italienische Professor für Kirchengeschichte Giovanni Miccoli. Er weist darauf hin, dass die Bischöfe September/Oktober 1942 ihre Loyalität gegenüber dem Marschall und den Behörden noch verstärkten.[506] Es gab nur einige Ausnahmen wie den Erzbischof Saliège von Toulouse, der am 23. August 1942 aus Protest gegen die Deportation von Juden einen Hirtenbrief verfasste. Sein Brief wurde übrigens auch über BBC verbreitet. Außer ihm protestierten auch Bischof Pierre-Marie Theas von Montauban und Kardinal Gerlier von Lyon. Alles in allem aber bildeten diese Geistlichen nur eine kleine Minderheit. Während eines Besuchs von Emmanuel Suhard, dem Erzbischof von Paris, bei Pius XII. im Januar 1943 fand der Papst warme Worte „für die Person und das Auftreten vom Marschall", schreibt Léon Bérard in einem Bericht an Premierminister Pierre Laval, aufgezeichnet in dem Buch *Vichy et les Juifs*.[507]

Kapitel 21
Die Unterstützung für das Unternehmen Barbarossa

Die Unterstützung der Kirchen nahm nach dem Einmarsch der Wehrmacht in die Sowjetunion am 22. Juni 1941 noch zu. Die Abscheu der christlichen Führer vor dem Bolschewismus saß in der Tat sehr tief. Bei ihrem Treffen in Fulda vom 24. bis 26. Juni 1941 riefen die Bischöfe die Gläubigen auf, ihre patriotische Pflicht zu erfüllen.[508] Deutsche katholische Kirchenführer wie Bischof Michael Rackl von Eichstätt, Erzbischof Lorenz Jäger von Paderborn, Bischof Joseph Kumpfmüller von Augsburg, Kardinal Clemens August von Galen von Münster, Erzbischof Conrad Gröber von Freiburg und Kardinal Michael Faulhaber von München äußerten sich in Predigten und Hirtenbriefen positiv zu diesem Überfall. Sie fanden ihn nutzbringend, nicht nur für das Land, „sondern zugleich, weil er dem heiligen Willen Gottes folgte".[509] So unterstützte Bischof Rackl in seinem Hirtenbrief den Angriff auf Russland „als einen wahren Kreuzzug, einen Heiligen Krieg für Volk und Vaterland, für Glauben und Kirche, für Christus und Sein heiliges Kreuz".[510] Erzbischof Lorenz Jäger schrieb, dass der Angriff dem Schutz des Christentums in seinem Vaterland diene. Bischof Joseph Kumpfmüller verglich die bolschewistische Bedrohung mit der durch die Türken in vergangenen Jahrhunderten und forderte „einen raschen und endgültigen Sieg über die Feinde seines Glaubens".[511] Feldbischof Rarkowski spornte die Soldaten zu einem europäischen Kreuzzug gegen das bolschewistische Untermenschentum an.[512] Und Kardinal von Galen, der sich noch wenige Wochen zuvor, unter Hinweis auf das sechste Gebot „Du sollst nicht töten", gegen das Euthanasieprogramm geäußert hatte, stand jetzt mit auf den Barrikaden und hoffte, dass die deutschen Armeen in Russland siegen würden: „Gott ist mein Zeuge, dass ich mit feurigem Herzen dem Kampf der Deutschen gegen den gottlosen Kommunismus vollen Erfolg wünsche und, dass ich jeden Tag dafür zu Gott bete."[513]

Der amerikanische Soziologe Gordon Zahn untersuchte die Haltung der deutschen Katholiken während des Zweiten Weltkriegs. Er stellt fest, dass die gewöhnlichen deutschen Gläubigen die Kriege Hitlers einen um den anderen nicht nur unterstützten, weil sie dazu durch das NS-System verpflichtet waren – so waren „defätistische“ Äußerungen unter Strafe gestellt –, sondern auch, weil ihre religiösen Führer sie dazu aufriefen.[514] Mehr noch: Die Invasion Russlands hatte zur Folge, dass selbst die konservativen und religiösen Kritiker des Regimes sich nun hinter die „Nazis“ scharten.[515] Jedenfalls kam von den deutschen Bischöfen kein öffentliches Wort des Protestes gegen die monströsen Gräueltaten an der Ostfront, worüber sie sicherlich durch die Militärseelsorger informiert wurden. Es gab, im Anschluss an seinen Hirtenbrief vom 15. November 1941, eine bemerkenswerte Richtlinie von Kardinal Faulhaber vom 25. November 1941, wie Proteste gegen die deutsche Regierung formuliert werden sollten, wenn die Interessen der Kirche verletzt oder die Rechte der deutschen Bevölkerung beeinträchtigt würden. Pastoralbriefe sollten keine Aussagen enthalten, welche das Ansehen des Volkes oder der Regierung schädigen könnten. Faulhaber fügte in Klammern einige Beispiele an: „(Judenfrage, Behandlung der russischen Kriegsgefangenen, SS-Gräueltaten in Russland etc.)“.[516]

Die elf Wörter in Klammern in dem Brief sind von besonderem Interesse. Sie beweisen, dass Kardinal Faulhaber und durch diesen Brief alle deutschen Bischöfe im November 1941 Kenntnis von den Gräueltaten an der Ostfront hatten. Der Kardinal benutzt das Wort „Judenfrage“, das seit dem Aufstieg der „Nazis“ eine sehr negative Bedeutung hatte, und durch Hitler selbst in *Mein Kampf*, dort, wo er von der „Lösung der Judenfrage“ spricht, verwendet wurde. Aber noch wichtiger ist der Verweis von Faulhaber auf „die Behandlung der russischen Kriegsgefangenen“. Offensichtlich war der Kardinal durch seine Militärgeistlichen über die Massaker an Kriegsgefangenen informiert. Im September 1941 hatten die deutschen Truppen bereits 872.000 russische Soldaten inhaftiert.[517] Bis Ende Oktober war diese Zahl auf über zwei Millionen angestiegen. Sie wurden von den Deutschen in überfüllten Lagern unmenschlich behandelt. Eine ungeheure Zahl von sowjetischen Soldaten starb an Hunger, Durst, Krankheiten und Seuchen oder wurde einfach erschossen. Für Hitler war das ja kein gewöhnlicher Krieg, sondern ein „Vernichtungskrieg“, in dem die Gegner als „Untermenschen“, mit denen man kein Mitleid haben sollte, behandelt wurden. Internationale Regeln und Konventionen wurden ausdrücklich ignoriert. Schließlich starben mehr als 3,3 Millionen russische Kriegsgefangene in der Gefangenschaft. Aber vor allem die Worte „Gräuel der SS in Russland“ sind von besonderer Bedeutung. Dies kann sich nur auf die Mordsucht der Waffen-SS, sowohl an der Front als auch hinter den Linien, beziehen und auf die berüchtigten Einsatzgruppen, die in der Spur der Wehrmacht in erster Instanz alle russischen Kommissare und Juden umbrachten. Das schreckliche Wissen Faulhabers war mit hoher Wahrscheinlichkeit auch im Vatikan bekannt.

Und was tat der Papst? Wie einige Historiker hervorheben, rief Pius XII. nie zu einem Kreuzzug gegen den „jüdischen Bolschewismus“ auf. Es gibt in der Tat dafür keine Beweise. Aber ebenso wenig gibt es Dokumente oder Aussagen, nach denen der Papst die deutschen Bischöfe zurechtgewiesen hätte. Erneut entschied er sich zu schweigen, als die „Nazis“ eine weitere Offensive gegen ein Nachbarland starteten und dort mit den meist barbarischen Methoden unzählige Menschen, vor allem Juden, umbrachten. Dass der Vatikan stärker gegen den Bolschewismus als gegen den Nationalsozialismus eingestellt war, zeigt ein Brief von Monsignore Tardini an den US-Botschafter Taylor vom 20. September 1941, in dem Tardini einen Überblick über die allgemeine Ablehnung der Kirche in Russland gab. So weist der vatikanische Vertreter darauf hin, dass in Moskau und Leningrad nur je eine einzige katholische Kirche existiert, dass zahlreiche Geistliche inhaftiert sind, keine katholischen Zeitschriften verkauft werden dürfen, die Russen, als sie dort an der Macht waren, gegen Priester in den baltischen Staaten und in Polen fürchterlich vorgegangen sind, dass viele Geistliche in Galizien und in anderen Regionen deportiert oder ermordet wurden.[518] Zugleich schwieg Tardini in allen Sprachen über die unvorstellbaren Gräueltaten der „Nazis“ gegen die polnische Kirche, ihre Priester und Gläubigen, die zu Tausenden getötet wurden. Dieser Brief stützt die Hypothese, dass der Vatikan es vorgezogen hätte, wenn Amerikaner und Briten mit Hitler zusammen gegen den Kommunismus marschiert wären, der von Pius XII. noch immer als das größte Übel angesehen wurde. Es war kein unrealistischer Wunsch. Im September 1941 waren die „Nazis“ tief in die Sowjetunion durchgedrungen, und viele dachten, sie würden den Krieg gewinnen. Das war auch die Meinung des Papstes, der hier die Chance sah, endlich reinen Tisch mit einem Regime zu machen, das mehr als alle anderen den Glauben und insbesondere den Katholizismus ablehnte. Die Kirchen hielten an dieser Haltung fest, bis zum Debakel der Deutschen in Stalingrad. Bis dahin versetzte sie der Kampf gegen den „gottlosen“ Kommunismus in der Regel in Euphorie.

Im Frühjahr 1942 ließen die Kirchenprovinzen von Köln und Paderborn einen gemeinsamen Hirtenbrief von der Kanzel verlesen: „Mit der vollen Autorität, die uns von unserem heiligen Amt gegeben ist, rufen wir Sie auch heute wieder auf: Erfüllen Sie in dieser Kriegszeit Ihre patriotische

Pflicht mit voller Treue! Lassen Sie sich von niemandem in Opfer- und Einsatzbereitschaft übertreffen! Seien Sie loyal zu unserem Volke!"[519] Es ging schließlich um einen Kampf für die Erhaltung der christlichen Werte, für Volk und Vaterland, und die Kirchenführer würden an diesen Maximen bis zum letzten Tag des Krieges festhalten. Auch der Vatikan bewahrte bis sehr spät im Krieg seinen Glauben an den Nationalsozialismus. In einem Telegramm an seinen Vorgesetzten, den deutschen Außenminister Joachim von Ribbentrop, datiert vom 23. September 1943, zitiert Botschafter von Weizsäcker den Staatssekretär Maglione, der der Meinung sei, „dass das Schicksal Europas vom siegreichen Widerstand Deutschlands an der russischen Front abhängt. Die deutsche Armee ist das einzig mögliche Bollwerk (Baluardo) gegen den Bolschewismus. Wenn dies zusammenbrechen würde, wäre die europäische Kultur am Ende."[520]

In der Zwischenzeit führte die deutsche Armee den gewalttätigsten Krieg in ihrer Geschichte, der nicht nur die Soldaten der Roten Armee, sondern auch Millionen von Zivilisten traf. Thomas Buergenthal, der mehrere Lager überlebte und Richter am Internationalen Gerichtshof in Den Haag war, unterstreicht die Rolle der Wehrmacht, in der viele Katholiken aktiv waren, die gewöhnliche Menschen schwer misshandelte und Juden zwang, ihre Bärte und Locken zu rasieren: „Den Soldaten schien es viel Spaß zu machen. Sie lachten überschwänglich und machten sich über ihre Opfer lustig, die vor Angst zitterten und flehten, ihre Bärte behalten zu dürfen."[521] Willy Peter Reese bezeugt in seinem Tagebuch die Mentalität der Soldaten der Wehrmacht, die von den Geistlichen den Segen bekommen hatten, zu morden und zu rauben. Im Sommer des Jahres 1941 trug er ein: „Wir waren die Sieger, der Krieg entschuldigt den Raub, fordert Grausamkeit und der Selbsterhaltungstrieb stellt dem Gewissen keine Fragen."[522] Anfang 1942 noch deutlicher: „Der Krieg hat sich in Wahnsinn gewandelt, es geht nur noch um Mord, egal, wer davon betroffen ist."[523] Reese zeichnet ein vernichtendes Bild von der Brutalität der beiden Armeen, die an der Ostfront gegeneinander kämpften. In einem Kampf, der alle menschlichen moralischen Standards verdrängte, geführt von deutscher Seite mit dem alleinigen Zweck der völligen Vernichtung des „minderwertigen" russischen Volkes. „Der Krieg konnte einen Menschen zerbrechen, Millionen litten und starben, und weder eine Eroberung, noch ein Kreuzzug konnte diesen kriminellen Wahnsinn rechtfertigen."[524] Helmut Gollwitzer, Soldat der Wehrmacht und Theologe, schrieb am 22. Juni 1941 folgenden Brief an die Heimatfront. „Bis zum Beginn der Kampagne in Russland klebte an der Innenseite unseres Soldbüchleins ein Blatt mit den 'Zehn Geboten des deutschen Soldaten'. Es war die Liste der Regeln des internationalen Abkommens zur Unterdrückung der Kriegsgräuel, die Schonung von entwaffneten und gefangenen feindlichen Soldaten, das Schonen der Zivilbevölkerung, das Verbot von Plünderung und Vergewaltigung. Mit dem Beginn der Kampagne in Russland wurde diese Seite aus dem Soldbuch entfernt und jeder konnte wissen, dass nun die Barbarei gesiegt hat, und das geschah mit der Zustimmung der Führung der Wehrmacht."[525] Dennoch hießen viele geistliche Leiter das bis zum Ende des Krieges gut und sie riefen die Menschen auf, sich daran aktiv zu beteiligen.

Der Kampf gegen die Sowjets wurde ohne Mitleid geführt. Hitler hatte bereits im März 1941 den Chefs der drei Truppenteile der Armee deutlich gemacht, dass dies kein gewöhnlicher Krieg sein würde. „Der Krieg gegen Russland kann nicht auf ritterliche Weise geführt werden. Dies ist ein Kampf der Ideologien und der verschiedenen Rassen und er muss mit einer rücksichtslosen, unerbittlichen Härte ohne Präzedenz geführt werden. Alle Offiziere müssen von veralteten Ideologien Abstand nehmen. Ich weiß, dass Sie, Generäle, nicht verstehen können, warum es notwendig ist, den Krieg auf diese Weise zu führen (...) aber ich bestehe darauf, dass meine Befehle ohne Widerrede ausgeführt werden."[526] Diese Befehle beinhalteten u. a., dass alle Kommissare, kommunistischen Funktionäre und Juden zu erschießen seien. Hitler hielt Wort. Der Krieg gegen die Russen war einer der schlimmsten in der Weltgeschichte. Überall dort, wo die Deutschen Städte und Dörfer eroberten, wurden zahlreiche Männer, Frauen und Kinder gnadenlos ermordet. Zehntausende unschuldiger Zivilisten wurden von den Einsatzgruppen mit Gewehrschüssen oder mit Knüppeln und Äxten durch die Helfershelfer der Deutschen getötet. Bis zum Winter 1941/1942 berichteten die verschiedenen Gruppen über ihre ersten zusammengefassten „Ergebnisse": Gruppe A sprach von 249.420, Gruppe B von 45.467, Gruppe C von 95.000 und Gruppe D von 92.000 liquidierten Juden.[527] Einige Kommandeure gerieten dadurch in Konflikt mit ihrer militärischen Ausbildung, ihrer Ehre und ihrem Glauben. Viele andere machten mit und rechtfertigten dies damit, dass zu den Partisanen viele Juden gehörten. Gegenüber dem Chef des Generalstabs, Franz Halder, lobten seine Armeeführer die Einsatzgruppen ausdrücklich. „Diese Menschen sind von unschätzbarem Wert für uns, weil sie die Verbindungen hinter der Front schützen und uns damit für diese Aufgabe die Entsendung von Truppen ersparen."[528]

Dass auch die Wehrmacht sich solcher Morde schuldig machte, wurde durch die umstrittene Ausstellung des Hamburger Instituts für Sozialforschung im Jahr 1996 unter dem Titel *Vernichtungskrieg. Verbrechen der*

Abb. 34: Reichsminister Joseph Goebbels und Reichsbankdirektor Walther Funk betrachten am 5. April 1944 einen Berg von Goldbarren. Das Gold stammte von ermordeten Juden. Dritter von rechts: Otto Ohlendorf, der Kommandeur der Einsatzgruppe D, die für die Tötung 90.000 Menschen verantwortlich war.

Wehrmacht 1941 bis 1944 enthüllt. Die Ausstellung erzeugte starke, emotional aufgeladene Reaktionen bei ihren Gegnern, aber niemand kam um die Hunderte von Bildern und Dokumenten herum, die zeigten, dass sehr viele gewöhnliche Soldaten sich an den Gräueltaten beteiligt hatten: Gefangene, die ihre eigenen Gräber schaufeln mussten und dann erschossen wurden, Bürger, die man zu Dutzenden gleichzeitig erhängte, Massenhinrichtungen, Ertränken, Verbrennen usw.[529]

Zwischen Sommer 1941 und Frühjahr 1942 starben mehr als zwei Millionen russische Kriegsgefangene in deutschen Lagern, in denen die internationalen Konventionen nicht mehr galten. Auch dafür waren Wehrmachtsangehörige mitverantwortlich. Gewöhnliche Soldaten, die Frau und Kinder zu Hause hatten und jede Woche in die Kirche gingen, wurden zu Kriminellen und Mördern. Es waren schmutzige Jobs, die selbst die härtesten Soldaten, auch die sorgfältig ausgewählten SS-Männer, psychisch belasteten. Gesucht wurde daher nach anderen Methoden des Mordes. In einer Rede vor einer Gruppe von Offizieren am 4. Oktober 1943 in Posen gab Heinrich Himmler eine Erklärung für die Notwendigkeit der Verwendung von nicht-konventionellen Mitteln, um das Ziel zu erreichen. „Ich möchte offenherzig mit Ihnen über eine sehr ernste Angelegenheit sprechen. Unter uns müssen wir darüber offen reden, aber wir werden darüber niemals in der Öffentlichkeit sprechen. (...) Ich meine, (...) die Ausrottung der jüdischen Rasse. (...) Die meisten von Ihnen wissen, was es bedeutet, wenn 100 Leichen am Straßenrand liegen, oder 500 oder 1.000. Dem gewachsen zu sein und doch noch anständig zu bleiben – abgesehen von Ausnahmen infolge menschlicher Schwächen – hat uns hart gemacht. Dies ist ein Ruhmesblatt unserer Geschichte, das nie geschrieben wurde und nie geschrieben wird (...).“[530] Von da an müssen auch zahlreiche Beamte in Deutschland die schockierende Wahrheit über die Mordbesessenheit erkannt haben. Plötzlich erreichten die Wirtschaftsabteilungen der SS große Mengen von Goldzähnen, die zu den Banken gebracht wurden. Die Direktoren und Mitarbeiter der Banken müssen von ungewöhnlichen Geschäften mit geraubten Waren gewusst haben. „Ringe, Uhren, Brillen, goldene Schmucknadeln, Trauringe, Broschen, Krawattennadeln und andere Wertsachen“ fanden ihren Weg in die Tresore der Reichsbank.[531]

An der Ostfront arbeiteten während des Krieges fast eintausend Militärgeistliche. Das geschah, was die Katholiken betraf, übrigens auf Grundlage einer Vereinbarung, die Bestandteil des Reichskonkordats war. Sie wurden von dem den „Nazis“ wohlgesonnenen Militärbischof Franz Rarkowski geleitet. Die Kaplane hatten den Dienstgrad eines Majors der Wehrmacht und trugen die gleiche Uniform wie die regulären Soldaten, jedoch ohne die entsprechenden Schulterstücke. Sie trugen auch ein Kreuz um den Hals und eine Pistole an der Hüfte – eine deutsche Luger P-08 mit einem 7,65-Millimeter-Kaliber, die Standardwaffe der Einsatzgruppen. Weil sie oft direkt hinter der Front wirkten, sahen sie viele Gräueltaten. So bezeugte Kaplan Joseph Perau, der den „Nazis“ nicht zuneigte, ein Massengrab von 19.000 russischen Kriegsgefangenen in der Nähe von Roslawl. Er drückte später seine Abneigung aus gegen das, was geschah.[532] Aber die meisten Kaplane standen loyal zu Hitler, sodass sie faktisch die Morde entschuldigten und die moralischen Bedenken von Soldaten neutralisierten oder zerstreuten. Sie saßen in der Mitte des Mordbetriebes, zelebrierten Messen, hörten Beichten und erteilten gruppenmäßig die Absolution an die Soldaten. Ein prägnantes Beispiel für außergewöhnliche Treue zum NS-Regime begegnet uns im Fall des jungen gläubigen Soldaten Franz Reinisch: der Gefängnispfarrer verweigerte ihm die Kommunion, weil Reinisch sich geweigert hatte, den Eid auf Adolf Hitler zu schwören.[533] In diesem Sinne waren die Kaplane keine unbeteiligten Beobachter, die sich nur um die spirituellen Bedürfnisse der Gläubigen kümmerten, sondern sie legitimierten mit ihrem Tun die sichtbaren Gräueltaten, die im Namen Gottes und Hitlers begangen wurden.[534]

Sie konnten jedoch nicht verhindern, dass Soldaten, die von der Ostfront nach Hause kamen, verwundet oder auf Urlaub, Geschichten erzählten, die jede Vorstellungskraft ihrer Verwandten in Deutschland überschritten. Viele waren schockiert und sahen ihre gewohnte moralische Weltsicht erschüttert. An der Heimatfront bekamen sie jedoch, von Ausnahmen abgesehen, keine Unterstützung, weder von Familienmitgliedern noch von Priestern und Pastoren. Die Ausschaltung der eigenen kritischen Vernunft muss zu einer kollektiven Betäubung geführt haben, als Basis der Verdrängung, die nach dem Krieg in ein kollektives „Wir haben es nicht gewusst“ mündete. Trotz dieser Verdrängung waren sich die Deutschen sehr wohl bewusst, dass das, was in Russland passierte, jenseits aller Normalität lag. Es wurde darüber regelmäßig diskutiert, sagt Professor David Bankier.[535] Er bezieht sich u. a. auf Karl Dürkefälden, einen einfachen Bürger, der bereits im August 1941 über die Grausamkeiten gegenüber den Russen Bescheid wusste. Sein Bruder schrieb ihm in einem Brief, dass in Kiew keine Juden mehr existieren. Als sein Schwager im Oktober 1942 auf Urlaub kam, lieferte der einige Details nach: Es gab deshalb keine Juden mehr in Kiew, weil sie alle ermordet worden waren. Von einem Soldaten aus Vilnius erfuhr er wiederum, dass man sie vergast hatte. Im Winter 1941/42 war nahezu eine halbe Million Juden auf irgendeine Weise getötet worden. Alfons Hildenbrand, ein Offizier der Wehrmacht, der von seiner Heeresgruppe in Minsk auf Urlaub war, erzählte Kardinal Faulhaber, dem Erzbischof von München, von den Massakern, die er gesehen hatte.

Wie reagierte der Papst auf die Invasion der „Nazis“ in Russland? Obwohl er keine öffentlichen Äußerungen abgab, stand er dem deutschen Angriff auf den Osten sehr positiv gegenüber. Er war überzeugt, dass die Deutschen den Krieg gewinnen und damit den Einfluss des Kommunismus eindämmen oder sogar vernichten würden. Schließlich sah der Vatikan im Bolschewismus das größte Übel. Weiter oben wurde bereits die Notiz zitiert, die Monsignore Tardini am 20. September 1941 dem US-Botschafter Taylor zukommen ließ, und in welcher er die dramatische Situation der katholischen Kirche im atheistischen Russland beschrieb.[536] So schreibt Monsignore Tardini unter anderem, dass dem Erzbischof von Riga eine Wohnfläche von nur zwölf Quadratmetern zur Verfügung stehe, dass der Bischof von Liepāja gezwungen worden sei, sein Haus zu verlassen und außerhalb der Stadt zu leben, und der Erzbischof von Tallinn eine Monatsmiete von 160 Rubeln für ein Einzelzimmer, das zuvor ihm gehörte, zahlen müsse.[537] Solche Klagen erscheinen vor dem Hintergrund der andauernden Massaker, von denen der Vatikan wusste, absurd. Allerdings sind auch schreckliche Geschehnisse in der Notiz aufgeführt, wie die Deportation von Geistlichen und der barbarische Mord an Priestern, die an durch die Hände geschlagenen Nägeln am Kreuz aufgehängt wurden. „Obwohl nicht vollständig, zeigt diese Liste Fakten, welche die Anwesenheit einer antireligiösen Stimmung im Bolschewismus beweisen, zumindest bis vor ein paar Wochen", schreibt Tardini.[538] Andererseits bleibt in der Notiz die Unterdrückung, Verfolgung und Ermordung Zehntausender russischer Kommunisten und Juden durch die Einsatzgruppen mit ihren teilweise katholischen Mitgliedern unerwähnt. Dass katholische Kirchen geschlossen, die Bischöfe schikaniert, Priester deportiert und ermordet wurden, war eine große Neuigkeit, aber der Mord an unzähligen Kommunisten und Juden fand kaum Beachtung in der Klagelitanei des Heiligen Stuhls. Die Notiz wurde von Tardini am 26. September 1942 geschrieben, zu einer Zeit also, als Hitler noch siegte (die 6. Armee hatte gerade Stalingrad erreicht), aber es war schon klar, dass der Widerstand der Russen größer war, als ursprünglich vermutet. Dies war der Beginn einer umfassenden Kampagne des Vatikans, mit der der sowjetische Kommunismus als das große Übel dargestellt wurde, gegen das nur der Nationalsozialismus bestehen konnte. Faktisch war die Haltung des Heiligen Stuhls sehr klar: Entweder man findet sich ab mit der unvermeidlichen Eroberung des Westens durch die Kommunisten oder man wählt die Seite des Nazismus, der einzigen starken Kraft, die dem gottlosen Bolschewismus widerstehen kann. Daher diese Notizen von Tardini und Anderen an die Briten und Amerikaner. Sie sollten deutlich machen, dass die „Nazis" einen Kampf auf Leben und Tod führen, nicht nur für das NS-Regime selbst, sondern für die ganze christliche Zivilisation.

Das Ausmaß der Tragödie im Osten wurde nach und nach auch im Westen bekannt. 1941 und 1942 begann die Presse im Westen mehr und mehr Details zu veröffentlichen über die dramatischen Entwicklungen im okkupierten Osten. Am 27. August 1943 erschien in der *New York Times* ein ausführlicher Artikel unter dem Titel „Report Bares Fate of 8.300.000 Jews" mit einer Tabelle über die Anzahl Deportierter und Ermordeter in mehreren europäischen Ländern, insgesamt mehr als drei Millionen. Die Tabelle war unterteilt in Opfer von organisiertem Mord, von Deportationen, von Hunger und Seuchen und von spezifischen Kriegshandlungen.

REPORT BARES FATE OF 8,300,000 JEWS

More Than 3,000,000 Killed in Hitler-Dominated Lands, Survey Discloses

SESSION HERE TO PLAN AID

American Jewish Conference, With 500 Delegates, Will Open on Sunday

The Jewish population of Europe, which totaled 8,300,000 when Hitler came into power ten years ago, has been reduced by 5,000,000 as a result of his war upon them, according to a 300-page survey made public yesterday by the Institute of Jewish Affairs of the American Jewish Congress and the World Jewish Congress.

More than 3,000,000 Jews have been destroyed by planned starvation, forced labor, deportations, pogroms and methodical murders in German-run extermination centers in eastern Europe since the outbreak of the war in 1939, according to the report, while 1,800,000 Jews have been saved by migration into the interior of the Soviet Union and 180,000 have succeeded in emigrating to other countries.

In twenty-four countries of Continental Europe now under the control of the Axis only 3,000,000 Jews are alive today, according to the survey, which was made for the benefit of 500 delegates elected by the organized Jewish community of this country who will attend the five-day American Jewish Conference opening at the Hotel Waldorf-Astoria Sunday.

Session to Plan Rescues

The conference, which has been called to discuss a common program of action for post-war rehabilitation, will discuss as its first order of business on Sunday the problems arising from the mass extermination of Jews in Europe and the steps that can be taken to save those who remain.

The delegates representing the American Jewish Congress will meet today at the Hotel Astor to discuss their views on the rescue of Jews abroad and the reconstruction of Jewish life, and to draft a program dealing with these questions to be presented to the conference as a whole by the American Jewish Congress delegation.

The survey made by the Institute of Jewish Affairs, entitled "Hitler's Ten Year War on the Jews," declares that 1,700,000 Jews have been victims of organized massacres and pogroms, conducted for the most part under official German supervision with the aid of satellite police and troops; that 750,000 Jews perished as a result of starvation and its consequences, and that 350,000 died in the process of deportation.

This mass extermination program "has been prefaced by a program of spiritual degradation and economic destruction," the Institute asserted. The aggregate property loss of the Jews is approximately $6,000,000,000, the report states, and this is exclusive of Jewish communal property destroyed in the various lands.

Driven Out of Professions

Jews have been driven out of the professions, where formerly, according to the report, they were 200,000 strong. Except for a few doctors who are still permitted to care for the Jewish sick, the vast majority of Jewish physicians, educators, lawyers, engineers and other professional workers have been assigned to heavy manual labor at work camps, the survey states.

Only about 5,000 of the 525,000 Jews living in Germany when Hitler came into power are still residing there, the survey estimates; and 1,600,000 of the 3,300,000 Jews in pre-war Poland have been exterminated. In Rumania, which had a Jewish population of 850,000, about 230,000 have perished.

A table showing how the process of extermination has been carried out against the Jews in sixteen European countries was contained in the survey and follows:

Countries.	Total Number of dead.	By Extermination: Organized Murder.	By Extermination: Deportation.	Starvation Epidemics.	Killed in Actual Warfare.
Germany—	110,000	15,000	75,000	20,000	.....
Poland—	1,600,000	1,000,000	.....	500,000	100,000
U.S.S.R. Occupied—	650,000	375,000	.....	150,000	125,000
Lithuania—	105,000	100,000	.....	5,000	.....
Latvia—	65,000	62,000	.....	3,000	.....
Austria—	19,500	1,500	10,500	7,500	.....
Rumania—	227,500	125,000	92,500	10,000	.....
Yugoslavia—	35,000	15,000	12,000	5,000	3,000
Greece—	18,500	2,000	8,500	6,000	2,000
Belgium—	30,000	.....	25,000	5,000	.....
Holland—	45,000	.....	40,000	5,000	.....
France—	56,000	2,000	34,000	15,000	5,000
Czechoslovakia—	64,500	2,000	47,500	15,000	.....
(a) Protectorate	(27,000)	(2,000)	(15,000)	(10,000)	.....
(b) Slovakia	(37,500)	.....	(32,500)	(5,000)	.....
Danzig—	250	.....	250	.....	.....
Estonia—	3,000	3,000	.....	.....	.....
Norway—	800	.....	600	200	.....
Total—	3,030,050	1,702,500	345,850	746,700	235,000

The survey was compiled by the institute on the basis of official law gazettes of Axis and Axis-dominated countries; the official newspapers of Axis supervised Jewish communities; firsthand reports of diplomats and foreign correspondents within Axis Europe; materials of the governments-in-exile; eye-witness reoprts and documents and letters smuggled out of Europe.

Abb. 35: Die New York Times *berechnete in einem Artikel vom 27. August 1943 die Zahl der ermordeten Juden auf über drei Millionen.*

Die riesigen Zahlen erwiesen sich im Nachhinein als sehr genau, aber veranlassten damals nur wenige politische und religiöse Autoritäten, offen zu protestieren. Nach einem britischen Journalisten entschlüpften dem Papst die Worte, dass „er eine Niederlage der Russen gegenüber einer Niederlage der Deutsche bevorzuge".[539] Die Vernichtung der Juden und der Mord an russischen Kriegsgefangenen durch die Deutschen waren in diesem Moment in vollem Gange.

Kapitel 22
Die Endlösung der Judenfrage

Nach dem Krieg behaupteten Zivilisten und einfache Soldaten oft, dass sie von den Verbrechen an den Juden keine Kenntnis hatten. „Wir haben es nicht gewusst", so war zu hören. Der Historiker Saul Friedländer widerlegt das und zeigt, dass Massen von Deutschen, Polen, Weißrussen, Ukrainern, Balten und anderen Europäern durchaus davon wussten. Er beweist auch, dass die „Nazis" zunächst keinen konkreten und endgültigen Plan zur Lösung der „Judenfrage" besaßen. Die Juden sollten zunächst isoliert und schließlich politisch und sozial ausgeschaltet werden. Das Wie blieb unklar. In den ersten Monaten des Krieges, die für das Reich äußerst erfolgreich verliefen, spielten die „Nazis" mit der Idee, die Juden an einen entfernten Ort zu deportieren, z. B. nach Madagaskar, eine Insel vor der Ostküste Afrikas. Sie sollten zumindest körperlich aus Europa verschwinden. Zu diesem Zweck starteten die deutschen Faschisten ihre Politik der „Identifizierung, Isolierung, Enteignung, Konzentration und Auswanderung oder Vertreibung". Friedländer stellt fest, dass es den polnischen Juden bis Oktober 1940 gestattet war, auszuwandern. Doch gebietet es die Wahrheit, festzustellen, dass nur wenige Länder zu dieser Zeit bereit waren, jüdische Flüchtlinge aufzunehmen. Jedenfalls stieß die ablehnende Haltung vieler Regierungen auf wenig oder keinen Widerstand in der Bevölkerung. Die Gleichgültigkeit ihrer christlichen Staats- und Regierungschefs förderte eine ähnliche Haltung in der Bevölkerung. Eine Unterstützung seitens der Kirchen hatten die Juden nicht zu erwarten. So stand der höchste katholische Vertreter in Nazi-Deutschland, Kardinal Adolf Bertram, „stramm hinter Führer und Vaterland", schreibt Friedländer.[540] In anderen Ländern, wie zum Beispiel im besetzten Frankreich, hieß das französische Episkopat die antijüdischen Maßnahmen gut. Die französischen Bischöfe begrüßten ausdrücklich die Ausgrenzung der Juden aus dem öffentlichen Leben. Ende 1940 wurden Ghettos errichtet, mussten die Juden sich registrieren lassen, um dann deportiert zu werden.

„Die Verfolgung der Juden wurde in ganz Europa akzeptiert, ja, durch die Bevölkerung – einschließlich der intellektuellen Elite und vor allem der christlichen Kirchen – auch sanktioniert“, sagt Friedländer. Der Mordgier konnte kein Jude entgehen.[541] Friedländer zitiert auch einen bemerkenswerten Satz aus einem Brief des Bischofs Berning von Osnabrück vom 5. Februar 1942: „Es sieht stark danach aus, dass sie planen, alle Juden zu vernichten.“[542] Das illustriert auch die Feststellung Robert Gellatelys, der in seiner Arbeit belegt, dass das Vernichtungsprogramm der „Nazis“ der deutschen Bevölkerung weitestgehend bekannt war. Er stellt damit die Behauptung von Historikern wie Hesemann und Burleigh infrage, die in ihren Büchern versuchen, Kirche und Papst von jeglicher Schuld frei zu sprechen, da sie unwissend gewesen seien. Im Sommer 1941 begannen die Massenmorde. „Die Juden sind Freiwild“, schrieb ein prominentes Mitglied der Ordnungspolizei. Friedländer beschreibt Massenexekutionen in Litauen, wo die Bevölkerung zustimmend zuschaute und, indoktriniert durch extrem antisemitische Priester, ihre jüdischen Nachbarn mit Knüppeln und Eisenstangen erschlugen. Er informiert über die berüchtigte katholische Ustascha in Kroatien, die wie von Sinnen auf die Juden Jagd machte. Er berichtet über Tiso, den slowakischen katholischen Priester, der Präsident von Hitlers Gnaden wurde, und Tausende Juden an die „Nazis“ auslieferte und für deren Deportation auch noch bezahlte. Mit dem Angriff auf Russland steigerten die Deutschen das Tempo der Ausrottung. Der Front folgten die berüchtigten Einsatzgruppen, denen befohlen war, alle kommunistischen Funktionäre und jüdischen Männer zu erschießen. Dennoch hatte Hitler auch zu diesem Zeitpunkt noch keinen festen Plan. Aber die Konturen wurden sichtbar. Es ging ihm um die Beseitigung der Juden, wie er sie in seiner berüchtigten Rede von 30. Januar 1939 angekündigt hatte: „Wenn es dem internationalen Finanzjudentum in und außerhalb Europas gelingen sollte, die Völker noch einmal in einen Weltkrieg zu stürzen, dann wird das Ergebnis nicht der Sieg des Judentums sein, sondern die Vernichtung der jüdischen Rasse in Europa!“[543] Diese Erklärung wurde groß in Zeitungen, auf Litfasssäulen und in Parteilokalen verbreitet, aber auch durch Funk und Wochenschau, sodass die Einwohner des Dritten Reiches in der Lage waren, zu hören, zu lesen oder zu sehen. Hitler wiederholte seine schreckliche „Ankündigung“ in den Jahren 1941, 1942 und 1943. Erneut am 24. Februar und noch einmal am 21. März 1943 drohte Hitler, dass der Krieg zur Ausrottung der Juden führen würde. Vor seinen Generälen und Offizieren bekräftigte er diesen Urteilsspruch am 16. Mai 1944 in Berchtesgaden.[544]

Der Judenhass wurde an der Heimatfront systematisch gefördert. Sobald die deutschen Truppen auf stärkeren Widerstand stießen und die Alliierten die deutschen Städte zu bombardieren begannen, radikalisierte sich die Propaganda gegen die Juden. Vernichten, was das deutsche Volk schädigt, war die zentrale Botschaft des Nationalsozialismus, und die Juden galten als schädlich für das Volk. Hitler und andere Nazigrößen verbanden damit radikale Konsequenzen. Nachdem Goebbels das Ghetto von Lodz besucht hatte, beschrieb er in seinem Tagebuch am 2. November 1939 seine wahren Gefühle gegenüber den Juden: „Fahrt durch das Ghetto. Wir stiegen aus und sehen uns alles an. Es ist unbeschreiblich. Das sind keine Menschen mehr, das sind Tiere. Das ist deshalb auch keine humanitäre, sondern eine chirurgische Aufgabe. Man muss hier Schnitte tun, und zwar ganz radikale. Sonst geht Europa einmal an der jüdischen Krankheit zugrunde."[545]

Ein Gedanke, der sich im Laufe des Krieges noch auswuchs. Am 13. Mai 1943 schrieb Goebbels in sein Tagebuch: „In der Natur schreitet das Leben sofort gegen Parasiten ein, im Leben der Völker ist das nicht immer der Fall. Daraus entsteht eigentlich die jüdische Gefahr. Es bleibt den modernen Völkern heute also nichts anderes übrig, als die Juden auszurotten."[546] Als Leiter der Propagandaabteilung ließ Goebbels Spiel- und Dokumentarfilme drehen, in denen die Juden als die größten Feinde des Volkes dargestellt wurden. „In den Kinosälen jubelte man bei Filmbildern, welche die Verhaftung von Juden, ihre Mühen bei der Zwangsarbeit und selbst einen Lynchmord in Riga zeigten."[547] Am 12. Dezember 1941 erklärte Deutschland den Vereinigten Staaten den Krieg. Am Tag darauf erklärte Hitler, dass der Weltkrieg nun eine Tatsache sei und dass die Vernichtung der Juden die notwendige Folge sein müsse. „Diese Frage sollte ohne jede Sentimentalität betrachtet werden. Wir sind nicht auf der Erde, um Mitleid mit den Juden, sondern nur, um Mitleid mit unserem deutschen Volk zu haben."[548] Was wussten die Alliierten davon? Die Engländer konnten ab Ende 1941 mit der Enigma-Maschine die deutschen geheimen Botschaften entschlüsseln und sie wussten, dass die Juden massenhaft ermordet wurden. Einige Gefangene schafften es, aus den Nazilagern zu entkommen und spielten den Alliierten brisante Informationen zu. Doch nach wie vor blieben die Zweifel groß. In der Zwischenzeit liefen die Vernichtungslager Chełmno, Sobibór und Bełżec auf vollen Touren, Treblinka und Auschwitz-Birkenau waren noch im Aufbau.

Nach Ansicht einiger Historiker wurde der endgültige Befehl zum Holocaust von Hitler nach der Kriegserklärung Deutschlands an die USA am 11. Dezember 1941 gegeben, nachdem diese, als Antwort auf den japanischen Angriff auf Pearl Harbor, Japan den Krieg erklärt hatten. Für Hitler hatten auch hier die Juden wieder ihre Hand im Spiel: Sicher ist das Datum nicht. Auch die zunehmenden Probleme an der Ostfront spielten zweifellos eine Rolle. „Der Kreuzzug musste sich erst festfahren, bevor die Nazis die Schwelle zum bewussten und systematischen Massenmord an den Juden überschritten“, sagt der US-Historiker Arno Mayer.[549] Besonders bekannt wurde der Mord an 33.771 Juden aus Kiew in der Schlucht von Babi Yar am 28. und 29. September 1941. Dieses Massaker war eine Vergeltung für die Bomben, die am 24. September 1941 im deutschen Hauptquartier explodiert waren und zahlreiche Todesopfer gefordert hatten. Ein ähnliches Szenario lief einen Monat später in Odessa ab, wo 19.000 Juden ermordet wurden. Auch die massenhaften Verfolgungen und die Deportationen aus fast allen europäischen Ländern in die Lagern im Osten begannen in dieser Zeit. Im Oktober 1941 wurden 50.000 Juden aus verschiedenen Städten Deutschlands nach Minsk transportiert. Am 10. November 1941 wurden Juden aus Hamburg, Frankfurt und Berlin in die Ghettos von Lodz und Minsk geschickt. Fünf Tage später gingen Transporte aus Berlin, München, Wien, Breslau und Frankfurt nach Kovno. Am 19. November 1941 fuhren 19 Züge mit Juden aus Berlin, Nürnberg, Würzburg und Fürth zum Ghetto von Riga. Die Juden aus Stuttgart und Köln folgten der gleichen Strecke am 1. bzw. 7. Dezember 1941. Einige Tage später deportierten die „Nazis“ Tausende von Juden aus Duisburg, Krefeld, Bielefeld, Düsseldorf und Hannover.[550] Ab Februar 1942 sickerten die ersten Berichte über Massaker an den Juden in diesen Lagern durch. Die Strategie war erkennbar: Erst die Identifizierung der Juden, dann die Deportation in die Ghettos und schließlich die Vernichtung. Ende Januar 1942 waren bereits mehr als 130.000 deutsche und über 43.000 österreichische Juden abtransportiert. Am 5. Februar 1942 wurden mehr als tausend Juden aus Berlin und 400 aus Wien aus dem Ghetto von Riga geholt und erschossen. Von Ende März an kamen die ersten Transporte von französischen und später von belgischen und niederländischen Juden im Osten an. In vielen Ländern verliefen die Transporte fast reibungslos, wie in den Niederlanden, wo letztlich 73% der Juden deportiert und ermordet wurden. In Belgien ging es weniger glatt, sodass „nur“ 44% der Juden starben. Eine Ausnahme bildete Antwerpen, wo die Mordquote mit 66% fast das niederländische Niveau erreichte und wo auch örtliche Polizisten an den Razzien beteiligt waren.[551] In Frankreich führten sogar ausschließlich französische Polizisten die Razzien durch. Bezeichnend für den Fanatismus war die Forderung Himmlers, sogar die 150 bis 200 finnischen Juden auszuliefern sowie seine Absicht, zu gegebener Zeit auch die Juden der Mittelmeerinseln zu vernichten. So wurden die 1.200 Juden von Rhodos verhaftet, per Schiff auf das Festland und per Bahn nach

Auschwitz gebracht, wo die meisten am 17. August 1944 vergast wurden. Zum Jahresende 1942 wusste die internationale Gemeinschaft bereits viel über die Massaker. Diese Informationen erreichten auch den Vatikan und den Papst. Viele geistliche Führer in den besetzten Gebieten hielten ihn auf dem Laufenden über die Vernichtung der Juden in ihren Regionen. Doch Pius XII. schwieg.

Eine der wichtigsten Informationsquellen des Papstes war Herzog Franz D'Arcy Osborne, der britische Vertreter beim Heiligen Stuhl. Pius XII. führte mehrere Gespräche mit ihm über das Schicksal der Juden. Osborne berichtete dem Papst bereits im Oktober 1940, dass die Deutschen „in Ungarn, Rumänien und Bulgarien aktiv den Antisemitismus fördern". Ein Jahr später schrieb er Pius XII., dass „die Nazis Gräueltaten im Namen des Mythos der überlegenen Rasse begehen. Sie führen Experimente an kranken und geistig behinderten Kindern in Deutschland durch." Im Jahre 1943 berichtet Osborne dem Papst, dass „73 Prozent der jüdischen Gemeinden in der Slowakei an einen unbekannten Ort deportiert wurden, was vermutlich den Tod bedeutet". Osborne schrieb in seinem Tagebuch am 13. Dezember 1942: „Je mehr ich darüber nachdenke, desto mehr verabscheue ich einerseits Hitlers Mord an den Juden und auf der anderen Seite die Tatsache, dass der Vatikan offenbar nur an die (...) Möglichkeit eines Bombenangriffs auf Rom denkt. Seine Heiligkeit ist bemüht, rücksichtslos seine Neutralität zu bewahren, auch wenn die schlimmsten Verbrechen gegen Gott und die Menschlichkeit begangen werden, nur weil er eine Rolle bei eventuellen Friedensverhandlungen spielen will. Er sieht nicht, dass der Heilige Stuhl stark beschädigt wird durch seine Weigerung zu reden und dass niemand noch auf ihn hören wird."[552] Diese Sätze erinnern an die Tagebucheintragungen zwischen Januar und April 1943 von Rutka Laskier, einem jüdischen Mädchen aus der südpolnischen Stadt Będzin.[553] „Ich sah mit meinen eigenen Augen, wie ein Soldat ein wenige Monate altes Baby aus den Armen seiner Mutter riss und mit aller Kraft sein Köpfchen gegen einen Laternenpfahl schlug. Das Gehirn spritzte auf dem Holz auseinander und die Mutter bekam einen Anfall. Ich schreibe es auf, als ob es nichts bedeutet, als ob ich ein in Gräueltaten ausgebildeter Soldat bin, während ich noch sehr jung bin, ich bin vierzehn Jahre alt und habe in meinem Leben noch nicht viel gesehen und doch bin ich schon so gleichgültig."[554] Jedenfalls empörte den britischen Gesandten das Schweigen des Papstes.

Auch von anderer Seite empfing der Papst viele Informationen. In dem Film *Amen* des francogriechischen Filmemachers Costa Gavras wird die Geschichte von Kurt Gerstein erzählt. Natürlich handelt es sich dabei um eine romantisierte Version, doch der Film wurde nach einer wahren Begebenheit gedreht. Gerstein meldete sich freiwillig bei der Waffen-SS, nachdem seine Schwester im Rahmen des T4-Euthanasieprogramms in der Einrichtung für geistig Behinderte in Hadamar getötet worden war. Er stieg zum Obersturmführer des SS-Gesundheitskorps auf und erhielt im Juni 1942 den Auftrag, eine größere Menge Blausäure vom Herstellerwerk in Prag nach Lublin in Polen zu befördern. Dort sah er am 18. August 1942 mit eigenen Augen, wie im Vernichtungslager Bełżec Juden vergast wurden. Er schrieb dazu später, am 4. Mai 1945, u. a.: „Am anderen Morgen kurz vor Sieben kündigt man mir an: In zehn Minuten kommt der erste Transport! – Tatsächlich kam nach einigen Minuten der erste Zug von Lemberg aus an. 45 Waggons mit 6700 Menschen, von denen 1450 schon tot waren bei ihrer Ankunft. Hinter den vergitterten Luken schauten, entsetzlich bleich und ängstlich, Kinder durch, die Augen voller Todesangst, ferner Männer und Frauen. Der Zug fährt ein: 200 Ukrainer reißen die Türen auf und peitschen die Leute mit ihren Lederpeitschen aus den Waggons heraus. Ein großer Lautsprecher gibt die weiteren Anweisungen: Sich ganz ausziehen, auch Prothesen, Brillen usw. Die Wertsachen am Schalter abgeben, ohne Bons oder Quittung. Die Schuhe sorgfältig zusammenbinden (wegen der Spinnstoffsammlung), denn in dem Haufen von reichlich 25 Meter Höhe hätte sonst niemand die zueinander gehörenden Schuhe wiederfinden können. Dann die Frauen und Mädchen zum Friseur, der mit zwei, drei Scherenschlägen die ganzen Haare abschneidet und sie in Kartoffelsäcken verschwinden lässt. (…) So steigen sie die kleine Treppe herauf, und dann sehen sie alles. Mütter mit Kindern an der Brust, kleine nackte Kinder, Erwachsene, Männer, Frauen, alle nackt – sie zögern, aber sie treten in die Todeskammern, von den anderen hinter ihnen

Abb. 36: SS-Obersturmführer Kurt Gerstein.

vorgetrieben oder von den Lederpeitschen der SS getrieben. Die Mehrzahl ohne ein Wort zu sagen. Eine Jüdin von etwa 40 Jahren, mit flammenden Augen, ruft das Blut, das hier vergossen wird, über die Mörder. Sie erhält 5 oder 6 Schläge mit der Reitpeitsche ins Gesicht vom Hauptmann Wirth persönlich, dann verschwindet auch sie in der Kammer. Viele Menschen, beten. Ich bete mit ihnen, ich drücke mich in eine Ecke und schreie laut zu meinem und ihrem Gott.“[555]

Gerstein setzt seine Aussage fort mit einer Beschreibung der Vergasung selbst: „Die Menschen stehen einander auf den Füßen. 700-800 auf 25 Quadratmetern, in 45 Kubikmetern! Die SS zwängt sie physisch zusammen, soweit es überhaupt geht. – Die Türen schließen sich. Währenddessen warten die anderen draußen im Freien nackt. Man sagt mir: auch im Winter genau so! Ja, aber sie können sich ja den Tod holen, sage ich. ‘Ja, grad for das sinn se ja doh!’, sagt mir ein SS-Mann darauf in seinem Platt. – Jetzt endlich verstehe ich auch, warum die ganze Einrichtung Heckenholt-Stiftung heißt. Heckenholt ist der Chauffeur des Dieselmotors, ein kleiner Techniker, gleichzeitig der Erbauer der Anlage. Mit den Dieselauspuffgasen sollen die Menschen zu Tode gebracht werden. Aber der Diesel funktioniert nicht! Der Hauptmann Wirth kommt. Man sieht, es ist ihm peinlich, dass das gerade heute passieren muss, wo ich hier bin. Jawohl, ich sehe alles! Und ich warte. Meine Stoppuhr hat alles brav registriert. 50 Minuten, 70 Sekunden – der Diesel springt nicht an! Die Menschen warten in ihren Gaskammern. Vergeblich! Man hört sie weinen, schluchzen ... Der Hauptmann Wirth schlägt mit seiner Reitpeitsche den Ukrainer, der dem Unterscharführer Heckenholt beim Diesel helfen soll, 12-, 13-mal ins Gesicht. Nach zwei Stunden 49 Minuten – die Stoppuhr hat alles wohl registriert – springt der Diesel an. Bis zu diesem Augenblick leben die Menschen in diesen 4 Kammern, viermal 750 Menschen in 4 mal 45 Kubikmetern! – Von Neuem verstreichen 25 Minuten. Richtig, viele sind jetzt tot. Man sieht das durch das kleine Fensterchen, da das elektrische Licht die Kammern einen Augenblick beleuchtet. Nach 28 Minuten leben nur noch wenige. Endlich, nach 32 Minuten ist alles tot!“[556]

Am nächsten Tag machte Gerstein einen Besuch: „Am anderen Tage – dem 19. August 1942 – fuhren wir mit dem Auto des Hauptmanns Wirth nach Treblinka 120 km NNO von Warschau. Die Einrichtung war etwa dieselbe, nur viel größer als in Bełżec. Acht Gaskammern und wahre Gebirge von Koffern, Textilien und Wäsche. Zu unseren Ehren wurde im Gemeinschaftssaal im typisch Himmlerschen altdeutschen Stil ein Bankett gegeben. Das Essen war einfach, aber es stand alles in jeder Menge zur

Verfügung. Himmler hatte selbst angeordnet, dass die Männer dieser Kommandos soviel Fleisch, Butter und insbesondere Alkohol erhielten, wie sie wollten."[557] Gerstein teilte am 20. August 1942 seine schrecklichen Beobachtungen in den Vernichtungsstätten (einschließlich der Unterlagen über den Erwerb von Cyangas) dem schwedischen Konsul Baron Göran von Otter mit, der seinerseits die Nachricht an seine Botschaft und an hohe kirchliche Gremien schickte, u. a. an den lutherischen Bischof Otto Dibelius. Gerstein versuchte auch, Zugang zu Nuntius Orsenigo zu bekommen, aber das scheiterte, als sich herausstellte, dass er ein SS-Offizier war. Gerstein soll davon auch einem gewissen Dr. Winter, einem Mitarbeiter des Berliner Bischofs Konrad von Preysing und noch vielen Anderen erzählt haben. Gerstein schreibt dazu: „Ich versuchte, in gleicher Sache dem päpstlichen Nuntius in Berlin Bericht zu erstatten. Dort wurde ich gefragt, ob ich Soldat sei. Daraufhin wurde jede weitere Unterhaltung mit mir abgelehnt, und ich wurde zum Verlassen der Botschaft seiner Heiligkeit aufgefordert. (…) Ich habe dann alles dies Hunderten von Persönlichkeiten berichtet, u. a. dem Syndikus des katholischen Bischofs von Berlin, Herrn Dr. Winter, mit der ausdrücklichen Bitte um Weitergabe an den Päpstlichen Stuhl."[558] Ob diese Informationen den Vatikan erreichten, ist ungewiss. Der Historiker Kevin Madigan vermutet es.[559] Aber der Jesuit Peter Gumpel weist dies zurück. Ihm sei kein Dr. Winter bekannt und der Relator für die Seligsprechung von Pius XII. bestreitet, dass es einen Gerstein-Bericht in den Archiven des Vatikans gibt.[560] Nach dem Krieg kam Gerstein in ein französisches Gefängnis, wo er seine Aussage zu Papier brachte. Am 25. Juli 1945 fand man Kurt Gerstein erhängt in seiner Zelle. Vermutlich Selbstmord, aber er kann auch von SS-Kameraden oder von anderen Gefangenen ermordet worden sein. Letzteres ist jedenfalls die Ansicht des Filmkritikers und Autors Han Wielek, der feststellte, dass viele einflussreiche Amtsträger Gersteins Bericht gehört haben, aber nichts unternahmen.[561]

Jedenfalls ist es Gerstein nicht gelungen, die Vernichtung des europäischen Judentums zu verlangsamen. Bis in die letzten Monate und Tage des Krieges waren die „Nazis" und ihre Handlanger, wie die Pfeilkreuzler in Ungarn und die Ustascha-Milizen in Kroatien, darauf versessen, so viele Juden wie nur möglich zu ermorden. Als das in den Vernichtungslagern wegen der vorrückenden Alliierten nicht mehr möglich war, schickten sie die bis dahin überlebenden Häftlinge auf Todesmärsche, wo noch Zehntausende an Müdigkeit, Durst und Hunger starben oder erschossen wurden, weil sie dem Tempo nicht folgen konnten. Einige Lager fielen vollständig in die Hände der Befreier, wie Bergen-Belsen mit 60.000 Häftlingen.

Als die britischen Truppen das Lager am 15. April 1945 befreiten, fanden sie eine Situation vor, welche die Welt erschütterte.[562] Im Lager stapelten sich planlos Zehntausende Leichen. Mindestens 50.000 Menschen litten an Flecktyphus, Ruhr oder Unterernährung. Die entscheidende Frage für die Befreier war, wie viele Menschen noch zu retten waren und wie? Eine Nothilfeaktion wurde gestartet. Während der Krieg andauerte, schickte die britische Armee medizinische Einsatzgruppen nach Bergen-Belsen. Sie wurden von Freiwilligen aus England, Irland, der Schweiz, Belgien und den Vereinigten Staaten unterstützt. Zwei Monate lang taten alle ihr Möglichstes, so viele Opfer wie möglich vor dem Tod zu bewahren. Die Rettungsaktionen wurden jedoch durch den Mangel an Medikamenten und Ausrüstung stark behindert. Bis Ende Juni wurden zwar 46.000 Menschen gerettet, aber nach der Befreiung verloren noch 14.000 Menschen ihr Leben. In diesem Lager starben Anne Frank und ihre Schwester Margot im März 1945. Die Bilder aus Bergen-Belsen markierten den Beginn einer weltweiten Mobilisierung gegen die Barbarei und richteten einen Appell an das individuelle Gewissen eines jeden Menschen, derartige Übel nie mehr zu dulden. Sie verfehlten ihr Ziel nicht. Die Berge von Leichen in den Massengräbern sind unzähligen Menschen wie auf die Netzhaut gebrannt. Sie erinnern uns daran, dass in totalitären Systemen der Mensch keinen Wert hat und dass Menschen in Diktaturen wie Sachen benutzt, beliebig ein- und ausgeschaltet werden. Die Einsicht, dass Menschen nicht Mittel, sondern Ziel sind, ist daher eine der wichtigsten Erkenntnisse des modernen Menschen und der universellen Zivilisation. Schließlich wurden rund sechs Millionen Juden getötet. Diese Zahlen sind nicht nur durch die ausführlichen Dokumente der Einsatzgruppen und durch die Daten aus den verschiedenen Lagern bestätigt, sondern auch durch die demografischen Statistiken über die jüdische Bevölkerung im Vorkriegseuropa, abzüglich der Zahl der Auswanderer und derjenigen, die eines natürlichen Todes starben sowie der Zahl der Befreiten und der sonstigen Überlebenden. Die nach dieser Bilanzierung verbleibende Zahl ist die der Ermordeten.

Kapitel 23
Widerstand

Eine begrenzte Anzahl von Deutschen ging nach der Machtübernahme durch die „Nazis" in den Widerstand. Hauptsächlich Mitglieder kommunistischer und sozialistischer Parteien, aber auch einige liberale, evangelische, katholische und konservative Menschen weigerten sich, sich den „Nazis" zu unterwerfen. In der Regel fanden sie sich dann in den neu gegründeten Konzentrationslagern wieder. Jeder Widerstand wurde von der SA und später von der Gestapo im Keim erstickt. Dennoch blieben Einzelpersonen, Gruppen und auch Kirchenführer aktiv, aber sie bildeten die Ausnahme. Eugen Kogon, in Buchenwald inhaftiert und später Professor für Politikwissenschaft in München, meint, es waren nur einige Tausend Menschen unter 80 Millionen.[563] In ihrem Buch *Cries in the Night. Women Who Challenged the Holocaust* beschreiben die Historiker Eva Fleischerne und Michael Phayer die Geschichte von sieben katholischen Frauen, die Juden während des Holocausts halfen.[564] Einige von ihnen versuchten Pius XII. zu überzeugen, zu intervenieren und den Juden zu helfen, jedoch ohne Erfolg. Hervorzuheben sind die Widerstandsaktionen von Johannes Fest, Hans und Sophie Scholl, dem Prälaten Bernhard Lichtenberg, dem Priester Eduard Droll, dem Pastor und Gefängnispfarrer Rupert Mayer sowie dem Pastor Harald Poelchau, die jeweils auf eigene Weise und aus christlichem Glauben heraus gegen den Faschismus Widerstand leisteten. Nicht zu vergessen sind die Aktionen der deutschen Bevölkerung gegen die Naziverordnungen zur Beseitigung der Kruzifixe aus den Schulen, der Frauenaufstand in der Rosenstraße in Berlin und ganz besonders die Rettung der Juden in Dänemark dank der mutigen Haltung der dänischen Regierung, der lutherischen Kirche und der örtlichen Bevölkerung. Diese Beispiele zeigen, dass kollektiver Widerstand möglich war und Erfolge erzielen konnte. Dieses mutige Verhalten steht in krassem Gegensatz zum Schweigen des damaligen Papstes, der weitaus besser als die genannten Gruppen und Einzelpersonen des Widerstandes über die verbrecherische Politik der „Nazis" informiert war und der durch sein Amt auch sehr gut in der Lage gewesen wäre, zum Widerstand anzuspornen. Weil die Menschen von der Legalität des Regimes absolut überzeugt waren (was ihnen nicht zuletzt auch der Vatikan bestätigte), kam für sie Opposition nicht in Frage, meint jedenfalls Professor Peter Hoffmann.[565]

Natürlich waren die „Nazis" verantwortlich für das mörderische Regime und traten besonders repressiv gegen ihre Gegner, auch gegen den Klerus auf. Irmgard Hunt verweist aber auf die verbreitete Laxheit, auch der katholischen Kirche: „Auf der anderen Seite war die Führung der katholischen Kirche, vom Papst bis zu den untersten Geistlichen, kaum an der Opposition beteiligt, weil man den Bolschewismus mehr als den Nationalsozialismus fürchtete, und auch nicht gern ein gutes Wort für die Juden einlegte. Gebete für Hitler wurden während der Gottesdienste wie als selbstverständlich gesprochen."[566] Gerade die folgenden Schicksale von Einzelnen decken den Mangel an mentaler Stärke und Mut beim Papst und den meisten Kirchenführern auf. Besser als jedes andere Argument verdeutlichen diese Geschehnisse, wie zu einem Zeitpunkt, als Millionen Menschen geistige Führung und wenigstens verbale Unterstützung gebraucht hätten, die hohen Amtsträger der Kirchen versagten.

Obwohl sie alle mitmachen, ich nicht

Im Jahr 2009 erschien der Film *Operation Walküre* über den Anschlag des Wehrmachtoffiziers Claus von Stauffenberg auf Hitler mit Tom Cruise in der Hauptrolle. Am 20. Juli 1944 deponierte Stauffenberg eine Bombe unter einem Kartentisch, über den sich der Führer und seine wichtigsten Generäle beugten. Die Bombe ging hoch, aber Hitler wurde nur leicht verletzt. Stauffenberg und viele seiner Unterstützer wurden verhaftet und ermordet. Dieser gescheiterte Versuch wird noch immer als *der* ultimative Akt des Widerstands gegen den Führer und dessen Politik dargestellt. Tatsächlich war es in erster Linie die Aktion einer Gruppe hoher Militärs, welche Hitlers Politik als zu radikal empfanden, ihn jedoch anfänglich unterstützt hatten. So war Stauffenberg als Mitarbeiter des Generalstabs an der Vorbereitung des Untenehmens Barbarossa, dem Überfall auf die Sowjetunion, beteiligt. Der Anschlag Stauffenbergs war natürlich sehr mutig, aber das eigentliche Ziel war weniger idealistisch, als es heute propagiert wird. Die Verschwörer waren keine Demokraten, sie wollten nach dem Tod Hitlers Deutschland als autoritären Staat erhalten. Ihr Motiv war nicht so sehr Freiheitsliebe, sondern der Schutz und die Gewährleistung der nationalen deutschen Interessen, die in ihren Augen durch die fanatische Haltung der Naziführer gefährdet waren.

Die von echtem Engagement für Freiheit und Gerechtigkeit inspirierten Widerstandsaktionen gegen die „Nazis" waren nur begrenzt wirksam. Eine Form des inneren Widerstands wurde von Johannes Fest geleistet, dem Vater des deutschen Historikers und Schriftstellers Joachim Fest. In seinem Buch *Ik niet. Herinneringen aan een jeugd* beschreibt der junge Fest die unnachgiebige Haltung seines christlich inspirierten Vaters gegen die „Nazis". Vater Fest hatte als deutscher Soldat im Ersten Weltkrieg gekämpft, war aber sehr bald verwundet worden. In der Folgezeit wurde er politisch aktiv. Als überzeugter Christ gründete er Sektionen der deutschen katholischen Zentrumspartei, in der Franz von Papen und Ludwig Kaas die Führung hatten. Es war derselbe von Papen, der Präsident Hindenburg davon überzeugte, Hitler zum Reichskanzler zu ernennen, in der Annahme, dass er und die anderen konservativen Minister die Naziführer zügeln könnten. Vater Fest sah die Haltung der Führer seiner Partei im Gegensatz dazu als Inbegriff „des Ehrgeizes und des Opportunismus" – und bald kippten diese dann auch um.[567] Am 24. März 1933 stimmte der Deutsche Reichstag dem berüchtigten Ermächtigungsgesetz zu, mit dem Hitler die absolute Macht errang, was die Zentrumspartei akzeptierte. Vier Monate später beschloss die Partei ihre Auflösung, wahrscheinlich auf Wunsch des Papstes, da eine Woche später das Konkordat zwischen dem Vatikan und dem Dritten Reich unterschrieben wurde. Viele Mitglieder der Partei liefen sofort zu den Nationalsozialisten über, um so ihre künftige Karriere zu sichern.

Johannes Fest war damit nicht einverstanden, weigerte sich, der Nazipartei beizutreten und wurde bald „subversiver Aktivitäten" beschuldigt. Etwas später wurde er als Schulleiter entlassen und fiel daraufhin in Armut. Sein Sohn Joachim beschreibt lebhaft, wie die Eltern deswegen stritten. Seine Mutter wollte 1936, dass sein Vater der Kinder wegen der Partei beitritt, der aber lehnte das ab. Unterdessen wandelte sich das gesellschaftliche Klima. Während die Brutalität der „Nazis" anfangs Unruhe und Widerwillen verursachte, herrschte danach eine andere, eher gefügige Einstellung. „In Wirklichkeit suchten alle eine Rechtfertigung für die Tatsache, dass sie ihre Augen von den Verbrechen um sie herum abwandten", schreibt der Autor. Immer mehr Deutsche wurden nicht nur formell, sondern auch aus Überzeugung Mitglied der Partei. Vater Fest rief seine beiden ältesten Söhne zu sich und erklärte seine Haltung: „Auch wenn sie alle mitmachen, ich nicht." Schon bald verlor er viele Freunde und Bekannte. Im Zentrum stand für ihn die Ablehnung der Idee einer Volksgemeinschaft, der gegenüber jeder Bürger verpflichtet war. Vater Fest fühlte nur eine Pflicht gegenüber Gott. Mit dem Anschluss Österreichs an das Deutsche Reich hoffte er, dass die vielen österreichischen Katholiken den Widerstand stärken würden, aber das Einzige, wovon er zu seinem Erstaunen hörte, war die „Quälerei" der Juden. Es war nach der Kristallnacht, als Joachim Fest selbst eine Veränderung feststellte: Der einzige jüdische Schüler in seiner Klasse kam nicht mehr. Die Repressionen nahmen inzwischen zu. Aufschlussreich ist die Beobachtung von Vater Fest, dass „bedeutende Juristen, um das Recht flexibler zu gestalten und den sogenannten 'Bedürfnissen des Volkes' anzupassen, an einer neuen Definition von 'Schuld durch Lebensstil' arbeiteten, und dass bereits ein distanziertes Verhalten zu der sog. Volksgemeinschaft strafrechtlich verfolgt werden konnte".[568] Lesen Sie diesen Satz noch einmal, weil er alle Elemente enthält, die zu Ausgrenzung, Rassismus und Totalitarismus führen. So durften die Juden ab einem bestimmten Zeitpunkt keine Haustiere mehr halten, nicht mehr in öffentlichen Parkanlagen auf einer Bank sitzen, in der Straßenbahn keinen Sitzplatz mehr einnehmen. Später wurde ihnen verboten, eine Zeitung zu kaufen, ein Radio im Haus zu haben, ein Buch auszuleihen, ein Telefon zu besitzen, Näh- und Schreibmaschinen zu benutzen, Spargel und Fisch zu essen, einen Bahnhof zu betreten, an arische Handwerker einen Auftrag zu vergeben, zu arischen Friseuren oder Wäschereien zu gehen, elektrische Geräte zu benutzen, Eis zu essen usw.[569] Juden wurden willkürlich von SA-Männern misshandelt, verhaftet und deportiert und das in aller Öffentlichkeit. Am Anfang verursachten diese Maßnahmen einige Unruhe, auch unter den Deutschen selbst, aber das dauerte nicht lange, sagt Fest.[570] Letztendlich mussten alle Juden sich registrieren lassen und einen gelben Davidstern auf ihre Kleidung nähen, den sie in der Öffentlichkeit zu tragen hatten. Es waren schreckliche Maßnahmen, die dazu dienten, die Juden zu erniedrigen, zu diskriminieren und schließlich zu beseitigen. In der Zwischenzeit wurde Joachim Fest in ein Internat in Freiburg geschickt, wo er bald für die Luftabwehr rekrutiert wurde.

Vater Fest widerstand weiter dem Nationalsozialismus. Eines Abends im Jahr 1942 hörte er einen BBC-Bericht über das Massaker an den Juden im Osten. Vermutlich handelte es sich um die Ausstrahlung der BBC vom 14. Dezember 1942, in der die folgende Passage durch den Moderator in deutscher Sprache vorgetragen wurde: „Wir müssen ganz klar sagen, wenn auch nur indirekt, dass das Abschlachten der Juden nichts mit dem Krieg zu tun hat, keine propagandistische Gräueltat ist. Sie hat keine Auswirkung auf das Ende des Krieges, sondern nur auf das Schicksal der Juden und das Schicksal des deutschen Volkes."[571] Das zeigt, dass nicht nur die Alliierten, sondern auch die Deutschen über die Gräuel in Polen und im Osten informiert waren. Darüber hinaus erhielt Fest 1943 auch Informationen über „verzweifelte Gemeindemitglieder, die an der Ostfront im Einsatz waren", und die in Glaubensnot ihre Geschichten loswerden wollten. Nach dem Ende des Krieges erfuhr Joachim Fest, dass seine Mutter und seine Schwestern überlebt hatten. Monate später kam auch sein Vater aus russischer Kriegsgefangenschaft zurück. Fest berichtete auch über Gräueltaten der russischen Befreier, die massenweise deutsche Frauen vergewaltigten, doch übersah er weder die originäre deutsche Verantwortung für den Horror des Krieges, noch wollte er der Nazi-Propaganda nachträglich Recht geben. So beschreibt er die feige Haltung von vielen Parteimitgliedern, die ständig ihr Parteiabzeichen trugen, aber nach der Niederlage alles bestritten. Fests Vater starb in den frühen sechziger Jahren. Joachim Fest selbst schrieb seine gefeierte Hitlerbiografie, das Buch *De ondergang. Hitler en het einde van het Derde Rijk* und verschiedene Essays über die Kriegsjahre. Dabei hielt er sich immer an das Motto seines Vaters, nie an irgendeiner Form von Massenwahn teilzunehmen.

Joachim Fest erzählt über seine Kindheit mit großem Respekt vor seinen Eltern. Entscheidend war für ihn, dass sein Vater nie den totalitären Verlockungen, die so viele andere verführt haben, nachgab. „Die Lehre aus der NS-Zeit war für mich, der herrschenden Meinung zu widerstehen und für sie überhaupt nicht empfänglich zu sein. So hat der Kommunismus mich nie ernsthaft in Versuchung gebracht, wie, zumindest für eine kurze Zeit, viele angesehene und in einem Fall sogar befreundete Zeitgenossen." Dies zeigt die tiefe Überzeugung Fests, dass kein totalitäres System etwas taugt. Die Geschichte seines Vaters ist in diesem Sinne ein Lichtblick, weil sie diametral zu den unzähligen Geschichten von Deutschen steht, die sich opportunistisch oder aus Überzeugung dem Nationalsozialismus anpassten. Johannes Fest tat das nicht und das beschreibt sein Sohn meisterhaft. Er zeigt, dass jeder Mensch, unter allen Umständen, letztlich wählen kann: die Wahl zwischen Fügsamkeit und Konformismus oder Widerstand. Johannes Fest wählte als einer der wenigen das Letztere.

Die Weiße Rose

Bekannt ist heute der Widerstand einer Gruppe Studenten im Jahr 1942, die sich unter dem Namen *Die Weiße Rose* gegen die Nazipolitik wandten. In dem Buch *Die weiße Rose* wird die Geschichte von Inge Scholl, ihrem Bruder Hans und ihrer Schwester Sophie Scholl erzählt, die 1943 von den „Nazis" ermordet wurden.[572] Hans und Sophie Scholl waren aktive Mitglieder der Jugendschaft, einer Unterabteilung der Hitlerjugend, deren Mitglieder meist überzeugte Christen waren und sich für die Freiheit der Religion einsetzten. Sie wandten sich schließlich gegen die Hitlerjugend wegen der totalen Unterordnung, die den HJ-Mitgliedern abgefordert wurde. Sie kehrten sich auch gegen die staatliche Zensur, lasen Bücher von Rilke, Hesse und George und schwärmten von den Ideen des Augustinus und Pascals. Hans teilte seine Ideen mit anderen Studenten, wie auch mit seiner Schwester Sophie Scholl, mit Christoph Probst, Willi Graf und Alexander Schmorell sowie mit ihrem jungen Professor Kurt Huber. Sie waren davon überzeugt, dass der Mensch als Christ eine größere Verantwortung vor Gott als vor dem Staat hat. Dann begannen sie Flugblätter zu verbreiten, in denen sie den Nationalsozialismus verurteilten. Sie waren gut informiert über die Gräueltaten in Polen und setzen sich mit Nachdruck für die Juden ein. Die Flugblätter wurden nicht nur an der Universität München verteilt, sondern auch in anderen Städten des Reichs, wie Ulm, Frankfurt, Stuttgart, Wien, Freiburg, Saarbrücken, Mannheim und Karlsruhe. Selbst in England tauchten Exemplare auf. In einer Nacht bemalte *Die Weiße Rose* die Wände in den Straßen rund um die Universität mit Parolen wie „Nieder mit Hitler", „Massenmörder Hitler" und „Freiheit". Auf diese Weise wollten sie die Schüler und andere Bewohner der Stadt wachrütteln in der Hoffnung, eine echte Widerstandsbewegung könne entstehen.

Ihre letzte Aktion fand am 18. Februar 1943 statt, als sie Flugblätter aus dem zweiten Stock der Halle der Münchner Universität warfen. Hans und Sophie Scholl wurden vom Hausmeister Jakob Schmidt, einem Mitglied der NSDAP, erkannt und von der Polizei verhaftet. Kurz darauf wurde auch Christoph Probst verhaftet. Sie erschienen vor dem berüchtigten Nazirichter und Präsidenten des Berliner Volksgerichtshofes Roland Freisler und wurden alle drei nach kurzem Prozess zum Tode verurteilt. Am 22. Februar 1943 wurden sie durch die Guillotine im Hof des Gefängnisses Stadelheim in München enthauptet. Sophie war 21, Hans 23 Jahre alt. Es folgten weitere Razzien, bei denen andere Unterstützer verhaftet, dann verurteilt und ermordet wurden. Ein außergewöhnliches Zeichen des Mutes zeigte Professor Kurt Huber, der kurz vor seinem Urteilsspruch eine Art „letztes Wort des Angeklagten" niederschrieb, in dem er es als seine moralische Pflicht bestimmte, das, was in Deutschland schlecht war, zu bekämpfen. Er widersetzte sich dem Vorwurf, illegal gehandelt zu haben, mit den Worten: „Rückkehr zu klaren moralischen Prinzipien, zur Rechtsstaatlichkeit, zu gegenseitigem Vertrauen von Mensch zu Mensch – das ist nicht illegal, im Gegenteil, es ist die Wiederherstellung der Legalität". Er bezog sich ausdrücklich auf den kategorischen Imperativ Kants: „Handle nur nach

Abb. 37: Hans und Sophie Scholl mit Christoph Probst (von links nach rechts). Abschied vor der Abreise an die Ostfront. München, Juli 1942.

derjenigen Maxime, durch die du zugleich wollen kannst, dass sie ein allgemeines Gesetz werde“ und „Handle so, dass du die Menschheit sowohl in deiner Person, als in der Person eines jeden anderen jederzeit zugleich als Zweck, niemals bloß als Mittel brauchst“.[573] Auch später wurden noch mehrere Personen wegen ihrer tatsächlichen oder angeblichen Verbindungen zur *Weißen Rose* verhaftet. Der Widerstand an der Universität München war gebrochen, aber am Tag nach ihrer Beerdigung wurden noch Parolen an die Wände gemalt, wie „Ihr Geist lebt weiter“.

Wichtig ist die Bemerkung Inge Scholls, dass sich die Nachricht von den Ereignissen in München und anderswo wie ein Lauffeuer verbreitete. „Sie drang sogar bis zu den entlegensten Fronten in Russland durch. Wie eine Welle von Erleichterung ging sie durch die Konzentrationslager, Ghettos und Gefängnisse. Endlich hatten einige Menschen das zum Ausdruck gebracht, was Millionen von Menschen bedrückte“, schreibt sie.[574] Ein weiteres Indiz dafür, dass viele gewöhnliche Deutsche, trotz ihres „Wir haben es nicht gewusst“ gut genug wussten, was los war in ihrem Land.

Dies wird auch durch den deutschen Schriftsteller Uwe Timm bestätigt: „Fast jeder hat weggeschaut und geschwiegen, als seine jüdischen Nachbarn weggeholt wurden und einfach verschwanden, und nach dem Krieg schwiegen die meisten erneut, als bekannt wurde, wohin sie verschwunden waren."[575] Dabei wurden bereits in den Flugblättern fürchterliche Untaten erwähnt, so die Ermordung Hunderttausender von Juden in Polen. Im zweiten Flugblatt von Ende 1942 ist zu lesen: „Nur als Beispiel erwähnen wir, dass seit der Eroberung Polens 300.000 Juden auf die brutalste Weise ermordet wurden. Hier sehen wir das schrecklichste Verbrechen gegen die Menschenwürde, ein Verbrechen, das in der Geschichte nicht sein Gleiches findet. Auch die Juden sind ja Menschen – was immer man über die Judenfrage denken mag – und das Verbrechen war gegen Menschen gerichtet."[576] Im dritten Flugblatt forderten die Studenten die Menschen auf, nicht mehr ihrer Verantwortung aus dem Weg zu gehen. „Ist Euer Geist bereits so vergewaltigt, dass Ihr vergesst, dass es nicht nur Euer Recht, sondern auch Euere moralische Pflicht ist, das System zu stürzen? (...) Weil jeden Tag, den Ihr zögert, den Ihr Euch nicht diesem höllischen Ungeheuer widersetzt, Eure Schuld wächst, wie eine parabolische Kurve zu einer unbekannten Höhe."[577] Das fünfte Flugblatt war ein direkter Appell an das Gewissen eines jeden Deutschen: „Deutsche! Möchten Sie und Ihre Kinder das gleiche Schicksal wie die Juden erleiden? Wollen Sie mit dem gleichen Maß wie Ihr Verführer gemessen werden? Sollen wir bis zum Ende der Tage das durch die ganze Welt gehasste und verstoßene Volk sein? Nein! Daher lassen wir uns lösen von dem nationalsozialistischen Untermenschentum!"[578] In dem sechsten und letzten Flugblatt vom Februar 1943 wandten sie sich entschieden gegen Hitler selbst: „Freiheit und Ehre! Zehn Jahre lang haben Hitler und seine Spießgesellen die zwei wunderbaren Worte in einer ekelhaften Weise gedroschen, missbraucht und verdreht, wie nur Dilettanten es vermögen, welche die höchsten Werte einer Nation vor die Säue werfen. Was für sie Freiheit und Ehre bedeuten, haben sie ausreichend in den zehn Jahren der Zerstörung jeder materiellen und geistigen Freiheit, jeder sittlichen Substanz des deutschen Volkes demonstriert. Die Augen der dümmsten Deutschen öffnen sich durch die schrecklichen Massaker, die sie im Namen der Freiheit und Ehre der deutschen Nation in ganz Europa angerichtet haben und noch jeden Tag anrichten."[579]

Sowohl der Inhalt der Flugblätter als auch die Art der Aktionen zeigen, dass die Beteiligten von großem Idealismus geleitet wurden. Zugleich war es sehr naiv von ihnen, zu denken, dass sie auf diese Weise gegen ein brutales Regime mit einem umfangreichen Polizeiapparat, der rücksichtslos gegen jene, die nicht in der Spur liefen, durchgriff, ankämpfen konnten. In diesem Sinne ist es erstaunlich, dass *Die Weiße Rose* so lange durchgehalten hat. Die Geschichte dieser Widerstandsgruppe ist in erster Linie von symbolischer Bedeutung. Sie zeigt, dass es trotz allen Terrors noch Menschen gab, die rebellierten, die sich nicht verkrochen hinter dem Willen des Führers, sondern nach ihrem Gewissen handelten. Inge Scholl betont, wie ihr Bruder und ihre Schwester und die anderen Mitglieder der Weißen Rose durch ihren christlichen Glauben inspiriert waren. Es war eine ganz andere moralische Haltung als die der damaligen Kirchenführer, die sich immer wieder mit den Nazis einließen. Das schreibt auch Inge Scholl in ihrem Schlusswort: „Die kirchliche Hierarchie hat sich in jenen Jahren durch ihr anfängliches Bündnis mit dem Nationalsozialismus kompromittiert und schwieg.“[580] Wir wissen nicht, ob die Kirche und der Papst diese mutigen Taten des Widerstandes kannten. Sie haben sie jedenfalls nicht beachtet. Auch nicht nach dem Krieg. Die Universität München hat es inzwischen getan. Der zentrale Platz der Universität wurde zu ihren Ehren in Geschwister-Scholl-Platz umbenannt.

Lichtenberg, Droll, Mayer und Poelchau

In den vorangehenden Abschnitten wurde bewiesen, dass Papst, Kardinäle, Erzbischöfe und Bischöfe in Deutschland und in den besetzten Gebieten wenig oder keinen Widerstand gegen das faschistische Regime der „Nazis“ geleistet haben. Natürlich gab es auch Ausnahmen wie den Berliner Kardinal Konrad von Preysing. Der britische Historiker Frank McDonough fasst zusammen: „Die Opposition der katholischen Geistlichkeit gegen die „Nazis“ wurde nicht von der katholischen Kirchenleitung geführt, die zu keiner Zeit die Rechtmäßigkeit des NS-Regimes infrage stellte, sondern kam eher von den Priestern, die von örtlichen Kirchgängern unterstützt wurden.“[581] Es gab also lokalen Widerstand gegen den Faschismus, insbesondere bei Priestern, die sehr gut spürten, dass der Nationalsozialismus in Widerspruch zum Christentum stand und dies auch unter Einsatz ihres eigenen Lebens öffentlich verkündeten. Sie wurden hart von den „Nazis“ angegriffen und in Konzentrationslager gesperrt. Rund 2.700 Priester waren in Dachau inhaftiert, vor allem aus Polen, aber auch einige aus dem Dritten Reich selbst. Über 1000 überlebten die Gefangenschaft nicht. Nicht alle Geistlichen folgten also den Lockrufen Hitlers, sie widerstanden. Aber ebenso auffallend ist, dass sie so wenig Unterstützung von ihren eigenen geistlichen Vorgesetzten im Allgemeinen und von den Bischöfen und dem Papst im Besonderen bekamen. Nach dem Krieg verwies der Vatikan eifrig auf die Zahl der Priester, die in Konzentrationslagern inhaftiert waren, sagte aber nichts über das Schweigen des Papstes und der Bischöfe in der Öffentlichkeit, das auch verhinderte, die Leiden der unglücklichen Priester zu erleichtern. Im Anschluss berichten wir vom Schicksal einiger Geistlicher, die, jeder auf seine Weise, Widerstand gegen den Nationalsozialismus geleistet haben. Diese vier Personen stehen symbolisch für die Tausende von Geistlichen, die nicht der Barbarei weichen wollten, aber im Stich gelassen wurden von ihren Oberen.

Bernhard Lichtenberg studierte Theologie und wurde 1899 zum römisch-katholischen Priester geweiht. Im und nach dem Ersten Weltkrieg war er auch für die Zentrumspartei Stadtrat in Charlottenburg, einem Stadtbezirk von Berlin. Ihn beeindruckte der Roman *Im Westen nichts Neues* von Erich Maria Remarque. Er riet seinen Gläubigen, sich die Verfilmung des Buchs anzusehen. Daraufhin wurde er von den „Nazis" angegriffen, die ihm vorwarfen, das nationale Bewusstsein zu untergraben. Inzwischen war Lichtenberg zum Propst der St. Hedwigskirche in Berlin berufen worden. Während seiner Predigten nahm er kein Blatt vor den Mund. So wandte er sich gegen die Praktiken in den Konzentrationslagern. Im April 1933 forderte er die deutschen Bischöfe auf, sich dem Boykott jüdischer Geschäfte zu widersetzen. Kardinal Bertram, Kardinal Faulhaber und Erzbischof Gröber weigerten sich, darauf einzugehen.[582] Am 10. Dezember 1935 schickte Lichtenberg einen Brief an Hitler, um die Verwendung der antisemitischen Schrift *Handbuch der Judenfrage* von Theodor Fritsch zu verhindern.[583] Er protestierte unmittelbar bei Hermann Göring gegen die Zustände im KZ Esterwegen. Auch danach fuhr er fort, sich gegen die Gräueltaten der „Nazis" an den Juden zu positionieren. Er sah die Zerstörung jüdischer Geschäfte und Wohnungen während der sog. Kristallnacht 1938 und verurteilte sie, anders als seine Kollegen, öffentlich. Einen Tag nach der Kristallnacht rief er seine Gläubigen in der Hedwigskirche auf, für die Juden und die nichtarischen Christen zu beten, und er sprach die prophetischen Worte. „Was gestern passiert ist, wissen wir, was morgen kommt, wissen wir nicht, aber was heute passiert ist, das haben wir selbst erfahren. Draußen brennt der Tempel – und das ist auch ein Haus Gottes."[584] Über diesen Protest schickte der Nuntius in Berlin einen detaillierten Bericht an den Papst, aber es gab keine offizielle Antwort vom Heiligen Stuhl.[585] Schlimmer noch, zwei Monate nach der Kristallnacht, so schreibt der Historicus Konrad Repgen, war vom Papst keine Form des Protestes zu hören, nicht im November und nicht im Dezember.[586]

Später protestierte Lichtenberg auch laut gegen die Euthanasiepläne der „Nazis" für körperlich und geistig Behinderte. Im Oktober 1941 erhielt er ein Flugblatt der NSDAP, das in und um Berlin von Tür zu Tür verteilt wurde. Es enthielt eine Reihe von Anschuldigungen gegen die Juden, die angeblich planten, die 80 Millionen Deutschen zu vernichten. Lichtenberg fand das unerhört und sagte während des Abendgebets in der Kathedrale: „Wir wollen nun für die Juden und die armen Gefangenen in den Konzentrationslagern beten, vor allem für meine Kollegen." Zwei Studenten, die dort zufällig anwesend waren, zeigten ihn bei der Gestapo an. Der Dompropst wurde am 23. Oktober 1941 verhaftet und Monate lang verhört und gefoltert. In seinem Haus wurden Hinweise für eine Predigt gegen die Verfolgung der Juden gefunden, die er am folgenden Sonntag halten wollte. Am 22. Mai 1942 begann sein Prozess unter Ausschluss der Öffentlichkeit. Die Anklageschrift enthielt zwei Punkte: Lichtenberg hätte „vor anderen Menschen für die Nicht-Arier gebetet, und somit die öffentliche Ruhe und Ordnung gefährdet" und er hätte „die führenden Persönlichkeiten der Partei und des Staates in einer feindlichen und aufhetzenden Weise angegriffen, wodurch er ihr Ansehen und die öffentliche Sicherheit in Gefahr gebracht hat".[587] Die Staatsanwaltschaft betrachtete den Geistlichen als einen Fanatiker, der mit ziemlicher Sicherheit erneut straffällig würde, und verlangte eine angemessene Sanktion, um die Gemeinschaft gegen solche subversiven Predigten zu schützen. Lichtenberg verteidigte sich damit, dass die Deportation der Juden in krassem Widerspruch zur Ethik der katholischen Kirche stehe. Er bat auch, die Deportierten begleiten zu dürfen, was ihm natürlich nicht erlaubt wurde. Auf diese Weise wurde der Dompropst immer mehr zu einem Unruhestifter, jemand, der nicht mehr länger zu Menschenrechtsverletzungen schweigen wollte.

Lichtenberg wurde schließlich „wegen Missbrauchs der Kanzel und wegen der Verletzung von § 2 des Heimtückegesetzes" zu zwei Jahren Haft verurteilt. In seinem letzten Brief vom 15. März 1943 wandte er sich an den Papst mit der etwas sarkastischen Anfrage, er würde „sehr viel Wert darauf legen, zu wissen, wie der Heilige Vater darüber denkt". Eine Antwort bekam er nie. Nach seiner Gefängnisstrafe kam der Dompropst nicht frei, sondern wurde, „weil er eine Gefahr für die öffentliche Ruhe und Ordnung darstellt", in das KZ Dachau gebracht, wo er am 3. November 1943 starb. Dass seine kirchlichen Vorgesetzten und sogar der Papst sehr wohl wussten, was ihrem Dompropst geschah, wird aus dem Besuch erkennbar, den Konrad von Preysing Lichtenberg Ende September 1943 im Gefängnis abstattete. Der Bischof übermittelte ihm eine Botschaft des Papstes, der ihm „seine tiefste Anteilnahme und väterliche Wertschätzung" ausdrückte.[588] Erneut stellt sich die Frage, weshalb der Papst und der Kardinal Lichtenbergs Behandlung nicht laut verurteilten. Hochhuth hat sein Buch

Der Stellvertreter posthum Bernhard Lichtenberg gewidmet. Am 23. Juni 1996 wurde der ehemalige Dompropst von Papst Johannes Paul II. seliggesprochen und am 7. Juli 2004 als „Gerechter unter den Völkern“ von Yad Vashem anerkannt.

Eduard Droll war ein ehemaliger Priester im Dorf Calle in der Diözese Paderborn. Die Gestapo hatte ihm untersagt, weiterhin in seiner Kirche zu predigen. Am 6. Juli 1934 schrieb er einen Brief an Pacelli mit der Bitte, zu intervenieren, sodass er wieder pastoral arbeiten könne. In diesem Brief verwies er auf das Johannesevangelium: „Wer seinen Bruder liebt, der bleibt im Licht, und ist kein Ärgernis bei ihm. Wer aber seinen Bruder hasst, der ist in der Finsternis und wandelt in der Finsternis und weiß nicht, wo er hingeht; denn die Finsternis hat seine Augen verblendet (...) Nach der Aussage unseres Heilands war unser Nächster unser Bruder, ob er Christ, Heide oder Jude sei.“ Konkret meinte er, dass, wer einen Menschen hasst, ein Mörder sei. Ein nazifreundlicher Kirchgänger fand die Ausführungen Drolls inakzeptabel und zeigte ihn bei der Polizei an. Die informierte die kirchlichen Behörden, die den Pfarrer warnten und aufforderten, vorsichtiger zu sein. Droll kümmerte sich nicht darum. Eines Tages nahm er an der Beerdigung eines Juden teil, um der Familie sein Beileid zu bezeugen, was Aufruhr im Dorf hervorrief. Erzbischof Caspar Klein von Paderborn räumte ein, dass die Haltung seines Seelsorgers so unklug war, dass sogar die kirchlichen Behörden ihn nicht mehr verteidigen konnten.[589] Er erklärte, man müsse berücksichtigen, dass die „Nazis“ es als einen politischen Angriff auf den Staat werten, wenn jemand ohne Zeichen der Missbilligung über die Juden rede. Dem Priester wurde verboten, weiter in der Kirche aktiv zu sein. Dieses Ereignis belegt die fast völlige Unterwerfung der kirchlichen Hierarchie unter die antisemitische Verfolgungspolitik der „Nazis“.

Rupert Mayer war ein beliebter Prediger in München, der sich dem NS-Regime widersetzte. Während des Ersten Weltkrieges hatte er an der Front gekämpft und das Eiserne Kreuz für bewiesenen Mut erhalten. Durch eine schwere Verletzung war er beinamputiert. Im Jahr 1937 wurde er verhaftet und für sechs Monate ins Gefängnis geworfen. Hunderte Bewohner gingen auf die Straße, um gegen seine Verhaftung zu protestieren. Sie gingen zur Zentrale der Gestapo in der Briennerstrasse, um die sofortige Freilassung des Predigers zu fordern. Die Kirche hatte ihn immer unterstützt, aber seit der Unterzeichnung des Konkordats zeigte sie viel weniger Verständnis für solche kritischen Stimmen. Kardinal Faulhaber rief am 4. Juli 1937 die Gläubigen auf, ruhig zu bleiben und nicht mehr „das Gesetz zu brechen“.[590]

Nach seiner Gefängnisstrafe wurde Mayer in das KZ Sachsenhausen abtransportiert. Seine Freilassung war verbunden mit dem Verbot zu predigen. Bis zum Ende des Krieges zog er sich in ein Kloster zurück. Er starb am 1. November 1945 und wurde später heiliggesprochen. Das war nichts als eine nette Geste für jemanden, der von Anfang an dem totalitären NS-Regime kritisch gegenüberstand, aber durch die Kirche im Stich gelassen wurde, als es darauf ankam.

Harald Poelchau war ein Gefängnispfarrer, der zum *Kreisauer Kreis* gehörte. Der *Kreisauer Kreis* war eine der wenigen Widerstandsgruppen deutscher konservativer Militärs, Politiker, Beamter, Intellektueller und Geistlicher, die sich aus ihrem christlichen Glauben heraus gegen den Antisemitismus und gegen den extremen Imperialismus Hitlers wandten. Mehrere Mitglieder dieser Gruppe, unter ihnen Alfred Delp, Theo Haubach, Adolf Reichwein und Adam von Trott zu Solz, bezahlten ihr Engagement mit dem Leben, unter anderem wegen ihrer Kontakte zu der Gruppe um Stauffenberg, der am 20. Juli 1944 ein erfolgloses Attentat auf Hitler beging. Poelchau half politischen Gefangenen in den Haftanstalten in Brandenburg-Görden, Fliesen und Plötzensee. Bereits im Jahr 1938 half er, Juden zu verstecken. Auch während des Krieges verbarg er Juden in seiner Wohnung oder bei Freunden in Berlin. Er rettete zusammen mit seiner Frau das Leben von Leontine Cohn und ihrer Tochter Rita, von Charlotte Holzer und Ralph und Rita Neumann. Poelchau und seine Frau überlebten den Krieg. Im Jahr 1972 wurden sie als „Gerechte unter den Völkern“ von Yad Vashem anerkannt.

Diese Fälle veranschaulichen die mutige Haltung einiger Persönlichkeiten aus dem niederen Klerus. Besser als ihre Kirchenführer begriffen sie, dass der Nationalsozialismus völlig im Gegensatz zu den Grundlagen des christlichen Glaubens stand, und dazu äußerten sie sich auch öffentlich. Lichtenberg, Droll, Mayer und Poelchau waren nicht die Einzigen. Es gab Hunderte von Priestern und Geistlichen, die auf verschiedene Weise Widerstand leisteten. Sie wurden von den „Nazis“ scharf bekämpft, verhaftet, gefoltert und ermordet. Die Führer der Kirchen beziehen sich heute oft und eifrig auf derart bewiesenen Mut, aber die Wahrheit ist, dass jene Standhaften damals gegen den Willen ihrer Vorgesetzten verstießen. Viele leisteten Widerstand nicht dank, sondern trotz ihrer Vorgesetzten. In seinem *Brief an einen jungen Katholiken* schrieb Heinrich Böll im Jahr 1961: „Es ist mittlerweile zur Gewohnheit geworden, dass jedes Mal, wenn man an der Haltung der katholischen Kirche in Deutschland während der Zeit des Nationalsozialismus zweifelt, Namen von Männern und Frauen zitiert werden, die in Konzentrationslagern und Gefängnissen gelitten haben und hingerichtet wurden. Aber diese Männer, der Prälat Lichtenberg, der Jesuit Delp und so viele andere, haben nicht im Namen der Kirche gehandelt, sondern gehorchten einer anderen Instanz. Du bist heute schon verdächtig, wenn du diese Instanz benennst: das Gewissen.“[591] In der Tat sind Priester für ihren Protest gegen die NS-Politik am Kreuz gestorben, aber ihre Vorgesetzten hielten sich auf bemerkenswerte Weise zurück, auch als die Tötungsmaschine in vollem Gange war und Juden, nur weil sie Juden waren, massenweise vernichtete. „Die Kirche hat versäumt, zu handeln“, sagt Wielek. So grausam einfach ist es.[592]

Die Kruzifixe

Mehrere Naziführer versuchten, das Christentum durch ihren eigenen Glauben zu ersetzen. Sie verbreiteten eine Art Heidentum, einen spirituellen Weg des Lebens, basierend auf den alten Naturreligionen, wie Alfred Rosenberg das verstand, der erbitterte Antisemit und Autor von *Der Mythus des 20. Jahrhunderts*, in dem er zu beweisen suchte, dass Juden minderwertige Menschen sind. Er war Mitglied der Thulegesellschaft. Diese etwas zwielichtige Gruppe stützte sich auf die Ideen des Okkultisten Guido von List, der glaubte, dass die arische Rasse aus einer Zivilisation in Atlantis und Hyperborea stammte und das Judentum und das Christentum diese Zivilisation zerstört hatten. Von 1934 bis 1941 war Rosenberg als Leiter der wissenschaftlichen und ideologischen Abteilung der Nazipartei sozusagen der Chefideologe des Nationalsozialismus. Später wurde er Reichsminister für die besetzten Ostgebiete. In seiner Zeit als Hausideologe versuchte er, seine heidnischen Vorstellungen durchzusetzen und forderte die örtlichen Parteiführer auf, die Kruzifixe aus den Schulen zu entfernen und sie durch ein Bildnis von Hitler zu ersetzen. Bereits im Herbst 1936 versuchten Nazifunktionäre im niedersächsischen Oldenburg die Kruzifixe auszutauschen. Das stieß sofort auf den Widerstand vieler Einheimischer. Dennoch tat das der Popularität Hitlers keinen Abbruch. So riefen Bauern den Nazibonzen entgegen: „Wir sind katholisch geboren und wollen mit unseren Kindern katholisch bleiben, aber gleichzeitig sind wir Anhänger des Führers Adolf Hitler.“[593] Schließlich blieben die Kruzifixe – aber später wurden die religiösen Schulen selbst geschlossen.

Am 23. April 1941 beschloss Adolf Wagner, Gauleiter von München und bayerischer Minister für Bildung und Kultur, dass das reguläre Schulgebet durch Naziparolen oder -lieder zu ersetzen sei und dass alle Kruzifixe in katholischen Schulen schrittweise zu entfernen seien. „Ich bitte um Ihre Aufmerksamkeit für die Tatsache, dass religiöse Bilder und Kreuze keinen Platz in Schulen haben; ich bitte darum, dass die notwendigen Maßnahmen getroffen werden, sodass derartige Wanddekoration allmählich entfernt und durch geeignete Bilder ersetzt wird."[594] Diese Aufforderung führte zu einer Protestwelle von Priestern und aus der Bevölkerung. Eltern rebellierten, unterschrieben Petitionen, gingen auf die Straße und drohten, ihre Kinder nicht mehr zur Schule gehen zu lassen. Darüber hinaus kehrten sie sich interessanterweise auch gegen die Lehrer, die in der Regel Mitglied in der NSDAP waren. Es kam zu spontanen Demonstrationen, selbst von Menschen, die sonst mit dem Naziprogramm sympathisierten. In Cloppenburg, in Niederbayern und in der Oberpfalz holten Bauern und Schulkinder die Porträts von Hitler herunter und hängten die Kreuze wieder auf. In der Stadt Traunstein in Oberbayern nahmen Hunderte Bewohner an einem Protestmarsch teil. Eine anschließende Petition mit der Forderung, dass „unsere Kinder in dem Zeichen des Kreuzes" erzogen werden sollen, wurde von 2.331 Einwohnern unterzeichnet. Die damals acht Jahre alte Irmgard Hunt erzählt, als die „Nazis" in ihrer Klasse versuchten, das Kruzifix zu entfernen, wurde das durch „eine Reihe von furchtlosen und frommen Bäuerinnen" verhindert.[595] Nach Ansicht des Historikers Ian Kershaw waren die Aktionen gegen die Kruzifixe das erste Anzeichen dafür, dass die Kritik an der Partei sich nun gegen Hitler selbst richtete, obwohl die große Mehrheit immer noch glaubte, dass der Führer mit diesen Machenschaften nichts zu tun habe und sie sogar missbilligen würde.[596] Jedenfalls machte die Initiative seines Gauleiters Hitler wütend, weil er die Bevölkerung nicht unnötig provozieren wollte. Er nannte die Maßnahme eine „Dummheit" und drohte sogar, Wagner nach Dachau zu schicken, sollte so etwas noch einmal vorkommen.[597] Am 28. August 1941 wurde die Verordnung von Wagner offiziell zurückgezogen, aber trotzdem legte sich der Sturm nicht.

In Velburg marschierte am 21. September 1941 eine Gruppe von etwa 500 Einwohnern zum Rathaus und verlangte vom Bürgermeister die Schlüssel der Klassenzimmer, um die Kruzifixe wieder anzubringen. Frauen im nahen Parsberg fragten laut, warum man in einer Zeit, wo ihre Männer an der Front gegen den gottlosen Bolschewismus kämpften, solche Maßnahmen traf. In vielen Fällen kam es in Dörfern zu ähnlichen Protesten nach Beerdigungen gefallener Soldaten. All dies hörten auch die Männer an der Front. Hunderte von Frauen schrieben darüber an ihre Ehemänner. Kershaw erklärt ausdrücklich, dass diese Ereignisse die Position der katholischen Kirche in Bayern erheblich stärkten, nur dass diese davon kaum Gebrauch machte.[598] In vielen Pfarreien stieg die Zahl der Gottesdienstbesucher spürbar. Mütter kamen in die Schulen und verlangten von den Lehrern, das Schulgebet wieder einzuführen. Sie gingen erst, wenn die Lehrer das zusicherten. Die Proteste hielten Monate an. In einem Bericht vom Dezember 1941 schrieben kommunale Beamte: „Es kann nicht geleugnet werden, dass wir immer noch unter den heftigen Reaktionen auf die Kruzifixaktion leiden. Der Fall hat die Autorität der Partei und des Staates deutlich herabgesetzt."[599] Später widersetzte man sich auch der Entfernung der Kirchenglocken. In einem Bericht vom Mai 1942 wird ein solches Ereignis aus dem Vormonat beschrieben: „Als zwei junge Arbeiter sich vorbereiteten, um die Glocken zu entfernen, ließen Schulkinder sie läuten. Dann erschien die Hälfte des Dorfes. Einige Frauen bahnten sich ihren Weg auf das Gerüst, bedrohten die Arbeiter und zwangen sie, aufzuhören. In der Kirche wurden die Arbeiter von Frauen eingekreist, geschlagen und gewaltsam aus der Kirche vertrieben, vor der Kirche wurden sie mit Steinen beworfen, sodass sie fliehen mussten."[600]

Offensichtlich ging es um isolierte Fälle des Protestes ohne jede Koordination. Sie zeigen jedoch, dass die Bevölkerung sich nur ungern ihre religiösen Symbole und Rituale nehmen ließ und dass sie sich spontan und ohne Auftrag ihrer geistlichen Führern erhob, als diese Gefahr drohte. Trotz des immensen Terrors des Staates war die Bevölkerung in der Lage, diese Befehle von oben zu ignorieren und sogar zu bekämpfen. Solches geschah vornehmlich dann, wenn sich das Regime in den Bereich des Glaubens vorwagte. So bestätigt sich die Hypothese, dass es vor allem während der Kriegsjahre, als die Naziführer jegliche inländische Unzufriedenheit zu vermeiden suchten, Spielraum gab für die Mobilisierung von Menschen gegen die Behörden, wenn es um Glaubensüberzeugungen ging. Allerdings machten die höheren Kirchenführer von dieser Möglichkeit wenig oder keinen Gebrauch.

Der Frauenaufstand der Rosenstraße

In den frühen dreißiger Jahren gab es in Deutschland mehr als 30.000 deutsch-jüdische Ehen, sog. Mischehen. Durch das Gesetz zum Schutz des deutschen Blutes und der deutschen Ehre von 1935 waren Ehen zwischen Juden und „Staatsangehörigen deutschen oder artverwandten Blutes" verboten. Die bestehenden Mischehen blieben gültig. Die Nationalsozialisten setzten die gemischten Paare jedoch unter starken psychischen Druck, sich zu trennen. Vor allem die christlichen Frauen wurden dabei aufs Korn genommen. Eine bekannte Mischehe war die des jüdisch-deutschen Philologen Victor Klemperer, der 1906 Eva Schlemmer geheiratet hatte. Ab 1920 arbeitete er als Professor für Romanistik an der Technischen Hochschule in Dresden. Auf Grundlage des berüchtigten Gesetzes zur Wiederherstellung des Berufsbeamtentums wurde ihm 1935 gekündigt und 1940 wurde er mit seiner Frau aus seinem Haus geworfen. Sie mussten in ein sogenanntes Judenhaus (in jüdischem Eigentum mit ausschließlich jüdischen Bewohnern) umziehen. Klemperer beschreibt in seinen Tagebüchern, wie die „Nazis" ihnen das Leben schwer machten.[601] Im Vorwort zu seinem Buch *LTI* findet sich eine Passage, die ausgezeichnet das Heldentum von „arischen" Frauen mit Männern jüdischer Abstammung beschreibt: „Das waren die paar arischen Ehefrauen (allzu viele sind es nicht gewesen), die jedem Druck, sich von ihren jüdischen Ehemännern zu trennen, standgehalten hatten. Wie hat der Alltag dieser Frauen ausgesehen! Welche Beschimpfungen, Drohungen, Schläge, Bespuckungen haben sie erlitten, welche Entbehrungen, wenn sie die normale Knappheit ihrer Lebensmittelkarten mit ihren Männern teilten, die auf die unternormale Judenkarte gestellt waren, wo ihre arischen Fabrikkameraden die Zulagen der Schwerarbeiter erhielten. Welchen Lebenswillen mußten sie aufbringen, wenn sie krank lagen von all der Schmach und qualvollen Jämmerlichkeit, wenn die vielen Selbstmorde in ihrer Umgebung verlockend auf die ewige Ruhe vor der Gestapo hinwiesen! Sie wußten, ihr Tod werde den Mann unweigerlich hinter sich herzerren, denn der jüdische Ehegatte wurde von der noch warmen Leiche der arischen Frau weg ins mörderische Exil transportiert."[602]

Trotz des Schutzes, den die jüdischen Männer durch ihre Heirat mit einer arischen Frau besaßen, taten die „Nazis" alles, um sie dennoch zu deportieren. Am Samstag, dem 27. Februar 1943 wurden in Berlin rund zehntausend Juden, die als Zwangsarbeiter in Fabriken arbeiteten, da sie unersetzlich für die Industrie waren, durch Mitglieder der SS-Leibstandarte Adolf Hitler, der Gestapo und der Polizei verhaftet und in Sammelunterkünften konzentriert. Die meisten von ihnen wurden nach Auschwitz deportiert, wo sie ermordet wurden. Etwa 1.700 der verhafteten Juden waren mit arischen Frauen verheiratet. Sie wurden in dem ehemaligen Verwaltungsgebäude der jüdischen Gemeinde in der Rosenstraße 2-4 in der Nähe der St. Marien-Kirche in Berlin-Mitte inhaftiert. Noch am selben Tag begannen ihre Frauen zu protestieren und sie versammelten sich vor dem Tor des Gebäudes. Sie riefen Parolen wie „Gebt uns unsere Männer wieder" und schrien „Mörder" zu den SS-Männern, die ihre Waffen auf sie richteten.[603]

Tagelang hielten sie Tag und Nacht Wache. Die protestierende Gruppe wuchs jeden Tag. Es kamen sogar Leute, die keine Verwandten im Gebäude hatten. Augenzeugen berichteten, dass an der Aktion mehr als zweitausend Frauen beteiligt waren. Am 7. März 1943 wurden auf persönlichen Befehl Goebbels die jüdischen Männer in kleinen Gruppen freigelassen. Mehr noch, in ihrem Buch *Vrouwen tegen Hitler* schreibt die deutsche Historikerin Martha Schad, dass einige Dutzend Männer arischer Frauen, die bereits nach Auschwitz verbracht worden waren, auf Befehl der „höchsten Autorität" in ein Arbeitslager in Großbeeren nahe Berlin verlegt wurden.[604] Goebbels befürchtete zu Recht die negativen Auswirkungen dieser Aktion auf die öffentliche Meinung und beschloss, einzulenken.

Der Protest in der Rosenstraße war der einzige öffentliche Protest gegen die Deportation von Juden in Deutschland. In ihrem Buch *Die Frauen der Rosenstraße. Hitlers unbeugsame Gegnerinnen* zitiert die deutsche Journalistin Nina Schröder eine Aussage von Bruno Blau, der damals dabei war und der die große moralische Bedeutung dieser Aktion betont: „Das Auftreten dieser Frauen beweist, dass es nicht unmöglich war, erfolgreich gegen die Macht der Nazis zu kämpfen. Wenn es eine relativ kleine Zahl von Frauen mit jüdischen Ehepartnern gelang, das Schicksal ihrer Männer zu verbessern, hätten die Deutschen, die sich nun in solch großer Zahl Gegner des Nationalsozialismus nennen, die von ihnen unerwünschten oder sogar gehassten Gräueltaten verhindern können, wenn sie es ernsthaft gewollt hätten."[605] Erst recht hätte eine öffentliche Rüge durch den Papst oder durch die höchsten Führer der Kirchen in Deutschland das bewirken können – hätte es eine solche denn gegeben. Der laute Ruf „Mörder!" dieser mutigen Frauen von der Rosenstraße stand in krassem Gegensatz zum Schweigen des Papstes.

Die Rettung der dänischen Juden

Eine der bemerkenswertesten und erfolgreichsten Widerstandsaktionen zur Rettung der Juden fand in Dänemark statt. Das kleine skandinavische Land unter König Christian X. versuchte vergeblich, seine Unabhängigkeit zu bewahren. Der König unterzeichnete einen Nichtangriffspakt mit Hitler, aber am 9. April 1940 überfiel die deutsche Armee während der „Operation Weserübung" das Land dennoch. Nach einem Tag kapitulierten die Dänen. Die dänische Regierung unterzeichnete ein Abkommen mit den „Nazis", wodurch das Land seine Unabhängigkeit mit eigener Armee, Polizei und Rechtssystem behielt. Wohl übte der deutsche Botschafter, Cecil von

Renthe-Fink, eine Aufsicht über die Verwaltung aus. Im Jahre 1942 wurde er durch den SS-Obergruppenführer und Reichsbevollmächtigten Werner Beck ersetzt, was die deutsche Kontrolle erheblich verstärkte. Dennoch wurden am 23. März 1943 noch freie Wahlen abgehalten, die überzeugend von den Sozialisten gewonnen wurden. Die kleine dänische Nazipartei erhielt kaum 2,1% der Stimmen. Später verschärften sich die Spannungen zwischen den Besatzern und der Bevölkerung. Im Sommer 1943 kam es zu einer Reihe von Streiks, die gezielte Aktionen gegen die Deutschen auslösten. Am 29. August 1943 trat die demokratisch gewählte Regierung zurück, weil sie die durch die Besatzungsmacht eingeführten Maßnahmen nicht akzeptierte. Es gab keine neue Regierung, auch wegen der Opposition des Königs. Der Notstand wurde ausgerufen und Beck übernahm die Führung.

Während in anderen Ländern die Identifikation (über den Davidstern) und die Deportationen der Juden schon über ein Jahr liefen, hatte die dänische Regierung sich immer geweigert, an solchen Maßnahmen mitzuarbeiten. Sie ging nicht auf die Forderung der Deutschen ein, antijüdische Gesetze einzuführen. Die Regierung war sogar bereit, dafür abzutreten.[606] Mehr noch, die Dänen begannen, ihre Juden offen gegen willkürliche Verhaftungen zu schützen. Auf der Webseite des *Holocaust Survivors and Remembrance Network* steht dazu ein bemerkenswertes Beispiel.[607] Auf einem Foto ist ein Jude zu sehen, der soeben von einem dänischen Nazi (mit einem schwarzen Regenmantel und einem schwarzen Hut) abgeholt wird. Beide werden von wütenden Dänen eingekreist, die verhindern, dass der gefangene Jude abgeführt wird. Sie zwingen den Nazi, sein Opfer der dänischen Polizei zu übergeben, wie auch deutlich auf dem Bild zu erkennen ist. Aus dem späteren Vernehmungsprotokoll wird ersichtlich, dass die Polizei den Mann übernahm und ihm dann zur Flucht verhalf. Die dänische Polizei verweigerte immer eindeutig jede Zusammenarbeit mit den dänischen Nationalsozialisten und später mit den deutschen Besatzern.

Als Himmler im September 1943 die Deportation von fast 8.000 dänischen Juden befahl, kam es zu einer Konfrontation. Georg Ferdinand Duckwitz, ein Geschäftsmann und Mitglied der NSDAP, erfuhr Ende September, dass die Gestapo alle Juden in Dänemark aufgreifen und deportieren wollte. Er reiste bei Risiko seines Lebens nach Stockholm, um die schwedischen Behörden davon zu überzeugen, die dänischen Juden zu retten. Er informierte auch den dänischen Sozialdemokraten Hans Hedtoft, dass am 1. Oktober 1943 die Razzia der Deutschen gegen die dänischen Juden beginnen würde. Hedtoft nahm seinerseits Kontakt mit dem dänischen Widerstand

Abb. 38: Ein dänischer Nazi wird durch Umstehende gezwungen, einen Juden der dänischen Polizei zu übergeben.

und mit Marcus Melchior, dem Oberrabbiner von Kopenhagen, auf. Der Rabbiner warnte die Gläubigen am 29. September 1943, dass die Razzia in zwei Tagen erfolgen würde. „Die Situation ist sehr ernst. Wir müssen sofort handeln. Sie müssen jetzt die Synagoge verlassen und Kontakt mit allen Ihren jüdischen Bekannten, Freunden und Nachbarn aufnehmen und Ihnen sagen, was ich Ihnen gesagt habe“, sagte Melchior.[608] „Sie müssen auch mit Ihren christlichen Freunden reden und sie bitten, alle Juden, die sie kennen, zu informieren. Sie müssen dies sofort tun, in den nächsten fünf Minuten, sodass innerhalb von zwei bis drei Stunden alle wissen, was geschehen wird. Wenn es dunkel ist, müssen wir alle untergetaucht sein.“

Dann folgte eine beispiellose Hilfsaktion. Die Juden wurden sofort von Ärzten, Geistlichen, Studenten und anderen Bürgern gewarnt.[609] Mit Bussen, Autos, Taxis und sogar Krankenwagen wurden sie zur dänischen Küste befördert, um sie ins neutrale Schweden zu bringen. In Fischerbooten und kleinen Booten wurden die Juden in das Nachbarland und somit in Sicherheit gebracht. In der Nacht vom 1. zum 2. Oktober 1943 begannen die „Nazis“ ihre Aktion. Sie fanden noch 477 Juden, die sie in das

Konzentrationslager Theresienstadt überführten. Aber die überwiegende Mehrheit, rund 7.200 Juden, waren zu diesem Zeitpunkt bereits sicher in Schweden.[610] Letztlich starben 116 dänische Juden, etwa 1% der jüdischen Bevölkerung. In Belgien waren es 44%, in den Niederlanden sogar 73%. Duckwitz bekam von Yad Vashem im Jahr 1971 den Ehrentitel „Gerechter unter den Völkern" verliehen. Bemerkenswert war auch die Haltung von Hans Fuglsang-Damgaard, dem Bischof der evangelischen Kirche in Dänemark, der am 29. September von der bevorstehenden Aktion erfuhr. Er setzte einen Protestbrief auf, in welchem er die Verfolgung der Juden verurteilte, und der sofort in seiner Diözese verbreitet wurde. „Wir müssen Gott folgen anstatt den Menschen", schrieb Fuglsang-Damgaard, „egal ob die Verfolgung von Juden aus rassischen oder religiösen Gründen unternommen wird, ist es die Pflicht der christlichen Kirche, dagegen zu protestieren (...) Rasse und Religion können an sich nie Gründe sein, um einem Menschen seine Rechte, Freiheiten oder sein Eigentum zu nehmen (...) Wir werden daher kämpfen, um unseren jüdischen Brüdern die gleiche Freiheit zu gewährleisten, die wir selbst höher als das Leben achten."[611] Sein Brief wurde am 3. Oktober 1943 von allen dänischen Kanzeln verlesen und motivierte die Gläubigen, sich zugunsten der Juden einzusetzen. „Die Aussage von Fuglsang-Damgaard war wahrscheinlich die am stärksten ausgeprägte Verteidigung der Juden durch die Kirche während des Zweiten Weltkriegs", sagt Lawrence Baron, Professor für moderne jüdische Geschichte an der Universität von San Diego.[612] Interessanterweise wurden die lutherische Kirche und ihre Geistlichen durch die Besatzer nicht bestraft.

Auf jeden Fall führte die aufsässige Haltung der dänischen Regierung, der lutherischen Staatskirche und der Bevölkerung zur Rettung von Tausenden Juden. Die Dänen widersetzten sich den Drohungen der „Nazis" und verhielten sich moralisch richtig. Auch die Haltung der dänischen Geistlichkeit stand in scharfem Gegensatz zu der vieler anderer religiöser Führer, die aus Eigennutz oder um die Interessen der Kirchen zu wahren, beschlossen, zu kollaborieren, auch wenn damit die Verfolgung und Vernichtung der Juden erleichtert wurde. Die dänischen Kirchenführer verstanden, dass der Schutz der Juden eine menschliche Pflicht war. In diesem Sinne bedeutete ihr Handeln einen Lichtblick in dieser Zeit der Finsternis. Das Beispiel Dänemark steht in krassem Gegensatz zu der Situation in Ländern wie der Slowakei, Kroatien und Ungarn, wo katholische Führer sich nicht nur gleichgültig gegenüber dem Schicksal der Juden in ihrem Land zeigten, sondern sich auch aktiv an ihrer Vernichtung beteiligten.

Teil IV
Mitschuld

Kapitel 24
Der Priesterpräsident Tiso

Im Oktober 1938 besetzte das faschistische Deutschland das Sudetenland mit seinem hohen deutschen Bevölkerungsanteil. Eine Folge davon war 1939 die Abspaltung der Slowakei von der Tschechoslowakei. Damit war ein formell souveräner Staat, de facto aber ein Protektorat Deutschlands entstanden, das von dem katholischen Priester Jozef Tiso geführt wurde. Er war als Nachfolger des Priesters Andrej Hlinka Vorsitzender der konservativen katholischen Slowakischen Volkspartei. Tiso wollte die slowakische Gemeinschaft zu einem katholischen Einheitsstaat umbilden und schlug sofort einen rücksichtslosen antisemitischen Kurs auf Kosten von Zehntausenden Juden ein, die sich im Laufe der Geschichte dort angesiedelt hatten. Im Parlament saßen sechzehn katholische Priester, von denen die antisemitische Politik mit Begeisterung unterstützt wurde. Am 9. September 1941 genehmigte die Regierung einen Judenkodex mit 270 antijüdischen Bestimmungen nach deutschem Vorbild. Die örtlichen katholischen Bischöfe hatten nichts dagegen, baten nur um Ausnahmen für die Juden, die katholisch getauft waren. Adolf Hitler war zufrieden mit der Haltung der slowakischen Regierung und begrüßte Priester-Präsident Tiso im Oktober 1941 herzlich in seinem Hauptquartier an der Ostfront.

Die antisemitische Politik Tisos und seiner Regierung führte schließlich zu einem der schlimmsten Fälle von Verfolgung und Vernichtung der Juden in der Geschichte. So einigten sich die deutsche und die slowakische Regierung darauf, die Juden aus der Slowakei zu deportieren, um sie als Zwangsarbeiter einzusetzen. Die Slowakei war das einzige Land, das die Deportationen selbst organisierte und Deutschland für jeden deportierten Juden 500 Reichsmark „als Ausgleich für Unterkunft, Verpflegung, Kleidung und Umschulung" zahlen wollte. Für die „Nazis" war es ein sehr gutes Geschäft. „Zur Überraschung des deutschen Ministeriums für auswärtige Angelegenheiten stimmten die slowakischen Behörden dem 'ohne Druck von deutscher Seite' zu", sagt Raul Hilberg in seinem Buch *De vernietiging van de Europese Joden.*[613] Die slowakischen Behörden waren darauf erpicht, ihre Juden loszuwerden, was nicht verwunderlich war, denn das erlaubte ihnen, deren Habseligkeiten und Konten zu beschlagnahmen. Aus den Erlösen konnten sie großenteils die Zahlungen an die Deutschen leisten. Bis zum heutigen Tag behaupten einige Historiker, dass die slowakischen weltlichen und geistlichen Führer überzeugt waren, dass die Juden in Deutschland als billige Arbeitskräfte eingesetzt werden und dass sie keine Kenntnis von deren wahrer Bestimmung hatten. Das ist unglaubwürdig, wie auch aus Dokumenten, die einige hohe Kirchenführer in den Wochen und Tagen vor den Deportationen empfingen, hervorgeht. Monsignore Giuseppe Burzio, der Vertreter des Vatikans in der slowakischen Hauptstadt Bratislava, wurde von Bischof Michal Buzalka, dem Vikar der slowakischen Armee, über Massenmorde in den ehemaligen slowakischen Gebieten, die Ungarn und der Ukraine zugefallen waren, informiert.[614] Diese Informationen hatte Buzalka wiederum von Militärseelsorgern bekommen. Burzio telegrafierte am 9. März 1942 einen Bericht nach Rom über die Gerüchte einer massiven Deportation der slowakischen Juden aus Galizien und der Region um Lublin: „Die Abschiebung von 80.000 Menschen nach Polen in die Hände der Deutschen ist gleichbedeutend mit der Verurteilung eines großen Teils zu einem sicheren Tod.“[615]

Vier Tage später schickte Angelo Rotta, der päpstliche Nuntius in Budapest, eine Nachricht weiter, die er aus jüdischen Kreisen in Bratislava erhalten hatte: „Wir sind zum Untergang verurteilt. Wir wissen mit Sicherheit, dass wir nach Polen (Lublin) abgeschoben werden. Man hat uns schon alles weggenommen (Vermögen, Wäsche, Kleider, Geschäfte, Häuser, Geld, Gold, Bankeinlagen und sämtliches Hausgerät) und jetzt will man uns slowakische Bürger nach Polen verbannen und einen jeden ohne jede Barschaft und materielle Mittel dem sicheren Untergang und dem Hungertod preisgeben. Niemand kann uns helfen. Wir setzen unsere ganze Hoffnung und Vertrauen an Eure Heiligkeit als die sicherste Zuflucht aller Verfolgten. Wollen Eure Heiligkeit gütigst auf den Präsidenten der Slowakei einwirken, dass er sich in Namen der Menschlichkeit und Nächstenliebe unser und unserer Kinder annimmt und unsere Verbannung nicht zulässt.“[616] Viele Bischöfe, sowohl katholische, protestantische als auch orthodoxe, schickten am Tag vor der Deportation Briefe an Tiso, in denen sie ihn baten, von der Aktion abzulassen, weil sie wussten, dass die slowakischen Juden das gleiche Schicksal wie ihre polnischen Brüder und Schwestern erleiden würden. Diese wurden zu der Zeit bereits willkürlich und massenhaft abgeschlachtet. Es war vergeblich. Tiso hielt durch und seine Hlinka-Soldaten machten die Drecksarbeit. Sie wurden dafür übrigens extra bezahlt. Sie schlugen die Juden wie Tiere und beraubten sie ihres

Abb. 39: Adolf Hitler begrüßt Priesterpräsident Jozef Tiso im Oktober 1941 an der Ostfront.

Besitzes. Das haben sehr viele slowakische Bürger gesehen und gewusst. Juden, die das Gewitter nahen fühlten, flohen nach Ungarn oder versuchten, sich zu retten, indem sie sich schnellstmöglich taufen ließen, wofür sie oft Bestechungsgelder an die Priester zu zahlen hatten. Aber auch das bot nur einen unzuverlässigen Schutz. Besonders zynisch ist, dass viele Volksdeutsche an diesen plötzlichen Bekehrungen Anstoß nahmen, weil das in ihren Augen Gotteslästerung war. Für die Juden in Ungarn war es nur eine Gnadenfrist, denn nachdem die „Nazis" Ungarn im Jahr 1944 besetzt hatten, wurden sie umgehend in großer Zahl verhaftet, deportiert und vernichtet.

Am 26. März 1942 ging ein Transport von 999 jungen Frauen aus dem slowakischen Poprad nach Auschwitz.[617] Monsignore Burzio sandte am 31. März 1942, sechs Tage nach Beginn der Deportationen also, ein umfassendes Memorandum an Kardinal Maglione: „So wie ich bereits die Ehre hatte, Eurer Ehrwürdigen Exzellenz mitzuteilen, hat die slowakische Regierung beschlossen, alle Juden zu deportieren, die entsprechenden Operationen haben am 25.11. begonnen und werden auf brutale Art und Weise durchgeführt. (...) Sie werden in Räumen zusammengepfercht und auf ein wenig Stroh geworfen, ohne etwas zu essen zu bekommen; dort warten sie, um in Güterwaggons verladen zu werden, die sie an die deutsche Grenze bringen. Viele Konvois sind bereits abgefahren."[618] Burzio stellt in diesem Papier auch deutlich heraus, dass die Position der Kirche dadurch gefährdet wird: „Inzwischen ist es offensichtlich, dass die Haltung von Dr. Tiso an der Spitze des Staates, vom Bischof von Scepusio (Spiš) und von vielen anderen Geistlichen im Staatsrat und im Parlament anfängt, sich sehr nachteilig für die Kirche auszuwirken."[619] Nicht nur Monsignore Tardini, der Kardinalstaatssekretär des Vatikans, las den Text, sondern auch der Papst selbst, da mit Datum vom 10. April 1942 unter der Note der Vermerk „Visto Tal SP" („durch den Heiligen Vater gesehen") zu finden ist.

Vermutlich im Auftrag des Heiligen Stuhls hatte Monsignore Burzio am 7. April 1942 ein Treffen mit Ministerpräsident Tuka, einem überzeugten Antisemiten. Offenbar verlief das Gespräch kontrovers und scharf. Tuka sagte, er begreife nicht, warum der Vatikan sich mit den Juden in seinem Land beschäftige. „Lassen Sie den Vatikan wissen, dass ich seine Intervention ablehne", erklärte Tuka. Er betrachte es als seine Pflicht, sein Land von „dieser Pest, dieser Bande von Dieben und Kriminellen zu befreien".[620] Burzio reagierte mit einem Hinweis auf das schreckliche Schicksal der nach Polen und der Ukraine Deportierten, und dass alle darüber reden würden. Tuka antwortete, das sei jüdische Propaganda.

Ein öffentlicher Protest aus dem Vatikan blieb aus. Ende April schickte Monsignore Rotta eine Notiz an Kardinal Maglione mit einem Brief des katholischen Priesters Augustin Pozdech aus der Slowakei vom 20. April 1942 als Anlage. Thema war die Notlage der Juden in seinem Land. Dieses Schreiben vermittelt sehr klar die Ohnmacht örtlicher Geistlicher, die auf ein öffentliches Signal von oben hofften: „Vielleicht finden Sie es seltsam, dass ein katholischer Priester sich zu dem Thema an Sie richtet. Ich entschied mich zu diesem Vorgehen, weil es mir unmöglich ist, weiter stillschweigender Zeuge des schrecklichen Leidens zu sein, das man meinen israelitischen Mitmenschen antut. Ich bin aus der Tiefe meines Herzens empört, weil menschliche Wesen, deren einziger Fehler es ist, als Israelit geboren zu sein, aller ihrer Besitztümer beraubt werden, man sie in ein fremdes Land deportiert, als wären sie Sklaven, nachdem man ihnen den letzten Rest persönlicher Freiheit genommen hat. Gegen diese Verfolgung möchte ich das Gewissen der ganzen Welt aufrütteln. Aber leider habe ich keine Mittel, um meinen Worten außerhalb dieses begrenzten Kreises Gehör zu verschaffen. Es liegt an Ihnen, das Weltgewissen zu wecken, erwachen zu lassen; tun Sie alles, um das schreckliche Leid der Juden in der Slowakei zu erleichtern. Es ist doch unmöglich, dass die Welt ungerührt bleibt, wenn sogar kleine Kinder, todkranke ältere Menschen, junge Mädchen von ihren Familien gerissen und junge Männer wie Vieh abtransportiert werden: in Viehwaggons zu einem unbekannten Ziel transportiert, in eine ungewisse Zukunft. Handeln Sie, bevor es zu spät ist, handeln Sie schnell, dann ist es vielleicht noch möglich, einen Teil der slowakischen Israeliten zu retten."[621] Dass der Vatikan inzwischen gut wusste, was mit den Juden geschah, wird durch Hans Gmelin, ein Mitglied der deutschen Gesandtschaft in Bratislava, bestätigt. Er sagte am 15. Juni 1948 aus, dass der Vatikan Ministerpräsident Tuka zwei Noten überreicht hatte, in denen er seine Kenntnis davon kundtat, dass die Juden in Polen nicht beschäftigt, sondern vernichtet werden.[622] Der genaue Zeitpunkt, zu dem die Noten Tuka erreichten, ist unklar (vermutlich Ende Juni oder Anfang Juli 1942), aber zumindest war es das erste Mal, dass der Heilige Stuhl selbst die Massaker an den Juden erwähnte.

Tiso war ein sehr religiöser Mensch, der selbst während seiner Präsidentschaft sein Priesteramt in der Stadt Bánovce nad Bebravou weiter ausübte. Deshalb legte er großen Wert auf die Meinung der Bischöfe in seinem Land. Am 26. April 1942 riefen die slowakischen Bischöfe auf, die Juden „menschlich" zu behandlen. Dennoch akzeptierten sie deren Abschiebung, damit „ihr schädlicher Einfluss" beschränkt bleibe. Sie forderten die Regierung jedoch auf, das Schicksal der getauften Juden im Auge zu behalten. Von da an machte Tiso einige Zugeständnisse für diese Menschen. Deportiert werden sollten nur noch nicht getaufte Juden, die eine Gefahr für den Staat bedeuten würden. Das war natürlich sehr dehnbar.[623] Die Interventionen von Burzio und die Briefe an Tuka hatten noch eine andere Wirkung. Auf Antrag der slowakischen Behörden wurden die Deutschen veranlasst, über das Schicksal der Deportierten zu informieren, obwohl das den höchsten slowakischen Führer nur zu gut bekannt war. Die Deutschen versuchten, mit allen denkbaren Ausflüchten zu belegen, dass die deportierten Juden tatsächlich in neue Unterkünfte verbracht und (zwangsweise) beschäftigt worden seien. Stichhaltige Beweise konnten allerdings nicht geliefert werden, weil fast alle slowakischen Juden nach Majdanek und Auschwitz deportiert und dort getötet worden waren. Insgesamt wurden 58.000 slowakische Juden verhaftet und in Konzentrations- und Vernichtungslager gesperrt. Nur 300 überlebten. Ab Ende Mai 1942 stockten die Deportationen, hauptsächlich, weil die meisten Juden bereits weggeschafft waren, teils aber auch, weil die übrigen Juden sich versteckt hielten oder nach Ungarn geflohen waren, dann, weil Tiso begann, immer mehr Ausnahmen zu erlauben, und schließlich, weil einige Juden sich zum Christentum bekehrt hatten und somit einen gewissen Schutz genossen. Auch der Druck seitens Monsignore Burzio spielte eine Rolle. Vom Wissen des Vatikans zeugt ein Telegramm Kardinal Magliones vom 23. Mai 1943, in dem er sich über das Handeln Burzios erfreut zeigt: „Ich habe mit Interesse die umfassenden und detaillierten Informationen zur Kenntis genommen, die Sie freundlicherweise zur Verfügung stellten, und ich freue mich mit Ihnen Edele über die unternommene Aktion, selbst inmitten von so viel schmerzhaftem Unverständnis, um das Leiden von vielen Unglücklichen zu erleichtern. Ich bezweifle nicht, dass Sie sich auch weiterhin dafür einsetzen, jeder weiteren Ausweisung von Nichtariern ein Ende zu setzen."[624] Das war nicht nach dem Geschmack von Hans Ellard Ludin, dem Chef der deutschen Botschaft in der Slowakei. In einem Bericht von 26. Juni 1942 an Berlin schreibt er: „Die Durchführung der Evakuierung der Juden aus der Slowakei ist im Augenblick an einem toten Punkt angelangt (...) Die Judenaussiedlung ist in weiten Kreisen des slowakischen Volkes sehr unpopulär."[625] Der Missmut wurde natürlich durch die anwachsenden Gerüchte, dass die Juden massenweise ermordet werden, sehr verstärkt. All dies führte dazu, dass die Zwangsabschiebungen im August beendet und lediglich unter Druck der Deutschen im September 1942 wieder aufgenommen wurden.

Das hat nicht zu bedeuten, dass Tiso sich plötzlich um seine jüdischen Landsleute sorgte. In seinen öffentlichen Reden betonte er, dass das, was den Juden geschah, aus christlicher Sicht völlig gerechtfertigt sei. Er sagte am 15. August 1942, als er sehr wohl wusste, was mit den deportierten Juden in Polen passierte: „Ich frage mich: Ist es christlich, wenn das slowakische Volk sich von seinem ewigen Feind, den Juden, befreien will? Ist das christlich? Eigenliebe ist ein Gebot Gottes und diese Eigenliebe verpflichtet mich dazu, alles, was mich schädigt, alles, was mein Leben bedroht, auszuschalten. Ich glaube, dass niemand davon überzeugt werden muss, dass das Judentum das Leben der Slowaken gefährdet (...). Wir wären viel besser dran, wenn wir sie los wären."[626] So war auch die Meinung der anderen Bischöfe. So nannte Ján Vojtaššák, der Bischof von Spiš, die Juden die „schlimmsten Feinde der Slowakei".[627] Am 26. September 1942 erhielt der Staatssekretär des Vatikans eine Notiz der italienischen Botschaft, in der die Deportation aller restlichen slowakischen Juden als Ziel erwähnt wurde. Ein bemerkenswerter Satz in der Note betrifft Tiso: „Monseigneur Tiso glaubt nicht an die Aufrichtigkeit der Juden, die sich bekehren."[628] Hiermit wird klar, dass Tiso es auf alle Juden abgesehen hatte und es sich bei ihm, im Unterschied zu vielen anderen Geistlichen, deren Antisemitismus in erster Linie religiös motiviert war, auch um eine Rassenfrage handelte.

Unterdessen wurde ein unmittelbares Zeugnis über das Schicksal der deportierten Juden bekannt. Dionýz Lenárt war ein slowakischer Jude, der in September 1942 aus Lublin-Majdanek fliehen konnte. Er schaffte es bis Spišská Stará Ves, einem kleinen slowakischen Dorf nahe der polnischen Grenze.[629] Dort informierte er den Pfarrer Andrej Podolsky über die Verhältnisse in den sogenannten deutschen Arbeitslagern. Frauen und ältere Menschen, die nicht arbeiten konnten, wurden sofort getötet, die anderen starben vor Entbehrung oder wurden ermordet. Der Priester informierte Bischof Ján Vojtaššák, der wiederum einen Brief an den Innenminister Alexander Mach sandte.[630] Danach bat dann die slowakische Regierung die Deutschen um Erlaubnis, die Situation in Lublin inspizieren zu dürfen, anderenfalls würde sie die Deportationen stoppen. Die Deutschen konnten der Bitte aus den bekannten Gründen nicht nachkommen. Aber vor allem der Beharrlichkeit Burzios war es zu verdanken, dass Tiso beschloss, ab dem 29. Oktober 1942 die Deportationen zu beenden. Allerdings waren bis dahin fast drei Viertel der slowakischen Juden bereits deportiert. Auch der Druck der öffentlichen Meinung spielte eine Rolle, da die Menschen zunehmend besser verstanden, was mit den Juden geschah und auch kriegsmüde wurden. Am Druck aus dem Vatikan via Monsignore Burzio war bemerkenswert, dass Rom sich zum ersten Mal eindeutig gegen die „Endlösung“ der Judenfrage aussprach.[631]

In den letzten Kriegsjahren begannen die Deutschen, den Druck auf die slowakische Regierung zu verstärken. Sie forderten, dass alle Juden, getauft oder nicht, abgeschoben werden. Der Widerstand dagegen blieb groß, solange, bis die Deutschen die Herrschaft übernahmen und der Hlinka-Garde unumschränkter Terror erlaubt war. Es gab Razzien, um die restlichen Juden vor Ort zu verhaften und zu deportieren. Wieder protestierte der Vatikan, nicht öffentlich, sondern in einem Schreiben vom 20. September 1944.[632] Diese Intervention zeigte erneut einige Wirkung, sie vermittelt eine Vorstellung davon, was die Folgen hätten sein können, wenn der Papst sich in einem viel früheren Stadium und in anderen Ländern offen gegen die Deportationen gewandt hätte. Doch war dies nur ein Aufschub der Hinrichtungen. Im Herbst besetzten die Deutschen das Land gänzlich und von Oktober 1944 bis März 1945 wurden mehr als zehntausend Juden, darunter auch konvertierte Juden, deportiert und in den Lagern in Polen vernichtet. Tiso unterstützte diese Maßnahmen und schrieb in einem Brief an Pius XII. am 8. November 1944, dass „die Regierung der Slowakischen Republik

Abb. 40: Beratung in Schloss Klessheim bei Salzburg am 12. Mai 1944. Alfred Jodl, Jozef Tiso (mit Brille), Adolf Hitler, Wilhelm Keitel, Vojtech Tuka (sitzend) und Joachim von Ribbentrop.

die Aktionen gegen die Zigeuner und Juden, derer sie angeklagt wird, nicht wegen ihrer Nationalität oder Herkunft vorgenommen hat, sondern im Namen der Pflicht, die Nation gegen Feinde zu verteidigen, die bereits seit Jahrhunderten um ihre Zerstörung eifern".[633] Der Papst las den Brief, antwortete aber nicht. Auf das Original des Briefes notierte Monsignore Tardini: „24 dicembre 1944. Visto Tal Santo Padre" („24. Dezember 1944. durch den Heiligen Vater gelesen").[634] Am 21. November 1944 erfolgte noch ein letzter Protest des Staatssekretariats des Vatikans.[635] Die slowakische Regierung antwortete am 5. Dezember 1944, dass sie keine Kontrolle mehr über die Ereignisse habe und die Deutschen die Juden weiter deportierten. Der letzte Briefwechsel zwischen Pius XII. und Tiso während des Krieges fand am 11. März 1945 statt, als der Papst dem Präsidenten der Slowakei für seine besten Wünsche aus Anlass des Jahrestages des Pontifikats von Pius am 2. März 1945 dankte. „Wir akzeptieren väterlich die Wünsche, die Sie uns im Namen des slowakischen Volkes überbringen, wobei Wir zu dieser Gelegenheit gerne die Gewissheit erneuern, dass Wir für alle seine Söhne beten. Unseren apostolischen Segen."[636] Insgesamt wurden während der Herrschaft des katholischen Präsidenten 105.000 slowakische Juden, d. h. 78% ihrer gesamten Vorkriegszahl, ausgerottet. Nach dem Krieg wurde Tiso an die Regierung der Tschechoslowakei ausgeliefert, wo er am

15. April 1947 zum Tode verurteilt und drei Tage später gehängt wurde. Der Vatikan protestierte.

Einer der slowakischen Juden, die in die Todeslager Polens deportiert wurden, war Rudolf Vrba. Er war geboren in Topol'ćanyá und entschied sich im Alter von siebzehn Jahren, nach England zu fliehen. Er riss den gelben Davidstern von seiner Kleidung und reiste nach Budapest in Ungarn. Als es ihm nicht gelang, weiter zu kommen, entschied er sich zur Umkehr. Er wurde von ungarischen Grenzsoldaten festgenommen und an die slowakischen Behörden ausgeliefert, die ihn in das Arbeitslager Nováky schickten. Von dort wurde er am 14. Juni 1942 nach Majdanek und am 30. Juni 1942 nach Auschwitz transportiert, wo die Nummer 44070 auf seinen Arm tätowiert wurde. Er landete in einem Kommando, das mehr als hunderttausend ermordete Juden ausgraben musste, um sie zu verbrennen, damit keine Beweise übrigblieben. Später kam er in eine Gruppe in Birkenau (Auschwitz II), die Tote aus den ankommenden Zügen holten. Auf den Bahnsteigen von Auschwitz sah er fast 300 Transporte eintreffen, die er entladen half. Anhand der verbleibenden Lebensmittel wusste Vrba, aus welchem Land die jüdischen Opfer stammten. Er schreibt: „Ein Zug aus Griechenland bedeutete ein Fest mit Feigen und Oliven, aus Frankreich mit Sardinen vielleicht, aus der Slowakei mit Salami und leckerem hausgemachten Schwarzbrot."[637]

Mithilfe eines Wiener Gefangenen, der Kontakte zur SS hatte, konnte Vrba im Aufräumungskommando des berüchtigten Lagers Kanada arbeiten. Dort, wo Kleidung, Prothesen, Brillen, Koffer, Töpfe, Pfannen, Kinderwagen und anderes Hab und Gut der ermordeten Juden gesammelt, sortiert und nach Deutschland geschickt wurden. Im Sommer 1943 kam er als Blockschreiber in den Quarantänesektor für Männer. Dort notierte er genau die Anzahl der täglich ankommenden Juden und wie viele von ihnen vergast wurden (nach seinen Berechnungen etwa 90 Prozent).[638] Ihm kam zu Ohren, dass im Laufe des Jahres 1944 eine große Zahl ungarischer Juden nach Auschwitz deportiert werden sollten. Vrba lernte Alfréd Wetzler kennen, der in der Leichenhalle von Birkenau die Anzahl der toten Häftlinge, die nicht durch Vergasung starben, registrieren musste. Er hatte auch Buch zu führen über die Goldmengen aus den Zähnen der Leichen. Gemeinsam gelang es den Beiden, am 7. April 1944 aus Auschwitz zu fliehen. Zwei Wochen später erreichten sie die Slowakei, wo sie bei den örtlichen Vertretern des jüdischen Rates in Zilina untertauchten. Ihre Geschichte wurde ihnen anfangs nicht geglaubt, erst nach unabhängigen Zeugenaussagen und nach Kontrollen entschloss man sich, ihre Erlebnisse aufzuzeichnen. Die-

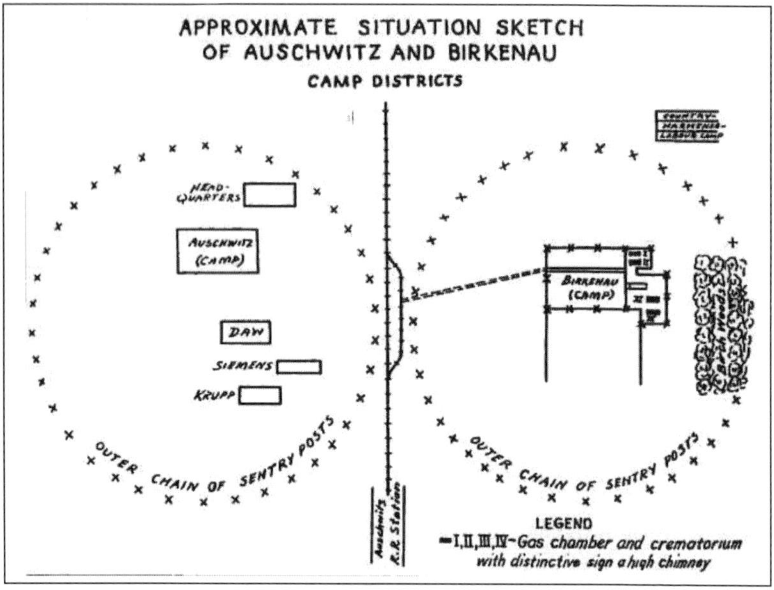

Abb. 41: Der Vrba-Wetzler-Bericht. Skizze der Lage von Krematorium und Gaskammer in Birkenau.

se Dokumentation wurde später unter den Bezeichnungen Vrba-Wetzler-Bericht oder Auschwitzprotokolle bekannt. Auf der Basis seiner eigenen Beobachtungen schätzt Vrba die Zahl der Juden, die dort vergast wurden, auf 1.765.000. (Historiker bezifferten später die Zahl der in Auschwitz getöteten Juden, Russen, Polen, Roma und Sinti, Zeugen Jehovas, Homosexuellen und anderen auf mindestens 1,1 Millionen.) Darüber hinaus fertigte Vrba auch Skizzen des Lagers an, sodass wir ein klares Bild der Struktur von Auschwitz-Birkenau besitzen. Das Hauptmotiv zur Aufzeichnung seiner Beobachtungen und zu seiner Flucht war der Versuch, zu verhindern, dass sich die ungarischen Juden ohne Widerstand deportieren lassen. Er rechnete damit, dass sein Bericht den jüdischen Führern in Ungarn und den Alliierten vorgelegt werde. Der Bericht erreichte in Ungarn den zionistischen Führer Dr. Rudolf Kasztner, der soll jedoch damit nichts unternommen haben.

Vrba hatte Ende April 1944 in einem Kloster in der Nähe von Svätý Jur auch ein Gespräch mit dem Vertreter des Vatikans in Bratislava, Giuseppe Burzio.[639] Der Geistliche besaß bereits eine Kopie des Berichts und versicherte Vrba, dass er das Dokument dem Papst, Churchill und Roosevelt zusenden würde. Der Bericht soll den Vatikan per Kurier am 22. Mai 1944 erreicht haben.[640] Was Pius XII. mit ihm anfing, bleibt unklar. Es ist sicher, dass er den Bericht kannte, sowohl mittels seines Vertreters in der Slowakei als auch über die Alliierten. Es sollte noch mehr als einen Monat dauern, bis der Papst sich an den ungarischen Führer Horthy wandte und damit dazu beitrug, die Deportation der ungarischen Juden zu verlangsamen (siehe das Kapitel über die Vernichtung der ungarischen Juden). Der Vrba-Bericht war auch den Politikern der Alliierten bekannt. Später ist näher darauf einzugehen, weshalb die Briten und Amerikaner die Eisenbahnlinien von und nach Auschwitz nicht bombardierten, um die Flut der Deportationen aus Ungarn zu stoppen oder zumindest zu verlangsamen.

Mehrere Historiker sehen den Protest des Vatikans gegen die Deportation der slowakischen Juden im Jahr 1942 als eine ausschließlich symbolische Aktion. Doch das ist falsch. Die Intervention des Vatikans hatte durchaus eine Wirkung. Sie führte mit dazu, dass die Tiso-Regierung die Deportation der Juden stoppte oder wenigstens verzögerte. Das scheint ein Pluspunkt für den Heiligen Stuhl zu sein, aber es ist dennoch nicht unproblematisch. Warum hat der Vatikan eine vergleichbare Aktion nicht auch in anderen Ländern unternommen? Warum protestierte er nicht ebenso deutlich gegen die Abschiebung von Juden aus Deutschland, Frankreich, den Niederlanden, Belgien, Luxemburg, Italien und anderen Ländern? Warum erhob er seine Stimme nicht öffentlich, sondern nur in Briefen und persönlichen Gesprächen? Das slowakische Beispiel zeigt, dass der Papst durchaus über Einfluss verfügte, nicht nur auf die gewöhnlichen Menschen, sondern auch auf die politischen und militärischen Führer. Mehr noch, durch seine Intervention in der Slowakei konnte der Vatikan das Leben von Tausenden von Juden erst einmal retten. Wer die vielen Dokumente aus den *Actes et Documents* liest, fühlt, wie der Katholik Tiso zwischen seinem rabiaten Antisemitismus und seinen Pflichten als Priester gegenüber seinen geistlichen Vorgesetzten, dem päpstlichen Nuntius, und vor allem Pius XII., dem absoluten Oberhaupt der katholischen Kirche, hin- und hergerissen war. Eine nachdrückliche Zurechtweisung und ein Befehl zum Beenden der Deportationen, notfalls unter Androhung der Exkommunikation, hätte Tiso wahrscheinlich überzeugt, schneller, stärker und effizienter handeln zu müssen. Dies gilt auch für andere katholische Führer in Kroatien, Frankreich und Ungarn. Warum hat der Papst sie nicht persönlich oder öffentlich auf ihren Glauben angesprochen, um (schneller) zu intervenieren? Damit hätte er das Leben von unzähligen Juden retten können. Leider hat er es nicht getan.

Kapitel 25
Die Ustascha

Eine der umstrittensten Allianzen während des Krieges war die zwischen den katholischen Faschisten in Kroatien und dem Vatikan. Nach dem deutschen Einmarsch in Jugoslawien am 6. April 1941 rief Marschall Slavko Kvaternik mit Genehmigung Hitlers am 10. April 1941 den „arischen Staat" Kroatien aus. Schon am folgenden Tag marschierten deutsche Truppen in die Hauptstadt Zagreb ein. Die Führung Kroatiens lag bis zum Ende des Krieges in den Händen der ultranationalistischen und antisemitischen Ustascha-Partei, der „Partei der Aufständischen" unter Ante Pavelić. Die Ustascha-Ideologen wollten einen rein kroatischen Staat aufbauen, aus dem alle „minderwertigen" Fremdkörper entfernt werden sollten.[641] Die Ustascha übte daher einen wahren Terror gegen die fast zwei Millionen serbisch-orthodoxen Christen, die 70.000 Juden, die 30.000 Roma und die anderen Minderheiten aus. Zwei Mitarbeiter von Pavelić standen dabei im Vordergrund. Mile Budak, der Minister für Kultur, Religion, Bildung und religiöse Gruppierungen, plädierte offen für die Vernichtung der Andersdenkenden: „Basis der Ustaschabewegung ist die Religion. Für Minderheiten wie Serben, Juden und Zigeuner haben wir drei Millionen Kugeln. Wir werden einen Teil der Serben töten. Die anderen werden wir aus dem Land wegschaffen und den Rest werden wir zwingen, die römisch-katholische Religion anzunehmen. So wird das neue Kroatien alle Serben entfernen, sodass wir innerhalb von zehn Jahren rein katholisch sein werden." Der Zweite war Andrija Artuković, der Innenminister, auch „der jugoslawische Himmler" genannt. Er meinte: „Wenn du keine Serben oder Juden umbringen kannst, bist du ein Feind des Staates."[642] Es setzte die Theorie in die Praxis um. Die Zahl der Gewalttaten gegen Juden nahm rasch zu. So wurden am 14. April 1941 die Synagogen in Osijek und Zagreb zerstört. Juden hatten eine gelbe Armbinde zu tragen und ihre Besitztümer wurden beschlagnahmt. Am 25. April 1941 erließ die neue Regierung eine Reihe von Gesetzen gegen die orthodoxen Christen und die Juden – so verbot man die Verwendung des kyrillischen Alphabets, wurden öffentliche Ämter „arisiert" und „Arier" durften keine Juden mehr heiraten. Die Gesetzgebung degenerierte schnell zu einem System der Gewalt und des Massenmordes.

Der erste Schritt zur Vernichtung war die Deportation der Juden aus Zagreb in ein Konzentrationslager bei Danica. Einige Wochen später wurden die Schulen für orthodoxe Kinder aufgelöst. Gleichzeitig wurden fast alle orthodoxen Kirchen geschlossen oder zerstört.

In seinem Buch *Il Silenzio di Pio XII* beschreibt der italienische investigative Journalist Carlo Falconi, wie grausam die Ustascha-Miliz wütete. Bereits in der ersten Woche nach der Machtübernahme verübten die katholischen Kroaten schreckliche Gewalttaten in den Regionen von Kordun, Bjelovar und in dem Dorf Glina. Sie zerstörten ganze Dörfer, zwangen Menschen, ihr eigenes Grab zu graben und begruben sie lebendig. Ihre Opfer wurden oft enthauptet oder bestialisch bei lebendigem Leib gehäutet und verbrannt.[643] Dass sogar die deutsche SS von der Brutalität des Regimes geschockt war, geht aus einem Polizeibericht vom Februar 1942 hervor: „Die Ustascha-Einheiten haben ihre Gräueltaten nicht nur an orthodoxen Männern im Militäralter ausgeübt, sondern vor allem in bestialischer Weise an unbewaffneten alten Männern, Frauen und Kindern (...) unzählige Orthodoxe sind bis tief nach Serbien hinein geflohen und ihre Geschichten haben große Empörung in Serbien erregt."[644] Viele katholische Priester und Franziskaner beteiligten sich an den Razzien, Deportationen und Massenmorden mit Messern, Äxten und Fleischerhaken. Priester wie Antun Điurić, Božo Šimleša, Marko Čakušić, Ante Klarić, Dragutin Kamber, Branimir Župančić, Franjo Udović, Marko Zovko und Mate Moguš übernahmen die Führung bei solchen Massakern. Das Buch *Jasenovac. Joegoslavische Auschwitz en het Vaticaan* von Vladimir Dedijer enthält eine beeindruckende Liste von Hunderten von Priestern, die sich durch ihre Verbrechen „auszeichneten" und mit hohen Ustaschaorden dekoriert wurden.[645] Gut eine halbe Million Serben, Juden, Sinti und Roma wurden deportiert oder in den vielen Konzentrationslagern des Landes getötet. Auf diese Weise wollte die Ustascha aus Kroatien eine rein katholische Nation machen. Publikationen der Kirche unterstützten diese kriminellen Vorgänge, wie wir in der Zeitschrift *Hrvatska smotra* („Kroatische Zeitschrift") lesen können. Dort schrieb der Priester Ivo Guberina, dass es „notwendig und nützlich war, die Serben zu vernichten und umzutaufen". Dabei berief er sich auf die kirchliche Moral: „Die Ustaschabewegung hätte nichts lieber gewollt, als dass diese feindlichen Elemente sich still und auf eigenen Wunsch anpassen oder sie in ihr eigenes Land zurückkehren würden. Aber da diese Elemente sich nicht ändern wollten, haben wir nach der katholischen Moral das Recht, sie zu vernichten. Mit Feuer und Schwert."[646]

Eines der schlimmsten Massaker fand in Jasenovac statt, dem größten Konzentrations- und Vernichtungslager im damaligen Kroatien, an der Eisenbahnstrecke zwischen Zagreb und Belgrad gelegen. Es wurden dort mindestens 200.000 (nach anderen Quellen bis zu einer halben Million) Menschen getötet. Faktisch ging es um fünf große und drei kleinere Lager mit einer Kapazität von 7.000 Gefangenen, den einzigen im besetzten Europa, die nicht unter der Leitung von Himmler und seiner SS standen. Die wenigen Überlebenden bezeugten eine beispiellose Mordsucht. Serben, Zigeuner und Juden wurden lebendig verbrannt oder ihnen wurde die Kehle mit einem speziell entwickelten Krummdolch, befestigt an einer Art Lederhandschuh der deutschen Marke Gräwiso, durchgeschnitten. Es gibt viele Bilder von den Verbrechen der Ustascha. Frauen, deren Brüste abgetrennt wurden, kastrierte Männer, verstümmelte Leichen. In seinem Buch *Assassins au nom de Dieu* zitiert der französische Autor Hervé Laurière die Aussage von Dušan Malinović, einem Serben, der dem Lager Jasenovac entkommen konnte: „Bruder Filipović, der Lagerleiter, der erschreckende Massaker in verschiedenen Dörfern in der Nähe von Banja Luka organisierte, ging jeden Tag in die Gefängnisse, um Frauen und Kindern die Kehle durchzuschneiden. Mit seinen Komplizen hackte er mit der Axt auf seine Opfer ein. Die Unglücklichen starben unter schrecklichen Schmerzen.“[647] Dieser Filipović war ein ehemaliger katholischer Priester, Franziskanermönch und Kaplan. Nach Massakern in den Dörfern Drakulić, Motike und Šargovac im Juni 1942, wo unter seiner Anführerschaft mehr als zweitausend Bürger getötet wurden, wurde er vom Ustascha-Regime zum Lagerchef in Jasenovac ernannt. Einzigartig war auch, dass es kroatische Konzentrationslager ausschließlich für Kinder gab, wie in Gornja Rijeka, Jastrebarsko und Sisak, ein Nebenlager von Jasenovac. In diesen Lagern kamen Tausende von Kindern unter tragischen Umständen zu Tode.

Die Proklamation des unabhängigen Staates Kroatien wurde unverzüglich von den Bischöfen und dem katholischen Klerus unterstützt. Bei seiner Ernennung ließ der Erzbischof von Zagreb, Alojzije Stepinac, in der Zagreber Kathedrale ein Te Deum zu Ehren des neuen Führers, Ante Pavelić, singen. Knapp eine Woche nach der Machtergreifung und einen Tag nach der offiziellen Kapitulation der jugoslawischen Armee, am 16. April 1941, begrüßte Stepinac den neuen, unabhängigen Staat anlässlich eines Besuchs bei Pavelić. In einem Brief an Innenminister Andrija Artuković bat er nur um Schonung der zum Christentum konvertierten Juden.[648] Dass Stepinac dem neuen Führer Pavelić besonders geneigt war, zeigt seine (hier indirekt wiedergegebene) Tagebuch-Eintragung vom 27.

April: „Der Erzbischof segnete seine Arbeit. (...) Als der Erzbischof fertig war, sagte der Poglavnik (Führer), dass er der katholischen Kirche seine ganze Unterstützung geben werde. Er sagte auch, dass er die Sekte der Alt-Katholiken, die nichts als eine Spaltergemeinschaft sei, zerstören werde. Er fuhr fort, dass er keine Toleranz gegenüber der serbischen orthodoxen Kirche zeigen werde, weil, wie er die Dinge sehe, sie nicht eine Kirche, sondern eine politische Organisation sei. All diese Dinge erzeugten beim Erzbischof den Eindruck, dass der Poglavnik ein aufrichtiger Katholik ist und die Kirche Handlungsfreiheit habe, obwohl der Erzbischof wisse, dass dies Alles nicht einfach wird.“[649]

Am 28. April 1941 ließ Stepinac von allen Kanzeln einen Hirtenbrief verlesen, mit welchem die katholische Bevölkerung aufgerufen wurde, mit dem Regime zusammenzuarbeiten. „Jetzt, wo ich also als Haupt der Kirche und als Hüter ihrer Seelen zu Ihnen spreche, bitte ich Sie und rufe Sie auf, sich mit aller Macht einzusetzen und zu kämpfen, um sicherzustellen, dass unser Kroatien ein Land Gottes werde möge (...) Ehrwürdige Brüder, folgt auch jetzt dieser Tradition und erfüllt Eure Pflicht gegenüber dem jungen Staat Kroatien! Deshalb beschließe ich, dass am Sonntag, dem 4. Mai, in allen Kirchen ein heiliges Te Deum gesungen wird. Jeder Pfarrer ist verpflichtet, die örtlichen Behörden und die Bevölkerung dazu einzuladen.“[650] Der Brief wurde auch vom Rundfunk übertragen. Im Januar 1942 wurde Stepinac vom Vatikan zum Generalvikar der kroatischen Armee ernannt. In einem Brief vom 18. Mai 1943 schrieb der Erzbischof an Pius XII., dass bereits 240.000 orthodoxe Serben sich zum Katholizismus bekehrt hätten.[651] Stepinac schickte am 24. Mai 1943 eine Note an Luigi Maglione, den vatikanischen Staatssekretär, in der er die Vorwürfe bestritt, dass Kroatien Verbrechen begangen hätte, obwohl er zugab, dass „verantwortungslose“ Personen im Jahr 1941 solche im Namen des Staates möglicherweise verübt hätten.[652] Sechs Tage später wurde Stepinac im Vatikan vom Papst empfangen, wobei er erneut die Unterstützung der kroatischen Kirche für das neue Regime bestätigte. Die Bischöfe Kvirin Bonefači von Split, Miho Pušić von Hvar, Antun Akšanović von Đakovo, Viktor Burić von Rijeka begrüßten alle freudig die Ustascha und ihren Führer Pavelić und versprachen seitens der Kirche eine umfassende Zusammenarbeit. Die faschistischen Führer erhielten von der Kirche auch sofortige Unterstützung für ihre Politik gegen die Juden. Ivan Šarić, Bischof von Sarajevo, versteckte seinen virulenten Antisemitismus in keiner Weise. Am 25. Mai 1941, als die Massaker in vollem Gange waren, schrieb er in *Katolički tjednik* („Das katholische Wochenblatt“), dem Blatt des Episkopats von Sarajevo: „Wir müssen die Juden aus unserer Liebe ausschließen. Die Befreiung der Welt (von den Juden) ist eine Erneuerung der Würde des Menschen.“[653]

In *Katolički tjednik* erschien auch ein Artikel des Priesters Franjo Kralik unter dem Titel „Warum werden die Juden verfolgt?“. Seine Argumentation: „Die Nachkommen derer, die Jesus hassten, ihn zum Tode verurteilten, ihn kreuzigten und seine Anhänger verfolgten, tragen an einem größeren Übel Schuld als ihre Vorfahren. Ihre Gier nimmt zu. Die Juden, die Europa und die Welt in den völligen Ruin führten – moralisch, kulturell und wirtschaftlich – entwickeln einen Hunger, der nur gestillt werden kann, indem sie die ganze Welt an sich reißen. (...) Satan half den Juden, den Sozialismus und den Kommunismus zu erfinden, deren Ideen sie so entwickelten, dass sie damit eine globale Arbeiterbewegung begründeten. Sie, die grausamsten und seelenlosesten Menschen, die schrecklichsten Kapitalisten, die Juden. Die Bewegung für eine Welt ohne Juden ist eine Bewegung für eine Wiederbelebung der menschlichen Würde. Der Allmächtige und Allwissende Gott steht hinter dieser Bewegung.“[654] Am 15. Juni 1941 stand in der gleichen Zeitschrift ein Text von Erzbischof Ivan Šarić: „Für das kroatische Volk sind die Serben die größten Feinde, so wie im Rest Europas die Juden, die Freimaurer und die Kommunisten. (...) Deshalb: Wir können endlich aufhören mit dem dummen Argument, den Jüngern Christi so unwürdig, dass man auf eine höfliche und elegante Weise gegen das Böse und die korrupten Menschen kämpfen soll. Hildebrandt, der einfache Benediktinermönch, der vom heiligen Zorn erfüllt war, und auch Papst Gregor VII. säuberten als Führer eines heiligen Aufstandes die Kirche von vielen Parasiten, nicht mit Eleganz, sondern mit eiserner Hand. Der Poglavnik ist ein tapferer Mann, ein großer Mann, ein Mann Gottes und des Volkes. Möge der Herr unserem geliebten Poglavnik ein langes Leben gewähren. Und möge Er sicherstellen, dass er in dem heiligen Aufstand gegen alles Böse immer zu handeln bereit bleibt.“[655] Šaric blieb dem Regime Pavelić treu bis zum Ende und floh dann zusammen mit Artuković nach Österreich. Von dort gelangte er mithilfe der Kirche nach Spanien.

Dass der Vatikan sich der Gräueltaten in Kroatien bewusst war, ist nicht zu leugnen. „Der Vatikan wusste von der Schreckensherrschaft in dem brandneuen katholischen Staat. Aber die Kurie stand dem nicht ausschließlich negativ gegenüber“, schreibt Saul Friedländer.[656] Auch zahlreiche Medien informierten schnell über die schrecklichen Geschehnisse in Kroatien. Giovanni Montini, der stellvertretende Staatssekretär des Vatikans, schrieb in seinen persönlichen Notizen am 16. Mai 1941, dass der Papst bereit war, Pavelić unter bestimmten Bedingungen zu empfangen: „Der Heilige Vater hat die Bedenken Seiner Eminenz gewürdigt. Morgen früh wird er mit ihm darüber sprechen. Er würde jedoch in der Gewährung einer Audienz ohne 'Äußerlichkeit', als Privatperson, als einfacher Katholik, kein Problem sehen. Die Audienz sollte nicht öffentlich gemacht werden. Aber das ist zu überdenken."[657] Am folgenden Tag prüfte Monsignore Tardini, der Kardinalstaatssekretär des Vatikans, die heikle Frage, die er als „delikat" bezeichnete. Dennoch schlug er vor, Pavelić zu empfangen, denn der könne viel „zugunsten der Kirche in Kroatien" tun.[658] Am Tag vor der Audienz sandte die jugoslawische Vertretung ein Schreiben an das Staatssekretariat des Vatikans, in dem sie anführte, dass Pavelić in einen Mord verwickelt war und dass er auf rechtswidrige Art und Weise an die Macht gelangt ist: „In Übereinstimmung mit den Grundsätzen des Völkerrechts, die allgemeine Gültigkeit haben, ändert eine militärische Besetzung eines Hoheitsgebietes nicht dessen rechtlichen Status und enthält keine rechtliche Grundlage, um den besetzten Gebieten ein neues gesetzliches Statut zu geben. Folglich ist die Proklamation des unabhängigen Staates Kroatien, die von der Besatzungsmacht aufgezwungen wurde, jeder rechtlichen Grundlage beraubt und ein Akt der Gewalt."[659] Am selben Tag, dem 17. Mai 1941, schickte die jugoslawische Vertretung auch ein Memorandum an den Vatikan, in welchem sie auf die „Verfolgung und Ermordung von Serben in Bosnien und Kroatien" aufmerksam machte und den Papst bat, gegen die Ausrottung der Serben aufzutreten.[660] Dieser Text ist besonders interessant, weil er in einem frühen Stadium wichtige Informationen über den mörderischen Charakter des neuen Regimes enthält, in einem Land, das sich nachdrücklich als katholische Nation profilierte.

Der Papst empfing Pavelić am 18. Mai 1941, ohne Ehrengarde, als einen Sohn der katholischen Kirche und nicht als Staatsoberhaupt. Die Kirche wiederholte ständig, dass es sich nur um einen privaten Besuch und nicht um den Empfang eines Regierungschefs handele.[661] Diese Interpretation ging jedoch rasch im allgemeinen Rahmen der Berichterstattung über den Besuch unter. Pavelić war in der Tat wie ein Staatsoberhaupt empfangen worden und sein Treffen mit dem Papst wurde, auf seinen ausdrücklichen Wunsch hin, stenografiert.[662] Es ist unverständlich, weshalb Pius XII. Pavelić überhaupt empfing und ihn sogar segnete – noch am selben Tag traf sich der kroatische Führer auch mit Mussolini.[663] Es war zu dieser Zeit bekannt, dass Pavelić mitschuldig war an der Ermordung des jugoslawischen Königs Alexander am 9. Oktober 1934 in Marseille. Auch der französische Außenminister Louis Barthou, ein jugoslawischer und zwei französische Generäle verloren bei dem Anschlag ihr Leben. Pavelić war

Abb. 42: Ustaschas ermorden nichtkatholische Mitbürger.

in Frankreich in Abwesenheit zum Tode verurteilt worden, aber Italien, wo er sich aufhielt, verweigerte seine Auslieferung. Die Audienz wurde von der katholischen Presse in Kroatien sofort als ein Zeichen der Anerkennung des neuen Staates gewürdigt. *Zagreb Katolićki List* („Zagrebs katholische Zeitung"), das Presseorgan der Diözese, schrieb, dass Pavelić mit seinem Besuch beim Papst wieder an „die tausendjährigen Beziehungen zwischen den Kroaten und dem Heiligen Stuhl" anknüpfte. Daraus zog die Zeitschrift die Schlussfolgerung:

„Wir glauben uns nicht zu irren, wenn wir in dieser Audienz mehr sehen als nur eine oberflächliche Würdigung eines Staatsoberhaupts, das sich zufällig im Vatikan aufhält. Der herzliche Empfang, den der Poglavnik und die kroatische offizielle Delegation durch den Heiligen Vater, Pius XII., genoss, ist ein Beweis für die internationale Bedeutung, welche die Kirche den Vertretern unserer Nation beimisst. Sie wurden sehr schnell und mit viel Respekt empfangen."[664] Um die guten Beziehungen mit dem neuen Regime noch zu verdeutlichen, schickte der Vatikan am 3. August 1941 den Benediktinerabt Giuseppe Ramiro Marcone als apostolischen Visitator des Heiligen Stuhls nach Kroatien. Das wurde von Erzbischof Stepinac und von zahlreichen Regierenden als de facto-Anerkennung des souveränen Staates Kroatien durch den Papst betrachtet.

Das Ustascha-Regime durfte auch einen Sonderbeauftragten zum Vatikan delegieren. Es war Dr. Nikola Rušinivić, dem später Fürst Erwin Lobkowicz folgte. Mit dieser Audienz und dem Austausch von Sonderbeauftragten war der neue Staat vom Vatikan faktisch anerkannt. Präsident Roosevelt dagegen weigerte sich, das angeblich unabhängige Kroatien anzuerkennen, weil ihm bewusst war, dass es eine Marionette von Nazi-Deutschland war. Auch die jugoslawische Regierung im Exil hatte am Tag vor der Audienz noch gefordert, die Gewalt gegen die orthodoxen Serben zu verurteilen und das neue Regime nicht anzuerkennen. Am 8. Juni und am 3. August 1941 übermittelte der päpstliche Vertreter in Zagreb, Ramiro Marcone, weitere Detailinformationen an den Heiligen Stuhl, aber der machte sich fast ausschließlich Sorgen über das Schicksal der zum Christentum bekehrten Juden.[665] Am selben Tag schickte der junge König von Jugoslawien, Peter II. Karađorđević, ein dramatisches Telegramm direkt an den Papst: „In dem sogenannten unabhängigen Königreich Kroatien sind die Serben zu ihrer systematischen Vernichtung vorbestimmt. Um diese Vernichtung effizienter und schneller zu gestalten, wird eines der brutalsten und für die zivilisierte Welt abscheulichsten Gesetze, das gegen die Juden, auch auf die serbische Bevölkerung angewendet. In den Rang einer minderwertigen Rasse zurückgestuft, die zum Untergang verurteilt ist, werden durch dieses Gesetz den Serben alle Rechte und Lebensgrundlagen verweigert. Das Leben von zwei Millionen Serben, die seit Jahrhunderten in diesem Land leben, wird auf barbarischste Weise in Gefahr gebracht. Noch nie wurde eine christliche Nation so von einer Macht gedemütigt, die sich stolz christlich nennt. Ich richte einen Appell an Eure Heiligkeit, um mein Volk, das höchst ungerechtfertigt leidet, unter den Schutz Ihrer hohen Autorität zu stellen.“[666] Am 14. August 1941 empfing der Vatikan eine flehentliche Bitte vom Vorsitzenden der *Unione della Comunità israelitiche*, um zugunsten der Juden einzugreifen, die in Kroatien verhaftet und misshandelt wurden.[667] Nichts von dem vermochte die Position des Vatikans zugunsten des neuen faschistischen Regimes zu verändern.

Hitler empfing Pavelić am 9. Juni 1941 auf dem Obersalzberg in Berchtesgaden.[668] Damit ist der kroatische Führer das einzige Staatsoberhaupt, das während des Zweiten Weltkrieges offiziell von Hitler wie auch vom Papst empfangen wurde. Die Audienz Pavelićs im Vatikan fand vor der Begegnung mit Hitler statt, aber der Papst wusste natürlich, dass der kroatische Diktator, als Marionette der „Nazis“, irgendwann durch den Führer empfangen werden würde. Weil er Pavelić im Vatikan empfing, fällt ein weiteres Argument der Verteidiger von Pius XII. weg. Immer wieder betonen sie, dass der Papst während der Kriegsjahre neutral bleiben musste, um die Interessen der Gläubigen zu schützen. Gerade deshalb lehnte er offizielle Gespräche mit Hitler, Mussolini und Roosevelt ab. Nur Churchill bekam während des Krieges eine Audienz beim Papst, nämlich am 23. August 1944, als allen klar war, dass die „Nazis" den Krieg verlieren werden. Für Pavelić machte Pius XII. jedoch in einem viel früheren Stadium eine Ausnahme, womit er den Schein der Neutralität zerbrach. Doch das war eine aus Sicht des Vatikans vernünftige Entscheidung. Der kroatische Führer hatte ausdrücklich darauf hingewiesen, sein Land zu einer exklusiven katholischen Nation machen zu wollen. Und das wollte der Papst mit der Audienz unterstützen. Tatsache ist, dass auch andere Gruppen der Ustascha vom Vatikan empfangen wurden. So empfing der Papst am 22. Juli 1941 „den Hauptkommissar von Zagreb mit einer Gruppe von hundert kroatischen Polizisten (unter der Leitung von Polizeichef Eugen Kvarternik-Dido). Im Februar und Dezember 1942 kamen Delegationen der Jugendbewegung der Ustascha zur Audienz."[669] Inzwischen sickerten mehr und mehr Meldungen über den Massenmord an Juden und Serben in Kroatien durch. Am 16. Februar 1942 sendete die BBC das Folgende: „Die schlimmsten Gräueltaten finden statt in der Nähe des Erzbischofs von Zagreb (Stepinac). Das Blut fließt in Strömen. Orthodoxe Gläubige werden mit Gewalt zum Katholizismus konvertiert und der Erzbischof sagt kein Wort. Es wird behauptet, dass er auch an Paraden der Nazis und Faschisten teilnimmt."[670]

Deutsche Beobachter schätzten die Zahl der von der Ustascha zwischen Sommer 1942 und Anfang 1943 Ermordeten auf mindestens 400.000.[671] Der Vatikan beliebte jedoch, offizielle Delegationen aus Kroatien mit aller Ehrerbietung zu empfangen.

Dass der Papst wusste, was in Kroatien geschah, ist zusätzlich aus drei Briefen ersichtlich, die er im Sommer 1942 erhielt. Am 17. Juli 1942 schickte Marcone ein Schreiben, in dem er erwähnt, dass jüdische Bürger in Kroatien für die Deportation bereitstehen: „Es scheint, dass die Juden von Kroatien das gleiche Schicksal erwartet, vor allem diejenigen, die alt oder behindert sind."[672] Auch die jüdische Gemeinde appellierte direkt an den Papst, um zu intervenieren. Am 4. August 1942 richtete Miroslav Freiberger, der Oberrabbiner von Zagreb, einen dramatischen Appell an Pius XII.: „Nun, in einer Zeit, als die Reste der Reste unserer Gemeinde sich in der höchst kritischen Lage befinden – zu einer Zeit, wo man über ihr Leben

Abb. 43: Hitler empfängt Pavelić in Berchtesgaden am 9. Juni 1941.

entscheidet – sind unsere Augen auf Eure Heiligkeit gerichtet. Im Namen von mehreren Tausend Frauen und Kindern, die mit ihrem Schicksal allein gelassen wurden, deren Männer in den Konzentrationslagern sitzen, im Namen der Witwen und Waisen, im Namen der älteren und schwachen Menschen bitten wir Eure Heiligkeit, ihnen zu helfen, dass sie zu Hause bleiben und dort weiter ihre Tage verbringen können, wenn nötig in den bescheidensten Umständen.“[673] Am 3. Oktober 1942 sendet Osborne, der britische Vertreter beim Vatikan, eine Nachricht an Monsignore Tardini, in der er betont, dass der Empfang von Pavelić durch den Papst einen sehr schlechten Eindruck in der britischen Öffentlichkeit, die offiziellen Kreise eingeschlossen, gemacht habe. Schließlich sei Pavelić als Königsmörder bekannt, und seine Ustascha seien verantwortlich für „die Ermordung von rund 600.000 Serben, die Zerstörung der serbischen Dörfer in Bosnien und die Beseitigung der serbischen Bevölkerung“.[674] Allmählich wuchs der Widerstand auch bei einer Reihe von katholischen Bischöfen. Der Bischof von Mostar beschrieb in einem Brief an Stepinac die monströsen Praktiken gegen serbische Mütter und Kinder, die in der Herzegowina unter anderem lebend von Berggipfeln geworfen wurden.[675] Schließlich wurde selbst Stepinac dem Pavelić-Regime gegenüber kritischer, was in einer Sendung von

Radio Vatikan im Juli 1943 zum Ausdruck kommt.[676] Er verurteilte eine Reihe von Maßnahmen der Ustascha, jedoch nicht die Regierung selbst.

Pius XII. hat die Verbrechen der Ustascha und ihrer Führer nie öffentlich verurteilt. Trotz der Bitte der kroatischen orthodoxen Bischöfe, sich gegen den Massenmord an ihren Glaubensbrüdern auszusprechen, entschied der Vatikan, zu schweigen.[677] Mehr noch, der Papst beförderte Erzbischof Stepinac, der nach fünf Jahren Haftstrafe wegen Kollaboration im Jahre 1953 wieder als Priester tätig werden durfte, zum Kardinal. Papst Johannes Paul II. sprach den sehr umstrittenen Stepinac im Jahr 1998 sogar selig.

Ebenso umstritten war die Nachkriegsbeziehung der katholischen Kirche zu den Ustascha-Führern. Im Gegensatz zu den anderen Achsenmächten kämpften die kroatischen Katholiken bis 15. Mai 1945 weiter, noch acht Tage nach der Kapitulation der „Nazis". In den letzten Wochen brachten sie mehr als 500 Kilo Gold aus der kroatischen Staatskasse nach Österreich. Damit finanzierte die Ustascha spätere Aktionen gegen die Kommunisten in Jugoslawien. Das Geld wurde auch für die Flugkosten von Pavelić und seinen Mitarbeitern nach Lateinamerika verwendet. Eine erhebliche Menge dieses Goldes stammte von ermordeten Juden. Berichte des US-Geheimdienstes besagen sogar, dass ein Betrag von 200 Millionen Schweizer Franken zunächst im Vatikan aufbewahrt wurde. Eine wichtige Drehscheibe war dabei das Pontificio Collegio Croato di San Girolamo an der Via Tomacilli auf dem Campus Martius in Rom. Kroatische Priester sorgten dort für falsche Papiere und Geld für Ustascha-Kriegsverbrecher. Insgesamt wurde 200 hochrangigen Funktionären des Regimes geholfen, die, als Franziskaner verkleidet, in Klöstern und Gebäuden der Kirche versteckt wurden. Die Führung des Kollegiums lag ab 1943 in den Händen von Krunoslav Draganovic, einem Ustascha-Oberst, der zuvor für das Ministerium für innere Kolonisation verantwortlich war. Das beschäftigte sich unter anderem mit der Beschlagnahmung von serbischem Eigentum in Bosnien und Herzegowina. Draganovic war, zusammen mit dem österreichischen Bischof Alois Hudal, eine der zentralen Figuren, die nach dem Krieg hochgestellten Faschisten halfen zu entkommen. Er sorgte dafür, dass Pavelić sich zwei Jahre lang in Salzburg, Bad Ischl und später in Rom in Klöstern verstecken konnte, die dem Vatikan gehörten. Später verbarg er sich sogar in Castel Gandolfo, einem Kloster in der Nähe der Sommerresidenz des Papstes.[678] In Oktober 1948 konnte Pavelić in Genua an Bord des Schiffes SS Sestrire nach Argentinien gelangen, wo er eine kroatische Regierung im Exil gründete. Draganovic hatte für einen falschen Namen und Papiere des Internationalen Roten Kreuzes gesorgt. Im Jahr 1951 half Draganovic auch dem Kriegsverbrecher Klaus Barbie, dem „Schlächter von Lyon“, nach Argentinien zu entkommen. Neben Ante Pavelić wurde auch eine große Zahl krimineller Priester und sogar zwei Bischöfe, Ivan Šarić und Josip Garic, aus dem Land gebracht und in österreichischen Klöstern verborgen.

Kapitel 26
Unter den Fenstern des Vatikans

Am 25. Juli 1943 wurde der italienische Führer Mussolini durch den obersten faschistischen Rat abgesetzt und durch Pietro Badoglio ersetzt. Der begann alsbald, mit den Alliierten zu verhandeln. Die Juden hofften, dass das neue Regime die antijüdischen Gesetze rückgängig machen würde, aber das geschah nicht. Auch die erbetene Unterstützung durch den Vatikan blieb aus.[679] Der Jüdische Weltkongress wies den Vatikan am 20. Juli 1943 auf die prekäre Situation der 20.000 Juden in Norditalien hin und bat den Heiligen Stuhl, zu intervenieren, um die Juden in den sichereren Süden zu verlegen. „Es besteht eine große Gefahr, dass diese Juden entweder verfolgt oder nach Osteuropa deportiert werden, wo sie dem gleichen Schicksal, nämlich ihrer Ausrottung, unterliegen würden wie die vielen Hunderttausende, die in den Händen der Nazis ums Leben gekommen sind. Es gibt nur eine Hoffnung für unser Volk in Italien – dass es so bald wie möglich in die südlichen Regionen Italiens gebracht wird, wo es bei einer Invasion der Alliierten unter den Schutz der verbündeten Armeen kommen würde. Wir möchten Sie daher in dieser dringend notwendigen Angelegenheit bitten, ob Eure Exzellenz so gut wäre, um mit Blick auf eine Intervention seitens Seiner Heiligkeit bei der italienischen Regierung, mit der Heiligen Diözese die Verbindung aufzunehmen, um den Transfer der Juden aus den gefährlichen Gebieten in Norditalien in den Süden zu sichern, wo es bereits eine beträchtliche Anzahl von jüdischen Flüchtlingen gibt, zum Beispiel in dem Internierungslager Ferramonti."[680] Dieser Antrag wurde am 2. August 1943 wiederholt: „Unsere vom Terror betroffenen Brüder sehen in Eurer Heiligkeit die einzige Hoffnung, um sie vor Verfolgung und Tod zu retten."[681] Am 6. August 1943 kam eine ziemlich zynische Antwort: „Ich bitte Eure Exzellenz, Herrn Alessio East Erman, Sekretär des 'World Jewish Congress', mitzuteilen – auf die Weise, die am besten geeignet scheint –, dass der Heilige Stuhl weiterhin alle Maßnahmen zugunsten der Juden treffen wird."[682] In der Praxis jedoch passierte nichts und es gibt keine Hinweise darauf, dass der Heilige Stuhl solche Initiativen ergriffen oder unterstützt hat. Wenn der Vatikan schnell und entschlossen reagiert hätte und die Juden in die sichereren Gebiete des Südens gebracht worden wären, wo die Alliierten vorrückten, dann wären viele Tausende von Juden gerettet worden. Doch die Absetzung von Mussolini passte dem Heiligen Stuhl nicht. In einer Note an Berlin vom 3. September 1943 schrieb der deutsche Botschafter, Ernst von Weizsäcker, über die Haltung des Papstes: „Ich bekomme ständig Beweise, wie sehr man im Vatikan verärgert ist über die angloamerikanische Politik, in deren Sprechern man Wegbereiter des Kommunismus sieht. Der Vatikan ist zunehmend besorgt über das Schicksal von Italien und Deutschland. Ein Diplomat, der über besondere Beziehungen zum Vatikan verfügt, hat mir gestern versichert, dass der Papst alle Pläne, welche die Schwächung des Reichs zum Ziel haben, aufs Strengste verurteilt. Ein Bischof, der ein Mitglied der Kurie ist, erzählte mir heute, dass nach der Meinung des Papstes ein starkes deutsches Reich für die Zukunft der katholischen Kirche absolut unverzichtbar ist.“[683]

Italien kapitulierte am 8. September 1943, aber Hitler, der einen Verbündeten verlor, reagierte sehr schnell und besetzte das Land. Am nächsten Tag schon brachten zweitausend Mitglieder der SS und der Gestapo die italienische Hauptstadt in ihre Gewalt. Ab 16. September 1943 wurden die ersten Juden aus Italien deportiert. Danach wurde auch der Vatikan durch die deutschen Truppen umzingelt. Rasch verbreitete sich das Gerücht über die Verhaftung und Deportation der römischen Juden, was in der Nähe des Papstes bekannt war. In den Noten des Staatssekretariats vom 17. September 1943 heißt es übrigens völlig eindeutig: „Gefürchtete Maßnahmen gegen die Juden in Italien. (...) Es ist jedoch eine Tatsache, dass sie terrorisiert werden und dass wenig beruhigende Gerüchte über bevorstehende Aktionen zirkulieren, vor allem gegen jüdische Familienväter.“[684] Am 25. September 1943 bekam Obersturmbannführer Herbert Kappler, der SS-Chef in Rom, den Befehl aus Berlin, zur Tat zu schreiten, eine Meldung, die auch den Vatikan erreichte.[685] Ganz sicher ist das nicht, obwohl auffällt, dass der Heilige Stuhl von Ernst von Weizsäcker, dem deutschen Vertreter beim Vatikan, Hunderte Schutzbriefe für Gebäude des Vatikans bekam, in welchen dessen extraterritorialer Status garantiert wurde. Am 16. Oktober 1943 um fünf Uhr in der Frühe kamen Lastwagen zur Pforte des Ottavia. Um fünf Uhr dreißig stürmte die SS das jüdische Ghetto am Ufer des Tibers. Nach vorgefertigten Listen wurden mehr als 1.200 römische Juden verhaftet, um sie nach Auschwitz zu deportieren. Die überwiegende Mehrheit unter ihnen waren 896 Frauen und Kinder. Ihre Männer waren häufig über die Dächer geflüchtet in dem Glauben, dass man nur männliche Arbeitskräfte suchte und die Frauen und Kinder in Ruhe lassen würde. Mehrere Italiener waren Zeugen des Überfalls. So sah Marquise Fulvia Ripa di Meana drei

Lastwagen voll beladen mit Kindern. „Ich sah die Panik in ihren Augen, blasse Gesichter, als wären sie verletzt, kleine zitternde Hände, die sich an der Seite des Lastwagens festhielten. (...) Einige Kinder waren hungrig und froren und weinten bitterlich.“[686]

Nach Ansicht der Historikerin Susan Zuccotti waren dem Vatikan die Abschiebungspläne bekannt, aber er informierte die Repräsentanten der römischen Juden nicht.[687] Es ist eine Tatsache, dass viele Juden sich zu diesem Zeitpunkt, vor allem aber nach dem 16. Oktober 1943, in katholischen Klöstern und anderen Gebäuden der Kirche verstecken konnten. Dies wird zwar von Zuccotti infrage gestellt, es gibt jedoch darüber viele glaubwürdige persönliche Zeugen. Obwohl noch keine schriftliche Anweisung gefunden wurde, ist es unvorstellbar, dass der Papst nicht wusste, dass viele Juden in den Gebäuden des Vatikans versteckt waren. Juden fanden auch Zuflucht in Castel Gandolfo, der Sommerresidenz des Papstes. Niemand sonst als Pius XII. hatte die Befugnis zur Öffnung dieser Gebäude. Pater Gumpel sagt, dass die meisten Flüchtlinge italienische Nachbarn waren, Bauernfamilien, die Schutz suchten vor den Kämpfen zwischen den Deutschen und den Alliierten, aber dass unter ihnen zweifellos auch Juden waren und der Papst davon wusste. Eine wichtige Quelle ist Kardinal Pietro Palazinni, der stellvertretende Rektor des Seminario Romano, der auf Bitte des Papstes einige Juden versteckt hielt.[688]

Pius XII. wurde unverzüglich durch die italienische Prinzessin Enza Pignatelli-Aragona von der Razzia informiert. Daraufhin rief der Papst Kardinal Maglione an, um den deutschen Botschafter Ernst von Weizsäcker zu kontaktieren. Als dieser Maglione fragte, was der Heilige Stuhl tun würde, wenn die Razzia fortgesetzt wird, antwortete Maglione: „Der Heilige Stuhl wird nicht gerne in die Lage versetzt werden, ein Wort der Missbilligung zu äußern.“ Daraufhin fragte der Botschafter den Kardinal, ob er so frei sein dürfe, keinen Bericht über den offiziellen Protest zu verfassen? Maglione erwiderte wörtlich: „Ich überlasse es Ihrer eigenen Meinung, ob Sie über unser Gespräch, das so sehr freundlich war, berichten.“[689]

Der Vatikan hat dieses Gespräch immer als Beweis seiner „Aktion“ gegen die Deportation betrachtet. Für den niederländischen Journalisten Sam Wagenaar ist es unwahrscheinlich, dass dieses „sehr freundliche“ Gespräch die Razzia beendete. Die Razzia dauerte noch Stunden nach diesem Gespräch fort. Eine weitere Initiative kam von Bischof Hudal, der in einem Brief an den deutschen General Rainer Stahel das Ende der Verhaftungen verlangte.[690] Der Brief, der erst am Abend des 16. Oktober verschickt wurde, konnte keine Wirkung mehr erzielen. Die Razzia, die um halb sechs morgens begann, endete um zwei Uhr nachmittags. Verteidiger des Papstes behaupten, dass der Überfall auf die Juden durch das Vorgehen des Papstes und Hudals abgebrochen wurde, da eine solche Aktion in der Regel zwei Tage dauerte. Es gibt dafür aber keine Beweise. Im Gegenteil, die Gestapo schickte an diesem Abend ein triumphales Telegramm nach Berlin und berichtete, dass die Judenaktion nach Plan verlaufen war.[691] Dass der Vatikan zu der Verhaftung von mehr als tausend Juden weder während noch nach der Razzia Stellung nahm, wurde zwei Tage später durch Ernst von Weizsäcker selbst bestätigt: „Die Maßnahmen gegen die Juden sind hier nicht beliebt, vor allem nicht im Vatikan, wo man glücklicherweise noch keine offizielle Haltung zu diesem Thema eingenommen hat."[692]

In seiner Studie über die Deportation der römischen Juden beschreibt der investigative Journalist Robert Katz, wie die vatikanischen Diplomaten auf einen formellen Protest des Papstes hofften.[693] Sogar Deutsche hofften darauf.

So flehte der deutsche Konsul Albrecht von Kessel den Papst an, offiziell zu protestieren.[694] Einige Historiker meinen, dass der Papst hier einem sehr ernsten Irrtum unterlag, vor allem, weil die Ereignisse sich „genau unter seinem Fenster" abspielten. Dieser Kritik wird von anderen Autoren aber widersprochen. Das jüdische Viertel in Rom befindet sich in der Tat weit außerhalb des Gesichtsfeldes des Vatikans, in etwa zwei Kilometer Entfernung. Die deutschen Soldaten parkten ihre Fahrzeuge auf dem Langoteverra, der Straße entlang dem Tiber und an der Pforte des Ottavia, dem Zugang zum jüdischen Ghetto. Die verhafteten Juden wurden in das Collegio Militare, ein Gebäude in der Nähe des Vatikans auf dem gegenüberliegenden Ufer des Tibers, transportiert. In seinem Essay „16 oktober 1943. Een Joodse kroniek" zeigt der Literaturkritiker Giacomo Debenedetti jedoch, dass sich beide Versionen nicht widersprechen.[695] Er schreibt, dass die SS-Männer, welche die Razzia durchführten, zu einer Gruppe gehörten, die aus dem Norden kam und die Stadt nicht kannte. Mehrere Soldaten, welche die LKW mit verhafteten Juden lenkten, machten bewusst einen Umweg durch die Stadt und fuhren mit ihrer menschlichen Fracht zunächst auf den Petersplatz, wo sie anhielten, um die Kirche zu bewundern. Schließlich war der Platz eines der bekanntesten und meist besuchten touristischen Ziele in der Welt. „Während die Deutschen ihre 'Wunderbars' von sich gaben, womit sie ihre Geschichten für die eine oder andere Lili Marleen in der Heimat bald schmücken würden, klang aus dem Wagen das Jammern und Flehen, das an den Papst appellierte, einzugreifen und zu helfen", schreibt Debenedetti.[696] Vergeblich.

Unmittelbar nach den Ereignissen erhielt der Vatikan die Bitten der Botschafter von Frankreich, England und Polen, die Aktion zu verurteilen – ohne Erfolg. Anfragen kamen auch von besorgten Bürgern, die ihre verhafteten Angehörigen zu retten versuchten. Bekannt wurde der Fall des verhafteten Anwalts Foligno, einer von mehreren Beratern des Vatikans. Am Tag der Deportationen ging bei Monsignore Montini eine Bitte ein, den Anwalt freizulassen, weil der „von Geburt an katholisch war, wie seine arische Frau und sein Kind".[697] Er wurde auch freigelassen, aber nach der Verordnung vom 30. November 1943, nach der alle Juden sich registrieren lassen mussten, versuchte er, sich im Vatikan zu verstecken. Das wurde ihm verweigert.[698] Eine unbekannt gebliebene Frau bat am 17. Oktober für einen 65-jährigen Juden mit schwacher Gesundheit.[699] Am 18. März sandte das Staatssekretariat des Vatikans eine Liste mit 29 Namen an die deutsche Botschaft, darunter den des Anwalts Foligno, und bat darum, für diese Menschen etwas zu unternehmen.[700] Der bitterste Appell an den Papst kam jedoch von David Panzieri, dem Stellvertreter des Großrabbiners Zolli, der am 27. Oktober den Stellvertreter Gottes in einem dramatischen Appell bat, etwas zu tun: „Kleinkinder, Kinder in den ersten Lebensjahren, zahlreiche Frauen und so viele mit neuem Leben im Mutterleib, alte Frauen, werden mit für das Ende des Sommers üblicher wenig wärmender Kleidung aus ihren Betten gezerrt. Der Winter beginnt, Heiliger Vater, dass zumindest diese Qual, das Drama so vieler Menschen die nur Leid ohne Ende fühlen, einen wärmenden Mantel gebracht werden kann..."[701] Auch das brachte keinen Erfolg. Mehr als tausend Juden wurden für den Transport in das Vernichtungslager Auschwitz verhaftet. Einzelne Juden und Nichtjuden wurden durch verschiedene Interventionen gerettet, doch kein Geistlicher protestierte öffentlich. Die gefangenen Juden wurden ihrem Schicksal überlassen und ihre Angehörigen und Freunde, die verzweifelt die Unterstützung durch die örtlichen Behörden und den Papst suchten, abgewiesen. Geradezu beschämend ist, dass auch nach diesem schlimmen Tag der Papst sich weigerte, zu protestieren, obwohl er ausführlich über die Haftverhältnisse im Collegio Militare informiert war, das sich nur einige Hundert Meter vom Vatikan entfernt befand. Er wurde auch informiert über den Streckenverlauf, die Umstände der Deportation und die Ankunft im Vernichtungslager Auschwitz. „Der Vatikan wurde zu jedem Zeitpunkt der Reise nach Auschwitz über den Fortgang auf dem Laufenden gehalten", schreibt Saul Friedländer.[702]

Nur zwei Tage nach den Massenverhaftungen wurden die römischen Juden auf Lastwagen zum Bahnhof Roma Tuburtina gebracht, wo sie in

Viehwaggons umgeladen wurden. Der Zug fuhr am 18. Oktober 1943, wenige Minuten nach zwei Uhr, ab. Er hielt dann kurz in Orte, Chiusi (hier wurde die Leiche einer verstorbenen Frau hinausgeworfen), Florenz (wo ein anderer Lokführer den Zug übernahm) und in Bologna. Am nächsten Tag erreichte der Zug Padua, rund 500 Kilometer nördlich von Rom, wo der örtliche Bischof Carlo Agostini die entsetzliche Behandlung der jüdischen Häftlinge sah und den Papst bat, zu intervenieren. „Vor einigen Tagen, bei der Durchfahrt eines Zuges nach Padua mit deportierten Menschen der jüdischen Rasse, äußerten viele von ihnen gegenüber den Zuschauenden den Wunsch, dass sie den Bischof informieren sollten, sodass der wiederum den Heiligen Vater informiere. So hofften sie, dass es dem Papst möglich wäre, etwas zu tun, um die schmerzlichen Umstände, in denen sie sich befanden, zu mildern, vor allem mit Gebeten und Segnungen. Ich erfülle die barmherzige Aufgabe und beuge das Haupt (...).“[703]

Entsprechende Informationen gelangten zum Vatikan aus Wien, wo der Zug anhielt und die Deportierten um Wasser flehten.[704] Der Papst schwieg weiter. Erst am 25. Oktober 1943, als die meisten deportierten römischen Juden bereits vergast waren, erschien im *L'Osservatore Romano* ein Artikel, der die Haltung von Pius XII. lobte: „Jeder weiß, (...) dass der Heilige Vater unermüdlich und mit allen zu seiner Verfügung stehenden Mitteln versucht hat, das Leiden, das egal in welcher Form sich aus diesem Weltbrand ergibt, zu lindern. Jetzt wo das Leiden weiter zunimmt, ist die universelle und väterliche Nächstenliebe des Papstes wahrhaftig zunehmend aktiv geworden, seine Caritas kennt keine Grenzen oder Nationalitäten, Rassen oder Religionen.“[705] Mit keinem Wort werden die aus Rom deportierten Juden erwähnt. Die mehr als tausend Gefangenen haben jedenfalls nichts von der „universellen und väterlichen Liebe“ bemerkt. Die einzige Frau, die diese Tragödie überlebte, war Settimana Spizzichino. In der BBC-Dokumentation aus dem Jahr 1995 *Reputations: Pope Pius XII – the Pope, the Jews and the Nazis* von Produzent Jonathan Lewis machte Spizzichino die folgende Aussage: „Ich kam allein zurück aus Auschwitz. Ich verlor meine Mutter, zwei Schwestern und einen Bruder. Pius XII. war in der Lage, uns vor der Gefahr zu warnen. Wir hätten aus Rom fliehen und uns den Partisanen anschließen können. Er kam in vollem Umfang den Deutschen entgegen. Es geschah alles direkt vor seiner Nase. Aber er war ein antisemitischer Papst, ein prodeutscher Papst. Er ging kein Risiko ein. Und wenn man sagt, dass der Papst wie Jesus Christus ist, dann ist das nicht wahr. Er hat kein einziges Kind gerettet.“[706]

Als Edoardo Senatro, ein Korrespondent von *L'Osservatore Romano*, den Papst fragte, warum er nicht gegen die Vernichtung der Juden protestiert hatte, sagte Pius XII.: „Lieber Freund, vergessen Sie nicht, dass sich in der deutschen Armee Millionen Katholiken befinden. Soll ich sie in einen Gewissenskonflikt bringen?"[707] Anhänger des Papstes weisen immer wieder darauf hin, dass im *L'Osservatore Romano* und durch Radio Vatikan durchaus über die Deportation der römischen Juden berichtet wurde, aber diese Berichte waren sehr vage und kamen viel zu spät. Die Zeitung des Vatikans erwähnte die Deportation erst am 25. Oktober. Im Vergleich zu einem denkbaren öffentlichen Protest des Papstes hatten die Berichte keine Wirkung. Einige Fragen erreichten auch das Staatssekretariat des Vatikans, aber wohl nur zu „getauften Nichtariern" („specialmente quelli di non-ariani battezzati").[708] Einige Historiker behaupten, dass der Papst mit dem Verzicht auf einen offiziellen Protest schlimmeres Unglück vermeiden, für seine eigene Sicherheit sorgen und Rom und den Vatikan vor der Zerstörung schützen wollte. Einen möglichen weiteren Grund für die päpstliche Stummheit nennt der Historiker Michael Hesemann: Dass der Papst durch sein Schweigen zur Deportation von 1.035 Juden „4.447 andere gerettet" habe, dank der Aktion von Alois Hudal.[709] Diese Argumentation überzeugt nicht, vor allem, da wir wissen, dass nach der Deportation im Oktober 1943 und bis zu zwei Tagen vor der Befreiung am 4. Juni 1944 noch fast eintausend Juden aus Rom deportiert wurden, „im Durchschnitt vier pro Tag".[710] Am 30. November 1943 ordnete Guido Buffarini Guidi, der neue italienische Innenminister, an, alle Juden zu verhaften und in die Konzentrationslager zu schicken.[711] Und obwohl die italienischen Faschisten die Judenpolitik weniger fanatisch als die deutschen praktizierten, wurden noch Dutzende von Familien verhaftet und schließlich in den Vernichtungslagern in Polen ermordet. Noch schlimmer wurde es unter dem neuen Polizeichef Pietro Caruso, der im Februar 1944 noch 141 Juden abholen ließ und im März 1944 weitere 163.[712]

Viele Priester, Nonnen und Mönche öffneten ihre Türen, um Juden zu schützen. Daran ist nicht zu zweifeln und das konnte nicht ohne Wissen des Papstes geschehen. Aber der Schutz, den einzelne Katholiken boten, kann das Schweigen des Papstes nicht rechtfertigen. Zuccotti zieht das Wohlwollen des Vatikans für jene, die Juden halfen, sogar in Zweifel. Einzelne Katholiken und jüdische Organisationen hätten zwar geholfen, aber oft gegen den Willen des Vatikans.[713] Nonnen untersagten Juden manches Mal den Zugang zu ihren Gebäuden, es sei denn, sie wollten sich bekehren lassen.[714] Andere Nonnen forderten Geld von den Verzweifelten, die eine sichere Zuflucht suchten. „Nach der Bombardierung wollten wir uns in einem anderen Kloster verstecken, aber sie (die Nonnen) wollten Geld, etwa 200 Lire pro Tag, die wir nicht hatten.“[715] Das sind schockierende Zeugnisse, aber ebenso gibt es Zeugnisse von Juden, die der Deportation durch die mutige Haltung von Priestern und Nonnen entkamen. So berichtet Michele di Umberto, ein Mitglied der Familie Di Veroli, die während der Razzia 41 Verwandte verlor, wie sie von den Priestern der Kirche von Sant'Angelo aufgenommen und versteckt wurde. „Meine Mutter hatte eine Schwester mit dreizehn Kindern – sie sind alle verhaftet. (...) Eine Schwester meiner Mutter wurde deportiert zusammen mit ihren elf Kindern. Eine von ihnen war schwanger und hatte ein Baby mit auf dem LKW.“[716] Kein Mitglied der verhafteten Di Veroli-Familie kam zurück.

Ein weiteres Beispiel ist die Schutzaktion für Juden von mehreren Geistlichen in Assisi, in der Padre Rufino Niccacci eine entscheidende Rolle spielte und dies mit Wissen des Bischofs Giuseppe Placido Nicolini. Kurz vor dem Überfall am 4. Oktober 1943 gelang es Niccacci, 300 Juden untertauchen zu lassen. Im Jahr 1974 wurde er dafür als „Gerechter unter den Völkern“ von Yad Vashem geehrt. Sein Leben wurde von Alexander Ramati aufgezeichnet. Als die „Nazis“ nach dem Versteck der Juden suchten, betete er in seiner Kirche zu Gott. „Wir Christen haben das Kreuz. Als die Nazis kamen, machten sie daraus ein Hakenkreuz. Warum haben Sie zugelassen, dass sie es schändeten? Und was ist mit Ihrem Stellvertreter auf Erden? Warum schweigt er? Wenn unser Papst die Nazis verurteilen würde, würde vielleicht einer von drei deutschen Soldaten mit dem Töten aufhören, zumindest mit der Tötung von Unschuldigen. Ist seine Rolle als geistiger Führer der Kirche nicht wichtiger als seine Rolle als Politiker oder Staatsoberhaupt? Was würde er an Trost spenden all denjenigen, die sich jetzt in den Bergen und Höhlen verstecken, wenn er offen für sie eintreten würde und damit ihren Willen zu leben, sich zu verstecken und zu überleben stärkte. Hat er genug getan, als er ruhig seine Untergebenen den Verfolgten helfen ließ? Hätte er nicht mehr tun können? Und hätten Sie, der Allmächtige, uns in dieser Stunde unserer größten Not, keinen Führer geben können, der es gegen den Teufel, der Ihr Kreuz entstellte, aufgenommen hätte?[717]

In seinem Buch über die Geschichte der Juden unter dem Faschismus nennt der italienische Historiker Renzo De Felici 155 katholische Einrichtungen, die Juden geholfen haben.[718] Dass der Papst das wusste und billigte, steht so gut wie fest. Dass er die Weisung dazu gab, ist nicht bekannt. Jedenfalls haben viele Historiker die Haltung von Pius XII. in diesem entscheidenden Augenblick nicht verstanden. „Warum hat der Stellvertreter Christi zu dem Zeitpunkt, als die Truppen des Reichs Rom besetzten, diese einmalige Gelegenheit in der Geschichte der Kirche nicht ergriffen, um den Antichrist herauszufordern? Ein tragisches Schicksal wollte es, dass es Papst Pius XII. an Größe fehlte, um den Mann herauszufordern, der zweifellos der größte Feind des Christentums war", so die Autoren Roger Manvell und Heinrich Fraenkel.[719] Dieser Meinung ist auch Professor István Deák, der sich fragt, warum der Papst in den zwei Tagen nach der Razzia nicht zum Bahnhof gegangen ist, um die Freilassung der mehr als tausend Juden zu fordern.[720]

Kirchenhistoriker Giovanni Miccoli sieht einen weiteren Grund für die Haltung des Papstes. „Lassen Sie uns hinzufügen, dass die Zurückhaltung von Pius XII. in diesem Fall perfekt im Einklang mit seiner bisherigen Haltung und seinen Entscheidungen steht und daher nur emotional schockierend sein kann. Dass selbst ein so dramatisches Ereignis nicht zu einer Revision der traditionellen Haltung des Papstes geführt hat, zeigt, dass unter den verschiedenen durch den Krieg hervorgerufenen Problemen die Aufrechterhaltung der Zusammenarbeit mit Deutschland einen hohen Platz auf der Prioritätenliste des Heiligen Stuhls hatte, so sehr, dass alle anderen Probleme keine oder nur noch geringere Beachtung finden durften."[721] Über die Nützlichkeit eines möglichen Protestes sind die meisten Beobachter sich einig. Pater Brenninkmeijer glaubt, dass Protest wirksam gewesen wäre: „Ein persönliches Eingreifen des Papstes bei dieser Gelegenheit hätte wahrscheinlich eine unglaubliche Wirkung gehabt und die Verhaftungen und Deportationen gestoppt. Aber der Papst hatte entschieden, dass dies nicht zweckmäßig war."[722] Auch der renommierte Historiker Ian Kershaw hat harte Fragen zum Schweigen des Papstes über die Deportation der römischen Juden: „Es ist bei Weitem nicht undenkbar, dass die deutschen Besatzer, unsicher über die Reaktionen, die ganze Operation gestoppt hätten, wenn der Papst einen kräftigen, unzweideutigen Protest hätte hören lassen. Sie erwarteten einen solchen Protest. Er tat es nicht."[723] In der Tat war die Deportation der römischen Juden ein enormes Wagnis für Hitler, weil er Gefahr lief, sich einer öffentlichen Verurteilung durch den höchsten Vertreter der katholischen Kirche auszusetzen. Der einzige plausible Grund, weshalb er die Deportationen fortsetzen ließ, ist ebenso einfach wie verblüffend: „Hitler und seine Helfer waren zuversichtlich, dass der Papst nicht protestieren würde", schreibt Saul Friedländer in *Nazi-Duitsland en de Joden*.[724]

Abb. 44: Das Konzentrationslager im italienischen Fossoli di Carpi.

Es ist daher nicht verwunderlich, dass Pater Giacomo Martegani, der Direktor des *La Civiltà Cattolica*, der Zeitschrift der italienischen Jesuiten, am 1. November 1943 seinen Mitarbeitern verkündete: „Was die Beziehungen mit den Deutschen angeht, gibt es bis jetzt keinen Grund zu klagen, und die versprochenen Garantien sollten auch für die Zukunft gelten."[725] Auch nach der Befreiung Roms im Juni 1944, als der Papst vollkommen sicher war, weigerte er sich, gegen die Deportation der Juden aus Triest, Fossoli di Carpi und anderen Orten in Norditalien zu protestieren. So wurden zwischen Februar und August 1944 aus Fossoli di Carpi mehr als 5.000 Juden in die Vernichtungslager geschickt, darunter der berühmte Schriftsteller Primo Levi, der am 22. Februar 1944 zusammen mit 649 anderen Juden nach Auschwitz deportiert wurde. Nur 23 von ihnen überlebten. Dieses Stillhalten erinnert an einen anderen Fall, in dem die deutschen Kirchenführer in der Lage gewesen wären, sich gegen die Gräueltaten der „Nazis" auszusprechen, dies aber aus unerklärlichen Gründen nicht taten. Konrad von Preysing, Bischof von Berlin, war einer der wenigen, die sich gegen die Verbrechen der „Nazis" gegen die Juden kehrte. Er schlug seinen Bischofskollegen vor, eine Petition zugunsten der Juden zu unterschreiben und sie an Hitler zu schicken. Sie weigerten sich jedoch, worauf Preysing sich mit einem Brief vom 6. März 1943 an den Papst wandte. Darin verurteilte er die Deportationen von Juden aus Berlin und bat Pius, einzugreifen.[726] In seiner Antwort erklärte der Papst, dass er es den Bischöfen vor Ort überlässt und drängte zur Zurückhaltung. Seine Weigerung einzugreifen erklärte er mit der Notwendigkeit einer Politik „dass wir ein größeres Übel vermeiden“.

Die „Nazis“ wollten, trotz der absehbaren Niederlage, in den letzten Kriegsjahren doch noch alle europäischen Juden vernichten. So beschreibt Friedländer die letzten Monate des NS-Regimes, die zu einem Endspurt um die komplette Vernichtung der europäischen Juden führten.[727] Kurz vor deren Befreiung jagten sie eine weitere Viertelmillion Juden in den Tod, indem sie sie auf Todesmärsche in andere Lager schickten. Es ist bemerkenswert, dass die letzten Umfragen des Sicherheitsdienstes im Frühjahr 1945 zeigten, dass die Bevölkerung die Juden noch mehr hasste als je zuvor und sie für den Krieg verantwortlich machte. Dies betont auch Gellately, der viele Beispiele von komplettem Desinteresse und sogar Feindseligkeit der örtlichen Bevölkerung gegenüber den jüdischen und den anderen Gefangenen zitiert.[728] Das muss zum Teil auch durch die ständige Propagandapolitik von Goebbels erklärt werden, der die Juden als Anstifter der alliierten Luftangriffe auf deutsche Städte hervorhebt.

Kapitel 27
Der ungarische Holocaust

Ungarn war von Beginn des Krieges an ein enger Verbündeter Deutschlands. Viele ungarische Soldaten kämpften mit der deutschen Armee an der Ostfront gegen die Russen. Doch nach der Niederlage der „Nazis" bei Stalingrad begann es in der Waffenbrüderschaft der europäischen Faschisten zu kriseln und so suchte der opportunistische ungarische Staatsführer Miklós Horthy die Annäherung an die Alliierten. Er stand vor einer Zerreißprobe: Entweder mit den „Nazis" bis zum Untergang kämpfen oder das Risiko eingehen, dass deutsche Truppen sein Land besetzen. Während dieser ganzen Zeit lebten die Juden in Ungarn in relativer Sicherheit. So verweigerte die Regierung von Ministerpräsident Miklós Kallay die Umsetzung der verschiedenen Judengesetze, die ihnen die Deutschen aufgezwungen hatten. Kallay und Horthy gingen nicht auf die deutsche Forderung ein, die ungarischen Juden auszuliefern. Das bedeutet nicht, dass die Ungarn Chorknaben waren. Wie in anderen mittel- und osteuropäischen Ländern gab es einen virulenten Antisemitismus auch in Ungarn. Die überwiegende Mehrheit der Bevölkerung war katholisch und hatte unter kirchlicher Beeinflussung eine starke Abneigung gegen die Juden. Gegen Ende des neunzehnten Jahrhunderts kam es zu zahlreichen antijüdischen Ausschreitungen. „Miklós Horthy, der Regent oder Reichsverweser, vertrat zweifellos die Linie der katholischen Kirche, die schon sehr früh, bevor Hitler an die Macht kam, eine antisemitische Richtung eingeschlagen hatte. Die ersten antisemitischen Verordnungen stammten von 1920."[729] Im Mai 1939 verabschiedete das Land noch strengere antisemitische Gesetze, die auch angewandt wurden. Dennoch verweigerte die ungarische Regierung die Auslieferung der Juden oder zumindest die der „eigenen" Juden. So wurden Zehntausende von Juden aus den von Ungarn bewohnten Karpaten und der Ukraine in die deutsche Zone deportiert – am 14. März 1939 besetzte Ungarn die Karpaten-Ukraine. Auch in dem von Ungarn annektierten Teil Jugoslawiens, dem Gebiet der Vojvodina, wurden die Juden zusammen mit den Serben massakriert, wie in Novi Sad am 20. Januar 1942. Aber die überwiegende Mehrheit der ungarischen Juden, etwa

750.000, darunter auch Juden aus der Slowakei in der Region um Košice, blieb immer noch verschont.

Die Geschichte vom Untergang der ungarischen Juden ist für dieses Buch besonders relevant, weil sie ein realistisches Bild vermittelt von der Reaktion Pius XII. auf die Deportationen und Massaker, die in dieser Phase des Krieges allgemein bekannt waren. In diesem Abschnitt sind daher die Verbindungen zwischen drei Prozessen zu untersuchen: die Deportationen und Massenmorde an Juden durch die deutschen und ungarischen Faschisten, die Warnungen und Reaktionen auf diese Ereignisse vom Vatikan sowie der Vormarsch der Alliierten in Italien 1944. Der Vergleich dieser Ereignisse zeigt, wie der Papst und die Kirche auf eine der intensivsten Phasen der Vernichtung des europäischen Judentums reagierten. Die Kirche zog vor allem vom Leder gegen eine Bestimmung im Gesetz von 1941, die festlegte, wer als Jude anzusehen war. Hier ging Ungarn am weitesten von allen europäischen Ländern. Auch die zum Christentum übergetretenen Halbjuden wurden als Juden definiert, sodass etwa 45.000 der zum Katholizismus konvertierten Juden davon betroffen waren. Wegen deren Status ging die katholische Kirche auf Konfrontationskurs zur Regierung, nicht aber wegen der Probleme der Juden im Allgemeinen. „Mit ihrer Forderung, dass die Definition die Christen ausschließen sollte, war die Kirche implizit damit einverstanden, eine bestimmte Gruppe von Menschen zur Vernichtung freizugeben. (...) Als der ungarische Vernichtungsprozess im Jahr 1944 seinen Höhepunkt erreichte, verschärfte die Kirche ihren Kampf um das Schicksal ihrer christlichen Juden auf Kosten der Juden, die nicht zu ihrer Herde gehörten“, schreibt Raul Hilberg in seinem monumentalen Werk über die Vernichtung der europäischen Juden.[730]

Was Horthy befürchtete, fand schließlich im März 1944 statt, als die deutsche Armee Ungarn ohne Kampf dem Dritten Reich einverleibte. Obwohl Freund und Feind erkannten, dass der Krieg für die Deutschen verloren war, ließ Hitler fanatisch weiterkämpfen. Mehr noch, der Führer sah in der Schlacht um Ungarn die letzte Gelegenheit, die Kriegschancen umzukehren. Die gescheiterte Eroberung der Ölfelder des Kaukasus und der Verlust der rumänischen Ölfelder in Ploesti waren für die deutsche Wehrmacht dramatisch. Gerade deshalb richtete Hitler die Augen auf das Öl und die anderen Rohstoffe Ungarns, unter anderem in der Gegend von Nagykanizsa, 200 Kilometer südwestlich von Budapest. Zugleich wollte er die letzte verbliebene große jüdische Gemeinde in Europa deportieren und vernichten. Am 19. März 1944 fiel die deutsche Armee im Rahmen der Operation Margarethe mit elf Divisionen in Ungarn ein. Ohne nennenswerten Widerstand gelang es, das Land zu besetzen und Horthy zu zwingen, eine neue Regierung unter Döme Sztójay zu bilden. In das Kabinett wurden auch die extremen Antisemiten László Endre und László Baky aufgenommen. Sie sollten sich mit der „Judenfrage" beschäftigen. Im Sog der deutschen Armee kamen an der Spitze eines Einsatzkommandos auch der Deportationsspezialist Adolf Eichmann sowie der Transportexperte Franz Novak aus Mauthausen nach Budapest. Eichmann ließ sich im Hotel Majestic nieder, neben dem Polizeipräsidium. Eichmann charakterisierte seine „Arbeit" selbst als die „bestverlaufene jüdische Deportation seiner gesamten Karriere".[731] Bereits am 20. März 1944 hielt er eine Sitzung mit Vertretern der jüdischen Gemeinde ab, um einen jüdischen Rat zu gründen, der eine Liste des jüdischen Eigentums erstellen sollte. Neun Tage später hatten alle Juden eine gelbe Armbinde mit Davidstern zu tragen. Ihnen war verboten, zu reisen und sie mussten sich in einem der Ghettos ihrer Region niederlassen. Die Maßnahmen glichen denen in anderen Ländern und damit war, nach allen Informationen über die Vorgehensweise bei der Ermordung der europäischen Juden, klar, dass es sich um die ersten Schritte zur Vernichtung auch der ungarischen Juden handelte. Am 29. und 30. April 1944 fuhren die ersten Züge nach Auschwitz-Birkenau, wo man die Gleise bis ins Lager verlängert hatte, um den Vernichtungsprozess noch effizienter zu gestalten.

In seinem Essay *Pope Pius XII, Roman Catholic Policy, and the Holocaust: An Analysis of Le Saint Siège et les victimes de la guerre, janvier 1944-juillet 1945* gibt der katholische Priester und Forscher John Morley einen detaillierten Überblick über die Reaktionen des Papstes und der Kirchenführer auf diese Ereignisse.[732] Morley war eines der Mitglieder des Internationalen katholisch-jüdischen Geschichtsausschusses, der die Rolle des Vatikans während des Zweiten Weltkriegs untersuchen sollte. Die erste Reaktion eines Kirchenführers auf die Ereignisse in Ungarn war die von Erzbischof Amleto Cicognani, dem päpstlichen Vertreter in Washington, der am 25. März 1944 ein Telegramm an den Vatikan schickte, mit der Bitte, „dringende Maßnahmen (zu ergreifen), um die zwei Millionen Juden in Ungarn und Rumänien, die Terror und Vernichtung durch den deutschen Überfall erleiden, zu schützen".[733] Am 31. März 1944 empfing der Vatikan ein Telegramm vom Nuntius in Bern, der eine Nachricht des Oberrabbiners in Palästina weiterleitete, mit welcher der Papst gebeten wurde, sich für die ungarischen Juden, die sich in größter Gefahr befänden, einzusetzen.[734] Es gab noch weitere Bitten um eine Intervention, manchmal auch anderer Art. Angelo Rotta, ein Mitglied des diplomatischen Korps in Sofia und später päpstlicher Nuntius in Budapest, schickte am 19. April 1944 einen umfassenden Bericht an den Vatikan, in dem er über die antijüdischen Gesetze und die zunehmende Unterdrückung der Juden in Ungarn informierte. Auf dem Dokument ist notiert, dass der Papst es gelesen hat.[735] Rotta erwähnt unter anderem, dass er intervenierte, um die getauften Juden zu schonen. Neun Tage später, am 28. April 1944, schickte Rotta eine neue Nota an den Heiligen Stuhl. Hier beklagt er erneut das Schicksal der Tausende getaufter Juden. Rotta protestierte also nicht gegen das eigentliche Übel der antijüdischen Gesetze, sondern forderte nur, dass man sie auf eine moderate Art und Weise anwenden solle, sodass die getauften Juden verschont bleiben. Der Vatikan reagierte nicht.

Der niederländische Historiker und Schriftsteller Perry Pierik beschreibt im Detail, wie auf der Eisenbahnkonferenz vom April 1944 unter Leitung von Adolf Eichmann vereinbart wurde, das Land in sechs Zonen einzuteilen, in denen provisorische Ghettos mit Bahnanschluss zu errichten seien.[736] Täglich sollten vier Züge mit je 45 Waggons abgehen. Ab dem 15. Mai 1944 bis zum 19. Juni 1944 wurden in 92 Zügen 437.402 Juden nach Auschwitz deportiert (ohne Berücksichtigung der nachträglichen Transporte).[737] Die ersten Opfer waren Juden vom Lande, erst später die Bewohner von Großstädten. Der jüdisch-ungarische Schriftsteller Bela Zsolt, der während des Krieges in ein Arbeitslager in der Ukraine kam und anschließend im Ghetto von Nagyvárad, heute Oradea in Rumänien, inhaftiert wurde, beschreibt in seinem Buch *Negen koffers* die ersten Deportationen aus der zweiten Zone, dem damals zu Rumänien gehörenden Transsylvanien.[738] Er erzählt, wie die Juden in Gruppen zu Fuß in das Ghetto getrieben wurden und den verrücktesten Vorschriften gehorchen mussten. Dabei wurden sie von den wohlhabenden Bewohnern der Stadt am Straßenrand ausgelacht, als ob man den Müll abtransportieren würde. Inzwischen durchsuchten die ungarischen Gendarmen die Häuser, raubten Geld, Gold und Edelsteine. Wenn sie nichts fanden, ergriffen sie die Eigentümer und schlugen sie zusammen. Das endete häufig mit blau geschlagenen Brüsten, zerschmetterten Hoden, offenen Brüchen, blutenden Mündern und ausgeschlagenen Zähnen. Auch unter den Juden selbst brachen Kämpfe zwischen den Orthodoxen und den Assimilierten aus, welche die Ersten anklagten, sich nicht angepasst zu haben, und dass dies nun die Strafe sei.

Danach begannen die Deportationen. Zsolt sah aus dem Fenster einer Klinik, wie zweitausend Juden für die erste Deportation in Viehwaggons gepfercht wurden. Bei 32 Grad Hitze in einem Waggon mit über siebzig Personen, die auf dem Weg zu den Gaskammern von Auschwitz um Luft und Wasser flehten. Dass dies ihr Schicksal war, wusste Zsolt bereits 1942 aus detaillierten Berichten, die er per Kurier über Ankara aus Polen erhielt. Aus den gut erhaltenen Transportunterlagen geht hervor, dass 36.000 Juden aus Nagyvárad in Auschwitz umgekommen sind. Unter falschem Namen wurden Zsolt und seine Frau in das Ghettokrankenhaus aufgenommen, in einen Raum, wo man auch die sterbenden und totgeschlagenen Juden stapelte. Auch die Eltern und die Tochter seiner Frau aus erster Ehe wurden abtransportiert. Kurz vor der Deportation der Kranken wurden Zsolt und seine Frau von einem befreundeten Arzt in ein Isolierungskrankenhaus überstellt, wo sie eine Injektion mit einem Bauchtyphusserum erhielten, sodass sie als angeblich ansteckende Kranke drei Wochen isoliert blieben. Das rettete ihnen das Leben. Zsolt überstand den Krieg als einer der 1.684 Kasztner-Juden.[739] Alle anderen wurden ermordet.

Auch der jüdisch-ungarische Schriftsteller György Konrád behandelt die Deportationen von Juden auf dem Lande. In seiner Autobiografie *Geluk* schreibt er, dass im Mai 1944 ein Gerücht kursierte, dass die ungarischen Juden, die auf dem Lande lebten, in Arbeitslager im ehemals polnischen Gebiet deportiert würden, und wie die Zeitschrift der ungarisch-jüdischen Gemeinde ihren Lesern riet, „die Gesetze und die Regeln strikt zu respektieren".[740] „In der Zeit von nur einigen Wochen wurden die Juden in Güterzüge geladen und ins Ausland transportiert", berichtet Konrád. Im gleichen Monat Mai waren seine Eltern verhaftet und nach Budapest gebracht worden. Ihm gelang es, die notwendigen Reisepapiere zu beschaffen, und er reiste am 6. Juni 1944 mit dem Zug aus seinem Wohnort Berettyóújfalu im Osten in die ungarische Hauptstadt. Auf der Strecke sah er, wie Juden abtransportiert wurden. „Als ein Zug an uns vorbeizog, sahen wir Frauenaugen hinter den mit Stacheldraht bespannten Luftlöchern in den Viehwaggons."[741] Einen Tag später wurden alle Juden aus seiner Heimatstadt, einschließlich aller seiner ehemaligen Klassenkameraden, nach Auschwitz deportiert und sofort vergast. Die ungarischen Einwohner von Berettyóújfalu hatten gleichgültig die Deportation ihrer jüdischen Mitbürger beobachtet und die lokale Zeitung berichtete mit Stolz, dass die Stadt nun judenfrei sei. Namhafte katholische Führer hatten kein Problem mit der Judenverfolgung. Im Mai 1944 erklärte der Erzbischof von Eger, Gyula Czapic, dem Kardinal Jusztinián Serédi, „was gerade mit den Juden geschieht, ist nichts anderes als eine angemessene Strafe für ihre Verbrechen in der Vergangenheit".[742]

Der erste Transport mit 4.000 Juden kam am 17. Mai 1944 in Auschwitz an. Von ihnen überlebten gerade mal siebzehn Menschen. Am 18., 19. und

20. Mai folgten neue Transporte mit mehr als 16.000 ungarischen Juden. Gleichzeitig gab es auch Transporte aus Belgien, den Niederlanden, Frankreich, Italien und Griechenland. Einer der ergreifendsten Aspekte dieses Dramas war, dass die Vernichtung der ungarischen Juden in ihrem genauen Ablauf in der Presse beschrieben wurde. So veröffentlichte die *New York Times* am 4., 10. und 18. Mai 1944 detaillierte Artikel über diese Tragödie. Harold Tittmann, der Vertreter der Vereinigten Staaten im Vatikan, reagierte am 22. Mai, eine Woche nach Beginn der Massendeportationen. Einen Tag später schickte Rotta ein Telegramm an Luigi Maglione, den vatikanischen Staatssekretär, in dem er schrieb, dass die Deportationen auf unmenschliche Art und Weise stattfanden. Ein wenig später, am 9. Juni 1944, sandte Amleto Cicognani, der apostolische Vertreter in den Vereinigten Staaten, Informationen über die Vernichtung der ungarischen Juden an den Vatikan, in der Hoffnung, dass der Papst das Verbrechen öffentlich verurteilen würde. Staatssekretär Maglione versprach, diesen Informationen nachzugehen. Er ließ den Bericht über eine Woche liegen und sandte erst am 17. Juni 1944 ein Telegramm an Rotta mit Fragen über das Schicksal der Juden, obwohl er bereits dreimal auf den Ernst der Lage hingewiesen worden war. Am Tag darauf telegrafierte Rotta, dass die Zahl der Deportierten bereits 300.000 erreicht habe. In seinem Buch *Is dit een mens* schreibt Primo Levi über diese Deportationsströme: „Während des ganzen Sommers gab es Transporte aus Ungarn; einer von zwei Gefangenen war jetzt ein Ungar und Ungarisch war nach Jiddisch die zweite Lagersprache geworden.“[743] Sechs Tage später, am 24. Juni 1944 telegrafierte Rotta erneut, um zu informieren, dass die Deportationen weitergingen und die Gläubigen überrascht seien über die Untätigkeit ihrer Bischöfe, doch deren Sorge galt vornehmlich dem schrecklichen Schicksal der getauften Juden. Noch am selben Tag informierte Tittman, auf ausdrücklichen Wunsch von Präsident Roosevelt, den Vatikan erneut über den Massenmord an ungarischen Juden, sowohl in Ungarn selbst als auch nach ihrer Abschiebung in Polen.[744]

Dass die Alliierten so nachdrücklich reagierten, war zum Teil auf die Aussagen von Rudolph Vrba zurückzuführen, der zusammen mit seinem Freund Alfréd Wetzler aus Auschwitz entkam und den Briten und Amerikanern ein 32-seitiges Dokument vorlegte, in dem er beschrieb, was in Auschwitz geschah.[745] Die BBC erwähnte den Bericht am 15. und 20. Juni sowie am 5. Juli 1944. Am 20. Juni wurde der Text zu großen Teilen in der *New York Times* veröffentlicht. Ausdrücklich wurde dort der Einsatz von Gaskammern in Auschwitz besprochen. Roosevelt hatte gewarnt, dass jeder, der an der Vernichtung der europäischen Juden teilnimmt, seiner Strafe

Abb. 45: Ankunft der ungarischen Juden in Auschwitz, Mai 1944.

nicht entgehen würde. Zugleich appellierte der US-Präsident wieder an den Heiligen Stuhl, öffentlich oder zumindest privat zu protestieren.

Schließlich sandte Pius XII. am 25. Juni 1944 ein persönliches Telegramm an Horthy, um gegen die Abschiebung von „unglücklichen Menschen wegen ihrer Nationalität oder Rasse (...) zu protestieren, weil unsere Pflicht verlangt, alle Menschen ohne Ausnahme in Liebe zu umarmen. Darum richte ich an Eure Exzellenz einen persönlichen Appell (...) mit der Gewissheit, dass Ihre Exzellenz alles unternehmen wird, um diesen bedauernswerten Menschen weiter Kummer und Leid zu ersparen."[746] Beachten Sie, dass der Papst erneut das Wort „Juden" vermeidet und die Vernichtung, die „Nazis", Hitler oder die deutschen Mörder nicht erwähnt. Die Demarche des Papstes verfehlte nicht ihre Wirkung.[747] Nun wurde auch der ungarische Kardinal Seredi, der sich bis dahin weigerte, zu intervenieren, aktiv. Am 29. Juni 1944 verteilte er einen Hirtenbrief mit einem Aufruf, die Deportationen einzustellen. Mehrdeutige Passagen in dem Brief zeigen jedoch den tief verwurzelten Antisemitismus unter den Führern der Kirche: „Wir leugnen nicht, dass einige Juden einen verhängnisvollen und schädlichen Einfluss auf das ungarische wirtschaftliche, soziale und mo-

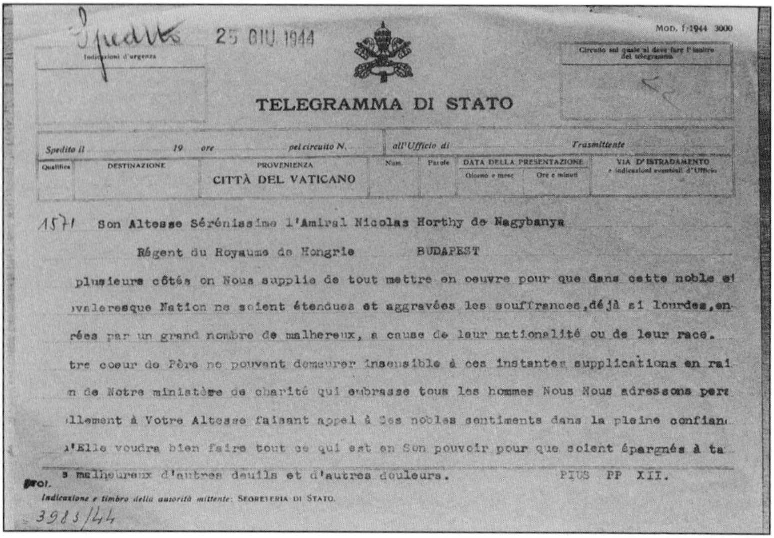

25 GIU 1944

Mod. f/1944 3000

TELEGRAMMA DI STATO

Spedito il 19 ore pel circuito N. all'Ufficio di Trasmittente

Qualifica	Destinazione	Provenienza	Num.	Parole	Data della presentazione (Giorno e mese / Ore e minuti)	Via d'istradamento e indicazioni eventuali d'Ufficio
		CITTÀ DEL VATICANO				

1571 Son Altesse Sérénissime l'Amiral Nicolas Horthy de Nagybanya

Régent du Royaume de Hongrie BUDAPEST

plusieurs côtés on Nous supplie de tout mettre en oeuvre pour que dans cette noble et
valeresque Nation ne soient étendues et aggravées les souffrances, déjà si lourdes, en
rées par un grand nombre de malhereux, a cause de leur nationalité ou de leur race.
tre coeur de Père ne pouvant demeurer insensible à ces instantes supplications en rai
n de Notre ministère de charité qui embrasse tous les hommes Nous Nous adressons pers
llement à Votre Altesse faisant appel à Ses nobles sentiments dans la pleine confian
l'Elle voudra bien faire tout ce qui est en Son pouvoir pour que soient épargnés à ta
s malheureux d'autres deuils et d'autres douleurs. PIUS PP XII.

Prot.

Indicazione e timbro della autorità mittente: Segreteria di Stato.

3983/44

Abb. 46: Das berühmte Telegramm von Pius XII. an den ungarischen Staatsführer Horthy vom 25. Juni 1944.

ralische Leben ausgeübt haben. (...) Ebenso protestieren wir nicht gegen die Tatsache, dass der schädliche Einfluss entfernt wird, im Gegenteil, wir begrüßen die Tatsache, dass er völlig verschwindet. Aber wir würden unsere moralische und bischöfliche Verantwortung vernachlässigen, wenn wir nicht darauf achten würden, dass die Rechte unserer ungarischen Mitbürger und katholischen Gläubigen bloß aufgrund ihrer Herkunft nicht beeinträchtigt werden. (...) Es ist uns nicht gelungen, unseren sehnlichsten Wunsch zu erfüllen, nämlich der rechtswidrigen Einschränkung von Bürgerrechten und vor allem den Deportationen ein Ende zu setzen."[748] Fünf Tage nach dem Protest von Pius XII. schickten der schwedische König und der Präsident des Internationalen Roten Kreuzes eine ähnliche Botschaft an das ungarische Staatsoberhaupt. Am 1. Juli 1944 antwortete Horthy dem Papst mit folgendem Text: „Eure Heiligkeit kann sich darauf verlassen, dass ich alles in meiner Macht Stehende tue, damit die christlichen und menschlichen Prinzipien eingehalten werden."[749] Horthy ließ am 6. Juli 1944 die Deportationen zur Verärgerung der Deutschen stoppen. Das Auftreten des Papstes hatte also Erfolg, obwohl die quälende Frage bleibt, warum er so lange mit einem solchen Vorstoß gewartet hat. Zu diesem Zeitpunkt waren schon zwei Drittel der ungarischen Juden deportiert.

Nun zu dem dritten Zeitschema. Am 4. Juni 1944 befreite die 5. US-Armee unter General Mark Clark Rom. In der Nacht vom 3. zum 4. Juni zogen die deutschen Soldaten mit ihrer Ausrüstung über die Via Aurelia ab, die neben der Vatikanstadt im Norden Roms liegt. Am nächsten Tag läutete die große Glocke der St. Peterskirche im Vatikan und der Papst erschien auf dem Balkon vor einer großen Menschenmenge, die „Viva il Papa“ rief. Die deutschen Armeen zogen sich in großer Unordnung nach Norden zurück. Sie wurden ständig von den alliierten Luftstreitkräften attackiert. Erst im September 1944 hatten die Deutschen eine neue starke Verteidigungslinie, diesmal entlang der Apenninenstellung, errichtet. Vier Tage nach der Befreiung Roms empfing Pius XII. General Clark und fragte ihn: „Wie lange wollen Sie hier bleiben? Ich habe Angst, dass Ihre Anwesenheit zu Repressalien durch die Deutschen führt.“[750] Clark empfand dies als eine seltsame Frage, schließlich hatte er Rom und den Vatikan befreit. Er glaubte nicht, dass die Deutschen in der Lage wären, zurückzuschlagen. Zwei Tage vorher hatte D-Day begonnen, die Landung der West-Alliierten in der Normandie, und konfrontierte die Deutschen nun zusätzlich zu den Fronten im Osten und im Süden noch mit einer dritten Front im Westen. Doch der Papst hatte offenbar andere Sorgen. Er hatte noch immer Angst, dass die Ewige Stadt bombardiert werden könnte, dass schwarze Soldaten in der Stadt operieren und die Kommunisten die Oberhand in Italien erringen würden.[751]

Das führt unweigerlich zu der Frage, weshalb der Papst 21 entscheidende Tage gewartet hatte, um gegen das Schicksal der deportierten Juden zu protestieren? Das Argument, dass er durch die „Nazis“ bedroht war, hatte jede Kraft verloren. In diesen Tagen wurden weitere Zehntausende von Juden in den Tod geschickt. Pierik verweist auch zu Recht auf das Schweigen des Internationalen Roten Kreuzes. Das reagierte erst, als die Transporte nach Auschwitz bereits aufgehört hatten. „Wie die des IRK (Internationales Rotes Kreuz), kam auch hier die Empörung von Papst Pius XII. zu spät“, schlussfolgert er.[752] Der Protest des Papstes hatte Erfolg, weil Horthy entschied, das Ghetto von Budapest – dem einzigen Ort in Ungarn, wo noch eine große jüdische Gemeinde lebte – zu schützen und vom 6. Juli an die Deportationen vorübergehend einzustellen; wieder ein Beweis, dass ein öffentlicher Protest des Heiligen Stuhls Leben retten konnte. Horthy ersetzte Premierminister Sztójay durch Géza Lakatos, entließ die Minister László Endre und László Baky, weigerte sich, noch länger bei der Verhaftung der Juden zu kooperieren und rettete damit das Leben Zehntausender von Menschen. Ohne die Mitwirkung der ungarischen Polizei war Eichmann nicht mehr in der Lage, seinen Plan umzusetzen. Die Kehrtwende des ungarischen Staatsoberhaupts war jedoch nicht ohne Eigennutz. Er erkannte, dass der Krieg für die Deutschen verloren war und dass die Rote Armee in einigen Monaten in sein Land einmarschieren würde, um die „Nazis“ zu vertreiben. Deshalb lavierte er zwischen der Treue zu Hitler und Zugeständnissen an die Alliierten. In einem persönlichen Brief an den Papst versuchte Horthy, auch die prekäre Situation zu erklären, in die seine Landsleute während des Ersten und Zweiten Weltkrieges geraten waren. Darüber hinaus betonte er, dass sein Land immer als ein christliches Bollwerk gegen Angriffe aus dem Osten bereitstand.[753]

Fast drei Monate lang blieb die Situation der ungarischen Juden relativ sicher, obwohl es noch willkürliche Abschiebungen gab – so kamen in Auschwitz am 28. Juni noch ein Zug, zwei Züge am 29. Juni und ein weiterer am 6. Juli aus Ungarn an. Im September 1944 wurden die Juden aufgefordert, ihre Häuser zu verlassen und zu ihren jüdischen Mitbürgern in das Ghetto von Budapest zu ziehen, wo die Türen der Häuser mit einem Davidstern gekennzeichnet wurden. Manchmal wurde auch ein gelber Stern über die Tür genagelt. Horthy suchte inzwischen die Annäherung an die Alliierten. Am 11. Oktober 1944 schloss er Frieden mit der Sowjetunion, worauf Hitler vier Tage später, am 15. Oktober, seinen Sohn zur Geisel nahm und den ungarischen Staatschef zum Rücktritt zwang. Am selben Tag ergriffen die Pfeilkreuzler, die ungarischen Faschisten, unter Leitung von Ferenc Szálasi, die Macht. „Sie skandierten Parolen gegen Horthy, riefen zu einem Aufstand der Massen gegen die Russen und zum Tod aller Juden auf“, schreibt Jacques Derogy in seinem Buch *De zaak Wallenberg*.[754] „So rief Szálasi über den Rundfunk auf, weiter zu kämpfen ‘aus Gottesfurcht und im Namen der Lehre Christi’. (...) Um acht Uhr abends begannen in Pest in der Nähe der Synagoge die Erschießungen. Als die Nacht hereinbricht, fließt das jüdische Blut durch die Straßen der Innenstadt. (...) In der Morgenröte wird auf alle Juden Jagd gemacht, unabhängig von Alter oder Geschlecht, wer sich sträubt, wird an Ort und Stelle getötet.“[755] Die Pfeilkreuzler schleiften Tausende von Juden aus ihren Häusern, warfen sie in die Donau und erschossen sie. „In einer apokalyptischen Atmosphäre gewannen die verrücktesten Bandenanführer der Pfeilkreuzler in der eingeschlossenen Stadt die Oberhand und krönten ihre Herrschaft einige Tage vor dem Untergang noch gern mit einem Berg Judenleichen“, schreibt György Konrád, der bezeugt, wie die Pfeilkreuzler mitten in dem geschlossenen Ghetto Erzsébetstad die Juden mit Maschinengewehren erschossen.[756] Konrád selbst wohnte im internationalen Ghetto, das unter schweizerischem Schutz stand, aber auch dort war man nicht völlig sicher.

Pfeilkreuzler drängten willkürlich herein und versuchten, möglichst viele Juden zur Donau zu verschleppen, wo sie getötet wurden.

Am 18. Oktober 1944 gab Szálasi der Forderung der „Nazis“ nach, alle jüdischen Männer zwischen 16 und 60 Jahren zu verhaften. Eine Woche später waren die jüdischen Frauen im Alter von 16 bis 40 Jahren an der Reihe. So wurden noch 27.000 Juden auf Todesmärsche nach Westen geschickt, um für die Kriegsindustrie eingesetzt zu werden. Das Endziel war Hegyeshalom, ein Dorf 200 Kilometer entfernt, in der Nähe der österreichischen Grenze, etwa siebzig Kilometer vor Wien.[757] Tausende verloren dabei ihr Leben. Wer dem Tempo nicht folgen konnte, wurde in den Straßengräben erschossen. Schließlich verschwanden viele Überlebende in den Konzentrationslagern Mauthausen und Gunskirchen. Neutrale Länder wie Schweden, die Schweiz, Spanien und Portugal reagierten schockiert und schickten Delegationen nach Hegyeshalom. „Der ungarische Holocaust fand vor den Augen der ganzen Welt statt. Jeder wusste davon. Sogar die SS war beim Anblick der jüdischen Kolonnen schockiert. SS-Obergruppenführer Hans Jüttner beanstandete das jüdische Leiden bei den Behörden in Budapest“, schreibt Pierik.[758] Vom 13. November 1944 an wurden erneut Gruppen von Juden Richtung Westen in Marsch gesetzt, vor allem Kinder, Frauen und alte Männer (die Eisenbahn war zu der Zeit durch die russischen und amerikanischen Bombardements ausgeschaltet). Im November 1944 lebten noch 120.000 Juden im Ghetto von Budapest, am 10. Dezember noch etwa 80.000. Sie waren auf Gedeih und Verderb Eichmann und der Willkür der Pfeilkreuzler ausgeliefert. Unter den Letzteren gab es die Bande von Pater András Kun, einem Mönch, der verantwortlich war für die Hinrichtung von 500 Juden. In dieser Zeit wurden schätzungsweise weitere 100.000 Juden getötet. Als im Januar 1945 Konrád auf den Hof des Krankenhauses im Ghetto (eine ehemalige Schule) blickte, sah er einen Berg von Leichen, der bis zum ersten Stock des Gebäudes reichte.[759] Die Russen befreiten Budapest am 11. Februar 1945 und sahen Tausende toter Juden auf den Straßen liegen – als Ergebnis der über Jahrhunderte gezüchteten Abneigung, Willkür und Mordlust der Christen gegenüber den Juden.

Was unternahm der Vatikan in dieser Zeit? Am 17. Oktober 1944, zwei Tage nach der Machtübernahme durch die Pfeilkreuzler, appellierte der Jüdische Weltkongress erneut an den Heiligen Stuhl, um gegen den Plan, weitere 350.000 Juden aus Ungarn, vor allem aus Budapest, zu deportieren, zu protestieren. Von den Vereinigten Staaten aus schickte Cicognani am 19. Oktober 1944 an Maglione eine Mitteilung der jüdischen Führer in den Vereinigten Staaten über das Schicksal der ungarischen Juden, mit dem ausdrücklichen Wunsch, dass Papst Pius XII. sich über Radio Vatikan an das ungarische Volk wenden solle, um es zum Schutz der Juden aufzurufen. Am 25. Oktober 1944 wiederholte er die Aufforderung und schlug vor, dass die ungarischen Kirchen als sicherer Hafen ihre Türen öffnen sollten. Das nämlich tat die schwedische Botschaft im großen Stil unter der energischen Leitung von Raoul Wallenberg und das schweizerische Konsulat unter Impuls von Carl Lutz. Es erfolgte keine Reaktion. Am 28. Oktober 1944 gab es eine neue Anfrage von Myron Taylor, dem US-Gesandten beim Heiligen Stuhl. Er bat den Papst, sich öffentlich gegen die Vernichtung der Juden auszusprechen. Das Einzige, was der Papst tat, war, den ungarischen Kardinal Jusztinián Seredi am 29. Oktober 1944 zu bitten, in allen Kirchen Kollekten zugunsten der Flüchtlinge zu organisieren („für die Flüchtlinge", so heißt es, nicht ausdrücklich für die Juden). In der Zwischenzeit lief das Morden in Budapest ununterbrochen weiter. Eine erste Reaktion der Kirchenführer gegen den mörderischen Terror der Pfeilkreuzler kam erst am 31. Oktober 1944. Da schickten die ungarischen Bischöfe Lajos Shvoy, Vilmos Apor, Kryzosztom Kelemen und József Mindszenty ein Memorandum an den stellvertretenden Ministerpräsidenten. Darin baten sie ihn, das noch unberührte Westungarn nicht zum Schlachtfeld der sich zurückziehenden Armeen zu machen. „Das letzte Stück ungarische Heimat und zugleich die letzte Hoffnung auf einen zukünftigen Wiederaufbau würde dadurch vernichtet werden."[760] Der Text sagt nichts zum schrecklichen Schicksal der Juden und enthält kein Wort der Kritik an den Mordkommandos von Szálasi und seiner Nazibanden. Am 26. November 1944 telegrafierte Rotta an Maglione, dass der Terror gegen die Juden wieder voll in Gang gekommen sei. In dieser Zeit begann Rotta, ohne Anweisung aus dem Vatikan, sondern auf eigene Initiative, so wie es in anderen neutralen Ländern geschah, 13.000 Schutzbriefe an Juden, vor allem an getaufte Juden, zu verteilen. Am 8. Dezember 1944 sandte Rotta eine Denkschrift an den Vatikan mit den Aufzeichnungen eines Geistlichen, der die Schrecken der Todesmärsche bezeugte. „Nur die Feder Dostojewskis wäre imstande, die Schrecken der Deportation von Budapest nach der Grenzstation Hegyeshalom zu beschreiben. Mit dem LKW fährt man vorbei an Deportierten, die sich Gruppe um Gruppe fortschleppen, ausgehungert, fast erfroren, taumelnd, völlig erschöpft."[761]

Am 11. Dezember 1944 schrieb Rotta, er werde, trotz des Drängens der örtlichen Behörden, Budapest nicht verlassen, auch wenn es anderenorts sicherer wäre. Das war eine mutige Tat des Nuntius. Mehr noch, er übernahm jetzt die Leitung der Vertreter der neutralen Staaten in ihrem Protest gegen die ungarische Regierung. Morley weist allerdings darauf hin, dass Rotta nicht die illegalen Aktionen von Ungarn gegen die Juden kritisierte, sondern nur bat, weniger strenge Maßnahmen zu treffen, und dass er sich nur um die getauften Juden kümmerte.[762] Inzwischen begann die letzte Schlacht um Budapest. In der Weihnachtsnacht 1944 wurde die Stadt völlig von der Roten Armee eingekreist. Kurz vorher hatte Eichmann das Land verlassen. Am 16. Januar 1945 gelang es, das internationale Ghetto in der Hauptstadt zu befreien. Aber es dauerte noch bis zum 13. Februar 1945, bevor das gesamte Territorium freigekämpft war. In diesen wenigen Wochen wurden noch unzählige Juden durch die Pfeilkreuzler an den Ufern der Donau und im Ghetto getötet.

Die Tragödie der ungarischen Juden zeigt die katastrophalen Auswirkungen der Haltung von Kirche und Papst auf den Holocaust. Der einzige nachdrückliche Protest von Pius XII. kam am 25. Juni 1944, zu einer Zeit, als die Mehrheit der ungarischen Juden bereits deportiert und vergast war. Diese päpstliche Intervention hatte einen vorübergehenden Effekt, da die geplanten Deportationen unterbrochen wurden. Dies führt jedoch, Pius XII. betreffend, zu zwei unbequemen Fragen: Warum hat er, trotz allem was 1944 über das Schicksal der Juden bereits in weiten Kreisen bekannt war, nicht früher protestiert? Und warum hat er später, trotz der vielen Hinweise auf weitere Massaker, diese niemals wieder öffentlich verurteilt? Der einzige denkbare Grund dafür – auch der moralisch fragwürdig –, ein zu befürchtendes Bombardement Roms durch die „Nazis", war seit dem 4. Juni 1944, dem Tag der Befreiung Roms durch die Alliierten, nicht mehr gegeben. Dennoch wartete der Papst noch immer über zwanzig Tage, bis er sich gegen die Vernichtung der ungarischen Juden aussprach.

In den wechselseitigen Bezügen der Ereignisse in Ungarn, der Reaktionen des Vatikans und der Befreiung Roms durch die Alliierten, sind Unstimmigkeiten festzustellen. Das Schweigen des Papstes hatte, entgegen häufigen Behauptungen, nichts mit einer möglichen Zerstörung der Gebäude des Vatikans zu tun, sondern mit einer bewussten Gleichgültigkeit gegenüber dem Schicksal von Hunderttausenden von Juden, die zuerst durch die „Nazis" und später durch die (katholischen) Pfeilkreuzler umgebracht wurden. Mehr noch, viele Christen, vor allem katholische Ungarn, waren bereit, die Juden über die Klinge springen zu lassen. Dass die höchste katholische Autorität in diesem entscheidenden Augenblick schwieg und sich weigerte, zu intervenieren, ist vom humanistischen Standpunkt aus gesehen nicht nur unverständlich, sondern auch verwerflich. Eine Hypothese ist, dass die Kirche befürchtete, dass das katholische Ungarn den Bolschewiki zum Opfer fallen würde, und sie alles unternahm, um den faschistischen Machthabern zu gefallen, und bewusst zu dem Schicksal der vielen ungarischen Juden, die Opfer von Fanatismus und engstirnigem Nationalismus wurden, schwieg. Der Vatikan ahnte die kommunistische Bedrohung und ihre Gefahr für die Religionsfreiheit. Er machte sich auf diese Weise jedoch mitschuldig an den Verbrechen eines Systems, welches zwar den katholischen Glauben schützte, zugleich aber die Juden ermordete. Die eindeutige Schlussfolgerung aus dem Holocaust in Ungarn ist, dass der Papst die Rechte und Freiheiten vieler Menschen den Interessen der katholischen Kirche opferte. Es ist wahr, dass der Papst in seinem Telegramm an Horthy vom 25. Juni 1944 protestierte, aber der Protest blieb faktisch auf die zum Christentum bekehrten Juden beschränkt und kam zu spät. „Das Oberhaupt der katholischen Kirche bat post-facto, die jüdischen Konvertiten zurück nach Ungarn zu bringen und den Rest auf humane Art und Weise zu behandeln", schreibt György Konrád. Er reduziert die Antwort des Papstes auf ihren Kern, den zu späten und zu beschränkten Protest.[763]

Imre Kertész, Nobelpreisträger für Literatur im Jahr 2002, erzählt in seinem ersten Roman *Onbepaald door het lot* über einen Jungen, der im Jahr 1944 von einem ungarischen Polizisten aus dem Bus geholt wurde, weil er einen gelben Stern trug.[764] Der Anfang einer Tortur, die ihn nach Auschwitz und Buchenwald brachte – es ist Kertészs eigene Geschichte. In seinem Werk seziert der Autor gründlich den Antisemitismus. Bereits in den dreißiger Jahren hießen Priester antijüdische Gesetze in Ungarn gut und die ersten antisemitischen Verordnungen datieren aus der Zeit vor 1920. Die Situation verschärfte sich noch in den vierziger Jahren. „Mein Vater erklärte, dass im Kino in der Nähe der deutsche Film *Jud Süß* gezeigt wurde, und dass das Publikum nach dem Film immer auf der Suche nach Juden unter den Passanten auf der Straße war und ein Pogrom veranstaltete", schreibt Kertész.[765] Mit fünfzehn Jahren saß er in Auschwitz. Er beschreibt, wie er krank und erschöpft auf einem Brett lag und dadurch die lebenswichtige Verteilung der Lebensmittel versäumte. Ein Lehrer brachte ihm seine eigene Ration, eine heroische Tat, mit der er sein eigenes Überleben aufs Spiel setzte. Nach Kertész war dies „ein Wunder". „Nur ein Mensch ist in der Lage, die Kraft für eine solche Tat aufzubringen."[766] Nur ein Mensch, schreibt Kertész, kein Gott, Jahwe oder Allah, sondern nur ein Mensch. Auch Bela Zsolt, der im Ghetto von Nagyvárad wochenlang krank neben einem Berg jüdischer Leichen lag, verabschiedete sich dann definitiv von Gott. „Bevor Er mich endgültig verließ, habe ich Ihm aus dem Grund meines Herzens die Leviten gelesen", schreibt er.[767] Es war seine endgültige Abrechnung mit jedem Glaubensbekenntnis: „Ich war zwölf, als ich den Nationalsozialismus überlebt hatte, fünfzehn Jahre alt, als der Kommunismus eingeführt wurde und schon fünfundsechzig, als das Regime den Geist aufgab. Alle Argumente, die totalitäre und autoritäre Systeme verteidigen, sind per Definition 'dumm'. Solche Systeme basieren immer auf Lügen und Propaganda, womit ihre Führer zeigen wollen, dass es das Beste für ihre Bürger ist. Um ihre offizielle Ideologie zu schützen, brauchen sie übrigens auch eine politische Polizei", sagt Konrád. Auch er stellt Fragen über Gott. „Ich glaube nicht an einen persönlichen Gott, sondern Worte selbst sind eine göttliche Schöpfung. Religionen mag ich nicht, die sind nicht heilig genug. Religionen sind zu viel mit Macht und Besitz verbunden, sie sind zu materialistisch, zu mittelmäßig, und daher zu menschlich. Und dann will ich nicht einmal über die Geistlichen reden, die Grenzen zwischen Menschen ziehen und jede humanistische Empathie in den Hintergrund drücken. Auch sie sind nur allzu menschlich."[768] Weder Zsolt noch Kertész noch Konrád zählten auf den Papst oder die Kirche für ihr Überleben. Sie zählten auf die Vernunft des Menschen, auf das Abwägen von Gut und Böse, den Unterschied zwischen blindem Glauben und kritischem Denken. Genau daran fehlte es in den dreißiger und vierziger Jahren des letzten Jahrhunderts, weil die meisten Bewohner des christlichen Abendlandes von einem durch ihre geistlichen Hirten verbreiteten Antisemitismus durchdrungen waren.

Kapitel 28
Gewöhnliche Menschen

Das Naziregime wandte sich auf brutalste Weise gegen Menschen, die es als minderwertig betrachtete. Seine Führer zweifelten nicht an der vermeintlich wissenschaftlichen Wahrheit, dass Untermenschen Platz für Übermenschen machen müssen, wenn nötig durch physische Liquidation. Doch die Morde begingen einfache Soldaten, nach Goldhagen alle „willige Vollstrecker". Sie hatten geringe oder keine Einwände gegen die Eliminierung der „Feinde" der damaligen deutschen Volksgemeinschaft.[769] Seine Ansicht, dass das deutsche Volk für den Mord an den Juden kollektiv verantwortlich war und dass es ohne die Deutschen keinen Holocaust gegeben hätte, stieß auf erbitterten Widerstand. Unter anderem von Seiten des amerikanischen Historikers Christopher Browning, Professor an der University of North Carolina. In seinem Buch *Doodgewone mannen* zeigt er, wie normal die Henker des Holocausts waren, er betrachtet dies aber nicht als eine spezifisch deutsche Eigenschaft.[770] Ich denke, Browning hat recht, wie auch die Massenmorde in den Jahrzehnten nach dem Zweiten Weltkrieg und insbesondere die Völkermorde in Kambodscha und Ruanda treffend belegen. Er unterschätzt nur den Faktor des Antisemitismus, der in Europa grassierte und der ganz besonders im Dritten Reich extrem vorangetrieben wurde. Es waren gewöhnliche Menschen, die, von den „Nazis", aber auch von den Kirchen indoktriniert, sich gegen die Juden als die Blutsauger des eigenen Volkes kehrten. „Der Mut, um ganz allein auf sich gestellt, nein zu sagen", war besonders schwer aufzubringen, so der deutsche Schriftsteller Uwe Timm.[771] Gerade wegen der massenhaften Bekundung des Antisemitismus konnten sich die einzelnen Bürger so schwer oder gar nicht der allgemeinen Einstellung gegen die Juden entziehen.

Hier kommen wir zu einem sehr schwierigen Punkt. Gewöhnliche Menschen begingen Verbrechen, die man nicht für möglich gehalten hatte. Doch sie taten es. „Die furchtbare Bedeutung, das wirklich Entsetzliche an der Vernichtung der Juden war die Tatsache, dass Tausende von biederen Hausvätern an den öffentlichen Massakern teilnahmen, und sich danach noch in dem Gefühl sonnten, gesetzestreue, anständige Bürger zu sein, denen es nie in den Sinn kommen würde, auch nur einen Schritt vom Pfad der Tugend abzuweichen“, schreibt der deutsche Journalist Heinz Höhne.[772] Sie fühlten sich durch das NS-System geschützt und gefördert, waren vom Schutz der „Volksgemeinschaft“ überzeugt und konnten sich auf diese Weise „wichtig“, „mächtig“ und sogar „unverzichtbar“ für ihr Volk vorkommen. Sich zu dieser Zeit quer zu legen oder Widerstand gegen den offen antisemitischen Kurs der Nazipartei zu leisten, war nicht nur schädlich für die persönliche Karriere, sondern führte auch dazu, dass man sich von der Gemeinschaft isolierte. Teilnehmen oder zumindest schweigen war die viel leichtere Wahl und bequemere Position. Gewöhnliche Menschen wurden also durch die Partei und den sozialen Gruppendruck zum Mitmachen animiert. Doch damit ist noch nicht erklärt, weshalb derart viele Menschen in Deutschland und in den besetzten Gebieten die Schranken ihres persönlichen Gewissens so einfach wegschieben und an den barbarischen Verbrechen teilnehmen konnten. Bei ihnen spielte der Glaube eine wichtige Rolle. Die geistlichen Führer, Priester und Pastoren, ließen ihre Gläubigen im Stich. Gewöhnliche Soldaten führten die kriminellen Befehle ihrer Vorgesetzten in dem Wissen aus, dass sie von der Kirche nicht verurteilt werden, eher im Gegenteil. Warum hätten diese Leute eine andere Haltung einnehmen sollen, wenn ihnen ihre militärischen, politischen, zivilen und religiösen Autoritäten sagten, dass Juden auszurotten moralisch gut oder zumindest nicht zu verurteilen ist? Zu jener Zeit folgten die Menschen, williger als heute, den moralischen Anforderungen ihrer geistlichen Führer und akzeptierten die Konsequenzen daraus. Mit anderen Worten: Gewöhnliche Menschen nahmen an der Ermordung der Juden teil, weil das von ihren politischen, militärischen und geistlichen Führern als notwendig, selbstverständlich und ehrenhaft erachtet wurde. György Konrád beschreibt, wie es gewöhnlichen Menschen durchaus frei stand, Menschen zu erschießen, weil sie Juden waren. „Was bekamen diese jungen Männer von ihren Priestern zu hören?“, fragt er.[773] Viele Mörder glaubten ernsthaft, sie handelten im Namen Gottes, wie die Inschrift „Gott mit uns“ auf ihren Koppelschlössern bekräftigte. Die breite Unterstützung von deutschen, österreichischen und vielen anderen katholischen Bischöfen für die Politik der „Nazis“ und ihrer Verbündeten trug erheblich bei zur Diskriminierung, Verfolgung und Vernichtung der europäischen Juden. Das bedeutet nicht, dass die Schuld des Einzelnen zu vernachlässigen ist, wohl aber, dass die Kirche und ihre Führer, die Hirten der Herde, in ihrer sehr zweifelhaften Rolle mitverantwortlich wurden für die Umstände, unter denen der Massenmord an Juden, „Untermenschen“ und anderen Außenseitern geschehen konnte.

Der eigene Antisemitismus der kirchlichen Autoritäten hielt viele Menschen davon ab, sich von der rassistischen und verbrecherischen Politik der „Nazis" und ihrer Verbündeten abzusetzen. Professor Christopher Browning zeigt das gut in seiner Beschreibung des Reserve-Polizeibataillons 101, einer Gruppe von etwa 500 gering qualifizierten Männern aus der Gegend von Hamburg. Sie waren Bau-, Hafen- und Lagerarbeiter, Lkw-Fahrer, Maschinisten, Matrosen, Büroangestellte, kleine Geschäftsleute, Friseure und Schneider.[774] Als die Deutschen die zwei Millionen Juden aus den polnischen Ghettos evakuieren wollten, brauchten sie dazu eine große Anzahl von Arbeitskräften. Deshalb nahm man das Potenzial der Ordnungspolizei in Anspruch, Menschen, die für das Militär nicht geeignet waren. So kamen die Mitglieder des Polizeibataillons 101 nach Polen, wo sie sofort als eine Art Einsatzgruppe eingesetzt wurden. Im Juli 1942 bekamen sie den Befehl, etwa 1.800 Juden aus dem Dorf Józefów zu vernichten. Vor der Aktion wurde ihnen vom Kommandanten Wilhelm Trapp genau erklärt, was sie zu tun hatten. Die arbeitsfähigen männlichen Juden sollten ausgesondert, Frauen, Kinder und ältere Menschen erschossen werden. Wer sich der Aufgabe nicht gewachsen fühlte, konnte aus der Reihe treten und musste sich nicht beteiligen. Zwölf Männer taten einen Schritt nach vorne und gaben ihre Waffen ab. Sie wurden nicht bestraft. Die anderen wurden von einem Arzt belehrt, wie sie am besten zu schießen hätten, um ihre Opfer auf einen Schlag zu töten und um so wenig wie möglich von spritzendem Blut, Hirn und anderen Körperteilen abzubekommen.[775] Dann beschreibt Browning die grausamen Szenen: Die Reservepolizisten führten die Frauen, Kinder und Alten in einen Wald, wo sie sich hinlegen mussten und dann erschossen wurden. Dabei schossen die Mörder, trotz der Anweisungen des Arztes, sehr ungenau: „Die Schützen waren schrecklich mit Blut, Gehirn und Knochenfragmenten verschmiert. Das blieb an ihrer Kleidung hängen."[776] Auch während des Mordens hatten die Täter die Möglichkeit aufzuhören, doch über 80 Prozent machten weiter. Nach Józefów zog das Reserve-Polizeibataillon 101 nach Lomazy bei Lublin in Polen, wo sie am 17. August 1942 wieder 1.700 Juden zusammentrieben, die Hinrichtung jedoch Hilfswilligen, nichtdeutschen Freiwilligen aus den baltischen Staaten und Russland, überließen. Das Bataillon 101 wurde dann eingesetzt, um Ghettos zu evakuieren und die Juden in die Züge zur Deportation nach Treblinka zu verfrachten. In November 1943 beteiligte es sich auch an der Aktion Erntefest, der Ermordung von 42.000 Juden aus dem Distrikt Lublin.

Abb. 47: Mitglieder der Ordnungspolizei in Lukow, Herbst des Jahres 1942.

Die Mitglieder des Reserve-Polizeibataillons 101 verhielten sich bestialisch. Sie waren schließlich an der Ermordung von mehr als 83.000 Juden beteiligt und machten davon Fotos, die sie in Umlauf brachten. Einige hatten anfänglich große Bedenken, aber die meisten fühlten sich gut dabei und verrichteten ihre „Arbeit" ohne jedes Problem. Sie handelten aus Berechnung, sagt Browning, und fügt hinzu, dass sie Jahre zuvor mit rassistischer und antisemitischer Propaganda überschwemmt worden waren.[777] Keinesfalls fühlten sie sich durch ihren christlichen Glauben gehemmt. „Einige Männer gingen in die Kirche, beteten zu Gott, vertieften sich in die Ewigkeit und sprachen die Gebete, die sie auf ihre Pflichten den Nächsten gegenüber hinwiesen; die Katholiken gingen zur Beichte und Kommunion."[778]

Auch Männer mit höherer Bildung nahmen teil. So war SS-Obersturmführer Albert Hartl, ein ehemaliger Priester, der für die Gestapo spionierte, im Jahre 1941 Mitglied der Einsatzgruppe C. Während der Prozesse in Frankfurt und Nürnberg bezeugte er, dass die Polizeigruppen hinter der Front unzählige Menschen eiskalt erschossen. Diese Einsatzgruppen wurden laut Hartl oft von Ärzten, Juristen, Ökonomen und sogar von einem Doktor der Psychologie und ehemaligem Dekan der Fakultät für ausländische Studien in Berlin, Franz Six, geleitet. Der Chef der Einsatzgruppe D, Otto Ohlendorf, hatte Wirtschafts- und Rechtswissenschaften an den

Universitäten Leipzig und Göttingen studiert und war später Assistent am Institut für Weltwirtschaft in Kiel. Der Leiter des Einsatzkommandos 6 der Gruppe C war Ernst Biberstein, der 1928 die Pastorenwürde erlangte, elf Jahre lang in der Kirche arbeitete, zum Probst befördert wurde und Mitarbeiter des Reichskirchenministeriums war. „Einige von ihnen waren sehr ehrgeizig und wollten eine möglichst große Zahl Erschossener nach Berlin melden."[779] Die Männer, die an den Morden teilnahmen, taten dies aus freiem Willen. Niemand wurde gezwungen, oft wurde im Voraus gefragt, ob jemand damit Schwierigkeiten hätte. Diejenigen, die nicht mitmachen oder aussteigen wollten, wurden nicht bestraft, allenfalls versetzt oder nicht befördert. Davon gibt es viele Beispiele, wie von nahezu allen Historikern bezeugt. Gerade dass sie wehrlose Menschen freiwillig und kaltblütig töteten, beweist, dass die Täter tief überzeugt waren, moralisch nicht falsch zu handeln. Dazu wurden sie durch die Verlautbarungen ihrer politischen, militärischen und geistlichen Führer ermutigt. Auf viel Hilfe seitens des Klerus konnten die Opfer nicht zählen. Bekannt ist der Fall des Bischofs Vincentas Brizgys von Kowno, der dem Klerus verbot, sich auf irgendeine Weise für die Juden einzusetzen.[780]

Kapitel 29
Hilfe für Kriegsverbrecher

„Die Mitglieder des Klerus, die nach dem Krieg behaupteten, nichts zu wissen, wie Kardinal Bertram und Bischof Gröber, logen nur“, schreibt Friedländer.[781] Ein typisches Beispiel war die Aufforderung von Bertram an alle Pfarrer seiner Diözese, nach dem Selbstmord Hitlers vom 30. April 1945 eine feierliche Totenmesse für den Führer zu zelebrieren, sodass „ihre und Hitlers Herde zum Allmächtigen, in Übereinstimmung mit der Liturgie beten konnte, damit der Sohn des Allmächtigen, Hitler, in das Paradies aufgenommen wird“.[782] Nach dem kanonischen Recht darf ein feierliches Requiem nur aus einem wichtigen Grund und für das öffentliche Interesse der Kirche oder pro re gravi et publica simul causa abgehalten werden. Der Antrag wurde von dem Kardinal selbst handschriftlich abgefasst, wahrscheinlich am 2. Mai 1945. Zu diesem Zeitpunkt waren die Konzentrations- und Vernichtungslager bereits befreit und die schreckliche Wahrheit über den Mord an Millionen Juden war längst bekannt. Über Presse, Rundfunk, Fotografien und Filmmaterial war klargestellt, dass der Nazismus den absoluten zivilisatorischen Tiefpunkt gebracht hatte. Doch selbst dann noch gab es kein offizielles Zeichen päpstlicher Entrüstung. Im Jahr 1945 war noch der Index Librorum Prohibitorum in Kraft, die vom Papst festgelegte Liste der Bücher, die Katholiken nicht lesen durften, da sie als gefährlich für die Kirche galten. Auf dieser Liste standen u. a. die Werke von Galileo, John Locke, Thomas Hobbes, Blaise Pascal, Baruch Spinoza, Immanuel Kant, Miguel de Cervantes, Gustave Flaubert, Emile Zola, André Gide und Jean-Paul Sartre. *Mein Kampf* von Adolf Hitler kam nie auf den Index der verbotenen Bücher. Selbst nicht 1948, als die Indexkommission noch einmal ihre schwarze Liste ergänzte, u. a. um die *Méditations* von René Descartes, den *Lettres Persanes* von Charles Montesquieu und *Le Rouge et le Noir* von Stendhal.

Ebenso überrascht, dass die Kirche nie einen hochrangigen Nazi exkommunizierte. Auf der Liste derer, welchen die Sakramente verweigert wurden, stehen Giordano Bruno, Lucilio Vanini, Jan Hus, Johannes Kepler, Baruch de Spinoza, Napoleon Bonaparte (und jetzt auch Fidel Castro und selbst die irische Sängerin und Songwriterin Sinéad O'Connor).[783] Jedoch nicht Adolf Hitler, Heinrich Himmler, Hermann Göring, Joseph Goebbels, Martin Bormann, Julius Streicher, Adolf Eichmann, Josef Mengele und andere Naziverbrecher. Anstatt diese Massenmörder zu verurteilen, spielten kirchliche Würdenträger eine besonders dubiose Rolle bei der Flucht von „Nazis" und anderen faschistischen Führern nach Lateinamerika oder in den Nahen Osten.

Ein prägnantes Beispiel bietet der österreichische Bischof Alois Hudal. Er fungierte als Rektor der Santa Maria dell'Anima, eines Priesterseminars in der Via della Pace 20 in Rom, gegründet von dem Dordrechter Ehepaar Peters, das im vierzehnten Jahrhundert seinen Besitz einer Bruderschaft vermachte. Im neunzehnten Jahrhundert wurde dort, unterstützt vom österreichischen Kaiser, ein Kolleg errichtet, um Priestern aus den Gebieten des ehemaligen Heiligen Römischen Reiches Deutscher Nation die Möglichkeit zu geben, ihre Ausbildung in Rom fortzusetzen. Hudal stand dem Papst nahe (und näher noch dessen Neffen Carlo Pacelli) und wurde mehrfach im Vatikan empfangen.[784] Er wird von den meisten Historikern als glühender Anhänger Hitlers angesehen.[785] So nahm er an den österreichischen und deutschen Konkordatsverhandlungen teil. Im Mai 1933 hielt Hudal in Rom eine Rede vor einem katholischen Publikum, darunter das deutsche diplomatische Korps. Er beglückwünschte Großdeutschland für sein christliches und patriotisches Fundament. Dazu bekannte er sich übrigens auch in seinem Buch *Die Grundlagen des Nationalsozialismus. Eine ideengeschichtliche Untersuchung*. In dieser Schrift schlug er die Verschmelzung von Katholizismus und Nationalsozialismus vor.[786] Er ließ eine Kopie Hitler aushändigen, mit einer handschriftlichen Widmung: „Dem Führer der deutschen Erhebung, dem Siegfried deutscher Hoffnung und Größe Adolf Hitler vom Verfasser".[787] Interessanterweise wurde Hudal, einen Monat nach seiner berühmten Rede, mit der Pacelli angeblich nicht einverstanden war, von diesem persönlich zum Titularbischof von Ela geweiht, eine Diözese, die nicht mehr existiert. Aber was es in der katholischen Kirche jemals gegeben hat, hat Bestand für immer. Jedenfalls bedeutete es eine große Ehre für jemanden, der „nur" Rektor einer katholischen Schule war. Hudal war jedoch nicht der einzige katholische Bischof, der mit den „Nazis" sympathisierte, das taten auch der österreichische Kardinal Theodor Innitzer (zumindest anfangs) und deutsche Bischöfe wie Conrad Gröber und Wilhelm Berning.

Der flämische Kirchenhistoriker Johan Ickx, der zurzeit als Archivar am Pontificio Istituto teutonico di Santa Maria dell'Anima arbeitet und das

Archiv von Hudal verwaltet, wendet sich in einem bemerkenswerten Text gegen die allgemeine Auffassung, dass Hudal ein Anhänger der „Nazis" war.[788] Hudal hätte nicht beabsichtigt, den Nazismus zu fördern oder mit ihm zu kooperieren, sondern wollte ihn vielmehr in einen Faschismus italienischer Art umwandeln. Nach Hudals Auffassung wäre eine derartige Verwandlung ein Segen für das deutsche Volk gewesen. „Hudal Schriften zeigen, dass er eigentlich das, was er als die Fehler des Nationalsozialismus ansah, bekämpfte", sagt Ickx.[789] Als Konsultor des Heiligen Offiziums, also als jemand, der im ideologischen Zentrum der römisch-katholischen Kirche stand, führte Hudal eben einen wahren Kreuzzug gegen Exzesse wie Rassismus, Euthanasie, das Töten von Behinderten, Sterilisationsverfahren, die Veredlung des Übermenschen, eine auf Blut und Boden basierte Religion und so weiter. Hudal drängte sogar, so schnell wie möglich einen Syllabus zu veröffentlichen mit einer klaren Verurteilung jeder totalitären Staatskonzeption – die den Wert des menschlichen Individuums und die Gleichheit aller Menschen missachtet und radikalen rassistischen und nationalistischen Ideologien Vorschub leistet – in dem das Naturrecht aufgehoben und ersetzt wird durch ein allgemein anwendbares positives Recht.[790] Bereits 1934 warnte Hudal die vatikanischen Behörden in einer schriftlichen Konsultation, dass die Entwicklung und Verbreitung der Rassen- und Blutlehre des Nationalsozialismus als ein Interpretationsmodell der Gesellschaft insgesamt sehr beunruhigend ist. In diesem Kontext landeten die Schriften von Alfred Rosenberg, Autor des rassistischen Buches *Der Mythus des 20. Jahrhunderts* und ein wichtiger Ideologe der NSDAP, auf dem Index der verbotenen Bücher, als ein erster Schritt im Widerstand gegen die deutsche Rassenpolitik. Im Jahr 1935 wurde auf Hudals Empfehlung eine Redaktion zur Ausarbeitung des von ihm vorgeschlagenen Syllabus eingesetzt. Er bekam deshalb von Kardinal Francesco Marchetti-Selvaggiani, dem Leiter des Kardinalskollegiums, starken Gegenwind zu spüren, weil der einen offenen Kampf gegen das NS-Regime für „unangemessen" erachtete, wegen möglicher Folgen für die katholischen Interessen in Italien. Infolge der politischen Verhältnisse 1936 und 1937 (insbesondere des spanischen Bürgerkriegs) wurde diese Initiative fallen gelassen. Dadurch entsteht ein völlig anderes Bild von Hudal, jedenfalls für diese Phase seines Lebens, aber zugleich ein weniger attraktives Bild von der Haltung des Vatikans.

Hudals Bestrebungen wurden auch von den „Nazis" selbst hintertrieben. Zwei seiner Bücher, *Deutsches Volk und christliches Abendland* (1935) und *Der Vatikan und die modernen Staaten* (1935) wurden in Deutschland vom Markt genommen, weil sie die Ideen von Alfred Rosenberg kritisierten.[791] In *Die Grundlagen des Nationalsozialismus. Eine ideengeschichtliche Untersuchung* stehen einige Passagen, die zeigen, dass Hudal auf der Hut war vor der Rassenpolitik der „Nazis". „In allen Jahrhunderten finden wir im abendländischen Christentum ein Zusammenarbeiten der Rassen und Nationen, denn nur auf diesem Wege konnte eine Weltkirche trotz vieler Gegensätze zwischen Gruppen von Menschen sich entfalten."[792] Dann schlussfolgert er: „Wer in der Rasse das einzige kulturbindende Prinzip sieht, muss folgerichtig das Christentum ablehnen, weil seine ersten Träger einer fremden Rasse angehörten."[793] Allerdings war Hudal überzeugt, dass die Juden im Verhältnis zu ihrem Bevölkerungsanteil zu dominant wären. Dennoch wurde das Buch in Deutschland verboten. Anscheinend wurde es von den „Nazis" als so schlecht eingeschätzt, dass der Heilige Stuhl es im Oktober 1936 sogar für nötig erachtete, sich im *L'Osservatore Romano* davon zu distanzieren und deutlich zu machen, dass dieses Buch ohne seine Mitwirkung entstanden war.[794] Mehr noch, Hudal wollte zeigen, dass der Nationalsozialismus auf den gleichen nietzscheanischen Grundsätzen wie der russische Bolschewismus beruhte. „Die deutsche Glaubensbewegung ist ebenso wie der Bolschewismus eine Gottlosenbewegung."[795] In der Tat wollte Hudal keine Brücke zwischen Christentum und Nationalsozialismus bauen, so wie ständig von vielen Historikern behauptet wird, sondern den Nationalsozialismus „christianisieren".[796] Noch überraschender ist die These, dass Hudal im Jahr 1942 als eine der Bedingungen für einen Frieden vorgeschlagen haben soll, die Ermordung der Juden sofort zu beenden. Weder der Papst noch irgendein anderer Bischof der katholischen Kirche brachten jemals in einer Note diese bemerkenswerte Forderung zum Ausdruck.[797] Ickx gibt zu, dass Hudal sich zum Nationalsozialismus hingezogen fühlte, wie viele andere Intellektuelle auch, die sowohl die kommunistischen als auch die kapitalistischen Ideen verwarfen, dennoch war er seiner Meinung nach kein Nazi, sondern ein orthodoxer Katholik mit sehr ausgeprägten pandeutschen Ideen, wie sein eigenes Motto „Ecclesiae et Nationi" („Für die Kirche und für die Nation") bescheinige.[798]

Eine andere Seite Hudals war, wie viele Historiker erwähnen, dass er nach dem Krieg vielen Massenmördern half, zu entkommen, darunter auch Adolf Eichmann, obwohl er um die Rolle Eichmanns während der Kriegsjahre wusste. Hudal soll ihm unter dem Namen Richard Klement einen Reisepass des Roten Kreuzes besorgt haben. Eichmann bekam so ein gültiges Visum und konnte ein Ticket 3. Klasse für das Schiff Giovanna C. kaufen, das von Genua nach Buenos Aires fuhr. Zwei Jahre später gesellten sich seine Frau Vera und ihre drei Söhne zu ihm in Tucumán, einer nordargentinischen Stadt, wo Hunderte von SS-Männern mit ihren Familien Zuflucht gefunden hatten. Die argentinischen Behörden wussten von deren Verbrechen, schwiegen aber, weil sie so wichtige Vermögenswerte einkassieren konnten. Argentinien wurde zu einem idealen Zufluchtsort für Naziführer, SS-Angehörige und Kollaborateure.[799]

Johan Ickx behauptet, dass der österreichische Bischof Eichmann gar nicht kannte. Er bezieht sich in erster Linie auf ein Schreiben, das Hudal am 10. April 1961 an das Eichmann-Tribunal in Jerusalem schickte. Der wörtliche Text des Briefes lautet: „Ich habe nie eine Person gekannt mit dem Namen Eichmann, nie habe ich ein Dokument von Eichmann oder Klement (sic) in den Händen gehabt, nie hat weder er noch General Wächter im Collegio dell'Anima gewohnt, nie haben sie ein Dokument von mir oder jemandem aus dem Collegio erhalten; sollte ihnen, nach Namen und Vergangenheit unbekannt, ohne Unterschied der Rasse, der Partei oder der Religion, wie vielen anderen Flüchtlingen auch, nach dem Krieg geholfen worden sein, dann war es für den, der es tat, ein Akt der christlichen Nächstenliebe, nach dem göttlichen Gebot 'Liebe deinen Nächsten wie dich selbst, auch deinen Feind'."[800] Dieser Brief liefert keine ausreichende Klarstellung, denn er kann von Hudal auch geschrieben worden sein, um sich zu entlasten. Hudals Stellungnahme wurde indirekt von Eichmann selbst bestätigt, der erklärte, er hätte seinen Flüchtlingspass von „einem Franziskanermönch in Deutschland" bekommen.[801] Während seines Prozesses in Jerusalem 1961 sagte Eichmann noch: „Ich erinnerte mich in tiefer Dankbarkeit an die Hilfe katholischer Priester bei meiner Flucht aus Europa und entschied, den katholischen Glauben zu honorieren, indem ich ehrenvoll Mitglied wurde."[802] Einen Beleg dazu, dass Hudal selbst Eichmann geholfen hat, gibt es also nicht.

Doch in vielen historischen Werken ist vermerkt, dass Hudal sich für andere Kriegsverbrecher verwendet hat. So soll er Eduard Roschmann, dem zweiten Kommandanten des Ghettos von Riga und Verantwortlichen für die Ermordung von 35.000 Juden, geholfen haben, nach Argentinien zu fliehen.[803] Dort lebte Roschmann unter dem falschen Namen Fritz Wegener. „Die römische Caritas organisierte und bezahlte seine Emigration nach Argentinien, wo er sich in Buenos Aires in der Villa de Mayo niederließ", so der berühmte Nazijäger Simon Wiesenthal.[804] Hudal soll auch Erich Priebke gerettet haben, Hauptsturmführer der Waffen-SS und am 24. März 1944 beteiligt an dem Massaker in den ardeatinischen Höhlen bei Rom, wo Hunderte von Zivilisten ermordet wurden, ein Racheakt der SS.[805] Auch

Franz Stangl, Kommandant der Vernichtungslager Sobibór und Treblinka, soll die Unterstützung Hudals bei seiner Flucht nach Damaskus genossen haben.[806] Hudal soll auch Walter Rauff geschützt haben, den Mann, der das System der mobilen Gaswagen perfektionierte, in denen mehr als 250.000 Juden getötet wurden (meist osteuropäische Frauen und Kinder). Er holte Rauff persönlich aus einem Kriegsgefangenenlager in Rimini und brachte ihn nach Mailand.[807] Rauff lebte später monatelang in Rom und floh dann über Syrien und Ecuador nach Chile, dessen Regierung die Auslieferung verweigerte. Daneben wurde Rauff auch vom lutherischen Bischof Wagner unterstützt. Rauff starb schließlich an Lungenkrebs im Jahre 1983 in Santiago. Hudal soll Gustav Wagner, einem Freund Franz Stangls, der mit für das Vernichtungslager Sobibór verantwortlich war, falsche Papiere besorgt haben, sodass er Brasilien erreichen konnte.[808] Hudal half angeblich auch Alois Brunner, Syrien zu erreichen. Brunner war ein heftiger Antisemit, der Zehntausende von Juden aus Österreich, Griechenland und Frankreich in die Todeslager schickte.[809] Bischof Hudal sorgte dafür, dass Otto von Wächter, der in Polen und der Ukraine viele Juden ermordete, sich in einem katholischen Kolleg in Rom verstecken konnte, wo er bis 1949 unter dem angenommenen Namen Otto Reinhardt lebte. Von Wächter starb am 14. Juni 1949 im Krankenhaus Santo Spirito „in den Armen seines Schutzengels". Diese Geschichte ist von Hudal selbst in seinem Tagebuch überliefert.[810]

Hudal hatte offenbar keine Skrupel. In seinem Tagebuch ist zu lesen, dass er das, was er tat, als einen Akt der Vergebung und der Liebe betrachtete. Er fand, dass die gesuchten Kriegsverbrecher gute Christen waren, und dass es nicht den Menschen, sondern nur dem Obersten Richter zustehe, über sie zu urteilen. Seine erfolgreichen Aktionen als Fluchthelfer waren nur dank der Zusammenarbeit zahlreicher kirchlicher Vertreter und der (stillschweigenden) Zustimmung des Papstes möglich. So half er vielen gejagten „Nazis", italienischen und kroatischen Faschisten über die berüchtigte „Rattenlinie", auch „Klosterroute" genannt, an sichere Orte zu entkommen. Das Franziskanerkloster in der Via Sicilia in Rom spielte als Zwischenstation eine zentrale Rolle. Während seiner umfangreichen Gespräche mit der investigativen Journalistin Gitta Sereny – die in dem Buch *Into that Darkness. From Mercy Killing to Mass Murder* wiedergegeben werden, gibt Franz Stangl, der ehemalige Kommandant von Treblinka, ein düsteres Bild von den Interventionen Bischofs Hudal wie von dessen Beziehung zu Papst Pius XII. „Hudal stand Papst Pius XII. sehr nahe, daran besteht kein Zweifel. Sie waren Freunde (...) Er besorgte mir eine erste

Zuflucht in Rom, wo ich zu bleiben hatte, bis meine Papiere in Ordnung waren. Und er gab mir ein wenig Geld – ich hatte fast nichts mehr. Nach einigen Wochen rief er mich zu sich und gab mir einen neuen Pass – einen Reisepass des Roten Kreuzes.“[811] Dies ermöglichte es Stangl, mitverantwortlich für den Tod von 900.000 Menschen, nach Damaskus und später nach Brasilien zu fliehen.

Abb. 48: Bischof Alois Hudal.

Wusste der Heilige Stuhl davon? In seinem Buch *Grüß Gott und Heil Hitler* bejaht der Theologe Stefan Moritz dies. „Es ist unwahrscheinlich, dass Alois Hudal und all die anderen, die als Fluchthelfer aktiv waren, ohne Wissen, stillschweigende Duldung und finanzielle Unterstützung des Vatikans handelten.“[812] Der Vatikan unterstützte – laut Simon Wiesenthal – auch die Flucht von Hunderten von Kriegsverbrechern der slowakischen Hlinka-Garde und der ungarischen Pfeilkreuzlerpartei, indem er für gefälschte Visa für südamerikanische Länder, vor allem für Argentinien, sorgte. Im August 1944, als Rom schon zwei Monate befreit und klar war, dass die Deutschen den Krieg verloren hatten, bat der Papst, einen Sondergesandten zu den verschiedenen Kriegsgefangenenlagern der Alliierten schicken zu dürfen, um einen „normalen religiösen Beistand für die katholischen Gefangenen“ zu sichern.

Dabei dachte man an Hudal. Der hatte am 9. Oktober 1944 in einem Brief an den Papst geschrieben: „Seit der Besetzung Italiens durch die Alliierten sind zahlreiche Angehörige unserer deutsch sprechenden katholischen Gemeinden in Neapel, Florenz und Rom oft unter Vorwänden, die nicht überprüfbar sind, verhaftet und in Konzentrationslager nach Süditalien abgeschoben worden. Wiederholt haben sich die Familienmitglieder an mich gewandt um eine Verwendung bei den alliierten Stellen und es ist mir auch gelungen, einige freizubekommen, anderen wenigstens Erleichterungen zu verschaffen. Allein, nicht minder wichtig wäre gerade vom Standpunkt der Religion der Besuch dieser Konzentrationslager in Verbindung mit einem Gottesdienst und einer Aussprache mit den Internierten. Ich bin sehr gerne bereit, alle Opfer auch einer mehrwöchigen Reise, darunter auch jene finanzieller Art auf mich zu nehmen, um schon mit Rücksicht auf die Familien diese bedauernswerten Opfer der Zeit aufzurichten. Ich bitte Euere Heiligkeit um eine dringende Vermittlung bei den zuständigen Alliierten."[813] Die Bitte wird später durch eine Notiz von Bischof Montini vom 1. November 1944 bestätigt. Sie ist in den *Actes et Documents* enthalten. „Seine Exzellenz Msgr. Hudal würde im Namen des Heiligen Vaters diese Deutschen (deutsche Gefangene und Internierte in Italien) besuchen können. In diesem Fall sollte man ihm einen Brief schreiben, um geeignete Anweisungen zu erteilen (keine Politik, Segen bringen ... etc.)."[814] Am 10. November 1944 erteilte der US-Vertreter beim Vatikan die Genehmigung. Daraufhin schickte der Heilige Stuhl Alois Hudal als Gesandten.[815]

In seinen Memoiren *Römische Tagebücher. Lebensberichte eines alten Bischofs* preist Hudal sich glücklich, dass er seit 1945 in der Lage war, Kriegsverbrechern zur Flucht zu verhelfen. In der Einleitung zu seinem Buch erklärt er, weshalb er es tat: „So hatte der Krieg der Alliierten gegen Deutschland in letzter Schau sehr wenig mit Idealen zu tun. Er war kein Kreuzzug, sondern nur die Rivalität wirtschaftlicher Großkomplexe, um deren Sieg gekämpft wurde, ein sogenanntes 'Business', während die Schlagworte Demokratie, Rasse, Religionsfreiheit und Christentum als Köder für die Massen benutzt wurden. Alle diese Erfahrungen haben mich schließlich veranlasst, nach 1945 meine ganze karitative Arbeit in erster Linie den früheren Angehörigen des Nationalsozialismus und Faschismus, besonders den sogenannten 'Kriegsverbrechern' zu weihen, die von Kommunisten und 'christlichen' Demokraten verfolgt wurden, oft mit Mitteln, deren Methoden sich nur wenig von manchen ihrer Gegner von gestern unterschieden haben; obwohl diese Angeklagten vielfach persönlich ganz schuldlos, nur die durchführenden Organe der Befehle übergeordneter Stellen und so das Sühneopfer für große Fehlentwicklungen des Systems waren. Hier zu helfen, manchen zu retten, ohne opportunistische und berechnende Rücksichten, selbstlos und tapfer, war in diesen Zeiten die selbstverständliche Forderung eines wahren Christentums, das keinen Talmudhass, sondern nur Liebe, Güte und Verzeihung kennt und Schlussurteile über die Handlungen des eigentlichen Menschen nicht politischen Parteien, sondern einem ewigen Richter überlässt, der allein die Herzen, Beweggründe und letzten Absichten überprüfen kann. Über diese letzte geleistete Hilfe, die mir bald an der römischen Kurie den Titel eines 'nazistischen, faschistischen Bischofs' eintrug – zu sehr deutsch –, bin ich schließlich als untragbar für die Vatikanpolitik gefallen. Ich danke aber dem Herrgott, dass Er mir meine Augen und auch die unverdiente Gabe geschenkt hat, viele Opfer der Nachkriegszeit in Kerkern und Konzentrationslagern besucht und getröstet und nicht wenige mit falschen Ausweispapieren ihren Peinigern durch die Flucht in glücklichere Länder entrissen zu haben.“ [816] Der wahre Grund, weshalb Hudal erlaubt wurde, den Naziverbrechern zur Flucht zu verhelfen, war die Angst des Vatikans vor dem Bolschewismus. Die damaligen Naziführer waren in den Augen des Papstes bewährte antikommunistische Kämpfer, die während des Krieges die Zerschlagung Europas durch die Sowjets verhindert hatten. Damit verstießen sowohl der Vatikan als auch Argentinien direkt gegen den Appell der Alliierten an die neutralen Staaten vom August 1943, Kriegsverbrechern kein Asyl zu gewähren.[817]

Eine weitere bemerkenswerte Tatsache: Im Jahre 1948 bat Pius XII. um Gnade für die Kriegsverbrecher im Gefängnis in Landsberg am Lech in Bayern, auch für Oswald Pohl, SS-Obergruppenführer und General der Waffen-SS, der für die Verwaltung der Lager verantwortlich war. Er wurde später für schuldig an Kriegsverbrechen, Verbrechen gegen die Menschlichkeit, der Zugehörigkeit zu einer kriminellen Vereinigung, an Massakern und an zahlreichen Verbrechen in Konzentrationslagern, u. a. des Einsatzes von Gefangenen zur Zwangsarbeit befunden. Pius XII. schaltete sich auch ein zugunsten von Otto Ohlendorf, SS-Gruppenführer und Kommandeur des Mordkommandos Einsatzgruppe D, das für die Exekution von 90.000 Menschen verantwortlich war. Er bat um Nachsicht für Hans Eisele, SS-Arzt in Natzweiler, Buchenwald, Mauthausen und Dachau, mit etwa tausend Toten auf seinem Gewissen. Schon vorher hatte der Papst für Arthur Greiser interveniert, einen SS-Gruppenführer und Gauleiter vom Warthegau und von Lódz, der für die Massendeportationen und Vernichtung von Juden und Polen in Chełmno und anderenorts verantwortlich zeichnete. Pius XII. setzte sich auch für Hans Frank ein, Generalgouverneur im besetzten Polen. Dieser war verantwortlich für die Unterdrückung und die Ermordung von Hunderttausenden von Polen und für die Deportation der Juden in die Ghettos. Er gilt als einer der größten Kriegsverbrecher des Zweiten Weltkriegs. Im Oktober 1948 schickte Pius XII. einen Brief an Präsident Harry Truman, in welchem er, den deutschen Bischöfen folgend, Gnade für die restlichen Kriegsverbrecher forderte.[818] So plädierte Bischof Wienken sogar für Victor Brack, einen der Organisatoren der Aktion T4, der Ermordung von mehr als 70.000 geistig und körperlich Behinderten. Kardinal von Galen wandte sich gegen die Prozesse von Nürnberg, weil sie in seinen Augen auf die Untergrabung des deutschen Volkes gerichtet waren.

Ein weiterer Kriegsverbrecher, der mit Hilfe des Vatikans seine Haut retten konnte, war Ante Pavelić, der ehemalige Führer von Kroatien. Pavelić war direkt verantwortlich für die Ermordung von etwa einer halben Million Serben, Juden sowie Sinti und Roma. Und doch hatte er in den Augen der katholischen Kirche viel Gutes getan, unter anderem die (Zwangs-) Bekehrung von Zehntausenden orthodoxer Serben zum Katholizismus. Im Jahr 1945 floh Pavelić von Kroatien nach Österreich und im Frühjahr 1946, verkleidet als katholischer Priester, aus Österreich nach Rom. Zusammen mit seinem Begleiter Doschen versteckte er sich in einem katholischen Kolleg in der Via Giacomo Belli, Nummer 3. Von dort verreiste der kroatische Führer regelmäßig in Autos mit Nummernschildern des diplomatischen Korps beim Vatikan, sodass niemand ihn anhalten konnte. Im Oktober 1948 verließ er Italien an Bord des Schiffes SS Sestriere mit einem Pass des Roten Kreuzes, ausgestellt auf den Namen Pablo Aranyos, mit Ziel Buenos Aires.[819] Es wird angenommen, dass auf diese Weise Tausende von „Nazis" ins Ausland fliehen konnten. Die Journalisten Mark Aarons und John Loftus beschuldigen den Vatikan unverblümt der „Behinderung der Justiz": „Was der Papst nach dem Krieg tat, war das Schlimmste. Statt heimatlosen Juden zu helfen, wurden über die Rattenlinien unter vielen anderen Eichmann, Pavelić und Stangl nach Argentinien geschleust. Anstatt Bischof Hudal anzuzeigen, ersetzte der Vatikan ihn durch eine weniger verdächtige, aber effizientere und effektivere Person, Pater Draganovic. (...) Was der Vatikan nach dem Zweiten Weltkrieg tat, war ein Verbrechen. Die Beweislage ist eindeutig: Der Heilige Stuhl half Flüchtigen der internationalen Strafverfolgung zu entkommen."[820] Pius XII. war sich sehr wohl der Verbrechen bewusst, wie sie unter anderem von Pavelić begangen worden sind. Der Vatikan half also Kriegsverbrechern und missbrauchte seine diplomatischen Privilegien. Ohne den Schutz des Vatikans hätten die „Rattenlinien" nicht existiert und die Massenmörder hätten sich für ihre Handlungen vor einem internationalen Gericht, wie in Nürnberg, verantworten müssen.

Natürlich gab es auch Andere, die ihre diplomatischen Möglichkeiten in den Dienst der Humanität stellten. So stellte der schwedische Diplomat Raoul Wallenberg massenhaft gefälschte Ausweise für Juden in Budapest aus, mit denen er das Leben unzähliger unschuldiger Menschen rettete. Auch Kardinal Angelo Giuseppe Roncalli, der spätere Papst Johannes XXIII., verteilte als Nuntius in der Türkei und in Griechenland viele falsche Taufscheine an Juden. Diese Diplomaten verletzten ihre Sonderrechte, um das Leben unschuldiger Menschen zu retten, während Hudal und Draganovic dasselbe taten, um Schuldige dem Gericht zu entziehen. Das, was am meisten verstört, ist, dass Pius XII. die nazifreundlichen Bischöfe weiter unterstützte oder sie zumindest nicht rügte. Obwohl er dazu die Möglichkeit hatte. Ein Papst kann einen Bischof aus dem Amt entlassen. Das geschieht selten, aber es war, nach den Kanones 192-195 des kirchlichen Gesetzbuches, durchaus möglich. Der Papst ist das Oberhaupt des Bischofskollegiums, der Stellvertreter Christi und Hirte der universalen Kirche.[821] Das Primat des Papstes wird in Kanon 333 deutlich definiert. Es bedeutet, dass der Stellvertreter Christi in jede Teilkirche eingreifen kann. Mehrere Anhänger von Pius XII. verweisen auf die mangelnde Bereitschaft der örtlichen Bischöfe, auf das Wort des Heiligen Stuhls zu hören, aber das kanonische Recht besagt, dass dies keine Entschuldigung für Verhaltensweisen ist, die sich gegen die Politik des Papstes richten. Mit anderen Worten: Als die örtlichen Bischöfe Aussagen trafen, die gegen die Lehre der Kirche verstießen, machten sie das nicht mit der Genehmigung des Vatikans, jedoch in der Erkenntnis, dass Rom ihnen nicht auf die Finger klopfen würde. Die unverkennbare Unterstützung für Kriegsverbrecher durch katholische Geistliche ist nur aus deren abgrundtiefer Abneigung und Angst vor dem Kommunismus zu verstehen.

Teil V
Verleugnung

Kapitel 30
Antisemitismus nach dem Holocaust

Was in den ersten Monaten nach dem Krieg über die begangenen Kriegsverbrechen, und vor allem über die Konzentrationslager, öffentlich bekannt wurde, sorgte für einen Schock in der öffentlichen Meinung. Die Filmaufnahmen und Fotos der Massengräber von Bergen-Belsen und die Zeugnisse der Misshandlungen von Menschen in den Konzentrationslagern Dachau und Buchenwald führten zu einer tiefen Entrüstung, die gewaltig zunahm, als noch mehr und detaillierte Informationen über die Vernichtungslager Bełżec, Chełmno, Sobibór, Treblinka, Majdanek und Auschwitz-Birkenau verfügbar wurden. Auschwitz verursachte ein moralisches Erdbeben. Natürlich wurde zuerst die Schuld der Naziführung benannt, aber bald schon begann man auch Fragen nach der Mitverantwortung der Instanzen in den besetzten Ländern, der örtlichen Behörden und der gewöhnlichen Bürger zu stellen. Warum gab es so wenig Widerstand gegen die Vernichtung der Juden? Wie war es möglich, dass in einem Gebiet, wo das Christentum mit seiner Botschaft von Liebe und Mitgefühl so tief verwurzelt war, die Schoah stattfinden konnte? Und weshalb haben die Kirchenführer und vor allem der Papst so wenig von sich hören lassen? In dieser Zeit wurde die Kirche noch als eine der wichtigsten moralischen Stützen der Gesellschaft betrachtet. Als klar wurde, dass Pius zu den vielen Untaten, von denen er wusste, fast immer geschwiegen hatte, griff Verzweiflung um sich. Warum hat die Kirche sich nicht an die Seite der Antifaschisten gestellt?

In den Monaten und Jahren nach dem Krieg hielt sich die katholische Kirche mit Äußerungen dazu großenteils zurück. Mehr noch, sie begann die Haltung des Papstes zu verteidigen als Ausdruck von Mut und Selbstaufopferung. Doch es wurde immer deutlicher, dass nicht nur politische, sondern auch religiöse Führer ihre Bürger und Glaubensbrüder im Stich gelassen und manches Mal einen schändlichen Antisemitismus praktiziert hatten. Auch nach dem Krieg blieb der Judenhass virulent. So gab es Pogrome in Białystok, Krakau, Warschau, Łódź, Lublin, Rzeszów und in Dutzenden anderer polnischer Städte und Dörfer. Eines der markantesten

Beispiele war der Pogrom in Kielce im Sommer 1946, wo 50 bis 100 Juden von den Einheimischen mit Wissen der polnischen Polizei und Armee getötet wurden. Die jüdischen Einwohner von Kielce hatten bereits im Krieg über 20.000 Ermordete zu beklagen. In seinem Buch *Angst. Antisemitisme in Polen na Auschwitz* erzählt der Historiker Jan Gross über diesen Pogrom.[822] Den Anlass zu dem Massaker gab das plötzliche Verschwinden eines achtjährigen polnischen Jungen am 1. Juli 1946. Er war per Anhalter in das Dorf gefahren, wo er früher gelebt hatte. Zwei Tage später kehrte er unversehrt zurück. Der Vater hatte in der Zwischenzeit das Kind bereits als vermisst bei der Polizei gemeldet. Als sein Sohn zurückkam, erfand er die Geschichte, dass das Kind von Juden entführt worden sei, jedoch entkommen konnte. Darüber hinaus behauptete er, dass Juden in einem Haus die Leichen ermordeter christlicher Kindern aufbewahren. Die Gerüchte in der Stadt überschlugen sich und bald riefen die polnischen Katholiken lauthals, dass die Juden ein christliches Kind rituell ermordet hätten. Am 4. Juli 1946 drangen Polizisten und Soldaten in ein Haus ein, wo aus den Konzentrationslagern zurückgekehrte Juden lebten. Die ehemaligen KZ-Häftlinge wurden dem Mob ausgeliefert, der sie zu töten begann. Danach überfiel man auch anderswo in Kielce Juden und schlug sie mit Knüppeln und Steinen tot oder verletzte sie schwer. Auch plünderte man ihre wenigen Habseligkeiten.

Die Reaktion der Kirche war entrüstend. Der Primas der katholischen Kirche in Polen, Kardinal Hlond, der keinen Zusammenhang zwischen Antisemitismus und dem Holocaust sehen wollte, erklärte, dass „die elenden und unglücklichen Ereignisse in Kielce nicht auf Rassismus zurückzuführen wären", und dass „der Pogrom zu einem gewissen Grad von den Juden selbst verursacht worden ist". Damit wandte er sich ebenso wie alle anderen Bischöfe der polnischen katholischen Kirche gegen eine vorangegangene Aussage des Bischofs von Częstochowa, Teodor Kubina, der sich als Einziger aus Anlass des Pogroms in Kielce gegen den Antisemitismus und die Lüge vom Ritualmord ausgesprochen hatte. Es ist also zu beachten, dass im Gegensatz zu der intellektuellen Elite der Nation die institutionelle Elite der katholischen Kirche sich entschied, den Nachkriegs-Antisemitismus komplett zu ignorieren. Die Kirche reagierte nicht einmal auf die beispiellose Gewalt des Pogroms in Kielce. „Konfrontiert mit einem Massenmord, begangen durch Menschen, die nach ihrer eigenen Vorstellung die katholische Religion verteidigten, waren die Hirten der durchgehenden Herde nur in der Lage, zur Ruhe aufzurufen", sagte Gross. Da die polnischen Kirchenführer sich weigerten, diese antisemitische Aktion zu verurteilen, ging

Abb. 49: Jüdischer Friedhof in der Nähe von Breda (Niederlande), 29. April 2001. Im Hintergrund die Losung „Wir sind zurück".

der britische Botschafter in Polen zum Vatikan. Die Briten fürchteten in der Tat eine mögliche neue Welle von jüdischen Flüchtlingen nach Palästina (zu der es auch kam: In den drei Monaten nach dem Pogrom verließen fast 70.000 Juden Polen). Sie hofften, eine Verurteilung durch den Papst würde die Ruhe in Polen wiederherstellen. Doch auch zu diesem Fall wollte sich Pius XII. nicht äußern. Er bestätigte die Aussage von Kardinal Hlond.

Dass der Antisemitismus in Polen an der Tagesordnung war, zeigen auch andere Beispiele. In seiner Autobiografie *Mijn leven* beschreibt der deutsch-jüdische Literaturkritiker polnischer Abstammung Marcel Reich-Ranicki, wie er nach seiner Flucht aus dem Warschauer Ghetto im Jahre 1943 bei der einfachen polnischen Familie, Bolek Gawin, einem Schriftsetzer, und dessen Frau Genia, untertauchen konnte. Im September 1944 wurden sie von den Russen befreit. Als er sich von Reich-Ranicki verabschiedete, sagte Bolek: „Ich bitte Sie, niemandem zu erzählen, dass sie bei uns waren. Ich kenne dieses Volk (die Polen). Es würde uns nie verzeihen, zwei Juden gerettet zu haben."[823] Bolek und seine Frau waren Ausnahmen. Viele Polen weigerten sich, Juden, die aus den Konzentrationslagern zurückkehrten, ihre Häuser und ihr Eigentum wiederzugeben. Laut Gross ist dies ein offenes Geheimnis. Er betont, dass diejenigen, die etwas „abbekamen" aus „ehemaligem jüdischen Eigentum" auch heute noch in jeder kleinen Stadt oder jedem Dorf bekannt sind. In gewisser Weise waren viele Polen wankelmütige Komplizen der „Nazis" beim organisierten Massenmord. Diese

Haltung war nur möglich, weil Polens „durch und durch antisemitischer Klerus nicht bereit war, zu intervenieren und seine Herde von der Mitarbeit abzuhalten", wie der britische Botschafter Cavendish-Bentinck erklärte.[824] In diesem Sinne war der Pogrom in Kielce keine Ausnahme. Ein Jahr vorher war bereits ein Pogrom in Krakau ausgebrochen. „Im christlichen Polen kehrten viele aus dem Ghetto geflohenen Juden wieder dorthin zurück. So feindselig verhielt sich die Bevölkerung gegen sie; sie fürchteten die Polen genau so wie die Deutschen", sagt der jüdische Friedensnobelpreisträger Elie Wiesel, der sich wie kaum ein anderer des christlichen Antisemitismus in Polen bewusst war.[825] Während des Kommunismus wurde das Pogrom in Kielce nicht untersucht. Erst nach dem Fall der Berliner Mauer gab es unabhängige Untersuchungen, aber auch dann blieb die Kirche bei ihrer ursprünglichen Auffassung. Erst 60 Jahre nach der Tat und trotz der Distanz der Kirche gaben die Polen das Pogrom in Kielce zu. Am 4. Juli 2006 enthüllte Wojciech Lubawski, der Bürgermeister von Kielce, ein von Jack Sal entworfenes Denkmal für die jüdischen Opfer.

Dass der Antisemitismus in Polen bei Weitem nicht ausgerottet ist, belegt die Tatsache, dass jüdische Friedhöfe in den letzten Jahren zunehmend zum Ziel blinden Judenhasses wurden. Zum Beispiel wurden in Gdansk wiederholt jüdische Gräber verwüstet oder mit antisemitischen Parolen beschmiert. Ähnlichen Vandalismus sieht man immer häufiger auch in anderen Ländern und Städten, u. a. in Oosterhout in den Niederlanden (2001), in Minsk in Weißrussland (2004), in Colmar in Frankreich (2004), in Chisinau in Moldawien (2004), in Debrecen und Budapest in Ungarn (2004 und 2005), in London in England (2005), in Velký Pęčín in der Tschechischen Republik (2005), in La Tour de Pielz in der Schweiz (2005), in Ebersburg in Deutschland (2005), in St. Petersburg, Wolgograd und Tver in Russland (2005 und 2006), in Sewastopol und Odessa in der Ukraine (2006 und 2007), in Częstochowa in Polen (2007) und in vielen anderen Orten. In allen diesen Fällen wurden die Taten durch die Regierungen öffentlich verurteilt. In Polen hält sich der offene Antisemitismus. So konnte der katholische Priester Tadeusz Rydzyk, Gründer und Leiter von *Radio Maryja*, bis zum Sommer 2007 in seinen Sendungen die Juden erbittert angreifen.[826]

Kapitel 31
Jüdische Kinder

Tausende von Juden haben ihr Leben den Bemühungen mutiger Menschen und Organisationen zu danken, die ihre Türen öffneten und sie untertauchen ließen. Es gab darunter viele Priester, Klöster und christliche Schulen. Doch auch hier sind einige Kommentare nötig. Der jüdisch-deutsche Politologe Alfred Grosser beschreibt, wie er 1933 mit seiner Mutter nach Frankreich emigrierte, wo sich während des Krieges eine große Zahl von Juden aus Angst vor einer Abschiebung in den Osten versteckte. Er selbst versuchte, im Jahre 1943 Zuflucht in einem Kloster in der Nähe von Valence zu finden. „Der Abt ließ mir die Wahl: Entweder müsste ich mich taufen lassen, ansonsten würde er mir nicht helfen. (...) Es war offensichtlich eine Erpressung. Aber es interessierte mich nicht sonderlich.“[827] Grosser war damals 18 Jahre alt. György Konrád bezeugt, dass er als Elfjähriger in der Weihnachtszeit 1944 die Möglichkeit hatte, in Budapest in einem Kloster unterzutauchen. Die Nonnen stellten auch hier als Bedingung, dass er zusammen mit vier anderen Familienmitgliedern zum Katholizismus konvertieren müsse und sich „als ein Zeichen davon, eine Halskette mit einem blechernen Maria-Anhänger um den Hals hängen sollte“.[828] Konrád und die Seinen bedankten sich und kehrten zurück ins Ghetto, wo die Pfeilkreuzler mit ihrem blindwütigen Morden fortfuhren. Viele jüdische Eltern gaben ihre Kinder, oft Babys oder Kleinkinder, an Priester, Äbte und Nonnen, in der Hoffnung, dadurch deren Leben zu retten. Ob sie getauft wurden, kümmerte sie in der Regel nicht sehr. Die Mehrheit der Eltern wurde deportiert und starb in den Vernichtungslagern. Diejenigen, die überlebten, versuchten die zurückgelassenen Kinder ausfindig zu machen und wieder zu sich zu nehmen. Aber das war nicht immer einfach.

Der schweizerische Überlebende des Holocausts Henri Elias berichtete Anfang 2005, dass noch fast 12 Jahre nach Kriegsende die Kirche sich wegen seiner Taufe weigerte, ihn an seine jüdische Familie zurückzugeben.[829] Elias war 18 Monate alt, als belgische Widerstandskämpfer seiner Mutter rieten, ihn einer Einrichtung der katholischen Kirche zu überlassen, was sie auch tat. Ein Priester übergab das Kleinkind dann an Fernande Hallard,

E APOSTOLIQUE
RANCE
I-
516

Paris le 23 Octobre 1946

..ifs confiés à des orga-
..tholiques au moment de
..ation.

Au sujet des enfants juifs, qui, pendant l'occupation allemande, ont été confiés aux institutions et aux familles catholiques et qui sont maintenant réclamés par des institutions juives pour leur être remis, la S. Congrégation du St Office a donné une décision que l'on peut résumer ainsi :

1) Eviter, autant que possible, de répondre par écrit aux autorités juives, mais le faire oralement.

2) Toutes les fois qu'il sera nécessaire de répondre, il faudra dire que l'Eglise doit faire ses investigations pour étudier chaque cas en particulier.

3) Les enfants qui ont été baptisés ne pourraient être confiés aux institutions qui ne seraient pas à même d'assurer leur éducation chrétienne.

4) Pour les enfants qui n'ont plus leurs parents, étant donné que l'Eglise s'est chargée d'eux, il ne convient pas qu'ils soient abandonnés par l'Eglise ou confiés à des personnes qui n'auraient aucun droit sur eux, au moins jusqu'à ce qu'ils soient en mesure de disposer d'eux-mêmes. Ceci, évidemment, pour les enfants qui n'auraient pas été baptisés.

5) Si les enfants ont été confiés par les parents, et si les parents les réclament maintenant, pourvu que les enfants n'aient pas reçu le baptême, ils pourront leur être rendus.

Il est à noter que cette décision de la S. Congrégation du St Office a été approuvée par le St Père.

Abb. 50: Kopie des Briefes, der am 23. Oktober 1946 an das französische Episkopat gesendet wurde. Mit Dank an Alberto Melloni.

eine katholische Frau. Nach dem Krieg weigerte sie sich, das Kind wieder abzutreten. Sie erzählte, dass seine leibliche Mutter es im Stich gelassen hätte. In Zusammenarbeit der katholischen Kirche mit den zivilen Behörden wurde sein Name in Antoine Benoît geändert. Unterdessen suchte sein Onkel nach ihm. Fernande Hallard erzählte dem Mann, dass das Kind gestorben sei. Im Jahre 1949 entdeckte der Onkel, dass sein Neffe noch am Leben war, und leitete ein Verfahren gegen die Kirche ein, um Henri zurückzuholen. Elias' Aussage erschien einige Tage, nachdem Alberto Melloni, ein Kirchenhistoriker am Institut für Religionswissenschaft in Bologna, im *Corriere della Sera* vom 28. Dezember 2004 ein aufsehenerregendes Dokument unter dem Titel „Pius XII. an Nuntius Roncalli: gib die jüdischen Kinder nicht zurück" veröffentlicht hatte.[830]

Es handelte sich um einen Brief vom 23. Oktober 1946 in Französisch mit Richtlinien für den päpstlichen Nuntius in Paris, Angelo Roncalli. Dem wird der Auftrag erteilt, zu verhindern, dass jüdische Kinder, die während des Krieges an katholische Institutionen und Familien gegeben und inzwischen getauft worden waren, an ihre Familien oder an jüdische Organisationen zurückgegeben werden. Der Brief lautet wie folgt: „In Bezug auf die jüdischen Kinder, die während der deutschen Besatzung katholischen Institutionen und Familien anvertraut wurden, und die jetzt von jüdischen Institutionen zurückverlangt werden, hat die Kongregation des Heiligen Offiziums eine Entscheidung getroffen, die wie folgt zusammengefasst werden kann: 1) vermeide so weit wie möglich jüdischen Behörden schriftlich zu antworten, sondern tue es mündlich; 2) wann immer es notwendig ist zu antworten, muss man sagen, dass die Kirche noch Forschungsarbeiten durchführen muss, um jeden Fall einzeln zu untersuchen; 3) Kinder, die getauft sind, dürfen nicht Institutionen anvertraut werden, die ihre christliche Erziehung nicht garantieren können; 4) für Kinder, die beide Eltern verloren haben, ist es angesichts der Tatsache, dass die Kirche für sie verantwortlich ist, nicht akzeptabel, dass die Kirche sie im Stich lässt oder sie Personen anvertraut, die kein Recht auf sie haben, zumindest, bis diese Kinder selbst entscheiden dürfen. Dies gilt natürlich auch für Kinder, die nicht getauft sind; 5) wenn die Kinder von ihren Eltern weggegeben wurden und die Eltern sie jetzt zurückfordern, können sie zurückgegeben werden, insofern sie nicht getauft sind." Am Ende des Briefes steht noch ein Satz, der besonders relevant für dieses Buch ist, nämlich die Genehmigung des Papstes für diese Leitlinien: „Es wird darauf hingewiesen, dass diese Entscheidung der Kongregation des Heiligen Offiziums vom Heiligen Vater genehmigt wurde."

Obwohl der Brief keine Unterschrift trägt, ist klar, dass es sich um eine direkte Richtlinie Pius' XII. an seinen französischen Nuntius Angelo Roncalli, den späteren Papst Johannes XXIII., handelte. Melloni entdeckte den Brief im Jahr 2004 in den Tagebüchern von Roncalli, registriert unter Nummer 4516. Der Artikel im *Corriere della Sera* löste weltweite Empörung aus. Pater Peter Gumpel, Relator in der Heiligsprechung des Papstes, bestreitet, dass der Brief „in dieser Form" aus dem Vatikan kam. Ihm zufolge geht es möglicherweise um eine unvollständige und ungenaue Zusammenfassung eines längeren Textes des Vatikans. Gegenüber der Nachrichtenagentur *Associated Press* sagte Gumpel, dass „auch wenn der Text authentisch wäre, dies die Heiligkeit Pius XII. in keiner Weise schmälert". Andere Fürsprecher des Kriegspapstes beschuldigten Melloni einer Verschwörung gegen die katholische Kirche und stellen die Echtheit des umstrittenen Dokuments infrage. Aber Etienne Fouilloux, emeritierter Professor für Zeitgeschichte an der Université Lumière in Lyon und Entdecker des Dokuments, betont, dass der Brief echt ist, und dass er an den Nuntius in Frankreich mit der Absicht gerichtet wurde, ihn an die verschiedenen Bischöfe weiterzuleiten.

Im gesamten besetzten Europa wurden jüdische Familien, insbesondere Kinder, von christlichen Familien und Institutionen versteckt. Ein Großteil der jüdischen Eltern überlebte den Krieg nicht. Schätzungen zufolge blieben zwischen zehn- und zwanzigtausend jüdische Waisen bei französischen katholischen Familien und Institutionen. Einige davon wurden getauft. Die getauften Kinder konnten entsprechend der Richtlinie des Papstes nicht an ihre Verwandten zurückgegeben werden. Auch wenn die Eltern die Hölle überlebt hatten, die Kinder jedoch inzwischen getauft waren, durften die katholischen Familien und Institutionen sie, nach den päpstlichen Richtlinien, nicht zurückgeben. Ein bekannter Fall war der der Brüder Robert und Gérald Finaly, die im April 1944 von ihren Eltern einem Kindergarten in Grenoble anvertraut wurden, der unter der Leitung von Antoinette Brun, einer überzeugten Katholikin, stand.[831] Die jüdischen Eltern Finaly, die nach dem Anschluss Österreichs nach Frankreich geflohen waren, überlebten den Krieg nicht. Nach dem Krieg verlangte die Tante Margaret Fischel-Finaly, die Waisen in ihre Obhut zu geben, aber Brun verweigerte dies. Drei Jahre später, 1948, ließ sie die Kinder taufen. Im Jahr 1952 entschied ein Gericht, dass sie die Kinder deren jüdischer Familie wiederzugeben hat, aber Brun floh mit ihnen nach Spanien, wo sie unter einem falschen Namen in den Klöstern von Unserer Lieben Frau von Zion versteckt wurden. Der Vatikan tat alles, um die Rückgabe der Kinder zu verhindern. Erst nach einer aufwendigen Kampagne in den Medien kehrten sie zu ihrer Familie zurück. Die Brüder leben jetzt in Israel.

In den Niederlanden gab es einen ähnlichen Fall. Die jüdischen Eltern Beckman versteckten ihre zwei Jahre alte Tochter Anneke am 26. Mai 1943 bei den Schwestern Moors in Hilversum. Am 20. Juni 1943 wurden die Eltern bei einer Razzia in Amsterdam verhaftet und nach Westerbork gebracht. Von dort wurden sie am 6. Juli 1943 nach Sobibór deportiert, wo sie drei Tage später vergast wurden. Nach dem Krieg forderten die Stiftung zur Pflege von jüdischen Kriegspflegekindern *Le Ezrath Ha-Jeled* und die Kommission für Kriegsopfer das Kind an, weil die Eltern Familienmitgliedern gegenüber den Wunsch geäußert hatten, dass ihr Kind eine jüdisch-religiöse Erziehung erhalten solle. Die Pflegemutter widersetzte sich jedoch der Forderung.[832] Im Jahr 1948 entschied ein Gericht, dass das Kind unter die Vormundschaft von Sara van der Sluis, einer Nichte von Annekes Vater, zu stellen sei. Das Urteil wurde angefochten, aber in der Berufung wurde am 25. Februar 1949 entschieden, dass das Kind zurückzugeben ist. Plötzlich erklärten die Schwestern Moors, dass das Kind weggelaufen sei. Inzwischen gab es auch ein Problem mit dem jüdischen Mädchen Rebecca (Betty) Meljado. Es war als dreijähriges Kind einer unverheirateten Frau, Margriet van Hoogdalen, anvertraut worden. Auch hier ordnete das Gericht an, das Kind zurückzugeben (an den Großonkel Moses Cosman), was zunächst auch geschah. Aber Betty wurde dreimal von ihrer Pflegemutter entführt. Schließlich fand die niederländische Kripo Betty am 13. März 1954 in einem katholischen Internat im belgischen Banneux wieder. Da saß auch Anneke, aber die wurde durch eine Krankenschwester in letzter Minute weggebracht und versteckt. Die Mutter Oberin im Internat verweigerte jegliche Zusammenarbeit mit der Polizei.

Schließlich wandte sich die niederländische israelische Glaubensgemeinschaft an Erzbischof Bernard Alfrink in Utrecht und an den belgischen Kardinal Van Roey in Mecheln. Der Erste gab als vage Antwort, dass Katholiken nicht verpflichtet seien, ein Kind zurückzuhalten, verweigerte aber weitere Schritte. Der Zweite antwortete gar nicht. Das führte zu einer Welle von Protesten in der niederländischen Presse, die wörtlich von Obstruktion seitens der Kirche sprach. Erst 1961, im Alter von 21 Jahren, erschien Anneke wieder in der Öffentlichkeit, jetzt als eine katholisch erzogene junge Frau. Auf der dritten Vollversammlung des *World Jewish Congress* in Genf am 11. August 1953 wurde die absichtliche Zurückhaltung von jüdischen Kindern scharf verurteilt. „Der Fall der Finaly-Jungen mag als eine dramatische und sensationelle Episode betrachtet werden, ist aber nur einer von vielen ähnlichen Fällen, die Hunderte, wenn nicht Tausende jüdische Kinder in mehreren europäischen Ländern betreffen, die gerettet oder gefunden wurden von nichtjüdischen Einzelpersonen oder Gruppen. (...) Wir appellieren mit Schärfe an die religiösen und weltlichen Führer und Organisationen in den Ländern, in Übereinstimmung mit den Grundsätzen der Gerechtigkeit und der Moral zu handeln, indem sie helfen, diese Kinder in die Obhut ihrer Verwandten und der jüdischen Gemeinde zurückzubringen und damit die Erinnerung an die Getöteten zu ehren, anstatt zu entweihen."[833] Auch in der niederländischen Presse schrieb man von einer „Rechtsverletzung". Diejenigen römisch-katholischen Institutionen, die daran beteiligt waren, Kinder zu verbergen, gerieten unter heftige Kritik.[834]

Auch in der belgischen Nachkriegsgeschichte gab es Fälle, dass jüdische Kinder von ihren katholischen Rettern nicht zurückgegeben wurden. In ihrem bemerkenswerten Buch *Schimmen met een ster* untersucht die Historikerin Hanne Hellemans die wechselvolle Geschichte der versteckten jüdischen Kinder während des Zweiten Weltkriegs in Belgien. Auch sie schreibt über Henri Elias, einen Fall, den wir bereits besprochen haben. Nach einem juristischen Tauziehen, das erst 13 Jahre nach der Befreiung Belgiens ein Ende fand, wurde das Kind schließlich seinen jüdischen Familienangehörigen zugeführt.[835] Sie beschreibt auch die juristischen Auseinandersetzungen um die Kinder Ilona Mermelstein, Gaby Mermelstein und Hélène Najman. Letztere wurde in einem Kloster in Kontich bis zu ihrer Volljährigkeit 1957 festgehalten. Schließlich gelang es ihr, nach Israel zu kommen, wo sie sich verliebte und heiratete, gegen den Willen der Schwestern in Kontich.[836] Wichtig in allen diesen Fällen ist die Einstellung der katholischen Kirche und ihrer hochrangigen Vertreter. Nach Hellemans machte Kardinal Van Roey von seiner Autorität keinen Gebrauch, sondern nahm eine ambivalente Haltung ein. So riet er den katholischen Familien zwar, die Kinder zurückzugeben, aber sagte auch, dass die jüdische Gemeinde kein Recht habe, die Kinder den Katholiken ohne Weiteres wegzunehmen. Von etwa achtzig Kindern ist bekannt, dass sie nie wieder in ihre jüdische Umgebung zurückkehrten, schreibt Hellemans.[837] Manchmal handelte es sich hier um eine dogmatische katholische Überzeugung verbunden mit antisemitischen Vorurteilen. Der Autor zitiert Harry Bande, den Vertreter von *Children's Salvation*, einer Organisation, die Kinder zu ihren Familien zurückbrachte: „Wir hatten einmal ein Mädchen aus einem Kloster in der Nähe zum Sabbat eingeladen. Wir aßen und ich sah, dass sie sehr nervös war. Ich fragte sie, was los sei. Sie begann zu weinen. Sie sagte, die Nonnen hätten sie gewarnt, dass wir sie mitnehmen oder sie töten oder mit ihr schreckliche Dinge tun würden. Wenn sie zu einer bestimmten Uhrzeit nicht anrufen würde, würden sie die Polizei alarmieren.“[838]

Die Richtlinie von Pius XII., getaufte jüdische Kinder nicht zurückzugeben, war keine Ausnahme in der Geschichte der Kirche. Giovanni Maria Mastai-Feretti, von 1846 bis 1878 Papst unter dem Namen Pius IX., machte vor allem Furore durch die Dogmen der Unfehlbarkeit des Papstes und der Unbefleckten Empfängnis Marias. Weniger bekannt ist, dass er am 23. Juni 1858 Edgardo Mortara, einen sechs Jahre alten jüdischen Jungen, durch die Polizei von Bologna, zum Kirchenstaat gehörig, aus seiner Familie rauben ließ. Der Grund war eher bizarr: Als eines Tages Edgardo ernsthaft erkrankte, hatte die katholische Haushälterin Anna Morisi das Kind ohne Wissen der Eltern getauft. Normalerweise können das nur Priester, aber im Fall von höherer Gewalt wird eine derartige Nottaufe akzeptiert. Nun war das Kind aus Sicht der katholischen Kirche ein Katholik. Eine der antijüdischen Verordnungen dieser Zeit besagte, dass es jüdischen Eltern verboten war, katholische Kinder zu erziehen. Es wurde daher beschlossen, Edgardo gewaltsam zu entführen und dem Vatikan zu übergeben, wo er eine katholische Erziehung bekam. Die Eltern baten vergeblich um ihr Kind. Es folgt ein weltweiter Protest, dem sich auch der französische Kaiser Napoleon III. und der österreichischen Kaiser Franz Joseph I. anschlossen, doch Pius IX. blieb hart und weigerte sich, das Kind zurückzugeben.[839] Edgardo wurde später Priester mit einem großen Drang, andere Juden zum Katholizismus zu bekehren. Er starb in Lüttich im Jahre 1940. Diese Frage wurde erneut aktuell anlässlich der Seligsprechung von Pius IX. im Jahr 2000. Die Kirche verteidigte ihre Entscheidung damit, dass die Entführung getaufter Juden, um sie als Katholiken zu erziehen, „zu jener Zeit üblich war“.

Kapitel 32
Konrad Adenauer über die Kirche

Am 23. Mai 1949 beschloss der Deutsche Bundestag eine neue Verfassung. In den ersten demokratischen Wahlen nach dem Krieg erreichten die Christdemokraten der CDU und ihre bayerische Schwesterpartei CSU 139 der 402 Sitze im Bundestag. Am 15. September 1949 wurde Konrad Adenauer zum ersten deutschen Bundeskanzler gewählt. Vor dem Zweiten Weltkrieg war er Oberbürgermeister von Köln, 1933 wurde er jedoch von den „Nazis" entlassen. Gemeinsam mit Max Pribilla, Ingbert Naab und Fritz Gerlich warnte er in der Wochenzeitung *Der gerade Weg* vor der Gefahr des Nationalsozialismus (die Zeitschrift wurde im März 1933 verboten). Adenauer wusste sehr wohl um die historische und moralische Schuld seines Landes gegenüber den Juden und der Welt. Am 23. Februar 1946 sandte er einen Brief an den Bonner Priester Bernhard Custodis, in welchem er hart ins Gericht ging mit der Haltung der Kirche und ihrer Vertreter während des Krieges. „Nach meiner Meinung trägt das deutsche Volk und tragen auch die Bischöfe und der Klerus eine große Schuld an den Vorgängen in den Konzentrationslagern. Richtig ist, dass nachher vielleicht nicht viel mehr zu machen war. Die Schuld liegt früher. Das deutsche Volk, auch Bischöfe und Klerus zum großen Teil, sind auf die nationalsozialistische Agitation eingegangen. Es hat sich fast widerstandslos ja zum Teil mit Begeisterung auf all den (...) gekennzeichneten Gebieten gleichschalten lassen. Darin liegt seine Schuld. Im Übrigen hat man aber auch gewusst – wenn man auch die Vorgänge in den Lagern nicht in ihrem ganzen Ausmaße gekannt hat –, dass die persönliche Freiheit, alle Rechtsgrundsätze, mit Füßen getreten wurden, dass in den Konzentrationslagern große Grausamkeiten verübt wurden, dass die Gestapo, unsere SS und zum Teil auch unsere Truppen in Polen und Russland mit beispiellosen Grausamkeiten gegen die Zivilbevölkerung vorgingen. Die Judenpogrome von 1933 und 1938 geschahen in aller Öffentlichkeit. Die Geiselmorde in Frankreich wurden von uns offiziell bekannt gegeben. Man kann also wirklich nicht behaupten, dass die Öffentlichkeit nicht gewusst habe, dass die nationalsozialistische Regierung und die Heeresleitung ständig aus Grundsatz gegen das Naturrecht, gegen die Haager Konvention und gegen die einfachsten Gebote der

Menschlichkeit verstießen. Ich glaube, wenn die Bischöfe alle miteinander an einem bestimmten Tag öffentlich von den Kanzeln aus dagegen Stellung genommen hätten, sie vieles hätten verhüten können. Das ist nicht geschehen und dafür gibt es keine Entschuldigung. Wenn die Bischöfe dadurch ins Gefängnis und ins Konzentrationslager gekommen wären, so wäre das kein Schaden, im Gegenteil. Alles das ist nicht geschehen und darum schweigt man am besten."[840]

Das war eine mutige Aussage von Adenauer, der als Kanzler dennoch viel Kritik erntete. So ist es ihm während seiner ersten Rede vor dem Parlament gelungen, mit keinem Wort die Taten der Widerstandskämpfer zu erwähnen.[841] Das vermindert nicht die Bedeutung seines Schreibens vom Februar 1946, in dem er ein heikles Thema anzusprechen wagte, nämlich die zweifelhafte Rolle der Kirchen vor und während des Nationalsozialismus. Einige deutsche Bischöfe haben heftig gegen die Kritik an ihrer Führung unter dem Naziregime opponiert. Bischof Albert Stohr von Mainz bestritt, dass die Überlebenden der Konzentrationslager mutiger waren als die Bischöfe, die sie jetzt kritisierten. Er schrieb: „Die meisten von ihnen wurden in Konzentrationslager geworfen, wegen direkter Aussagen und geheimer Aktionen. Viele wurden Opfer ihrer eigenen Nachlässigkeit und Waghalsigkeit, die nichts mit Mut zu tun hatten." Auch die Bischöfe Lorenz Jäger und Johannes Dietz hielten an ihren hergebrachten Auffassungen fest und fühlten sich höchstens vom Nationalsozialismus fehlgeleitet. Aber Fehler? Nein, sie und ihre Gläubigen hatten keinen begangen. Als der endgültige Sieg der Alliierten feststand, versuchte die Kirche, den Schaden zu begrenzen, doch auch dann blieb ihre Rolle sehr schemenhaft und zweifelhaft. Pius XII. hat nach dem Krieg keinen Massenmörder der Juden oder der orthodoxen Serben in Kroatien exkommuniziert. In den dreizehn Jahren, die er nach dem Krieg noch lebte, hat er nie explizit den Holocaust verurteilt, im Gegensatz zu allen protestantischen Kirchen, die im Jahr 1948 ihr Bedauern und den Antisemitismus zu einer Sünde erklärten.

Nicht nur Adenauer hat die Haltung der Kirchen während des Krieges kritisiert. Auch Schriftsteller wie Thomas Mann und Hermann Hesse übten Kritik. Am 22. Januar 1946 schrieb Hermann Hesse an Otto Engel: „Sie sprechen hinterher voll Lob über den Gott der Kirchen, dass er dem Menschen eine klare, durch die Praxis bewiesene Moral gibt. Die deutschen Pastoren, die mit ihrem Gott Hitler massenhaft um den Hals fielen, zeigen das Gegenteil, und auch die italienischen Erzbischöfe, die Mussolinis Kriegsschiffe und Flugzeuge geweiht und gesegnet haben."[842] Die Kirchen haben viele junge Menschen mit ihrem Appell zum Schutz des deutschen

Geistes und des europäischen Abendlandes vergiftet. Von den Kanzeln und in Hirtenbriefen forderten sie die deutschen Männer auf, sich voll in den Dienst des Christentums zu stellen. In Wirklichkeit dienten sie verrückten Führern, die nur darauf aus waren, die jüdische Rasse zu vernichten. „Während des siegreichen deutschen Raubzuges durch die Hälfte Russlands haben junge deutsche Soldaten mir manchmal geschrieben: ‘Wir stehen hier im Kaukasus, um das höchste Gut des deutschen Geistes zu schützen, zu dem wir auch Ihre Arbeit zählen’ [die Bücher von Hesse waren bereits seit Jahren durch die „Nazis“ verboten, d.Verf.] und mehr solchen jugendlichen Unsinn. In Wirklichkeit halfen alle jene armen Helden den Tieren, die das ‘Vaterland’ regierten, alles gute und wahre Deutsche komplett zu zerstören“, so schrieb Hermann Hesse.[843]

Kapitel 33
Das Versagen der Alliierten

In seinem Buch *Hitlers Religion* sagt Michael Hesemann, dass nicht nur der Papst, sondern die ganze Welt schwieg, als die Juden Europas vernichtet wurden. Das war auch die Meinung des amerikanischen Hitler-Biografen John Toland, der das Schweigen des Papstes „bedauerlich“, aber die Haltung der Alliierten noch „peinlicher“ fand.[844] Auch die amerikanische Historikerin Deborah Lipstadt weist darauf hin, dass Amerika in den dreißiger und vierziger Jahren Tausende und vielleicht sogar Hunderttausende von Juden hätte retten können, das aber nicht tat.[845] Da ist vieles Wahres dran. Als Hitler an die Macht kam und die ersten Maßnahmen gegen die Juden angekündigt wurden, war die Welt beunruhigt. Juden in den Vereinigten Staaten und in London forderten einen wirtschaftlichen Boykott des nationalsozialistischen Deutschlands und organisierten große Demonstrationen. Am 27. März 1933 führte die jüdische Gemeinde in den Vereinigten Staaten eine große Protestveranstaltung gegen den Nationalsozialismus im Madison Square Garden mit dem Slogan „Protest gegen Hitler und seine Verfolgung der Juden“ durch. Am 2. April versammelten sich im Londoner Hyde Park 50.000 Juden, um gegen die Verfolgung ihrer deutschen Glaubensbrüder zu protestieren. Aus dem gleichen Grund demonstrierten am 10. Mai 1933 hunderttausend Menschen in New York. Als die *British Union of Fascists* unter Leitung von Oswald Mosley 1934 ein Meeting im Hyde Park abhielt, waren sie mit 150.000 antifaschistischen Gegendemonstranten konfrontiert. Doch trotz all dieser Proteste blieben Politiker und Regierungen abwartend und beschränkten sich auf den einen oder anderen diplomatischen Einwand. Ein Teil der US-Presse beschrieb das Klima der ersten Jahre des Hitlerregimes sogar als „normal und friedlich“. So veröffentlichte *The Christian Science Monitor* im August 1933 eine Reihe von positiven Reiseeindrücken aus dem faschistischen Deutschland. Die Verfolgung der Juden wurde durch den Reporter als nur „sehr eingeschränkt“ abgetan.[846]

Fast alle Staaten unterhielten diplomatische Beziehungen zum NS-Regime. So Großbritannien, Frankreich, die Sowjetunion, die Vereinigten Staaten und der Vatikan. Cesare Orsenigo war damals Vertreter des Heili-

Abb. 51: Protest gegen die NS-Verfolgung der deutschen Juden in New York am 10. Mai 1933.

gen Stuhls in Berlin. Auch in anderen Bereichen erhielten die Nationalsozialisten internationale Anerkennung und Unterstützung. Das Internationale Olympische Komitee hatte bereits am 26. April 1931 beschlossen, die Olympischen Spiele 1936 in Berlin abzuhalten (Berlin erhielt 43 Stimmen, der Gegenkandidat Barcelona 16). Nach der Machtübernahme durch die „Nazis" bestätigte der Ausschuss diese Entscheidung. Es war für Hitler und Goebbels eine einzigartige Gelegenheit, um das neue Reich als einen normalen Staat zu präsentieren, in dem die Bürger mit ihrer Führung zufrieden sind und dies auch spontan kundtaten. In den USA gab es Forderungen, die Spiele zu boykottieren, wenn Juden die Teilnahme verweigert würde. Ein Boykott der Amerikaner wäre für die „Nazis" eine heftige Ohrfeige gewesen. Der US-Leichtathletikverband beschloss am 18. November 1933, die Spiele zu boykottieren, aber das Olympische Komitee der USA, eine Gruppe von Geschäftsleuten und hoch angesehenen Bürgern wollte davon nichts wissen. Die Amerikaner forderten, dass Juden teilnehmen können, obwohl sie wussten, dass jüdische Sportler im Dritten Reich u. a. der Zugang zu Sportanlagen verwehrt war. So war es jüdischen Schwimmern in vielen deutschen Städten von Mai 1935 an verboten, örtliche Schwimmbäder zu benutzen. Die deutsche Regierung erklärte, dass jüdische Athleten aufgestellt würden, was das IOC und die USA zufriedenstellte. Schließlich trat nur eine halbjüdische Sportlerin in der deutschen Mannschaft an, die Fechterin Helena Mayer, die noch dazu in den Vereinigten Staaten lebte. Letztlich weigerten sich nur einige niederländische Sportler, an den Spielen teilzunehmen. Die einzige Form des Protestes war die Weigerung der US-Delegation, während der Eröffnungsfeier den Hitlergruß zu erweisen, im Unterschied zu vielen anderen Nationalmannschaften. Die „Nazis" nützten die Olympischen Spiele eifrig zu Propagandazwecken aus und scheuten keine Mühen, die Außenwelt von den Wohltaten ihres Regimes zu überzeugen. Obwohl Hitler keine öffentliche Rede hielt, waren Straßen und Stadien von einem Fahnenmeer mit dem Hakenkreuz geradezu überschwemmt. Die antisemitischen Parolen wurden von den Behörden entfernt. So erwähnt Bella Fromm in ihrem Tagebuch am 23. Juli 1936: „Auf der Straße gibt es einige Verbesserungen. Sie haben die Stürmer-Vitrinen entfernt, um die Besucher der Olympischen Spiele mit dieser antisemitischen Zeitung nicht zu verärgern."[847] Nicht wenige ausländische Besucher der vom 1. bis zum 16. August dauernden Spiele erwarteten das Ärgste, aber es kam anders. „Zu ihrem Erstaunen wurden sie mit einer lebendigen und optimistischen Gesellschaft konfrontiert, ohne eine Spur von antisemitischen Aktivitäten", beschreibt Eric Johnson, Professor für Geschichte in den USA, in seinem Buch *Nazi-terreur. Gestapo, Joden en gewone Duitsers* die Atmosphäre in Deutschland.[848] Das war auch der Eindruck bei den Deutschen selbst: „Die ganze Welt schaute auf Berlin und sah, wie die Menschen applaudierten. Berlin war ein Meer von Fahnen, es herrschte Ruhe, Ordnung, Sauberkeit und Disziplin – aber weder die Athleten selbst noch ihre Trainer oder die Funktionäre bekamen die Konzentrationslager zu sehen. Sie sahen nur die schönen Seiten des Dritten Reiches und doch wurden in Deutschland unzählige Menschen unter unmenschlichen Bedingungen hinter Stacheldraht gefangen gehalten", erinnerte sich Max von der Grün 1979, als er seine Kindheit unter den „Nazis" beschrieb.[849] Viele ausländische Reporter meldeten, dass die Geschichten über Nazigräueltaten übertrieben seien, aber anderen war klar, dass hier Theater gespielt wurde. So erschien in der *Washington Post* eine Karikatur von Hitler mit der Aussage: „Wir stehen für die Gleichberechtigung der Rassen! Keine Diskriminierung! Aber nur während der Olympischen Spiele".[850]

Unmittelbar, nachdem die Olympischen Spielen beendet waren und die meisten Besucher das Land verlassen hatten, brach die antisemitische Agitation wieder mit voller Kraft los. In den folgenden Jahren nahm die Zahl der Gesetze und Maßnahmen gegen die Juden zu. Im Jahr 1938 waren bereits mehr als 150.000 Juden aus Deutschland geflohen. Die Situation wurde erst wirklich kritisch nach dem Anschluss Österreichs an das Dritte Reich. Zehntausende Wiener Juden wurden verhaftet und die Nachrichten darüber erreichten auch das Ausland. Viele Juden wollten nun fliehen.

Auf Initiative des US-Präsidenten Roosevelt trafen sich vom 6. bis 15. Juli 1938 Vertreter von 32 Ländern im französischen Evian-les-Bains zur sogenannten Evian-Konferenz, um über das Schicksal der Juden im Deutschen Reich zu beraten. So untersuchte man die Möglichkeit, jüdische Flüchtlinge in anderen Ländern aufzunehmen. Das völlige Versagen der Konferenz ist eine besonders dunkle Seite der Geschichte, da sich die meisten Länder weigerten, gefährdete Juden aufzunehmen. Sie argumentierten, dass sie keine rassischen Probleme hätten und auch keine importieren wollten. Die USA und Großbritannien wollten ihre Quotensysteme nicht anpassen und weigerten sich, mehr Juden aufzunehmen. Die meisten amerikanischen Zeitungen propagierten eine schärfere isolationistische Politik der Vereinigten Staaten. Der *Christian Science Monitor* lehnte jede Anpassung der Einwanderungsgesetze ab und schrieb, dass der beste Protest „beten“ sei.[851] Australien lehnte es ab, mehr Juden aufzunehmen, weil es „keine wirklichen Rassenprobleme hat, und es deshalb kaum die Notwendigkeit fühlt, sie zu importieren“.[852] Frankreich behauptete, es hätte bereits genug Juden auf sein Gebiet gelassen. Belgien schloss sich dem an und verschärfte nach der Konferenz sogar die Einwanderungsbestimmungen. Ab 30. September 1938 wurden alle jüdischen illegalen Einwanderer, sowie sie versuchten, das Land zu betreten, systematisch abgewiesen. Es gab sogar eine Vereinbarung zwischen Belgien und dem Deutschen Reich, in der Deutschland versicherte, alle möglichen Schritte zu unternehmen, „um die illegale Auswanderung von Juden nach Belgien zu behindern“.[853] Vier südamerikanische Länder, Argentinien, Chile, Uruguay und Mexiko, verkündeten sogar neue Gesetze, die die Zahl der zugelassenen jüdischen Immigranten reduzierten.[854] Nur einige kleinere Staaten, darunter die Dominikanische Republik, machten auf der Konferenz von Evian großzügige Versprechungen, doch das Gesamtergebnis war einfach kläglich.

Gewinner waren die „Nazis“, die erklärten, dass viele Länder die Judenpolitik zwar kritisierten, selbst aber nicht bereit waren, den Juden zu helfen. So sagte Hitler am 26. März 1938 in Königsberg: „Ich kann nur hoffen und erwarten, dass die andere Welt, die so heiß mit den Verbrechern sympathisiert, zumindest die Großzügigkeit besitzt, um die Sympathie in praktische Hilfe umzusetzen. Wir von unserer Seite sind bereit, alle diese Verbrecher diesen Ländern zur Verfügung zu stellen, meinetwegen auch auf Luxusschiffen."[855] Die Nazi-Presse schloss sich dem natürlich gern an und wies auf die zweideutige Rolle der westlichen Länder hin. „Wir stellen fest, dass man die Juden gerne bedauert, solange man dies Bemitleiden ausnutzen kann, um gemein gegen Deutschland zu agieren, aber, dass kein Staat bereit ist, diese Schande für die Zivilisation in Mitteleuropa zu beseitigen, indem er ein paar Tausend Juden akzeptiert. So hilft die Konferenz, die Korrektheit der deutschen Politik gegen die Juden zu beweisen", schrieb *Der Danziger Vorposten* am 8. Juli 1938. „Wenn die Nazis gegen ihre einstigen Erzfeinde jemals einen Propagandaerfolg erreichten, dann durch die Veröffentlichung dieser Haltung der westlichen Regierungen, welche den demütig bittenden Flüchtlingen nur die Aussicht boten, nach Neuguinea gebracht zu werden, natürlich nicht alle auf einmal, während sie in Konzentrationslagern zu Tode gefoltert wurden", so Sebastian Haffner.[856]

Ein weiteres tragisches Ereignis, bei dem die westlichen Demokratien versagten, war der Fall der St. Louis, ein Schiff mit 937 jüdischen Flüchtlingen, das am 13. Mai 1939 von Hamburg aus Kurs auf Kuba nahm. Jeder Passagier hatte ein gültiges Visum für einen vorübergehenden Aufenthalt in diesem Land. Dafür hatte er etwa 150 Dollar bezahlt. Es war eines der letzten Schiffe, die Deutschland verlassen konnten. Kurz, nachdem das Schiff abgefahren war, unterzeichnete der kubanische Präsident Federico Laredo Bru ein Dekret, das die Visa für ungültig erklärte. Am 27. Mai 1939 lief die St. Louis den Hafen von Havanna an, in dem das Schiff tagelang liegen blieb, bewacht durch die Polizei, um zu verhindern, dass die Passagiere von Bord gingen. Die kubanische Regierung entschied, dass 29 Passagiere von Bord gehen durften, deren Visa für gültig befunden wurden. Mit den übrigen Flüchtlingen musste das Schiff die kubanischen Hoheitsgewässer wieder verlassen. Es fuhr in Richtung Florida und es kam zu Verhandlungen mit der US-Regierung, welche jedoch erklärte, dass die Aufnahmequote für Ausländer erreicht sei und den Flüchtlingen kein Zugang gewährt würde. Die Mannschaft richtete einen dramatischen Appell an Präsident Roosevelt, doch der antwortete nicht. Darüber hinaus setzte die US-Regierung ein Küstenwachtboot ein, um zu verhindern, dass Passagiere von Bord springen, um schwimmend das Festland zu erreichen. Das Schiff kehrte schließlich nach Antwerpen zurück. Mehr als 200 dieser Ju-

Abb. 52: Eine Gruppe von Flüchtlingen auf der St. Louis.

den wurden nach der deutschen Besetzung Belgiens, der Niederlande und Frankreichs verhaftet, deportiert und in Auschwitz ermordet.

Nach dem Scheitern der Konferenz von Evian und dem Drama um die St. Louis erweckte das Problem der jüdischen Flüchtlinge wieder die internationale Aufmerksamkeit. Millionen Juden, vor allem in Ländern, die einen deutschen Überfall zu befürchten hatten, sowie in solchen, von denen aufgrund der Sympathien ihrer Führer zum Faschismus eine Annäherung an Deutschland zu erwarten war (wie die Slowakei, Rumänien, Ungarn und Italien), hielten Ausschau nach Fluchtwegen und -zielen. Nach Kriegsbeginn zirkulierten bald Informationen über die Verbrechen im Osten. Bereits in den ersten Wochen nach dem Überfall auf Polen und später auf Russland, erhielten die Briten Berichte über Massaker an Juden, zum Teil, weil sie die geheime Kommunikation der Deutschen entschlüsseln konnten. „Zwischen dem 18. Juli und 30. August 1941 wurden aus Meldungen der Polizei in mindestens sieben Fällen Details über Massenerschießungen in dem zentralen Abschnitt bekannt, deren Opfer als 'Juden', 'jüdische Plünderer', 'jüdische Bolschewisten' oder 'russische Soldaten' bezeichnet wurden. Mit Zahlen, die von weniger als hundert bis zu mehreren Tausend variierten“, berichtet der renommierte Historiker Sir Francis Harry Hinsley.[857] Der Strom aktueller Informationen schwoll in den folgenden Monaten kontinuierlich an. Die USA und Großbritannien ergriffen die Initiative zu einer neuen Konferenz, diesmal auf den Bermudas vom 19. bis zum 30. April 1943. Auch diese Konferenz wurde ein kompletter Fehlschlag, weil kein Land wirklich bereit war, bedürftigen Juden zu helfen und seine Grenzen zu öffnen. Jüdische Organisationen flehten die Vereinigten Staaten an, ihre strikte Quotenregelung für Flüchtlinge zu liberalisieren, aber die Regierung lehnte ab. Auch Großbritannien hatte Bedenken, mehr Juden aufzunehmen. Wie Evian wurde auch die Folgekonferenz zu einem Beweis für die Gleichgültigkeit, Kurzsichtigkeit und Feigheit der betreffenden Regierungen, welche die voraussichtlichen Folgen ihrer Haltung einschätzen konnten, aber ihre Wähler nicht vor den Kopf stoßen wollten. Diese machten sich in der Regel keine Sorgen über das Schicksal der europäischen Juden. In fast allen Ländern wogen persönliche und innenpolitische Interessen schwerer als allgemeine und humanitäre. Die Schlussfolgerung ist kurz und hart: Die alliierten Länder, die mutig gegen den Nationalsozialismus kämpften und bereit waren, dafür viel zu opfern, versagten bei der Rettung der europäischen Juden. „Wenn es die nach 1945 gegenüber Vertriebenen und Flüchtlingen gezeigte Verantwortung und Hilfsbereitschaft nur zu einem kleinen Teil früher gegeben hätte, dann wären wahrscheinlich Hunderttausende, die jetzt in den Gaskammern von Auschwitz und Majdanek gestorben sind, gerettet", sagte Propst Heinrich Grüber, der selbst in Sachsenhausen und Dachau inhaftiert war.[858] Während der Bermuda-Konferenz begannen die Deutschen mit der endgültigen Zerstörung des Warschauer Ghettos, wo mehr als 50.000 Juden lebten, und schlugen den Aufstand der jüdischen Widerstandsgruppe *Zydowska Organizacja Bojowa* („Jüdische Kampforganisation") mit maßloser Gewalt nieder. Die letzte Sendung des geheimen polnischen Rundfunks verbreitete am 21. April 1943 die Meldung: „Die letzten 35.000 Juden im Warschauer Ghetto sind zur Vernichtung verurteilt. (...) Die Menschen werden getötet. Frauen und Kinder wehren sich mit ihren bloßen Händen. Rettet uns (...)."[859] Die „Nazis" brauchten fast einen Monat, um die Revolte niederzuschlagen. Die Welt schwieg.

Die Haltung der Vereinigten Staaten und Großbritanniens in Bezug auf den Massenmord an den Juden war nicht eindeutig. Oft heißt es, dass sie nichts tun konnten, aber das ist falsch. „Vielleicht ist es wahr, dass die Alliierten nur wenig dagegen tun konnten. Aber es stellt sich dann immer noch die Frage: Warum haben sie auch das Wenige nicht getan?", fragt Jacques Presser.[860] Selbstverständlich waren die „Nazis" und ihre Verbündeten schuld an der Diskriminierung, Verfolgung und Vernichtung der Juden.

Und es ist wahr, dass die Regierungen der beiden Länder, mit Roosevelt und Churchill an der Spitze, diese Missetaten, im Gegensatz zum Papst, öffentlich anprangerten und Sanktionen ankündigten. Die Erklärung der Alliierten vom 17. Dezember 1942 verurteilt den Mord an Hunderttausenden von Juden scharf und ihre Unterzeichner versprechen, die Verantwortlichen vor Gericht zu stellen – was letztlich in den Nürnberger Prozessen geschah. Doch die Alliierten versagten moralisch, als es um die Aufnahme der gefährdeten Juden ging. „Die Vereinigten Staaten haben während der NS-Zeit das Zuwanderungsgesetz nicht nur beibehalten, sondern es auch streng und gefühllos umgesetzt", sagt der Historiker Arthur Morse.[861] Die Briten hatten vor allem Probleme mit der Ankunft jüdischer Flüchtlinge in Palästina. Bereits am 17. Mai 1939 begrenzten die Briten auf Basis des berüchtigten MacDonald White Paper die Einwanderung von Juden nach Palästina drastisch auf 15.000 Menschen pro Jahr (über einen Zeitraum von fünf Jahren), obwohl Hunderttausende, sogar Millionen von Juden verzweifelt nach einem Ausweg suchten. Die *Jewish Agency* in Palästina war tief enttäuscht: „In den dunkelsten Stunden der jüdischen Geschichte will die britische Regierung die Juden ihrer letzten Hoffnung berauben und den Weg in ihr Herkunftsland für sie verschließen."[862] Der britische Außenminister Anthony Eden hatte, wie sein persönlicher Sekretär Oliver Harvey wissen ließ, geradezu antisemitische Ansichten. „Leider ist AE unnachgiebig gegenüber dem Thema Palästina. Er liebt Araber und hasst Juden."[863] Auch in Großbritannien selbst gab es erhebliche Widerstände gegen die Ankunft von vielen Tausend Flüchtlingen. Eines der schlimmsten Beispiele war die Weigerung der sozialistischen Gewerkschaft der Ärzte, jüdischen Ärzten die Eröffnung einer Praxis zu erlauben: einer Gruppe „unorganisierter, nicht-sozialistischer Arbeitskräfte, die unsere Kraft ausdünnen". Auf der Konferenz von Evian drohte die *British Medical Association* mit einem Streik gegen eine mögliche Einwanderung von Juden.

Auch in anderen Bereichen haben die westlichen Demokratien gegen das aufkommende Hitlerregime versagt. Das markanteste Beispiel ist wohl der Bruch des Versprechens von Frankreich und England, ihrem Verbündeten Polen im September 1939 zu helfen. Ian Kershaw stellt fest, dass zu dieser Zeit Frankreich etwa 91 Divisionen besaß, während die Deutschen an der Westfront nur über 32 verfügten.[864] Vorher hatte Frankreich schon die Besetzung des Rheinlands im Jahre 1935 akzeptiert. Frankreich erlitt eine demütigende Niederlage im Zusammenhang mit dem Anschluss der Saar an Deutschland 1935, als sich mehr als 90% der Wähler dafür entschieden. Die Schwäche der demokratischen Länder wurde jedoch vor allem anlässlich des Münchner Abkommens aus dem Jahr 1938 sichtbar, als sowohl die Franzosen als auch die Briten, eines angeblichen Friedens zuliebe, sich mit der Besetzung Sudetenlands durch die Deutschen einverstanden erklärten. Die sogenannte Appeasementpolitik stellte vor allem die eigene Bevölkerung zufrieden. Das Trauma des Ersten Weltkriegs spielte in diesen Jahren noch eine starke Rolle in Frankreich und England, aber auch in den Vereinigten Staaten. Niemand wollte Krieg mit Hitler und deshalb ließ man ihm seinen Willen. In dieser Perspektive ist auch die Haltung des Vatikans zu sehen und bis zu einem gewissen Grad zu verstehen. Der Papst stellte fest, dass kein einziges demokratisches Land sich gegen den Nationalsozialismus erhob, auch nicht gegen den Stalinismus, den er als noch viel schlimmer empfand. Der Heilige Stuhl sah Frankreich und England deshalb als schwache Länder an, die nicht den Mut hatten, sich gegen den Bolschewismus zu kehren und ergriff daher Partei für Hitler. Das geschah im Vatikan bereits sehr früh. Mit dem Konkordat hatte die Kirche einen bestimmten Weg gewählt, ohne Möglichkeit zur Umkehr. Der Vatikan hatte nun die Konsequenzen seiner Entscheidung zu tragen. Mit ihrer Billigung des Nationalsozialismus geriet die katholische Kirche in eine Dynamik, die ihre Priester und vor allem ihre Gläubigen in die Hände von Mördern trieb. Viele dieser Geistlichen sahen, wohin die Diktatur führen würde und wehrten sich, aber ohne Erfolg. Sie erhielten keine Unterstützung aus Rom, sondern mussten sich den Forderungen der Eroberer beugen. Die meisten christlichen Führer fügten sich der Nazipolitik und schwiegen, als die grundlegenden Menschenrechte angegriffen wurden. Sie schwiegen, als die Juden ausgeschlossen, deportiert und schließlich vernichtet wurden. Doch wo blieben die Alliierten damals?

Warum bombardierten die Briten und Amerikaner nicht Auschwitz? Dies ist eine der brennenden Fragen an die Alliierten. Sie wussten zum Beispiel durch den Vrba-Wetzler-Bericht vom Schicksal der ungarischen Juden, die seit dem 15. Mai 1944 in die Vernichtungslager in Polen deportiert wurden. Aber schon zuvor realisierte man im Westen sehr wohl, was in Auschwitz passierte. Die *Washington Post* vom 22. März 1944 schrieb, dass die „Nazis“ Gaskammern und Krematorien bauten in „einem Konzentrationslager in Oświęcim (Auschwitz), südwestlich von Krakau“, mit „einer Kapazität von Zehntausenden von Körpern täglich“[865]. Als Dov Weissmandel, ein slowakischer orthodoxer Rabbiner, begriff, dass die ungarischen jüdischen Führer den Vrba-Wetzler-Bericht nur benutzten, um Verhandlungen mit der SS zu führen, schickte er am 16. Mai 1944 von Bratislava aus ein codiertes Telegramm an die schweizerischen orthodoxen Juden, die es in die Vereinigten Staaten weiterleiteten. In dem Telegramm wurde um die Bombardierung der Eisenbahnstrecke zwischen Košice und Prešov gebeten.[866] Am 18. Juni 1944 schickte Jacob Rosenheim, der Vorsitzende der *Agudath Israel World Organisation*, einen Brief an Henry Morgenthau Jr., Vorsitzender des Rates für Kriegsflüchtlinge, mit dem dringenden Wunsch, die Gleise zwischen Ungarn und Polen, vor allem in der Nähe Košice und Prešov, zu bombardieren. Am 24. Juni 1944 sandte Roswell McClelland, der US-Vertreter des War Refugee Board in der Schweiz, ein Telegramm in die Vereinigten Staaten, in dem er die Bitte, die Linien zwischen Ungarn und Auschwitz zu zerstören, wiederholte. Die tschechische Untergrundbewegung besorgte die Fahrpläne der Züge. „Alle Quellen in der Slowakei und Ungarn, die diese Informationen geliefert haben, bestehen darauf, dass die Bombardierung der lebenswichtigen Teile des Schienenverkehrs, insbesondere die Eisenbahnbrücken entlang der Linie Oświęcim (...) das einzig zur Verfügung stehende Mittel ist, um weitere Deportationen zu verhindern oder zumindest zu verlangsamen. (...) Es gibt wenig Zweifel, dass viele dieser ungarischen Juden in die Vernichtungslager von Auschwitz (Oświęcim) und Birkenau (Rajska) geschickt werden, wo nach jüngsten Berichten seit dem Beginn des Sommers des Jahres 1942 mindestens 1,5 Millionen Juden ermordet wurden. Es gibt Beweise dafür, dass bereits im Januar 1944 die Vorbereitungen liefen, um die ungarischen Juden in diese Lager zu bringen und zu vernichten. Bald wird ein ausführlicher Bericht telegrafiert."[867] Dies wichtige Telegramm gelangte schließlich zu John McCloy, einem hohen Beamten des US-Secretary of War, der bis August 1944 jeden Vorschlag zur Zerstörung der Versorgungslinien, der Gaskammern und Krematorien von Auschwitz ablehnte, weil das „nicht machbar" und „das Ziel für Sturzbomber und Jagdbomber zu weit entfernt" sei.

Das war es nicht. Im Dezember 1943 hatten die amerikanischen und britischen Truppen während des Vormarsches in Süditalien die Foggia-Luftwaffenbasis erobert, von wo aus sie mit ihren Langstreckenflugzeugen auch Ziele im südlichen Polen und in Oberschlesien erreichen konnten. So kam Auschwitz in ihren möglichen Zielbereich, obwohl es noch nicht als das Lager identifiziert war, wo die deportierten Juden ankamen. Bereits am 4. April 1944 hat eine De Havilland Mosquito, ein Jagdbomber der südafrikanischen Luftwaffe, bei Tageslicht Luftaufnahmen von Auschwitz gemacht. Das Flugzeug war von Foggia gestartet, flog in 26.000 Fuß Höhe und fotografierte die Gummifabrik Monowitz, ein vier Kilometer von Auschwitz entferntes IG Farben-Werk. Der Pilot nahm die Kamera in Betrieb, als er sich dem Ziel näherte, und schaltete sie sechs Kilometer

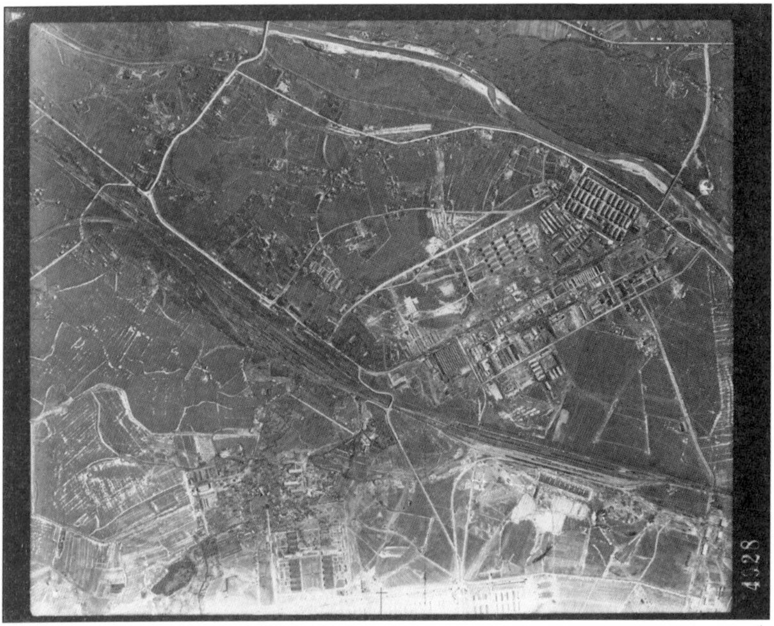

Abb. 53: Luftaufnahme von Auschwitz I. Aufgenommen am 4. April 1944.

weiter ab.[868] Der Bericht und die Fotos wurden dem amerikanischen und dem britischen Geheimdienst zugestellt. Auf drei der zwanzig Fotografien ist das Lager Auschwitz zu sehen. Am 31. Mai folgte ein zweiter Flug über dieses Gebiet. Auf zwei Aufnahmen waren nicht nur Monowitz, sondern auch einige Bereiche von Auschwitz und Birkenau aus einer Höhe von 27.000 Fuß zu erkennen. Die britischen und die US-Behörden waren nicht an den durchaus deutlich sichtbaren Baracken der KZ-Gefangenen interessiert, sondern mehr an den industriellen Anlagen zur Herstellung von synthetischem Kautschuk und an den Erdölraffinerien. Die Hauptziele der alliierten Bombenangriffe waren in der Tat von militärischer Bedeutung, es ging um die Beseitigung oder zumindest Beschädigung der deutschen Produktionszentren von Gummi und Öl. Laut Hilberg forderten auch die Juden nicht sehr nachdrücklich einen Angriff auf Auschwitz. Die jüdischen Führer konzentrierten ihre Aufmerksamkeit also gleichfalls nicht auf Auschwitz.

Am 26. Juni 1944 überflogen mehr als einhundert Flugzeuge, Bomber und Jäger, die Region von Auschwitz, um tiefer in Polen militärisch

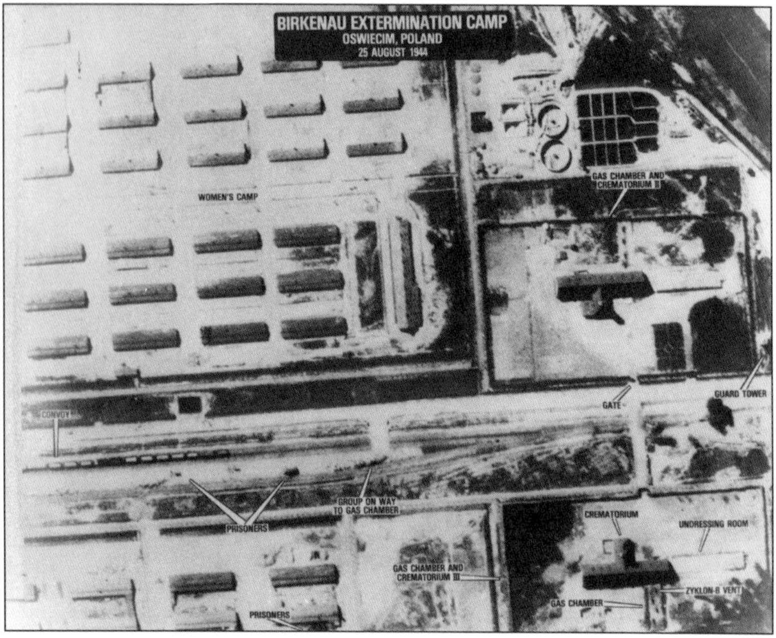

Abb. 54: Luftaufnahme von Birkenau aufgenommen am 25. August 1944.

wichtige Produktionsanlagen zu zerstören. Alliierte Flugzeuge konnten also durchaus in einer gezielten Aktion das Todeslager angreifen, doch der politische und militärische Wille dazu fehlte. Am 17. August 1944 gab es bereits 22 Flüge nach Warschau. Die Piloten wussten nicht, dass sie über Auschwitz flogen. Die Gefangenen sahen mit Kummer, wie die Maschinen der Alliierten ständig das Lager überflogen und nichts für sie taten. Martin Gilbert zitiert Hugu Gryn, einen ungarisch-jüdischen Überlebenden, der 1944 15 Jahre alt war und regelmäßig Flugzeuge der Alliierten über Birkenau fliegen sah. „Eines der schmerzlichsten Dinge für die im Lager war das Gefühl, völlig allein gelassen zu sein.“[869] Einige Historiker behaupten, dass die mögliche Bombardierung von Auschwitz nicht stattfand, weil inzwischen die Deportation der ungarischen Juden gestoppt war. Eine schiefe Argumentation. Die Alliierten hatten Informationen über die Deportation von 60.000 Juden im August 1944 nach Łódź und Auschwitz und später von Zehntausenden Juden aus Frankreich, der Slowakei, Berlin, Theresienstadt und aus vielen anderen Gebieten. Seit Juli 1944 wussten die Alliierten, was in Auschwitz geschah. Die Forderungen der tschechischen und polnischen

Exilregierungen, die Todeslager und die Zufahrtslinien zu bombardieren, wurden am 14. August erneut von McCloy abgelehnt. Die Alliierten bombardierten am 20. August jedoch das Ölzentrum in Monowitz. Fünf Tage später, am 25. August, wurden erneut Bilder von diesem Ort aufgenommen, dieses Mal waren noch mehr Details von den Hauptlagern Auschwitz und besonders Birkenau auszumachen: Die Bilder zeigten Schlangen von Menschen, die vom Zug in die Gaskammer gingen.

Dass die Alliierten weder die Krematorien und Gaskammern des Lagers, noch die Bahnlinien von und nach Auschwitz bombardierten, war ein großer Fehler, auch ein moralisches Versagen. Viele Historiker haben darauf hingewiesen, dass durch ein solches Bombardement etwa hunderttausend ungarische Juden nicht vergast worden wären. Diese Ansicht wird auch von dem amerikanischen Historiker Walter Laqueur geteilt: „Viele Juden wären im Jahr 1944 noch gerettet worden, wenn die Eisenbahnlinien, die zu den Vernichtungslagern führten, und natürlich auch die Lager bombardiert worden wären.“[870] Die Vergasungen in Auschwitz setzten sich noch bis zum 29. Oktober 1944 fort. Auch viele Deutsche haben nie verstanden, warum die Alliierten die Todeslager und die Versorgungslinien nicht beschossen haben. So stellt der deutsche Schriftsteller Uwe Timm sich die folgende Frage: „Warum haben die Briten, die Amerikaner die Bahnlinien zu den Konzentrationslagern nicht bombardiert? Die Alliierten waren bereits im Jahr 1943 auf dem Laufenden. Und warum haben sie die Krematorien nicht bombardiert? Warum wurden die Juden nicht rechtzeitig in den USA, in England aufgenommen?“[871] Vom 28. August 1944 an begannen neue Deportationen ungarischer Juden nach Auschwitz, diesmal Juden aus Budapest. Im September folgten Konvois aus der Slowakei, den Niederlanden, Frankreich, Łódź, Wien, Triest, Theresienstadt und Berlin. Am 13. September 1944 griff man wieder Monowitz an, dabei fielen einige Bomben auf Auschwitz I, die sowohl unter den Juden als auch unter der SS Tote forderten. Die polnische Regierung im Exil machte Ende September bekannt, dass „in allen Konzentrationslagern in Polen die deutschen Ausrottungsaktivitäten zunehmen“.[872] Als die Rote Armee sich dem Lager im Januar 1945 näherte, wurden weitere 65.000 Häftlinge auf Todesmärsche getrieben. Viele von ihnen erlebten das Ende des Krieges nicht, sondern starben an Erschöpfung oder wurden entlang der Straße erschossen.

Die These, dass eine Bombardierung der Versorgungslinien nach Auschwitz, der Krematorien und der Vergasungsanlagen viele Leben gerettet hätte, wird nicht allgemein geteilt. In dem Buch *The Bombing of Auschwitz* verteidigen Historiker und Militärexperten unterschiedliche und sogar widersprüchliche Auffassungen.[873] Die Gegner, wie James Kitchens III und Richard Levy, argumentieren, dass es, ohne viele Gefangene zu töten, unmöglich war, Präzisionsbombardements auf das Lager durchzuführen, dass es mehrere Zufahrtslinien nach Auschwitz gab, die schnell repariert werden konnten, dass eine Bombardierung des Lagers zu mehr und früheren Todesmärschen geführt hätte, und dass der *Jewish Agency Executive* selbst nicht dafür war. Andere, wie Stuart Erdheim und Rondall Rice, behaupten dagegen, dass eine solche Bombardierung technisch und militärisch möglich gewesen wäre, und den Deutschen die Vernichtungsaktionen enorm erschwert hätte. Der Militärhistoriker Reis argumentiert sogar, dass der einzige Grund, weshalb nicht bombardiert wurde, der fehlende politische Wille war.[874] Jedenfalls gab es nur noch geringen Widerstand seitens der deutschen Luftwaffe und der Luftverteidigung. Der Historiker Henry Feingold geht noch einen Schritt weiter und schreibt, dass die Alliierten der „Judenfrage" wenig Aufmerksamkeit widmeten.[875] Sie wollten um jeden Preis den Krieg gewinnen und kümmerten sich nicht sehr um das Schicksal der Juden. Auch der Historiker Richard Davis schreibt: „Ich bin der Überzeugung, dass im Juli 1944 die Angloamerikaner das Wissen und die Fähigkeit hatten, um mit der Zerstörung des Vernichtungslagers Birkenau zu beginnen. Diese Aktion, die ein paar Wochen gedauert hätte, wäre eine nicht falsch zu verstehende Nachricht an die Nazis gewesen, den Völkermord zu stoppen und hätte die Vernichtung von Zehntausenden von Menschen verhindert."[876] Auf jeden Fall wäre in diesem Fall die Kritik an den Alliierten, dass sie nichts taten, um den Opfern Hitlers zu helfen, widerlegt worden. Es wäre auch ein Präzedenzfall gewesen für künftige Interventionen in Fällen von Barbarei, wie in Kambodscha, Ruanda und Jugoslawien. Die amerikanische Historikerin Deborah Lipstadt führt noch ein weiteres moralisches Argument an, warum man Auschwitz hätte bombardieren sollen: „Konfrontiert mit dem unbegrenzten Bösen, ist ein Zuschauer, der nichts tut, ein Mithelfer."[877] Das ist richtig. Doch es darf nicht vergessen werden, dass die Alliierten das Leben von Zehntausenden ihrer Landsleute aufs Spiel gesetzt haben, um die Völker des besetzten Europas zu befreien. Eine solche Haltung haben die geistlichen Autoritäten, die auf ihrem Gebiet, dem des Glaubens und des persönlichen Gewissens des Menschen, kläglich versagten, nicht gezeigt.

Trotz ihrer militärischen Überlegenheit in der Luft vermochten die Alliierten nicht, die Deportationen zu stoppen. Auf der anderen Seite gab es auch viel Kritik an der Bombardierung deutscher Städte, die vor allem Zivilisten traf. Churchill hatte in einem frühen Stadium des Krieges bereits gewarnt, dass er hart und rücksichtslos zurückschlagen würde. In einer Rede vor dem Civil Defense Service am 14. Juli 1941 erklärte der britische Premierminister, dass regelmäßig „unbarmherzig Ladungen Sprengstoff auf Deutschland“ niedergehen würden und er ließ den Worten Taten folgen.[878] Er verwies auf die deutsche Bombardierung Englands und versprach eine scharfe Antwort: „Wir werden nie auf das Niveau der Deutschen und Japaner absteigen, aber wenn jemand grob spielen will, können wir auch grob spielen. Hitler und seine Nazibande haben Wind gesät; sie sollen nun Sturm ernten. Wie lange dieser Kampf auch dauern kann, welch harten und grausamen Charakter er auch bekommt, wir werden unermüdlich bleiben und das Feld nicht räumen.“[879] Am 14. Mai 1942 begann die britische und amerikanische Luftwaffe mit der Operation Black Point eine gemeinsame Aktion, um die deutsche Militärmacht zu zerstören und die Moral der deutschen Bevölkerung zu untergraben (die Amerikaner bombardierten am Tage, die Briten nachts). Die Führung lag in den Händen des Briten Arthur Harris, der schnell den Spitznamen „Bomber Harris“ bekam. Auf sein Betreiben, mit der Zustimmung von Churchill und Roosevelt, bombardierten die Alliierten die deutschen Städte ohne Gnade. 1942 fielen mehr als 40.000 Tonnen Bomben auf das Deutsche Reich, ein Jahr später über 200.000, im Jahr 1944 sogar mehr als 1,2 Millionen und in den ersten vier Monaten des Jahres 1945 fast eine halbe Million Tonnen. Im Sommer 1943 starben etwa 40.000 Zivilisten bei den Angriffen auf Hamburg. Dabei wurde vor allem die Stadt selbst getroffen und nicht die wichtigen Rüstungsindustrieanlagen südlich der Elbe. Im Oktober 1943 und Januar 1944 gab es schwere Angriffe auf Köln, Frankfurt und Dresden. Bei der Zerstörung von Dresden, der sächsischen Landeshauptstadt an der Elbe, in der Nacht vom 13. auf den 14. Februar 1945 starben mehr als 35.000 Menschen und 90 Prozent der Stadt wurden zerstört. Das löste scharfe Kritik in der ganzen Welt aus. Weil die Stadt geringe oder gar keine militärische Bedeutung hatte, hielten viele Deutsche sie für sicher. Viele Menschen aus anderen bombardierten Gegenden waren deshalb nach Dresden geflohen. Die Alliierten hofften, damit den Widerstand der Deutschen zu brechen und die Rüstungsindustrie zu treffen, aber das Einzige was sie erreichten, waren Wut und Rachsucht, oder auch völlige Apathie. Trotz dieser Bombardierungen blieb ein großer Teil des deutschen Volkes Hitler treu.[880] Irmgard Hunt bezeugt, wie ihre Mutter immer mehr demoralisiert wurde durch die anhaltende Bombardierung der deutschen Städte. Aber deshalb kehrte sie sich nicht gegen den Führer. „Es war, als ob sie bei jedem Angriff die Alliierten mehr hasste und trotz der Entbehrungen neue Kraft fand, um auszuharren, in der Hoffnung, dass unsere Armeen gewinnen würden."[881] Das ist auch die Meinung der Historiker Hans Vogt und Herbert Brenne über den großen Luftangriff auf Krefeld am 22. Juni 1943: „Die Bombardierungen erweckten Abscheu und rasende Wut unter der deutschen Bevölkerung, nicht so sehr gegen den NS-Staat, sondern gegen die Alliierten und ihre 'Terror säenden Bomber'. Trotz der Luftangriffe auf die Städte erreichte die deutsche Kriegswirtschaft in 1943 und 1944 ihre höchste Produktion."[882]

In seinem Buch *De Brand. De geallieerde bombardementen op Duitsland van 1940 tot 1945* gibt der deutsche Historiker Jörg Friedrich eine detaillierte Übersicht von der Art, Funktion und Effizienz der britischen und amerikanischen Bombardements der deutschen Städte.[883] Fünf Jahre lang wurden 30 Millionen Menschen, darunter viele Frauen, Kinder und ältere Menschen, mit nahezu einer Milliarde Kilo Spreng- und Brandbomben bombardiert. Mit fast einer halben Million Toten, darunter 75.000 Kinder unter 14 Jahren, vielen Verwundeten, der Zerstörung von 1,8 Millionen Wohnungen und einem unermesslich reichen kulturellen Erbe als traurigem Ergebnis. Die bekanntesten Beispiele sind Dresden und Hamburg. Aber auch Darmstadt, Dortmund, Kassel, Krefeld, Köln, Hannover, Aachen, Duisburg, Bonn, Koblenz, Mainz, Trier, Worms, Saarbrücken, Augsburg, München, Stuttgart, Leipzig, Potsdam, Würzburg und viele Hundert andere Städte wurden bewusst in Schutt und Asche gelegt. Dass die meisten Bombardements dem militärischen und administrativen Apparat der „Nazis", den Rüstungsfabriken, Häfen, Flughäfen, Straßen und Eisenbahnlinien galten, ist logisch, und dass dabei unbeabsichtigt auch Opfer unter der Zivilbevölkerung zu beklagen waren, ist verständlich. Aber nach vielen Zeugenaussagen und mit Beispielen zeigt Friedrich, dass die meisten Angriffe dem Prinzip „moral bombing" mit dem Ziel folgten, so viele Häuser und Bürger wie möglich zu vernichten. Auf diese Weise hofften Churchill und seine Mitarbeiter, die Deutschen zur Auflehnung gegen ihren Führer anzuspornen. In Wirklichkeit erreichten sie das Gegenteil: Resignation und Wut auf die Angreifer. Friedrich macht deutlich, dass Bomben nicht in der Lage sind, die Moral zu brechen. Bomben zerstören Häuser und Körper und ein zerstörter Körper birgt keine Moral mehr. „Die Seele revoltiert nicht, sondern schrumpft." Die großen deutschen Städte wurden nicht nur ein oder wenige Male, sondern immer wieder angegriffen. Köln 262, Duisburg 243 und Düsseldorf 299 mal. Schließlich wurden selbst die Trümmer bombardiert. Nur in den ersten Kriegsjahren geschah das unter Lebensgefahr für die Besatzungen. Aber sobald die Luftwaffe und der größte Teil der Luftverteidigung vernichtet waren, ging es buchstäblich nur noch

Abb. 55: Hamburg nach mehreren Bombardements Ende Juli 1943.

darum, alles dem Erdboden gleichzumachen, rund um die Uhr und fast ohne Verluste. Wissenschaftler und Soldaten entwickelten Methoden, um Feuerstürme zu entfesseln. Spezielle Brandbomben kamen zum Einsatz, welche die Temperatur in den Schutzräumen steigen ließen und die Menschen zur Flucht zwangen, um sie dann mit der zweiten Angriffswelle auf der Straße zu treffen, u. a. mit Zeitzünderbomben, die wenige Stunden später explodierten, um Rettungsdienste auszuschalten. Ein trauriges Beispiel war der Angriff auf Pforzheim am 23. Februar 1945, einer Stadt am Rande des Schwarzwaldes ohne militärisch-strategische Bedeutung. Dabei gab es 20.227 Tote und Verwundete durch einen Flächenbrand auf 4,5 Quadratkilometern. Oder das Weinstädchen Heilbronn am 4. Dezember 1944, wo 6.530 Menschen getötet wurden. Oder am 16. März 1945 Würzburg, eine Universitätsstadt mit zahlreichen Krankenhäusern, wo es 5.000 Toten gab und 90 Prozent der Stadt zerstört wurden. Sehr spät erst, am 4. April 1945, gab die britische Luftwaffe zu, dass diese Angriffe keinen Sinn mehr hatten, sagt der Journalist Gustavo Hiltermann, der hinzufügt, dass die Royal Air Force in der Woche zuvor noch 70.000 Tonnen Bomben auf deutsche Städte fallen ließ.[884]

Ein Ort, der seltsamerweise verschont blieb, so Jörg Friedrich, war das KZ Auschwitz. Bereits im Frühsommer 1944 wussten die Alliierten von seiner Funktion. Die Namen der Bahnhöfe und die Bahnstrecken waren bekannt. Wie bereits erwähnt, wurden am 25. August 1944 Luftaufnahmen von Auschwitz gemacht, auf denen die Krematorien, Kasernen und sogar die Menschenreihen deutlich sichtbar sind. Diese Fotos sind in dem Buch *Denying History* von Michael Shermer und Alex Grobman veröffentlicht.[885] Die RAF unternahm jedoch nichts, weil sie ihre Piloten nicht „sinnlos" gefährden wollte. Auch das US-Militär verfügte über zahlreiche Luftaufnahmen von Auschwitz-Birkenau, sogar Präsident Roosevelt war die Situation in den Lagern bekannt. Die Frage, weshalb die USA nie versucht haben, die Vernichtungsanlagen zu bombardieren, hat keine befriedigende Antwort erfahren.

Großenteils war die Haltung der Alliierten, aus der Luft anzugreifen, zweifellos dem fanatischen Widerstand der Deutschen gegen die britisch-amerikanischen Truppen geschuldet und den deutschen Attacken mit den V1- und V2-Raketen in den letzten Kriegsjahren auf England, Belgien, Frankreich und die Niederlande. So ließ der Führer zwischen dem 12. und dem 20. Juni 1944 rund 8.000 V1-Raketen auf London abfeuern, wo 5.400 Zivilisten getötet wurden. Im September schlugen weitere 500 V2-Raketen in der britischen Hauptstadt ein, die mehr als 3.000 Opfer forderten. Das ändert nichts daran, dass viele der Bombardierungen Deutschlands in den Jahren 1944 und 1945 gut organisierte Massenmorde waren, die nicht so sehr Soldaten als vielmehr Zivilisten trafen. Nach Angaben des *US Strategic Bombing Survey* bewirkten die Bombardements nicht nur die Niederlage, sondern auch den Zusammenbruch, eine „denazification of Germany". Das scheint eine fragwürdige These zu sein. „Diejenigen, die dank der Schutzkeller überlebten und äußerlich unverletzt davonkamen, verwandelten sich innerlich zu Wracks", sagt Friedrich, der auch hinzufügt, je weniger eine Bevölkerung zu verlieren hat, desto fanatischer kämpft sie. Die massiven Bombenangriffe bewirkten somit vielleicht genau das Gegenteil des erhofften Effekts, sie haben das Selbstbild von unschuldigen Opfern bei den Überlebenden verstärkt. Die wenigen amerikanischen Piloten, die abgeschossen wurden und sich mit einem Fallschirm retten konnten, wurden von Bürgern mit Stöcken totgeschlagen. Auf vielen Fotos ist zu sehen, wie die deutschen Städte durch Bombenangriffe vollständig zerstört waren. Große Schuttmengen mit nur hier und dort einzelnen stehen gebliebenen Gebäuden. Die Bombenteppiche trafen auch zahlreiche Denkmäler, historische Gebäude und Kunstgegenstände. Die Geburtshäuser von Johann

Wolfgang von Goethe, Arthur Schopenhauer, Eduard Mörike, Franz Liszt, Johannes Brahms, Heinrich von Kleist und den Brüdern Grimm gingen in Flammen auf. Zahlreiche Kirchen, Rathäuser, Denkmäler und Statuen wurden zerstört. Ganze Bibliotheken mit zahllosen Büchern gingen verloren; allein in der Staatsbibliothek Hamburg betrugen die Verluste 625.000 Bände. Die besonders beeindruckenden Passagen in Friedrichs Buch sind aber die über das Verhalten der Bürger und Helfer während der Bombardierung. Es war ein Leben in ständiger Angst, aber auch unter extremem Stress. Sobald der Alarm ertönte, musste man einen freien Platz in einem Luftschutzraum suchen, und danach sich schnell das Ergebnis der Bombardierung anschauen, sich in die Schlange stellen für Nahrung und Wasser, Verwandte suchen. Opfer eines gnadenlosen Churchills, der bereits im Juni 1940 angekündigt hatte, dass er Deutschland in eine Wüste verwandeln würde. Aber natürlich vor allem Opfer des Mannes, den die große Masse der Deutschen seit Jahren auf ihren Händen getragen hatte: Adolf Hitler, dessen Fanatismus Millionen von Menschen in den Tod getrieben hat.

Die entscheidende Frage bleibt, ob die Bombardierung von Deutschland sowohl strategisch als auch moralisch zu rechtfertigen war. Der deutsche Professor und Schriftsteller W.G. Sebald hat dazu Fragen und weist darauf hin, dass im Frühjahr 1944 die deutsche industrielle Produktion kaum beschädigt und die Moral der Deutschen ungebrochen war.[886] Dass die Briten und Amerikaner mit zunehmender Intensität deutsche Städte, oft ohne jede militärische Bedeutung, dem Erdboden gleichmachten, war vielmehr der Dynamik der alliierten Waffenproduktion geschuldet und diente zur Erhöhung der Moral der Briten. Das ist eine umstrittene Hypothese, aber es geht Sebald eher darum, weshalb darüber nicht berichtet wurde und darüber keine öffentliche Debatte stattfand. Es waren davon doch Millionen von Menschen betroffen. Bei der Zerstörung Hamburgs im Sommer 1943 wurden Zehntausende von Zivilisten getötet und flüchteten 1,25 Millionen Menschen. Gleiches geschah anderen Städten. Millionen Deutsche haben das direkt oder indirekt erlebt. Und doch war der natürliche Reflex aller dieser „Zeugen“: Ruhe bewahren und sich abwenden. Es gab einige Ausnahmen von dieser Regel, wie Hans Erich Nossack, ein deutscher Schriftsteller, der unter den „Nazis“ Publikationsverbot hatte. Bei der Bombardierung von Hamburg verlor er seinen ganzen Besitz, einschließlich seiner unveröffentlichten Manuskripte. In Jahr 1947 veröffentlichte er *Nekyia*, eine Art Reise in das Reich der Toten.[887] Und auch Hermann Kasack, der in seinem Buch *Die Stadt hinter dem Strom* eine Stadt in Trümmern beschrieb und definitiv mit dem Wahnsinn des Nationalsozialismus abrechnete.[888] Aber auch diese Arbeiten enthielten die Vorstellung eines unvermeidlichen Verhängnisses.

Sebald will mit seiner Auffassung den Wahnsinn des Nationalsozialismus nicht verbergen oder verkleinern. In einem Nachwort zu seinem Buch macht er deutlich, dass Hitler und Göring, hätten sie die Mittel dazu besessen, London und andere britische Städte von der Landkarte hätten verschwinden lassen. Die ersten Städte, die durch Luftangriffe zerstört wurden, waren Guernica, Warschau, Belgrad und Rotterdam. Und auch Stalingrad wurde im August 1942 durch 1200 deutsche Bomber angegriffen, was zu 40.000 Toten führte. Das darf nicht verhindern, dass – wie Sebald und Friedrich es tun – die sinnlose Zerstörung Hunderter von deutschen Städten mit über einer halben Million Toten moralisch infrage zu stellen ist. Sebalds Buch liefert hierzu einen wichtigen Beitrag, es ist auch eine Aufforderung zu weiterer Forschung für alle, die bereit sind, Lehren aus der Geschichte zu ziehen. Aber das Buch ist besonders wichtig, um die Diskrepanzen in der Haltung der Alliierten zu Angriffen auf die Vernichtungslager einerseits und zu den Bombardements deutscher Städte andererseits herauszuarbeiten. Ende Sommer 1944 war es denkbar, eine Reihe von geplanten Angriffen auf Städte im Süden von Deutschland zu unterlassen und statt dessen gezielte Angriffe auf die Zugverbindungen nach Auschwitz zu fliegen. So hätte deutsches und jüdisches Leben gerettet werden können.

Dass Churchill und Roosevelt während des Krieges, genau wie Stalin, Fehler machten, ist unbestreitbar. Das kann jedoch nicht darüber hinwegtäuschen, dass Hitler der Anstifter und der Hauptverantwortliche der Gräueltaten war. Churchill und Roosevelt haben durch ihre Hartnäckigkeit und ihren Glauben an die Werte der demokratischen Rechtsstaatlichkeit gewährleistet, dass der Nationalsozialismus in die Knie ging, und das wahnsinnige Endziel Hitlers, die vollständige Vernichtung der Juden und anderer in seinen Augen minderwertiger Gruppen, nicht erreicht wurde. In diesem Sinne haben diese beiden Führer der Alliierten, die Erwartungen, die an sie als Regierungschefs der beiden Demokratien gerichtet wurden, auch erfüllt. Vor allem Churchill spielte eine große Rolle beim Sieg über die Deutschen. „Ohne die tödliche Entschlossenheit Englands in diesen einsamen Jahren von Juni 1940 bis Juni 1941 wäre die extrem unnatürliche Allianz (mit Amerika und Russland) wahrscheinlich nie zustande gekommen und ohne Churchill wäre diese Entschlossenheit möglicherweise nicht entstanden“, sagt Haffner, der auch annimmt, dass der Nationalsozialismus dann gesiegt hätte.[889] Burleigh macht deutlich, dass die Gleichsetzung der

Bombardierung mit dem Völkermord durch die „Nazis“ völlig unpassend ist.[890] Wie unmoralisch das Bombardement deutscher Städte auch war, es fand in einer extrem schwierigen Kriegssituation statt, als der Aggressor aus rassistischen Überlegungen heraus eine nach vielen Millionen zählende Menschengruppe beseitigen wollte, und auch, und dies wird zu oft vergessen, die Vernichtung seines eigenen Volkes in Kauf nahm. Beweis dafür ist nicht nur die Gleichgültigkeit, mit der Hitler Hunderttausende seiner Soldaten dem Tod preisgab, dass er Heeresgruppen selbst in aussichtsloser Lage den Rückzug verweigerte oder sein Befehl vom 25. September 1944 zur Gründung des Volkssturms für Männer zwischen sechzehn und sechzig Jahren. Das zeigt ebenso sein wahnsinniger „Nero-Befehl“ vom 19. März 1945, in den letzten Tagen des Dritten Reiches also, die gesamte deutsche industrielle Infrastruktur zu sprengen und Mitglieder der Hitlerjugend ab 12 Jahren als letztes Aufgebot zu rekrutieren und so bewusst in den Tod zu treiben. Es war Hitlers Wille, dass Deutschland eine Niederlage nicht überleben solle und dass seine Untertanen mit ihm zusammen unterzugehen hätten.[891] „Wenn das deutsche Volk den Krieg verliert, hat es sich als unwürdig für mich erwiesen“, sagte Hitler am 18. April 1945.[892] Zu dem Zeitpunkt, als das deutsche Volk sich in der denkbar schlechtesten Lage befand, wandte Hitler sich von ihm ab. „Er leugnete seine Verantwortung gegenüber den Streitkräften, dem Staat und den Menschen im kritischsten Moment“, sagt Kershaw.[893]

„Für die Sowjetunion, Großbritannien und die Vereinigten Staaten hatte die Rettung der Juden keine Priorität“, schreibt Hilberg.[894] Für die Führer der Alliierten gibt es jedoch nachvollziehbare moralische Entschuldigungen. Gleiches trifft auf Papst Pius XII. nicht zu. In einem unveröffentlichten Text erklärt der Moralphilosoph Etienne Vermeersch, dass die Weigerung von Churchill (und Roosevelt), die Eisenbahnlinien nach Auschwitz zu bombardieren, sehr schlimm war.[895] Dass Churchill genau wusste, was mit den Juden geschah, zeigt ein Schreiben vom 11. Juli 1944 an seinen Außenminister Eden. „Die Verfolgung der Juden in Ungarn und ihre Entfernung aus der Region sind ohne Zweifel die schrecklichsten Verbrechen, die die Welt im Lauf der Geschichte je gesehen hat. Sie wurden unter Verwendung der modernsten wissenschaftlichen Techniken realisiert, durch angeblich zivilisierte Menschen im Namen eines großen Staates und einer der dominierenden Rassen Europas.“[896] Doch niemand behauptet, dass Churchill oder Roosevelt unfehlbare Menschen waren, auch nicht auf ethischem Gebiet. Von ihnen wurde nicht so sehr moralische Führung als vielmehr militärische Voraussicht, Mut und Entschlossenheit erwartet, etwas, was sie im

Überfluss gezeigt haben. Der Papst, der von vielen Gläubigen für unfehlbar gehalten wurde, und davon selbst auch überzeugt war, hat seine moralische Autorität nicht eingesetzt, außer für die Interessen der katholischen Kirche. Er hat mit seiner moralischen Autorität nicht die Gläubigen ermutigt, sich gegen ein Regime zu wenden, das die christlichen Werte mit Füßen trat. Er hat die moralische Autorität nicht benutzt, um das Leben von Millionen von Juden zu retten.

Kapitel 34
Wir erinnern uns

Die protestantischen Kirchen bekannten sich schon bald nach dem Krieg zu ihrem Versagen. Das geschah am 19. Oktober 1945 in der Erklärung von Stuttgart mit folgenden Worten: „Mit großem Schmerz sagen wir: Durch uns wurde endloses Unrecht gegen viele Völker und Menschen begangen. Was wir oft in unseren Gemeinden erlebten, das bezeugen wir nun im Namen der ganzen Kirche: Wir kämpften jahrelang im Namen Jesu Christi gegen die Mentalität, die abscheulich in dem gewalttätigen NS-Regime zum Ausdruck kam, aber wir klagen uns selbst an, dass wir nicht mit mehr Mut zu unseren Überzeugungen standen, dass wir nicht mit mehr Zuversicht gebetet haben, dass wir nicht mit mehr Freude geglaubt haben, und dass wir nicht leidenschaftlich geliebt haben."[897] Auch danach folgten noch mehrere Erklärungen, in denen die evangelische Kirche ihre Verantwortung für die Ereignisse während des Zweiten Weltkrieges übernahm. So gab die österreichische evangelische Kirche noch im Jahre 1998 ein öffentliches Schuldbekenntnis ab: „Nicht nur einzelne Christen, sondern auch unsere Kirchen sind am Holocaust / Schoah mitschuldig."

Die katholische Kirche jedoch hat sich viele Jahre davor gedrückt.[898] Erst nach der Veröffentlichung des Buches *The Vatican in World Politics* von Avro Manhattan im Jahr 1949 und nach dem Theaterstück *Der Stellvertreter* von Rolf Hochhuth im Jahre 1963, in dem Papst Pius XII. wegen seiner Weigerung, zwischen 1938 und 1945 offen gegen die Verfolgung der Juden durch die „Nazis" zu protestieren, direkt angegriffen wurde, stellte man sich Fragen zur Haltung des damaligen Papstes.[899] Von da an begann die eigentliche Untersuchung der Haltung Pius XII. und der Kirche während der Kriegsjahre, eine Untersuchung, die noch immer nicht abgeschlossen ist, auch wegen der Weigerung der Kirche, ihre Archive für unabhängige Wissenschaftler und Historiker ohne Ausnahme zu öffnen. Ein bizarres Verhalten, weil es der These Nahrung gibt, dass sie etwas zu verbergen hat.

Der Vatikan nahm am 16. März 1998, fast 53 Jahre nach dem Fall des Dritten Reiches, zum ersten Mal öffentlich zum Holocaust Stellung. Der australische Kardinal Edward Idris Cassidy, Präsident der päpstlichen

Kommission für die religiösen Beziehungen mit dem Judentum, präsentierte auf einer Pressekonferenz den Text *Wir erinnern uns. Eine Reflexion über die Schoah.* Laut Cassidy können die derzeitigen Mitglieder der Kirche individuell nicht verantwortlich gemacht werden für das, was in den vergangenen Jahrhunderten geschah, aber zugleich können sie, was geschehen ist, nicht ignorieren, so als ob es keine Bedeutung für sie hätte. Damit hoffte der Vatikan, die anhaltenden Vorwürfe über die Laxheit des damaligen Papstes und der Kirchenführer während der NS-Zeit zu beenden. Im ersten Kapitel des Dokuments beschreibt die Kirche das Problem: „Dieses Jahrhundert war Zeuge einer unbeschreiblichen Tragödie, die nie vergessen werden darf: Der Versuch des Naziregimes, das jüdische Volk auszurotten, mit der Tötung von Millionen Juden als Konsequenz. Frauen und Männer, Jung und Alt, Kinder und Säuglinge wurden verfolgt und deportiert, nur weil sie jüdischer Abstammung waren. Einige wurden sofort ermordet, während andere gedemütigt, misshandelt, gequält und völlig ihrer Menschenwürde beraubt wurden, dann wurden sie getötet. Nur wenige Menschen, die in die Lager gebracht wurden, haben überlebt und sind für das ganze Leben gezeichnet. Das war die Schoah. Ein wichtiges Ereignis in der Geschichte dieses Jahrhunderts, ein Ereignis, das uns noch immer betroffen macht. (...) Es gab in der christlichen Welt – ich sage nicht in der Kirche als solcher – zu lange irrige und ungerechte Interpretationen des Neuen Testaments hinsichtlich des jüdischen Volkes und seiner angeblichen Schuld, die feindselige Gefühle gegenüber diesen Menschen erzeugt haben. (...) Wir bedauern die Fehler und die Nachlässigkeit dieser Söhne und Töchter der Kirche zutiefst. (...) Am Ende dieses Jahrtausends möchte die katholische Kirche ihre tiefe Trauer über die Fehler der Söhne und Töchter aller Zeiten zum Ausdruck bringen. Dies ist ein Akt der Reue (teshoewa), da wir als Mitglieder der Kirche, sowohl mit den Sünden als auch mit den Verdiensten von allen ihren Kindern verbunden sind. Die Kirche nähert sich der Vernichtung des jüdischen Volkes im Zweiten Weltkrieg, der Schoah, mit tiefem Respekt und intensivem Mitgefühl.“ In einem Begleitschreiben von Papst Johannes Paul II. wird weiterhin ausgeführt: „Ich hoffe inständig, dass das Dokument ‘Wir erinnern uns’, eine Reflexion über die Schoah, die von der Kommission für die religiösen Beziehungen mit dem Judentum unter Ihrer (Kardinal Edward Idris Cassidy) Leitung vorbereitet wurde, tatsächlich helfen kann, die Wunden der Missverständnisse und Ungerechtigkeiten aus der Vergangenheit zu heilen.“[900]

Der Text rief rasch scharfe Reaktionen hervor. Das Wort „Missverständnis“ im Begleitschreiben des Papstes war besonders unglücklich gewählt.

Aber es war vor allem die Behauptung, dass die Kirche selbst keine Schuld habe, sondern nur „die Söhne und Töchter der Kirche", die mit Empörung aufgenommen wurde. Als ob die antisemitische Tradition der katholischen Kirche und ihre Haltung während des Zweiten Weltkriegs lediglich das Ergebnis von einigen Fehltritten einzelner Gläubiger war und die Kirchenleitung damit nichts zu tun hatte. David Kertzer nennt dies eine regelrechte Geschichtsfälschung.[901] Zahlreiche Vorgänger von Pius XII., die Vertreter Gottes auf Erden und absoluten Führer der Kirche, hatten die Juden in der Tat mit allen Sünden Israels beladen. Damit ebnete die Kirche den Weg für die Ermordung der Juden. Der religiöse Antisemitismus kann nicht geleugnet werden. Viele christliche Führer, darunter Päpste, befürworteten eine Form der Apartheid, bei der die Juden eine niedrigere Position als die Christen innehatten. Und dennoch bestreitet Kardinal Cassidy, dass es „einen inneren Zusammenhang zwischen dem Antijudaismus der christlichen Kirche und dem Antisemitismus des Nationalsozialismus oder eine direkte Verantwortung der Kirche für die NS-Verfolgung gegeben habe".[902] Über den ersten Teil dieser Aussage kann man sicherlich streiten, der letzte Teil ist richtig, soweit es um eine „direkte" Verantwortung für die von den „Nazis" begangenen Morde geht. Der Fall der Ustascha kommt einer direkten Verantwortung der kirchlichen Behörden jedoch ganz bedenklich nahe. Die Hauptkritik richtete sich jedoch gegen die Reue der Kirche über ihre sündigen „Söhne und Töchter", die keinesfalls ein Schuldbewusstsein der Kirche und ihrer Führer einschloss. Kardinal Cassidy versuchte, dieser Kritik mit dem Hinweis zu begegnen, dass „Söhne und Töchter" für jedes Mitglied der Kirche zu gelten hat, „von dem damaligen Papst bis zu den Kardinälen, Bischöfen, Priestern, Ordensleuten und Laien", und dass die Schuld entsprechend der Größe der Verantwortung größer ist. Damit sagte er noch immer nicht, dass die Kirche, der damalige Papst und die Bischöfe, (auch) verantwortlich seien. Auffällig war auch sein Aufruf an Juden und Christen, „im Lichte der wachsenden Säkularisierung, der religiösen Gleichgültigkeit und moralischen Verwirrung, in der wenig Raum für Gott bleibt", diese tragische Periode zu vergessen.

Mehrere jüdische Führer anerkannten, dass mit diesem Text zwar ein Schritt getan wurde, aber ein zu kleiner Schritt. *Wir erinnern uns* stellt Pius XII. in Wirklichkeit in ein vorteilhaftes Licht. Es wird auf seine Bemühungen für die Juden verwiesen, während sein Versagen bei der öffentlichen Verurteilung des mörderischen Regimes der „Nazis" und der Ustascha nicht benannt wird. Der Rabbi Irving Greenberg sagte, dass die kirchlichen Behörden mehr tun sollten, als – wie in *Wir erinnern uns* – nur einige vorsichtige Hinweise zu formulieren, und mehr fundamentale Selbstkritik üben müssten, um so die Kirche selbst und ihre Botschaft zu „reinigen".[903] Laut Professor Michael Marrus ist *Wir erinnern uns* nicht von Historikern geschrieben worden, deswegen geht das Dokument zu wenig auf den Zeitgeist ein, innerhalb dessen der Massenmord an den europäischen Juden stattfinden konnte. Er weist darauf hin, dass Pius XII. die zu dieser Zeit weitverbreitete Verachtung für die Juden teilte: „Der Klerus neigte dazu, zu glauben, dass die Juden hinter der Aufklärung, der Freimaurerei, der Französischen Revolution, dem Liberalismus, dem Kapitalismus, der Demokratie, dem Sozialismus, dem Kommunismus, dem Anarchismus, dem Radikalismus, dem Antiklerikalismus, dem Säkularismus, dem Materialismus, der Evolutionstheorie und der urbanen Unmoral standen: alles Feinde der Kirche und der katholischen Glaubenssätze. Wie viele Andere auch sah der Papst die Juden als Anstifter der bolschewistischen Revolution und damit als Aggressoren gegen die christliche Zivilisation."[904] Die Wahrheit ist, nach Marrus, dass die Juden keine hohe Priorität für den Papst und seine wichtigsten Berater besaßen.[905] Auch der katholische Professor und Forscher John Morley meint, dass man dem damaligen Zeitgeist größere Aufmerksamkeit schenken solle. Er sieht Pius XII. als den letzten Papst-König, der Vertreter in 61 Ländern auf der ganzen Welt, einschließlich 38 Nuntien, hatte. „Die Kirche, über die Papst Pius XII. regierte, hatte eine drittel Milliarde Mitglieder, darunter 100 Millionen in Europa und noch einmal 40 Millionen in den Vereinigten Staaten. Diese Katholiken waren der gerichtlichen Zuständigkeit und der Seelsorge von 1.200 Bischöfen in Diözesen auf der ganzen Welt, von Aberdeen in Schottland bis Zulia in Venezuela anvertraut."[906] Damit schildert Morley treffend die damalige, wahrlich nicht geringe Macht des Papsttums. Deshalb konnten die Briten und Franzosen nicht verstehen, warum der Papst ihre Feinde nicht exkommunizierte.[907] Dass der Papst seine höchste Autorität, bei wenigen Ausnahmen, nicht nutzte, wurde am besten in einem Brief an Konrad von Preysing, den Bischof von Berlin, ersichtlich, in dem er erklärte, dass es leichter für die Bischöfe als für den Vatikan sei, zu entscheiden, ob Protest einzulegen wäre oder nicht. Dass die Bischöfe nicht immer die Möglichkeit hatten, zu intervenieren, oder auch meinten, dass nur mit einer Entscheidung des Stellvertreters Gottes etwas zu erreichen sei, wird aus einem Schreiben der jüdischen Gemeinde in Bratislava an den Papst deutlich, das ihm von Erzbischof Angelo Rotta, dem Nuntius in Budapest, zugestellt wurde. Der Brief erreichte den Vatikan am 13. März 1942 und berichtete über die Deportation der slowakischen Juden: „Heiliger Vater. Niemand (sonst) kann uns helfen, (...) Wir sind zur Vernichtung verurteilt (...) Wir setzen all unsere Hoffnung und unser Vertrauen in Eure Heiligkeit."[908] Der Vatikan wusste um die Geschehnisse aus zwei weiteren Quellen. Wie oben beschrieben, schickte Monsignore Giuseppe Burzio, der Vatikanvertreter in der slowakischen Hauptstadt Bratislava, am 9. März 1942 ein Telegramm über die Deportation der slowakischen Juden.[909] Einen Tag später sandte Erzbischof Filippo Bernardini, Nuntius in Bern, ähnliche Informationen an den Papst. Es gab keine Antwort. Sechs Wochen später waren bereits mehr als 40.000 jüdische Männer und Frauen deportiert.

Sind dies Sünden der „Söhne und Töchter" der Kirche? In der Tat. Und wie Kardinal Cassidy sagt, sind auch der Papst und die anderen Kirchenführer Söhne der Kirche. Nur wird in *Wir erinnern uns* ihre besondere Verantwortung nicht angesprochen. Im Gegenteil, man verweist auf Interventionen von Pius XII. als Beweis seiner Sympathie für die Juden, aber schweigt in allen Sprachen über die vielen Bitten, öffentlich seine Missbilligung zu äußern, über die Aufforderungen, auf die er nicht reagierte. Der Text vermittelt, laut dem Geistlichen und Professor für Sozialethik John Pawlikowski O.S.M., den Eindruck, dass die „sündigen Söhne und Töchter" der Kirche ihre antisemitischen Ressentiments von Lehren und Lehrern jenseits der offiziellen Kirche bezogen.[910] Das stimmt nicht. Die Kirche selbst nährte seit Jahrhunderten, durch ihre Katechese, Lehrsätze, Interpretationen, Enzykliken und vor allem durch ihre weltliche Politik gegenüber den Juden in Rom und der ganzen christlichen Welt den Hass. *Wir erinnern uns* ist als Ausdruck der Reue der katholischen Kirche ein wichtiges Dokument, aber es geht nicht weit genug. Es verneint implizit, dass die Kirche und ihre Führer mitverantwortlich für die Tragödie des Holocausts waren oder dass sie zumindest aus irgendeinem Grund zu selten, zu spät und zu schwach dagegen protestierten. Es zeigt schmerzhaft, dass die Kirche noch immer nicht in der Lage ist, wahre Reue über eine der dunkelsten Seiten in ihrer Geschichte zu zeigen. Zu fürchten ist, dass sie auch in Zukunft nicht dazu bereit sein wird, schon deshalb nicht, weil ein echtes Schuldbekenntnis das Dogma der Unfehlbarkeit des Papstes unterminieren würde und die Kirche zugeben müsste, dass ihre heiligen Bücher voller antisemitischer Äußerungen sind und jede Korrektur die absolute und unteilbare Wahrheit der Bibel in Gefahr bringen würde. Es ist in diesem Sinne, so Hans Küng, dass die Kirche von den Anfängen der römischen Lehrgewalt bis zur Enzyklika *Humani generis* von Pius XII. in Fragen des Glaubens immer wieder falsche Entscheidungen getroffen hat, die man aus Angst um die eigene Unfehlbarkeit nie zu bekennen wagte.[911]

Kapitel 35
Pius XII. in der Geschichte

Kein Papst hat je soviel Emotionen ausgelöst wie Pius XII. Das kann nicht überraschen, da er in einem der schwierigsten Momente ihrer Geschichte an der Spitze der Kirche stand. Anhänger des Papstes verweisen auf die Zahl der Juden, die nach dem Krieg ihre Dankbarkeit für seine selbstlose Hingabe zum Ausdruck brachten. Sie zitieren dabei häufig die Worte der israelischen Premierministerin Golda Meir anlässlich seines Todes im Jahr 1958: „Wir teilen die Trauer der Menschheit zum Hinscheiden des Heiligen Vaters Papst Pius XII. In einer Generation, heimgesucht von Kriegen und Zwietracht, verteidigte er die höchsten Ideale des Friedens und Erbarmens. Als in der Zeit des Naziterrors über unser Volk ein schreckliches Martyrium verhängt wurde, erhob der Papst seine Stimme für die Opfer. Das Leben unserer Zeit wurde durch eine Stimme bereichert, die über dem Tumult des täglichen Kampfes die großen moralischen Werte hören ließ. Wir beklagen den Verlust eines großen Dieners des Friedens."[912] Das ist eine große Hommage an Pius XII. Doch die israelische Ministerpräsidentin sagte später auch andere Dinge. In ihrer Autobiografie schildert Golda Meir ihre Begegnung mit Papst Paul VI. am 15. Januar 1973. Als der Papst ihr sagte, dass er Schwierigkeiten hätte, zu verstehen, weshalb das jüdische Volk sich so gnadenlos gegenüber den Palästinensern verhält, gab es ein unbehagliches Schweigen. Golda Meir reagierte mit einem Hinweis auf ihre früheste Erinnerung als Kind: an ein Pogrom in Kiew. „Als wir *gnädig* waren und kein Land hatten und schwach waren, wurden wir in die Gaskammer geschleppt", sagte sie. Es ist diese kollektive Furcht, welche die Juden noch bis heute bewegt. Auch andere Juden zeigten Dankbarkeit gegenüber dem Papst. Aber die Historiker Susan Zuccotti und Michael Phayer weisen darauf hin, dass diese aufrichtigen Worte des Dankes eher an all jene Katholiken gerichtet sind, die Juden auf ihre Weise halfen, und das in einer Zeit, als sie nicht wussten, ob sie das aus eigenem Antrieb oder im Auftrage der höchsten kirchlichen Autorität taten. In diesem Sinne ist es gut zu wissen, dass trotz des ungeheueren Antisemitismus in Polen Tausende von polnischen Katholiken Juden vor dem sicheren Tod versteckten. Polen sind es, zusammen mit Niederländern, denen weitaus am häufigsten (6066 bzw.

4863) der Ehrentitel „Gerechter unter den Völkern" verliehen wurde. Zu ihrer Anständigkeit und Zivilcourage drängte sie nicht der Papst, im Gegenteil, sie wurden als Menschen, die selbst unter der Nazibesatzung litten, vom Stellvertreter Gottes im Stich gelassen. Sie folgten ihrem Gewissen und nicht irgendeinem pastoralen Auftrag.

Apologeten des Papstes behaupten noch immer, dass Pius XII. mit seiner neutralen Haltung, seiner stillen Diplomatie und sogar mit seinem Schweigen Hunderttausende, bis zu 860.000 Juden gerettet habe. Die letztgenannte Zahl wurde erstmals von dem jüdischen Historiker Pinchas Lapide in seinem Buch *Three Popes and the Jews* von 1967 erwähnt und seitdem eifrig von katholischen Organisationen in Texten und auf Webseiten kolportiert.[913] Die Historikerin Susan Zuccotti hält jedoch nichts von Lapides Berechnungsmethode. Er ging von zwei Millionen Juden aus, die im NS-Machtbereich den Holocaust überlebten. Davon hatte nach seiner Schätzung die Hälfte ins Ausland fliehen können. „Von der mehr als eine Million jüdische Überlebende subtrahierte ich alle glaubwürdigen Hinweise auf Rettungsaktionen seitens der evangelischen Kirchen (vor allem in Frankreich, Italien, Ungarn, Finnland, Dänemark und Norwegen), der östlichen Kirchen (vor allem in Rumänien, Bulgarien und Griechenland) und die Zahl der von Kommunisten, Agnostikern und anderen Nichtchristen Geretteten. Die endgültige Zahl der Juden, die durch die Aktionen der katholischen Kirche gerettet wurde, beträgt dann mindestens 700.000 Seelen, aber nähert sich wahrscheinlich dem Maximum von 860.000 an."[914] Lapide behauptet also nicht, dass diese große Zahl von Juden vom Papst gerettet wurde, sondern durch die katholische Kirche. Es sind andere Forscher (wie Ralph McInerny) und katholische Organisationen, die – bewusst oder unbewusst – diese Zahl verwenden oder missbrauchen, um Pius XII. weißzuwaschen. Dass viele Juden von Priestern, Mönchen und Nonnen gerettet wurden, ist eine Tatsache, dass es Hunderttausende waren, ist höchst fraglich. Wie auch immer, in unserem Zusammenhang ist entscheidend, dass diese mutigen Geistlichen auf eigene Faust gehandelt haben. Aus keinem Dokument, das in die elf Bände der *Actes et Documents du Saint Siège relatifs à la Seconde Guerre Mondiale* von durch den Vatikan ausgewählten Forschern aufgenommen wurde, geht hervor, dass der Papst kirchliche Autoritäten, Mönchsorden, Klöster, Geistliche oder anderen gewöhnliche Bürger aufgerufen hätte, Juden zu retten. Zuccotti fügt hinzu, dass, wenn der Papst das getan hätte, viel mehr Katholiken ihren jüdischen Nachbarn geholfen hätten und viel mehr Leben zu retten gewesen wäre.

Der Historiker Michael Phayer hat in mehreren Büchern den Platz von Pius XII. in der Geschichte beschrieben. Ihm zufolge gibt es zwei wichtige Gründe, warum der Papst sich nicht öffentlich gegen den Holocaust und den Nazismus ausgesprochen hat.[915] Erstens seine Furcht vor dem Kommunismus und dessen erfolgreicher Verbreitung in den ersten Jahrzehnten des zwanzigsten Jahrhunderts in Europa. Seine ersten Erfahrungen mit der „roten Gefahr" verursachten ein lebenslanges Trauma bei Pacelli. In der Folge der deutschen Niederlage im Ersten Weltkrieg wurde am 7. November 1918, unter Impuls von Kurt Eisner und seiner radikal-sozialistischen Partei USPD, der bayerische König Ludwig II. abgesetzt und der Freistaat Bayern ausgerufen. Einige Monate später errichteten Mitglieder der USPD und Anarchisten die Münchner Räterepublik. Am 2. Mai 1919 wurden die „Roten" von den deutschen nationalistischen Freikorps besiegt. In diesem Zeitraum wurde Pacelli, der päpstliche Vertreter in München, mehrfach körperlich bedroht. So soll eine Gruppe von Kommunisten, die sein Auto konfiszieren wollten, ihm eine Pistole an den Kopf gesetzt haben. Später erhielt Pacelli auch Kenntnis von der Brutalität des Stalinismus gegen die Kirchen in Russland, wo viele Geistliche verhaftet, deportiert oder getötet wurden. Während des Spanischen Bürgerkrieges von 1936 bis 1939 hörte er von Massakern an Priestern durch die sozialistischen, kommunistischen und anarchistischen Republikaner. (Hinzuzufügen ist, dass auch Priester bewaffnet an der Seite Francos kämpften.) Weniger bekannt in Europa ist der Cristero-Krieg in Mexiko, wo zwischen 1926 und 1929 eine Gruppe Katholiken gegen die damalige mexikanische Regierung kämpfte, weil diese antikirchliche Maßnahmen beschlossen hatte. Die Staatsmacht reagierte mit Todesurteilen gegen Priester und der Erschießung von Cristeros.[916] Obwohl die Kirche Gewalt offiziell verurteilte, unterstützten viele Priester und Bischöfe die Cristeros oder duldeten ihre Aktionen. Auf jeden Fall hatten die verschiedenen Konflikte zwischen Kommunisten und Priestern einen signifikanten Einfluss auf das Denken und Handeln des künftigen Papstes Pius XII.

Zweitens glaubte Pius XII., dass Hitler den Vatikan zerstören würde, wenn er sich offen gegen den Nationalsozialismus stellen würde. In einem Brief an Bischof Preysing vom 21. März 1944 schrieb der Papst, dass sein Gewissen ihn zwingt, alles zu tun, um Rom, das Zentrum des Christentums von Beginn an, vor der Zerstörung zu schützen. In Phayers Notizen ist zu lesen, dass Pius XII., als die Alliierten am 19. Juli 1943 den Rangierbahnhof Stazione Termini bombardierten, unverzüglich zu der beschädigten Basilika von San Lorenzo ging, um mit den Römern zu trauern.

Abb. 57: Pius XII. begibt sich unter die Menschen nach einem Bombenangriff auf Rom im Jahr 1943.

Drei Monate später aber fand er es nicht nötig, das Collegio Militare am anderen Ufer der Tiber zu besuchen, wo mehr als tausend römische Juden bis zu ihrer Deportation nach Auschwitz eingesperrt waren. Auch nach der zweiten Bombardierung Roms am 13. August 1943 begab sich der Papst sofort unter die Bevölkerung. Erst nach der Befreiung des Vatikans durch die Amerikaner fühlte der Papst sich nicht mehr bedroht und änderte seine Haltung gegenüber dem Holocaust ein wenig.

Die Angst des Papstes vor der totalen Zerstörung der Ewigen Stadt und des Vatikans hat eine größere Rolle als gemeinhin angenommen gespielt. Wer die Memoiren von Harold Tittmann, dem US-Gesandten beim Heiligen Stuhl, liest, kann daran nicht zweifeln.[917] Tittmann selbst war nicht so besorgt. Er schreibt, dass er, wie die meisten anderen Römer, die obligatorischen Verdunkelungsmaßnahmen in der Stadt in den ersten Monaten des Jahres 1941 für übertrieben hielt. Pius XII. warnte Myron Taylor, den US-Botschafter im Vatikan, dass der Heilige Stuhl nicht schweigen würde, wenn die Alliierten Kirchen, Basiliken und päpstliche Einrichtungen in Rom zerstören würden. Diese Warnung wurde Taylor schriftlich überbracht. Auffallend ist, dass der Papst sich 1939 und 1940 strikt weigerte, zu protestieren, als die deutsche Luftwaffe polnische Städte und Dörfer bombardierte, darunter die Hauptstadt Warschau am 24. September 1939 durch 1.150 deutsche Flugzeuge. Später griff die deutsche Luftwaffe auch Rotterdam, Belgrad und mehrere britische Städte, darunter London (zwischen dem 7. September und dem 3. November 1940 wurde die Stadt jede Nacht von etwa 200 Bombern angegriffen), Coventry und Southampton, an. Giovanni Miccoli ist darüber besonders aufgebracht: „Der Vatikan unternahm energisch und leidenschaftlich diplomatische Vorstöße, um die katholische öffentliche Meinung für eine Garantie der Alliierten zu mobilisieren, dass sie Rom nicht bombardieren würden, war aber nicht in der Lage, sich mit der gleichen Entschlossenheit gegen die ersten offensichtlichen und konkreten Bombenangriffe zu wenden, die eindeutig die Arbeit von Terroristen waren.“[918] Zugleich berücksichtigte der Papst einen möglichen Sieg der Achsenmächte und deren denkbare Absicht, den Vatikan zu besetzen oder zu zerstören. Mit anderen Worten, Pius XII. saß eingeklemmt zwischen den beiden verfeindeten Kräften, die nicht zögern würden, bis zum Äußersten zu gehen, um den Gegner zu vernichten. Hitler prognostizierte die totale Zerstörung des Feindes und gab zu verstehen, dass er, wenn nötig, den Vatikan besetzen und den Papst entführen würde. Mehr als einmal sprach er davon, das Spionagenest, wie er die Diplomaten im Vatikan bezeichnete, zu beseitigen. Doch auch Churchill und Roosevelt weigerten sich, Rom zu versprechen, die Stadt nicht zu bombardieren. Sie erkannten, dass diese Bedrohung notwendig war, um die römische Bevölkerung gegen die immer schwächer werdende faschistische Regierung und die „Nazis“ aufzuwiegeln.

Die Angst vor den alliierten Bombenangriffen nahm im Jahr 1942 zu. Ab Februar begannen die Briten und später die Amerikaner mit der systematischen Bombardierung feindlicher Ziele. Am 30. und 31. Mai 1942 fanden die ersten großen Angriffe auf Köln statt, wo Tausende von Gebäuden, darunter 23 kirchliche Gebäude zerstört wurden. Als Vergeltung ließ Hitler bereits am Tag darauf Brandbomben auf die Diözese von Canterbury fallen. Die Auswirkungen des Angriffs auf Köln waren sogar an der Front spürbar. In seiner Korrespondenz während des Krieges machte sich der Kölner Heinrich Böll große Sorgen über diese Bombardements.[919] Sein Elternhaus wurde zerstört, aber ohne dass es Verletzte gab. Auch in Rom war man besorgt. Der Papst erkannte, falls die Alliierten die Lufthoheit errangen, würden sie für die Gebäude des Vatikans potenziell gefährlicher als die „Nazis". Pius XII. empfing den US-Botschafter Taylor am 19., 22. und 26. September 1942 in Audienz, wobei er das Problem einer möglichen Bombardierung ansprach. Am letzten Tag gab der Papst Taylor einen Brief: „Der Heilige Stuhl hat sich, mit einem Herz erfüllt von konstanter väterlicher Sorge, immer gekümmert und wird sich weiter kümmern um das Schicksal der Zivilbevölkerung, die wehrlos gegen den Krieg ist. Seit Beginn des Ausbruchs des aktuellen Konflikts vergeht kein Jahr, in dem Wir in unseren öffentlichen Äußerungen nicht an die Krieg führenden Parteien appelliert haben. (...) Jetzt wurden Wir anlässlich des Besuchs Ihrer Exzellenz gebeten, diesen als eine Gelegenheit zu nutzen, um unseren Appell persönlich zu wiederholen, und Sie zu bitten, dies dem geschätzten Präsidenten der Vereinigten Staaten, deren wichtiger und geschätzter Vertreter Eure Exzellenz ist, zu übermitteln. Eine solche Bitte abzulehnen, würde von wenig Glauben an die edlen Gefühle der christlichen Brüderlichkeit und an die große Sympathie für unschuldige Opfer der Ungerechtigkeit zeugen, wovon Ihre Exzellenz und der Präsident auf hervorragende Weise den Beweis erbracht haben."[920] Dieser Brief gibt uns eine Menge Informationen über die Haltung des Papstes im großen Weltkonflikt. Er wollte ein Vermittler des Friedens sein. Die Worte „Now We have been asked" beziehen sich auf die deutschen Behörden, die machtlos gegen die Bombardierungen der Alliierten waren. Die *Actes et Documents* enthalten einen Brief von Monsignore Enrico Pucci vom 18. September 1942, den er auf Antrag des deutschen Botschafters schickte, und in welchem er den Papst bittet, gegen die Bombardierung deutscher Städte zu intervenieren. Pucci spielte eine zwielichtige Rolle im Vatikan, er stand auf der Gehaltsliste von Mussolinis Geheimpolizei. Interessant ist seine Argumentation, die eine kaum verhüllte Drohung enthielt: „Jetzt kann die deutsche Luftwaffe nicht für große Vergeltungsschläge eingesetzt werden, weil sie massiv in Russland aktiv ist, aber wenn die aktuellen Vorgänge rund um Stalingrad einmal abgeschlossen sind, würde ein großer Teil von ihr für Vergeltung zur Verfügung stehen und es würde eine neue und schlimmere Zerstörungsphase des Krieges anfangen; der Gedanke daran, was passieren würde, wenn dies auf die eine oder andere Weise zum System wird, sich auf andere kriegführende Länder, wie Italien, ausdehnen könnte, ist erschreckend."[921] In einem Nachtrag zu dem Memorandum schrieb Monsignore Tardini: „Am 22. September gab SS (Heiliger Stuhl) mir eine Notiz, die Msgr. Pucci Ihm im Auftrage des deutschen Botschafters (Bergen), gegeben hat. In dieser wird angedeutet, dass der SP (Heiliger Vater) eine wunderbare Geste machen würde, wenn er sich gegenüber M. Taylor gegen die Luftangriffe auf deutsche Städte einsetzen würde."[922] Vermutlich verlangte der Papst das auch für Rom und den Vatikan.

Auffallend in dem Brief sind auch die sehr freundlichen, fast schleimigen Worte über Taylor und seinen Präsidenten. Es klingt wie ein Bittgebet. Aber dann folgt unmittelbar ein nicht sehr subtiler Klaps auf die Finger, dass, wenn Taylor und Roosevelt darauf nicht eingehen würden, dies das Vertrauen der Christenheit in ihre hehren Absichten antasten würde. Offenbar war Taylor nicht sehr erfreut über Inhalt und Stil des Briefes, denn einen Tag später bekam Monsignore Montini eine scharfe und unmissverständliche informelle Antwort: „Ich bin nicht sicher, ob der Heilige Vater die Bombardierung von London, Warschau, Rotterdam, Belgrad, Coventry, Manila, Pearl Harbor und von Standorten im Pazifik verurteilt hat. Eine Liste, zusammen mit Bildern von bis zum 1. Februar 1941 durch Bomben beschädigtem Eigentum der katholischen Kirche in England ist beigefügt. (...) Jetzt, wo die zunehmende Stärke der Luftwaffe der Alliierten die der Deutschen übertrifft, könnte Einiges so interpretiert werden, dass durch die Achsenmächte Druck auf den Heiligen Stuhl ausgeübt wird, in dem Bemühen, eine wichtige militärische Waffe der Alliierten nicht zu verwenden; sie, im Hinblick auf die Behauptung des deutschen Militärs, dass der Krieg nur in der Luft gewonnen werden kann, unwirksam zu machen."[923] Dann gibt der amerikanische Botschafter eine Liste von Aussagen deutscher Staats- und Parteiführer über die Stärke der Luftwaffe und ihre Absichten, den Widerstand auf diese Weise zu brechen. In der Hoffnung, eine Verurteilung durch den Papst zu erreichen, schickte der britische Minister Osborne am 13. September 1939 einen Brief an Tardini, in dem er beschreibt, wie die Deutschen die polnischen Städte und Dörfer bombardieren. Er erhielt keine Antwort und der Papst schwieg.[924] Dass der Vatikan sich jedoch der

Bombardements in Polen bewusst war, zeigt ein Memorandum des Nuntius in Berlin, Cesare Orsenigo, an Kardinal Maglione vom 15. September 1939. In dem macht er den etwas bizarren Vorschlag, die Deutschen zu bitten, während der Gottesdienste an Sonntagen zwischen acht und zwölf Uhr keine Bomben zu werfen.[925] Der Vatikan selbst verurteilte die deutschen Angriffe nie, protestierte jedoch lautstark, als die deutschen Städte bombardiert wurden. So sandte im Jahre 1943 der Papst Briefe an die Bischöfe von Trier, Danzig, Osnabrück und Berlin, um sein Mitgefühl mit den Opfern der alliierten Bombardements auszudrücken.[926] Taylor versprach zwei Dinge zu tun. „Ich verspreche: (1) in London und Washington darauf zu drängen, unkontrollierte Bombardierungen zu vermeiden, und darauf zu bestehen, dass die Ziele auf Munitionsfabriken und Kommunikationszentren begrenzt bleiben, (2), dass die Bürger vorgewarnt werden, um Gefahrenzonen verlassen zu können."[927] Viel hat das Auftreten Taylors nicht gebracht, wie wir gesehen haben. Nach dem Scheitern bei Stalingrad und der Wende in den Kriegsaussichten begann der Vatikan, seine Haltung zu ändern.[928] Am 18. Mai 1943, als der Papst gut genug wusste, dass Deutschland den Krieg nicht mehr gewinnen konnte, schrieb er einen persönlichen Brief an Präsident Roosevelt mit der Bitte, Rom auszusparen. Zwei Monate später, am 19. Juli 1943, wurde die Kirche von San Lorenzo in Rom bei einem Luftangriff getroffen. Am 13. August wurde Rom ein zweites Mal angegriffen, am 5. November zum dritten Mal.

Die Vertreter Großbritanniens und der Vereinigten Staaten versuchten, den Papst zu beruhigen, indem sie ihm mitteilten, dass die Piloten den Auftrag hatten, nur auf militärische und nicht auf zivile oder religiöse Ziele zu schießen, Kollateralschäden aber immer möglich seien. Das war logisch. Die Zerstörung von Gebäuden im Vatikan wäre von jeder der Krieg führenden Parteien sofort zur Propaganda gegen den „unchristlichen Gegner" benutzt worden. Die Memoiren von Tittmann zeigen übrigens, dass die engen Mitarbeiter des Papstes nicht besorgt waren. Am 19. Juli 1943 hatte Tittmann ein Treffen mit Giovanni Montini, dem stellvertretenden Staatssekretär des Vatikans, als plötzlich Luftalarm ausgelöst wurde. Montini fragte Tittmann, ob er in den Luftschutzkeller gehen wolle, sagte aber, er selbst täte es nie, weil er nicht glaube, dass die Alliierten den Vatikan beschießen würden. Er erklärte, dass dies auch die Meinung des Heiligen Vaters sei.[929] Jedenfalls war der Papst besonders besorgt um die Gebäude des Vatikans, weniger über das Schicksal der polnischen und der jüdischen Opfer. Der britische Vertreter im Vatikan, D'Arcy Osborne, schrieb in seinem Tagebuch: „Je mehr ich darüber nachdenke, je mehr verachte ich den

Widerspruch zwischen dem Massaker an der jüdischen Rasse auf der einen Seite und den Sorgen des Vatikans über ein Bombardement auf der anderen Seite.“[930] Diese Aussage unterstützt die Hypothese, dass der Papst sich weigerte, die Endlösung zu verurteilen, um sich und das Patrimonium des Vatikans zu schützen. Offenbar fand er Ziegel wichtiger als Menschenleben. Eine solche Haltung kann menschlich sein, aber es ist problematisch, sie als „mutig“ oder gar „heilig“ zu charakterisieren.

Dass Pius XII. über das Schicksal des Vatikans in Sorge war, ist klar. Er wollte um jeden Preis das antike Erbe der katholischen Kirche schützen und die alten Gebäude und Kunstschätze vor der Zerstörung retten. Es ist ihm gelungen. Am Tag nach der Befreiung Roms wurde er von einer großen Menschenmenge überschwenglich bejubelt. Aber zu welchem Preis und auf wessen Kosten? Was war der Tribut für sein diplomatisches Schweigen? Wie viele (jüdische) Menschen sind gestorben, weil der Stellvertreter Gottes auf Erde entschieden hatte, die Endlösung zu ignorieren und seine Stimme nur zu erheben, wenn Kirchengebäude in Gefahr gerieten? Die Antwort wird nie gefunden werden. Aber eines ist sicher: Pius XII. schwieg zur Vernichtung der Juden in Europa und protestierte laut und nachdrücklich gegen eine mögliche Bombardierung seiner Paläste. „Vor allem war es das Schweigen, das die Juden zum Tode verurteilte“, sagte der jüdisch-amerikanische Schriftsteller Bruno Bettelheim im Jahr 1985 auf der vierzigsten Jahrestagsfeier des Endes des Holocausts an der Universität Michigan.[931] Das ist ein harter Vorwurf, der alle Menschen trifft, die über die Verbrechen der „Nazis“ Bescheid wussten, aber schwiegen. Es ist vor allem aber ein Schlag gegen diejenigen, welche die Möglichkeit hatten, der Bevölkerung des Dritten Reichs die Wahrheit zu sagen, sich aber aus weltlichen Interessen weigerten, das zu tun.

Kapitel 36
Die moralische Schuldfrage

In Notizen zu seiner Vorlesung über zeitgenössische Kirchengeschichte entwickelte der verstorbene Professor Robert Boudens der KU Leuven Maßstäbe für die Beurteilung einer möglichen moralischen Schuld der Kirche im Zusammenhang mit ihrer Haltung zum totalitären NS-Regime. „Die Moraltheologen behaupten, dass die Kirche im Prinzip verpflichtet ist, sich zu äußern, wenn (a) es um ein sehr schweres Verbrechen geht; (b) eine berechtigte Hoffnung auf einen günstigen Ausgang besteht; (c) ein übermäßiger Schaden vermieden werden kann; (d) eine ausreichende Gewissheit über die weitere Entwicklung der Ereignisse besteht; (e) klar ist, dass man über die notwendige Macht verfügt, um zu handeln."[932] Wichtig ist, dass Boudens hier über die Gesamtkirche und die deutsche im Besonderen spricht, und dass er den Satz „Schweigen ist nur böse, wenn sprechen wirklich Pflicht ist" anschließt. Dass die Kirche hätte sprechen müssen, ist im Licht der dramatischen Ereignisse mehr als deutlich. Als Hüterin der katholischen Moral war es die Pflicht der Kirche, sich öffentlich gegen die deutlich wahrnehmbaren Verletzungen ihrer christlichen Glaubenssätze zu kehren. Fast alle zehn Gebote, die sich an drei verschiedenen Stellen in der Bibel finden, wurden weitestgehend missachtet, nicht nur durch die Naziführer, sondern auch von einer großen Zahl katholischer Gläubigen. Dass diese ihre Verfehlungen im Auftrag eines verbrecherischen Regimes begingen, ist ein Grund mehr, weshalb die geistlichen Hirten hätten protestieren müssen. Es war die Pflicht der Führer der Kirche, auf die Fehltritte der Gläubigen, die sie in der Gefolgschaft des Nazi-Regimes begingen, hinzuweisen. Bernhard Lichtenberg und einige andere Priester haben das getan. Nur hätten die Warnung und die moralische Zurechtweisung von den Autoritäten kommen sollen, von den Bischöfen und vom Papst selbst.

„Man kann argumentieren, dass der Protest nichts geändert hätte, aber das Ausbleiben eines konkreten Resultats kann nicht das entscheidende Kriterium dafür sein, ob eine Handlung zu vollbringen ist oder nicht", sagt Boudens.[933] Damit widerspricht er eindeutig dem Argument, dass kein Protest Hitler auf andere Gedanken gebracht hätte. Außerdem ist diese Annahme höchst umstritten. Immer, wenn der Führer mit organisiertem, von der Bevölkerung unterstütztem Widerstand konfrontiert war, bequemte er sich zu einer partiellen Kursänderung. Das ist durch den erfolgreichen Protest gegen die Ermordung der körperlich und geistig Behinderten, den erfolgreichen Widerstand gegen die Entfernung von Kruzifixen aus den Schulen und die Demonstrationen von Berliner Frauen gegen die Deportation ihrer jüdischen Männer in der Rosenstraße ebenso belegt wie durch die geglückte Rettung der großen Mehrheit der dänischen Juden. In jedem dieser Fälle gab Hitler nach, um die Bevölkerung nicht gegen sich aufzubringen. Man fragt sich, wie er reagiert hätte, wenn der Papst und die Bischöfe die Scheußlichkeiten seines Regimes öffentlich verurteilt hätten. Es geht dabei nicht nur um Hitler, sondern auch um seine vielen Anhänger in Deutschland und im gesamten Herrschaftsraum der „Nazis". Die seltenen Interventionen des Papstes bei katholischen Faschistenführern zeigten Wirkung. Dies war der Fall nach seinem Brief an den slowakischen Führer Tiso, der im Oktober 1942 die Deportationen von Juden nach Polen einstellte. Ähnliches trat am 25. Juni 1944 ein, als Pius den ungarischen Führer Horthy aufgefordert hatte, die Züge nach Auschwitz anzuhalten. Gerade diese offensichtlichen Erfolge setzen ein großes Fragezeichen hinter seine Zurückhaltung zum Völkermord in Polen, sein Schweigen zu den Massenexekutionen von Juden und orthodoxen Serben in Kroatien, seine Gleichgültigkeit gegenüber dem Schicksal der französischen Juden, seine Weigerung, in seiner Weihnachtsbotschaft am 24. Dezember 1942 Klartext zu reden oder seine bizarre Haltung nach der Verhaftung und Deportation von über tausend Juden aus seiner Stadt Rom.

Doch zurück zu Boudens und seinen fünf Kriterien zur Einschätzung, ob und wann Kirche und Papst zwingend zu intervenieren hätten: (a) Lagen Tatbestände schwerer Verbrechen vor? Bereits während des Krieges und oft noch bevor die Betroffenen volle Kenntnis über das ihnen zugedachte mörderische Schicksal haben konnten, hatten fast alle politischen, militärischen und geistlichen Autoritäten begriffen, dass es sich um Verbrechen handelt, die alle aus früheren Kriegen bekannten Gräuel übertrafen. Jeder wusste, dass die Kriegführung der „Nazis" jede Spur von Menschlichkeit verlassen hatte. Das konnte eigentlich niemanden überraschen. Hitler hatte in völliger Offenheit angekündigt, dass er den Krieg gegen die Juden ohne Mitgefühl führen und dabei von keinem Mittel Abstand nehmen würde. Alle Gewalttaten, von der sog. Kristallnacht in Deutschland bis zu den Ausschreitungen in Polen und den Gräueltaten in Russland, waren hinlänglich bekannt.

(b) Gab es eine begründete Hoffnung auf einen positiven Ausgang einer Intervention? Dem Papst zufolge nicht. Der Aussage des deutschen Generalfeldmarschalls Albert Kesselring im Nürnberger Kriegsverbrecherprozess nach argumentierte Pius XII. wie folgt: „Wenn ich protestiere, wird das Hitler in Rage bringen; das wird den Juden nicht nur nicht helfen, sondern wir dürfen erwarten, dass es dann noch mehr Ermordete gibt.“[934] Auch die Erklärung, dass die persönlichen Proteste des Papstes bei den deutschen Führern keinen Einfluss auf die Politik der „Nazis“ gehabt hätten, Hitler sie einfach in den Wind geschlagen hätte, ist unzureichend.[935] Dass die „Nazis“ nicht auf die päpstlichen Fingerzeige oder Vorwürfe, die einen privaten Charakter hatten, reagierten, scheint zuzutreffen. Warum sollten sie ihre Politik wegen privater Proteste ändern, während andererseits viele Bischöfe öffentlich ihre Unterstützung u. a. für den Krieg gegen die Sowjets bekundeten? Ein positives Ergebnis war nur von einem öffentlichen Protest, einem öffentlichen Appell an das Gewissen von Millionen von Gläubigen im Deutschen Reich und in den besetzten Gebieten zu erwarten. Dass öffentlicher Protest in der Tat eine positive Wirkung haben konnte, zeigte sich nach der Rede von Galens gegen die Ermordung der geistig und körperlich Behinderten im August 1941: Hitler stoppte das T4-Programm.

(c) Hätte ein unverhältnismäßiger Schaden vermieden werden können? Natürlich. Das lässt sich sogar aus der Praxis der Judenvernichtung schließen. Anfangs wurde mit Einsatzgruppen gearbeitet, deren Mitglieder die Juden einzeln erschossen. Diese Methode dauerte nicht nur lang, sie belastete auch die Nerven der Mörder. Daher wurde nach immer effizienteren Methoden gesucht. Das ging von der Verwendung kleiner Gaskammern in deutschen Einrichtungen, mit denen man jedes Mal nur wenige Behinderte liquidieren konnte, über den Einsatz von geschlossenen Vergasungswagen in Chełmno, in denen je Durchgang einige Dutzend Juden getötet wurden, bis zu den stationären Gaskammern in Majdanek, Bełżec, Sobibór, Treblinka und Auschwitz-Birkenau mit einer Vernichtungskapazität von mehreren Dutzend bis zu mehr als eintausend Menschen. Die Kapazität der Vergasungen wurde im Laufe der Jahre 1943 und 1944 kontinuierlich erhöht. Ein öffentlicher Protest und eine Warnung von Pius XII., dass er zum Beispiel jeden katholischen Mörder exkommunizieren würde, hätten zweifellos zu zwei Konsequenzen geführt. Erstens wäre bei vielen gläubigen Tätern Zweifel aufgekommen über die moralische Rechtmäßigkeit ihres Tuns. Zweitens hätte eine öffentliche Verurteilung die Juden selbst gewarnt, wie ernst die Situation war und sie zu Flucht, Untertauchen oder sogar Widerstand angespornt. Das kann ganz besonders angenommen werden im Fall der Hunderttausende ungarischer Juden, die erst ab Mai 1944 deportiert wurden, also zu einem Zeitpunkt, als der Papst und andere Kirchenführer bereits umfassende Kenntnis über die geschehenen wie auch die geplanten Verbrechen hatten. So ist es auch unverständlich, weshalb der Papst, als am 16. Oktober 1943 in einer Razzia in Rom mehr als tausend Juden verhaftet wurden und zwei Tage lang vor Ort inhaftiert blieben, nicht aus seinem Palast hervorkam oder über Radio Vatikan protestierte. Ein öffentlicher Auftritt des Papstes, wie nach der Bombardierung von Rom, hätte hier eine unglaubliche Wirkung gehabt. Die Lastwagen mit den gefangenen Juden waren zu Fuß von seinem Palast aus zu erreichen. Ein einziges Foto von Pius XII., protestierend vor einem dieser Lkw – denken Sie an die berühmte Aufnahme des jungen chinesischen Studenten vor der Panzerkolonne auf dem Platz des Himmlischen Friedens in Peking – hätte den Schaden, sowohl physisch als auch moralisch, erheblich reduziert. Es hätte Pius einen Platz unter den „Gerechten unter den Völkern" gesichert, und ihn vielleicht zu einem der größten moralischen Wohltäter der Weltgeschichte erhoben. Das Foto gibt es nicht.

Der niederländische Journalist und Autor Rob Wijnberg gab in seinem Buch *In dubio* eine einfache, aber markante Erklärung für die Katastrophe, in die der Faschismus die Menschheit stürzte: „Nicht seine [Hitlers, d.Verf.] Ideen an sich, sondern der Mangel an (ausreichender) Kritik löste vor allem die folgende Katastrophe aus. Der Diktator existiert nicht durch die Philosophie, die er vertritt, sondern durch das Schweigen, das ihn umgibt."[936] Vielleicht war es das größte Versagen des Papstes, dass er das moralische Vakuum, das durch den entsetzlichen Terror der „Nazis" entstanden war, nicht mit einem Appell an das individuelle Gewissen eines jeden deutschen Christen ausgefüllt hat. Hitler kam an die Macht in einem Moment größter Verzweiflung der Bevölkerung über das Versagen der regierenden Politiker. Wahl für Wahl hatten die Deutschen ihre Stimme der einen oder anderen Partei gegeben, in der Hoffnung auf Ordnung, Stabilität und eine Verbesserung ihrer Lage. „Sie waren es leid, zu denken, zu urteilen, zu entscheiden. Und sie schrien hysterisch: 'Führer, denke für uns!' Und er dachte für sie. Und Viele, sehr Viele fühlten sich wohl dabei. Der Glaube an die Menschlichkeit stand ihnen dabei im Wege. Weg damit! Das Gesetz stand ihnen im Wege. Weg mit allem, was an das Gesetz und seinen Prediger Moses erinnerte! So entstand das Dritte Reich. Nach dem Scheitern von Vielen. Auch der Kirche. Auch der politischen Parteien. Auch des Auslands."[937] Das entbindet die damaligen Deutschen selbstverständlich nicht von ihrer Verantwortung. Schließlich haben sie gewissermaßen ihr eigenes Unglück feierlich als Erlösung herbeibeschworen. In gewisser Weise schon, doch nicht ohne Zutun Anderer, wie von Papen und Kaas, gestützt vom Vatikan, in der naiven Annahme, dass sie ihre eigenen Interessen sichern und den Volksverführer mit seinen monströsen Absichten in Schach halten können. Das Unheil hätte in der Tat vermieden werden können. Vor allem durch jene, welche auf glaubwürdige Weise an das individuelle Gewissen appellieren konnten, nicht Mördern hinterherzulaufen, die Menschenwürde zu bewahren und vor allem das Gebot „Liebe deinen Nächsten" auf alle Menschen, unabhängig von Rasse, Ethnie oder Religion, anzuwenden. Das hätten der Papst und seine Bischöfe in dieser schwierigen Zeit tun können, aber sie taten wenig oder gar nichts.

(d) Konnte man eine ausreichende Gewissheit über die weitere Entwicklung der Ereignisse haben? Dies ist die schwierigste Frage, da die Tatsachen nicht rückgängig zu machen sind. Es gibt mehrere Hypothesen. Es war denkbar, dass sich Hitler in seiner Wut noch heftiger gegen die Juden gewendet und auch die Katholiken verfolgt und ermordet hätte. Aber wahrscheinlich ist Letzteres nicht. Nach dem Debakel von Stalingrad und dem Eintritt der Vereinigten Staaten in den Krieg war es keine Frage mehr, ob Nazi-Deutschland den Krieg gewinnen kann. Nur noch, wie lange es bis zur endgültigen Niederlage dauern wird. Das wusste auch der Führer. Das erklärt, warum er so viele Juden wie nur möglich in den besetzten Gebieten ermorden wollte. Es ist unfassbar, welche Mühe und Energie er in die Organisation der Bahntransporte zu den Vernichtungslagern steckte. Diese Züge fehlten aber, um Truppen zu verlegen und zu beliefern. Eichmann hat sozusagen das Letzte aus der logistischen und administrativen Maschinerie geholt, was möglich war, und er bekam dafür freie Hand. Somit ist klar, dass die Situation nicht schlimmer hätte werden können. Jede Beschwerde und jede Handlung – einschließlich solcher der Alliierten, die zum Beispiel die Zufahrten zu Auschwitz hätten bombardieren können – hätte Rettung für Zehntausende von unschuldigen Leben gebracht.

(e) Verfügten Kirche und Papst über die notwendige Macht zum Handeln? Auch hier ist die Antwort positiv. Man kann sich das heute nicht mehr so gut vorstellen, aber in der ersten Hälfte des zwanzigsten Jahrhunderts war der Papst die höchste moralische Autorität in der Welt. Seine Worte wurden über die pyramidale Struktur der Kirche bis in die hintersten Winkel des Globus verbreitet. Er verfügte damals über eine fast ausnahmslos akzeptierte Unfehlbarkeit, an die Pius XII. übrigens auch selbst fest glaubte. In diesem Sinne ist es fast erschreckend, festzustellen, dass er seine Macht, ein absolut bindendes Dogma zu verkünden, während seines Pontifikats nur einmal eingesetzt hat. Er tat dies am 1. November 1950, als er die körperliche Himmelfahrt Marias als Dogma des Glaubens verkündete. In der römisch-katholischen Kirche ist Maria Himmelfahrt ein Fest, das in vielen katholischen Ländern, so in Belgien, aber auch in zwei deutschen Bundesländern mit einem gesetzlichen Feiertag begangen wird. Warum verkündete er kein solches *Dogma fidei* für die Gleichheit und Unverletzlichkeit aller Menschen, einschließlich der Juden? Ein solches Dogma hätte den jahrhundertelangen Judenhass gemäßigt und eine Menge Mörder in moralische Zweifel gestürzt. Auf jeden Fall verfügte der Papst, noch über den Unfehlbarkeitsanspruch hinaus, über ausreichende Macht, um den mächtigsten Führern der Welt die Stirn zu bieten und das christliche Gewissen von Millionen von Gläubigen zu beeinflussen.

Mit Ausnahme eines Satzes in seiner Weihnachtsansprache von 1942 hat der Papst keine wirkliche öffentliche Verurteilung ausgesprochen. Und nur in seinen Enzykliken *Summi Pontificatus* und *Mystici Corporis Christi* gab er den Gläubigen einige moralische Leitlinien. Damit erfüllte er seine moralische Pflicht nicht. Sprechen war nach Meinung der Fürsprecher von Pius XII. sogar gefährlich für die Opfer und daher sinnlos und unklug. Doch das ist eine recht bequeme Position, die grundsätzlich in Widerspruch steht zur Pflicht eines jeden Menschen, Mitmenschen in Not zu helfen. „Ein Papst, der bei schweren dogmatischen oder moralischen Fehlern schweigt, ist ein Papst, der seine eigene Mission verrät", sagt der Historiker Carlo Falconi, der hinzufügt, dass Pius XII. das Naziregime niemals offen des Völkermords in Polen angeklagt hat, vor allem der Morde an Intellektuellen, Juden, Sinti und Roma, Kriegsgefangenen, unheilbar Kranken, behinderten Kindern ... Das Einzige, was ihn interessierte, waren Stellung und Bedeutung der Kirche.[938] Ein öffentlicher Protest hätte Einfluss gehabt, meint auch Professor István Deák. „Hätte sie offen ihre Stimme gegen die Gräueltaten erhoben, hätte die Kirche ausreichend Aufruhr unter den deutschen Katholiken verursacht, um so das NS-Programm zu stoppen oder zumindest zu verlangsamen."[939] Der Papst protestierte jedoch nicht. „Dieses Schweigen über den Holocaust ist mehr als ein politisches Versagen, es ist ein moralisches Versagen", sagt der katholische Theologe Hans Küng.[940] Diese Einschätzung wird auch von dem Historiker Saul Friedländer geteilt: „Wenn Sie Papst Pius XII. nur als Politiker und Diplomaten betrachten, dann können Sie seine Haltung verstehen. Für ihn war der Bolschewismus schlimmer als der Nationalsozialismus. Durch seine Manöver gelang es ihm, seine Kirche aufrechtzuerhalten. Wenn man ihn aber als geistlichen Führer sieht, der als Nachfolger Christi auf der Welt der ganzen Menschheit die Frohe Botschaft zu bringen hat, dann hat Pius XII. jämmerlich versagt. Sein Schweigen war ohrenbetäubend. Ihm fehlte völlig jegliche Zivilcourage. Er hat die Juden im Stich gelassen.“[941]

Kapitel 37
Schlussfolgerung

Der rote Faden ist klar. Die katholische Kirche protestierte nur, wenn ihre eigenen Interessen auf dem Spiel standen, aber sie schwieg, als die deutschen und andere europäischen Christen durch antisemitische Ideen indoktriniert und die Juden verfolgt und ermordet wurden. Häufig wird das Schweigen des Papstes und das vieler Kirchenführer mit der Einschüchterung und dem Terror, denen sie ausgesetzt waren, begründet. Das ist richtig, reicht jedoch nicht aus. In seinem Essay *Duitsland in het interbellum* weist Sebastian Haffner auf die allgemeine menschliche Schwäche hin, lieber zu den Gewinnern als zu den Verlierern zu gehören. So haben Millionen von Deutschen mitgemacht, „um Schlimmeres zu verhindern", schreibt er.[942] Es ist das gleiche Argument, das vom Papst und der Kirche für ihre opportunistische Haltung zum Nationalsozialismus angeführt wird. Um Schlimmeres zu verhüten, wurden sechs Millionen Juden und viele Millionen anderer Menschen, Soldaten, Zivilisten, Kinder, Frauen und ältere Menschen, im Stich gelassen. Der Papst behauptete, dass er eine neutrale Haltung in diesem globalen Konflikt annehmen musste, schließlich war sein eigener Staat – der Vatikan – nicht beteiligt. Dass der Heilige Stuhl und der Papst nicht immer neutral blieben, zeigen viele Fakten. In den dreißiger Jahren bevorzugte er konservative, autoritäre und sogar faschistische Regime gegenüber demokratischen Staaten. Pius XII. sagte regelmäßig, dass er sich neutral verhalte, aber dem stand seine bemerkenswert wohlwollende Einstellung zu den Pro-Nazi-Regimen in der Slowakei, Ungarn, Rumänien und vor allem zu der faschistischen Ustascha-Partei in Kroatien entgegen. Mit der Entsendung eines speziellen Beauftragten des Papstes nach Kroatien und mit dem Empfang des selbst ernannten kroatischen Führers Pavelić stellte der Papst sich auf die Seite des mörderischen Regimes und der Achsenmächte, welche die legitime jugoslawische Regierung gestürzt hatten.

Auch moralisch war die vermeintliche Neutralität besonders verwerflich. In jedem militärischen Konflikt gibt es unschuldige und wehrlose Menschen, die zwangsläufig Opfer unmenschlicher und unmoralischer

Praktiken werden. Sie befinden sich in einer solch prekären Lage, dass Neutralität keine Option sein kann. „Die Neutralen", sagt Elie Wiesel, „helfen immer den Henkern, schlicht und einfach allein dadurch, dass sie sie ihren Weg gehen lassen. Jude zu sein, bedeutet also, sowohl die Geduld der Neutralen als die Raserei der Massenmörder zu bekämpfen."[943] In seiner Dankesrede zum Erhalt des Friedensnobelpreises am 10. Dezember 1986 betonte Elie Wiesel die menschliche Pflicht, im Falle von Unrecht die Seite des Kampfes gegen die Unterdrücker zu wählen: „Wir müssen Partei ergreifen. Neutralität ist immer zugunsten der Unterdrücker, niemals zugunsten der Opfer. Schweigen ermutigt den Peiniger, niemals den Gepeinigten. Manchmal müssen wir eingreifen, wenn Menschenleben in Gefahr sind, die Würde des Menschen auf dem Spiel steht und nationale Grenzen und Gefühle irrelevant werden. Überall wo Männer und Frauen wegen ihrer Rasse, Religion oder politischen Überzeugung verfolgt werden, muss dieser Platz – zu diesem Zeitpunkt – zum Mittelpunkt des Universums werden."[944] Pius XII. unterließ es, nach dieser Moral zu handeln. Seine Heiligsprechung würde zu einem moralischen Kurzschluss führen. Sie würde lehren, dass Schweigen zu Grausamkeiten, die bekannt und auf irgendeine Weise zu verhindern oder zu beheben sind, ethisch verantwortbar ist.

Die katholische Kirche will Pius XII. dennoch heiligsprechen. Das mag auf den ersten Blick nicht so wichtig scheinen, und schon gar nicht für nicht-religiöse Menschen oder auch nicht für jene gläubigen Katholiken, die nicht mehr kritiklos alles akzeptieren, was der „Stellvertreter Gottes auf Erden" sagt. Sie akzeptieren nicht mehr das Dogma von der Unfehlbarkeit des Papstes, ein Dogma, das übrigens nicht in der Bibel enthalten, sondern eine rein menschliche Erfindung ist und erst 1870 erfunden und verkündet wurde. Dass die Kirche jemanden heiligspricht, ob geeignet oder nicht, ist eine Sache der Kirche selbst, so wie jeder Verein beschließen kann, eines seiner Mitglieder auszuzeichnen. Aber angesichts des größten Verbrechens in der Geschichte hat eine solche Heiligsprechung natürlich eine weitaus größere Bedeutung. Damit würde offiziell anerkannt, dass Pius XII. in allem, was er tat, nach Gottes Willen gehandelt hat. Es wäre noch eine weitere Beleidigung für die sechs Millionen Juden, die ermordet wurden, weil ihre christlichen Peiniger sie als Untermenschen und als Gottesmörder betrachteten. Erneut würde das hohe christliche Prinzip der Nächstenliebe zu einem wertlosen Begriff herabgesetzt. „Die Heiligsprechung Pius XII. wäre, wie die von Pius IX. – dem Feind von Juden und Protestanten, von Menschenrechten, Religionsfreiheit, Demokratie und moderner Kultur – eine vatikanische Farce und eine Verleugnung der jüngsten päpstlichen

Schuldbekenntnisse“, sagt Hans Küng.[945] Wenn die Kirche bestimmte Menschen für heilig erklären will, für ihren Mut, ihre Liebe zu den Mitmenschen und ihre selbstlose moralische Kraft, dann sollte sie nicht Pius XII. auswählen, sondern die tausende „Gerechten unter den Völkern“. Dieser Titel wird von Yad Vashem in Jerusalem verliehen, das gegründet wurde in Erinnerung an die Juden, die während des Holocausts ermordet wurden und an die Nicht-Juden, die ihr Leben für die Rettung von Juden riskierten. In der Regel waren das ganz gewöhnliche Menschen, Bauern, Arbeiter, Hausfrauen, auch Priester und Nonnen, die keine Bibel und keinen päpstlichen Rat brauchten, um zu erkennen, dass sie Mitmenschen in Not helfen müssen. Sie sind die wahren Heiligen.

Im Gegensatz zu den späteren Päpsten trug Pius XII. die Tiara mit Überzeugung. Die Tiara symbolisiert mit ihrer dreifachen Krone die Herrschaft des Papstes über die kämpfende, leidende und triumphierende Kirche, und auch sein dreifaches Amt als Priester, Pfarrer und Lehrer. Es ist das Symbol der „triumphierenden Kirche“, die behauptet, eine ewige überlegene moralische Autorität zu besitzen, und dies seit mehr als 1600 Jahren verkündet. Pius XII. bezweifelte nicht, dass er der einzig wahre Vertreter Gottes auf Erden war, verantwortlich für das geistige Wohl der Menschheit.[946] Die Frage ist, ob sein Verhalten während der Kriegsjahre nicht eher den Beginn des endgültigen Untergangs dieser moralischen Autorität verkörpert. Sollte die Kirche weiterhin auf irgendeine Art von moralischer Autorität Anspruch erheben, dann muss sie endlich zugeben, dass sie mitschuldig ist an zweitausend Jahren Antisemitismus und damit am Holocaust. Der heutige Papst könnte sich ein Beispiel nehmen an Willy Brandt, der am 7. Dezember 1970 am Denkmal für die ermordeten Juden des Warschauer Ghettos auf den Knien um Vergebung für die NS-Verbrechen bat. Brandt hatte gegen den Nazismus gekämpft – er war frei von jeder persönlichen Schuld. Aber als Kanzler des Landes, das in den dreißiger und vierziger Jahren in Europa so viel Unheil angerichtet hat, war sein Kniefall eine nicht nur angemessene, sondern notwendige Geste. Das war weit mehr als Symbolik. Es bedeutete die Anerkennung des Grundsatzes, dass alle Menschen, egal welcher Nation, Herkunft, Religion oder Nationalität, gleichwertig sind, aus der Erkenntnis, dass dieses Prinzip in der Vergangenheit von seinen deutschen Landsleuten auf schreckliche Art und Weise gebrochen wurde. Dieser Kniefall war nicht nur eine Bitte, die moralische Schuld der Deutschen gegenüber den Juden zu verzeihen, sondern noch mehr ein Ausdruck von Anstand und eine Anerkennung der Gleichheit aller Menschen. Brandt selbst beschreibt das Ereignis in seinen Memoiren: „Ich hatte nichts geplant,

Abb. 58: Willy Brandt auf den Knien vor dem Denkmal für die Opfer des Warschauer Ghettos, 7. Dezember 1970.

aber verließ meine Unterkunft, das Schloss Wilanow, mit dem Gefühl, den einzigartigen Sinn des Gedenkens an dem Ghettodenkmal zum Ausdruck bringen zu müssen. Mit der Kluft der deutschen Geschichte und unter der Last der Millionen Ermordeten tat ich, was Menschen tun, wenn Worte nicht ausreichen.“[947] Wie ein Reporter damals bemerkte: „Dann kniet er, er der es nicht braucht, für alle, die knien sollten, aber es nicht tun – weil sie es nicht wagen, nicht können oder nicht wagen können.“[948]

Den Kniefall eines Papstes wegen des Holocausts haben wir noch nicht gesehen. Obwohl sich dazu mehrfach Gelegenheit bot. So am 7. Juni 1979, als Karol Wojtyla, der damalige Papst Johannes Paul II., Auschwitz besuchte. Wojtyla war in Wadowice geboren und wuchs auf in Krakau, in der Nähe von Auschwitz. Aber er tat nicht, was Brandt tat. „Er verpasste die historische Chance, niederzuknien, um im Namen seiner Kirche Schuld zu bekennen und die Juden um Vergebung zu bitten für das kriminelle Schweigen seiner Kirche und für das verbrecherische Verhalten der polnischen Kirche“, schreibt Hans Jansen, der hinzufügt, dass dieses Schweigen Wojtylas, nach allem, was wir jetzt wissen, noch bestürzender als das Schweigen von Pius XII. während des Zweiten Weltkrieges war.[949] Bei seinem Besuch in Yad Vashem, Israels offizieller Gedenkstätte für die Opfer des Holocausts, äußerte Johannes Paul II. sein Bedauern: „Als Bischof von Rom und Nachfolger des Apostels Petrus versichere ich dem jüdischen Volk, dass die katholische Kirche aufgrund des biblischen Gebots der Liebe und der Wahrheit, und nicht aus politischen Erwägungen, zutiefst besorgt ist über den Hass, die Verfolgung und die Akte des Antisemitismus von Christen gegen Juden zu jeder Zeit, überall in der Welt.“ Der Papst bat wohl um Vergebung für die Gräueltaten, die Christen begangen hatten, aber nicht für das, was die Führer der Kirche den Juden angetan hatten. Der katholische Theologe Hans Küng sagt, dass Johannes Paul II. „kein klares Eingeständnis der Schuld der Kirche als Institution, des Vatikans und Pius XII. über die Lippen brachte“.[950] Es war ein geschickter Schachzug, um die Verantwortung des Kriegspapstes und der damaligen Kirchenführer in seiner Entschuldigung nicht zu benennen und sie vor jedem Tadel zu schützen.

Joseph Alois Ratzinger, Papst Benedikt XVI., besuchte am 28. Mai 2006 seinerseits Auschwitz. Auch er sank nicht auf die Knie. Von ihm als Deutschen, dem ehemaligen Mitglied der Hitlerjugend und Flakhelfer in der Wehrmacht, wäre eine Geste der Demut und des Bekenntnisses sehr angebracht gewesen. Doch auch seine Rede in dem Vernichtungslager war voll von Mehrdeutigkeiten. So sprach er über das Schweigen Gottes („Warum hast Du geschwiegen? Warum hast Du das alles tolerieren können?“), aber nicht über das Schweigen des Papstes und dessen Verantwortung, wie der italienischen Oberrabbiner Riccardo Di Segni feststellte.[951] Benedikt XVI. anerkannte keine deutsche oder universale christliche Mitschuld am Holocaust. Der Papst sprach nur über „eine Gruppe von Kriminellen“, die dafür verantwortlich waren und sagte, dass das deutsche Volk während des Zweiten Weltkrieges als ein Instrument für die Gier nach Vernichtung und für die Macht des Naziregimes „benutzt und missbraucht“ wurde.[952] Auch diese Aussage ist höchst fragwürdig. Sie vermittelt den Eindruck, dass alle Deutschen nur Opfer von Täuschung waren. Das ist eine vollständige Verdrehung der Tatsache, dass große Teile der Bevölkerung aktiv und passiv die Politik Hitlers unterstützten. Im September 1930 errang die NSDAP bei den Wahlen zum Reichstag 6.400.000 Stimmen und wurde zur zweitstärksten Partei Deutschlands. Zwei Jahre später wählten bereits 14 Millionen Deutsche die „Nazis“ und die Partei wurde zur stärksten politischen Strömung. In der Volksabstimmung vom 19. August 1934 erklärten mehr als 38 Millionen Deutsche oder 88,2% der Wähler sich einverstanden, dass der

Kanzler auch Führer wurde (nur 9,9% stimmten dagegen). Am 13. Januar 1935 gab es eine Volksabstimmung an der Saar, wo die Saarländer wählen konnten, entweder weiter unter dem Sorgerecht des Völkerbundes zu bleiben, sich Frankreich anzuschließen oder zum Reich zurückzukehren. Beim Saarplebiszit wählten 90% der Bevölkerung die Rückkehr nach Deutschland, einer der größten Siege Hitlers in freien Wahlen. Die Besetzung des Rheinlandes wurde am 29. März 1936 von 98,9% der Wähler gebilligt. Den Anschluss ans Deutsche Reich am 10. April 1938 unterstützten 99,7% der österreichischen Wählerschaft. Dass die „Nazis" Einschüchterung und Terror anwandten, ist klar, aber es kann nicht geleugnet werden, dass große Teile der Bevölkerung Hitler unterstützten, dass sie den Rassengesetzen beipflichteten, dass sie die Außenpolitik und die schnellen Siege von 1939 bis 1941 guthießen, dass sie kaum protestierten gegen die Diskriminierung, Deportation und Vernichtung der Juden, und dass sie bis zum Ende des Krieges fanatisch kämpften. Ein weiteres auffälliges Beispiel: Die Mitgliedschaft in der SA (Sturmabteilung), die Braunhemden, die für Gewalt auf der Straße und viele Morde verantwortlich waren, stieg von anderthalb Millionen im Januar 1933 auf drei Millionen ein Jahr später.[953] „Zusammengefasst lässt sich feststellen: zu allen Zeiten zwischen 1933 und 1945 unterstützte die Mehrheit der deutschen Wähler, sogar die gesamte Bevölkerung, die Regierung", so Professor Peter Hoffmann.[954]

Zahlreiche Beispiele zeigen, dass Millionen von Bewohnern des Reiches direkt oder indirekt am Holocaust beteiligt waren oder in irgendeiner Weise von ihm profitierten. Zu sagen, dass die Bevölkerung irregeführt wurde, ist also eine Lüge. „Versöhnung und Vergebung sind wichtige Säulen des Glaubens, den Benedikt repräsentiert. Sie sollten nicht als Kulissen genutzt werden, um die Wahrheit zu verschleiern und die Bewusstseinswerdung zu verlangsamen," sagt der niederländische Journalist Sylvain Ephimenco.[955] Willy Brandt verstand das, im Unterschied zu den Päpsten. Die einzige offizielle Äußerung aus dem Vatikan zum Holocaust war die Enzyklika *Wir erinnern uns. Eine Reflexion über die Schoah*, eine unzureichende Schrift, zweideutig und mit einer Überfülle theologischer Begriffe, ein Dokument, das sich vor allem für den Erhalt der Religion und die Rechte der Kirche einsetzt. Eine ausdrückliche und eindeutige Verurteilung des Antisemitismus, der die katholische Kirche über ihre gesamte Geschichte hinweg prägte und der sie mitschuldig werden ließ, steht noch immer aus. Im Gegenteil, es sind sogar Schritte zurück zu registrieren: Am 6. Februar 2008 stellte Papst Benedikt XVI. die überarbeitete Fassung einer lateinischen Karfreitagsfürbitte vor, in der er einige Passagen verändert hatte. So werden die Juden aufgefordert, zu der Einsicht zu kommen, dass Christus „ihr Erlöser“ ist: „Lasst uns für die Juden beten. Möge der Herr, unser Gott, ihre Herzen erleuchten, damit sie Jesus Christus als den Retter aller Menschen erkennen. Allmächtiger, ewiger Gott, Du, der wollte, dass alle Menschen gerettet werden und die Wahrheit erkennen, gebe gnädig, dass alle Völker in Deine Kirche eintreten, ganz Israel gerettet werden kann.“[956] Laut dem römischen Oberrabbiner Riccardo Di Segni steht diese Aussage „in klarem und gefährlichem Widerspruch zu mindestens 40 Jahren jüdisch-katholischem Dialog“.[957] Zugleich verwies Benedikt XVI. auch auf den ehemaligen Papst Pius IX., der im Jahr 2000 seliggesprochen wurde als „ein leuchtendes Beispiel für alle. Er versuchte, auf kräftige Weise die Wahrheit des christlichen Glaubens gegen eine Gesellschaft, die zunehmend der Säkularisierung zum Opfer fiel, zu bestätigen.“ Nun ist Pius IX. bekannt als Antisemit der harten Sorte, der im neunzehnten Jahrhundert das römische Ghetto wieder eröffnete und jede Form der Religionsfreiheit scharf verurteilte.

Warum hat Pius XII. sich so zurückgenommen? Die Antwort scheint mir nicht nur religiöser, sondern eher geopolitischer Natur zu sein. Seit der Abschaffung des Kirchenstaates im Jahre 1870 war die katholische Kirche in die Defensive gezwungen. Die zunehmende Säkularisierung und der Erfolg der sozialistischen und liberalen Emanzipationsbewegungen im späten neunzehnten und frühen zwanzigsten Jahrhundert stellten sich für die Päpste als tödliche Bedrohung der Kirche dar. Dass die katholischen Führer zum vorrückenden Kommunismus und Sozialismus äußerst negativ eingestellt waren, ist gut bekannt. Dass sie sich mit Vehemenz auch gegen den demokratischen Liberalismus kehrten, erhielt in der Forschung über die Einstellung von Pius XI. und Pius XII. während und auch nach dem Zweiten Weltkrieg viel weniger Aufmerksamkeit. Es gibt jedoch genügend Belege, dass beide Päpste sich heftig gegen grundlegende liberale Werte wie Trennung von Kirche und Staat, Freiheit der Meinungsäußerung, Gleichheit aller Menschen und insbesondere gegen das Recht auf Selbstbestimmung wandten. Darüber hinaus stellten sie sich auch gegen den kritischen Rationalismus und gegen wissenschaftliche Erkenntnisse, die einer wörtlichen Interpretation der Bibel widersprechen. „Noch im Jahre 1941, fast ein Jahrhundert nach der Veröffentlichung von Darwins *Origin of Species*, behauptete Pius XII. in einer Rede vor den Mitgliedern der Päpstlichen Akademie der Wissenschaften, dass der Ursprung des menschlichen Lebens aus tierischen Vorfahren völlig unbewiesen sei.“[958] So klammerte sich der Papst an den Monogenismus, der Idee einer gemeinsamen Abstammung aller menschlichen Individuen von Adam und Eva, und wandte sich entschieden gegen die „nouvelle théologie“ innerhalb der französischen Kirche, einer Form des Neomodernismus, welche die Rückkehr zu den reinen Quellen der katholischen Lehre vorschlug. Damit traten Pius XI. und Pius XII. in die Fußstapfen von Pius IX., der sich in seiner Enzyklika *Syllabus Errorum* („Liste der Fehler“) von 1864 gegen die menschliche Vernunft, gegen Wissenschaft, Fortschritt, Liberalismus und die moderne Zivilisation wandte. Er erklärte, dass es absurd sei, dass der Staat alle Religionen gleich behandelt, und noch absurder, eine weltliche Grundlage des Staates zu akzeptieren.

„In gewisser Weise wurde diese liberale ‘Gefahr’ von Pius für bedrohlicher als der Bolschewismus empfunden, weil sie subtiler war und weil sie am stärksten in Westeuropa war“, betont Professor John Pawlikowski.[959] Pius XI. zeigte stets mehr Sympathie für „katholische Staaten unter strenger Führung“, wie den spanischen katholisch-korporatistischen Staat, und betrachtete die demokratischen Ideale wie Freiheit, Unabhängigkeit und Eigeninitiative als Krankheiten, von denen der „schwächliche Körper des Christentums geheilt werden muss“.[960] Nach dem dramatischen Ende des Ersten Weltkrieges, als sowohl Deutschland als auch die österreichisch-ungarische Monarchie mit ihrer starken katholischen Präsenz in Trümmern lagen und die rote Gefahr aus dem Osten herankam, entschied sich der Vatikan resolut für totalitäre Systeme, welche die Interessen der Kirche schützen sollten. Daher die Konkordate mit Mussolini und später mit Hitler, daher die Unterstützung des Vatikans für Franco während des Spanischen Bürgerkrieges, daher die Zusammenarbeit mit den katholischen autoritären Regimen in der Slowakei und Kroatien, daher die Abneigung gegen demokratische Länder, in denen kommunistische, sozialistische und liberale Parteien einen großen Einfluss hatten. Viele Bischöfe dachten genau so. Im Januar 1945, als die Niederlage des NS-Regimes unmittelbar bevorstand, die Juden in den Konzentrationslagern zu Zehntausenden starben und unzählige unschuldige gläubige Zivilisten in zerbombten Städten in tiefstem Elend dahinvegetierten, ermahnte der Erzbischof von Paderborn, Lorenz Jäger, die Katholiken, weiter gegen den „Liberalismus und Individualismus auf der einen Seite, und den Kollektivismus auf der anderen Seite“ zu kämpfen.[961] Dies zeigt die Hartnäckigkeit, mit der die Kirche sich bis zum Letzten an den autoritären Staat festklammerte, obwohl der zu diesem Zeitpunkt buchstäblich in Schutt und Asche geschossen war. „Pacelli, der Diplomatie und Konkordate maßlos überschätzte, kannte im Grunde nur zwei politische Ziele: den Kampf gegen den Kommunismus und den

Kampf für die Erhaltung der Kirche als Institution; die lästige Judenfrage war für ihn nicht so relevant", sagt Hans Küng, der ferner feststellt, dass Menschenrechte und Demokratie Pius XII. lebenslang völlig fremd blieben.[962] Pacelli nahm ständig eine bewusste anti-liberale, anti-sozialistische und anti-moderne Haltung ein und glaubte mehr an eine autoritäre Staatskonzeption der Ordnung, der Disziplin und des Führerprinzips sowohl im Bereich des Natürlichen als in dem des Mystischen. Wie Stalin und Hitler hatte Pius XII. eine grenzenlose Verachtung für die liberale Demokratie. In seiner Kirchenbotschaft vom 24. Dezember 1944 sprach er noch vom „Problem der Demokratie".[963] Als eine Gruppe von Anhängern Mussolinis am 26. Dezember 1946 die neofaschistische Partei *Movimento Sociale Italiano* gründete, bekamen sie die Zustimmung des Vatikans. Die Partei wandte sich gegen den virulenten Kommunismus, Sozialismus und Liberalismus. Erst auf dem Zweiten Vatikanischen Konzil im Jahr 1962 akzeptierte die katholische Kirche die Idee eines modernen säkularen Staates der Demokratie, der Meinungs- und der Religionsfreiheit.[964]

Diese eindeutige Präferenz des Vatikans für Faschismus und Nazismus und gegen Kommunismus, Sozialismus und Liberalismus in der ersten Hälfte des zwanzigsten Jahrhunderts ist der Grund, warum die Päpste und besonders Pius XII. so seltsam still blieben, als die Juden diskriminiert, verfolgt, deportiert und schließlich vernichtet wurden. Die Interessen der katholischen Kirche hatten offenbar Vorrang gegenüber dem Leben von Millionen von Juden in Europa. Die Schoa war der Preis, den die katholische Kirche zu zahlen bereit war, um ihre Position zu schützen und zu stärken. Es waren schließlich die „Nazis", welche den Worten Taten folgen ließen und die extrem grausame Logik ihres Antisemitismus durch die systematische Ermordung von sechs Millionen Juden in die Praxis umsetzten. Aber das war nur machbar unter Teilnahme von großen Teilen der katholischen und protestantischen Bevölkerung, sowohl in Deutschland als auch in den okkupierten Gebieten. Und diese tödliche Zusammenarbeit der Bevölkerung war wiederum nur möglich, weil der Papst und die meisten kirchlichen Behörden beschlossen hatten, über die größte Katastrophe in der Geschichte Europas zu schweigen und sich nie öffentlich gegen Hitler und sein Naziregime zu wenden.

Anmerkungen

1 Anlässlich des fünfzigsten Todestages von Pius XII. fanden in Rom zwei Veranstaltungen statt. Vom 21. Oktober 2008 zum 6. Januar 2009 eine Fotoausstellung über Leben und Werk des ehemaligen Papstes. Am 6. und 7. November 2008 eine internationale Konferenz unter dem Titel *L'Eredità del magistero di Pio XII.* („Das Vermächtnis der Lehre von Pius XII.“). Am folgenden Tag, am 8. November 2008, wurden die Teilnehmer im Vatikan von Papst Benedikt XVI. empfangen.

2 Pope Pius Praised by World Leaders, in: The Christian Science Monitor, 9. Oktober 1958, S. 6.

3 Hochhuth, Rolf: Der Stellvertreter. Ein christliches Trauerspiel, Rowohlt, Hamburg 1963.

4 Pope Pius XII. moves closer to beatification, in: Vatican Press, 9. Mai 2007.

5 Pius XII. sainthood process not stalled, Reuters, 18. Februar 2008.

6 Something shameful is going on, in: Daily Catholic, 17. März 1999, Bd. 10, Nr. 53.

7 Die Petition findet man auf www.catholicleague.org/petition.php und www.piusxIIpope.info/petition.htm.

8 Hesemann, Michael: Hitlers religie, Aspekt, 2007, S. 4 (dt. Hitlers Religion, 2004).

9 Dalin, David G.: The Myth of Hitler's Pope: Pope Pius XII. and His Secret War against Nazi Germany, Regnery Publishing, Inc., 2005.

10 Yad Vashem befindet sich in Jerusalem und ist die offizielle Gedenkstätte Israels zum Gedenken an die jüdischen Opfer des Holocausts. www.yadvashem.org/.

11 Marchione, Margherita: Did Pope Pius XII Help the Jews?, Paulist Press, 2007, S. 7.

12 Burleigh, Michael: Heilige doelen, De Bezige Bij, 2007.

13 Lapide, Pinchas: Three Popes and the Jews, New York, Hawthorn, 1967 (dt. Rom und die Juden, 1967).

14 Tornielli, Andrea: Pio XII. Eugenio Pacelli. Un uomo sul trono di Pietro, Mondadori, 2007.

15 Rychlak, Ronald: Hitler, The War and The Pope, Our Sunday Visitor, 2000.

16 Jansen, Hans: De zwijgende paus? Protest van Pius XII en zijn medewerkers tegen de jodenvervolging in Europa, Kok-Kampen, 2000.

17 Actes et Documents du Saint Siège relatifs à la Seconde Guerre Mondiale, Libreria Editrice Vaticana, 1965-1981, im Folgenden abgekürzt als adss. Es handelt sich um zahlreiche Dokumente aus den Archiven des Vatikans, die durch die Jesuiten Pierre Blet, Angelo Martini, Burkhart Schneider und Robert Graham ausgewählt und kompiliert wurden. Ich habe diese Dokumente während mehrerer Wochen in der Bibliothek der Freien Universität Brüssel und in dem Studie- en Documentatiecentrum Oorlog en Hedendaagse Maatschappij in Brüssel durchgesehen.

18 Blet, Pierre: Pius XII and the Second World War, Paulist Press, 1999.

19 Gallo, Patrick (Hrsg.): Pius XII, the Holocaust and the Revisionists, McFarland & Company, 2006.

20 McInerny, Ralph: The Defamation of Pius XII , St. Augustine's Press, 2001.

21 Goldhagens Buch *Gewillige beulen* (dt. Hitlers willige Vollstrecker, 1996) ist sehr polemisch. Es findet bei vielen Historikern keine wissenschaftliche Anerkennung und wird vielmehr als eine eigenwillige Interpretation betrachtet, in der oftmals Vorurteile über nüchterne Fakten siegen. Weniger bekannt ist jedoch sein Buch *Een morele afrekening* (Manteau / De Bezige Bij, 2002; dt. Die katholische Kirche und der Holocaust, 2003), in dem der Autor mit mehr Argumenten und Beweisen auf die zwiespältige Rolle der katholischen Kirche während des Holocausts und ihre unerfüllte Pflicht zu Wiedergutmachung hinweist. Von einer Reihe von Fotos in diesem Buch wird allerdings deren Echtheit bzw. die Gültigkeit ihrer Interpretation bestritten. Auch das Buch *Hitlers Papst* von John Cornwell erhielt viel Kritik, unter anderen wegen des suggestiven Fotos auf dem Umschlag, wo Pacelli ein Gebäude verlässt, das von zwei deutschen Soldaten bewacht wird. Es entsteht der Eindruck, dass der ehemalige Nuntius in Deutschland vorbei an zwei SS-Soldaten, von einem Besuch bei Hitler zurückgekehrt, aber das ist falsch. Pacelli ist Hitler nie begegnet. Das Foto wurde am 12. Februar 1926 gemacht, als vom NS-Regime noch nicht die Rede war, und zeigt den Nuntius nach einem Treffen mit Hindenburg in der Wilhelmstraße 73 in Berlin. Ein solches Vorgehen tastet die Glaubwürdigkeit des betroffenen Historikers an, und erleichtert eine Diskussion über die genaue Art des Verhaltens des Papstes vor und während des Krieges nicht.

22 Jansen, Hans: De zwijgende paus? Het protest van Pius XII en zijn medewerkers tegen de jodenvervolging in Europa, Uitgeverij Kok-Kampen, 2000, S. 20.

23 Gespräche mit Pater Peter Gumpel am 26. März und 3. April 2008 in der Curia Generalizia della Compagnia di Gesù in Borgo San Spirito 4 in Rom in der Nähe des Vatikans.

24 Erklärung des Bischofs Sergio Pagano auf der Website der Pave The Way Foundation, siehe www.barhama.com/PAVETHEWAY/pagano.html. Wenn man einen Blick auf das virtuelle Archiv des Vatikans werfen will: http://asv.vatican.va/en/visit/ VR-affr/VR-sot-full.htm.

25 Leonard Linton, Kilroy was Here, unveröffentlichte Geschichte, Archiv Allied Museum Berlin. Zitiert in: David Stafford, Eindspel 1945, Mouria, 2008, S. 165.

26 Gellately, Robert: Pal achter Hitler. Openheid en onderdrukking in nazi-Duitsland, Sdu Uitgevers, 2001, S. 21 ff. (dt. Hingeschaut und weggesehen, 2002)

27 Nach Julius Streicher hatte *Der Stürmer* auf seinem Höhepunkt eine Auflage von einer halben Million Exemplaren, zitiert in: Leon Goldensohn, Nürnberg Interviews, Meulenhoff, 2004, S. 287 (dt. Die Nürnberger Interviews, 2005).

28 Mayer, Arno: De hakenkruistocht tegen rood en jood, epo, 1999, S. 57.

29 Hesse, Hermann: Mijn politieke geweten. Een keuze uit de politieke geschriften 1914-1962, Aspekt, 2008, S. 149.

30 Böll, Heinrich: Een Duits geweten. Gesprekken met René Wintzen, Elsevier Manteau, 1980, S. 168 (dt. Eine deutsche Erinnerung. Interview mit René Wintzen).

31 Wiechert, Ernst: Forest of the Dead, Greenberg Publisher, 1947 (dt. Der Totenwald, 1945).

32 Haffner, Sebastian: Duitsland 1939: Jekyll & Hyde, Mets & Schilt, 2007, S. 121-122 (dt. Germany: Jekyll & Hyde. 1939 – Deutschland von innen betrachtet, 1996).

33 Gemeentearchief Rotterdam, 273, 45-48, 1 mei 1941, Oorlogsdagboeken (...) over de jodenvervolging, Contact, 2001, S. 109.

34 Von der Grün, Max: Hoe was het eigenlijk? Mijn jeugd in Hitler-Duitsland, Wereldbibliotheek, 1980, S. 190-191 (dt. Wie war das eigentlich. Kindheit und Jugend im Dritten Reich, 1979).

35 Gemeentearchief Rotterdam, 273, 45-48, 26 juni 1942, Oorlogsdagboeken (...) over de jodenvervolging, Contact, 2001, S. 113.

36 Hillesum, Etty: Het verstoorde leven. Dagboek van Etty Hillesum, 1941-1943, De Haan-Bussum, 1981, S. 105-106.

37 Nederlands Instituut voor Oorlogsdocumentatie (niod), 244, 183, 13 december 1942, zitiert in Anna und Voolstra Blankevoort Eefje (Hrsg.), Oorlogsdagboeken over de jodenvervolging, Contact, 2001, S. 115.

38 Johnson, Eric A.: Nazi-terreur: Gestapo, joden en gewone Duitsers, Icarus, 2000, S. 243 (dt. Der nationalsozialistische Terror, 2001).

39 Ebenda, S. 296.

40 Smith, Lyn: Vergeten stemmen van de Holocaust, Uitgeverij M, 2006, S. 267.

41 Hilberg, Raul: Daders, slachtoffers, omstanders. De joodse catastrofe 1933-1945, Becht, 2004, S. 172 (dt. Täter, Opfer, Zuschauer. Die Vernichtung der Juden 1933-1945, 1996).

42 Ebenda, S. 172.

43 Weiss, Ernst: De ooggetuige, Van Gennep, 2007, S. 242 (dt. Der Augenzeuge, 2000).

44 Burleigh, Michael: Het Derde Rijk. Een nieuwe geschiedenis, De Bezige Bij, 2008, S. 344.

45 Pauley, Bruce: From Prejudice to Persecution: A History of Austrian Anti-Semitism, Chapel Hill: University of North Carolina Press, 1992, S. 19.

46 Paliakow, Leon / Wulf, Joseph (Hrsg.): Het Derde Rijk en de Joden, Scheltema & Holkema, 1956, S. 68. Kurt Edler von Schuschnigg war der vorletzte österreichische Kanzler, der in einer Volksabstimmung entscheiden ließ, ob man für oder gegen einen Anschluss war. Hitler akzeptierte dies nicht und drohte mit einer militärischen Invasion. Um Blutvergießen zu vermeiden, trat Schuschnigg ab. Er wurde von Arthur Seyß-Inquart abgelöst, der eher dazu neigte, einem Anschluss zuzustimmen. Später wurde Seyß-Inquart Reichskommissar der von Deutschland besetzten Niederlanden, wo er mitverantwortlich für die Deportation von mehr als hunderttausend Juden in die Konzentrations- und Vernichtungslager im Osten war. Schuschnigg wurde nach dem Anschluss in einem Konzentrationslager inhaftiert, wo er im Jahre 1945 von den Amerikanern befreit wurde.

47 Hahn-Beer, Edith: De joodse bruid, The House of Books, 2000, S. 47 (dt. Ich ging durchs Feuer und brannte nicht, 2000).

48 Kampelmacher, Dan: Gevecht om te overleven. Mijn diaspora na de Anschluss, Uitgeverij Verbum, 2008, S. 80.

49 Ebenda, S. 83.

50 Rees, Laurence: De Nazi's, Anthos/Manteau, 2007, S. 64 (dt. Die Nazis, 1997).

51 Lewis, Brenda Ralf: Het verhaal van de Hitlerjugend (1933-1935), Deltas, 2000, S. 107.

52 Johnson, Eric: Nazi-terreur. Gestapo, Joden en gewone Duitsers, Icarus/De Bezige Bij, 2000, S. 120.

53 Gilbert, Martin: Kristallnacht. Prelude to Destruction, Harper Perennial, 2006, S. 47.

54 Kampelmacher, Dan: Gevecht om te overleven. Mijn diaspora na de Anschluss, Uitgeverij Verbum, 2008, S. 95.

55 Bankier, David: The Germans and the Final Solution. Public Opinion under Nazism, Blackwell Publishers, 1996, S. 85.

56 Siehe http://jg-regensburg.de/Geschichte2.html.

57 Sassoon, Agnes: Ik kan helemaal niet haten, Interview in: Doerry, Martin: Overal en nergens thuis. Gesprekken met overlevenden van de Holocaust, Contact, 2007, S. 38 (dt. Martin Doerry [Hrsg.]: Nirgendwo und überall zu Haus. Gespräche mit Überlebenden des Holocausts, 2006).

58 Johnson, Eric A.: Nazi-terreur: Gestapo, Joden en gewone Duitsers, Icarus, 2000, S. 295.

59 Lewis, Brenda Ralf: Het verhaal van de Hitlerjugend (1933-1935), Deltas, 2000, S. 43.

60 Hunt, Irmgard: Op schoot bij Hitler. Een jeugd in een paradijs dat geen paradijs mocht zijn, Bert Bakker, 2005, S. 160 (dt. Als die Welt in Stücke ging. Eine Kindheit am Obersalzberg, 2005).

61 Gellately, Robert: Pal achter Hitler, Sdu Uitgevers, 2001, S. 152.

62 Giordano, Ralph: Een groot geluk, een wonder, een mirakel, Interview in: Doerry, Martin: Overal en nergens thuis. Gesprekken met overlevenden van de Holocaust, Contact, 2007, S. 204.

63 Metcalfe, Philip: 1933. Balans, Rainbow Pocketboeken, zweite Auflage, 1992, S. 41 (dt. Berlin 1933. Das Jahr der Machtergreifung in Berlin, 1989).

64 Weiss, Ernst: De ooggetuige, Van Gennep, 2007, S. 203.

65 Böll, Heinrich: Een Duits geweten. Gesprekken met René Wintzen, Elsevier Manteau, 1980, S. 167.

66 Burleigh, Michael: Het Derde Rijk. Een nieuwe geschiedenis, De Bezige Bij, 2008, S. 327.

67 Johnson, Eric A.: Nazi-terreur: Gestapo, joden en gewone Duitsers, Icarus, 2000, S. 37.

68 Gellately, Robert: Pal achter Hitler. Openheid en onderdrukking in nazi-Duitsland, Sdu Uitgevers, 2001, S. 209.

69 Herf, Jeffrey: The Jewish Enemy. Nazi Propaganda during World War II and the Holocaust, Belknap Press, 2006, S. 183 ff.

70 Arad, Yitzhak: The Pictorial History of the Holocaust, Macmillan Publishing Company, 1990, S. 26.

71 Fromm, Bella: Bloed en banketten. Society reporter in Berlijn, Kritak, 1991, S. 278 (dt. Als Hitler mir die Hand küßte, 1993).

72 Ebenda, S. 282.

73 Schad, Martha: Vrouwen tegen Hitler. Tegenstemmen in het Derde Rijk, De Fontein, 2003, S. 81 (dt. Frauen gegen Hitler, 2001).

74 Longerich, Peter: „Davon haben wir nichts gewusst!“. Die Deutschen und die Judenverfolgung, 1933-1945, München 2006, S. 244 ff.

75 Laqueur, Walter: Het gruwelijke geheim. De waarheid over Hitlers ‘Endlösung’ verdrongen, A.W. Sijthoff, Alphen aan den Rijn, 1981, S. 29 (dt. Was niemand wissen wollte, 1981).

76 Stargardt, Nicholas: Ooggetuigen van de oorlog. Het leven van kinderen onder het naziregime, Balans, 2005, S. 152 (dt. „Maikäfer flieg!“. Hitlers Krieg und die Kinder, 2006).

77 Gross, Jan Tomasz: Angst. Antisemitisme in Polen na Auschwitz, De Bezige Bij, 2007, S. 222.

78 Timm, Uwe: Mijn broer bijvoorbeeld, Van Halewyck, 2004, S. 119 (dt. Am Beispiel meines Bruders, 2003).

79 Jünger, Ernst: Parijs dagboek 1941-1943, Privédomein, 1986, S. 50 (dt. Strahlungen, 1949).

80 Klemperer, Victor: Tot het bittere einde. Dagboek 1933-1941, Atlas, 1997, S. 511 (dt. Ich will Zeugnis ablegen bis zum letzten, 1995).

81 Kershaw, Ian: Popular Opinion and Political Dissent in the Third Reich, Clarendon Press, Oxford, 2002, S. 364.

82 Schultz, Sigrid: Germany Will Try It Again, New York: Reynal & Hitchcock, 1944, S. 185-186.

83 Lipstadt, Deborah: Beyond Belief. The American Press & the Coming of the Holocaust 1933-1945, The Free Press, 1986, S. 152.

84 Deutschkron, Inge: Een land waar je een jood was, geen mens, Interview in: Doerry, Martin: Overal en nergens thuis. Gesprekken met overlevenden van de Holocaust, Contact, 2007, S. 160.

85 Jünger, Ernst: Parijs dagboek 1941-1943, Privédomein, 1986, S. 101.

86 Smith, Lyn: Vergeten stemmen van de Holocaust, Uitgeverij M, 2006, S. 157.

87 Hier aus englischer Übersetzung zitiert: Ernst Klee / Volker Riess / Willi Dressen: The Good Old Days. The Holocaust as Seen by Its Perpetrators and Bystanders, Konecky & Konecky, New York, 1991 (dt. „Schöne Zeiten". Judenmord aus der Sicht der Täter und Gaffer).

88 Volksdeutsche Selbstverteidigung. Volksdeutsch war der Begriff für ethnisch Deutsche, die außerhalb der Grenze des Reiches lebten.

89 Ernst Klee / Volker Riess / Willi Dressen: The Good Old Days. The Holocaust as Seen by Its Perpetrators and Bystanders, Konecky & Konecky, New York, 1991, S. 196 ff.

90 Ebenda, S. 161-162 und Fußnote VIII, S. 285-286.

91 Burleigh, Michael: Het Derde Rijk. Een nieuwe geschiedenis, De Bezige Bij, 2008, S. 648.

92 Laqueur, Walter: Het gruwelijke geheim. De waarheid over Hitlers 'Endlösung' verdrongen, A.W. Sijthoff, Alphen aan den Rijn, 1981, S. 11.

93 Ernst Klee / Volker Riess / Willi Dressen: The Good Old Days. The Holocaust as Seen by Its Perpetrators and Bystanders, Konecky & Konecky, New York, 1991, S. 163.

94 Browning, Christopher: Doodgewone mannen. Een vergeten hoofdstuk uit de jodenvervolging, De Arbeiderspers, 1993, S. 122-123 (dt. Ganz normale Männer, 1993).

95 Ebenda, S. 185.

96 Goldhagen, Daniel: Hitlers gewillige beulen, Standaard Uitgeverij, 1996, S. 240.

97 Kogon, Eugen: Der SS-Staat. Das System der deutschen Konzentrationslager, hier zitiert aus der französischen Übersetzung: L'Etat SS. Le système des camps de concentration allemands, Seuil, 1947, S. 372.

98 Longerich, Peter: Davon haben wir nichts gewusst! Die Deutschen und die Judenverfolgung, 1933-1945, Pantheon, München, 2006, S. 228.

99 Haffner, Sebastian: Duitsland 1939: Jekyll & Hyde, Mets & Schilt, 2007, S. 122 (dt. Germany. Jekyll & Hyde, 1996).
100 Johnson, Eric A.: Nazi-terreur: Gestapo, Joden en gewone Duitsers, Icarus, 2000, S. 350.
101 Landau, Ronnie: Studying the Holocaust, Routledge, 1998, S. 25.
102 Goldensohn, Leon: Neurenberg-gesprekken, Meulenhoff, 2004, S. 336.
103 Laqueur Walter: Het gruwelijke geheim. De waarheid over Hitlers 'Endlösung' verdrongen, A.W. Sijthoff, Alphen aan den Rijn, 1981, S. 33.
104 Smith, Lyn: Vergeten stemmen van de Holocaust, Uitgeverij M, 2006, S. 310.
105 Buergenthal, Thomas: Een gelukskind. Van Auschwitz tot het Hooggerechtshof, Mynx, 2007, S. 83 (dt. Ein Glückskind, 2007).
106 Johnson, Eric A.: Nazi-terreur: Gestapo, Joden en gewone Duitsers, Icarus, 2000, S. 345.
107 Shirer, William: Opkomst en ondergang van het Derde Rijk. De geschiedenis van het nationaal-socialistische Duitsland, hjw Becht's Uitgeversmaatschappij, 1979, Teil 2, S. 892 (dt. Aufstieg und Fall des Dritten Reiches, 1961).
108 Volksdeutsche war die Bezeichnung für ethnisch Deutsche außerhalb der Grenzen des Dritten Reiches.
109 Charles, J.B.: Een nieuwe vereniging, in: Aletrino, L. / Charles, J.B. / Keilson, H. / Wielek, H.: Mogen wij nog anti-Duits zijn?, Scheltema & Holkema, 1965, S. 58.
110 Laqueur, Walter: Het gruwelijke geheim. De waarheid over Hitlers 'Endlösung' verdrongen, A.W. Sijthoff, Alphen aan den Rijn, 1981, S. 234.
111 Friedländer, Saul: Nazi-Duitsland en de Joden, De jaren van vernietiging 1939-1945, Nieuw Amsterdam / Lannoo, 2007, S. 131 (dt. Das Dritte Reich und die Juden). Für dieses Buch erhielt der israelisch-amerikanische Historiker den Friedenspreis des Deutschen Buchhandels.
112 Mayer, Arno: De hakenkruistocht tegen rood en jood, epo, 1999, S. 123.
113 Dagboek van Joseph Goebbels, Het Wereldvenster, 1948, S. 203.
114 Bauman, Zygmunt: De moderne tijd en de Holocaust, Boom, 1998, S. 64 (dt. Dialektik der Ordnung, 1992).
115 Friedländer, Saul: Nazi-Duitsland en de Joden. De jaren van vernietiging 1939-1945, Nieuw Amsterdam/Lannoo, 2007, S. 19.
116 Babel, Isaak: Rode ruiterij, Meulenhoff, 1985 (Die Reiterarmee, 1926).
117 De Boose, Johan: Alle dromen van de wereld, Meulenhoff, 2004, S. 23.
118 Gross, Jan Tomasz: Buren. De vernietiging van de joden in Jedwabne, De Bezige Bij, 2002, S. 54.
119 Ebenda, S. 57.
120 Olczak-Ronikier, Joanna: In de tuin van het geheugen, De Geus, 2004, S. 136.
121 Smelik, Klaas A.D.: Anti-judaïsme en de kerk, Ten Have, 1993, S. 89.

122 Goldhagen, Daniel Jonah: Een morele afrekening, Manteau/De Bezige Bij, 2002, S. 41.
123 Süss, René: Luthers theologisch testament, vu University Press, 2006, S. 294.
124 Ebenda, S. 16.
125 Ebenda, S. 169.
126 Jansen, Hans: De paus en de jodenvervolging, Uitgeverij Kok, 1998, S. 7 ff.
127 Niewyk, Donald: Solving the 'Jewish problem': Continuity and Change in German Antisemitism, 1871-1945, in: Leo Baeck Institute Yearbook, 1990, S. 369.
128 Dequeker, Luc: Het sacrament van mirakel, Davidsfonds, 2000, S. 7 ff.
129 Smith Walser, Helmut: Het verhaal van de slager. Moord en antisemitisme in Duitsland, 1900, Ambo, 2003, S. 95 ff.
130 Gross, Jan Tomasz: Buren. De vernietiging van de joden in Jedwabne, De Bezige Bij, 2002, S. 38.
131 Jansen, Hans: De paus en de jodenvervolging, Uitgeverij Kok, 1998, S. 14 ff.
132 Jansen, Hans: Christelijke theologie na Auschwitz. De geschiedenis van 2000 jaar kerkelijk antisemitisme, Blaak, 1999, 6. Auflage (die Erstauflage erschien 1981), S. 460-461.
133 Küng, Hans: Christentum und Judentum. Die Leiden der Vergangenheit, in: Christ sein, München, 1974, S. 158 ff. (Text des Zitats auf Basis der niederländischen Übersetzung).
134 Grundmann, Walter: Jesus der Galiläer und das Judentum, Leipzig, Verlag Georg Wigand, 1941. Zitiert in: Jansen, Hans: Christelijke theologie na Auschwitz, Teil 2, Nieuwtestamentische wortels van het antisemitisme, Uitgeverij Boekencentrum bv, 's-Gravenhage, 1985, S. 197.
135 Zitiert in Jansen, Hans: Christelijke theologie na Auschwitz, Teil 2, Nieuwtestamentische wortels van het antisemitisme, Uitgeverij Boekencentrum bv, 's-Gravenhage, 1985, S. 198.
136 Der Probst der evangelischen Kirchengemeinde in Blankenese Schetelig zeichnet ein Schreiben ab, das vom evangelischen lutherischen Kirchenamt an alle Synodalausschüsse verschickt wurde, 17. Dezember 1941. Siehe: www.viermalleben.de/4xleben/1205.htm.
137 Linck, Stephan: Die evangelische Kirche und die Shoa, Vortrag in der Kirche von Hamburg-Blankenese, 21. April 2004.
138 Matton, Lies: Oorlogspaus of paus van de vrede? De discussie rond Pius XII en de Holocaust in Vlaanderen naar aanleiding van 'Der Stellvertreter' van Rolf Hochhuth, Licentiaatsthesis, ku Leuven, 2005, S. 58.
139 Erzbischof Dr. Conrad Gröber: Handbuch der religiösen Gegenwartsfragen, Freiburg, 1937, S. 536 (Text des Zitats auf Basis der niederländischen Übersetzung).

140 Jansen, Hans: Christelijke theologie na Auschwitz, Teil 2, Nieuwtestamentische wortels van het antisemitisme, Uitgeverij Boekencentrum bv, 's-Gravenhage, 1985, S. 205.
141 Ebenda, S. 199.
142 Ebenda, S. 199, Fußnote 267.
143 Wiesel, Elie: Een jood vandaag, Gooi en Sticht, Hilversum, 1978, S. 21 (dt. Jude heute, 1987).
144 Appelfeld, Aharon: Mijn geschiedenis is eigenlijk ondenkbaar, Interview in: Doerry, Martin: Overal en nergens thuis. Gesprekken met overlevenden van de Holocaust, Contact, 2007, S. 26.
145 Bauman, Zygmunt: De moderne tijd en de holocaust, Boom, 1998, S. 60.
146 In einer Rede vor einer großen Menschenmenge in der iranischen Stadt Zahedan am 14. Dezember 2005, bzw. in einer Rede auf der *World without Zionism*-Konferenz in Teheran am 26. Oktober 2005.
147 Falconi, Carlo: Le silence de Pie XII 1939-1945, Editions du Rocher, Monaco, 1965, S. 32.
148 Giovannetti, Alberto: Storia, teatro e storia, in: L'Osservatore Romano, 5. April 1963, S. 3.
149 Gallo, Patrick: Beyond The Deputy: Origins of the New Revisionism, in: Gallo, Patrick: (Hrsg.), Pius XII, the Holocaust an the Revisionists, McFarland & Company, 2006, S. 14-15. Auffallend ist hier die Verwendung des Begriffs „Revisionisten" für Historiker, die kritische Vorbehalte haben gegen die Rolle des Papstes und des Vatikans vor, während und nach dem Zweiten Weltkrieg. Unter dem Begriff „Revisionismus" wird eigentlich fast immer die Leugnung des Holocausts verstanden. Das machen die von Gallo kritisierten Historiker überhaupt nicht. Vielmehr sind sie überzeugt, dass der Holocaust stattfand, üben aber Kritik an der Kirche und am Papst. Das ist etwas völlig anderes als das, was die Revisionisten im herkömmlichen Sinne tun.
150 New York Journal American, 13. November 1941, S. 1, zitiert in: Lipstadt, Deborah: Beyond Belief. The American Press & the Coming of the Holocaust 1933-1945, The Free Press, 1986, S. 151.
151 Vast Areas of World Closed Against Jews, in: The Christian Science Monitor, 29. November 1941, S. 6.
152 The New York Times, 18. Mai 1942, S. 4, zitiert in: Lipstadt, Deborah: Beyond Belief. The American Press & the Coming of the Holocaust 1933-1945, The Free Press, 1986, S. 159.
153 Gemeentearchief Rotterdam, 273, 45-48, 26 juni 1942, zitiert in: Voolstra Anna en Blankevoort Eefje, Oorlogsdagboeken over de jodenvervolging, Contact, 2001, S. 113.
154 Nach dem erfolgreichen Anschlag auf Reinhard Heydrich, den Nazistatthalter in Böhmen und Mähren, wurde als Vergeltung am 27. Mai 1942 das tschechische Dorf Lidice durch die Deutschen zerstört. Dabei wurden etwa 340 Männer, Frauen und Kinder des Dorfes von den „Nazis" ermordet.

155 The Daily Telegraph, 25. Juni 1942, zitiert in: Lipstadt, Deborah: Beyond Belief. The American Press & the Coming of the Holocaust 1933-1945, The Free Press, 1986, S. 163.

156 The New York Times, 2. Juli 1942, S. 6, zitiert in: Lipstadt, Deborah: Beyond Belief. The American Press & the Coming of the Holocaust 1933-1945, The Free Press, 1986, S. 168.

157 Toronto Globe, 29. Juli 1942, zitiert in: Lipstadt, Deborah: Beyond Belief. The American Press & the Coming of the Holocaust 1933-1945, The Free Press, 1986, S. 174.

158 Burleigh, Michael: Het Derde Rijk. Een nieuwe geschiedenis, De Bezige Bij, 2008, S. 683.

159 Laqueur, Walter: Het gruwelijke geheim. De waarheid over Hitlers 'Endlösung' verdrongen, A.W. Sijthoff, Alphen aan den Rijn, 1981, S. 59.

160 Ebenda, S. 60.

161 Ebenda, S. 65.

162 Ebenda, S. 242-248.

163 Penkower, Monty Noam: The Jews were Expendable. Free Diplomacy and the Holocaust, Urbana, University of Illinois Press, 1983, S. 59.

164 Archief Joods Wereldcongres, Genève, zitiert in: Friedländer Saul, Pius XII en het Derde Rijk: Documenten, Contact, 1964, S. 102-103.

165 Siehe dazu www.fpS.co.uk/Auschwitz/docs/Riegner/obituary051201.html.

166 adss, Teil 8, nr. 314, S. 466, Le Nonce à Berne Bernardini au cardinal Maglione.

167 Eine ergreifende Bildreportage davon ist verfügbar unter http://filmschatten.blogspot.com/2007/06/warsaw-ghetto-part-two.html.

168 Badiou, Alain: Het woord 'Jood', Ten Have, 2008, S. 107. Siehe auch http://yad-vashem.org.il/about-holocaust/documents/part2/doc154.html.

169 Pole's suicide note pleads for Jews, in: The New York Times, 4. Juni 1943.

170 Wasserstein, Bernard: Britain and the Jews of Europe, 1939-1945, Leicester University Press, 1999, S. 173.

171 Actes et Documents du Saint Siège relatifs à la Seconde Guerre Mondiale, Libreria Editrice Vaticana, 1965-1981 (im Folgenden abgekürzt als adss).

172 adss, Teil 9, nr. 82, S. 170. Le cardinal von Preysing au Pape Pie XII.

173 adss, Teil 8, nr. 328, S. 480, Le ministre de Grande Bretagne Osborne au cardinal Maglione.

174 „Concitio enim nostra est sane valde tragica: omnibus fere juribus humanis privati, crudelitati hominum, maxima ex parte quolibet sensu humanu destitutorum, expositi sub terrore horribili continuo vivimus in pericolo permanenti omnia amittendi in casu evasionis aut deportationis, incarcerationis in 'castra concentrationis' dicta, e quibus pauci vivi redeunt. In his castris milia et milia fratrum nostrorum optimorum detinentur, et quidem absque ullo processu judiciali et sine culpa.“ adss, Teil 3, nr. 357, S. 539, L'archevêque de Cracovie Sapieha au Pape Pie XII.

175 adss, Teil 8, nr. 431, S. 601, Le visiteur apostolique à Zagreb Marcone au cardinal Maglione.

176 adss, Teil 3, nr. 406, S. 625, Le métropolite de Léopold des Ruthènes Szeptyckyi au Pape Pie XII.

177 adss, Teil 3, nr. 406, S. 627, Le métropolite de Léopold des Ruthènes Szeptyckyi au Pape Pie XII.

178 adss, Teil 8, nr. 493, S. 665, nr. 2, Notes de Mgr. Montini.

179 Manvell, Roger / Fraenkel, Heinrich: Le crime absolu, Stock, 1967, S. 207.

180 adss, Teil 8, nr. 374, S. 534, Le S. Scavizzi au Pape Pie XII.

181 Manzo Michele, Don Pirro Scavizzi. Prete romano (1884-1964), Piemme, 1997, S. 242-245. Siehe auch adss, Teil 8, nr. 496, S. 669, Fußnote 4, Notes de Mons. Montini. Scavizzi verwendet das Wort „razza“ und nicht „stirpe“ für den Begriff „Rasse“.

182 Foreign Relations of the United States, 1942, III, S. 775. Siehe auch adss, Teil 8, nr. 493, S. 665, Notes de Mgr. Montini. Mit dem folgenden Text: „Questa lettera all’em.mo cardinale Maglione del signor Myron Taylor è stata portata questa mattina dallo stesso signore, assente l’em.mo destinatario. Il Santo Padre ne ha preso visione. Non così S.E. il Cardinale Segretario del Stato.“ Unter den Text schrieb Kardinal Montini: „Non credo che abbiamo informazione che confermano – in particolare – queste gravissime notizie.Non è così?“

183 adss, Teil 8, nr. 507, S. 679, La Secrétairerie d’Etat au chargé d’affaires Tittmann.

184 adss, Teil 8, nr. 506, S. 677, L’internonce aux Pays-Bas Giobbe au cardinal Maglione.

185 adss, Teil 3, nr. 448, S. 694-696, L’archevêque de Riga Springovics au pape Pie XII.

186 Miccoli, Giovanni: Les Dilemnes et les silences de Pie XII , Editions Complexe, 2005, S. 354.

187 Zuccotti, Susan: Under His Very Windows: The Vatican and the Holocaust in Italy, Yale University, 2000, S. 1-2.

188 adss, Teil 10, nr. 243, S. 328. Le pape Pie XII au régent de Hongrie Horthy. Der Text des Telegramms, das auf Französisch geschrieben wurde, lautet wie folgt: „De plusieurs cotés on Nous supplie de tout mettre en oeuvre pour que dans cette noble et chevaleresque Nation ne soient étendues et aggravées les souffrances déjà si lourdes, endurées par un grand nombre de malheureux, à cause de leur nationalité *ou de leur race* [kursiv von mir, d.Verf.]. Notre coeur de Père ne pouvant demeurer insensible à ces instantes supplications en raison de Notre ministère de charité qui embrasse tous les hommes, Nous Nous adressons personellement à Votre Altesse faisant appel à Ses nobles sentiments dans la pleine confiance qu’Elle voudra bien faire tout ce qui est en Son pouvoir pour que soient épargnés à tant de malheureux d’autres deuils et d’autres douleurs.“

189 adss, Teil 10, nr. 329, S. 422-423, La Secrétairerie d'Etat à la Légation de Slovaquie.
190 Jansen, Hans: De zwijgende paus? Protest van Pius XII en zijn medewerkers tegen de jodenvervolging in Europa, Kok-Kampen, 2000, S. 202.
191 Ebenda, S. 295
192 Graham, Robert: The Holy See Facing the Tragedy of the Jewish People (1939-1945), nicht publizierte Nota, 1992, S. 15.
193 adss, Teil 9, nr. 117, S. 206-207, Le délégué apostolique à Washington Cicognani au cardinal Maglioni.
194 adss, Teil 5, nr. 466, S. 673-674, L'ambassadeur du Brésil Accioly au cardinal Maglione.
195 adss, Teil 5, nr. 467, S. 675-676, Le ministre de Grande Bretagne Osborne au cardinal Maglione.
196 adss, Teil 7, nr. 71, S. 166, Radiomessage de Noël du Pape Pie XII.
197 The New York Times, Hauptartikel vom 25. Dezember 1942. Dieser Text war in der Tat positiv für den Papst und wird von seinen Anhängern häufig zitiert. Aber sie ignorieren viele andere Artikel in derselben Zeitung, die sich besonders kritisch äußern über den Papst und seine „obsessive" Angst vor dem Kommunismus.
198 Wistrich, Robert: The Pope, the Church, and the Jews, Commentary 107, Nr. 4, (April 1999), S. 27.
199 Graham, Robert: The Holy See Facing the Tragedy of the Jewish People (1939-1945), nicht publizierte Nota, 1992, S. 29.
200 Jansen, Hans: De zwijgende paus? Protest van Pius XII en zijn medewerkers tegen de jodenvervolging in Europa, Kok-Kampen, 2000, S. 233.
201 Tittmann, Harold Jr.: Inside the Vatican of Pius XII. The Memoir of an American Diplomat During World War II, Image Books, 2004, S. 124.
202 Hesemann, Michael: Hitlers religie, Aspekt, 2007, S. 430 und 431.
203 Siehe hierzu: http://www.katholieknederland.nl/actualiteit/2002/detailobjectID578999-FJaar2002.html.
204 adss, Teil 9, nr. 184, S. 291, Mgr. Respighi au cardinal Maglione. Monsignore Carlo Respighi war ein Mitglied des Hofes und Zeremonienmeister von Pius XII.
205 Jansen, Hans: De zwijgende paus? Protest van Pius XII en zijn medewerkers tegen de jodenvervolging in Europa, Kok-Kampen, 2000, S. 240.
206 Desmurs, Ferdinand: Pie XII le pape du silence toujours à l'affiche, Berg International, 2002, S. 45.
207 Sereny, Gitta: De duisternis tegemoet. Bekentenissen van Franz Stangl, commandant van Treblinka, Het Spectrum, 2001, S. 289 (dt. Am Abgrund. Eine Gewissensforschung, 1979).
208 Kertzer, David: In Gods naam, Prometheus, 2002, S. 21 (dt. Die Päpste gegen die Juden, 2001).

209 Phayer, Michael: Pius XII. The Holocaust and the Cold War, Indiana University Press, 2008, S. 54.

210 Deschner Karlheinz, Mit Gott und dem Führer. Die Politik der Päpste zur Zeit des Nationalsozialismus, Kiepenheuer & Witsch, 1987, S. 213.

211 Chadwick, Owen: Britain and the Vatican During the Second World War, Cambridge University Press, 1988, S. 114.

212 Jansen, Hans: De zwijgende paus? Protest van Pius XII en zijn medewerkers tegen de jodenvervolging in Europa, Kok-Kampen, 2000, S. 343.

213 O'Caroll, Michael: Pius XII. Greatness Dishonoured. A Documented Study, Dublin, 1980, S. 84.

214 Jansen, Hans: De zwijgende paus? Protest van Pius XII en zijn medewerkers tegen de jodenvervolging in Europa, Kok-Kampen, 2000, S. 375.

215 Arendt, Hannah: Verantwoordelijkheid en oordeel, Lemniscaat, 2003, S. 205.

216 Deschner, Karlheinz: Herders en wolven, epo, 1995, S. 102.

217 Jansen, Hans: De zwijgende paus? Protest van Pius XII en zijn medewerkers tegen de jodenvervolging in Europa, Kok-Kampen, 2000, S. 238.

218 Der amerikanische Historiker Robert Paxton weist darauf hin, dass weder Hitler noch Mussolini durch einen Putsch an die Macht kamen. Er schreibt wörtlich: „Keiner bekam das Ruder durch Gewalt in der Hand." Siehe Robert Paxton: De anatomie van het fascisme, Bert Bakker, 2005, S. 113. Diese Aussage muss stark eingeschränkt werden. Zwischen 30. Januar 1933 und der Zustimmung zum Ermächtigungsgesetz am 23. März 1933 waren alle Abgeordneten der Kommunistischen Partei Deutschlands inhaftiert, ermordet, untergetaucht oder auf der Flucht vor der Gewalt der „Nazis".

219 Nach der englischen Ausgabe: Besier, Gerhard: The Holy See and Hitler's Germany, Palgrave Macmillan, 2007, S. 83 (dt. Der Heilige Stuhl und Hitler-Deutschland, 2004).

220 Rapport van de Duitse ambassade aan de Heilige Stoel, 30. September 1930, nummer 229-A633, Politisches Archiv des Auswärtigen Amtes, Botschaft beim Heiligen Stuhl, Best. 29, vol. 1/Lfd., Nr. 441.

221 Turner, Henry: Hitler's Thirty Days, Reading, Mass., Addison-Wesley, 1996, S. 166 ff.

222 Junker, Detlef: Die Deutsche Zentrumspartei und Hitler 1932/33, Klett-Cotta, Stuttgart, 1969, S. 188.

223 Lukacs, John: Hitler en de geschiedenis, Icarus/Anthos, 1999, S. 90 (dt. Hitler. Geschichte und Geschichtsschreibung, 1997).

224 Conway, Martin: Catholic Politics in Europe 1918-1945, Routledge, 1997, S. 51-53.

225 Lewy, Guenter: De Rooms Katholieke Kerk en Nazi-Duitsland, Polak & Van Gennep, 1964, S. 51 (dt. Die katholische Kirche und das Dritte Reich, 1965).

226 Volk, Ludwig: Das Reichskonkordat vom 20. Juli 1933. Von den Ansätzen in der Weimarer Republik bis zur Ratifizierung am 10. September 1933, vkzg, Reihe B, Forschungen, Bd. 5, Mainz, 1972, S. 68.
227 Morsey, Rudolf: Ludwig Kaas †. Aus dem Nachlaß von Prälat Ludwig Kaas, in: Stimmen der Zeit 166, 1960, S. 422 ff.
228 Scholder, Klaus: A Requiem for Hitler and Other New Perspectives on the German Church Struggle, Trinity Press International, 1989, S. 67.
229 Burleigh, Michael: Het Derde Rijk. Een nieuwe geschiedenis, De Bezige Bij, 2008, S. 84.
230 Siehe die Rede von Hitler „Wir sind intolerant" auf YouTube, http://uk.youtube. com/watch?v=GU01ckA-NZw&feature=related.
231 Shirer, William: Opkomst en ondergang van het Derde Rijk. De geschiedenis van het nationaal-socialistische Duitsland, hjw Becht's Uitgeversmaatschappij, 1979, Teil 1, S. 215.
232 Wielek, H.: Was er verzet in Duitsland?, in: Aletrino, L. / Charles, J.B. / Keilson, H. / Wielek, H.: Mogen wij nog anti-Duits zijn?, Scheltema & Holkema, 1965, S. 90.
233 Scholder, Klaus: Die Kirchen und das Dritte Reich, Propyläen, 1977, Band 1: Vorgeschichte und Zeit der Illusionen: 1918-1934. Hier zitiert in der englischen Übersetzung: The Churches and the Third Reich, scm Press, 1987, Part I, S. 299.
234 Patch, William: Heinrich Brüning and the Dissolution of the Weimar Republic, Cambridge University Press, 1998, S. 298 ff.
235 Becker, Winfried: Die Deutsche Zentrumspartei gegenüber dem Nationalsozialismus und dem Reichskonkordat 1930-1933, Band 7 der Historisch-Politischen Mitteilungen (hpm) aus dem Archiv für Christlich-Demokratische Politik, 2000, S. 22.
236 Patch, William: Heinrich Brüning and the Dissolution of the Weimar Republic, Cambridge University Press, 1998, S. 301.
237 Van de Stehen, Yves: Hastores Ponim. Teil 6: Paus Pius XII: een antisemitische paus, In-house Publikation, 2007, S. 120.
238 Hitchens, Christopher: God is niet groot, Meulenhoff, 2008, S. 251 (dt. Der Herr ist kein Hirte, 2007).
239 Junker, Detlef: Die Deutsche Zentrumspartei und Hitler 1932-1933, Klett-Cotta, Stuttgart, 1969, S. 171 ff.
240 Lewy, Guenter: De Rooms Katholieke Kerk en Nazi-Duitsland, Polak & Van Gennep, 1964, S. 125.
241 Bericht über den Geburtstag von Hitler in dem Berliner Lokal-Anzeiger, 20. April 1933, zitiert in: Melching, Willem & Stuivenga, Marcel: Ooggetuigen van het Derde Rijk, Bert Bakker, 2006, S. 35.
242 Stein aan Pius XII., 12 April 1933, Archivo Segreto Vaticano, Affari Ecclesiastici Straordinari, Pos. 643 S.O. fasc. 158 fos 16r-17r.

243 Godman, Peter: Het Vaticaan en Hitler. De geheime archieven, Het Spectrum, 2004, S. 57 (dt. Der Vatikan und Hitler, 2004).

244 Chadwick, Owen: Britain and the Vatican During the Second World War, Cambridge University Press, 1988, S. 86.

245 Kershaw, Ian: Hitler. Hoogmoed, Het Spectrum, 2000, S. 616 (dt. einbändige Ausgabe: Hitler, 2009).

246 Steigmann-Gall, Richard: The Holy Reich. Nazi Conceptions of Christianity 1919-1945, Cambridge University Press, 2003, S. 67.

247 Müller, Hans: Katholische Kirche und Nationalsozialismus, dtv, München, 1965, Kapitel 1933, S. 68. „Eine Änderung dieser Haltung trat erst kurz nach der Regierungserklärung Hitlers vom 23. März 1933 ein. In dieser Rede hatte er nicht nur allgemeine Sentenzen über seine zukünftigen kirchenpolitischen Pläne von sich gegeben, sondern auch den Fortbestand der Länderkonkordate und der Bekenntnisschule garantiert. Damit waren viele Sorgen der Katholiken scheinbar gegenstandslos geworden. Die Bischöfe glaubten nun, ihre Einstellung ändern zu können. Auf der Kundgebung vom 28. März 1933 erkannten sie das neue Regime als 'rechtmäßige Obrigkeit' an, ermahnten die Gläubigen, ihre staatsbürgerlichen Pflichten zu erfüllen, und lehnten jedes 'rechtswidrige und umstürzlerische' Verhalten ab."

248 Kershaw, Ian: Hitler. Hoogmoed, Het Spectrum, 2000, S. 425.

249 Burleigh, Michael: Het Derde Rijk. Een nieuwe geschiedenis, De Bezige Bij, 2008, S. 175.

250 Friedländer, Saul: Nazi-Duitsland en de Joden. De jaren van vernietiging 1939-1945, Nieuw Amsterdam/Lannoo, 2007, S. 60.

251 Helmreich, Ernst Christian: The German Churches under Hitler: Background, Struggle and Epilogue, Detroit, 1979, S. 276-277.

252 Gilbert, Martin: Kristallnacht. Prelude to Destruction, Harper Perennial, 2007, S. 119.

253 Friedländer, Saul: Nazi-Duitsland en de Joden. De jaren van vernietiging 1939-1945, Nieuw Amsterdam/Lannoo, 2007, S. 11 ff.

254 Kershaw, Ian: Popular Opinion and Political Dissent in the Third Reich, Clarendon Press, Oxford, 2002, S. 253.

255 News Chronicle, 23. November 1938, zitiert in Gilbert, Martin: Kristallnacht. Prelude to Destruction, Harper Perennial, 2007, S. 167.

256 Falconi, Carlo: Le silence de Pie XII 1939-1945, Editions du Rocher, Monaco, 1965, S. 76.

257 Deschner, Karlheinz: Herders en wolven, epo, 1994, S. 85.

258 Die „Nazis" führten seit dem Staatsstreich vom 30. Januar 1933 eine Politik der Gleichschaltung durch. Alle Verbände wurden der Nazipartei untergeordnet. Gewerkschaften und politische Parteien wurden abgeschafft. Es gab staatliche Behörden oder Ministerien, welche spezielle Organisationen kontrollierten, wie ein Ministerium für kirchliche Angelegenheiten. Es entstanden neue, konkurrierende Vereine wie *Kraft durch Freude* (eine Unterorganisation

der *Deutschen Arbeitsfront* und unter anderem zuständig für die Organisation einer erschwinglichen Freizeitgestaltung für die Arbeiterklasse). Die Gewaltenteilung und die Befugnisse der Teilstaaten wurden abgeschafft. Die Leitungen der Organisationen hatten die Naziideologie öffentlich zu akzeptieren.

259 Kershaw, Ian: Popular Opinion and Political Dissent in the Third Reich, Clarendon Press, Oxford, 2002, S. 191.

260 Ebenda, S. 237.

261 Jansen, Hans: Christelijke theologie na Auschwitz. De geschiedenis van 2000 jaar kerkelijk antisemitisme, Blaak, 1999, 6. Auflage, S. 265.

262 Weinzierl, Ericka: Prüfstand. Österreichs Katholiken und der Nationalsozialismus, Mödling, 1988, S. 234.

263 Lewy, Guenter: De Rooms Katholieke Kerk en Nazi-Duitsland, Polak & Van Gennep, 1964, S. 69.

264 Amtsblatt Freiburg, Nr. 17, 30. Juni 1933, S. 85, zitiert in: Lewy, Guenter: De Rooms Katholieke Kerk en Nazi-Duitsland, Polak & Van Gennep, 1964, S. 69.

265 Aufzeichnung einer Besprechung des Bischofs von Osnabrück, Wilhelm Berning, und des Generalvikars des Bistums Berlin, Paul Steinmann, mit Reichskanzler Hitler über kirchenpolitische Fragen, 26. April 1933, in: Gruber, Hubert: Katholische Kirche und Nationalsozialismus 1930-1945, Schöningh, 2006, S. 59.

266 Bönisch, Georg: Der Papst der schwieg, in: Der Spiegel, 30. Juli 2001, S. 130.

267 Amtsblatt München, Nr. 8, 5. Mai 1933, S. 101. Zitiert in Lewy, Guenter: De Rooms Katholieke Kerk en Nazi-Duitsland, Polak & Van Gennep, 1964, S. 81.

268 Lewy, Guenter: De Rooms Katholieke Kerk en Nazi-Duitsland, Polak & Van Gennep, 1964, S. 141.

269 Badischer Beobachter, Nr. 272, 10. Oktober 1933, S. 72-73. Zitiert in Lewy, Guenter: De Rooms Katholieke Kerk en Nazi-Duitsland, Polak & Van Gennep, 1964, S. 146.

270 Stern, Fritz: Droom en waan. Het drama van de Duitse geschiedenis 1850-1993, De Arbeiderspers, 1994, S. 271 (dt. Der Traum vom Frieden und die Versuchung der Macht, 2006).

271 Van Roon, Ger: Het Duitse verzet tegen Hitler, Kok-Kampen, 1989, S. 95.

272 Lewy, Guenter: De Rooms Katholieke Kerk en Nazi-Duitsland, Polak & Van Gennep, 1964, S. 142.

273 Volk, Ludwig: Akten Kardinal Michael von Faulhabers 1917-1945, Veröffentlichungen der Kommission für Zeitgeschichte A 17, Matthias-Grünewald-Verlag, Mainz, 1975, Nr. 330a, Anlage zu Nr. 330: Buchberger an Hitler, S. 747 (Text des Zitats auf Basis der niederländischen Übersetzung).

274 Dankschreiben des Vorsitzenden der Fuldaer Bishofskonferenzen, Adolf Kardinal Bertram, an Reichskanzler Hitler zum Abschluss des Reichskonkordats,

22. Juli 1933, in: Gruber, Hubert: Katholische Kirche und Nationalsozialismus 1930-1945, Schöningh, 2006, S. 110.

275 Manning, A.F.: De kerk van het vaderland. Het verzet van de Duitse kerken, in: Bericht van de Tweede Wereldoorlog, Band 5, Amsterdam, De Geïllustreerde pers, 1971, S. 2008.

276 Van de Stehen, Yves: Hastores Ponim. Teil 6: Paus Pius XII: een antisemitische paus, In-house Publikation, 2007, S. 132.

277 Scholder, Klaus: Die Kirchen und das Dritte Reich, Propyläen, 1977, Band 1: Vorgeschichte und Zeit der Illusionen: 1918-1934. Hier zitiert aus der englischen Übersetzung: The Churches and the Third Reich, scm Press, Volume I, 1987, S. 514-515.

278 Boudens, Robrecht: De Kerk en het nationaal-socialisme in Duitsland, Nota's bij de cursus Hedendaagse Kerkgeschiedenis, Faculteit Theologie KULeuven, S. 17.

279 Saarkundgebung Hitlers in Ehrenbreitstein bei Koblenz, 26. August 1934, zitiert in: Westdeutscher Beobachter, Nr. 383, 27. August 1934.

280 Lewy, Guenter: De Rooms Katholieke Kerk en Nazi-Duitsland, Polak & Van Gennep, 1964, S. 126.

281 Adolph, Walter: Hirtenamt und Hitler-Diktatur, Berlin, 1965, S. 161.

282 Besier, Gerhard: Der Heilige Stuhl und Hitler-Deutschland: Die Faszination des Totalitären, DVA, 2004. Hier zitiert aus der englischen Übersetzung: The Holy See and Hitler's Germany, Palgrave Macmillan, 2007, S. 122.

283 Leugers, Antonia: Adolf Kardinal Bertram als Vorsitzender der Bischofskonferenz während der Kriegszeit (1939-1945), in: Archiv für Schlesische Kirchengeschichte 47/48, 1990, S. 27.

284 Burleigh, Michael: Het Derde Rijk. Een nieuwe geschiedenis, De Bezige Bij, 2008, S. 281.

285 Volk, Ludwig: Akten Kardinal Michael von Faulhabers 1917-1945, Bd. I: 1917-1934, Veröffentlichungen der Kommission für Zeitgeschichte A 17, Matthias-Grünewald-Verlag, Mainz, Bd. II, 1935-1945, Mainz, 1978, Bericht Faulhabers über eine Unterredung mit Hitler, S. 184 ff.

286 Volk, Ludwig: Kardinal Faulhabers Stellung zur Weimarer Republik und zum NS-Staat, in: Stimmen der Zeit, 1966, S. 187.

287 Witetschek, Helmut: Die kirchliche Lage in Bayern nach den Regierungspräsidentenberichten 1933-1943, Mainz, 1967, Bd. 2, S. 128. Text des Zitats auf Basis der niederländischen Übersetzung.

288 Hesse, Hermann: Mijn politieke geweten. Een keuze uit de politieke geschriften 1914-1962, Aspekt, 2008, S. 175.

289 Lewy, Guenter: De Rooms Katholieke Kerk en Nazi-Duitsland, Polak & Van Gennep, 1964, S. 220.

290 Scholder, Klaus: A Requiem für Hitler and Other New Perspectives on the German Church Struggle, Trinity Press International, 1989, S. 132.

291 Kershaw, Ian: Popular Opinion and Political Dissent in the Third Reich, Clarendon Press, Oxford, 2002, S. 191.
292 Hilberg, Raul: De vernietiging van de Europese Joden, Teil III, Verbum, 2008, S. 1288.
293 Friedländer, Saul: Nazi-Duitsland en de Joden. De jaren van vervolging 1933-1939, Nieuw Amsterdam/Lannoo, 2007, S. 139.
294 Ebenda, S. 171.
295 Hilberg, Raul: Daders. Slachtoffers. Omstanders, Becht, 2004, S. 118 (dt. Täter, Opfer, Zuschauer, 1996).
296 Friedländer, Saul: Nazi-Duitsland en de Joden. De jaren van vervolging 1933-1939, Nieuw Amsterdam/Lannoo, 2007, S. 351.
297 Hunt, Irmgard: Op schoot bij Hitler. Een jeugd in een paradijs dat geen paradijs mocht zijn, Bert Bakker, 2005, S. 59.
298 Lewy, Guenter: De Rooms Katholieke Kerk en Nazi-Duitsland, Polak & Van Gennep, 1964, S. 359.
299 Black, Edwin: IBM en de Holocaust, Kosmos-Z&K Uitgevers, 2001, S. 156-157 (dt. IBM und der Holocaust, 2001).
300 Jansen, Hans: De zwijgende paus? Protest van Pius XII en zijn medewerkers tegen de jodenvervolging in Europa, Kok-Kampen, 2000, S. 195.
301 Burleigh, Michael: Het Derde Rijk. Een nieuwe geschiedenis, De Bezige Bij, 2008, S. 319.
302 Regierungsrat Münsterer: Die Regelung des Rassenproblems durch die Nürnberger Gesetze, in: Klerusblatt, XVII, 1936, f. 47 (Text des Zitats auf Basis der niederländischen Übersetzung).
303 Nach Friedrich Heer, Gottes erste Liebe, Bechtle Verlag, 1967, S. 425.
304 Mitteilungen für den Klerus der Diözese Würzburg, 14. December 1937, Diözesanarchiv, Passau, zitiert in: Lewy, Guenter: De Rooms Katholieke Kerk en Nazi-Duitsland, Polak & Van Gennep, 1964, S. 211. Text des Zitats auf Basis der niederländischen Übersetzung.
305 Lewy, Guenter: De Rooms Katholieke Kerk en Nazi-Duitsland, Polak & Van Gennep, 1964, S. 358.
306 Hilberg, Raul: Daders. Slachtoffers. Omstanders, Becht, 2004, S. 228.
307 Utz, Arthur / Galen, Gräfin von Brigitta: Die katholische Sozialdoktrin in ihrer geschichtlichen Entfaltung, Scientia Humana Institut, Aachen, 1976, Bd. II, S. 167-219.
308 Rychlak, Ronald: Hitler, the War and the Pope, Our Sunday Visitor, 2000, S. 92.
309 Godman, Peter: Het Vaticaan en Hitler. De geheime archieven, Het Spectrum, 2004, S. 187.
310 Ebenda, S. 188.
311 Besier, Gerhard: Der Heilige Stuhl und Hitler-Deutschland: Die Faszination des Totalitären, DVA, 2004. Hier zitiert aus der englischen Übersetzung: The Holy See and Hitler's Germany, Palgrave Macmillan, 2007, S. 167.

312 Lewy, Guenter: De Rooms Katholieke Kerk en Nazi-Duitsland, Polak & Van Gennep, 1964, S. 206.

313 Godman Peter, Het Vaticaan en Hitler. De geheime archieven, Het Spectrum, 2004, S. 182.

314 Vermeersch, Etienne: Het Vaticaan en de Nazi's, nicht publizierter Text, 15. August 2001. Persönliche Korrespondenz.

315 Klee, Ernst: Die SA Jesu Christi. Die Kirche im Banne Hitlers, Fischer, 1989, S. 128-129; Reinhold, Anselm: Die deutsche katholische Kirche zur Zeit des Nationalsozialismus (1933-1945) unter besonderer Berücksichtigung der Hirtenbriefe, Denkschriften, Predigten und sonstigen Kundgebungen der deutschen katholischen Bischöfe, St. Ottilien, eos-Verlag, 1992, S. 136-137.

316 Moritz, Stefan: Grüß Gott und Heil Hitler. Katholische Kirche und Nationalsozialismus in Österreich, Picus Verlag Wien, 2002, S. 28.

317 Botz, Gerhard: Nationalsozialismus in Wien. Machtübernahme und Herrschaftssicherung 1938/1939, dritte Auflage, Buchloe, 1988, S. 55 ff.

318 Etienne Vermeersch betonte, dass er mit Pacelli oder Pius XII. nicht den Menschen selbst kritisiert, sondern den Papst an der Spitze der Kirche, in einer Zeit, wo er Leiter der höchsten maßgebenden Instanz war, welche die Kirche und die Welt in spirituellen und ethischen Fragen jemals kannte. Dabei konnte Pius XII. sich mehr als irgendjemand vorher auf das Dogma der Unfehlbarkeit des Papstes berufen. Er war sich daher voll bewusst von seiner erdrückenden Verantwortung, als er die Lehren und Handlungen zur Kenntnis nahm, die (a) sehr wichtig waren, weil viele Gläubige damit konfrontiert wurden, (b) eine unzweifelhafte moralische Relevanz besaßen.

319 Gröber, Conrad: Handbuch der religiösen Gegenwartsfragen, Freiburg: Herder & Co., 1937, S. 149. Text des Zitats auf Basis der niederländischen Übersetzung.

320 Wolf, Ernst: Political and Moral Motives behind the Resistance, in: Graml, Hermann (Hrsg.): The German Resistance to Hitler, 1970, S. 209.

321 Burleigh, Michael: Het Derde Rijk. Een nieuwe geschiedenis, De Bezige Bij, 2008, S. 773.

322 Kerknet, 70ste Verjaardag „Mit brennender Sorge", 20. März 2007, www.kerknet.be/actua/nieuws-detail.php?nieuwsID=71952.

323 Morse, Arthur: Terwijl de zes miljoen stierven, Zomer & Keuning Uitgeversmaatschappij, 1968, S. 167 (dt. Die Wasser teilten sich nicht, 1968).

324 Pedellaro, Nazareno: Portrait of Pius XII, Catholic BC, London, 1956, S. 128.

325 Herczl, Moshe: Christianity and the Holocaust of Hungarian Jewry, New York, 1993, S. 94.

326 Kertzer, David: In Gods naam, Prometheus, 2002, S. 321.

327 Passelecq, Georges / Suchecky, Bernard: L'Encyclique cachée de Pie xi. Une occasion manquée de l'Eglise face à l'antisémitisme, Editions La Découverte, 1995, S. 219 ff. (dt. Die unterschlagene Enzyklika, 1997).

328 Weizsäcker, Ernst von: Erinnerungen, hrsg. von Richard von Weizsäcker, List Verlag, München u.a., 1950, S. 352.
329 nos-journaal, 18. September 2006, siehe: www.nos.nl/nosjournaal/artikelen/2006/9/18/180906-vaticaan-archieven.html.
330 O'Brien, Conor Cruise: A Lost Chance to Save the Jews?, in: The New York Review of Books, Bd. 36, Nr. 7, 27. April 1989.
331 Jansen, Hans: De zwijgende paus? Protest van Pius XII en zijn medewerkers tegen de jodenvervolging in Europa, Kok-Kampen, 2000, S. 152.
332 Jansen, Hans: Christelijke theologie na Auschwitz, Teil 2, Nieuwtestamentische wortels van het antisemitisme, Uitgeverij Boekencentrum bv, 's-Gravenhage, 1985, S. 199.
333 Volk, Ludwig: Akten Kardinal Michael von Faulhabers 1917-1945, Veröffentlichungen der Kommission für Zeitgeschichte A 17, Matthias-Grünewald-Verlag, Mainz, Bd. II, 1935-1945, Mainz, 1978, Nr. 592, Hirtenwort des Deutschen Episcopats, S. 244-252.
334 Ebenda, Nr. 599, Faulhaber an Hitler, S. 261.
335 Jansen, Hans: De zwijgende paus? Protest van Pius XII en zijn medewerkers tegen de jodenvervolging in Europa, Kok-Kampen, 2000, S. 84.
336 adss, Teil 2, IX, S. 435, Pie XII à Hitler (minute de lettre).
337 adss, Teil 2, VIII, S. 432-433, Procès-verbal de la 2ème conférence.
338 Summi Pontificatus, Acta Apostolicae Sedis, 31, 1939, 30. Oktober 1939, S. 423 ff.
339 Rychlak, Ronald: Hitler, the War and the Pope, Our Sunday Visitor Books, 2000, S. 278.
340 Ebenda, S. 124.
341 Burleigh, Michael: Het Derde Rijk. Een nieuwe geschiedenis, De Bezige Bij, 2008, S. 773.
342 Evans, Richard: Het Derde Rijk. Teil 2: Dictatuur, Spectrum Standaard Uitgeverij, 2006, S. 282 (dt. Das Dritte Reich, Bd. 2: Diktatur, 2006).
343 Reich-Ranicki, Marcel: Mijn leven, Bert Bakker, 2000, S. 50-51 (dt. Mein Leben, 1999).
344 Katechetische Blätter, 1936, S. 148 (Text des Zitats auf Basis der niederländischen Übersetzung).
345 Lewis, Brenda Ralf: Het verhaal van de Hitlerjugend (1933-1935), Deltas, 2000, S. 67-68.
346 Gauch, Hans: New Foundations of Racial Science, usa: Encyclopedia of the Third Reich, 1934, S. 281.
347 Mayer, Arno: De hakenkruistocht tegen rood en jood, epo, 1999, S. 63.
348 Shirer, William: Opkomst en ondergang van het Derde Rijk. De geschiedenis van het nationaal-socialistische Duitsland, hjw Becht's Uitgeversmaatschappij, 1979, Teil 1, S. 270-271.
349 Ebenda, S. 270.
350 Ebenda, S. 270.

351 Ebenda, S. 270.
352 Mommsen, Hans: Herrschaftsalltag im Dritten Reich. Studien und Texte, Düsseldorf, 1988, zitiert in: Melching, Willem / Stuivenga, Marcel: Ooggetuigen van de Derde Rijk, Bert Bakker, 2006, S. 138.
353 Wegner, Gregory Paul: Anti-Semitism and Schooling under the Third Reich. Studies in the History of Education Series, Routledge Falmer, 2002, S. 7 ff.
354 Evans, Richard: Het Derde Rijk. Teil I: Opkomst, Spectrum Standaard Uitgeverij, 2004, S. 495 (dt. Das Dritte Reich, Bd. 1: Aufstieg, 2004).
355 Noakes, Jeremy / Pridham, Geoffrey: Nazism Band 2: State, Economy and Society 1933-1939, University of Exeter Press, 2000, S. 237.
356 Reich-Ranicki, Marcel: Mijn leven, Bert Bakker, 2000, S. 33.
357 Von der Grün, Max: Hoe was het eigenlijk? Mijn jeugd in Hitler-Duitsland, Wereldbibliotheek, 1980, S. 147.
358 Conway, John: The Nazi Persecution of the Churches 1933-45, Weidenfeld & Nicolson, 1968, S. 175 ff. (dt. Die nationalsozialistische Kirchenpolitik 1933-1945, 1969).
359 Lewis, Brenda Ralf: Het verhaal van de Hitlerjugend (1933-1935), Deltas, 2000, S. 57.
360 Boyes, Roger: Childhood secrets that lay hidden in school file under seal of the swastika, in: The Times, 21. April 2005.
361 Shirer, William: Opkomst en ondergang van het Derde Rijk. De geschiedenis van het nationaal-socialistische Duitsland, hjw Becht's Uitgeversmaatschappij, 1979, Teil 1, S. 269.
362 Evans, Richard: Opkomst. Het Derde Rijk Teil I, Spectrum Standaard Uitgeverij, 2004, S. 435.
363 Brown-Fleming, Suzanne: The Holocaust and Catholic Conscience: Cardinal Aloisius Muench and the Guilt Question in Germany, West Bend: University of Notre Dame Press, 2005, S. 112-113.
364 Eilers, Rolf: Die nationalsozialistische Schulpolitik. Eine Studie zur Funktion der Erziehung im totalitären Staat, Köln / Opladen, Westdeutscher Verlag, 1963, S. 66.
365 Siehe www.calvin.edu/academic/cas/gpa/thumb.htm.
366 Fink, Fritz: Die Judenfrage im Unterricht, in: Der Stürmer, 1937.
367 Hesemann Michael, Hitlers religie, Aspekt, 2007, S. 15.
368 Ebenda, S. 246.
369 Dagboek van Joseph Goebbels, Het Wereldvenster, 1948, S. 133.
370 Paul, Gerhard / Mallmann, Klaus-Michael: Milieus und Widerstand. Eine Verhaltensgeschichte der Gesellschaft im Nationalsozialismus. Widerstand und Verweigerung im Saarland 1935-1945, Verlag J.H.W. Dietz Nachfolger, Bonn 1995, S. 141 ff.
371 Hesemann, Michael: Hitlers religie, Aspekt, 2007, S. 28.

372 Rauschning, Hermann: Gesprekken met Hitler, de Prom, 2003 (dt. Gespräche mit Hitler, 1940). Löw, Konrad: Das Volk ist ein Trost. Deutsche und Juden 1933-1945 im Urteil der jüdischen Zeitzeugen, Olzog, 2005.

373 Der Paganismus kann als Heidentum bezeichnet werden und umfasst die Religionen, die nicht an einen einzelnen Gott glauben und denen kein heiliges Buch zugrunde liegt. Laut seinen Anhängern ist er ein spiritueller Weg des Lebens, der sich aus den alten Naturreligionen der Welt ergibt.

374 Konrád, György: „De ethiek van de zelfverdediging“, in: De onzichtbare stem. Essays, Van Gennep, 2001, S. 64 (dt. Die unsichtbare Stimme, 1998).

375 Der vollständige Text des „Antimodernisteneides“ steht auf www.payer.de/religionskritik/antimodernisteneid.htm#2.

376 Rubinstein, Richard L.: Pope Pius XII and the Shoah, in: Rittner, Carol / Roth, John: Pope Pius XII and the Holocaust, Leicester University Press, 2002, S. 188.

377 Deschner, Karlheinz: Andermaal kraaide de haan. Een ontmaskering van het christendom van de evangelisten tot aan de fascisten, Wetenschappelijke Uitgeverij, 1974, S. 268 (dt. Abermals krähte der Hahn, 1962).

378 Besier, Gerhard: Der Heilige Stuhl und Hitler-Deutschland: Die Faszination des Totalitären, DVA, 2004. Hier zitiert aus der englischen Übersetzung: The Holy See and Hitler's Germany, Palgrave Macmillan, 2007, S. 69.

379 Brenninkmeijer, Clemens: Paus Pius XII en de Joodse traditie, in: Streven 17, 1964, S. 436, zitiert in: Matton, Lies: Oorlogspaus of paus van de vrede? De discussie rond Pius XII en de Holocaust in Vlaanderen naar aanleiding van „Der Stellvertreter“ van Rolf Hochhuth, Licentiaatsthesis, ku Leuven, 2005, S. 71.

380 Cesare Orsenigo war der päpstliche Nuntius in Berlin. In seinem Buch über den niederländischen Kardinal Jan de Jong erwähnt der Historiker Ton van Schaik, dass de Jong Orsenigo als „pro-Nazi“ betrachtete. Van Schaik, Ton: Aartsbisschop in oorlogstijd. Een portret van kardinaal De Jong (1885-1955), Gooi en Sticht, Baarn, 1996, S. 63. Das schrieb auch der einflussreiche deutsche Journalist Rudolf Augstein im *Spiegel*. Er beschrieb Orsinego als „faschistenfreundlich“, siehe: Augstein, Rudolf: Das ist eine Schande, in: Der Spiegel, 20. Oktober 1997.

381 Godman, Peter: Het Vaticaan en Hitler. De geheime archieven, Het Spectrum, 2004, S. 51.

382 Memorandum van Steengracht Nr. 425 vom 24. September 1943, Staatssekretär: Vatikan, Auswärtiges Amt, Bonn, zitiert in: Friedländer, Saul: Pius XII en het Derde Rijk. Documenten, Contact, 1964, S. 162.

383 Die SS bestand aus drei Abteilungen: die Allgemeine SS (schwarz uniformiert), die Waffen-SS (feldgrau uniformiert) und die Fördernden Mitglieder der SS (nicht uniformiert).

384 Klee, Ernst: Das Personenlexikon zum Dritten Reich, Fischer, 2. Auflage 2007, S. 201; Klee, Ernst: Euthanasie im NS-Staat, Fischer, 2004, S. 41. „Schließ-

lich hat auch der Freiburger Erzbischof Conrad Gröber, förderndes Mitglied des SS (erst 1938 und gegen seinen Willen ausgeschlossen), die Kritik an den KZs als verleumderisch zurückgewiesen."

385 Mak, Geert: In Europa. Reizen door de twintigste eeuw, Atlas, 2004, S. 323.

386 Harris, Sam: Van God los, Arbeiderspers, 2007, S. 263 (dt. Das Ende des Glaubens, 2007).

387 Harris, Sam: Brief aan een christelijke natie, Arbeiderspers, 2007, S. 54 (dt. Brief an ein christliches Land, 2008).

388 Dieses Bild wurde im Jahr 1933 anlässlich der Grundsteinlegung des Hauses der Deutschen Kunst in München aufgenommen. Die „Nazis" nutzten dieses Foto und die nachfolgende Aussage des Nuntius bei den letzten Wahlen zum Reichstag am 12. November 1933. „Ein feierlicher Moment der Grundsteinlegung des Hauses der Deutschen Kunst. Der päpstliche Nuntius Vassallo di Torregrossa spricht zum Führer: 'Ich habe Sie lange Zeit nicht verstanden. Ich habe mein Bestes getan, um es zu tun. Jetzt verstehe ich Sie.' Auch jeder deutsche Katholik versteht jetzt Adolf Hitler und wird am 12. November mit JA stimmen."

389 Dagboek van Joseph Goebbels, Het Wereldvenster, 1948, S. 319.

390 Ebenda, S. 111.

391 Ebenda, S. 291.

392 Mit „Ahnenerbe" werden etwa wie im biologischen Sinne, die von den Vorfahren vererbten genetischen Merkmale, oder einfach „das Erbe der Vorfahren" verstanden. Siehe: Schmitz-Berning, Cornelia: Vokabular des Nationalsozialismus, De Gruyter, Berlin, 2000, S. 17-18.

393 Hunt, Irmgard: Op schoot bij Hitler. Een jeugd in een paradijs dat geen paradijs mocht zijn, Bert Bakker, 2005, S. 65.

394 Burleigh, Michael: Het Derde Rijk. Een nieuwe geschiedenis, De Bezige Bij, 2008, S. 272-273. Der Autor bezieht sich hier auf einen anonymen Korrespondenten der sozialdemokratischen Opposition im Ausland, Deutschland-Berichte der Sopade, 1937, Notiz dd. 4. April 1937, S. 497-499.

395 Höhne, Heinz: Het zwarte korps onder de doodskop. Geschiedenis van de SS, Uitgeverij In den Toren, Baarn, 1983, S. 147-148 (dt. Der Orden unter dem Totenkopf. Die Geschichte der SS, 1967).

396 Pierik, Perry: Hitlers Lebensraum. De geestelijke wortels van de veroveringstocht naar het oosten, Aspekt, 1999, S. 212-213.

397 Schon vor dem Krieg versuchte man, Beweise für die Existenz einer hochwertigen „arischen" Rasse, die irgendwann existiert haben soll, unter anderem mit mehreren Expeditionen nach Afrika, Südamerika und sogar Tibet zu finden. Die Naziideologen waren überzeugt, dass in Tibet Reste einer arischen Urrasse übriggeblieben waren. Zwei SS-Forscher, Ernst Schäfer und Bruno Beger, hofften, dort Wissen über die alten Arier zu finden. Es wurde nach Objekten gesucht wie dem legendären Heiligen Gral und sogar nach Atlantis. Im Internet findet man die meist bizarren Untersuchungen, die bereits vor dem Krieg

stattfanden. Sie zeigen, wie von Faszination getrieben, aber auch durch einige absurde Vorstellungen geblendet, die Forscher waren (unter anderem unter dem Einfluss von Okkultismus und Astrologie), auch wenn sie wissenschaftlich ausgebildet waren.

398 Trial of the Major War Criminals, Teil XX, S. 548.

399 Domarus, Max (Red.): Hitler. Speeches and Proclamations 1932-1945, Bolchazy-Carducci Publishers, 2004, Teil 2, Ansprache vom 6. September 1938, S. 1146.

400 Pierik, Perry: Hitlers Lebensraum. De geestelijke wortels van de veroveringstocht naar het oosten, Aspekt, 1999, S. 211.

401 Joachim Fest über den Untergang von Hitler, Piet de Moor-Interview mit Joachim Fest in: De Moor, Piet: Schemerland. Stemmen uit Midden-Europa, Van Gennep, 2005, S. 42-43.

402 Burleigh, Michael: Het Derde Rijk. Een nieuwe geschiedenis, De Bezige Bij, 2008, S. 276.

403 Hesemann, Michael: Hitlers religie, Aspekt, 2007, S. 445.

404 Burleigh Michael, Aardse machten, De Bezige Bij, 2006, S. 21 (dt. Irdische Mächte, göttliches Heil, 2008).

405 Siehe www.merrychristmas-themovie.com/.

406 Cornwell, John: Hitlers paus. De verborgen geschiedenis van Pius XII, Balans/Van Halewyck, 1999, S. 122 (dt. Pius XII. Der Papst, der geschwiegen hat, 2001).

407 Mandelstam, Nadezjda: Das Jahrhundert der Wölfe, Frankfurt, 1971.

408 Burleigh, Michael: Heilige doelen, De Bezige Bij, 2006, S. 220.

409 Divini Redemptoris, Acta Apostolicae Sedis, 29, 1937, 19. März 1937.

410 Mit brennender Sorge, Acta Apostolicae Sedis, 29, 1937, 14. März 1937.

411 Burleigh, Michael: Heilige doelen, De Bezige Bij, 2006, S. 250.

412 Martin Niemöller war ein lutherischer Theologe, der sich zunächst über die Ernennung von Hitler zum Reichskanzler freute. Danach wurde er ein wichtiger Gegner der „Nazis“. Nach einer besonders kritischen Predigt am 19. Juni 1937 wurde er verhaftet und in Sachsenhausen, später in Dachau inhaftiert. Dort schrieb er sein berühmtes Gedicht: „Als die Nazis die Kommunisten holten, habe ich geschwiegen; Ich war ja kein Kommunist. / Als sie die Sozialdemokraten einsperrten, habe ich geschwiegen; ich war ja kein Sozialdemokrat. / Als sie die Gewerkschafter holten, habe ich geschwiegen; ich war ja kein Gewerkschafter. / Als sie die Juden holten, habe ich geschwiegen, ich war ja kein Jude. / Als sie mich holten, gab es keinen mehr, der protestieren konnte.“

413 Burleigh, Michael: Heilige doelen, De Bezige Bij, 2006, S. 256.

414 adss, Teil 6, Nr. 4*, S. 536, Le nonce à Berlin Orsenigo au cardinal Pacelli. Der Text beginnt wie folgt: „Mi faccio un dovere di aggiungere qualche notizie a quanto i giornali hanno già pubblicato circa il vandalismo antisemita del giorno 9 e 10 corrente in Germania“ („Ich halte es für meine Pflicht, eini-

ge Notizen zu dem hinzuzufügen, was die Zeitungen zu dem antisemitischen Vandalismus am neunten und zehnten Tag dieses Monats in Deutschland veröffentlicht haben“).

415 Lewis, Brenda Ralf: Het verhaal van de Hitlerjugend (1933-1935), Deltas, 2000, S. 55.

416 Binding, Karl / Hoche, Alfred: Die Freigabe der Vernichtung lebensunwerten Lebens, Berliner Wissenschafts-Verlag, 2004, S. 64.

417 „Rheinlandbastarde“ waren Kinder, die durch Schwarze, vor allem senegalesische Soldaten (die in der französischen Armee dienten während der Besetzung des Rheinlandes nach dem Ersten Weltkrieg), mit deutschen Frauen gezeugt wurden. Im Jahr 1937 wurden fast 800 solcher Kinder verhaftet und zwangsweise sterilisiert.

418 Noakes, Jeremy: Social Outcasts in the Third Reich, zitiert in: Bessel, Richard: Life in the Third Reich, Oxford University Press, 2001, S. 86.

419 Archivio Segreto Vaticano, Affari Ecclesiastici Straordinari, ‘Germania’, 1935, Pos. 692, fasc., 4-8, ff. 38.

420 Philip Bouhler war der Kopf des Führer-Kanzleramtes. Viktor Brack war Leiter der Abteilung II des Amtes, von wo aus unter der Tarnadresse T4 die Operation ausgeführt wurde. Zweck von T4 war es, das Kanzleramt nicht mit dem Euthanasieprogramm in Verbindung zu bringen. Die Formulare wurden dann auch durch eine Abteilung des Innenministeriums verschickt, mit der T4 zusammenarbeitete.

421 De Mildt, Dick: In the Name of the People: Perpetrators of Genocide in the Reflection of Their Post-War Prosecution in West Germany, Martinus Nijhoff Publishers, 1996, S. 67.

422 Nach offiziellen Angaben wurden im Rahmen des T4-Programms insgesamt 70.237 geistig und körperlich behinderte Menschen getötet. In Grafeneck 9.839, in Hartheim 18.269, 10.072 in Hadamar, 8.601 in Bernburg, in Brandenburg an der Havel 9.772 und in Pirna-Sonnenstein 13.720. Klee, Ernst: Euthanasie im NS-Staat, Fischer, 2004, S. 340.

423 Justiz und NS-Verbrechen. Sammlung deutscher Strafurteile wegen nationalsozialistischer Tötungsverbrechen, Teil XXVI, Urteil Lfd.Nr. 659a, S. 717.

424 Sereny, Gitta: De duisternis tegemoet. Bekentenissen van Franz Stangl, commandant van Treblinka, Het Spectrum, 2001, S. 53 ff.

425 Hunt, Irmgard: Op schoot bij Hitler. Een jeugd in een paradijs dat geen paradijs mocht zijn, Bert Bakker, 2005, S. 71.

426 Rees, Laurence: De Nazi’s, Anthos/Manteau, 2007, S. 66 (dt. Die Nazis. Eine Warnung der Geschichte, 1997).

427 Lifton, Robert: The Nazi Doctors: Medical Killing and the Psychology of Genocide, Basic Books, 1986, S. 75 (dt. Ärzte im Dritten Reich, 1988).

428 Richter, Ingrid: Katholizismus und Eugenik in der Weimarer Republik und im Dritten Reich: Zwischen Sittlichkeitsreform und Rassenhygiene, Ferdinand Schöningh, 2001, S. 504.

429 Sereny, Gitta: De duisternis tegemoet. Bekentenissen van Franz Stangl, commandant van Treblinka, Het Spectrum, 2001, S. 70.
430 Scholder, Klaus: A Requiem für Hitler and Other New Perspectives on the German Church Struggle, Trinity Press International, 1989, S. 118.
431 Evangelische Dokumente zur Ermordung der „unheilbar Kranken“ unter nationalsozialistischer Herrschaft in den Jahren 1939-1945. Hrsg. von Hans Christoph von Hase. Evangelisches Verlagswerk Stuttgart, 1964, S. 9-13.
432 Mak, Geert: In Europa. Reizen door de twintigste eeuw, Atlas, 2004, S. 319.
433 Ebenda, S. 690.
434 Kershaw, Ian: Popular Opinion and Political Dissent in the Third Reich, Clarendon Press, Oxford, 2002, S. 338.
435 De Mildt, Dick: In the Name of the People: Perpetrators of Genocide in the Reflection of Their Post-War Prosecution in West Germany, Martinus Nijhoff Publishers, 1996, S. 183.
436 Blatt, Thomas Toivi: Sobibor: The Forgotten Revolt – A Survivor's Report, H.E.P, edition, 1997, S. 111 ff. (dt. Sobibor – der vergessene Aufstand, 2004)
437 Klee, Ernst: Euthanasie im NS-Staat, Fischer, 2004, S. 454.
438 Klee, Ernst: Die SA Jesu Christi. Die Kirche im Banne Hitlers, Fischer, 1989, S. 184-185.
439 Sereny, Gitta: De duisternis tegemoet. Bekentenissen van Franz Stangl, commandant van Treblinka, Het Spectrum, 2001, S. 59.
440 White, Hilary: Grave of Nazi Euthanasia Victims Discovered in Germany, LifeSiteNews.com, 5. Oktober 2006.
441 Löffler, Peter: Bischof Clemens August Graf von Galen, Akten, Briefe und Predigten 1933-1945, Veröffentlichungen der Kommission für Zeitgeschichte, Reihe A, Quellen, Bd. 42, Paderborn, 1996, Nr. 341, Predigt v. Galens, S. 874-883.
442 Löffler, Peter: Bischof Clemens August Graf von Galen, Akten, Briefe und Predigten 1933-1945, Veröffentlichungen der Kommission für Zeitgeschichte, Reihe A, Quellen, Bd. 42, Paderborn, 1996, nr. 334, v. Galen an Lammers, S. 852.
443 Scholder, Klaus: A Requiem for Hitler and Other New Perspectives on the German Church Struggle, Trinity Press International, 1989, S. 164.
444 Hassell, Ulrich von: Die Hassell-Tagebücher 1938-1944. Aufzeichnungen vom Andern Deutschland, Berlin, 1988, S. 197. Von Hassell wird verhaftet, nach dem Attentat auf Hitler durch Claus von Stauffenberg wegen Hochverrats verurteilt und am 8. September 1944 exekutiert. Seine Tagebücher wurden nach dem Krieg im Garten seines Hauses wiedergefunden.
445 Mystici Corporis Christi, Ecclesia Docens 0164, uitgeverij Gooi & Sticht, Hilversum, 1961, Teil 41.
446 Ebenda, Teil 42.
447 Ebenda, Teil 95.
448 Ebenda, Teil 108.

449 Ebenda, Teile 21 und 31.
450 Rychlak, Ronald: Hitler, The War and The Pope, Our Sunday Visitor, 2000, S. 196.
451 De Mildt, Dick: In the Name of the People: Perpetrators of Genocide in the Reflection of Their Post-War Prosecution in West Germany, Martinus Nijhoff Publishers, 1996, S. 308.
452 Benedict, Susan / Kuhla, Jochen: Nurses' participation in the euthanasia programs of Nazi Germany, in: Western Journal of Nursing Research, 21(2), S. 246-263.
453 De Mildt, Dick: In the Name of the People: Perpetrators of Genocide in the Reflection of Their Post-War Prosecution in West Germany, Martinus Nijhoff Publishers, 1996, S. 309.
454 Ebenda, S. 402, Fußnote 17.
455 Burleigh, Michael: Het Derde Rijk. Een nieuwe geschiedenis, De Bezige Bij, 2008, S. 778.
456 Ebenda, S. 779.
457 Matton, Lies: Oorlogspaus of paus van de vrede? De discussie rond Pius XII en de Holocaust in Vlaanderen naar aanleiding van „Der Stellvertreter" van Rolf Hochhuth, Licentiaatsthesis, ku Leuven, 2005, S. 73.
458 Kershaw, Ian: Popular Opinion and Political Dissent in the Third Reich: Bavaria 1933-1945, Oxford University Press, 2002, S. 339.
459 Friedlander, Henry: The Origins of Nazi Genocide: From Euthanasia to the Final Solution. Chapel Hill / London: The North Carolina University Press, 1995, S. 163 (Der Weg zum NS-Genozid, 1997).
460 Rees, Laurence: De Nazi's, Anthos/Manteau, 2007, S. 95.
461 „Gemeinsames Wort der deutschen Bischöfe", in: Martinus-Blatt, Nr. 38, 17. September 1939, zitiert in: Lewy, Guenter: De Rooms Katholieke Kerk en Nazi-Duitsland, Polak & Van Gennep, 1965, S. 290.
462 Kirchlicher Anzeiger der Diözese Hildesheim, Nr. 10, 6. September 1939, S. 53.
463 Hirtenwort an die Soldaten im Feld, Arbeite als ein guter Kriegsmann Christi, Freiburg, 1939.
464 adss, Teil 8, Nr. 198, S. 300-301, L'Ambassadeur de France Charles-Roux à Mgr. Tardini.
465 Telegramm von Bergen an Woermann Nr. 83 vom 7. September 1939, Staatssekretär: Vatikan, Auswärtiges Amt, Bonn, zitiert in: Friedländer, Saul: Pius XII en het Derde Rijk Documenten, Contact, 1964, S. 40-41.
466 Falconi, Carlo: Le silence de Pie XII 1939-1945, Editions du Rocher, Monaco, 1965, S. 183.
467 Papeleux, Léon: Les silences de Pie XII , Vokaer Actualité, 1980, S. 97.
468 Morse, Arthur: Terwijl de zes miljoen stierven, Zomer & Keuning Uitgeversmaatschappij, 1968, S. 279 (dt. Die Wasser teilten sich nicht, 1968).
469 Papeleux, Léon: Les silences de Pie XII, Vokaer Actualité, 1980, S. 103.

470 Clauss, Manfred: Die Beziehungen des Vatikans zu Polen während des II. Weltkrieges, Köln, Böhlau, 1979, S. 59, zitiert in: Phayer, Michael: The Catholic Church and the Holocaust 1930-1965, Bloomington: Indiana University Press, 2000, S. 23.

471 Goddeeris, Idesbald: The Catholic Church in Poland under Nazi Occupation (1939-1945) and the First Years of Communism (1944-1948), in: Gevers, Lieve / Bank, Jan (Hrsg.): The Roman Catholic Church in Occupied Europe (1939-1950), Uitgeverij Peeters, 2007, S. 24.

472 Ebenda, S. 24.

473 Ebenda, S. 23.

474 Tittmann, Harold Jr.: Inside the Vatican of Pius XII. The Memoir of an American Diplomat During World War II, Image Books, 2004, S. 112-113.

475 Telegramm von Menshausen an Berlin Nr. 157 vom 31. Dezember 1939 und Telegramm von Menshausen an Berlin Nr. 159 vom 1. Januar 1940, zitiert in: Friedländer, Saul: Pius XII en het Derde Rijk Documenten, Contact, 1964, S. 45.

476 Ebenda, S. 45.

477 Falconi, Carlo: The Silence of Pius XII, Little, Brown and Co., Boston, 1978, S. 148.

478 Friedländer, Saul: Pius XII en het Derde Rijk Documenten, Contact, 1964, S. 46.

479 Lukas, Richard: The Forgotten Holocaust: The Poles under German Occupation 1939-1944, Hippocrene Books, 2001, S. 3.

480 www.time.com/time/magazine/article/0,9171,762054,00.html.

481 Hirtenbrief vom 20. November 1939, in: Kirchlicher Anzeiger für die Erzdiözese Köln, Nr. 27, 1. December 1939, S. 166.

482 adss, Teil 3, Nr. 323, S. 489-491, L'archevêque de Cracovie Sapieha au cardinal Maglione.

483 Tittmann, Harold Jr.: Inside the Vatican of Pius XII. The Memoir of an American Diplomat During World War II, Image Books, 2004, S. 3.

484 Shirer, William: Opkomst en ondergang van het Derde Rijk. De geschiedenis van het nationaal-socialistische Duitsland, hjw Becht's Uitgeversmaatschappij, 1979, Teil 2, S. 710.

485 Die meisten Historiker sind hiermit nicht einverstanden und folgen der „funktionalistischen" Sicht, nach der die Endlösung der Judenfrage sich erst im Laufe der Kriegsjahre zu einem endgültigen Plan entwickelte. Diese Ansicht scheint mir richtig. Die letztendliche Entscheidung zur Ermordung aller europäischen Juden ist wahrscheinlich im Sommer oder Herbst 1941 gefallen. Die konkrete Umsetzung ist auf der Wannseekonferenz am 20. Januar 1942 entschieden worden.

486 Phayer, Michael: Pius XII, the Holocaust and the Cold War, Indiana University Press, 2008, S. 39.

487 adss, Teil 8, Nr. 497, S. 670, Notes de l'ambassade de Pologne.

488 adss, Teil 8, Nr. 573, S. 755, L'ambassade de Pologne à la Secrétairerie d'Etat.
489 adss, Teil 9, Nr. 91, S. 182, Les rabbins nord-américains au cardinal Maglione.
490 adss, Teil 9, Nr. 174, S. 274, Notes de la Secrétairerie d'Etat.
491 Hochhuth, Rolf: Der Stellvertreter. Ein christliches Trauerspiel, Hamburg, 1967, S. 101, zitiert in: Matton, Lies: Oorlogspaus of paus van de vrede? De discussie rond Pius XII en de Holocaust in Vlaanderen naar aanleiding van „Der Stellvertreter„ van Rolf Hochhuth, Licentiaatsthesis, ku Leuven, 2005, S. 30.
492 Zum deutschen Sieg, 25. Juni 1940, in: Kirchlicher Anzeiger für die Erzdiözese Köln, Nr. 14, 1. Juli 1940, S. 103.
493 Bischofswort aus Anlass der Beendigung des Krieges mit Frankreich, 25. Juni 1940, in: Kirchlicher Anzeiger für die Diözese Trier, 1. Juli 1940, S. 141.
494 adss, Teil 1, Nr. 316, S. 457, Notes du cardinal Maglione.
495 Augstein, Rudolf: Das ist eine Schande, in: Der Spiegel, 20. Oktober 1997, S. 98.
496 Rede gehalten von S.H. Papst Pius XII. vor dem Kardinalskollegium anlässlich Sankt Eugenius, Schutzpatron des Papstes, Übersetzung des Textes aus La Croix vom 4. Juni 1940, soma AA 1448/74/4.
497 Chadwick, Owen: Britain and the Vatican during the Second World War, Cambridge University Library, 1986, S. 135.
498 Rychlak, Ronald: Hitler, The War and The Pope, Our Sunday Visitor, 2000, S. 141.
499 Dreyfus, François-Georges: Histoire de Vichy, Perrin, 1990, S. 293.
500 adss, Teil 8, Nr. 165, S. 295-297, in: Le Monde Juif nr. 2, Oktober 1946.
501 Auch in Belgien sprachen die Bischöfe sich zunächst nicht gegen die besonderen Judengesetze aus. So schwieg Kardinal Joseph-Ernest van Roey, als im Sommer 1942 in Antwerpen die Razzien der örtlichen Polizei einsetzten. Siehe: Saerens, Lieven: Vreemdelingen in een wereldstad. Een geschiedenis van Antwerpen en zijn joodse bevolking (1880-1944), Lannoo, 2000, S. 748.
502 Friedländer, Saul: Nazi-Duitsland en de Joden, De jaren van vernietiging 1939-1945, Nieuw Amsterdam/Lannoo, 2007, S. 131.
503 Burleigh, Michael: Het Derde Rijk. Een nieuwe geschiedenis, De Bezige Bij, 2008, S. 514.
504 Jünger, Ernst: Parijs dagboek 1941-1943, Privédomein, 1986, S. 123.
505 Friedländer, Saul: De jodenhaat zit dieper dan je denkt, Interview in: Doerry, Martin: Overal en nergens thuis. Gesprekken met overlevenden van de Holocaust, Contact, 2007, S. 271.
506 Miccoli, Giovanni: Les Dilemmes et les silences de Pie XII, Editions Complexe, 2005, S. 338.
507 Marrus, Michael / Paxton, Robert: Vichy et les Juifs, Paris, Calmann-Lévy, 1981, S. 390.

508 Mayer, Arno: De hakenkruistocht tegen rood en jood, epo, 1999, S. 119.
509 Lewy, Guenter: De Rooms Katholieke Kerk en Nazi-Duitsland, Polak & Van Gennep, 1964, S. 295.
510 Kershaw, Ian: Popular Opinion and Political Dissent in the Third Reich: Bavaria 1933-1945, Oxford University Press, 2002, S. 340.
511 Mayer, Arno: De hakenkruistocht tegen rood en jood, epo, 1999, S. 120.
512 Lewy, Guenter: De Rooms Katholieke Kerk en Nazi-Duitsland, Polak & Van Gennep, 1964, S. 295-296; Jansen, Hans: De zwijgende paus? Protest van Pius XII en zijn medewerkers tegen de jodenvervolging in Europa, Kok-Kampen, 2000, S. 193-194.
513 Löffler, Peter: Bischof Clemens August Graf von Galen, Akten, Briefe und Predigten 1933-1945, Veröffentlichungen der Kommission für Zeitgeschichte, Reihe A, Quellen, Bd. 42, Paderborn, 1996, nr. 348, Hirtenbrief v. Galens, S. 907. Text des Zitats auf Basis der niederländischen Übersetzung.
514 Zahn, Gordon: German Catholics and Hitler's Wars: A Study in Social Control, University of Notre Dame Press, 1989, S. 203 (dt. Die deutschen Katholiken und Hitlers Kriege, 1965).
515 Stargardt, Nicholas: Ooggetuigen van de oorlog. Het leven van kinderen onder het naziregime, Balans, 2005, S. 148.
516 Volk, Ludwig: Akten Kardinal Michael von Faulhabers 1917-1945, Veröffentlichungen der Kommission für Zeitgeschichte A 17, Matthias-Grünewald-Verlag, Mainz, Bd. II, 1935-1945, Mainz, 1978, Nr. 849, Stellungnahme aus dem Ausschuss für Ordensangelegenheiten, S. 853.
517 Burleigh, Michael: Het Derde Rijk. Een nieuwe geschiedenis, De Bezige Bij, 2008, S. 528.
518 adss, Teil 5, Nr. 94, S. 241 ff., Mgr. Tardini à l'ambassadeur Taylor.
519 Corsten, Wilhelm: Kölner Aktenstücke zur Lage der katholischen Kirche in Deutschland 1933-1945, Köln, 1949, Nr. 214, S. 261. Text des Zitats auf Basis der niederländischen Übersetzung.
520 Telegramm van Weizäcker an Ribbentrop Nr. 65 vom 23. September 1943. Zitiert in Friedländer, Saul: Pius XII en het Derde Rijk Documenten, Contact, 1964, S. 159-160.
521 Buergenthal, Thomas: Een gelukskind. Van Auschwitz tot het Hooggerechtshof, Mynx, 2007, S. 41.
522 Reese, Willy Peter: Mijzelf merkwaardig vreemd, De Arbeiderspers, Oorlogsdomein, 2005, S. 53 (dt. Mir selber seltsam fremd. Die Unmenschlichkeit des Krieges, 2004).
523 Ebenda, S. 73.
524 Ebenda, S. 80.
525 Gollwitzer, Helmut: Der Überfall, in: Zeit Magazin, 23. März 1984, S. 30. Text des Zitats auf Basis der niederländischen Übersetzung.

526 Erklärung Generals Franz Halder, Chef des Generalstabs des Heeres, vom 22. November 1945 in Nürnberg, in: Nazi Conspiracy and Aggression, Teil VIII, S. 645-646.
527 Höhne, Heinz: Het zwarte korps onder de doodskop. Geschiedenis van de SS, Uitgeverij In den Toren, Baarn, 1983, S. 319.
528 Ebenda, S. 324.
529 Hamburger Institut für Sozialforschung: Vernichtungskrieg. Verbrechen der Wehrmacht 1941 bis 1944, Hamburger Edition, 1996.
530 Nazi Conspiracy and Aggression, Teil IV, S. 563, Neurenbergse documenten, 1919-ps.
531 Shirer, William: Opkomst en ondergang van het Derde Rijk. De geschiedenis van het nationaal-socialistische Duitsland, hjw Becht's Uitgeversmaatschappij, 1979, Teil 2, S. 1039.
532 Perau, Joseph: Priester im Heere Hitlers. Erinnerungen, 1940-1945, Ludgerus-Verlag, 1962, S. 159-161.
533 Manning, A.F.: De kerk van het vaderland. Het verzet van de Duitse kerken, in: Bericht van de Tweede Wereldoorlog, Band 5, Amsterdam, De Geïllustreerde Pers, 1971, S. 2007.
534 Bergen, Doris: Between God and Hitler: German Military Chaplains and the Crimes of the Third Reich, zitiert in: Bartov, Omer / Lack, Phyllis: In God's name: Genocide and Religion in the Twentieth Century, Berghahn Books, 2000, S. 123-134.
535 Bankier, David: The Germans and the Final Solution. Public Opinion under Nazism, Blackwell Publishers, 1996, S. 107 (dt. Die öffentliche Meinung im Hitler-Staat. Die Endlösung und die Deutschen, 1995).
536 adss, Teil 5, Nr. 94, S. 241, Mgr. Tardini à l'ambassadeur Taylor.
537 adss, Teil 5, Nr. 94, S. 243, Mgr. Tardini à l'ambassadeur Taylor.
538 adss, Teil 5, Nr. 94, S. 244, Mgr. Tardini à l'ambassadeur Taylor.
539 Mourin, Maxim: Le Vatican et l'URSS, Paris, 1965, S. 114.
540 Friedländer, Saul: Nazi-Duitsland en de Joden. De jaren van vernietiging 1939-1945, Nieuw Amsterdam/Lannoo, 2007, S. 79.
541 Ebenda, S. 201.
542 Ebenda, S. 306.
543 Auszug aus der Rede Hitlers vom 30. Januar 1939. Siehe: www.historyplace.com/sounds/germany/threat.wav.
544 Kershaw, Ian: The „Hitler Myth", Oxford University Press, 1989, S. 244 (dt. Der Hitler-Mythos, Neuauflage 1999).
545 Goebbels, Joseph: Tagebücher, Teil 2, Band 2, S. 498 ff., zitiert in: Graml, Hermann: Reichskristallnacht: Antisemitismus und Judenverfolgung im Dritten Reich, Deutsche Geschichte der neuesten Zeit, dtv, 1988, S. 194.
546 Dagboek van Joseph Goebbels, Het Wereldvenster, 1948, S. 321.
547 Kulka, Otto Dov / Jäckel, Eberhard: Die Juden in den geheimen NS-Stimmungsberichten, Droste-Verlag, Düsseldorf 2004, S. 450.

548 Goebbels, Joseph: Tagebücher, Teil 1, Band 7, S. 157, zitiert in: Friedländer, Saul: Nazi-Duitsland en de Joden. De jaren van vernietiging 1939-1945, Nieuw Amsterdam/Lannoo, 2007, S. 44.
549 Mayer, Arno: De hakenkruistocht tegen rood en jood, epo, 1999, S. 28.
550 Gilbert, Martin: Kristallnacht. Prelude to Destruction, Harper Perennial, 2007, S. 240 ff.
551 Saerens, Lieven: De Jodenjagers van de Vlaamse SS. Gewone Vlamingen?, Uitgeverij Lannoo, Tielt, 2007, S. 201.
552 Friedländer, Saul: Nazi-Duitsland en de Joden. De jaren van vernietiging 1939-1945, Nieuw Amsterdam/Lannoo, 2007, S. 458.
553 Laskier, Rutka: Dagboek januari-april 1943, De Geus, 2007, S. 54.
554 Ebenda, S. 54-55.
555 Der Gerstein-Bericht. Augenzeugenbericht über Massenvergasungen, Tübingen (Württemberg), Gartenstraße 24, den 4. Mai 1945, Rottweil, in: Vierteljahrshefte für Zeitgeschehen, 1. Jahrgang, 1953, Nr. 2, April, S. 185-196, zitiert in: Poliakow, Léon / Wulf, Josef: Het Derde Rijk en de Joden, Scheltema & Holkema, 1956, S. 54.
556 Ebenda, S. 55.
557 Ebenda, S. 56.
558 Ebenda, S. 58.
559 Madigan, Kevin: The Vatican and the Final Solution: What Was Known, and When, in: Banski, Judith / Pawlikowski, John (Hrsg.): Ethics in the Shadow of the Holocaust. Christian and Jewish Perspectives, The Bernardin Center Series, 2001, S. 190.
560 Interview des Autors mit Pater Gumpel am 26. März 2008 und am 3. April 2008 in Rom.
561 Wielek, Han: Was er verzet in Duitsland?, in: Aletrino, L. / Charles, J.B. / Keilson, H. / Wielek, H.: Mogen wij nog anti-Duits zijn?, Scheltema & Holkema, 1965, S. 114.
562 Shephard, Ben: Na zonsopgang, Contact, 2005, S. 42 ff.
563 Kogon, Eugen: L'Etat SS. Le système des camps de concentration allemands, Seuil, 1947, S. 376 (dt. Der SS-Staat, 1946).
564 Fleischner, Eva / Phayer, Michael: Cries in the Night. Women Who Challenged the Holocaust, Kansas City, MO: Sheed & Ward, 1997.
565 Hoffmann, Peter: German Resistance to Hitler, Harvard University Press, 1988, S. 71 (dt. Widerstand gegen Hitler, 1979).
566 Hunt, Irmgard: Op schoot bij Hitler. Een jeugd in een paradijs dat geen paradijs mocht zijn, Bert Bakker, 2005, S. 178.
567 Fest, Joachim: Ik niet, De Bezige Bij, 2007, S. 30 (dt. Ich nicht, 2006).
568 Ebenda, S. 144.
569 De Moor, Piet: Schemerland. Stemmen uit Midden-Europa, Van Gennep, 2005, S. 176-177.
570 Fest, Joachim: Ik niet, De Bezige Bij, 2007, S. 59.

571 Zitiert in Johnson, Eric A.: Nazi-terreur: Gestapo, Joden en gewone Duitsers, Icarus, 2000, S. 397.
572 Scholl, Inge: De witte roos, Ambo, 2005, S. 8 (dt. Die Weiße Rose, 1973).
573 Kant, Immanuel: Grundlegung zur Metaphysik der Sitten, Reclam, Ditzingen, 1986.
574 Scholl, Inge: De witte roos, Ambo, 2005, S. 76.
575 Timm, Uwe: Mijn broer bijvoorbeeld, Van Halewyck, 2004, S. 101.
576 Scholl, Inge: De witte roos, Ambo, 2005, S. 88.
577 Ebenda, S. 93.
578 Ebenda, S. 101.
579 Ebenda, S. 106.
580 Ebenda, S. 114.
581 McDonough, Frank: Opposition and Resistance in Nazi Germany, Cambridge University Press, 2001, S. 34.
582 Stasiewski, Bernhard (Bearb.): Akten deutscher Bischöfe über die Lage der Kirche 1933-1945, I: 1933-1934; II: 1934-1935; III: 1935-1936, Mainz, 1968, S. 239 ff.
583 Papeleux, Léon: Les silences de Pie XII, Vokaer Actualité, 1980, S. 70.
584 Erb, Alfons: Bernhard Lichtenberg, Dompropst von St. Hedwig zu Berlin, Berlin, 1946, S. 43, zitiert in: Lewy, Guenter: De Rooms Katholieke Kerk en Nazi-Duitsland, Polak & Van Gennep, 1964, S. 362.
585 adss, Teil 6, appendix 4, S. 536-537, Le nonce à Berlin Orsenigo au cardinal Pacelli.
586 Desmurs, Ferdinand: Pie XII le pape du silence toujours à l'affiche, Berg International, 2002, S. 50.
587 Poliakow, Léon / Wulf, Josef: Het Derde Rijk en de Joden, Scheltema & Holkema, 1956, S. 179 ff.
588 L'Osservatore Romano, Beatification of Bernhard Lichtenberg and Karl Leisner on 23 June 1996 at Berlin's Olympic Stadium, Weekly Edition in English, 26. Juni 1996.
589 Archivio Segreto Vaticano, Affari Ecclesiastici Straordinari, „Germania", fasc. 48-49, ff. 102 r-103.
590 Kershaw, Ian: Popular Opinion and Political Dissent in the Third Reich: Bavaria 1933-1945, Oxford University Press, 2002, S. 202.
591 Böll, Heinrich: Brief an einen jungen Katholiken, Kiepenheuer & Witsch, 1961. Hier zitiert aus Böll, Heinrich: Lettre à un jeune catholique, Editions Mille et une nuits, Paris, 1996, S. 21.
592 Wielek, Han: Was er verzet in Duitsland?, in: Aletrino, L. / Charles, J.B. / Keilson, H. / Wielek, H.: Mogen wij nog anti-Duits zijn?, Scheltema & Holkema, 1965, S. 106.
593 Burleigh, Michael: Het Derde Rijk. Een nieuwe geschiedenis, De Bezige Bij, 2008, S. 284.

594 Hueber, Heinrich: Dokumente einer Christlichen Widerstandsbewegung, München, 1948, S. 10f., zitiert in: Peterson, Edward: The Limits of Hitler's Power, Princeton University Press, 1969, S. 216. Text des Zitats auf Basis der niederländischen Übersetzung.

595 Hunt, Irmgard: Op schoot bij Hitler. Een jeugd in een paradijs dat geen paradijs mocht zijn, Bert Bakker, 2005, S. 124.

596 Kershaw, Ian: Popular Opinion and Political Dissent in the Third Reich: Bavaria 1933-1945, Oxford University Press, 2002, S. 356.

597 Peterson, Edward: The Limits of Hitler's Power, Princeton, 1969, S. 219.

598 Kershaw, Ian: Popular Opinion and Political Dissent in the Third Reich: Bavaria 1933-1945, Oxford University Press, 2002, S. 354.

599 Peterson, Edward: The Limits of Hitler's Power, Princeton, 1969, S. 220.

600 Ebenda, S. 221.

601 Klemperer, Victor: Tot het bittere einde. Dagboeken 1933-1945, Atlas, 1997, S. 403.

602 Klemperer, Victor: LTI, Reclam, Leipzig, 1970, S. 14.

603 Stoltzfus, Nathan: Resistance of the Heart: Intermarriage and the Rosenstrasse Protest in Nazi Germany, Rutgers University Press, 2001, S. 243 (dt. Widerstand des Herzens, 1999).

604 Schad, Martha: Vrouwen tegen Hitler. Tegenstemmen in het Derde Rijk, De Fontein, 2003, S. 215 (dt. Frauen gegen Hitler, 2001).

605 Schröder, Nina: Die Frauen der Rosenstraße. Hitlers unbeugsame Gegnerinnen, Heyne, 2003, S. 57. Text des Zitats auf Basis der niederländischen Übersetzung.

606 Mazower, Mark: Hitler's Empire. Nazi Rule in Occupied Europe, Allen Lane, 2008, S. 397.

607 Siehe http://holocaustremembrance.net/Denmark-Holocaust.html.

608 Siehe www.auschwitz.dk/docu/rescue.htm.

609 Levine, Ellen: Darkness over Denmark: The Danish Resistance and the Rescue of the Jews, New York: Holiday House, 2000, S. 64 ff.

610 Yahil, Leni: Rescue of Danish Jewry, Jewish Publication Society of America, 1984, S. 233-234.

611 Goldhagen, Daniel Jonah: Een morele afrekening, Manteau/De Bezige Bij, 2002, S. 58.

612 Siehe http://thedanishsolution.com/themes.html.

613 Hilberg, Raul: De vernietiging van de Europese Joden, Teil II, Verbum, 2008, S. 895-896.

614 Buzalka und Burzio kannten einander persönlich sehr gut. Sie lebten als Nachbarn in der Kapitulskastraße in Bratislava. Quelle: Emilia Hrabovec, Professor für Geschichte an der Universität Trnava in der Slowakei.

615 adss, Teil 8, Nr. 298, S. 453, Le chargé d'affaires à Presbourg Burzio au cardinal Maglione.

616 adss, Teil 8, Nr. 303, S. 457-458, Le nonce à Budapest Rotta au cardinal Maglione.

617 Rothkirchen, Livia: The Churches and the Deportation and Persecution of Jews in Slovakia, Shoah Resource Center, The International School for Holocaust Studies, 2000, S. 2.

618 adss, Teil 8, Nr. 334, S. 486, Le chargé d'affaires à Presbourg Burzio au cardinal Maglione. Die Unglücklichen müssen Frauen gewesen sein, denn in dem ursprünglichen italienischen Text steht „le infelici".

619 adss, Teil 8, Nr. 334, S. 488, Le chargé d'affaires à Presbourg Burzio au cardinal Maglione.

620 adss, Teil 9, S. 26, Introduction.

621 adss, Teil 8, Nr. 364, S. 524-525, Le nonce à Budapest Rotta au cardinal Maglione.

622 Zeugenaussage von Hans Gmelin am 15. Juni 1948, zitiert in Hilberg, Raul: De vernietiging van de Europese Joden, Teil II, Verbum, 2008, S. 907.

623 adss, Teil 9, S. 27, Introduction.

624 adss, Teil 9, Nr. 196, S. 311, Le cardinal Maglione au chargé d'affaires à Presbourg Burzio.

625 Hoffmann, Gabriel / Hoffmann, Ladislav: Katolicá cirkev a tragédia slovenskch zidov v dokumentoch (Die katholische Kirche und die Tragödie der slowakischen Juden in Dokumenten), Partizánske, 1994, S. 81-82. Im Folgenden der Inhalt des Telegramms: Pressburg, den 26. Juni 1942, 12.05 Uhr. Ankunft: den 26. Juni 1942, 12.15 Uhr. Nr. 992 vom 26.6.
Sehr eilig! „Die Durchführung der Evakuierung der Juden aus der Slowakei ist im Augenblick an einem toten Punkt angelangt. Bedingt durch kirchliche Einflüsse und durch die Korruption einzelner Beamter haben etwa 35.000 Juden Sonderlegitimationen erhalten, auf Grund derer sie nicht evakuiert zu werden brauchen. Die Judenaussiedlung ist in weiten Kreisen des slowakischen Volkes sehr unpopulär. Diese Einstellung wird durch die in den letzten Tagen scharf einsetzende englische Gegenpropaganda noch verstärkt. Ministerpräsident Tuka wünscht jedoch die Judenaussiedlung fortzusetzen und bittet um Unterstützung durch scharfen diplomatischen Druck des Reiches. Erbitte Weisung, ob in dieser Richtung verfahren werden soll." Ludin.

626 Fauck, Siegfried: Das Deutsch-slowakische Verhältnis 1941-1943 und seine Rückwirkung auf die slowakische Judenpolitik, in: Gutachten des Instituts für Zeitgeschichte, Bd. II, Stuttgart, 1966, S. 61 ff. Text des Zitats auf Basis der niederländischen Übersetzung.

627 adss, Teil 8, Nr. 334, S. 487, Le chargé d'affaires à Presbourg Burzio au cardinal Maglione.

628 adss, Teil 8, Nr. 492, S. 664, Notes de l'Ambassade d'Italie. Mgr. Tardini meldet ausdrücklich, dass der Papst die Nota gelesen hat.

629 Frieder, Emanuel: Z denníka mladého Rabina (Aus dem Tagebuch eines jungen Rabbiners), Bratislava, 1993, S. 74.

630 Trstensk, Viktor: Sila viery, sila pravda. Zivot a dielo najdostojnejsieho otca biskupa Jána Vojtaššák, mucenika cirkvi a národa (Die Macht des Glaubens, die Macht der Wahrheit. Leben und Werk des sehr ehrwürdigen Bischofs Ján Vojtaššák, Märtyrer der Kirche und der Nation) 1990, S. 196-198.

631 Reitlinger, Gerald: The Final Solution: the Attempt to Exterminate the Jews of Europe, 1939-1945, New York, Beechhurst Press, 1953, S. 385 (dt. Die Endlösung, 1956).

632 adss, Teil 10, Nr. 329, S. 422-423, La Secrétairerie d'Etat à la Légation de Slovaquie.

633 adss, Teil 10, Nr. 389, S. 476, Le président de Slovaquie Tiso au pape Pie XII.

634 Blet, Pierre: Pius XII and the Second World War. According to the Archives of the Vatican, Paulist Press, 1999, S. 178.

635 adss, Teil 10, Nr. 403, S. 492, La Secrétairerie d'Etat à la Légation de Slovaquie.

636 adss, Teil 11, Nr. 511, S. 702, Le pape Pie XII au président de Slovaquie Tiso.

637 Vrba, Rudolf: Ik ontsnapte uit Auschwitz, Kok Omniboek, 2007, S. 186 (dt. Ich kann nicht vergeben, 2010).

638 Linn, Ruth: Escaping Auschwitz. A Culture of Forgetting, Cornell University Press, 2004, S. 18.

639 Vrba, Rudolf: Ik ontsnapte uit Auschwitz, Kok Omniboek, 2006, S. 323.

640 Gilbert, Martin: Auschwitz and the Allies, Pimlico, 2001, S. 204 mit Hinweis auf Actes et Documents du Saint Siège relatifs à la Seconde Guerre Mondiale, Libreria Editrice Vaticana, 1965-1981, Teil 10.

641 Zitat nach: Van Den Heuvel, Martin: Met zwaard en doopvont. De Ustascha-staat, in Bericht van de Tweede Wereldoorlog, Band 4, Amsterdam, De Geïllustreerde pers, 1971, S. 1582.

642 Zitat nach: Dwork, Debórah / Van Pelt, Robert Jan: De holocaust. Een geschiedenis, Boom, 2002, S. 194.

643 Falconi, Carlo: The Silence of Pius XII, Little, Brown and Co., Boston, 1978, S. 264 ff.

644 Singelton, Fred: A Short History of the Yugoslav People, Cambridge University Press, 1985, S. 178.

645 Dedijer, Vladimir, Jasenovac. Het Joegoslavische Auschwitz en het Vaticaan, Epo 1994, S. 91 (dt. Jasenovac – das jugoslawische Auschwitz, 1988).

646 Ebenda, S. 115.

647 Hervé, Laurière: Assassins au nom de Dieu, Editions Dufour, 1951, S. 140-141.

648 Pattee, Richard: The Case of Cardinal Aloysius Stepinac, Milwaukee, The Bruce Publishing Company, 1953, doc. XXV, S. 299-230.

649 Falconi, Carlo, The Silence of Pius XII, Little, Brown and Co, 1965, S. 273.

650 Dedijer, Vladimir, Jasenovac. Het Joegoslavische Auschwitz en het Vaticaan, Epo 1994, S. 87.
651 Jeli-Buti, F.: Ustae i N D H, Globus-Skolska knjiga, Zagreb 1977, S. 175.
652 adss, Teil 9, Nr. 130, S. 221 ff., Annexe II, L'Archevêque de Zagreb Stepinac au Cardinal Maglione.
653 Menachem, Shelah: The Catholic Church in Croatia, the Vatican and the Murder of the Croatian Jews, Oxford University Press, 1988, S. 269.
654 Kralik, Franjo: Why Are the Jews Being Persecuted?, in: Katoliwki tjednik, 25. Mai 1941.
655 Dedijer, Vladimir: The Yugoslav Auschwitz and the Vatican, Prometheus Books, 1992, S. 132.
656 Friedländer, Saul: Nazi-Duitsland en de Joden, De jaren van vernietiging 1939-1945, Nieuw Amsterdam-Lannoo, 2007, S. 237.
657 adss, Teil 4, Nr. 348, S. 491, Notes de Mgr. Montini.
658 adss, Teil 4, Nr. 351, S. 493-495, Notes de Mgr. Tardini.
659 adss, Teil 4, Nr. 354, S. 497, La Légation de Yougoslavie à la Secrétairerie d'Etat.
660 adss, Teil 4, Nr. 355, S. 498, La Légation de Yougoslavie à la Secrétairerie d'Etat.
661 adss, Teil 4, Nr. 358, S. 500, Notes de Mgr. Montini.
662 Dedijer, Vladimir: Jasenovac. Het Joegoslavische Auschwitz en het Vaticaan, Epo, 1994, S. 58.
663 Ein Videobericht über das Treffen von Mussolini mit Pavelic findet sich im Internet unter www.youtube.com/watch?v=jwXFPXW-f6c.
664 Dedijer, Vladimir: Jasenovac. Het Joegoslavische Auschwitz en het Vaticaan, Epo, 1994, S. 57.
665 adss, Teil 8, Nr. 139, S. 261, Le visiteur apostolique à Zagreb Marcone au cardinal Maglione.
666 adss, Teil 4, Nr. 393, S. 538, Le roi de Yougoslavie Pierre II au pape Pie XII.
667 adss, Teil 8, Nr. 132, S. 250, Le président de la 'Unione della comunità israelitiche' Alatri au cardinal Maglione.
668 Ein Videobericht über das Treffen von Hitler mit Pavelic findet sich im Internet unter www.jasenovac-info.com/cd/filmovi/zurnali-1945.mpg. Dieser Bericht enthält auch Aufnahmen von Soldaten, die priesterlichen Segen empfangen, von Zwangsbekehrungen, von Kindern im KZ und sogar von Ermordeten, denen die Goldzähne herausgebrochen werden.
669 Cornwell, John: Hitlers paus. De verborgen geschiedenis van Pius XII, Balans, 1999, S. 260.
670 Chadwick, Owen: Britain and the Vatican during the Second World War, Cambridge, 1986, S. 84.
671 Dulic, Tomislav: Utopias of Nation: Local Mass Killing in Bosnia and Hercegovina 1941-1942, Stockholm, 2005, zitiert in: Mazower, Mark: Hitler's Empire. Nazi Rule in Occupied Europe, Allen Lane, 2008, S. 347.

672 adss, Teil 8, Nr. 430, S. 601, Le visiteur apostolique à Zagreb Marcone au cardinal Maglione, und adss, Teil 8, Nr. 431, S. 601, Le visiteur apostolique à Zagreb Marcone au cardinal Maglione.
673 adss, Teil 8, Nr. 441, S. 611, Le grand rabbin de Zagreb Freiberger au pape Pie XII.
674 adss, Teil 5, Nr. 498, S. 736, Le ministre de Grande Bretagne Osborne à Mgr. Tardini.
675 Van Den Heuvel, Martin: Het verdoemde land. De Joegoslavische tragedie vanaf 1900, hjw Becht, Haarlem, S. 49.
676 Phayer, Michael: Pius XII, the Holocaust and the Cold War, Indiana University Press, 2008, S. 13.
677 Papeleux, Léon: Les silences de Pie XII, Vokaer Actualité, 1980, S. 160.
678 Goñi, Uki, The Real Odessa. How Péron Brought the Nazi War Criminals to Argentina, Granta Books, 2002, S. 224 (dt. Odessa – Die wahre Geschichte, 2006)
679 adss, Teil 9, Nr. 317, S. 458-459, Le père Tacchi Venturi au cardinal Maglione.
680 adss, Teil 9, Nr. 271, S. 406-408, Le délégué apostolique à Londres Godfrey au cardinal Maglione, met Annexe, M. Easterman à Mgr. Godfrey.
681 adss, Teil 9, Nr. 282, S. 417-418, M. Easterman au Pape Pie XII.
682 adss, Teil 9, Nr. 282, S. 418, Fußnote 3.
683 Telegramm von Weizsäckers an Berlin Nr. 395 vom 3. September 1943, Staatssekretär: Vatikan, Auswärtiges Amt, Bonn, zitiert in: Friedländer, Saul: Pius XII en het Derde Rijk Documenten, Contact, 1964, S. 160-161.
684 adss, Teil 9, Nr. 336, S. 480, Notes de la Secrétairerie d'Etat. Auffallend ist, dass Kardinal Maglione unter dieser Nota persönlich Folgendes schrieb: „Studiare se non convenga fare una raccomandazione in termini generali all'Ambasciata di Germania presso la Santa Sede in favore della popolazione civile, di qualunque razza, specialmente per i più deboli (donne, vecchi, fanciulli, gente del popolo…)." Auch hier benutzt ein enger Mitarbeiter des Papstes das Wort „razza", um den Begriff „Rasse" zu umschreiben, und nicht das Wort „stirpe".
685 Phayer, Michael: Pius XII. The Holocaust and the Cold War, Indiana University Press, 2008, S. 72.
686 Katz, Robert: Black Sabbath: A Journey through a Crime against Humanity, Macmillan, 1969, S. 197, zitiert in: Cornwell. John: Hitlers paus. De verborgen geschiedenis van Pius XII , Balans, 1999, S. 299.
687 Zuccotti, Susan: Under His Very Windows: The Vatican and the Holocaust in Italy, Yale University, 2000, S. 157.
688 Rychlak, Ronald: Zuccotti's Lack of Evidence, in: Gallo, Patrick: Pius XII, The Holocaust and the Revisionists, British Library, 2006, S. 141.
689 adss, Teil 9, Nr. 368, S. 505-506, Notes du cardinal Maglione.
690 adss, Teil 9, Nr. 372, S. 509, Mgr. Hudal au général Stahel.

691 Picciotto Fargion Liliana, La persecuzione degli ebrei a Roma, zitiert in L'occupazione tedesca e gli ebrei di Roma: Documenti e fatti, ed. Liliana Picciotto Fargion, Rome: Carucci, 1979, S. 19.
692 adss, Teil 9, Introduction, S. 54 mit Verweis auf: Die Weizsäcker Papiere, S. 355.
693 Katz, Robert: Black Sabbath: A Journey through a Crime against Humanity, Macmillan, 1969, S. 202.
694 Mak, Geert: In Europa. Reizen door de twintigste eeuw, Atlas, 2004, S. 692.
695 Debenedetti, Giacomo: 16. Oktober 1943. Een Joodse kroniek, Meulenhoff, 1985, S. 56.
696 Ebenda, S. 57.
697 adss, Teil 9, Nr. 369, S. 507, Notes de Mgr. Montini.
698 adss, Teil 9, Nr. 453, S. 589-590, M. Foligno au cardinal Maglione.
699 adss, Teil 9, Nr. 375, S. 512, Mme x au cardinal Maglione.
700 adss, Teil 9, Nr. 377, S. 513, La Secrétairerie d'Etat à l'Ambassade d'Allemagne.
701 adss, Teil 9, Nr. 394, S. 529, M. Panzieri au pape Pie XII.
702 Friedländer, Saul: Nazi-Duitsland en de Joden. De jaren van vernietiging 1939-1945, Nieuw Amsterdam-Lannoo, 2007, S. 561.
703 adss, Teil 9, Nr. 389, S. 525, L'evêque de Padoue Agostini au cardinal Maglione.
704 adss, Teil 9, Nr. 395, S. 530, Notes de la Secrétairerie d'Etat.
705 La strada degli innocenti, in: L'Osservatore Romano, 25. Oktober 1943.
706 Zit. nach: Cornwell John, Hitlers paus. De verborgen geschiedenis van Pius XII , Balans, 1999, S. 289.
707 Heer, Friedrich: Gottes erste Liebe. 2000 Jahre Judentum und Christentum, München, Bechtle Verlag, 1967, S. 431; Cohn-Sherbo, Dan: The Crucified Jew. Twenty Centuries of Christian Anti-Semitism, Harper Collins Publishers, 1992, S. 208.
708 adss, Teil 9, Nr. 370, S. 507, Notes de la Secrétairerie d'Etat.
709 Hesemann, Michael: Hitlers religie, Aspekt, 2007, S. 430.
710 Waagenaar, Sam: De joden van Rome, Van Holkema & Warendorf, Bussum, 1974, S. 280.
711 Picciotto Fargion, Liliana: La persecuzione degli ebrei a Roma, zitiert in: L'occupazione tedesca e gli ebrei di Roma: Documenti e fatti, ed. Liliana Picciotto Fargion, Rom, Carucci, 1979, S. 24.
712 Stille, Alexander: Benevolence and Betrail. Five Italian Jewish Families Under Facism, Vintage, 1992, S. 210.
713 Zuccotti, Susan: Under His Very Windows: The Vatican and the Holocaust in Italy, Yale University, 2000, S. 187.
714 Ebenda, S. 195.
715 Stille, Alexander: Benevolence and Betrail. Five Italian Jewish Families Under Facism, Vintage, 1992, S. 202-212.

716 Ebenda, S. 202-203.
717 Ramati, Alexander: While the Pope kept silent. Assissi and the Nazi Occupation as told by Padre Rufino Niccacci, George Allen & Unwin, 1978, zitiert aus der niederländischen Übersetzung: De helden van Assisi, Standaard Uitgeverij, 1985, S. 131.
718 De Felice, Renzo: Storia degli ebrei italiani sotto il fascismo, Giulio Einaudi editore, 1961, zitiert in: Marchione, Margherita: Yours Is a Precious Witness. Memoirs of Jews and Catholics in Wartime Italy, Paulist Press, New York, 1997, S. 218-221.
719 Manvell, Roger / Fraenkel, Heinrich: Le crime absolu, Stock, 1967, S. 217.
720 Deák, István: Essays on Hitler's Europe, University of Nebraska Press, 2001, S. 180.
721 Miccoli, Giovanni: Les Dilemmes et les silences de Pie XII, Editions Complexe, 2005, S. 272.
722 Matton, Lies: Oorlogspaus of paus van de vrede? De discussie rond Pius XII en de Holocaust in Vlaanderen naar aanleiding van „Der Stellvertreter" van Rolf Hochhuth, Licentiaatsthesis, ku Leuven, 2005, S. 75.
723 Kershaw, Ian: Hitler. Vergelding 1936-1945, Het Spectrum, 2000, S. 799.
724 Friedländer, Saul: Nazi-Duitsland en de Joden. De jaren van vernietiging 1939-1945, Nieuw Amsterdam/Lannoo, 2007, S. 553.
725 Zitiert in Miccoli, Giovanni: Les Dilemmes et les silences de Pie XII , Editions Complexe, 2005, S. 272.
726 adss, Teil 9, Nr. 82, S. 170, L'évêque de Berlin von Preysing au Pape Pie XII.
727 Friedländer, Saul: Nazi-Duitsland en de Joden. De jaren van vernietiging 1939-1945, Nieuw Amsterdam/Lannoo, 2007, S. 587.
728 Gellately, Robert: Pal achter Hitler, Sdu Uitgevers, 2001, S. 27 ff.
729 De Moor, Piet: Schemerland, Van Gennep, 2005, S. 211.
730 Hilberg, Raul: De vernietiging van de Europese Joden, Teil II, Verbum, 2008, S. 993.
731 Pierik, Perry: Hongarije 1944-1945. De vergeten tragedie, Aspekt, 1995, S. 11.
732 Morley, John: Pope Pius XII, Roman Catholic Policy, and the Holocaust: An Analysis of Le Saint Siège et les victimes de la guerre, janvier 1944-juillet 1945, in: Rittner, Carol / Roth, John (Hrsg.): Pope Pius XII and the Holocaust, Leicester University Press, 2002, S. 157 ff.
733 adss, Teil 10, Nr. 117, S. 191, Le délégué apostolique à Washington Cicognani au cardinal Maglione.
734 adss, Teil 10, Nr. 124, S. 196, Le nonce à Berne Bernardini au cardinal Maglione.
735 adss, Teil 10, Nr. 153 S. 224, Le nonce à Budapest Rotta au cardinal Maglione.

736 Pierik, Perry: Hongarije 1944-1945. De vergeten tragedie, Aspekt, 1995, S. 83.
737 Braham, Randolph: The Destruction of Hungarian Jewry. A Documentary Account, New York, 1963, Teil I, S. 399.
738 Zsolt, Béla: Negen koffers, Meulenhoff, 2004, S. 208 (dt. Neun Koffer, 1999)
739 Rezső Kasztner verhandelte mit den „Nazis“, um ungarische Juden freizukaufen. Es gelang ihm, 1684 Juden, darunter auch einige aus seiner und aus anderen prominenten Familien, zu befreien. Sie wurden mit zwei Zugtransporten in das Konzentrationslager Bergen-Belsen und dann in die Schweiz transportiert. Kasztner wurde nach dem Krieg der Kollaboration beschuldigt. In einem ersten Verfahren wurde er verurteilt. Am 3. März 1957 wurde er auf der Straße von einem jüdischen Extremisten ermordet. Im Jahr 1958 wurde er von dem israelischen Hohen Gericht rehabilitiert und von aller Schuld freigesprochen.
740 Konrád, György: Geluk, De Bezige Bij, 2002, S. 55.
741 Ebenda, S. 62.
742 Herczl, Moshe: Christianity and the Holocaust of Hungarian Jewry, New York University Press, 1993, S. 206.
743 Levi, Primo: Is dit een mens, Meulenhof Quarto, 11. Auflage, 1994, S. 133 (dt. Ist das ein Mensch?, 1961).
744 Blet, Pierre: Pius XII and the Second World War. According to the Archives of the Vatican, Paulist Press, 1999, S. 194.
745 Vrba, Rudolf: Ik ontsnapte uit Auschwitz, Kok Omniboek, 2007, S. 344 ff.
746 adss, Teil 10, Nr. 243, S. 328, Le pape Pie XII au régent de Hongrie Horthy.
747 Chenaux, Philippe: Pie XII. Diplomate et pasteur, Les Editions du Cerf, 2003, S. 302.
748 Levai, Eugene: Black Book on the Martyrdom of Hungarian Jewry, in: The Central European Times, 1948, S. 207, zitiert in: Hilberg, Raul: De vernietiging van de Europese Joden, Teil II, Verbum, 2008, S. 1036.
749 Manvell, Roger / Fraenkel, Heinrich: Le crime absolu, Stock, 1967, S. 201.
750 Kurzman, Dan: The Race for Rome, Pinnacle Books, 1975, S. 538 (dt. Fällt Rom? Der Kampf um die Ewige Stadt 1944, 1978).
751 Deák, István: Essays on Hitler's Europe, University of Nebraska Press, 2001, S. 182.
752 Pierik, Perry: Hongarije 1944-1945. De vergeten tragedie, Aspekt, 1995, S. 94.
753 adss, Teil 11, Nr. 360, S. 546-547, Le régent Hongrie Horty au pape Pie XII.
754 Derogy, Jacques: De zaak Wallenberg, Elsevier, 1981, S. 102.
755 Ebenda, S. 103-104.
756 Konrád, György: Raoul Wallenberg, in: De onzichtbare stem. Essays, Van Gennep, 2001, S. 106.
757 Braham, Randolph: Politics of Genocide: The Holocaust in Hungary, East European Monographs, 1994, S. 838 ff.

758 Pierik, Perry: Hongarije 1944-1945. De vergeten tragedie, Aspekt, 1995, S. 90.
759 Konrád, György: Geluk, De Bezige Bij, 2002, S. 114.
760 Mindszenty, József, Mijn leven. Memoires van Mindszenty, Amsterdam Boek, 1974, S. 27.
761 Blet, Pierre: Pius XII and the Second World War. According to the Archives of the Vatican, Paulist Press, 1999, S. 198.
762 Morley, John: Pope Pius XII, Roman Catholic Policy, and the Holocaust: An Analysis of Le Saint Siège et les victimes de la guerre, janvier 1944-juillet 1945, in: Rittner, Carol / Roth, John (Hrsg.): Pope Pius XII and the Holocaust, Leicester University Press, 2002, S. 158.
763 Konrád, György: Raoul Wallenberg, in: De onzichtbare stem. Essays, Van Gennep, 2001, S. 96.
764 Kertész, Imre: Onbepaald door het lot, Van Gennep, 6. Auflage, 2003, S. 38 (dt. Roman eines Schicksallosen, 1996).
765 Kertész, Imre: De verbannen taal, De Bezige Bij, 2005, S. 143 (dt. Die exilierte Sprache. Essays und Reden, 2004).
766 Kertész, Imre: Onbepaald door het lot, Van Gennep, 6. Auflage, 2003.
767 Zsolt, Béla: Negen koffers, Meulenhoff, 2004, S. 111.
768 Konrád, György: Vergeten maakt Teil uit van het leven. Interview von Dirk Verhofstadt mit György Konrád in Hegymagas (Hongarije), erschienen in: Liberales nieuwsbrief nr. 145, vom 13. Oktober 2006. Das vollständige Interview steht auf www.liberales.be/cgi-bin/show.pl?interview&konradinterview &print.
769 Goldhagen, Daniel: Hitlers gewillige beulen, Standaard Uitgeverij, 1996, S. 405.
770 Browning, Christopher: Doodgewone mannen. Een vergeten hoofdstuk uit de jodenvervolging, De Arbeiderspers, 1993, S. 197 ff.
771 Timm, Uwe: Mijn broer bijvoorbeeld, Van Halewyck, 2004, S. 144.
772 Höhne, Heinz: Het zwarte korps onder de doodskop. Geschiedenis van de SS, Uitgeverij In den Toren, Baarn, 1983, S. 335.
773 Konrád, György: Herinnering aan oktober, in: De onzichtbare stem. Essays, Van Gennep, 2001, S. 87.
774 Browning, Christopher: Doodgewone mannen. Een vergeten hoofdstuk uit de jodenvervolging, De Arbeiderspers, 1993, S. 71.
775 Ebenda, S. 85.
776 Ebenda, S. 92.
777 Ebenda, S. 227.
778 Goldhagen, Daniel: Hitlers gewillige beulen, Standaard Uitgeverij, 1996, S. 262.
779 Klee, Ernst / Dressen, Ernst / Riess, Volker: The Good Old Days. The Holocaust as Seen by Its Perpetrators and Bystanders, Konecky & Konecky, New York, 1991, S. 85.

780 Hilberg, Raul: De vernietiging van de Europese Joden, Teil I, Verbum, 2008, S. 355.
781 Friedländer, Saul: Nazi-Duitsland en de Joden. De jaren van vernietiging 1939-1945, Nieuw Amsterdam/Lannoo, 2007, S. 505.
782 Scholder, Klaus: A Requiem for Hitler and Other New Perspectives on the German Church Struggle, Trinity Press International, 1989, S. 166 ff.
783 Ende der neunziger Jahre erteilte der irische Bischof Michael Cox Sinead O'Connor die Priesterwürde trotz der Tatsache, dass die römisch-katholische Kirche Frauen als Priester nicht zulässt. Als Folge wurde sie von der Kirche exkommuniziert.
784 adss, Teil 5, Nr. 419, S. 623, Notes du cardinal Maglione.
785 Aarons, Mark / Loftus, John: Unholy Trinity. The Vatican, the Nazi's, and the Swiss Banks, St. Martins Griffin, New York, 1998, S. 29.
786 Hudal, Alois: Die Grundlagen des Nationalsozialismus. Eine ideengeschichtliche Untersuchung, Johannes Günther, Leipzig, 1937, S. 9.
787 Archivio di Santa Maria dell'Anima, K 6, f. 134.
788 Der vollständige Titel von Johan Ickx ist: „Officiale ed Archivista del Tribunale della Penitenzieria Apostolica e Archivista del Pontificio Istituto teutonico di Santa Maria dell'Anima".
789 Ickx, Johan: The Roman „non possumus" and the attitude of Bishop Aloïs Hudal towards the National Socialist ideological aberrations, 2002, in: Lieve, Geevers / Blank, Jan: Religion under Siege. The Roman Catholic Church in Occupied Europe (1939-1950), Peeters, 2007, S. 318.
790 Archives du Saint-Office, Rerum variarum 1934, Nr. 29, Bd. 1, 2, 3, 4.
791 Werke Bischof Hudals in Deutschland beschlagnahmt, in: Grazer Mittag, 14. Dezember 1935.
792 Hudal, Alois: Die Grundlagen des Nationalsozialismus. Eine ideengeschichtliche Untersuchung, Johannes Günther, Leipzig, 1937, S. 27.
793 Ebenda, S. 28.
794 Ebenda, S. 129.
795 Hudal, Alois: Nietzsche und die moderne Welt, Rom, 1937, S. 45.
796 Ickx, Johan: The Roman „non possumus" and the attitude of Bishop Aloïs Hudal towards the National Socialist ideological aberrations, 2002, in: Lieve, Geevers / Blank, Jan: Religion under Siege. The Roman Catholic Church in Occupied Europe (1939-1950), Peeters, 2007, S. 372. Ernst Klee bringt es auf den gleichen Nenner. Er argumentiert, dass Hudal nach einem „christlichen Nationalsozialismus" suchte. Siehe: Klee, Ernst: Persilscheine und falsche Pässe. Wie die Kirchen den Nazis halfen, Fischer, 2005, S. 32.
797 Stehle, Hansjakob: Bischof Hudal und SS-Führer Meyer. Ein kirchenpolitischer Friedensversuch 1942/43, in: Vierteljahrshefte für Zeitgeschichte 37/1989, Nr. 2, S. 299-322, S. 310.
798 Ickx, Johan: The Roman „non possumus" and the attitude of Bishop Alois Hudal towards the National Socialist ideological aberrations, 2002, in: Lieve,

Geevers / Blank, Jan: Religion under Siege. The Roman Catholic Church in Occupied Europe (1939-1950), Peeters, 2007, S. 342.

799 Phayer, Michael: Pius XII. The Holocaust and the Cold War, Indiana University Press, 2008, S. 195.

800 Archivio di Santa Maria dell'Anima, K70, f. 12.

801 Cesarani, David: Eichmann. De definitieve biografie, Anthos/Manteau, 2004, S. 215 (dt. Adolf Eichmann, 2004).

802 Klee, Ernst: Persilscheine und falsche Pässe. Wie die Kirchen den Nazis halfen, Fischer, 1991, S. 47.

803 Forsyth, Frederick: The Odessa File, Viking Press, 1972, S. 172 (dt. Die Akte Odessa, 1973).

804 Wiesenthal, Simon: Geen wraak maar gerechtigheid. Herinneringen van Simon Wiesenthal, hjw Becht, Haarlem, 1988, S. 113 (dt. Recht, nicht Rache, 1988).

805 Goñi, Uki: The Real Odessa: Smuggling the Nazis to Peron's Argentina, Granta, 2002, S. 261 und Fußnote 453. Die Fußnote bezieht sich auf ein Interview Priebkes und eine Erklärung von Robert Graham.

806 Sereny, Gitta: De duisternis tegemoet. Bekentenissen van Franz Stangl, commandant van Treblinka, Het Spectrum, 2001, S. 295.

807 Erklärung Rauffs im Auslieferungsverfahren in Chile am 5. Dezember 1962, in: Breitman, R. / Goda, N. / Brown, P.: The Cambridge, 2005, Gestapo, S. 154, S. 169.

808 A Nazi's Trail Leads to a Gold Cache in Brazil, in: The New York Times, 23. September 1997.

809 Klee, Ernst: Das Personenlexikon zum Dritten Reich. Wer war was vor und nach 1945, Fischer, 2003, S. 78.

810 Hudal, Alois: Römische Tagebücher. Lebensberichte eines alten Bischofs, Graz/Stuttgart: Leopold Stocker, 1976, S. 298.

811 Sereny, Gitta: De duisternis tegemoet. Bekentenissen van Franz Stangl, commandant van Treblinka, Het Spectrum, 2001, S. 295.

812 Moritz, Stefan: Grüß Gott und Heil Hitler. Katholische Kirche und Nationalsozialismus in Österreich, Picus, Wien, 2002, S. 245.

813 adss, Teil 10, Nr. 344, S. 435, Mgr. Hudal au pape Pie XII.

814 adss, Teil 10, Nr. 380, S. 463, Notes de Montini.

815 Aarons, Mark / Loftus, John: Unholy Trinity. The Vatican, the Nazi's, and the Swiss Banks, St. Martins Griffin, New York, 1998, S. 36.

816 Hudal, Alois: Römische Tagebücher. Lebensberichte eines alten Bischofs, Graz/Stuttgart: Leopold Stocker Verlag, 1976, S. 21.

817 Neutrals Warned on Asylum Access, in: The New York Times, 1. August 1943.

818 Phayer, Michael: Pius XII. The Holocaust and the Cold War, Indiana University Press, 2008, S. 162. Phayer fand diese Information in Box 30, Entry

1071, rg 59 der National Archives and Records Administration, College Park, Maryland.

819 Goñi, Uki: The Real Odessa: Smuggling the Nazis to Peron's Argentina, Granta, 2002, S. 223 ff.

820 Aarons, Mark / Loftus, John: Unholy Trinity. The Vatican, the Nazi's, and the Swiss Banks, St. Martins Griffin, New York, 1998, S. 282.

821 Hendriks, Jan: Volk van God. Structuur en inrichting van de Rooms-Katholieke Kerk volgens het Wetboek van Canoniek Recht (cc. 204-746), Uitgeverij Colomba, 2006, S. 102.

822 Gross, Jan Tomasz: Angst. Antisemitisme in Polen na Auschwitz, De Bezige Bij, 2007, S. 117 ff.

823 Reich-Ranicki, Marcel: Mijn leven, Bert Bakker, 2000, S. 196-197.

824 Nach: Gross, Jan Tomasz: Angst. Antisemitisme in Polen na Auschwitz, De Bezige Bij, 2007, S. 334-335.

825 Wiesel, Elie: Een Jood vandaag, Gooi & Sticht, 1978, S. 16.

826 Watt, Nicholas: Anti-semitism live, in: The Guardian, 5. Juni 2006.

827 Grosser, Alfred: Het begrip wraak is me totaal vreemd, Interview in: Doerry, Martin: Overal en nergens thuis. Gesprekken met overlevenden van de Holocaust, Contact, 2007, S. 145.

828 Konrád, György: Waarom hier?, in: De onzichtbare stem. Essays, Van Gennep, 2001, S. 160.

829 Letter Reveals Vatican Policy on Children of Holocaust, in: The Jewish Daily Forward, 7. Januar 2005.

830 Melloni, Alberto: Pio XII a Roncalli: non restituite i bimbi ebrei, in: Corriera della Sera, 28. Dezember 2004.

831 Poujol, Catherine: Les enfants cachés, l'affaire Finaly, Berg International, 2006, S. 9-15.

832 Verhey, Elma: Om het Joodse Kind, Nijgh & Van Ditmar, 1991, S. 179 ff.

833 De verdwijning van Anneke Beekman und Rebecca Meljado. Witboek, Het Nederlands-Israëlitisch Kerkgenootschap en het Portugees-Israëlitisch Kerkgenootschap, 1954, S. 50.

834 Critische commentaar, Nieuwe Rotterdamsche Courant, 22 maart 1954 en Geschonden Rechtsorde, in: Vrij Nederland, 3. April 1954.

835 Hellemans, Hanne: Schimmen met een ster, Manteau, 2007, S. 247 ff.

836 Ebenda, S. 203.

837 Ebenda, S. 280.

838 Interview von Hanne Hellemans mit Harry Bande, Antwerpen, 17. Februar 2003, in: Hellemans, Hanne: Schimmen met een ster, Manteau, 2007, S. 210.

839 Kertzer, David: The Kidnapping of Edgardo Montana, Knopf, 1997, S. 146 (dt. Die Entführung des Edgardo Mortana, 1998).

840 Zitiert nach: Klee, Ernst: Die SA Jesu Christi. Die Kirche im Banne Hitlers, Fischer, 1989, S. 166-167.

841 Wielek, Han: Was er verzet in Duitsland?, in: Aletrino, L. / Charles, J.B. / Keilson, H. / Wielek, H.: Mogen wij nog anti-Duits zijn?, Scheltema & Holkema, 1965, S. 123.

842 Hesse, Hermann: Mijn politieke geweten. Een keuze uit de politieke geschriften 1914-1962, Aspekt, 2008, S. 222-223.

843 Ebenda, S. 257.

844 Toland, John: Adolf Hitler, Ballatine, New York, 1976, S. 687 und 689 (dt. Adolf Hitler, 1977).

845 Lipstadt, Deborah: Beyond Belief. The American Press & the Coming of the Holocaust 1933-1945, The Free Press, 1986, S. 10.

846 A Traveler Visits Germany, in: The Christian Science Monitor, 9. August 1933.

847 Fromm, Bella: Bloed en banketten. Society reporter in Berlijn, Kritak, 1991, S. 232.

848 Johnson, Eric: Nazi-terreur. Gestapo, Joden en Gewone Duitsers, Icarus/De Bezige Bij, 2000, S. 111.

849 Von der Grün, Max: Hoe was het eigenlijk? Mijn jeugd in Hitler-Duitsland, Wereldbibliotheek, 1980, S. 89.

850 Washington Post, 2. August 1936, S. 7, zitiert in: Lipstadt, Deborah: Beyond belief. The American Press & the Coming of the Holocaust 1933-1945, The Free Press, 1986, S. 83.

851 The Best Protest, in: The Christian Science Monitor, 15. November 1938, S. 20.

852 The New York Times, 8. Juli 1938, zitiert in: Lipstadt, Deborah: Beyond belief. The American Press & the Coming of the Holocaust 1933-1945, The Free Press, 1986, S. 95.

853 Van Doorslaer, Rudi (Hrsg.): Gewillig België. Overheid en Jodenvervolging tijdens de Tweede Wereldoorlog, Meulenhoff/Manteau en soma, 2007, S. 90-91.

854 Gilbert, Martin: Kristallnacht. Prelude to Destruction, Harper Perennial, 2007, S. 131.

855 Hitler is pleased to get rid of Foes, in: The New York Times, 27. März 1938.

856 Haffner, Sebastian: Duitsland 1939: Jekyll & Hyde, Mets & Schilt, 2007, S. 236.

857 Hinsley, Francis Harry: British Intelligence in the Second World War, New York, 1981, Bd. II, S. 671.

858 Grüber, Propst Heinrich: Tegen de stroom, Semper Agendo, Apeldoorn, 1970, S. 88.

859 The Christian Science Monitor, 22. April 1943, S. 1, zitiert in: Lipstadt, Deborah: Beyond belief. The American Press & the Coming of the Holocaust 1933-1945, The Free Press, 1986, S. 216.

860 Presser, Jacques: Ondergang. De vervolging en verdelging van het Nederlandse jodendom (1940-1945), Staatsuitgeverij, 's Gravenhage, 1985, Teil 2, S. 133.
861 Morse, Arthur: Terwijl de zes miljoen stierven, Zomer & Keuning Uitgeversmaatschappij, 1968, S. 149.
862 Ebenda, S. 254.
863 Wasserstein, Bernard: Britain and the Jews of Europe 1939-1945, Oxford, Clarendon Press, 1979, S. 34.
864 Kershaw, Ian: Hitler. Vergelding 1936-1945, Het Spectrum, 2000, S. 420.
865 The Washington Post, 22. März 1944, S. 2, zitiert in: Lipstadt, Deborah: Beyond Belief. The American Press & the Coming of the Holocaust 1933-1945, The Free Press, 1986, S. 233.
866 Gilbert, Martin: Auschwitz and the Allies, Pimlico, 2001, S. 209.
867 Ebenda, S. 246.
868 Ebenda, S. 190.
869 Ebenda, S. 301.
870 Laqueur, Walter: Het gruwelijke geheim. De waarheid over Hitlers „Endlösung" verdrongen, A.W. Sijthoff, Alphen aan den Rijn, 1981, S. 242.
871 Timm, Uwe: Mijn broer bijvoorbeeld, Van Halewyck, 2004, S. 128.
872 Gilbert, Martin: Auschwitz and the Allies, Pimlico, 2001, S. 301 und S. 320.
873 Neufeld, Michael / Brenbaum, Michael (Hrsg.): The Bombing of Auschwitz. Should the Allies Have Attempted It?, University Press of Kansas, 2000, S. 62-63.
874 Rice, Rondall: Bombing Auschwitz: US Fifteenth Air Force and the Military Aspects of a Possible Attack, zitiert in: Neufeld, Michael / Brenbaum, Michael (Hrsg.): The Bombing of Auschwitz. Should the Allies Have Attempted It?, University Press of Kansas, 2000, S. 157.
875 Feingold, Henry: Bombing Auschwitz and the Politics of the Jewish Question During World War II, zitiert in: Neufeld, Michael / Brenbaum, Michael (Hrsg.): The Bombing of Auschwitz. Should the Allies Have Attempted It?, University Press of Kansas, 2000, S. 200.
876 Davis, Richard: The Bombing of Auschwitz: Comments on a Historical Speculation, zitiert in: Neufeld, Michael / Brenbaum, Michael (Hrsg.): The Bombing of Auschwitz. Should the Allies Have Attempted It?, University Press of Kansas, 2000, S. 214.
877 Lipstadt, Deborah: The Failure to Rescue and Contemporary American Jewish Historiography of the Holocaust: Judging from a Distance, zitiert in: Neufeld, Michael / Brenbaum, Michael (Hrsg.), The Bombing of Auschwitz. Should the Allies Have Attempted It?, University Press of Kansas, 2000, S. 229.
878 Churchill, Winston: Redevoeringen 1938-1945, Uitgeverij Heideland, Hasselt, 1958, S. 311.
879 Ebenda, S. 315.
880 Kershaw, Ian: The „Hitler Myth", Oxford University Press, 1989. S. 207.

881 Hunt, Irmgard: Op schoot bij Hitler. Een jeugd in een paradijs dat geen paradijs mocht zijn, Bert Bakker, 2005, S. 145.

882 Vogt, Hans / Brenne, Herbert: Krefeld im Luftkrieg 1939-1945, Bonn, 1986.

883 Friedrich, Jörg: De Brand, Globe, 2003, S. 65. Text des Zitats auf Basis der niederländischen Übersetzung (dt. Der Brand, 2002).

884 Hiltermann, Gustavo: Sesam Geschiedenis van de Tweede Wereldoorlog. Teil 2 1943-1945, Tirion, 2005, S. 207.

885 Shermer, Michael / Grobman, Alex, Denying History: Who Says the Holocaust Never Happened and Why Do They Say It?, Berkeley, University of California Press, 2000 (auf Deutsch erschienen ist ein Aufsatz von Michael Shermer zum selben Thema: Das Gewicht der Fakten. Die Widerlegung des Holocaust-Revisionismus. In: Argumente und Kritik. Skeptisches Jahrbuch 1997. Aschaffenburg 1996, S. 30-79).

886 Sebald, W.G.: De natuurlijke historie van de verwoesting, De Bezige Bij, 2004, S. 25.

887 Nossack, Hans Erich: Nekyia. Bericht eines Überlebenden, Wolfgang Krüger, Hamburg, 1947.

888 Kasack, Hermann: Die Stadt hinter dem Strom, Suhrkamp, 2. Auflage, 1996.

889 Haffner, Sebastian: Churchill, Mets & Schilt, 2002, S. 132 (dt. Churchill, 2001).

890 Burleigh, Michael: Het Derde Rijk. Een nieuwe geschiedenis, De Bezige Bij, 2008, S. 804.

891 Hiltermann, Gustavo: Sesam Geschiedenis van de Tweede Wereldoorlog. Teil 2 1943-1945, Tirion, 2005, S. 197.

892 Hauner, Milan: Hitler – A Chronology of His Life and Time, Macmillan Press, 1983, zitiert in: Rees, Laurence: De Nazi's, Anthos/Manteau, 2007, S. 290.

893 Kershaw, Ian: Hitler. Vergelding 1936-1945, Het Spectrum, 2000, S. 1060.

894 Hilberg, Raul: Daders, slachtoffers, omstanders. De joodse catastrofe 1933-1945, Becht, 2004, S. 218.

895 Vermeersch, Etienne: Het Vaticaan en de Nazi's, nicht publizierter Text, 15. August 2001. Persönliche Korrespondenz.

896 Manvell, Roger / Fraenkel, Heinrich: Le crime absolu, Stock, 1967, S. 200.

897 Siehe www.history.ucsb.edu/faculty/marcuse/projects/niem/StuttgartDeclaration.htm.

898 Eine Ausnahme bilden die französischen Bischöfe, die im Jahr 1997 eine „Erklärung der Reue" verabschiedeten, in der sie wörtlich schrieben: „Wir bitten Gott um Vergebung, und wir bitten das jüdische Volk, unsere Worte der Reue anzuhören."

899 Manhattan, Avro: The Vatican in World Politics, Gaer Associates, 1949; Hochhuth, Rolf: Der Stellvertreter. Ein christliches Trauerspiel, Rowohlt, 1967.

900 Siehe www.vatican.va/roman-curia/pontifical-councils/chrstuni/documents/rc-pcchrstuni-doc-16031998-shoah-en.html.

901 Kertzer, David: In Gods naam, Prometheus, 2002, S. 28.

902 Cassidy, Edward Idris: The Vatican Document on the Holocaust: Reflections toward a New Millenium, in: Banski, Judith / Pawlikowski, John (Hrsg.): Ethics in the Shadow of the Holocaust. Christian and Jewish Perspectives, The Bernardin Center Series, 2001, S. 10 ff.

903 Greenberg, Irving: The Church as Sacrament and as Institution: Jewish Reflections, in: Banski, Judith / Pawlikowski, John (Hrsg.): Ethics in the Shadow of the Holocaust. Christian and Jewish Perspectives, The Bernardin Center Series, 2001, S. 76.

904 Zitiert nach: Cornwell, John: Hitlers paus. De verborgen geschiedenis van Pius XII , Balans, 1999, S. 83-84.

905 Marrus, Michael: We Remember: The Vatican and the Holocaust in Historical Context, in: Banski, Judith / Pawlikowski, John (Hrsg.): Ethics in the Shadow of the Holocaust. Christian and Jewish Perspectives, The Bernardin Center Series, 2001, S. 126.

906 Morley, John: Pope Pius XII in Historical Context, in: Banski, Judith / Pawlikowski, John (Hrsg.): Ethics in the Shadow of the Holocaust. Christian and Jewish Perspectives, The Bernardin Center Series, 2001, S. 140.

907 Graham, Robert SJ: The Church and Modern Anti-Semitism: Pius XII: The Problematics, unpublished paper, 1990, Nr. 23.

908 adss, Teil 8, Nr. 303, S. 458, Le nonce à Budapest Rotta au cardinal Maglione.

909 adss, Teil 8, Nr. 298, S. 453, Le chargé d'affaires à Presbourg Burzio au cardinal Maglione.

910 Pawlikowski, John: The Vatican and the Holocaust: Putting We Remember in Context, in: Banski, Judith / Pawlikowski, John (Hrsg.): Ethics in the Shadow of the Holocaust. Christian and Jewish Perspectives, The Bernardin Center Series, 2001, S. 223.

911 Küng, Hans: Bestaat God? Antwoord op de vraag naar God in deze tijd, Gooi en Sticht, 1978, S. 141 (dt. Existiert Gott, 1978).

912 Zitiert nach: Marchione, Margherita: Pope Pius XII and the Jews, in: Crisis 15, Nr. 1, Januar 1997, S. 20-23.

913 Lapide, Pinchas: Three Popes and the Jews, New York, Hawthorn, 1967, S. 206.

914 Zuccotti, Susan: Evaluating Pius XII and His Legacy, in: Rittner, Carol / Roth, John: Pope Pius XII and the Holocaust, Leicester University Press, 2002, S. 215-216; Lapide, Pinchas: Three Popes and the Jews, New York, Hawthorn, 1967, S. 332, Fußnote 106a.

915 Phayer, Michael: Ethical Questions about Papal Policy, in: Rittner, Carol / Roth, John (Hrsg.): Pope Pius XII and the Holocaust, Leicester University Press, 2002, S. 224.

916 Die Cristeros waren katholische Rebellen, die seit 1927 gewaltsame Aktionen gegen die antiklerikalen Maßnahmen der mexikanischen Regierung unter

der Leitung von Plutarco Elias Calles unternahmen. In diesem Krieg wurden 90.000 Menschen getötet.

917 Tittmann, Harold Jr.: Inside the Vatican of Pius XII. The Memoir of an American Diplomat During World War II, Image Books, 2004.

918 Miccoli, Giovanni: Les Dilemmes et les silences de Pie XII, Editions Complexe, 2005, S. 67.

919 Böll, Heinrich: Brieven uit de oorlog 1939-1945, De Arbeiderspers, 2007, S. 127.

920 adss, Teil 5, Nr. 488, S. 722-723, Le pape Pie XII à l'ambassadeur Myron Taylor.

921 adss, Teil 5, Nr. 471, S. 679, Mgr. Enrico Pucci au pape Pie XII. Über die Rolle von Enrico Pucci: Pipeline Closed, in: Time, 22. Juli 1946.

922 adss, Teil 5, Nr. 488, S. 723, Annexe, Notes de Mgr. Tardini.

923 adss, Teil 5, Nr. 493, S. 729, L'ambassadeur Myron Taylor à Mgr. Montini.

924 adss, Teil 6, Nr. 65, S. 143. Le ministre de Grande Bretagne Osborne à Mgr. Tardini.

925 adss, Teil 6, Nr. 66, S. 144. Le nonce à Berlin Orsenigo au cardinal Maglione.

926 adss, Teil 2, Nr. 98, S. 298, A l'Evêque de Trèves. adss, Teil 2, Nr. 99, S. 301, A l'Evêque de Danzig; adss, Teil 2, Nr. 109, S. 337, A l'Evêque d'Osnabrück; adss, Teil 2, Nr. 111, S. 341, A l'Evêque de Berlin.

927 adss, Teil 5, Nr. 493, S. 730, L'ambassadeur Myron Taylor à Mgr. Montini.

928 Papeleux, Léon: Les silences de Pie XII, Vokaer Actualité, 1980, S. 135.

929 Tittmann, Harold Jr.: Inside the Vatican of Pius XII. The Memoir of an American Diplomat During World War II , Image Books, 2004.

930 The English Historical Review, Vol. 103, Nr. 407 (April 1988), S. 456-457.

931 Zitiert nach: Johnson, Eric A.: Nazi-terreur: Gestapo, Joden en gewone Duitsers, Icarus, 2000, S. 389.

932 Boudens, Robrecht: De Kerk en het nationaal-socialisme in Duitsland, Nota's bij de cursus Hedendaagse Kerkgeschiedenis, Faculteit Theologie KULeuven, S. 2.

933 Boudens, Robrecht: De Kerk en het nationaal-socialisme in Duitsland, Nota's bij de cursus Hedendaagse Kerkgeschiedenis, Faculteit Theologie KULeuven, S. 32.

934 Rychlak, Ronald: Hitler, the War and the Pope, Our Sunday Visitor, 2000, S. 261.

935 adss, Teil 9, Nr. 325, S. 470, Notes de la Secrétairerie d'Etat.

936 Wijnberg, Rob: In dubio. Vrijheid van meningsuiting als het recht om te twijfelen, Prometheus/nrc-Handelsblad, 2008, S. 61.

937 Wielek, Han: Was er verzet in Duitsland?, in: Aletrino, L. / Charles, J.B. / Keilson, H. / Wielek, H.: Mogen wij nog anti-Duits zijn?, Scheltema & Holkema, 1965, S. 93.

938 Falconi, Carlo: Le silence de Pie XII , Editions du Rocher, 1965, S. 7.

939 Deák, István: Essays on Hitler's Europe, University of Nebraska Press, 2001, S. 75.
940 Küng, Hans: De katholieke kerk. Een geschiedenis, De Bezige Bij, 2004, S. 205 (dt. Kleine Geschichte der katholischen Kirche, 2002).
941 Friedländer, Saul: De werkelijkheid was absurd, Interview mit Joseph Pearce, in: De Morgen, 26. September 2007.
942 Haffner, Sebastian: Kanttekeningen van een rationele profeet, Roularta Books, 2007, S. 39.
943 Wiesel, Elie: Een jood vandaag, Gooi en Sticht, Hilversum, 1978.
944 Wiesel, Elie: Nacht, Meulenhoff, 2006, S. 142 (dt. Nacht, 1980).
945 Küng, Hans: De katholieke kerk. Een geschiedenis, De Bezige Bij, 2004, S. 205.
946 Deák, István: Essays on Hitler's Europe, University of Nebraska Press, 2001, S. 169.
947 Brandt, Willy: Herinneringen, Veen, 1990, S. 200 (dt. Erinnerungen, 1989).
948 Ebenda, S. 200.
949 Jansen, Hans: Christelijke theologie na Auschwitz. De geschiedenis van 2000 jaar kerkelijk antisemitisme, Blaak, 1999, 6. Auflage, S. 398.
950 Küng, Hans: De katholieke kerk. Een geschiedenis, De Bezige Bij, 2004, S. 201
951 Pope at Auschwitz praised, faulted. Benedict XVI doesn't speak out on anti-Semitism, in: National Catholic Reporter, 16. Juni 2006.
952 Benoît XVI attribue la Shoah à un „groupe de criminels", in: Le Monde, 30. Mai 2006.
953 Bessel, Richard: Political Violence and the Nazi Seizure of Power, zitiert in: Bessel, Richard (Hrsg.): Life in the Third Reich, Oxford University Press, 2001, S. 12.
954 Hoffmann, Peter: German Resistance to Hitler, Harvard University Press, 1988, S. 51.
955 Ephimenco, Sylvain: Liever een zwijgende paus in Auschwitz, Trouw, 30. Mai 2006.
956 Siehe auch http://www.kri-web.nl/downloads/08-02-12-goedevrijdaggebed.pdf
957 L'Assemblea rabbinica italiana: „Pausa di riflessione nel dialogo" con i cattolici, in: Corriere della Sera, 6. Februar 2008.
958 Küng, Hans: Bestaat God? Antwoord op de vraag naar God in deze tijd, Gooi en Sticht, 1978, S. 362.
959 Pawlikowski, John: The Vatican and the Holocaust: Putting We Remember in Context, in: Banski, Judith / Pawlikowski, John (Hrsg.): Ethics in the Shadow of the Holocaust. Christian and Jewish Perspectives, The Bernardin Center Series, 2001, S. 225.
960 Godman, Peter: Het Vaticaan en Hitler, de geheime archieven, Het Spectrum, 2004, S. 36.

961 Hirtenbrief vom 1. Januar 1945, in: Kirchliches Amtsblatt für die Erzdiözese Paderborn, Nr. 1, 16 Januar 1945, S. 2.

962 Küng, Hans: De katholieke kerk. Een geschiedenis, De Bezige Bij, 2004, S. 203.

963 adss, Teil 11, Nr. 481, S. 662, Radiomessage de Noël du pape Pie XII, Teil I, „Il problema della democrazia".

964 Am 6. August 2000 genehmigte Papst Johannes Paulus II. die Erklärung *Dominus Iesus*, die durch die Kongregation für die Glaubenslehre, unter der Leitung von Joseph Ratzinger, dem späteren Papst Benedikt XVI., erarbeitet wurde. In dieser wird das Prinzip „Extra ecclesiam nulla salus" (außerhalb der Kirche gibt es kein Heil) erneut bestätigt. Dieser Glaubenssatz wurde 1442 durch Papst Eugenius IV. als eine Ex Cathedra-Aussage festgelegt. „Nicht nur Heiden, sondern auch Juden, Ketzer und Schismatiker werden danach vom Heil ausgeschlossen und steuern auf die Verdammnis zu, wenn sie sich nicht vor dem Ende ihres Lebens zu der wahren Kirche Christi bekehren." Das zweite vatikanische Konzil erkannte, dass auch „außerhalb der Kirche verschiedene Bestandteile der Heiligung und der Wahrheit zu finden sind", aber das wurde 2000 also revidiert.

Anmerkung des Übersetzers

Die vorliegende Übersetzung ist eine leicht gekürzte Version der niederländischen Originalfassung, da die Kapitel 20 und 21 („De Joden in Nederland“ und „Dubbelzinnigheid in België“) aus drucktechnischen Gründen nicht aufgenommen wurden. Die Nummerierung der Kapitel wird in der Übersetzung in diesem Sinne angepasst.

Der Autor Dirk Verhofstadt hat in seinem Buch eine Reihe Textzitate von beteiligten Akteuren, Zeitzeugen und Wissenschaftlern bzw. aus historischen und religiösen Dokumenten und Schriften aufgenommen. Viele davon hat er in wortgetreuer Übersetzung der jeweiligen niederländischen oder fremdsprachigen Originalquelle übernommen. Bei manchen der benutzten Zitate handelt es sich auch um die fremdsprachige Übersetzung von deutschen Quellen bzw. um die eigene Übersetzung dieser deutschen Texte durch den Autor. Nur die letzteren, vom Autor übersetzten Zitate, wurden entsprechend den Originaltexten wiedergegeben, alles andere wurde in der Regel aus dem Niederländischen nach Verhofstadt übersetzt. Die Titel der durch den Autor herangezogenen und zitierten (manchmal auch bereits übersetzten) fremdsprachigen Literatur wurden in der Regel nicht übersetzt.

Rudy Mondelaers

Bildnachweis

Seite 26: © United States Holocaust Memorial Museum / Julien Bryan Collection; Seite 32: © bpk – Bildagentur für Kunst, Kultur und Geschichte; Seite 36: © SZ Photo / Scherl; Seite 40: bpk; Seite 42: © United States Holocaust Memorial Museum; Seite 54: Wikipedia; Seite 62: © United States Holocaust Memorial Museum; Seite 70: © bpk / Karl Sturm; Seite 79: © SZ Photo / Scherl; Seite 87: © United States Holocaust Memorial Museum; Seite 98: © bpk; Seite 101: © bpk / Geheimes Staatsarchiv, SPK; Seite 108: © bpk / Bayerische Staatsbibliothek / Heinrich Hoffmann; Seite 111: © SZ Photo / Scherl; Seite 116: © SZ Photo / Scherl; Seite 117: © bpk / Bayerische Staatsbibliothek / Heinrich Hoffmann; Seite 120: © SZ Photo / Scherl; Seite 125: Wikipedia; Seite 135: © bpk / Bayerische Staatsbibliothek / Heinrich Hoffmann; Seite 137: © SZ Photo / Scherl; Seite 146: © SZ Photo / Scherl; Seite 154: © United States Holocaust Memorial Museum; Seite 162: © SZ Photo / Scherl; Seite 168: © SZ Photo / Scherl; Seite 171: © bpk / Hedda Walther; Seite 181: © bpk; Seite 184: © Landesarchiv NRW, Abteilung Rheinland, RWB 18248/0010; Seite 186: © SZ Photo; Seite 191: © SZ Photo / Scherl; Seite 205: © United States Holocaust Memorial Museum / Julien Bryan Collection; Seite 215: © bpk; Seite 246: © SZ Photo / Scherl; Seite 229f.: © The New York Times; Seite 236: © SZ Photo / AP; Seite 246: © George (Jürgen) Wittenstein / akg-images; Seite 259: © Frihedsmuseet; Seite 265: © bpk / Bayerische Staatsbibliothek / Heinrich Hoffmann; Seite 270: © bpk / Heinrich Hoffmann; Seite 272: Wikipedia; Seite 280: © United States Holocaust Memorial Museum / Memorijalni muzej Jasenovac; Seite 283: © United States Holocaust Memorial Museum; Seite 295: © Holocaust Education & Archive Research Team; Seite 303: © Yad Vashem; Seite 315: © Yad Vashem; Seite 323: © SZ Photo; Seite 333: © Vrij Nederland; Seite 336: privat; Seite 346: © United States Holocaust Memorial Museum; Seite 350: © United States Holocaust Memorial Museum; Seite 355: © bpk; Seite 356: © bpk; Seite 361: © bpk; Seite 375: © SZ Photo; Seite 391: © SZ Photo / Rue des Archives

Für die verbleibenden Abbildungen konnte die Urheberschaft nicht geklärt werden; wer im Besitz der Urheberrechte ist, möge sich bitte an den Verlag wenden.

Karlheinz Deschner

Die Politik der Päpste

Vom Niedergang kurialer Macht im 19. Jahrhundert bis zu ihrem Wiedererstarken im Zeitalter der Weltkriege
Mit einem Nachwort von Michael Schmidt-Salomon
ISBN 978-3-86569-116-3

Das voluminöse Werk des bedeutenden Kirchenkritikers Karlheinz Deschner bildet gleichsam den Schlussstein seiner monumentalen *Kriminalgeschichte des Christentums*, deren abschließender zehnter Band im Frühjahr 2013 erscheinen wird.
Deschners Darstellung beginnt in der ersten Hälfte des 19. Jahrhunderts, als die katholische Kirche politisch an Macht verliert und naturwissenschaftliche Erkenntnisse die Grundlagen des Glaubens weithin erschüttern. Gegen beides stemmen sich die Päpste vehement.
Deschner führt die Untersuchung von Pontifikat zu Pontifikat: von Pius IX., dem Verkünder päpstlicher Unfehlbarkeit, zu dem wieder die Weltherrschaft erstrebenden Leo XIII.; weiter zu Pius X., der Österreich 1914 anspornen lässt zum Krieg gegen Serbien, und zu Benedikt XV., der den Vatikan zu einem der Kriegsgewinnler macht. Sein einflussreicher Nachfolger Pius XI. unterstützt Mussolini, Hitler, Franco, den Spanischen Bürgerkrieg. Und Pius XII. setzt diesen antikommunistischen Kurs fort – zur Verfolgung und Vernichtung der Juden fast ausnahmslos schweigend und die Ermordung orthodoxer Serben durch die katholische Ustascha in Kroatien widerspruchlos duldend.
Deschner weist nach, dass die Stellvertreter Gottes auch in dieser Epoche stets auf der Seite jener Mächtigen standen, von denen sie sich Unterstützung für ihre imperialen Ziele erhofften. Mit Johannes XXIII. und dem II. Vatikanischen Konzil änderte sich das nicht wesentlich. Paul VI. setzte alles daran, den sogenannten Reformgeist zu zähmen, und Johannes Paul II. kehrte endgültig zur Machtpolitik unter konservativem Vorzeichen zurück.

Hermann Gieselbusch /Michael Schmidt-Salomon (Hrsg.)

Aufklärung ist Ärgernis

Karlheinz Deschner - Leben, Werk, Wirkung
ISBN 3-86569-003-3, 350 Seiten, Abbildungen, kartoniert, Euro 18.-

Im Mai 2004 feierte der „bedeutendste Kirchenkritiker des 20. Jahrhunderts“ (Wolfgang Stegmüller) seinen 80. Geburtstag; kurz zuvor war der achte Band seines Monumentalwerkes Kriminalgeschichte des Christentums erschienen. Doch obwohl Deschners Schaffen als Historiker und Literat stets große öffentliche Aufmerksamkeit erreichte, gab es bislang keine Monographie, die Leben, Werk und Wirkung des unermüdlichen Autors darstellte.
Der Sammelband, zu dem zahlreiche prominente Autorinnen und Autoren beigesteuert haben, hat den Anspruch, diese Lücke zu schließen und die verschiedenen Aspekten von Deschners publizistischem Wirken zu beschreiben und zu bewerten: seine Kirchenkritik, seine frühen literarischen Werke und Aphorismen, seine literaturkritischen Arbeiten, sein Engagement für Tierschutz und seine politisch-moralischen Auffassungen. Im abschließenden Kapitel kommen Kritiker und Befürworter Deschners zu Wort und streiten miteinander über sein Werk.